中國古代的理想城市

從古代都城看《考工記》營國制度的淵源與實踐

陈筱 著

上海古籍出版社

本书出版承蒙浙江大学亚洲研究中心资助

序

　　中国古代都城的营建有无一以贯之的规划思想作指导？中国古人心目中的理想都城模式是什么样的？早期中国不同地区是否有不同的理想都城模式？这种或多种理想都城模式是何时何地产生的？这些理想都城模式的思想根源或产生原因是什么？它对中国古代都城营建的实践有怎样的影响？理想的规划模式与现实的规划对象之间有着怎样的折衷取舍？诸如此类的问题，在我学习和研究中国城市考古和中国古代城市史的过程中，不时浮现在脑海中，我也一直想通过田野考古的工作和文献资料的梳理来解决其中一些问题。不过，我是一个兴趣广泛但又比较闲散的人，往往是想得多做得少，也没有时间长期致力于一个方向相关问题的思考。天津大学建筑学院毕业的硕士研究生陈筱考入北京大学考古文博学院后，在我的指导下攻读考古学博士学位，经与她商量，在博士生第二学年就将中国古代都城的长时段研究作为博士学位论文的备选题目之一。后来陈筱写成的博士学位论文《中国古代的理想城市——从周鲁城、东魏北齐邺城和元中都看〈考工记〉理想规划的渊源与影响》，在一定程度上完成了我自己能想但不能做的科研课题。现在即将由上海古籍出版社刊行的《中国古代的理想城市：从古代都城看〈考工记〉营国制度的渊源与实践》，就是陈筱在其博士学位论文基础上修改和补充完成的。

　　陈筱本科和硕士都就读于天津大学建筑学院，那时她就对建筑历史与理论产生了浓厚的兴趣，在师从本校张玉坤教授继续攻读硕士学位期间，参与考察并研习过多处重要的文物建筑，并以山东烟台山近代建筑群为对象完成了硕士学位论文。陈筱受过良好的建筑设计和建筑历史与理论的训练，建筑设计基础好，对建筑历史感悟深，并能举一反三，拓展其知识和研究领域。在陈筱进入北京大学之前，她曾在中国建筑设计研究院建筑历史研究所实习，其出色的表现得到了实习单位诸位专家的一致好评，现任建筑历史所所长王力军、副所长傅晶研究员一致推荐她到北京大学考古文博学院攻读博士学位。由于那年我们学院没有招收文化遗产保护或建筑考古方向的博士生，陈筱只能报考中国考古学的商周考古方向，这对于本科和研究生都是建筑学科的考生来说是一个很大的挑战。陈筱通过半年补修中国考古学知识，加上先前对中国古代城市、陵墓和艺术的知识积累，居然以不错的成绩通过了中国考古学的博士生初试，并在复试时交出了优秀的快速设计（题目是"龙门石窟擂鼓台区窟前遗址保护性建筑设计草案"），成为北京大学考古文博学院商周考古/建筑考古方向的博士生。

成为北大考古文博学院博士生后，陈筱补修了考古学理论、方法及中国考古学的专业课程，修习了历史、地理、社会等方面的知识，还参与了多项城市考古和建筑遗产保护的科研项目，并参加过多次国际、国内学术讨论会，撰写和发表了多篇论文。陈筱在文化遗产保护研究方面涉猎很广，从遗址保护、石刻保护到文化景观保护，先后发表或合作发表过《中国石窟寺保护性建筑的设计与实践》《安岳茗山寺石塔的初步分析》《侗族传统乡村保护设计探讨》等多篇文化遗产保护研究论文。由于陈筱受过系统的建筑设计、城市规划和文化遗产保护理论与实践的训练，具有很强的项目策划能力、建筑设计能力和规划编制能力，她在北京大学的四年时间，先后承担过全国重点文物保护单位《龙华寺遗址保护总体规划》《雅安生态博物馆中心园区规划纲要》（包括全国重点文物保护单位高颐阙石刻）的文本编制，参与过重庆白鹤梁题刻、苗族村寨、侗族村寨、中国白酒老作坊申报世界文化遗产文本或申报中国世界文化遗产预备名单文本的编写。陈筱还具有很好的团队协作精神，不计名利，先后协助过郑州市文物考古研究院、陕西省考古研究院、北大周原考古队等单位，完成了河南新郑望京楼遗址商代城址、陕西清涧辛庄村大型商代建筑基址、陕西岐山凤雏周代建筑基址的复原研究，受到这些文物考古单位和考古学家们的广泛好评。

完成北京大学的学业后，陈筱曾到加拿大英属哥伦比亚大学（UBC）人类学系做博士后。由于我很看重陈筱这本对中国古代都城进行全面审视的论著，她在加拿大留学期间，我就催促她尽快修改出版她的博士学位论文。她却认为既然到了温哥华，除了要多听听人类学系的课程外，还要多参与人类学系和建筑系的活动，先写一些花费时间不多的论文，书稿整理可以先放一放。陈筱回国到浙江大学文化遗产研究院工作后，我又催促她尽快将书稿整理出版，但因浙江大学对青年教员论文发表数量和期刊等级的要求较高（好像比我所在的北京大学高不少），她忙于撰写论文，又将修改书稿的事拖了下来。不过，在这段时间里，陈筱还是基于博士学位论文的部分内容撰写并发表了多篇论文，如《隋唐长安设计模数新释》（2017年）、《中国近古新建都城的形态与规划——从元明中都的考古复原和对比分析出发》（2018年）、《元中都考古调查与复原试探——兼谈中国近古都城发展史的研究》（2018年）、《中国古代都城规划的理论基础——〈考工记·匠人〉文本性质及内容考辨》（2019年）、《曲阜鲁国故城布局新探》（2020年）等，这些探讨古代都城形制、演变、源流、规划理念的论文，自然会对原博士学位论文起到深化和强化的作用，有助于完善书稿。现在距离陈筱完成博士学位论文已经7年了，前不久，陈筱终于告诉我，她的书稿已经修改完成，可以印制出版，希望我给她的这部论著写篇序。这是我等待了许久的讯息，当然很高兴地答应下来。也就从那天起，该书稿的出版就由我催她变成她催我了。

陈筱的论著全面梳理了中国古代都城的资料和研究成果，以中国上古时期《考工记》所反映的理想都城规划思想为出发点，从大量的古代都城实例中选取了未被后来城市所叠压的五个新建都城实例作重点分析，以此作为考察中国都城规划建设史的基本环节，在此基础上串联其他都城资料，从而建构起一部比较完整的中国古代都城发展史。在这个建构构成中，陈筱通过分析每个时期都城的形态和解读这种形态体现的设计思想，对比考察不同时期都城营建与《考工记》理想都城的关系，观察到了不同时期都城规划者在传统与现实间的不同选择，以及导致这种不同选择的社会历史背景。在全书的最后，作者综合讨论了中国古代理想都城的形态特征，以及这种理想都城对东亚地区的影响，并通过中国古代理想都城与世界其他文明区理想城市的比较，进一步突显了中国古代都城的特点与价值。论著的主要创见体现在以下几个方面：

其一，选取的分析对象合理，研究思路清晰。陈筱以中国古代都城发展的时间先后为线索，串联中国古代众多都城遗址或历史城市；以中国古代都城发展节奏为阶段，每个阶段各选取一两座典型都城遗址为分析重点，其他都城作为补充。在每个阶段选取的重点分析案例中，又主要选取新址规建、使用时期较短且未被以后的晚期城市占压的乡村区位和草原区位的都城遗址，以最大程度地避免早期或晚期城市遗存的干扰，保证了分析结论的可靠性。由于陈筱撰写本论著时，周原这样的最接近《考工记》时代的周王都遗址还未查明格局，故只能退而求其次，选择等级最接近周王都的曲阜鲁城遗址，作为上古时期周王都的替代品。鉴于中古都城承前启后和影响东亚的重要性，以及认识都城形制布局和设计思路的不同需求，中古时期选取了东魏北齐邺城和隋唐大兴/长安城两座都城，前者重点探讨城市的完整面貌，后者重点探讨都城的设计思路。这样的材料处理，研究着力有重有轻，繁而不乱，主次分明。

其二，采用的分析步骤合规，研究方法得当。陈筱考察中国古人心目中的理想城市，采用的是从可以通过视觉捕捉信息的都城形态来分析都城设计的过程（如选址、定中轴线、模数、规模、分区等），再从都城设计推测当时人们可能依据的规划思想。这种从物质到精神，从具象到抽象的推导过程，是我们科学研究的基本方法，也是包括城市考古和建筑考古在内的考古学的基本方法。由于都城的规模很大，往往不是一个时期建成的，需要首先对都城遗址和历史城市进行分期研究，查明这些古代都城不同时期的平面布局，才能将这些都城遗址的分析建立在"共时"的基础上，保证研究结论的可信性。为此，陈筱除了在选取重点分析对象时只考虑新建都城外，还尤其注重元中都和明中都这样的完全在一张白纸上规划、初步建成还没有启用就已经废弃的都城遗址；对于周鲁城和东魏邺城这样的虽然新建于"生地"，但经历了相对较长发展过程的都城遗址，也注重分辨主要阶段的遗存，排除早期和晚期遗存可能带来的干扰。

其三，注重田野调查，技术路线有所创新。在选作重点分析的古代城市实例中，陈筱选择了两个城址开展实地田野考古调查，针对不同类型的都城遗址和需要解决的问题，分别制定不同的调查计划，运用新的技术手段，采集了一些先前所不知的新信息。例如针对乡村/城郊类型的曲阜鲁城遗址存在的问题，陈筱在田野中采用了全城轴线测量钻探和遗迹追踪测量钻探的方法，在熟悉该遗址文化堆积和遗物分期的刘延常、项春生、刘汝国先生的协助下，不仅获取了地面调查所不知的若干新信息，还区分出不同时期的遗迹和堆积状况，得到了遗址最基本的整体立面信息。再如，针对草原/荒漠类型的张北元中都遗址尚不清楚的问题，陈筱在她的师兄天津大学建筑学院李哲博士的协助下，采取地面实时动态测量技术（RTK）与低空轴线摄影测量相结合的方法，重新精确测定了城址内每座建筑基址的隆起高度，并将隆起程度与散落构件的数量和材质结合起来进行分类，从而对元中都遗址内建筑遗迹等级和功能有了新的认识。

其四，宏观与微观相结合，内容丰富且多有创新。陈筱将中国古代都城实例按照都城发展演变的三个阶段（即夏商周至东汉的上古时期、三国两晋至隋唐五代的中古时期、宋元明清的近古时期）进行考察，每个阶段对一个或两个都城城址进行详细分析，针对这些都城的研究都得到了一些很有意思的结论。例如通过对周鲁城遗址中央自然高台原貌及其与周边城墙距离的考察，得出了西周晚期周鲁城的规建以自然高台的中分线为城市轴线、围绕着高台等距离修筑城墙、这种严格的对中格局在春秋晚期以后被逐渐打破的结论；基于先前东魏邺城的考古工作和研究成果，推论东魏邺城以南城宫城的阊阖门为规划的中心点，复原了郭内里坊布置的位置并推定了其数量；基于对元中都遗址的现场调勘所获信息，对元中都内城的建筑格局进行了复原，并以此为基础更正了先前对元大都内城建筑布局的部分认识（如东西楼的位置、东西暖阁的位置和数量等），指出元中都的布局比元大都更加契合《考工记》的理想都城规划。

其五，紧扣匠人营国的主线，对中国古代都城规划思想的阐述具有深度和广度。陈筱认为，上古时期的周鲁城可能与《考工记》的营国思想具有渊源和背景关联，后者应该是基于包括曲阜鲁城在内的既有城市规划经验，在大一统趋势已经出现的背景下形成的大一统国家城市建设的理想。这种理想化的都城设计理念影响到了中古时期东魏邺城和隋唐大兴/长安城等的都城规建，更影响到了近古时期的那些都城，元大都、元中都、明中都皆受到《考工记》理想规划的影响，而后两座都城因营建于"生地"，更圆满地实现了理想都城的规划。《考工记》营国制度的影响，一方面得益于《考工记》城市思想的可操作性，另一方面与中国古代追慕先古的复古思想有关。中国古代不同时期的城市规划受《考工记》城市思想这一经典文献的影响程度有所不同，这体现了唐宋以来崇儒思想深化、复古思潮兴起对都城规划的直接作用。

陈筱的这部基于城市考古研究的中国古代城市发展史和探索中国古代城市规划思想的专著，由于研究对象的时间跨度长，空间范围广，问题错综复杂，尤其是以"中国古代的理想城市"作为全书主线，既需要通过都城实例来概括中国古代都城的营建规律并探究当初主事之人的规划设想，还需要通过古今都城和中外城市的比较来抽绎中国古代理想城市的特点和价值，论著的写作具有相当的复杂性和困难性。当初我如果不是考虑到该选题有助于拓展研习的范围并对陈筱的研究能力有足够的信心的话，不敢布置这样鸿篇巨制的研究课题作为她的博士学位论文。也正是由于这种复杂性，陈筱这部关于中国古代理想城市的论著，还有一些问题没有涉及或展开，今后还可以继续延伸和拓展研究。下面，我将今后还需要补充和强化研究的一些问题提出来，作为今后与陈筱及同好共同努力的方向。

中国地域辽阔，地理环境复杂，文化传统多样，故有中华文明"多元一体"之说。在中国都城规划思想产生和形成的上古时期，中国中心区域的统一事业还没有完成，不同文化传统的差异还比较大，作为文明重要因素之一的城市文明，其形态和特色也有所不同。在中国古代规划都城思想的形成过程中，早期的城市营建会基于不同的文化传统和技术基础，主其事之人可能也会有种种思考，从而使得上古时期都城遗址的形态异彩纷呈。以公元前3000年前后规划营建的良渚古城为例，城由外围水利设施、内外重城垣、中心土台和四个等级墓地构成，内城中高达9米的中心土台上除广场外还有大小三个土台，土台上及其周边才是宫室建筑；这样的都城规划与同时期黄河中下游和长江上中游地区的史前古城都不同，只有黄土高原上新发现的石峁古城与之具有某些相似性。这些消逝了的古代文明的中心城邑，其城市形态为何没有被夏、商、西周王朝所继承，有没有一些城市规划的思想流传下来（良渚文化的玉器及其宗教观念对后世是有影响的）？诸如此类问题都值得深入思考，仔细研究。

由于中国远古文化多样，先秦时期形成的主流城市规划思想也不可能就一种，在《考工记》"模仿天下"的主流理想都城以外，还有一种"法象上天"的都城规划思想，也对中国上古和中古时期的城市规划产生了影响。这种城市规划思想产生于商代的三星堆城，该都城的中央有一条象征天河的河流东西横贯，将城内空间划分为北面的世俗区和南面的宗教区；另有贯穿全城南北的内城墙将大城划分为东西两城，以分隔城内不同社会等级和职业的社群；城市的主轴线为东西向，而副轴线为南北向。这种都城规划思想，被古蜀国都城所继承。秦始皇统一中国后，采用这种规划思想扩建了新咸阳。西汉时期基于先秦既有的宫殿遗存，折衷运用这种思想营建长安城。隋唐继续沿用，并参杂中古时期都城营建的制度，规建了与隋唐大兴/长安城不同的洛阳城。也正是由于古代中国存在着不止一种理想城市的规划模式，中国古代的主流都城规划思想的发展演变从来就不是单线的，而是有主导着都城营建发展的主线和副线（或者说是明线和暗线）。形成于晚周时期的"模仿天下"的都城规划思想在秦汉时期没有得到运用，其中就有这条暗线的作用。通过古代都城城址实例并结合文献资料研究中国古代《考工记》以外的都城规划理论，有利于更全面把握中国古代理想城市发展的历史。

中国古代都城的规划除了宏观的规划思想外，也有微观的规划设计，这些具体的设计做法很少记载于文献中，需要通过较多古代都城实例的考察去提取和归纳。陈筱是建筑学出身，故尤其重视古代城市规划中的设计方法，如中心点、轴线和模数等的运用，并重点分析了东魏邺城的中心点，隋唐大兴/长安城的模数。那么，中国古代有无一以贯之的城市规划的"立中"准则和设计模数？在规划一个都城时的模数选择只有一个还是有不同层次的模数？这些都是值得进一步延展讨论的问题。《考工记》营国制度在国都营建法则方面提出了"里""夫"两级模数，也就是城的整体组合和功能区划用"里"，而城的功能区内部区划则使用较小的"夫"。"里"这个模式一直为后世所沿用，但是随着都城规模的大型化和规范化，会不会使用"里"以上的模数？这个更大的模数是多大？顶级模数是规范化的还是随机的（东魏邺城规划时似乎将曹魏邺城整个城市作为新邺城的规划模数，就有因地制宜的意味）？"里"以下的城市功能区内的规划是否还在使用更小的规划模数（中古时期坊内的大小十字街的规划应该是里的切分，但像宫城、皇城、市的规划是否有先秦"夫"一类的模数）？这些问题的讨论，自然也会有助于深入认识中国古代城市。

最后需要提到的是，在中国古代都城发展史中，上古时期是一个跨越时间长、城址数量多、形态差异大的时期，古代中国都城的营建模式和规划思想都在这一阶段基本形成。由于文献记载的缺失，加之城市考古工作的滞后，目前不少上古都城的基本要素都还没有查明，这就给认识上古的城市规划思想带来了困难。因此，加强上古时期中国城市（尤其是都城）薄弱环节的研究很有必要。例如安阳殷墟是我国狭义历史时期的第一个都城，但殷墟遗址作为一个都城既没有宫城，也没有内城和外郭，这与同属商代的郑州商城、偃师商城和洹北商城这三处商代都城都不同，目前我们见到的殷墟很像是郭区，而不像是完整的都城景象。殷墟迄今仍然是一个不能理解的古代都城，有学者以现有的殷墟考古发现为依据复原殷墟的城市规划模式，当然是难以信从的。再如西周都城，在陈筱该论著撰写期间，西周王朝的三个都城遗址——岐周、宗周（丰镐）和成周，其考古发现都还不足以支撑都城形态研究的开展，不得已只能以曲阜鲁城权作代表。最近北京大学考古文博学院和陕西省考古研究院等单位在周原遗址的城市考古工作有了重要进展，曹大志博士通过仔细的读图、勘探和分析，终于找到了周原遗址的内、中、外三重城垣，结合先前雷兴山教授具有预判性的周原遗址的研究成果，岐周古都遗址的基本面貌已经展现在人们面前。诸如此类都城遗址实例存在的问题和研究的进展，提醒着我们，中国上古时期的城市研究还存在很大的拓展空间，我们都应该继续努力。

2021 年 7 月 15 日
于北京肖家河宿舍

目　录

序 ………… 孙　华　Ⅰ

导　言 ………… 1

第一章　绪论 ………… 5
　第一节　中国古代城市规划思想的研究基础 ………… 8
　　一、研究背景与学科基础 ………… 8
　　二、以规划成果为中心的研究 ………… 9
　　三、始于城市规划思想的研究 ………… 11
　　四、将中国古代城市规划设计思想作为一种复杂体系的探索 ………… 15
　　五、存在问题的讨论 ………… 17
　第二节　理想城市的文本渊源
　　　　　——《考工记》理想规划考辨 ………… 23
　　一、《考工记》的成书时间与文本性质 ………… 23
　　二、《考工记》理想规划的核心内容 ………… 28
　第三节　理想规划的实践成果
　　　　　——城市考古方法及材料 ………… 39
　　一、古代中国的时空界定 ………… 39
　　二、理想城市的性质界定 ………… 40
　　三、既往考古研究提供的材料 ………… 44
　　四、现代技术下的城市考古方法及所获新材料 ………… 46
　第四节　小结 ………… 47

第二章　中国上古时期的理想城市
　　　　　——以周代曲阜鲁城为例……49

第一节　周代以前的都城形态……51
　一、二里头遗址……52
　二、商代都城的布局与形态……58
　三、周代以前的都城布局与形态……66

第二节　周代前期的理想城市
　　　　　——周鲁城布局新探……68
　一、周代前期都城概况……69
　二、周代前期周王室都城的布局特点……76
　三、周代鲁国都城曲阜布局新探……81

第三节　周代后期至秦汉都城的规划……104
　一、周代后期的都城形态……104
　二、秦汉都城的布局与形态——周代后期城郭并立型城址的演化……136

第四节　小结与讨论……148

第三章　中国中古时代的理想城市
　　　　　——以东魏北齐邺城、隋唐长安为例……153

第一节　三国两晋南北朝的都城形态……155
　一、三国两晋南北朝的都城概况……155
　二、魏明帝洛阳都城制度的创立与发展……156
　三、别出心裁的都城规划……169

第二节　南北朝时期的理想城市
　　　　　——兼探东魏北齐邺城的外郭边界……177
　一、邺城概况……178
　二、洛、邺二都的中心点位置规律分析……187
　三、东魏北齐邺城外郭边界试探……190

第三节　隋唐都城规划对东魏北齐邺城的继承与创新……201
　一、隋唐长安对东魏北齐邺城的延续与创新……203
　二、隋唐洛阳反映的都城规划新思路……211

　　　　三、隋唐长安的设计模数新释………213
　　第四节　小结与讨论………230

第四章　中国近古时代的理想城市
　　　　　　——以元中都和明中都为例………235
　　第一节　五代至宋元的都城规划………237
　　　　一、唐末五代长安与洛阳城的改造………238
　　　　二、五代至北宋都城汴梁的形态与结构………241
　　　　三、辽金元等北方游牧政权的都城形态………246
　　第二节　近古时期的理想城市
　　　　　　——元中都的考古调查与复原研究………261
　　　　一、元中都概况………261
　　　　二、2012年秋元中都考古调查的思路与主要收获………272
　　　　三、元中都对大都制度的遵从与改易——从元中都内城复原
　　　　　　出发………276
　　　　四、元中都其他建筑遗迹的分布及形态特征………294
　　第三节　明清都城规划对元代制度的继承与发扬………304
　　　　一、明清时期的新建都城——明中都规划方案试探………304
　　　　二、吴王新宫及明南京………323
　　　　三、明清北京………327
　　第四节　小结与讨论………332

第五章　中国古代理想城市的形态特征………337
　　第一节　尊崇经典
　　　　　　——中国古代理想城市的边界与分区………339
　　　　一、中国古代都城边界和分区的类型与演变………341
　　　　二、中国古代理想城市的边界与分区特征………350
　　第二节　渐趋世俗
　　　　　　——中国古代都城的功能构成与分布………352
　　第三节　自承传统
　　　　　　——中国古代理想城市的空间组织………361
　　　　一、路网与轴线——变化甚微的空间整合方式………361

二、中心与模块——不断发展的空间整合方式…………365
　第四节　中国古代理想城市对周边地区都城形态的影响…………374
　　一、古代朝鲜的都城形态…………374
　　二、古代日本的都城形态…………379
　　三、古代越南的都城形态…………383
　　四、小结…………386
　第五节　中国古代理想城市的特征
　　　　　——基于中外理想城市的对比研究…………388
　　一、古代印度的《政事论》理想规划及曼荼罗图示…………388
　　二、文献记述的古代伊朗圆形城市…………392
　　三、古代欧洲"正多边形边界—放射式路网"的理想城市方案及
　　　　实践…………393
　　四、小结…………397

结语…………400

参考文献…………405

后记…………426

导　言

　　本书以考古勘探和发掘所反映的城市形态为标准，以修建于开阔平地且受到后世建设干扰较少的都城——周鲁城、东魏北齐邺城、隋唐长安和元明中都为考察重点，串联中国上古、中古和近古时期其他具有代表性的都城。本书将它们与《考工记·匠人》对城市规模、边界、路网、功能布局、轴线、中心和模数的要求进行对比，纵向考察了中国古代各个历史时期的都城选址与布局特征，横向上将它们与不同古代文明区的理想城市展开比较，归纳出中国古代城市规划思想及制度的特点与影响，最后探寻了孕育这些规划思想与制度的社会文化背景。

　　先秦时期的典籍《考工记·匠人》是迄今记载中国古代城市思想最系统也最为重要的一段文献。它是战国时期的学者基于对夏、商、周城市和宫室建筑发展历史的认识以及当时实行的城市和宫室营建制度，结合当时社会政治背景及发展趋势，所提出的大一统国家建立后的城市理想。这段文字不仅描述了理想城市的规模与边界，还讨论了构成都城的功能单元及其布局，并显示出不同城市要素之间的理想空间结构。本书所考察的重点正是这段文字所表述的城市规划理想与中国历史上新建于开阔平地、极少受到自然山水或既有城市建设影响的几座理想城市实例之间的联系。

　　根据笔者对《曲阜鲁国故城》所载遗址遗迹的实地定位以及对周代鲁国故城纵横轴线的测量及勘探，本书首先重新审视了周代鲁国都城在兴建之时的选址与设计。笔者认为，这座城址以包括周公庙高地、小北关高地在内的自然高地为城市中心，以指向高地中心与舞雩台遗址的 8 号干道为城市轴线，并使鲁城的城垣范围择定、干道路网规划、重要工业区布置等都紧密围绕自然高地与城市轴线展开，较好地体现了中国古代"因地制宜""择中立国"等城市建设思想，具有若干符合《考工记》理想规划的形态特征。作为早于《考工记》的城市实践，周鲁城的规划与营建经验很可能是《考工记》理想规划成书的重要渊源。

邺都初创于曹魏时期，始筑邺北城。随后十六国时期的后赵、冉魏和前燕先后以此为都。东魏北齐弃洛阳旧城，重新启用邺都，建设者以邺北城的南墙作为新城的北界，"发畿内民夫十万"修筑了一座全新的城圈，即今人所称的邺南城。值得注意的是，无论是邺北城还是南城，城市的几何中心点都恰好位于宫城正门附近。北魏改造洛阳外城的规划，似乎也是以宫城正门为基点，分别等距向东、南、西、北扩展，从而确定了外郭城圈的四至边界。本书从这一空间规律出发，结合其他文献和考古材料，提出了东魏北齐邺城外郭的一种可能分布范围。其中，东魏北齐邺城的北外郭很可能位于邺北城北墙及其东西向的延展线上。此时，如视邺南城为内城，那么这座城址布局比较接近北魏洛阳，采用了符合《考工记》要求的重城相套格局；如视邺北城、南城为内城，这座城址的布局则与隋唐长安子城位居外郭北端的布局非常接近，与《考工记》的要求相悖。以东魏北齐邺城和隋唐长安为代表，中古都城既有谨守传统的一面，如中轴线的运用，也有锐意创新的内容，如采用边长大于1里的规划模数，印证了东魏扩建邺城阶段所主张的规划原则"参古杂今，折中为制"。

元中都是元朝中期在草原地区开阔平地上完全新建但尚未全部建成的一座城市，它继承了元大都的城郭宫殿制度，较为完整地实践了元代的都城制度。元中都的边界呈正方形，具有内外相套的三重方形城垣，均围绕同一条南北轴线展开。其中，外城在中轴线的南北两端，很可能曾有较大规模的建筑工事；第二圈城垣及隔墙偏居外城中央偏北，面积有限，应作为宫城的辅助生活区；宫城中心是等级最高、规模最大的宫殿建筑群所在，面阔方向上分为东、中、西三路，进深方向又有南、北之别。约半个世纪以后，明代在江淮之间的丘陵间新建明中都，比对文献与实物可知，这座都城的设计方案很可能与元中都在边界、轴线、中心上都有一定的相似性，最后因地形等条件限制未能理想地实施规划。从元中都和明中都来看，近古都城不论由何种文化背景的政权所建，也不论建于何地，都主动贴近于《考工记》的要求。

将周代曲阜鲁城、东魏北齐邺城和元中都等典型的理想城市与《考工记》理想规划进行比较，首先可以看到，中国古代都城的分区规模和功能元素随着历史的发展发生了较大的变化。汉代以后，也就是上古至中古时期之交，宫城面积急剧缩小；隋唐以降，也就是中古与近古时期之交，服务于宫城的内城，不仅面积大为减小，还减少了此前具备的一些功能单元，如官署府寺、贵胄府邸、左祖右社，而仅留诸司府库。其次，构成中国古代理想城市的基本功能元素几乎都可见于《考工记》，如宫殿、外城、祖、社、市场；随着都城生活的发展，又出现了一些新的城市要素，如佛寺道观、御苑园林，丰富了城市的景观与城市居民的文化生活。再次，不同要素的空间关系有着不同的变化轨迹，如祖、社等宗庙礼仪建筑的位置，经千余年变化甚微；宫殿与外城的相对位置略有调整，形成了宫城正门位居外城中心的传统，也即宫城略偏外城北侧；市场和居民区的位置变化较大，前者由固定位置变为随商行分布而灵活布置，后者则由限制于封闭的里坊变为在正交格网的统一秩序中自由组织。纵览中国中古、近古都城空间形态的变化，《考工记》理想规划对于中国古代城市建设的影响，并未因书稿的问世而立即产生作用，也未因时间的流逝而有明显的减弱，似乎更加趋向于循环往复，并最终在近古时期末段达到了一个顶峰。

在历史上，古代中国的近邻朝鲜、日本和越南都曾在建立统一王权国家的过程中主动效仿中国，修建以王宫为中心，以正交路网组织交通，以南北向轴线协调不同城市功能单元的都城。在《考工记》成书前后，其他的古代文明区也出现了有关理想城市的著述或记载，它们与《考工记》理想规划不约而同地关注了城市的边界形态、中心功能、轴线方向和路网形式，显示出不同的古代文明有所差异的城市观念和空间形式偏好。相较而言，世界上能够持续数千年不断对最高等级、最大规模城市的规划布局产生根本性影响的理想城市思想唯有《考工记·匠人》，它还向古代中国的周边地区广泛输出，引领着亚欧大陆东部城市化过程的发展态势。

第一章

绪 论

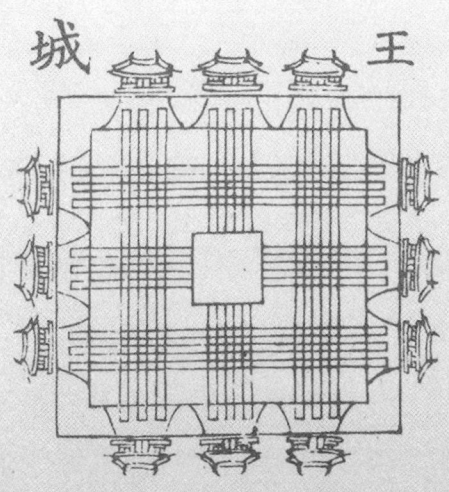

匠人营国。方九里，旁三门。国中九经九纬，经涂九轨。左祖右社，面朝后市，市朝一夫。

——《周礼·冬官考工记》

人本主义城市规划理论家凯文·林奇[①]（Kevin Lynch）在《城市形态》（*Good City Form*）一书中写道："什么能造就一座好的城市？"这是一个天真的问题，是一个毫无意义的问题，更是一个难以找出合理答案的问题，因为"城市实在过于复杂，远远超出了我们所能控制的范围，而且影响到太多的人，这些人又有太多不同的文化背景"[②]。尽管如此，城市形态是如何产生的，居民又如何感知和接受城市的形态，以及为何规划者会更加钟情于某些城市形态，诸如此类的问题却未被学者遗忘。本书将展开讨论的"中国古代的理想城市"，也是一个难以找到合理答案的命题——在数千年的历史长河里，哪些城市是国家统治者、规划师、普通城市居民心目中好的、理想的城市，它们是如何被设计和造就的，又具有怎样的布局和形态特征，恐怕无法找到直接的证据。

对于研究现代城市的学者而言，可以通过尽可能多的采访、调查，掌握基于不同个人经验的答案，也可以用人口、金钱、交通量等数据进行定量分析，得到一个体现时代和地域特征的总结。然而，我们所关注的古代城市，除了仅存不多的一些史料，似乎很难直接了解古代人创造某一城市形态的初衷，他们创造并居住的城市是否接近其心目中的理想城市。借助城市考古的方法，我们可以更加仔细地考察古代城市的原始环境和物质遗痕，将考古材料与文献相结合，我们还有可能了解古代城市的规划和建造过程，了解古代城址营建之初人们对于城市空间的构思，认识城市建造中对原初规划的改易调整，从而梳理出那些对城市实践不断产生影响的城市模型，进而推测古人对理想城市的真实想法。

《考工记·匠人》是我国现存最为系统的城市规划理论文本之一，作为大

[①] 本书注引了诸多前辈的学术成果，为简明起见，后文均省略"先生"称谓。
[②] Kevin Lynch, *Good City Form*. The MIT Press, 1981：p. 1. 引自［美］凯文·林奇著，林庆怡、陈朝晖、邓华译，黄艳译审：《城市形态》，华夏出版社，2001年，第1页。

一统国家政治模式的物质载体，该书描述的城市模型对中国乃至东亚大陆的都城规划产生了尤为深刻的影响，可谓东亚大陆的理想城市模式之一。本书希冀以中国古代不同阶段的都城形态沿袭与演变为背景，以周鲁城、东魏北齐邺城和元中都等修建于开阔平地且较少受到既有建设影响的理想城市为中心，考察《考工记·匠人》所载城市模型的形态特点、《考工记·匠人》规划思想的实践渊源、《考工记·匠人》对后世都城规划的影响及其变化，利用考古材料和方法的更新推动中国古代城市规划思想的研究。

第一节　中国古代城市规划思想的研究基础

一、研究背景与学科基础

在当今学术界，对中国古代城市规划思想的研究主要是以城市史研究为平台和导向展开的。在存世的古代文献中，保留了一定数量的关于城市的记录与考察，诸如经史中对城市制度的记载、有关都城的专门志述和数量众多的地方志文献，形成了中国城市史研究的传统。从 20 世纪 80 年代开始，中国史学界正式引入"城市史学"这一概念，随后得到广泛使用[1]。有学者指出，城市史研究应当从纵、横两个方向展开："城市史以城市的历史发展为研究对象，是一种以时间变迁为线索的纵向研究领域，自然应是历史学的研究领域之一；与此同时，城市又是由诸多横向方面如城市经济、城市文化、城市社会、城市建设、城市管理等组成，这些横的方面构成了历史学之外的许多学科的研究领域，并且这些横的方面自身也有其历史形成和发展变化的过程，因而城市史或者城市史的某些领域就构成了这些相关学科的研究领域。"[2] 城市规划思想的研究是从城市规划学、环境学、设计学、土木水利工程学等学科的角度对城市发展史的考察，属于城市史学横向研究的范畴。

需要注意的是，城市规划思想是与城市史学、城市规划学研究有着密切联系却又有所区别的研究领域。三者都以具有时间、空间和社会三重属性的城市为研究对象，涉及多个学科的方法和理论，但城市规划思想的研究重点，有别

---

[1] 黄柯可：《美国城市史学的产生与发展》，《史学理论研究》1997 年第 4 期，第 92～100 转 147 页。

[2] 毛曦：《中国城市史研究——源流、现状与前景》，《社会科学》2011 年第 1 期，第 160～166 页。

于城市史学研究的重点"城市及其变化规律",也有别于城市规划学研究的重点"如何处理城市内、外空间",它主要探讨的是人类处理城市内部、外部空间的演进过程及其变化规律所体现的思想意识形态。具体来说,城市规划的内容既包括城市外部的选址、规模和形态,也包括城市内部的分区、功能单元与道路;城市规划活动所反映的意识形态既受到通行的城市制度和思想的影响,也来自规划师、建造者结合城市环境的具体安排,这些都属于城市规划思想的研究范畴。尽管研究重点有所差异,城市规划思想的研究对于讨论城市史分期,对于丰富城市规划的方法与理论,都有积极意义。

郭湖生曾指出,参与中国古代城市研究的学者主要来自三个学科:一是历史地理学科,二是考古文物学科,三是建筑规划学科[①]。目前关于中国古代城市规划思想的研究论著,也主要来自这三个学科。根据研究视角的差异,可将这些论著分为三类。第一类是针对规划成果的研究,其论述重点是单座城市或具有关联性的多座城市,研究者从建成城市或其遗址遗迹出发,通过考察城市布局与形态,提炼城市的规划思想。第二类是针对规划思想的研究,论述重点是某一预先设定的城市设计原则或规划思想,研究者从某类理论或方法出发,通过一系列城市实例加以验证,从而讨论规划思想或方法的实施效果及沿袭过程。第三类研究的重点是寻求诸多不同规划思想之间的有机联系,以方法或时间为线索架构中国古代城市规划的思想体系。现将每类研究的主要思路、代表著作、学术贡献和主要问题简要总结、评述如下。

二、以规划成果为中心的研究

以规划成果为中心的城市个案研究是城市规划思想研究的基础。这类研究将历史文献、图档与实地踏勘、考古发掘资料相结合,分析一座或具有相似时空属性的一系列城市的选址、规模、形态、轴线、中心、道路、水系、分区等布局形态特征,并从不同角度总结城市在处理某类城市空间或功能要素的规划思想及其历史脉络[②]。开展此类研究的学者具有多样文化、学科背景和学识经历;反之,不同的研究取向,不同的治学方法,都能在这类研究中有所施展。举例来说,在 20 世纪下半叶,泰勒(Griffith Taylor)、卫德礼(Paul Wheatley)、

[①] 郭湖生:《关于中国古代城市史的谈话》,《建筑师》1996 年第 6 期,第 64、65 页。
[②] 具体文献未一一列举,详见参考文献。

罗斯穆森（Steen Eiler Rasmussen）、培根（Edmund N. Bacon）四位西方学者曾对古代北京的规划建设展开评述，侯仁之在梳理这些研究的基础上，又对北京城的选址、轴线、总体设计、现实意义四个方面提出了更加全面的新认识[①]，邓辉等近年又对元大都水系的空间分布特征作出了新的调查和解释[②]。

除对城市个案的考察之外，以下三种情况也可视作以规划成果为中心的研究。

第一，对具有时空相似性的城市群的研究。近年来，关注始建于同一历史时期或位于同一地理单元的多座城市的研究逐渐增多[③]。在分析单一城市布局形态的基础上，这类研究通过对多座城市进行横向对比，探究城市规划的思想及其变化。相较对单一城市的研究，这一视角有利于避免结论的片面性。

第二，对某位城市规划师及其作品的研究。相较于中国古代文献极少记述建筑匠师的姓名，古代文献对重要都城的规划师的记载略多，这使考察规划师的个人经历与学术思想也成为研究的途径之一[④]。然而，我们一般仅能从文献了解规划师的家世、经历、学派、职位等，却很难（或几乎不能）直接掌握规划师指导某座城市的营建时运用的具体规划思想或方法。因而，这些对规划师的研究，实质上还是从规划成果即建成城市的个案入手。

第三，罗列式的通论性著作。这类著作尽管涉及了多座城市，却并未提炼出比较系统的设计原则或规划思想，实则还是罗列城市个案。例如，夏南悉（Nancy Shatzman Steinhardt）的著作《中国帝都的规划》（*Chinese Imperial City Planning*）[⑤]可视为这一类。

总的说来，这类研究的数量很多，问题也不少。首先，研究材料比较趋同，名望较大的都城获得的关注比较多，一般的地方城址则不受重视，存在一些尚需填补的学术空白。第二，对城市个案研究的时空范围比较有限，城市在鼎盛时期的面貌受到的关注比较多，关于鼎盛期前后的城市消长变化研究比较

---

① 侯仁之：《评西方学者论述北京城市规划建设四例》，《北京联合大学学报》1998 年第 4 期，第 1～6 页；侯仁之著，邓辉、申雨平等译：《北平历史地理》，外语教学与研究出版社，2014 年。

② 邓辉：《元大都内部河湖水系的空间分布特点》，《中国历史地理》2012 年第 3 期，第 32～41 页。

③ 李小波、李强：《从天文到人文——汉唐长安城规划思想的演变》，《城市规划》2000 年第 9 期，第 37～43 页。

④ 龙彬：《伍子胥及其城市规划思想实践》，《重庆建筑大学学报（社会科学版）》2000 年第 1 期，第 106～108 转 62 页。

⑤ Steinhardt N. S., *Chinese Imperial City Planning*. University of Hawaii Press, 1999.

少；对城墙以内城区的规划建设的关注比较多，对城墙以外区域的规划与自组织相互作用的研究比较少。第三，提炼的规划思想常常显得过于零散，研究的结论针对城市的选址、规模、布局、形态等不同事项提出，各个事项之间缺乏有机联系，给人以各类规划思想呈并列关系却没有内在有机联系的感觉。最后，缺乏统一的考量标准，这使得对同一座城市规划思想的评判不乏相悖的认识，让人无所适从。例如，关于元大都的规划思想，贺业钜、王贵祥都认为存在复古倾向，潘谷西却指出，"元大都不但不是复《考工记》之古的都城典型，相反，倒是一个充分因地制宜、兼收并蓄、富有创新精神的都城建设范例"[1]。

三、始于城市规划思想的研究

始于规划思想的研究基于预先提出的一套城市设计方法或规划思想，并用不同城市实例加以检视、验证，从而梳理这一设计方法或规划思想的源流、演变、实施及影响。黑格尔在《历史哲学》一书中写道："所有在感觉、知识和认知方面，在我们的本能和意志方面，只要是属于人类的，都含有一种'思想'。"[2] 依照这一观点，只要认可"城市"作为人类的规划设计结果而存在，那么必然散发着思想的光辉。无论规划思想是作为方法、原则而存在，或受某种观念、意识的影响，都与人类思想密不可分。概括说来，既有始于城市规划思想的研究大体有两种思路，分别关注了城市的两个层面，第一是设计方法的分析，属于形构层面；第二是规划思想的研究，属于意识层面。分述如下：

（一）关于设计方法的研究

陈明达在《营造法式大木作制度研究》一书中写道："《营造法式》给我们的重要贡献之一，就是相当详细地记录、阐述了当时已通行的建筑和结构设计所应用的材份制，亦即古代的模数制。"[3]《营造法式》等古代文献提供的线索使得复原中国古代木构建筑的模数，寻找其中的比例和尺度规律，成为中国建筑史学研究的重要领域。受此影响，设计模数也成为建筑史学家考察中国古代城市形态与布局的切入点之一。

---

[1] 潘谷西：《元大都规划并非复古之作——对元大都建城模式的再认识》，《中国紫禁城学会论文集（第二辑）》，紫禁城出版社，1997年，第17～21页；潘谷西：《中国建筑史（第四版）》，中国建筑工业出版社，2000年，第53页。
[2] ［德］黑格尔著，王造时译：《历史哲学》，上海书店出版社，2006年，第8页。
[3] 陈明达：《营造法式大木作制度研究》，文物出版社，1981年，第6页。

傅熹年撰《中国古代城市规划、建筑群布局及建筑设计方法研究》一书，系统研究了中国古代城市与建筑的规划设计原则、方法和艺术构图规律，并通过绘图方法分析了隋唐长安、隋唐洛阳、隋唐扬州、渤海上京、元大都—明北京和唐云州—明大同等城址的布局特点[1]。傅熹年指出，作为都城规划，既有按实际需要布置的一面，也有在不影响使用情况下附会经典和比附有一定意义的数字的一面；在宫城的设计上，考虑政权安全多过居中思想；在坊、街区的面积设计上，又常常会寻求与宫城面积的模数关系[2]。该书认为，中国古代的建筑与城市"用模数（包括分模数、扩大模数和长度模数、面积模数）控制规划、设计，使其在规模、体量和比例上有明显或隐晦的关系，以利于在表现建筑群组、建筑物的个性的同时，仍能达到统一谐调、浑然一体的整体效果"[3]。通过对明清皇家陵寝的研究，王其亨注意到，皇家建筑群的内部空间往往是通过特定大小的平格进行组织，外部空间则合于风水形势说"百尺为形""千尺为势"的构成原则[4]。依照这一思路，曹鹏采用25丈见方的平格复原了明中都的设计尺度，并试图通过不同城圈的规模比例与同一城圈纵横城墙的长度比例，推测存在于城市形态之中的数理意义和哲学思想[5]。王贵祥等学者对中国古代建筑基址规模的研究[6]，主要关注了建筑基址、城址的周长，以及面积数值在类型、时间上的规律性，通过对《周礼·考工记》描述的周王城、隋唐洛阳宫城、北魏洛阳宫城、宋西京洛阳宫殿规模形制的考察，重点讨论了历代宫殿建筑群基址随着历史的进程逐渐缩小的特点，并指出，在一定的时间段内，宫殿建筑群的规模可能是一个规制性问题[7]。例如，宫城"周回九里三十步"的传统就延续了较长时间，可能具有一定的特殊涵义——数字"九"为阳数之

---

[1] 傅熹年：《中国古代城市规划、建筑群布局及建筑设计方法研究》，中国建筑工业出版社，2001年。

[2] 傅熹年：《中国古代城市规划、建筑群布局及建筑设计方法研究》序言，中国建筑工业出版社，2001年，第1~5页。

[3] 傅熹年：《中国古代城市规划、建筑群布局及建筑设计方法研究》序言，中国建筑工业出版社，2001年，第9页。

[4] 王其亨：《风水形势说和古代中国建筑外部空间设计探析》，《风水理论研究》，天津大学出版社，1992年，第117页。

[5] 曹鹏：《明代都城坛庙建筑研究》，天津大学博士学位论文，2011年，第70~92页。

[6] 王贵祥：《关于中国古代宫殿建筑群基址规模问题的探讨》，《中国紫禁城学会论文集（第五辑）》，紫禁城出版社，2007年，第150页；王贵祥等：《中国古代建筑基址规模研究》，中国建筑工业出版社，2008年。

[7] 王贵祥等：《中国古代建筑基址规模研究》，中国建筑工业出版社，2008年，第127页。

尊，数字"三十"则有圆满之意，整体象征着某种尊贵、圆满[1]。

（二）对规划思想的研究

1. 以《周礼·考工记》城市思想为中心的研究

《周礼·考工记》（后简称《考工记》）的《匠人》一篇（后简称《考工记·匠人》）是中国古代留存至今年代最早的系统性城市规划论著。赞同中国古代城市规划曾受《考工记·匠人》影响的学者非常多，如考古学家俞伟超评价道："如果说，这（《考工记》）是对已形成的都城规划所作的一种标准式设计思想的阐述，那么，自这部书在西汉武帝时被重新找到以后，棋盘格式的街道布局乃至左祖右社的细部设计，就给以后的都城规划带来很大影响；特别是当曹魏时古文经学又得到了和今文经学同样重视的地位后，它几乎成为以后一千数百年中规划历代都城的一个传统思想。"[2] 海外的研究者，如美国学者夏南悉、戈兰尼（G. S. Golany）[3]等也关注过《考工记》对中国古代都城规划的影响。迄今为止，对《考工记》城市思想研究最为深入的当属贺业钜，他的三本著作《考工记营国制度研究》[4]《中国古代城市规划论丛》[5]和《中国古代城市规划史》[6]，直指一个结论，即《考工记》所载的营国制度，是奴隶社会城邑的建设制度，也是中国封建社会城市规划的基础思想，虽经社会演进，后世几次改革，但实质没有变化。在论著中，营国制度不仅涵盖了王城、宫城、庙社、市里、道路规划，也包括都邑建设体制、都邑规划体制、礼制营建制度、井田方格网系统规划方法，还涉及王畿区域规划制度[7]。按照这种理解，《考工记》的影响几乎遍及中国古代历史上绝大多数城市。其不足在于，几乎将所有关于城市规划的思想与制度，如《管子》所代表的实用主义思想，曹魏邺城所反映的制度创新都纳入了《考工记》的影响范围，似有夸大《考工记》的作用。

因此，关于《考工记·匠人》对中国古代城市规划的影响程度，一些学者也提出了批判性认识。例如，潘谷西在《中国建筑史》教材中说："《考工记·

---

[1] 王贵祥等：《中国古代建筑基址规模研究》，中国建筑工业出版社，2008年，第146页。
[2] 俞伟超：《中国古代都城规划的发展阶段性》，《文物》1985年第2期，第52页。
[3] 转引自郭湖生：《关于中国古代城市史的谈话》，《建筑师》1996年第6期，第65页。
[4] 贺业钜：《考工记营国制度研究》，中国建筑工业出版社，1985年。
[5] 贺业钜：《中国古代城市规划史论丛》，中国建筑工业出版社，1986年。
[6] 贺业钜：《中国古代城市规划史》，中国建筑工业出版社，2003年。
[7] 贺业钜：《中国古代城市规划史》，中国建筑工业出版社，2003年，第23页。

匠人营国》那一段著名的关于都城布局的文字记述，虽被历代循礼复古的儒生们所推崇，但事实上至今还未发现一处都城曾照章办事。"①该书主要梳理了中国古代城市通过长期实践总结的建设"经验"，包括选址、防御、规划（具体内容为道路系统和娱乐场所的布置）、绿化、防洪、排水六个方面，这些内容在一定程度上也属于城市规划方法和思想的范畴。郭湖生指出，"《考工记》对中国都城的影响是有一些，但决非历代遵从，千古一贯。其作用是有限的"，"迷信《考工记》为中国古代都城奠定了模式，就使中国古都的研究陷入了误区，停滞不前"②。

2. 以象征思想为中心的研究

从形态上模拟或象征某个具有吉祥含义的事物也被用于中国古代的城市规划。例如，将城市模拟天象来布局就是一类古老而独特的规划思想。日本学者驹井和爱（Kazuchika Komai）提出，燕下都是引易水以象征天河，这座城址的规划思想很可能与见载于《史记》《三辅黄图》的秦咸阳城非常相似，这一规划方法很可能流行于战国时期③。在《建筑哲理、意匠与文化》的《中国古都象天法地的规划思想研究》一节中，吴庆洲曾对象征思想的文化背景、影响方式、城市实例进行了仔细梳理，并指出，象天法地的城市规划思想影响非常广泛，包括都城的宫城、皇城的位置，四象、天、地、日、月等坛的设立，金水河的开凿，城郭的外形，城市的数目等诸多方面都与这一思想有关④。象征思想对中国古代城市规划的影响常常表现在局部，如以宫殿象征紫微垣，以城门之名象征八风，以城之四角象征四神，以曲折的城垣象征某些吉祥之物等。

3. 以《管子》城市思想为中心的研究

苏畅撰《〈管子〉城市思想研究》一书指出，《管子》城市思想的特点在于因应和务实，具体包括"营国思想"和"营城思想"两方面内容⑤。需要注意的是，《管子》所表达的城市思想，究竟更侧重自上而下的规划，还是强调由下而上的自组织对城市形态的影响，还值得讨论。

---

① 潘谷西：《中国建筑史（第四版）》，中国建筑工业出版社，2001年，第53页。
② 郭湖生：《关于中国古代城市史的谈话》，《建筑师》1996年第6期，第62页。
③ 转引自徐苏斌：《日本对中国城市与建筑的研究》，中国水利水电出版社，1999年，第194、195页。
④ 吴庆洲：《建筑哲理、意匠与文化》，中国建筑工业出版社，2007年，第356～378页。
⑤ 苏畅：《〈管子〉城市思想研究》，建筑工业出版社，2010年。

4. 以风水思想为中心的研究

关于城市选址、规划对自然山水环境的关照，城市建筑、设施与山水景观的空间关系，最具系统性的是风水思想的研究。如王其亨《风水理论研究》一书将"风水"视作生态环境与景观审美的评价手段，对传统城市与风水的关联性及其历史原因、价值进行了批判研究[①]。

总的说来，上述研究都立足于假定历史上各现象或变数存在一定的结构关系，再利用这一假定组织史料。应该说，以上假说都存在一定的合理性，但不同假说受到的重视程度有所不同，研究成果的质量参差不齐。相较而言，关于《考工记》城市规划思想的研究最为丰富，但争议也比较多，围绕《考工记》的成书时间、成书背景、文本性质以及对中国古代城市营建的影响，仍众说纷纭，没有取得一致的意见。实际上，当假设的多样化达到一定程度，且不同的假设有充分平等的竞争时，最能取得学界认同的假设就有可能脱颖而出，成为理解历史的最佳角度。上述研究的不足在于，各类规划思想的关系是研究的真空地带。注意到这一不足并试图改进，是以下一系列研究的出发点。

四、将中国古代城市规划设计思想作为一种复杂体系的探索

将中国史与西洋史进行比较后，钱穆指出，"中国史则是先后相承不可分割的，五千年一贯下来，永远是一部中国史，通体是一部中国史"[②]。与中国历史的整体进程相仿，中国城市规划思想的演进也有较强的整体性，虽在不同时间、地域形成了不同的制度，但制度之间仍是相互影响、前后因袭，既非沿着单一线索单向发展，也并非呈现简单的阶段性跳跃转换，而是将长时段、不同地域的实践经验总结不断加入并丰富已有的思想，继而衍生出新的观念与策略。这一特点要求研究者全面考量中国古代城市规划史，从整体上梳理中国古代规划思想的发展脉络。吴庆洲进一步指出，"城市是一个开放的复杂巨系统，不是细节的堆积"，应将城市规划看作一个系统工程进行研究[③]。

吴庆洲在《象天法地意匠与中国古都规划》一文中将影响中国古代都城规

---

① 王其亨：《风水理论研究》，天津大学出版社，2005年。
② 钱穆：《中国历史研究法》，生活·读书·新知三联书店，2001年，第3页。
③ 吴庆洲：《总序——迎接中国城市营建史研究之春天》，苏畅著《〈管子〉城市思想研究》，建筑工业出版社，2010年，第8页。

划的思想划分为三种思想体系,具体是,体现礼制的《考工记》中的思想体系,重环境求实用的《管子》中的思想体系和追求天地人和谐合一的哲学思想体系,这三种体系相辅相成,如象天法地规划思想既打破了礼制僵硬的王城模式,又补充了只求实用的规划思想在内涵上的平淡无奇,并指导着代表制度层面的《考工记》营国思想与代表物质层面的《管子》规划思想[①]。这一研究从系统论出发,有助于避免从单一思想或杂乱无章的多种思想论证中国古代的城市规划思想。

在此之前,另一些学者也讨论过中国古代城市规划思想的类型问题。例如,驹井和爱认为,中国古代的城市规划思想分为两类,第一类如《考工记》的描述,王城居中,城市布局为前朝后市,这是一般的规划方法;前述模拟天象的思想则为第二类[②]。芮沃寿(Arthur Frederick Wright)在《中国城市的宇宙论》一文中提出,影响中国古代城市规划的思想主要通过两方面形成,第一是西汉末年关于都城的核心"城市宇宙论"(大致就是《考工记》的内容),它一部分是通过传统与惯例形成的,另一部分则由汉代儒家思想架构起来,运用在隋至晚明的城市规划中;第二是从南方的城市建设实践中积累获得的应对特殊地形的规划方法中逐渐发展出来的"风水"新思想,并通过汉代经学加入以华北和西北传统发展起来的"城市宇宙论"之中[③]。

除了规划思想类型的分析,也有学者从时间维度上建立中国古代城市规划的演变系统,即讨论中国古代城市规划史的分期问题,典型如俞伟超《中国古代都城规划的发展阶段性》[④]、贺业钜《中国古代城市规划史》[⑤]、杨宽《中国古代都城制度史》[⑥]的分期研究。孙华指出,"俞伟超说实际上是探究都城规划制度变化的社会原因,是追寻规划制度产生的历史背景;贺业钜说主要是从规划思想和制度的层面,去理解城市形态的变化;杨宽说更多的则是从城市形态本身的变化,来分析城市发展的进程。以上城市形态、规划思想(制度)、形成这种思想的背景,这实际上是城市分期的三个不同层面的标准","只有在以

---

① 吴庆洲:《象天法地意匠与中国古都规划》,《华中建筑》1996 年第 2 期,第 31~40 页。
② 徐苏斌:《日本对中国城市与建筑的研究》,中国水利水电出版社,1999 年,第 194、195 页。
③ [美]芮沃寿:《中国城市的宇宙论》,[美]施坚雅主编,叶光庭等译,陈桥驿校《中华帝国晚期的城市》,中华书局,2000 年,第 37~83 页。
④ 俞伟超:《中国古代都城规划的发展阶段性》,《文物》1985 年第 2 期,第 52 页。
⑤ 贺业钜:《中国古代城市规划史》,中国建筑工业出版社,2003 年。
⑥ 杨宽:《中国古代都城制度史研究》,上海古籍出版社,1993 年。

城市形态为标准考察了城市发展演变的进程和节奏后,我们才能归纳出各个时期城市形态反映的规划思想,才能认识在这种思想指导下所形成的制度,才能最后追寻导致这些思想和制度产生的社会原因"①。

五、存在问题的讨论

(一)城市规划思想与其实施结果罕作区分

在西方学术界,城市规划史学是独立于城市史学之外的专门学科。西方的城市规划史研究一般区别对待城市规划的思想、保障思想实施的政策和思想实施的结果,将规划方案、规划思想与规划作品——规划建成的城市视作相对独立的研究内容②。实际上,我们从城市考古所探明的城市形态,尽管是规划思想实施的结果,但并不等同于城市规划思想;它是否能够反映城市规划思想,有赖于从史料了解城市营建过程中的社会、经济、政治背景,有赖于通过城址周边的微地貌分析自然环境对城市建设的影响,还有赖于从城市形态本身推测规划方案的实施程度,只有通过综合分析城市规划思想的实施保障条件,才有可能更接近城市规划者的初衷。例如,中国古代最后一次大规模修筑都城城郭的活动,就是一个比较典型的由于思想实施的保障不足未能完全实现规划思想的例子。

有明一代,蒙古骑兵多次南下,直接威胁到北京的安全。因此,成化十年(1474年),定西侯蒋琬上书建议仿照南京修建外城③。蒋琬的想法当下并没有被采纳,直到嘉靖二十九年(1550年),俺答兵临北京城下,并饱掠京畿8天,才得以真正实现。三年后,嘉靖皇帝终于下定决心从旧城向外四面筑城,颁布敕令说:"成祖时,非但外城未暇,还有本重如九庙者。今须四面兴之,乃为全算。不四面,未为王制也。"④ 根据史料,设计方案中的外城"大约南一面计一十八里,东一面计一十七里,北一面势如倚(原书作:椅)屏,计一十

---

① 引自孙华在北京大学考古文博学院开设的研究生课程"城市考古"的讲义,未刊。
② 曹康、黄晶:《20世纪90年代以来西方城市规划史研究态势》,《城市发展研究》2009年第11期,第55页。
③ 《明史·蒋琬传》载:(蒋琬)上言:"太祖肇建南京,京城外复筑土城以卫居民,诚万世之业。今北京但有内城,已巳之变,敌骑长驱直薄城下,可以为鉴。今西北隅故址犹存,亟行劝募之令,济以工罚,成功不难。"参见《明史》卷一百五十五《蒋琬(蒋贵孙琬)传》,中华书局,1974年,第4260页。
④ 《明实录·世宗实录》卷三九五,中研院史语所,1962年,第6957、6958页。

八里，西一面计一十七里，周围共计七十余里"①。按照方案修建的外城，轮廓接近正方形，将使北京城的平面仍旧呈内外相套的回字形（图1-1）。然而，建设实践并没有贯彻规划的意图，考虑到"庶不虚费财力"②，所以只修筑了城南一面，打算俟财力充裕时"再因地计度，以成四面之制"（图1-2）。唐晓峰

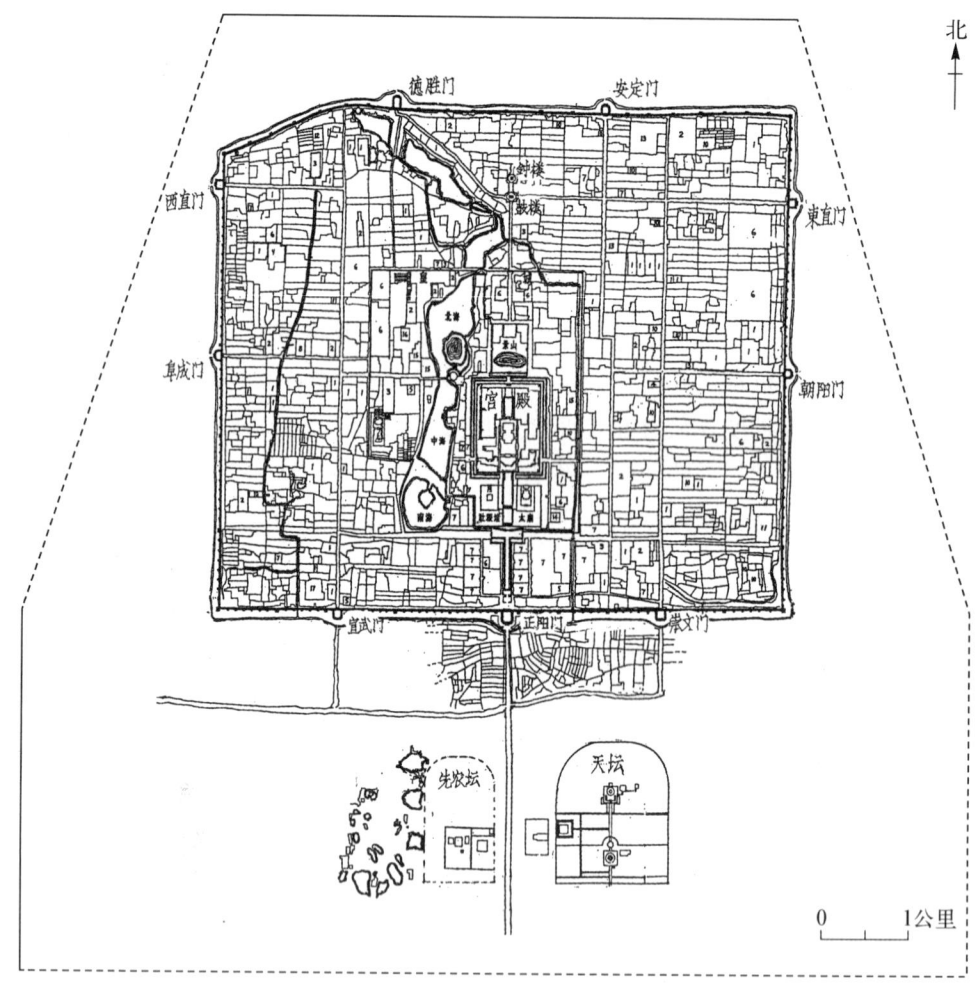

图1-1 明世宗规划北京外城范围推测示意图③

---

① 《明实录·世宗实录》卷三九六，中研院史语所，1962年，第6961页。
② （清）于敏中：《日下旧闻考》，北京古籍出版社，1981年，第609页。
③ 改绘自傅熹年：《中国科学技术史·建筑卷》，科学出版社，2008年，第577页；唐晓峰：《明代北京外城修建的社会意义》，复旦大学文史研究院编《都市繁华：一千五百年来的东亚城市生活史》，中华书局，2010年，第130页。

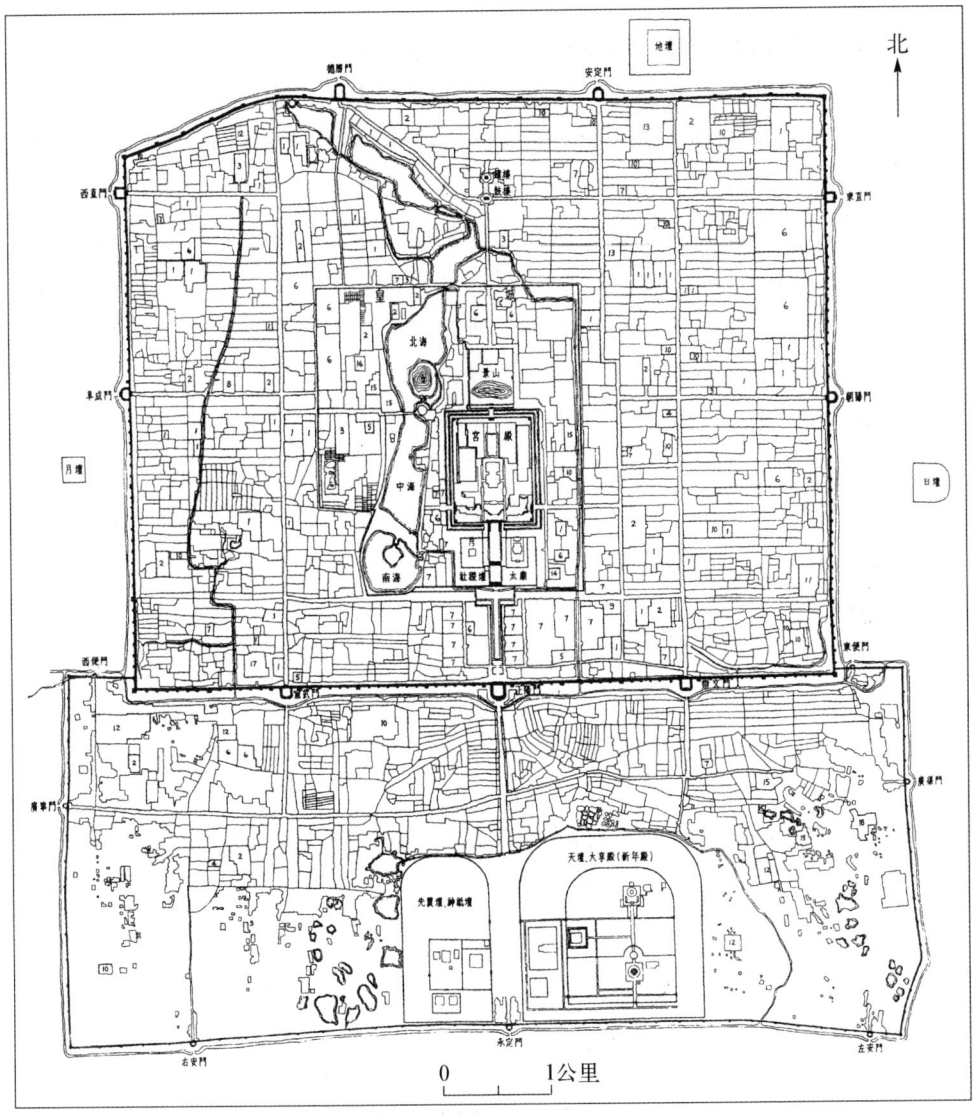

图 1-2 明嘉靖三十二年增筑南外城后的北京平面图[1]

指出:"外郭城'止筑一面'致使整个城市呈凸字形轮廓并不是本意,而只是权宜之策。"[2] 可见,由于实施规划的保障不足,明北京城外城建设的成果反映

---

[1] 刘敦桢:《中国古代建筑史(第二版)》,中国建筑工业出版社,1984年,第290页。
[2] 唐晓峰:《明代北京外城修建的社会意义》,复旦大学文史研究院编《都市繁华:一千五百年来的东亚城市生活史》,中华书局,2010年,第128~138页。

的并不是"王制"的全貌。

(二) 城市规划思想研究对象的选定标准尚存分歧

中国古代城市的数量巨大，哪些城市更具代表性，哪些城市的研究材料更加充分，哪些城市又适合开展城市规划思想的研究，既往研究极少加以讨论。从不同的研究材料出发，可以得到对中国古代城市不同的认识。举例来说，以上关于中国古代城市设计原则、规划思想的研究，其中最为系统和深入的大概要算贺业钜对《考工记》城市思想的研究和傅熹年关于中国古代城市设计原则的研究，两位学者即便都以都城为主要研究对象，但由于出发点、研究方法不同，他们选取研究材料的标准有显著差异。

贺业钜在《考工记营国制度研究》的导论部分写道："研究《考工记·匠人》营国制度，首先需要了解它在我国城市规划史上的作用。泛泛的谈论，或者截取历史的片段去探讨，或者是抽出个别城市的规划来对比分析，并不足以说明问题。我们认为最好的办法是，全面考察它自西汉末再度问世以来所产生的影响。这里，不妨以我国几个历史名都为例，回顾它们的规划情况，分析它们的规划结构，了解其间的继承和发展的关系，当可有助于对《匠人》营国制度作用的认识，明确这项研究工作的意义。"[①] 傅熹年在《中国古代城市规划、建筑群布局及建筑设计方法研究》一书中写道："研究古代城市规划的特点和手法，最好的实例是那些按既定规划在生地上创建的城市。但在现存有一定资料图纸可供研究的古城中，这样的例子并不多，就历代都城而言，很多历史上的名都都是在旧城上改建、扩建而成的。……虽然通过分析其改造、改建的内容、方法，可在一定程度上了解其意图、要求和规划技巧的水平，但毕竟要受原有城市格局的限制，不能完整地反映其都城规划的理想和方法。"[②] 对比来看，贺业钜的研究重点是《考工记》影响下的都城结构，需要考察城市功能区的分布，"历史名都"往往使用时间长，城市功能元素发展完善，显然是比较好的研究材料；傅熹年的着眼点是都城布局尺度的数值、几何比例关系，新建城市不受既有城市格局影响，更能保障全面地实施既有规划。因而，贺业钜分别考察了北京（包括明清北京、元大都、金中都）、北宋东京、隋唐长安、洛阳（包括隋唐洛阳、汉魏洛阳）和曹魏邺城，而傅熹年考察的

---

① 贺业钜：《考工记营国制度研究》，中国建筑工业出版社，1985年，第1页。
② 傅熹年：《中国古代城市规划、建筑群布局及建筑设计方法研究》，中国建筑工业出版社，2001年，第2页。

个案主要是隋之大兴（唐长安）、东都（唐洛阳）、江都（唐扬州）、渤海国上京和元大都[①]。两位学者同是围绕中国古代都城规划的研究，材料的重合率却不到一半。

因此，如何合理地选择研究材料，如何针对不同的研究材料制定恰当的研究目标，又如何将不同的研究材料所反映的不同问题整合起来，是研究中国古代城市规划史的难点之一。随着城市考古的推进，从20世纪80年代以来，不仅有以《曲阜鲁国故城》《元中都》为代表的都城考古报告陆续面世，还有对诸如东魏北齐邺城、明中都等使用时间不长的新建都城遗址开展系统考古工作，这些材料将有益于更全面地认识"中国古代的理想城市"。

（三）城市个案的考察存在时空片面化倾向

无论是从个案提炼规划思想，还是将预设的规划思想用城市实例进行论证，多数研究观察的城市都停留在某一个时代（多数是在鼎盛时期），而非以动态的观点全面梳理城市的历时性演变过程，存在静止、片面的倾向。

巫鸿在《战国城市研究中的方法问题》一文中指出，学者在对战国城市进行分类时，常常忽略了城市不断营建和演变的特点，事实上，"城市的物质形式都处于不断的变化之中。对城市形态的研究不能与这一历史事实相脱离"[②]。尽管该篇文章只是就战国城市研究来谈，但反映的是目前存在的普遍问题，除极少量的城址使用时间短、生活堆积少（如元明中都、明中都），绝大多数中国古代都城的形态都是经历了长时间的累积与变化。我们不应仅仅考察城址鼎盛时期的面貌，还需要注重城市面貌演进的过程，特别是其中的转折性变化，从而能够更加动态地分析城市形态与规划思想的互动关系。

另一方面，考察城市规划思想的空间范围往往被限定在城圈之内，而非以整体的观念共同研究城圈内外的城市功能区。许宏指出，修建面积广阔的郭城"并非贯穿中国古代都城发展的始末，而是有其鲜明的阶段性"，从考古工作来看，"从二里头遗址至曹魏邺城将近两千年的时间里，'宫城+郭区'才是都城空间构造的主流"[③]。实际上，在中国古代都城的郭城之外，往往还有大量与

[①] 傅熹年：《中国古代城市规划、建筑群布局及建筑设计方法研究》，中国建筑工业出版社，2001年，第2页。

[②] 巫鸿：《战国城市研究中的方法问题》，《礼仪中的美术》，生活·读书·新知三联书店，2005年，第91页。

[③] 许宏：《大都无城——论中国古代都城的早期形态》，《文物》2013年第10期，第61~71页。

城市活动密切相关的建筑或设施,如城外寺庙、郊坛祭场、园林苑囿和各类墓地,它们的设置与否、规模消长,也值得加以关注。

(四)尚未建立城市规划思想与城市类型的对应关系

成一农指出:"一座城市是否进行过规划是需要证明的,在中国古代历史上,一些都城无疑进行过规划,如隋代的长安、元大都等,但众多地方城市是否进行过规划,以及规划的程度和内容并没有太多的资料可以证明,至少在当前中国古代城市形态的研究中,如果提出某座城市是'规划'的产物,则必须要进行论证。但是,当前以'规划'为标题的论著几乎都没有对这一问题进行论证,而且在这些论著中似乎认为所有的中国城市都是规划的产物,这显然是一种误解。"[①] 这一问题的实质是缺乏关于中国古代城市类型的研究。正因为没有建立中国古代城市的分类阶元框架,也就没有考虑某种城市规划思想与设计方法所运用的城市类型,也就无法讨论城市规划施加的程度,难以深入考察规划设计是否覆盖了城市形态的每一个层面,从宫殿到市坊的每一个局部是否都能视作规划的结果。进一步,这便造成了马正林《论中国城市的规划》一文中提及的问题:"关于中国城市的规划思想,直到目前尚无系统的理论研究,仅有一些零散的、互不关联的说法。"[②]

事实上,从不同类型城市的规划思想研究的数量上可以看出,相关学者已经意识到,在不同类型的城市,城市规划的程度和思想的确有所差别。在以"规划(设计)"命题的研究中,多都城,少地方城市;多历史时期城市(近代城市更多),少先秦及以前城市;多新建都城(汉长安、隋唐长安、元大都),少依靠旧城改建、扩建的都城(如宋东京、明清北京)。可见,在多数学者的认识中,中心都城、历史时期的城市和新建城市更适合进行城市规划思想的研究,地方城市、先秦城市、改扩建城市的规划程度应低于中心都城、历史时期的城市和新建城市。建立逻辑完善的城市分类,有利于对某类城市是否存在一种压倒性、核心式的规划思想,抑或是数种关联性不大的规划思想并行施展进行研究,从而架构中国古代的城市规划思想体系。

---

① 成一农:《中国古代地方城市形态研究现状评述》,《中国史研究》2010 年第 1 期,第 145~172 页。

② 马正林:《论中国城市的规划》,《陕西师范大学学报(哲学社会科学版)》1997 年第 4 期,第 86~114 页。

第二节 理想城市的文本渊源
——《考工记》理想规划考辨

《考工记·匠人》是中国目前所知年代最早,也是最为系统的城市规划理论文献。相较于其他中国古代城市规划思想,关于《考工记·匠人》的研究数量最多,研究水平也比较高。尽管如此,围绕于《考工记·匠人》的学术分歧和争论也最多,不同学者关于《考工记·匠人》对中国古代城市建设的影响程度,仍持针锋相对的不同意见。另外,关于《考工记》的成书时间和文本性质,也存在不同认识,《考工记·匠人》究竟是如实记录业已建成的城址或曾经施行的城市制度,还是基于城市建设经验所提出来的理想城市模式,尚无定论。鉴于《考工记·匠人》在中国古代城市理论文献中的突出地位以及关于这份文献尚存的诸多模糊与争议之处,本书将以考辨这份文献的文本性质和核心内容作为出发点。

一、《考工记》的成书时间与文本性质

《考工记》是我国留存至今最早的工程、工艺技术汇编,其作者佚名,一般被认为是齐国的官书。该书文字简古,今本仅 7 100 余字,却含有非常丰富的信息量,英国科学史学家李约瑟称其为"研究中国古代技术史的最重要的文献"。相传,西汉河间献王刘德因《周官》六官(天、地、春、夏、秋、冬)缺《冬官》篇,就以《考工记》单行之书补入,并进献给汉武帝。至西汉末刘歆时,改《周官》为《周礼》,所以《考工记》又被称为《周礼·冬官·考工记》。从西汉末年至王莽新政时期,《考工记》随着《周礼》被列为重要的经书之一,此后不断受到统治者的青睐,作为儒生的必读书,它不断获得文人学者的考订、注释以及图示解义,流传和影响都非常广泛。戴吾三指出,"《考工记》非一般手工业生产技术的'官书'",而是"齐国政府制定的一套指导、监督和评价官府手工业生产工作的技术制度"[①]。以下具体讨论《考工记》的成书时间、文本性质以及成文背景。

(一)《考工记》的成书时间

关于《考工记》一书的年代,汉儒郑玄注《考工记》时,只在标题下简单

---

① 戴吾三:《考工记图说》,山东画报出版社,2003 年,第 2 页。

地说"此前世识其事者记录以备大数尔",并未说明具体的成书时间。唐孔颖达为其作疏时认为是西汉人所作,贾公彦则认为是先秦之书。现代学者意见也不一致,目前大致有4种说法。第一是春秋末期说。例如,郭沫若认为,《考工记》是春秋后期的著作[1],贺业钜认同这一观点[2]。第二为战国初期说。例如,杨宽认为,《考工记》大体上是战国初期齐国的著作[3],闻人军也认同这一说法[4]。第三是战国后期说。例如,梁启超就指出,《考工记》里写道:"郑粤无,燕无函,秦无庐,胡无弓车。"由于燕是到春秋中叶才和诸侯往来的,秦是到东周初年才立国的,粤胡是到战国末才传名到中国的,"因此可知《考工记》是战国末的书"[5],史景成等学者也认同这一说法[6]。第四是秦汉时期说,如陈寅恪就认为《考工记》成书时间可能晚至西汉[7],沈长云[8]、刘广定[9]等持相近观点。

(二)《考工记·匠人》的文本性质

在《考工记》开篇即叙述"百工之事"的由来和特点,其关于城市思想的论述主要见于《攻木之工》下属的《匠人》篇,涉及城市规划的主要有"匠人建国"和"匠人营国"两部分。关于这些文本的性质,一部分学者认为,它们是对既有城市规划思想的如实追记;更多学者则认为,它们是对未曾真实存在的城市理想的描述。

采信《考工记》成书于春秋末期或战国初年说的学者往往认为,《考工记·匠人》反映的是西周及之前三代的城市规划与营建理念。例如,贺业钜写

---

[1] 郭沫若:《〈考工记〉的年代与国别》,《沫若文集(第16卷)》,人民文学出版社,1962年,第381~385页。

[2] 贺业钜:《〈考工记〉的性质及其成书的地点和时代问题》,《考工记营国制度研究》,中国建筑工业出版社,1985年,第180页。

[3] 杨宽:《战国史》,上海人民出版社,1981年,第11页。

[4] 闻人军:《〈考工记〉成书年代新考》,《文史》第23辑,中华书局,1984年,第31~39页;闻人军:《考工记译注》,上海古籍出版社,2008年,第1页。

[5] 梁启超:《古书真伪及其年代》,中华书局,1955年,第126页。

[6] 史景成:《〈考工记〉之成书年代考》,《书目季刊》第5卷第3期,1971年,第3~23页。

[7] 陈寅恪:《隋唐制度渊源略论稿》,《陈寅恪集》,生活·读书·新知三联书店,2001年,第70页。

[8] 沈长云:《谈古官司空之职——兼说〈考工记〉的内容及成书年代》,《中华文史论丛》1983年第3期,第209~218页。

[9] 刘广定:《从钟鼎到鉴燧——六齐与〈考工记〉有关问题试探》,《中国艺术文物讨论会论文集·器物》,台北故宫博物院,1991年,第307~320页;刘广定:《中国科学史论集》,台湾大学出版中心,2002年,第223~239页。

道:"《考工记》很可能就是齐景公后期高、国当权,为极力维护'工贾食官'旧制而制订的。"①"《匠人》所述的王城规划就是周代奴隶制王国的首都建设制度。"② 目前,多数城市规划教材、专著都采信了这一说法。例如,高等学校城市规划专业推荐教材《城市规划原理》一书写道:"成书于春秋战国之际的《周礼·考工记》记述了关于周代王城建设的空间布局。"③《中国古代城市规划史》一书写道,"(《匠人》)难免夹杂有东周制度乃至当时的地方制度","《匠人》一节载有营国制度,系统地记述了周人城邑建设体制、规划制度及具体营建制度,……它终究在一些主要方面保留了若干西周旧制,为我们探讨西周王畿大型区域规划,提供了可贵的依据"④。《中国建筑艺术史》写道:"《考工记》是成书于春秋末叶的齐国官书,追述了西周的一些营造制度。"⑤《中国城市建设史》一书同样是在《殷周时代的城市》一章论述《考工记·匠人》这部文献的内容,将《考工记》所描述的周王城视作上古三代城市的范本。

与此同时,也有许多学者认为,《考工记·匠人》绝不是纪实性文字,它不是对周代制度的记述,而是基于既往城市经验在特定时代背景下描述的理想城市蓝图。在《中国古代建筑史》一书中,关于《考工记》文本性质的表述略显摇摆,该书写道:"此(《考工记》)项载述……如果说不是反映了周初王城建设的大致轮廓,至少也是对西周王城一种理想模式的描绘。"⑥陈寅恪在《隋唐制度渊源略论稿》一书中写道:"考工记之作成时代颇晚,要乃为儒家依据其所得之材料,而加以理想化之书,则无可疑……"⑦考古学家王仲殊同样认为,《考工记·匠人》"是中国古代都城的一种理想化的规划"⑧。建筑学家、城乡规划学家吴良镛指出,《考工记·匠人》描述的只是一个理想的原则(ideals in

---

① 贺业钜:《〈考工记〉的性质及其成书的地点和时代问题》,《考工记营国制度研究》,中国建筑工业出版社,1985年,第180页。
② 贺业钜:《考工记营国制度研究》,中国建筑工业出版社,1985年,第36页。
③ 李德华:《城市规划原理(第三版)》,中国建筑工业出版社,2001年,第13页。
④ 贺业钜:《中国古代城市规划史》,中国建筑工业出版社,1996年,第5、195页。
⑤ 萧默:《中国建筑艺术史(上)》,文物出版社,1999年,第151页。
⑥ 刘叙杰:《中国古代建筑史·第一卷·原始社会、夏、商、周、秦、汉建筑》,中国建筑工业出版社,2003年,第209页。
⑦ 陈寅恪:《隋唐制度渊源略论稿》,《陈寅恪集》,生活·读书·新知三联书店,2001年,第70页。
⑧ 王仲殊:《汉代考古学概说》,中华书局,1984年,第8页。

principle），是一座理想城（ideal city），是对当时的城市规划理想的一个总体概括（a summary of ideals of city planning at that time）[①]。李允鉌在《华夏意匠》一书中写道："著名的《冬官考工记·匠人》所载的就是最早的有关城市规划的一个官方理想模式，虽然对它的内容有着种种不同的评价，但是无论如何它是人类社会早期提出和制定的当时认为最'理想'的城市规划制度。事实上也是这样，无论何时制定或提出的理想城市设计方案，包括19世纪以至近代的，他们都不可能得到完全的实现，不过，这种'意念'对城市设计就常常深具影响力。"[②]

事实上，不仅《考工记》所描述的四边等长、各具三门、方正而规整的城市形象得不到先秦城市考古的证明，以宫殿为中心，以祖、社为代表的宗庙建筑拱立在侧的城市布局也不符合先秦时期"宫庙一体，以庙为主"的都城规制。在先秦文献中，"庙""宫"常常通用，如《左传》称郑国之祖庙为"大宫"[③]，《国语》称晋襄公之庙为"襄公之宫"，帝王遇大事，需告于宗庙。从先秦时期的文献来看，至晚到春秋时期，宗庙在都城中的地位远超宫殿。《礼记·王制》载："君子将营宫室，宗庙为先，厩库为次，居室为后。"[④]《吕氏春秋·慎势》载："古之王者……择国之中而立宫，择宫之中而立庙。"[⑤]《左传》称："凡邑，有宗庙先君之主曰都，无曰邑。"[⑥]凡此都说明在城市布局中宗庙处于十分重要的核心地位。直到战国时期，宫殿地位才上升为都城的核心。

我们认为，《考工记·匠人》并不是对春秋礼崩乐坏之前的城市规划思想的真实再现，即便《考工记·匠人》还留存着早期都城的影子（不尽是周代），但它的核心思想的形成却不会早于战国。《考工记·匠人》的文本性质并不是对既有城市模式的记录，而是一份在成书之时并未完全实现的理想规划。

（三）《考工记》理想规划的成文背景讨论

陈寅恪指出《考工记》理想规划"所依据匠人营国之材料其中必有当时真

[①] Wu Liangyong, *A Brief History of Ancient Chinese City Planning*. Kassel: Urbs et Regio, 1985: pp. 4-5.
[②] 李允鉌：《华夏意匠——中国古典建筑设计原理分析》，天津大学出版社，2005年，第378、379页。
[③] 《春秋左传》："（隐公十一年）郑伯将伐许。五月甲辰，授兵于大宫。"据杨伯峻：《春秋左传注（修订本）》，中华书局，2009年，第72页。
[④] 引自王文锦译解：《礼记译解（上）》，中华书局，2001年，第41页。
[⑤] 引自许维遹撰，梁运华整理：《吕氏春秋集释》，中华书局，2009年，第460页。
[⑥] 引自杨伯峻：《春秋左传注（修订本）》，中华书局，2009年，第242页。

正之背景者"①。孙华更为具体地说:"一部书的撰述时代不等于该书所记内容的时代,尤其在上古时代,许多史迹都是先口耳相传,然后才用文字记录下来,又过了许多年,才将相关文字记载汇集整理成书,官方文书和档案尤其如此。"② 目前,关于《考工记·匠人》的成书背景也有几种不同的意见。

第一种观点认为,《考工记》理想规划是东周晚期儒家学者提出的城市理想。例如,通过检讨战国城市的形成过程。巫鸿指出,一方面,《考工记》理想规划所记载的宫城居中的布局模式并不符合以宗庙为先的西周城市的特征;另一方面,《考工记》理想规划的基本布局遵循的是战国之前中国都城的主要模式。他认为,《考工记》对这一传统的"集聚型"模式的推崇,表明了儒家"复"周之正统的思想观念③。孙华也认为,《匠人》与《考工记》乃至于《周礼》其他篇章一样,具有太多理想化的成分,这是周代末年的学者勾画未来大一统国家蓝图时的惯常做法,如果考虑到这一社会背景,那么《考工记》理想规划更有可能是战国前后的作品,反映的是战国晚期对大一统恢复后的都城理想④。

第二种观点认为,《考工记》理想规划反映的是西汉统治者的想法。早在陈寅恪论述隋唐都城建筑制度时,就注意到:"西汉首都宫市之位置与考工记匠人之文可谓符合,岂与是书作成之时代有关耶?"⑤针对长安城的规划的确存在与《考工记》符合之处,王仲殊指出,"这可能是由于《考工记》在汉初受到重视,因而在设计长安城时被充分参照,相反,也可能是由于汉儒从长安城的实际情况出发,增改了《考工记》的'匠人营国'部分的关系"⑥。武廷海还提出,汉初的长安城与《考工记·匠人》并不完全相符,它的全文写就有赖王莽篡汉、效仿周公这一特定时期的政治需求,"'匠人营国'可能是王莽时期以西汉都城长安为蓝本,揉入当时宇宙观念而描绘的都城布局理想蓝图"⑦。

---

① 陈寅恪:《隋唐制度渊源略论稿》,《陈寅恪集》,生活·读书·新知三联书店,2001年,第70页。
② 引自孙华在北京大学考古文博学院开设的研究生课程"城市考古"的讲义,未刊。
③ 巫鸿:《战国城市研究中的方法问题》,《礼仪中的美术》,生活·读书·新知三联书店,2005年,第97、98页。
④ 引自孙华在北京大学考古文博学院开设的研究生课程"城市考古"的讲义,未刊。
⑤ 陈寅恪:《隋唐制度渊源略论稿》,《陈寅恪集》,生活·读书·新知三联书店,2001年,第70页。
⑥ 王仲殊:《汉代考古学概说》,中华书局,1984年,第8页。
⑦ 武廷海、戴吾三:《"匠人营国"的基本精神与形成背景初探》,《城市规划》2005年第2期,第52~58页。

本书以为，战国理想说符合时代背景，并无明显的不恰之处，西汉长安城每边三门、共计十二门的设置，宫殿、朝堂和市场的布局，又与《考工记·匠人》的描述非常贴近。然而，西汉长安与《考工记·匠人》多有相符之处，这是否意味着《考工记》成文于汉代，抑或汉人根据西汉长安城改写了《考工记》，不仅要比较西汉长安与《考工记》理想规划的相似程度，还取决于能否找到早于西汉长安且与《考工记》理想规划相符的实例。如不能找到，那么很可能如第二类学者的观点，《考工记》理想规划的成文是以西汉的都城建设与时代思潮为背景的，如能找到，那么，汉长安的营建也可能是遵照再次面世的《考工记·匠人》，而《考工记》理想规划的成文还有更早的实践背景。

二、《考工记》理想规划的核心内容

《考工记·匠人》前一部分"匠人建国"主要叙述的是城址的选定标准和技术手段，核心段落是："匠人建国。水地以县，置槷以县，眡以景。为规，识日出之景与日入之景。昼参诸日中之景，夜考之极星，以正朝夕。"① 这段文字从技术层面叙述了营建城邑前求水平、定方位的测量方法，属于匠人建国的性质、选址与朝向要求。《周礼·天官》有载："惟王建国，辨方正位，体国经野。"② 周初分封以后，立国与筑城往往是同一件事，所谓"国之所在，必筑城居之"，匠人建国等同于立城以表国。理想的都城应位于地之中央，地面平整，都城的朝向必须符合正方位，这样才可以做到百物阜安，阴阳和合。

后一部分"匠人营国"主要介绍了王城、诸侯城以及宗室与卿大夫的"都"三级都城的规划原则。其中，对王城规划的记述比较详细，其他两类只说了城隅和道路，而且都是按照等级差别以王城制度为基准各作减杀。王城有"王宫门阿之制五雉，宫隅之制七雉，城隅之制九雉"，相应的，王城的"门阿之制，以为都城之制；宫隅之制，以为诸侯之城制"。王城"经涂九轨，环涂七轨，野涂五轨"，相应的，王城"环涂以为诸侯经涂，野涂以为都经涂"。不同等级城市的规模差别，也可见于其他先秦文献，例如《左传·隐公元年》对采邑有"大都""中都""小都"之别③，《周礼·载师》对采邑有"大都""小

---

① 引自（清）孙诒让撰，王文锦、陈玉霞点校：《周礼正义》，中华书局，1987年，第3415~3422页。
② 引自（清）孙诒让撰，王文锦、陈玉霞点校：《周礼正义》，中华书局，1987年，第9~13页。
③ 《春秋左传》："（隐公元年）先王之制：大都，不过三国之一；中，五之一；小，九之一。"据杨伯峻：《春秋左传注（修订本）》，中华书局，2009年，第11页。

都""家邑"之别①,《逸周书·作洛解》也说:"乃作大邑成周于土中。……大县立城,方王城三之一;小县立城,方王城九之一。都鄙不过百室,以便野事。"② 可以说,《考工记》理想规划的核心内容就是"匠人营国"所载的王城规划。

汉代以来,不断有学者对《考工记》进行注释和研究,大致可分为三个阶段:第一个阶段是从汉至唐,在现知的文献中,《考工记》都被合编在《周礼》中,以《周礼·冬官》的形式流传,存世较为完整的《考工记》注疏主要见于东汉郑玄的《周礼注》和唐初贾公彦的《周礼疏》。第二个阶段为宋元明时期。从宋代开始,《考工记》被从《周礼》中抽出来单独讲解,随之出现了各类单行的《考工记》注释,不仅如此,还有学者根据《考工记》的特殊性,配图加以解义。第三个阶段为清朝,《考工记》的研究和注释在乾嘉学派的主导之下,在学术水平上臻于中国古代的巅峰③。

正因为有了历代学者大量的注释、研究和图示解义,原本书字简短的《考工记》理想规划所表达的涵义渐趋完整、丰富和系统。例如,《考工记·匠人》的文本中没有提到"宫",东汉郑玄则解释王城中心是"王宫所居也。祖,宗庙。面犹乡也。王宫当中经之涂也"④,唐代贾公彦在郑玄注释的基础上进一步解释道:"谓经左右前后者,据王宫所居处中而言之,故云王宫所居也。"⑤另外,宋代以来,一些学者还依据图示解义,将《考工记》理想规划直观地表现在图面上,使得讨论周王城的分区、轴线、模块等空间特征成为可能。

(一)文字释义

反映《考工记》理想规划核心内容的主要段落是:"匠人营国,方九里,旁三门。国中九经九纬,经涂九轨。左祖右社,面朝后市,市朝一夫。……王宫门阿之制五雉,宫隅之制七雉,城隅之制九雉。经涂九轨,环涂七轨,野涂五轨。"⑥

---

① 《周礼·载师》:"以廛里任国中之地,以场圃任园地,以宅田、士田、贾田任近郊之地,以官田、牛田、赏田、牧田任远郊之地,以公邑之田任甸地,以家邑之田任稍地,以小都之田任县地,以大都之田任畺地。"据(清)孙诒让撰,王文锦、陈玉霞点校:《周礼正义》,中华书局,1987年,第938页。
② 引自黄怀信:《逸周书校补注译》,三秦出版社,2006年。
③ 张言梦:《汉至清代〈考工记〉研究和注释史述论稿》,南京师范大学博士学位论文,2005年。
④ 引自(清)孙诒让撰,王文锦、陈玉霞点校:《周礼正义》,中华书局,1987年,第3428页。
⑤ 同上。
⑥ 引自(清)孙诒让撰,王文锦、陈玉霞点校:《周礼正义》,中华书局,1987年,第3423~3430、3471~3475页。

从字面上看，《考工记》理想规划主要涉及三方面内容，即王城的边界与规模，王城的城门与干道，以及王城内的功能构成与布置。

首先，《考工记》规定了王城的形制，为四边等长的正方形，每边开三座城门，共计十二座城门。王城的规模"九里"，可作三种解释。第一是"九平方里"，即王城四边各长 3 里，约合 1 250 米[①]，城址面积约合 1.6 平方公里。第二是"边长九里"，即王城四边各长 9 里，约合 3 750 米，面积 81 平方里，约合今 14 平方公里。第三，如王贵祥提出的，也可将"里"解释为"里坊"[②]。《逸周书·作洛解》记载，大邑周"立城方千七百二十丈"，杨宽指出，"《艺文类聚》《初学记》等书都将《逸周书·作洛解》中的'立城方千七百二十丈'引作'方千六百二十丈'，以六尺为步，三百步为里计算，正好方九里"[③]。结合中国古代文献常常以"方"来描述城市或建筑占地的边长，以上三种解释中，将"方九里"理解为边长 9 里可能最为合适。

其次，王城内的干道由纵横各 9 条街道组成，其中纵向的街道有 9 辆车的宽度，约合 16.56 米。考虑到王城的城墙、城门在纵横上并无等级、规模差别，文字并没有直接交代的横向道路可能也是九轨之宽。除干道外，沿城垣还设有环路，宽度七轨，约合 12.9 米。城外的道路最窄，仅有五轨，约合 9.2 米。古今学者关于干道的构成和数量有不同理解，后文再作讨论。

再次，王城的主要功能元素是"祖、社、朝、市"四项，它们环绕在宫的四方，其中，王城的左边为"祖"，右边为"社"，前部为"朝"，后部为"市"。根据先秦时期的文献，这四项城市功能元素，分别维系着天子与祖宗、天地、诸侯、百姓的礼仪关系。

"祖"是祭祀祖先的宗庙，维系着封建宗法制度的根本。《礼记·曲礼下第二》："祭王父曰皇祖考，王母曰皇祖妣。"[④]《礼记·祭法第二十三》："天下有王，分地建国，置都立邑，设庙祧坛墠而祭之，乃为亲疏多少之数。"[⑤]"社"即社稷，是祭祀天地的神社，《礼记·郊特牲第十一》："社，所以神地之道也。……家主中溜，而国主社，示本也。"[⑥]社有不同类型，《礼记·祭法第二

[①] 按 1 周尺合 23.1 厘米；一周里等于 300 步、1 800 尺，合 415.8 米换算。
[②] 王贵祥等：《中国古代建筑基址规模研究》，中国建筑工业出版社，2008 年，第 128 页。
[③] 杨宽：《中国古代都城制度史研究》，上海古籍出版社，1993 年，第 40 页。
[④] 引自王文锦译解：《礼记译解（上）》，中华书局，2001 年，第 54 页。
[⑤] 引自王文锦译解：《礼记译解（上）》，中华书局，2001 年，第 671、672 页。
[⑥] 引自王文锦译解：《礼记译解（上）》，中华书局，2001 年，第 342、343 页。

十三》:"王为群姓立社,曰大社。王自为立社,曰王社。诸侯为百姓立社,曰国社。诸侯自为立社,曰侯社。大夫以下成群立社,曰置社。"① 关于祖和社的方位,《礼记·祭义第二十四》:"建国之神位,右社稷而左宗庙。"② 祖和社在天子的大型活动中都扮演着重要的角色,《礼记·王制第五》:"天子将出征,类乎上帝,宜乎社,造乎祢,祃于所征之地;受命于祖,受成于学。"③

"朝",是臣下朝觐天子的朝廷、朝堂。《礼记·曲礼下》:"天子当宁而立,诸公东面,诸侯西面,曰朝。"④《礼记·王制第五》:"天子无事,与诸侯相见,曰朝。"⑤ "朝"的意义是明确君臣秩序,《礼记·祭义第二十四》:"朝觐,所以教诸侯之臣也。"⑥《礼记·经解第二十六》:"故朝觐之礼,所以明君臣之义也。"⑦

"市"一般作市场解释,作为与"朝"相对出现的概念,代表着等级次于人臣、数量庞大的庶民活动区。《礼记·王制第五》:"命市纳贾,以观民之所好恶、志淫好辟。"⑧ "市"是工、贾的聚集地,主要职能是工业生产和商贸交易,《左传·襄公十四年》记载:"商旅于市,百工献艺。"⑨ 此外,"市"还是公开惩处罪犯的地点,以此来彰显天子掌握的正义裁决与赏罚权力,《礼记·王制第五》:"爵人于朝,与士共之。刑人于市,与众弃之。"⑩

《考工记》理想规划规定,朝堂和市场各占一个"夫"的面积,郑玄注"一夫"为方各百步,即朝、市各为一个边长为100步的正方形,各占地一百亩。因此,朝、市相当于1里见方之地面积的1/9,占全城面积的1/729,按照周代尺度折算,朝、夫的占地边长139米,面积不足0.2平方公里。

(二)既有解义图示的比较

选择宋代以来比较具有代表性的《考工记》理想规划解义图示,比较如表1-1。相较而言,既有图示对王城分区、功能单元分布、城市轴线和几何中心

---

① 引自王文锦译解:《礼记译解(上)》,中华书局,2001年,第673、674页。
② 引自王文锦译解:《礼记译解(上)》,中华书局,2001年,第704页。
③ 引自王文锦译解:《礼记译解(上)》,中华书局,2001年,第168页。
④ 引自王文锦译解:《礼记译解(上)》,中华书局,2001年,第48页。
⑤ 引自王文锦译解:《礼记译解(上)》,中华书局,2001年,第167、168页。
⑥ 引自王文锦译解:《礼记译解(上)》,中华书局,2001年,第700页。
⑦ 引自王文锦译解:《礼记译解(上)》,中华书局,2001年,第730、731页。
⑧ 引自王文锦译解:《礼记译解(上)》,中华书局,2001年,第165~167页。
⑨ 引自杨伯峻:《春秋左传注(修订本)》,中华书局,2009年,第1017页。
⑩ 引自王文锦译解:《礼记译解(上)》,中华书局,2001年,第165页。

表 1-1 《考工记》理想规划的既有推测示意图

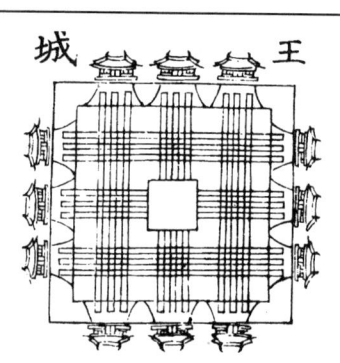

1. 宋·聂崇义《三礼图》载"王城图"（简称"聂崇义图"）

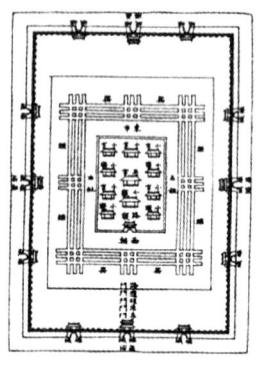

2. 明《永乐大典》载"周王城图"（简称"《永乐大典》图"）

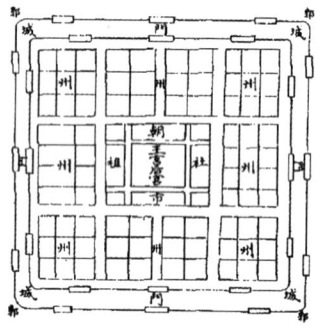

3. 明·王应电《周礼图说》卷上《十五》载"营国九州经纬图"（简称"王应电图"）

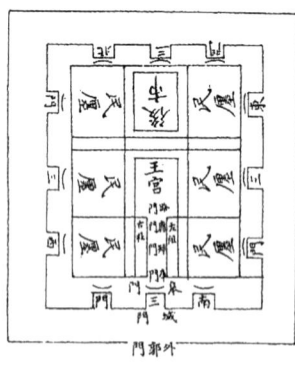

4. 清·任启运《宫室考》卷下《十九》载"都城九区十二门全图"（简称"任启运图"）

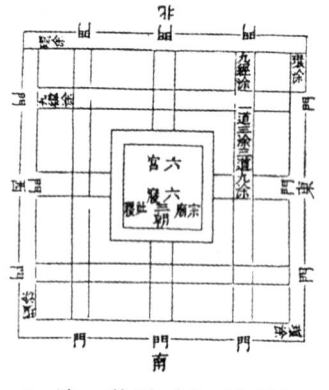

5. 清·戴震《考工记图》载"王城图"（简称"戴震图"）

续表

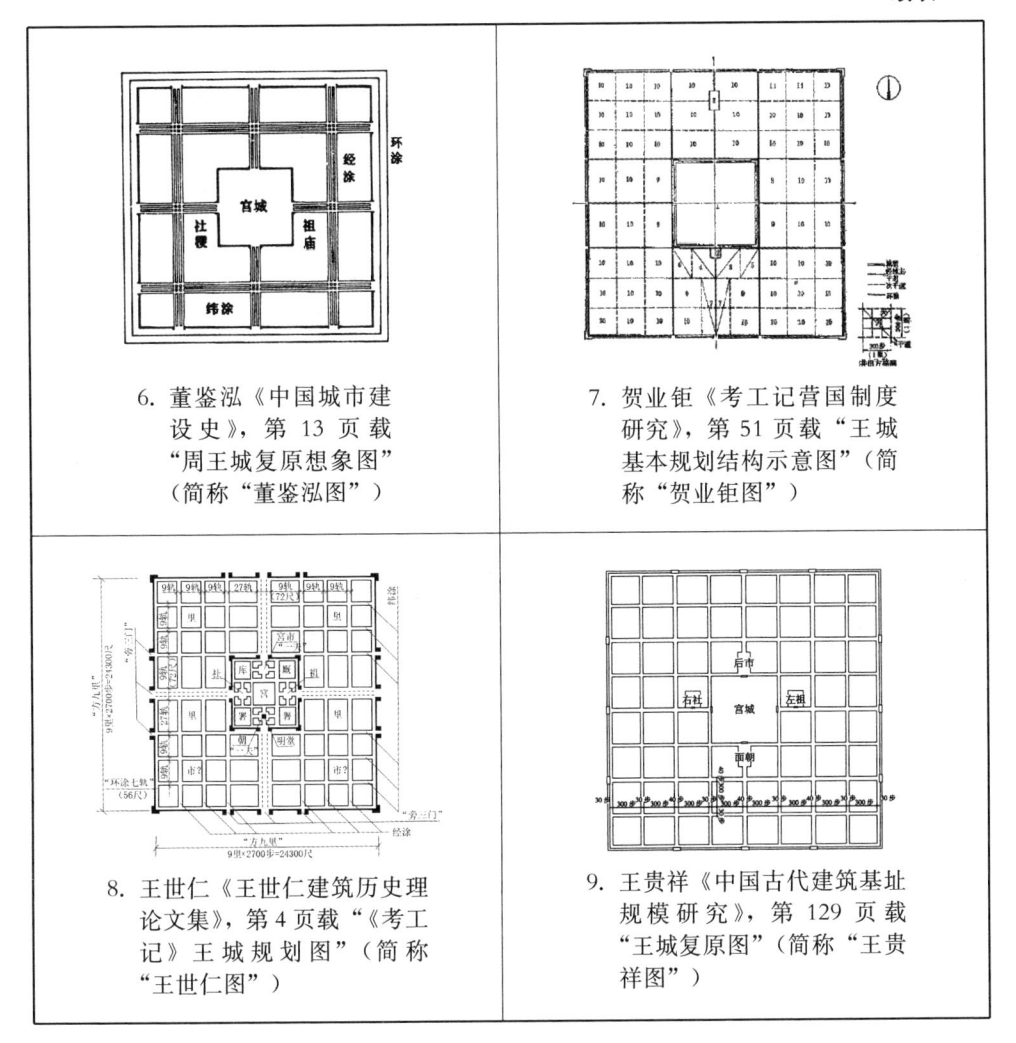

6. 董鉴泓《中国城市建设史》，第13页载"周王城复原想象图"（简称"董鉴泓图"）	7. 贺业钜《考工记营国制度研究》，第51页载"王城基本规划结构示意图"（简称"贺业钜图"）
8. 王世仁《王世仁建筑历史理论文集》，第4页载"《考工记》王城规划图"（简称"王世仁图"）	9. 王贵祥《中国古代建筑基址规模研究》，第129页载"王城复原图"（简称"王贵祥图"）

等特征的理解大同小异，没有本质差别，关于王城的城门位置、干道数量和构成模数，却作出了不同的图绘示意。

1. 相近的理解与推测

（1）王城分区

既有王城图关于"方九里，旁三门"的理解基本上无异，一般将理想王城复原为两重城垣内外相套的形制，外城圈每边设三座城门，共十二座城门。略有特殊的是，《永乐大典》图将理想王城绘制为纵方形，王应电图绘制了宫、城、郭三重城垣。

绝大多数推测图都表述了王城内的宫、祖、社、朝、市五项主要功能元素。由于原始文本仅要求了它们之间的相对关系，没有描述它们处在哪一分区中，也没有要求具体位置，如祖、社是在宫殿左右，还是在朝堂左右。因而，学者进行了多种设想。概括起来，大致有四类。第一，祖、社、朝、市都在宫城中，且祖、社处于宫之东、西，如王应电、王世仁图。第二，祖、社、朝、市都在宫城中，但祖、社位于朝之东、西，如戴震图。第三，祖、社、朝、市在宫城之外，而祖、社分居宫城之东、西，如《永乐大典》、王贵祥图。第四，祖、社、朝、市在宫城之外，且祖、社位于朝之东、西，如任启运、董鉴泓和贺业钜图。应该说，由于《考工记》理想规划的叙述比较笼统，以上四种推测都符合原始文本，并无明显的不妥之处（图1-3）。

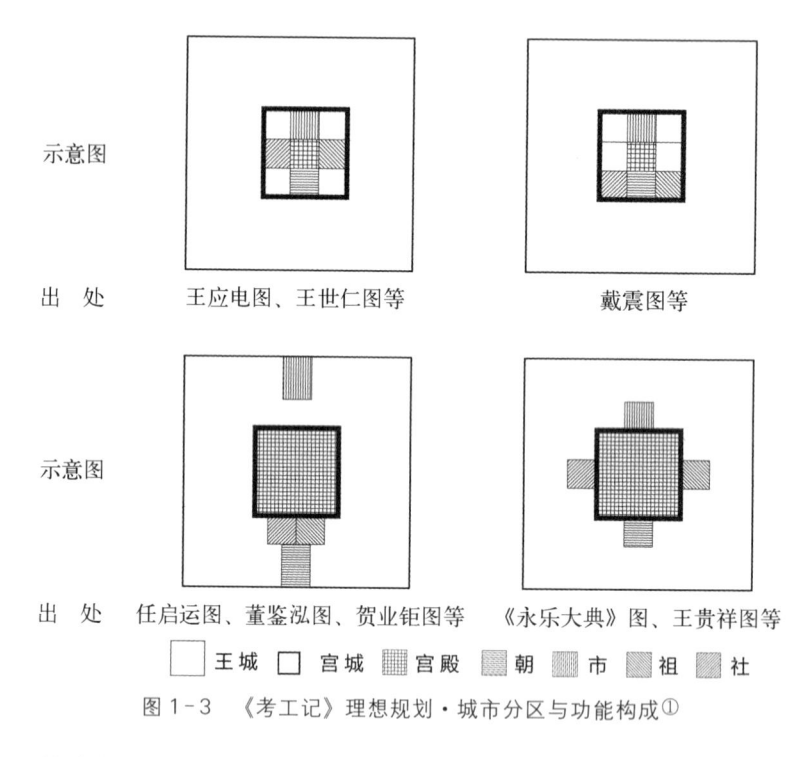

图1-3 《考工记》理想规划·城市分区与功能构成①

（2）轴线与中心

不论功能元素分布如何，在所有推测图中，理想王城都有非常明确的南北中轴线。轴线南部通过穿越城门的干道，北部指向宫城，轴线东西的城区完全

---

① 笔者自绘。后文插图未作来源说明者皆由笔者绘制，为简明起见，不再一一注明。

对称，轴线东西的功能元素彼此呼应，南北中轴线不仅贯通全城，也控制着城市功能单元、道路的空间布局。不论祖、社、朝、市具体位置如何，在所有推测图中，理想王城几何中心的位置都是一致的，均处在王城中央的王宫或宫城的几何中心，象征着天子至高无上的地位和权势。

上述四类关于功能元素分布的推测，略有不同的是由左右对称的祖、社所构成的次轴线位置。在第一、三种情况中，四种辅助功能单元环绕在宫城四面，呈中心攒聚之势，次轴线通过城址的几何中心。在第二、四种情况中，祖、社南移，主、次轴线的交点随之南移，轴线的交点与城址的中心并未重合（图1-4）。

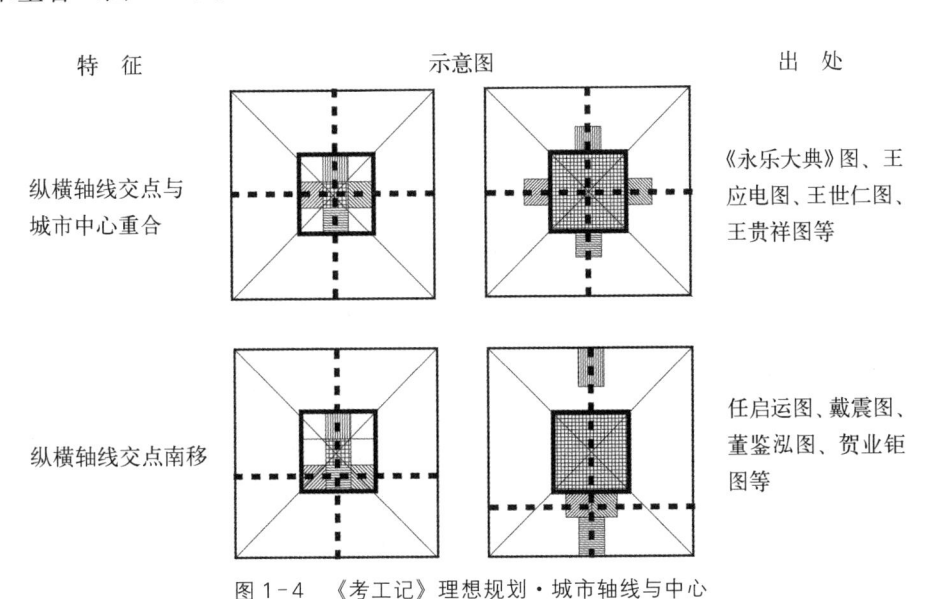

特征	示意图	出处
纵横轴线交点与城市中心重合		《永乐大典》图、王应电图、王世仁图、王贵祥图等
纵横轴线交点南移		任启运图、戴震图、董鉴泓图、贺业钜图等

图1-4　《考工记》理想规划·城市轴线与中心

2. 相异的理解与推测

（1）城门分布与干道数量

尽管图示关于城门的数量并无异议，但每面三座城门究竟如何分布，却存在不同的看法。如聂崇义、王贵祥图等，将三门等距离布置，城门与城门、城门与城角的间距都是2.25里；如《永乐大典》、戴震、董鉴泓图等，则是将王城每面先分成等长的三段，在每段正中布置城门，城门与城门间距3里，城门与城角相距1.5里；如任启运、贺业钜、王世仁图等，是将每面等距离布置两座城门之后，再在两门之间布置中门，相邻城门间距1.5里，城门与相邻城角相距3里（图1-5）。

36　中国古代的理想城市

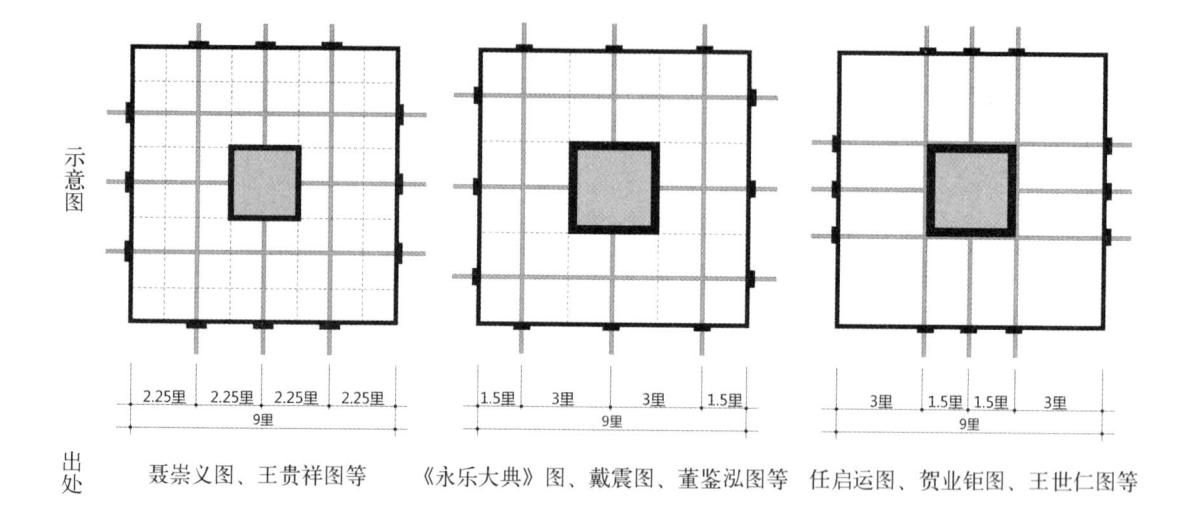

示意图：

2.25里	2.25里	2.25里	2.25里
9里			

1.5里	3里	3里	1.5里
9里			

3里	1.5里	1.5里	3里
9里			

出处：聂崇义图、王贵祥图等　　《永乐大典》图、戴震图、董鉴泓图等　　任启运图、贺业钜图、王世仁图等

图 1-5　《考工记》理想规划·城门分布的三种可能情况

　　除了与城门相通的干道位置有不同的设想外，既有推测图关于王城街道"九经九纬"也有两种理解。古代的学者往往认为，南北和东西各有干道三条，每条有三股道路，其依据是《礼记·王制》："道路，男子由右，妇人由左，车从中央。"[1]设想"涂"通"经"，那么九经或九纬中相邻三经或三纬为一组，即一条干道。如果设想周王城各面都有三座城门，那么所有六条干道都将与城门相通。现代学者却倾向认为，规模约 1.6 平方公里的王城，如果仅仅设六条干道，道路密度太低，所以也应有不通过城门的道路。例如，按照王贵祥的设想，理想王城的道路系统由纵横各三条正对城门的干道、纵横各四条不通过城门的坊间道路，以及顺城墙的环路三类道路构成[2]。

　　(2) 模块的大小与来源

　　按照《考工记》文本，朝、市各占一夫之地。如 1 里等于 3 夫，方 9 里就是方 27 夫。因而可以将一个功能单元的规模"夫"理解为构成王城的基本单元。从王城的局部与整体之间的倍数关系来看，尽管《考工记》理想规划并未明言，却很有可能已有意采用特定的设计模数。关于模数的大小和来源，既往至少有以 1 里见方的居民里坊为基准模块和以 3 里见方的宫城为基准模块两种考虑（图 1-6）。

---

[1]　引自王文锦译解：《礼记译解（上）》，中华书局，2001 年，第 191 页。
[2]　王贵祥等：《中国古代建筑基址规模研究》，中国建筑工业出版社，2008 年，第 129 页。

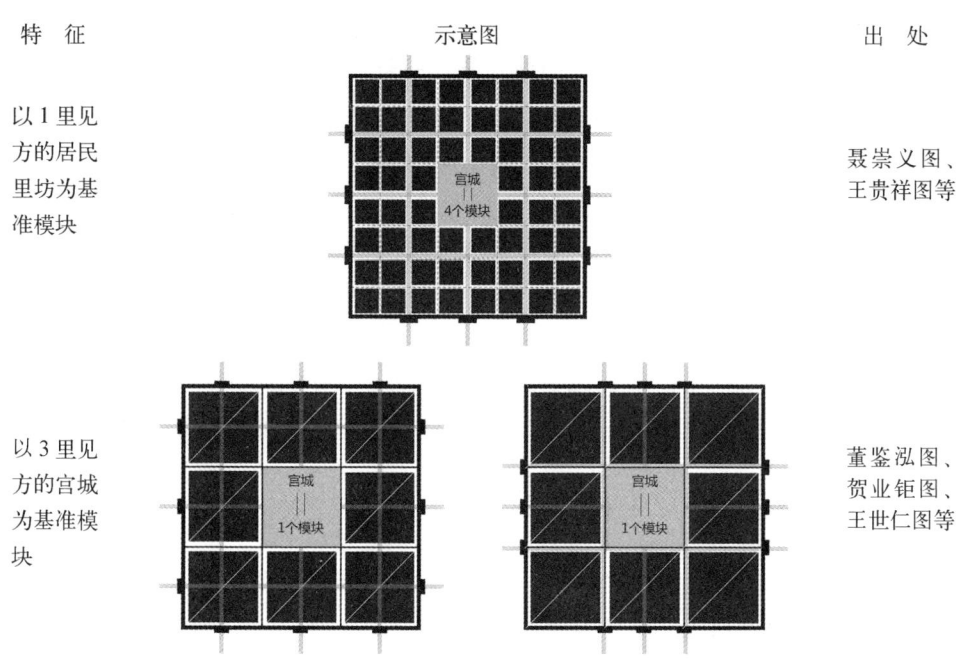

特　征	示意图	出　处
以1里见方的居民里坊为基准模块		聂崇义图、王贵祥图等
以3里见方的宫城为基准模块		董鉴泓图、贺业钜图、王世仁图等

图1-6　《考工记》理想规划·城市模块的两种可能情况

上古时期的城邑已经将若干居民编为邻、比等基层单元，并将若干个小的基层单元组合成为一个大的独立居住区的单元，也即里坊，1个里坊边长1里。王贵祥指出，如理想王城"方九里"是每面为九里之长，王城内每面就可以布置8个1里见方的里坊，里坊占地总长8里，余1里留作道路[①]。此时，1里见方的里坊就可视作王城的基准模块，理想王城的规模等于64个基准模块的规模加道路用地，宫城的规模等于4个基准模块的规模加道路用地。这是第一类关于基准模块的认识。

第二种设想是以3里见方的宫城为模数。在中国古代，周代（或以为始自商代）曾经实行的井田制被具有复古情绪的人们描述成一种最理想的经济制度，并以这种制度作为推演其他许多制度的基础。理想的井田制是"方里而井"，井是田地九百亩，百亩为一家，家有一夫为家长，故又可称百亩一夫，夫或家是最基本的授田单位。一般认为，最早涉及井田制的文献是《孟子》，另外在《周礼》《谷梁传》《韩诗外传》《汉书·食货·刑法》等古代典籍中也

---

① 王贵祥等：《中国古代建筑基址规模研究》，中国建筑工业出版社，2008年，第129页。

有记载。例如,《周礼·小司徒》载:"乃经土地而井牧其田野,九夫为井,四井为邑,四邑为丘,四丘为甸,四甸为县,四县为都,以任地事而令贡赋,凡税敛之事。"正义云:"'其制似井之字,因取名焉'者,《释名·释州国》云:'周制,九夫为井,其制似井字也。'《论语·学而》皇疏云:'名为井者,因夫间有遂,水纵横相通,成井字也。'程瑶田云:'屋三为井,井之名命于疆,别九夫二纵二横如井字也。'"[1] 因此,不少研究中国古代城市的学者都把井田制与当时的城市规划联系起来,认为《考工记》理想规划的基本模数就是井里。以贺业钜为代表,他推测王城被除中门之外的旁门构成的井字形路网等分成九份,王宫居中,边长3里,是为一个基准模块,王城的面积正好9倍于王宫。另外,前述将王城每面先分成等长的三段,再居中布置城门,也正是按照井田制的划分方法,将王城先分作等大的九块,3里见方的宫城仍可视为全城的基准模块。

综上对文本、解义图的考辨,《考工记》理想规划的核心内容可以理解为,理想的王城由内外两重城垣相套构成,中央为宫城,外城从四面环抱宫城。外城呈正方形,边长9里,约合3 750米。外城每面设3门,城门间距可能为1.5里、2.25里、3里,应在1 000米上下。城门内通城市干道,构成井字形路网,除此之外,城内可能还有若干正交的次干道以及一圈顺城墙的环路。除王宫外,城址内的功能元素还有祖庙、社稷、朝堂和市场四类,不论它们位于宫城之内还是散布在外城中,相对空间关系不变。通过对城垣、城门、干道和功能单元的精心布置,城址有明确的南北中轴线,几何中心点上有特殊象征意义的建筑物,不同功能区的规模还存在整数倍的比例关系,很可能采用了模数控制方法。理想王城的规划模数,可能等同于宫城大小,即3里见方,也可能等同于一个居住单元的规模,即1里见方。

上述大致就是从汉代至今,随着不断对《考工记》理想规划加以注释和研究所形成的关于理想城市的一些观念,可以注意到,《考工记》所提出的城市模型与我国上古以来的宇宙学说中描绘的"地"的形象有着密切关系。

在中国上古时期的宇宙学说中,无论是周髀(盖天)还是浑天之说,天都是圆的,如同一半球形或圆球形的盖子;地都是方的,就像漂浮在水上的车厢。这块被四海围绕着的方形大地,可以被井字格划分为九州,我们自己的中

---

[1] (清)孙诒让撰,王文锦、陈玉霞点校:《周礼正义》,中华书局,1987年,第986、989页。

州位于九州的中心或东南隅。"九州"本来是中国中心地区一个不大的地理区域的名称①，由于在先秦文献中，"九州"被认为是夏禹开辟的疆土范围和行政区划，九州从某种意义上就具有了国家疆土和国家政区的象征意义。方形大地上的九州既然是国家的政治疆土的象征，九州的结构和形态自然也就是分为九等份的方形，好似一个放大了的井里，国家的首都位于居中一州的中间也就最为合理。《周礼·夏官·量人》说："量人掌建国之法，以分国为九州。营国城郭，营后宫，量市、朝、道、巷、门、渠。造都邑亦如之。"因此，《考工记·匠人》理想规划是战国以来的儒生以理想的古代井田模式为蓝本，以当时所知天下九州观念作参照，为即将到来的大一统王国构拟的理想都城规划。

第三节 理想规划的实践成果
——城市考古方法及材料

一、古代中国的时空界定

按照中国古史分期的主流观点，中国历史分为夏商周时期的远古阶段，秦代至两汉的上古阶段，魏晋至五代的中古阶段，以及宋至清代的近古阶段②。其中，夏商周时期是中国历史上最重要的时期，影响中国社会数千年之久的各种观念和价值即萌发和形成于这一时期。留存至今的先秦典籍，也使我们有可能更全面地理解中国文化的思想源头。本研究将夏、商、周、两汉作为中国古代城市规划思想发展的第一个重要阶段。元、明、清是中国古代社会的后期，它结束了唐末五代以来军阀割据和宋、辽、金、夏等政权并存对峙的局面，实现了空前规模的统一局面，也出现了不同民族和不同文化交流融合的盛况。这个时期遗留了相当丰富的考古与文献资料，有助于我们更充分地认识中国古代城市规划思想的发展规律。因而，本研究将止于这一时期。需要说明的是，本书将唐末之后的"五代"放了了近古时期进行讨论，这主要是考虑到，在五代时期的城市改造中出现的一些规划观念，例如周世宗在扩建汴梁时，除了确定城墙、街道和主要官署府库的位置外，其余"即任百姓营造"，已经明显有别于隋文帝对大兴城巨细靡遗的控制，而与宋代开放坊市的革新应存在继承

---

① 《左传》昭公四年："四岳、三涂、阳城、大室、荆山、中南，九州之险也，是不一姓。"可见早期"九州"的范围是很有限的，只在狭义的中原一带。

② 白寿彝：《中国通史·第一卷》导论，上海人民出版社，1989年。

关系。

施坚雅指出,古代"中国"不应被简单地理解为一个均质化的、铁板一块的单一实体,它是经由政治、经济和文化方面发展并不均衡的一系列地方区域之间的互动与整合而形成的一个系统。在大多数时间里,中国北方的中原地区是这个动态系统的核心。中原地区位于中国的中心,地势平坦,资源丰富,是整个农耕国家的文明发祥地,有着悠久的历史和筑城历史。因此,本书将主要以中国北方平原地区的都城来考察《考工记》理想规划的渊源和实践。

二、理想城市的性质界定

本书考察的"中国古代的理想城市"主要具有以下三方面特征。第一,具有相对理想实施规划方案的条件。"理想城市"的选址能够确保城市规划方案相对理想化的实施与呈现,不会因为既有城市建设或山水条件的约束和限制,而使原有规划方案在建设过程中遭到较大的调整或改变。第二,贴近《考工记》理想城市规划的核心理念。"理想城市"应与《考工记》理想规划的基本要求吻合,能够反映中国城市自古以来根深蒂固的一些城市理想,应是最具代表性的中国城市规划思想之于实践的投射。第三,能够代表某一特定历史阶段的主流城市规划理想。"理想城市"的规划方案能够反映某一历史阶段的主流规划思想,对某一时期有关城市职能、分区、结构、要素及其空间组织方式的发展趋势有所体现或影响。此外,作为一项城市考古研究课题,我们重点讨论的对象,自然是那些通过考古工作可以基本探明的古代城址。

中国古代的都城是最符合上述标准的城市类型。城市的出现被视作人类文明发展史上一座重要的里程碑,在不同文明区,城市的起源、发展和组成有各自不同的特征。其中,中国古代的城市以施展政治权力为首要职能和特征。费孝通指出,直到近代中国的城邑,仍可称为"在权力居于武力这种政治系统里面统治阶级的一种工具",中国城市"是权力的象征,也是维护权力的必要工具"[①]。张光直指出,这个界说完全适用于中国最古的城市,他认为,"中国最早的城市的特征,乃是作为政治权力的工具与象征,它不是经济起飞的产物,而是政治领域中的工具;但与其说它是用来压迫被统治阶级的工具,不如说它

[①] Hsiao-t'ung Fei, *China's Gentry: Essays in Urban-Rural Relations*, Chicago University Press, 1953, p. 95. 转引自张光直:《关于中国初期"城市"这个概念》,《文物》1985 年第 2 期, 第 62 页。

是统治阶级用以获取和维护政治权力的工具"[1]。许宏指出:"中国古代城市的主流就是各时期社会组织——即国家的物化形式,也即政治城市;且在单纯的工商业城市出现前,它是唯一的形式。"[2] 其中,修建有"先君之庙"一类礼制建筑的都城是古代中国面积最大、功能要素最复杂、规格等级最高的政治性城市,它是统治者和国家权力机关所在地,是操纵庞大国家机器的枢纽,是维护权力的工具,也是掌控国家的重要象征[3]。在战争中,国都是首要的进攻对象,夺都近于夺取政权,失都则近于丧国。在政权更迭时,都城代表着新政权的气象,毁废旧都象征着旧王朝的彻底覆灭,新筑都城象征着新王朝的崛起,都城的规划方案一般出自政治、文化精英,都城的建设往往不惜倾国之力,国都的规划与建设可以说是一个时代最高工程技术水平的体现。

周世宗柴荣评价《考工记》的"匠人营国"一部分,说"惟王建国,实曰京师",《考工记》理想规划的核心内容就是国都的营建原则。《考工记》随着《周礼》列入儒家经典,受到了文人学者的重视,也被诸多城市规划著作视为影响中国古代城市规划的理论渊源。这段文字还介绍了王室子弟、卿大夫采邑的城隅高度和道路宽度规制,它反映出中国古代地方政治城市规划与都城规划制度的密切关系,两者是在同一套规划思想下,根据城市等级的不同略有变易。从这个角度说来,都城不仅是中国古代最重要的政治性城市,也是具有广泛影响力的政治性城市规划范式。

在中国古代的都城中,与《考工记》理想规划关系最密切的无疑是周王朝的都城。遗憾的是,周王室的都城岐周、宗周(丰京和镐京)和成周的布局形态迄今尚未完全探明,通过这几座城址来探求《考工记》理想规划的渊源或影响几乎是不可能的。有鉴于此,本书选取了山东曲阜鲁国故城作为探讨周代都城规划思想的主要实例。以诸侯国都城代替王都,主要考虑几方面原因。其一,鲁国因周公的缘故,在周王朝诸侯国中地位最为显赫,仅次于周王室。鲁国都城在周代被视为都城营建的典范,就连具有强烈改革精神的秦国商鞅,在主持营建秦都咸阳时,也要"大筑冀阙,营如鲁卫矣"[4]。其二,考古工作显

---

[1] 张光直:《关于中国初期"城市"这个概念》,《文物》1985 年第 2 期,第 61~67 页。
[2] 许宏:《先秦城市考古学研究》,北京燕山出版社,2000 年,第 10 页。
[3] Hsiao-t'ung Fei, *China's Gentry: Essays in Urban-Rural Relations*. Chicago University Press, 1953: p. 95. 转引自张光直:《关于中国初期"城市"这个概念》,《文物》1985 年第 2 期,第 62 页。
[4] 商君曰:"始秦戎翟之教,父子无别,同室而居。今我更制其教,而为其男女之别,大筑冀阙,营如鲁卫矣。"引自《史记·商君列传》,中华书局,1982 年,第 2234 页。

示，周鲁城尽管不是在人类聚居之初就修建了城垣，但目前发现的大城确实是当地最早出现的大规模城址，建设之初的规划方案应能较为理想化地实施。其三，周代鲁城与流行于周代后期的城宫相套型城址具有相似的布局特征，还具有一定的代表性。

经过东周时期的城市建设高潮，大部分适合开展城市建设的区域已经或多或少有了人类聚居。因而，从中古时期开始，真正的新建都城为数不多。根据选址条件不同，新建都城可分为两种情况。第一种是新址新建都城，即在全新的区域营建新的都城。这些都城的营建，虽无需考虑任何城市遗迹的影响，可全面施展规划，却很难利用原有的交通、资源条件，长久经营较难，如元中都、明中都属于这一类。第二种情况是旧址新建都城，即在曾经开展过城市建设的区域选择生地营建新城。这类都城既可避免旧城的干扰，尽可能全面地实施规划，又能够利用既有的农田灌溉系统、交通运输路线，典型如东魏北齐邺城、隋唐长安与洛阳。另外，辽金元等草原政权的都城常常选址在游牧活动的中心地带，也可算作这种情况。

从旧城扩建或改建而来的都城也可分为两种情况。第一种是从旧有城址的离宫别馆扩建而成。这类都城的城圈尽管是新建而成，但城市内部的功能区布局却不得不考虑旧有建筑的位置和规模。这类城址的数量不太多，元大都是比较典型的代表。元大都的宫城围绕既有的金代离宫修建而成，城市布局不得不考虑离宫及离宫内大面积水域的影响。因此，元大都的三座宫殿建筑群偏居大城的南部，围绕三座宫城修建的红门拦马墙为了将金代离宫及一定范围的水面环绕在内，也偏于外城的西侧。西汉初年利用秦代离宫兴乐宫为都城内的主要宫室，并以其东、南边界作为扩建汉长安城的边界，应与元大都的情况类似。

第二种情况是，为了充分利用原有城市的基础，将旧城加以改、扩建而成。其中，旧城既包括按照前朝制度修建的都城，也包括按照地方城市制度修建的次一等级的城市。例如，元上都由开平府城增建而成，明南京城由集庆路城和吴王新宫增建而成。在这些城址的营建中，新规划的制定必须考虑既有的城市和建筑布局，如北魏扩建洛阳外郭，北周扩建汴梁外郭，都是以原有城区和宫殿为中心。

按建设基础不同，将中国中古、近古时期城址形态比较清楚的都城分类列表如表1-2。其中东魏北齐邺城、隋唐长安、元中都和明中都四座规模可观、考古资料相对丰富的新建都城将是本书的研究重点。其他的新建都城，如曹魏邺城因袭了汉代郡国一级城市的规模体制，并非按帝都的体制重新规划[①]；孙吴京、武昌是孙吴政权在战争时期修建于南方山地的临时政治中心，规模较曹魏邺城更小，布局上主要考虑的是军事防御的需求；辽上京、金上京、哈拉和林修建在游牧民族崛起之时，为了有效管理不同族属的居民，采用了双城并列的形制，显然不是统一国家的都城体制。

表1-2　中国中古、近古时期都城建设基础分类

中国中古时期的典型城址	曹魏邺城	曹魏许昌	孙吴京	孙吴武昌	孙吴建业	魏晋洛阳	六朝建康	北魏洛阳	东魏北齐邺城	西魏北周长安	隋唐长安	隋唐洛阳
新建	√		√	√	√				√		√	√
改、扩建		√				√	√	√		√		
中国近古时期的典型城址	五代北宋汴梁	辽上京	辽中京	金上京	金中都	哈拉和林	元上都	元大都	元中都	明中都	明南京	明清北京
新建		√	√	√		√			√	√		
改、扩建	√				√		√	√			√	√

实际上，东魏北齐邺城、隋唐长安、元中都和明中都也有一些不尽理想之处。东魏北齐邺城是否有外郭及其外郭的具体位置尚未探明，城市的完整面貌还存在模糊之处，为了弥补这一遗憾，本书首先对东魏北齐邺城的城郭和里坊进行了复原研究；隋唐长安的布局，如斯皮罗·科斯托夫（Spiro Kostof）所言，将宫、皇城构成的子城布置在中轴线北端，是一种明显有别于《考工记》理想规划要求的宫殿位于城市中央的模式[②]（图1-7）；元中都尚未建成就遭到罢废，其外城圈内遗址稀疏，应当有一些尚未实施的规划内容，需参考元大都，推测外城的规划方案；明中都修建在江淮之间的丘陵地带，在实际建设

---

① 傅熹年：《中国古代建筑史·第二卷·三国、两晋、南北朝、隋唐、五代建筑》，建筑工业出版社，2009年，第2、3页。

② Spiro Kostof, *The City Shaped: Urban Patterns and Meanings through History*. Thames & Hudson, London, 1999. 引自［美］斯皮罗·科斯托夫：《城市的形成：历史进程中的城市模式和城市意义》，中国建筑工业出版社，2005年，第175页。

中，依据地形部分改变了原初的设计方案，最终的城市边界并不符合《考工记》理想规划要求的方正而规整。通过对考古材料和文献图档的分析，本书尽可能多地推测了东魏北齐邺城、隋唐长安、元中都和明中都的原初规划方案，这些设计中既有明显承袭《考工记》理想规划的部分，也不乏凸显统治者、规划师创意的内容，它们与《考工记》理想规划相贴合的紧密程度，反映了中国古代城市规划思想的演变过程。

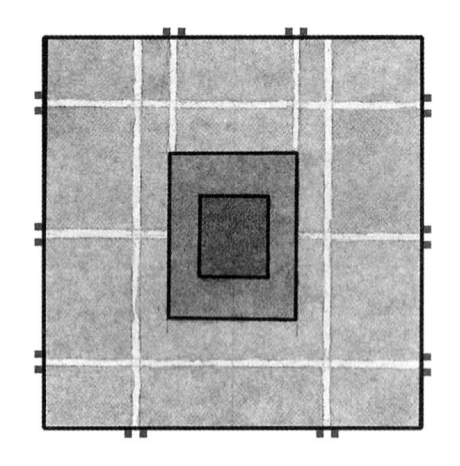

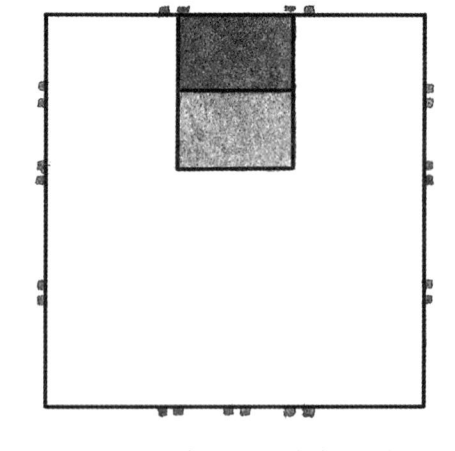

模式之一：皇城居于城市中央　　　　模式之二：皇城居北，背靠北城墙

图 1-7　科斯托夫对中国古代都城布局模式的分类示意图[①]

三、既往考古研究提供的材料

关于中国古代都城的考古工作，从 1928 年中研院史语所对河南安阳殷墟遗址的发掘算起，迄今已近一个世纪。通过几代考古学家的不懈努力，我们已经获得比较丰富的都城考古材料，并取得了令人瞩目的研究成果。一些原本地望不明、范围不清，城市布局与演变情况无从谈起的都城，已获得了突破性的进展，如河南偃师二里头遗址、偃师商城遗址、郑州商城遗址等先秦时期的城址尤为突出。一些使用时间长、规模宏大的历史时期都城，如汉长安城遗址、汉魏洛阳城遗址、隋唐长安城遗址、元大都遗址，也通过考古工作取得了许多重要发现，考古材料与文献典籍相辅相成，使得历史时期重大事件和社会面貌变得更加清晰和

[①] ［美］斯皮罗·科斯托夫：《城市的形成：历史进程中的城市模式和城市意义》，中国建筑工业出版社，2005 年，第 175 页。

鲜活。历经千百年的历史沧桑，并非所有中国古代都城都能完整地保存下来，也并非所有都城还有足以开展城市考古的工作基础。例如，秦咸阳、六朝建康、南宋临安都是中国城市发展史上非常重要的都城，然而种种原因，导致这些城址的考古资料相当有限，很难从考古的角度全面把握城市的布局特征。

本书选取了保存状况较好、考古资料相对完善的三座城址进行重点考察，具体如下：

（一）中古时期的洛阳与邺城

由于年代久远，自然或人为的破坏严重，一些中古时期的城址面貌仅见于文献，城址的准确位置尚待探查，例如十六国时期的姑臧和北魏平城；另一些中古时期的城址，尽管近年取得了令人瞩目的发现，却仍然存在比较多的争议，如大夏统万城、六朝建康和十六国至北朝的长安。相较而言，洛阳和邺城，是目前考古工作最为系统、研究最为丰富的中古时期都城。这两座城址不仅城垣走势、修建年代基本已有定论，而且城内核心建筑、干道的布局也较为明确。经考古验证，曹魏邺城、北魏洛阳城外郭和东魏北齐邺城的邺南城都是中古时期新建的城圈，本书考察了这三座城圈几何中心点的位置规律。从这一规律出发，结合文献和实物材料，进一步推测了东魏北齐邺城外郭边界的可能位置和城市规划的主要思路。

（二）隋唐长安

隋唐长安是中国古代都城中考古与研究成果最为丰富的都城之一。迄今为止，围绕隋唐长安城整体规模和结构开展的系统考古工作至少有两次，年代较晚的一份考古工作资料在研究中被引用的次数较多。然而，也有学者注意到，两份数据关于城址面阔方向的数值存在分歧，而且年代较早的一份数据也经得起复测的检验。本书重新整理了两份考古数据，将它们都转换为隋唐时期的尺度，分析两份数据掩盖在分歧之下的一致性，进而重新思考了隋唐长安城的规模尺度与设计模数。

（三）明中都

明中都的系统调查起步较晚，目前可以掌握的资料主要来自王剑英和曹鹏两位的研究。有关明中都外城西南角的形态、禁垣北墙的走向、整座城址的设计原点，两位学者的意见并不完全一致。后文对比了两位学者的研究思路，在重新整理考古数据的基础上，提出了关于明中都设计模数与初步方案的新想法。

四、现代技术下的城市考古方法及所获新材料

从保护与研究的角度，中国古代城市考古的对象可按现存状况分为城镇型、城郊型、乡村型和荒野型四种，分别指位于城市建成区、城乡交接部、农村腹地和无人荒野的古代城址。城址的保存位置和状况不同，也可采取不同的现代技术辅助城市考古。

本书重点讨论的周鲁城属于城郊型古代城址，元中都属于荒野型古代城址。这两处遗址的规模都相当可观，属于大型遗址的范畴，城市布局难以仅仅依靠考古发掘的方法全面揭露，需要借助目的明确的专项调查和勘探，辅之以小规模的验证和确定性发掘来揭示，并采用不同的现代技术以完善考古成果的记录和呈现。

（一）城郊型城址的考古研究方法——以曲阜鲁城为例

曲阜鲁城[①]位于山东省曲阜市旧城及其以东和以北地区，曾是周代的鲁国都城的遗址，后来又为汉代鲁国沿用。山东省博物馆于1977~1978年对鲁故城进行了大规模的考古勘探和发掘，主要成果见载于中国第一部都城考古报告《曲阜鲁国故城》[②]。这本报告使我们知道了周鲁城主要遗存的年代范围，基本掌握了周代至汉代鲁故城发展演变的进程，还大致清楚了周代鲁故城的基本形制及布局，为研究这座典型的周代国都及中国城市发展史提供了宝贵的资料。

周鲁城遗址的西南部被历代孔庙孔府、明清曲阜县城和现在的曲阜市城区占据，其余部分原本是古城村、五泉庄村、盛果寺村的村舍和农田，随着曲阜城市的发展和城乡一体化的进程，现在鲁故城范围内的居民社区越来越大，占压主要遗迹区的现象日趋严重。总的说来，它还是属于城郊型城址，应当遵循大型城郊型城市考古的方法，渐次展开考古工作。为此，孙华、刘延常为《鲁国故城国家考古遗址公园规划》编制了《鲁国故城国家考古遗址公园考古专项规划》，拟定了对这座城址开展考古工作的近期和远期原则、目标、内容、程序、技术和方法。参照上述规划，并结合既有研究存在的问题，笔者在2012年秋对鲁故城进行了为期两个月的调查与勘测，寻找、确认并辅以测量级GPS

[①] 在目前的全国重点文物保护单位名录中，这座城址被命名为"曲阜鲁国故城"，为使全文不同城址称谓格式统一，本书统一以"周鲁城"代称周代"曲阜鲁国故城"。

[②] 山东省文物考古研究所、山东省博物馆、济宁地区文物组、曲阜县文管会：《曲阜鲁国故城》，齐鲁书社，1982年。

精确定位了先前已经探明的遗迹,并沿周鲁城遗址的轴线开展新的考古钻探工作,取长近 4 米、直径约 5 厘米的塑料水管,将它纵向剖作两半,把探铲取土依序排列摆放在截取的半圆形水管中,将土样全部摆放好之后,再填写勘测记录表、留取照片、拍摄录像,最后以 GPS 测定探眼的位置,绘成了整个城址的纵、横剖面图,了解了这座城址生土线的情况,作为讨论筑城之前鲁城微地形的参考。

(二)荒野型城址的考古研究——以元中都为例

元中都是元朝中期在农牧交界地带的开阔平地完全新建的城市,该遗址坐落于河北省张家口市张北县城西北约 15 公里处。元中都在元末农民战争中毁于战火,成为废墟。到了明代初年,废墟已为泥沙遮掩,时名"沙城"。明朝国势衰退,退守野狐岭长城后,元中都废址不再见于历史记载之中,逐渐为人们所忘却。至清代,成为察哈尔部镶黄旗牧地辖区。目前,这座城址位于张北县的西北,土地多为馒头营乡民的牧羊场所。除外城有少量农舍、公路占压外,城址的绝大多数地段均为无人的草甸。

考虑到这座空旷城址的规模巨大,我们邀请了天津大学建筑学院的李哲控制无人直升机,沿中都城址的南北中轴线完成了南北长约 4 公里、东西宽 2 公里的低空摄影测量。以航测获得的城址平面图为基础,利用测量级 GPS 的定位,进一步标示出每个遗存分布带的形态和范围,测定了每座隆起最高点和最低点的位置与高程,掌握了隆起的现存规模。接下来,以隆起为单位,记录地表散落物的特征,如散落构件的多寡及类型,现存柱础、柱础坑(或疑似柱洞的坑洞)的位置和形制,以及较大石块、典型砖瓦构件的位置和尺寸。在此基础上,通过钻探等方式卡定部分建筑台基的边界,进一步掌握建筑台基的有无及形状,作为复原元中都布局的主要依据。

第四节 小 结

时间和空间是城市存在的基本形态。本书第二、三、四章将以时间为主线,考察上古、中古和近古三个时期理想城市的形态特征,比较各个阶段都城规划发展的前后联系及其与《考工记》理想规划的关系。第五章将以理想城市的布局特征为中心,一方面考察理想城市的边界、出入口、分区、中心、轴线、模块等空间组织方式,比较它们与《考工记》理想规划的异同;另一方面通过对比其他古代文明的"理想城市",初步探讨中国古代理想城市的影响和特点(图1-8)。

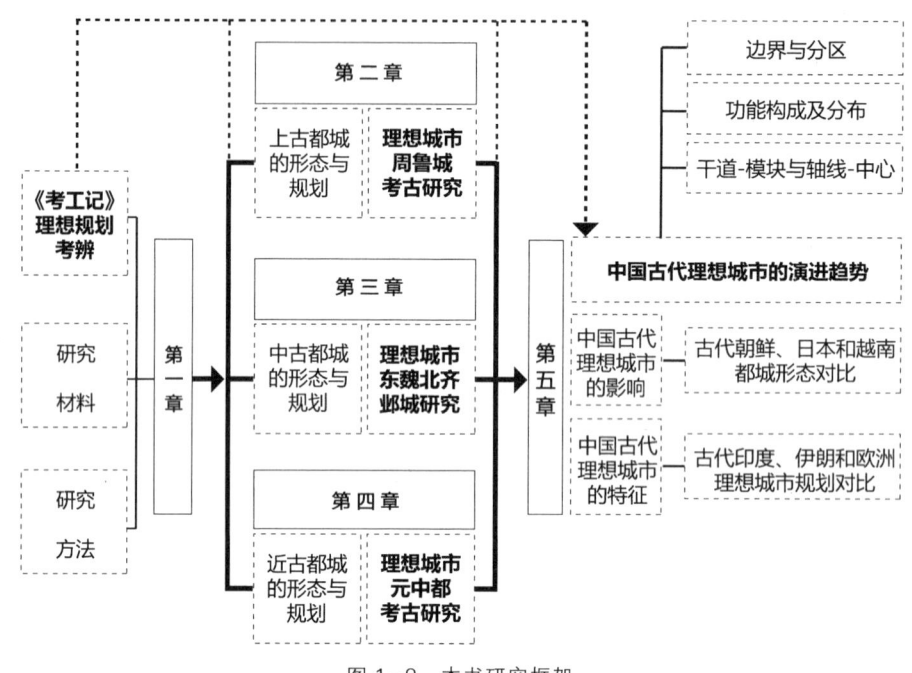

图1-8 本书研究框架

第二章

中国上古时期的理想城市

——以周代曲阜鲁城为例

今我更制其教，而为其男女之别，大筑冀阙，营如鲁卫矣。

——《史记·商君列传》

第一节　周代以前的都城形态

至晚从距今五千年开始，居住在中国黄河、长江流域的人们选择更为有利的环境，开凿壕沟，修筑城墙，以围筑城墙的城邑这一崭新的聚落形态作为他们生息繁衍、创造文明的载体。迄今为止，我们所发现并确认的这一类典型城址有位于黄河中下游地区的王城岗古城、平粮台古城，长江中游地区的石家河古城，长江上游地区的宝墩古城，长江下游地区的良渚古城，以及最近在陕北黄土高原北部边缘发现的石峁古城等。这些城址规模大小不等，一般堆积比较丰富，城内往往分布着大型的建筑基址或祭祀遗址，城址内外还能发现附有随葬品的大型墓葬。这些现象表明，城邑已成为一定地域范围内权力、宗教和财富的中心。

正是在吸收了上述不同区域文明因素的基础上，位于河洛地区的中原文明在约当公元前21世纪前后崛起。经过中国考古学家半个世纪的不懈努力，古代史籍中记载的商王朝已经基本得到确认，很有可能代表着夏王朝的二里头文化的面貌也日臻清晰。在这一历史阶段，应当已经形成了疆域比较广阔的早期国家，统领四方的王朝都城是这些国家的中枢，都城的组织形式和文化面貌对整个国家产生了深刻的影响。目前，这一时期城市布局和形态比较明确的都城遗址主要有：二里头文化的二里头遗址，商代的郑州商城、偃师商城和洹北商城，它们反映了周代以前的都城营建的特点（图2-1）。

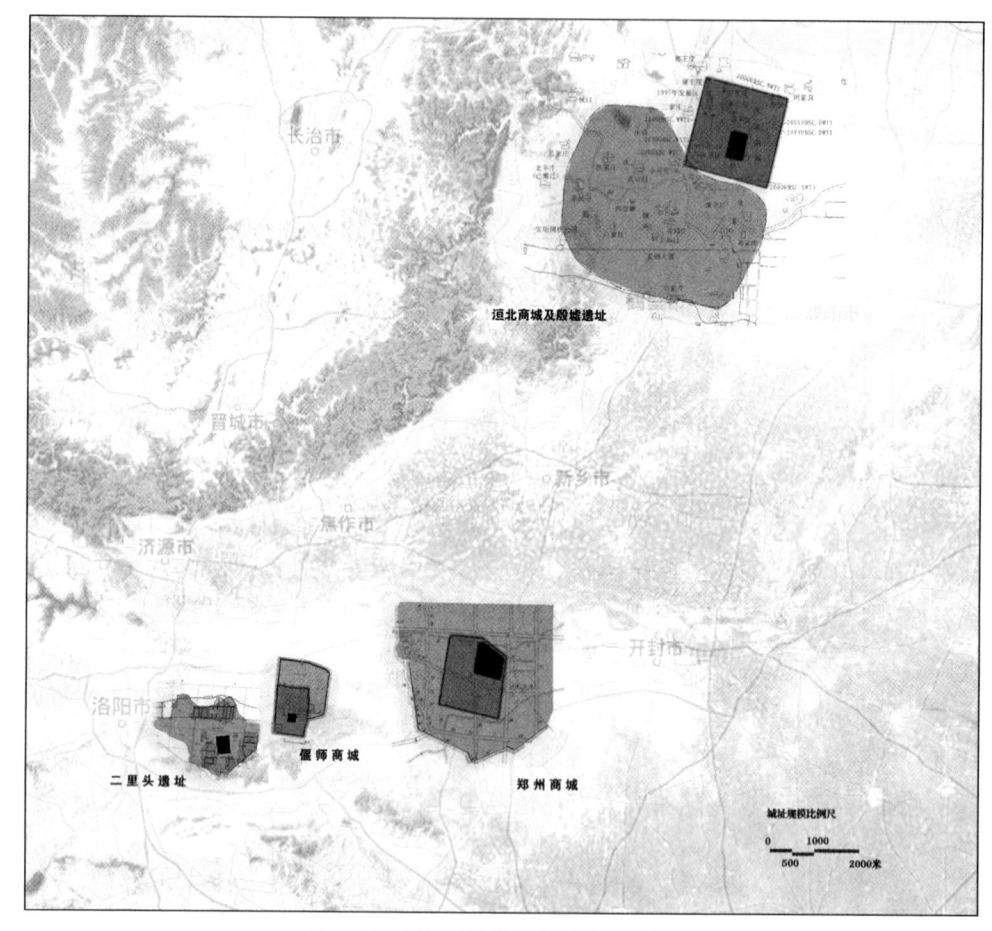

图 2-1　周代以前主要都城遗址示意图

一、二里头遗址[①]

二里头遗址位于今河南省偃师市西南约 10 公里的洛河南岸，是目前所

[①] 方酉生：《河南偃师二里头遗址发掘简报》，《考古》1965 年第 5 期，第 215～224 页；中国科学院考古研究所二里头工作队：《河南偃师二里头早商宫殿遗址发掘简报》，《考古》1974 年第 4 期，第 234～248 页；杨国忠、刘忠伏：《1980 年秋河南偃师二里头遗址发掘简报》，《考古》1983 年第 3 期，第 199～205 页；赵芝荃、郑光：《河南偃师二里头二号宫殿遗址》，《考古》1983 年第 3 期，第 206～216 页；郑光、张国柱：《偃师二里头遗址 1980～1981 年Ⅲ区发掘简报》，《考古》1984 年第 7 期，第 582～590 页；刘忠伏、杜金鹏：《1982 年秋偃师二里头遗址九区发掘简报》，《考古》1985 年第 12 期，第 1085～1093 页；中国社会科学院考古研究所：《偃师二里头：1959 年～1978 年考古发掘报告》，中国大百科全书出版社，1999 年；宋豫秦、郑光：《河南偃师市二里头遗址的环境信息》，《考古》　（转下页）

知二里头文化时期最大的遗址,二里头时期最大的宫殿建筑基址[①]也发现于此。如果二里头文化是夏文化,那么,该遗址很可能就是夏代的都城。根据历史地理的研究,二里头遗址最初位于洛河北岸,由于唐代以后洛河河道北移,冲毁了二里头遗址的北部,形成了当前所见的河与城的位置关系。

二里头遗址现存主要堆积的范围略呈西北—东南走向,东西最长约2 400米,南北最宽约1 900米,现存面积约3平方公里。发掘者将二里头遗址分为4期,第3期是鼎盛期,到第4期时遗址趋于衰落。中心区位于遗址区地势较高的东南部至中部一带,暂未发现环绕整个遗址的封闭城圈。遗址中部偏东为道路环绕、周匝筑墙的宫殿区,其北推测是祭祀遗存区,在它的南面、西北、北面和东面分别发现了各类手工业作坊遗址,周边还分散着若干居住址和墓葬。整个遗址出土了大量精致的青铜器、玉器、陶器、石器、骨角牙器及漆器的遗痕(图2-2、图2-3)。

宫城和院落式宫殿位于二里头遗址中央,地势微高,面积在12万平方米以上,至晚形成于遗址第2期。在这一时期,宫殿区一带出现了井字形路网。路网由4条宽10～20米的大路纵横交错构成,将宫殿区围绕在内,大路走向与宫殿区的大型建筑基址的朝向一致。宫殿区的大型建筑现已发现3号、5号基址,都位于宫殿区的东部。3号宫殿南北约150米、东西约50米,由南北排列的三座院落构成,前院和中院发现了成排的同时期墓葬。3号宫殿基址的上方叠压了晚期的2号建筑基址。与3号建筑同时期修建的5号建筑基址位于3

(接上页)2002年第12期,第75～78页;许宏、赵海涛:《河南偃师市二里头遗址宫城及宫殿区外围道路的勘察与发掘》,《考古》2004年第11期,第3～13页;许宏、赵海涛、陈国梁:《河南偃师市二里头遗址4号夯土基址发掘简报》,《考古》2004年第11期,第14～22页;许宏:《二里头遗址发掘和研究的回顾与思考》,《考古》2004年第11期,第32～38页;杜金鹏、许宏:《偃师二里头遗址研究》,科学出版社,2005年;许宏、赵海涛、李志鹏等:《河南偃师市二里头遗址中心区的考古新发现》,《考古》2005年第7期,第15～20页;赵海涛、许宏、陈国梁:《二里头遗址宫殿区2010～2011年度勘探与发掘新收获》,《中国文物报》2011年11月4日;中国社会科学院考古研究所:《二里头1999～2006(壹、贰、叁、肆、伍)》,文物出版社,2014年;陈国梁、许宏、赵海涛:《河南偃师市二里头遗址墙垣和道路2012～2013年发掘简报》,《考古》2015年第1期,第40～57页;赵海涛、许宏、陈国梁:《河南偃师市二里头遗址宫殿区1号巨型坑的勘探与发掘》,《考古》2015年第12期,第18～37页。

① 习惯上,统称早期都城内发现的大型夯土基址为宫殿建筑。依据文献,早期都城应以宗庙为中心,早期都城内发现的一部分(或一大部分)宫殿基址实际上可能是宗庙基址。但在没有明确的判断标准前,本书也按习惯,称这些基址为宫殿建筑基址。

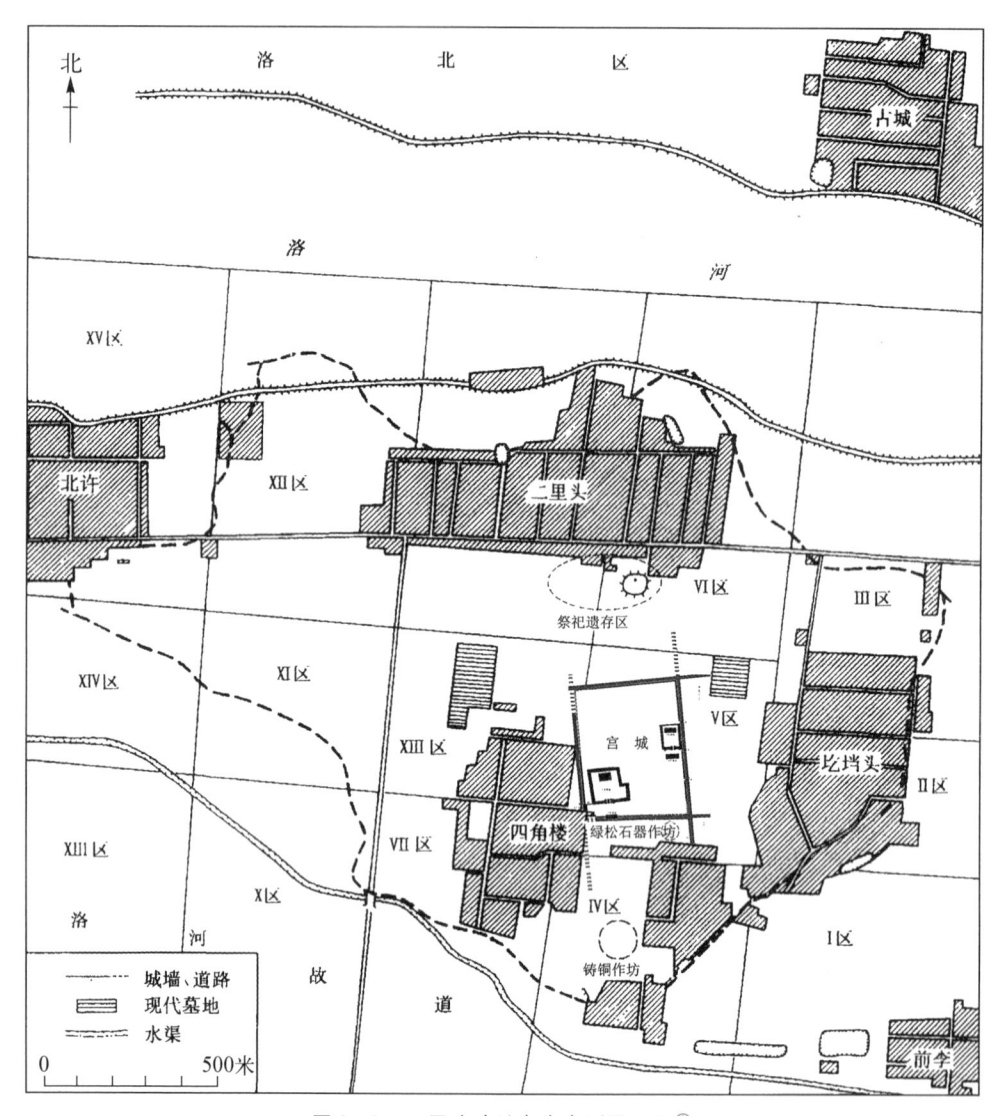

图 2-2 二里头遗址考古实测平面图①

号基址的西侧，两者之间有宽约 3 米的通道，通道下方有木构的排水沟渠。5 号建筑基址方向约为南偏东 4.5 度，台基最上层夯土总面积超过 2 700 平方米，由至少 4 进院落组成，第 2~4 进院落内共发现 3 排 5 座同期的贵族墓葬。

---

① 改绘自许宏、陈国梁、赵海涛：《二里头遗址聚落形态的初步考察》，《考古》2004 年第 11 期，第 24 页。

图 2-3 二里头遗址中心区道路及宫殿区演变图

到了遗址第3期、4期，在大道内侧修建了城垣，形成了封闭的宫城，并在宫城内相继修建了多座大型宫殿建筑。宫城平面呈南北纵长方形，东西约293.5米（南、北墙平均），南北368.5米（东、西墙平均），方向约南偏东6度。宫墙厚约2米。已在东宫墙上发现门道3处，分别位于2号与6号基址之间，2号与4号基址之间，以及4号基址以南。南墙西部发现的7号基址可能也是一座城门。目前在宫殿区内发现的宫殿建筑，分别集中在宫城的西部和东部，可以视作两个大的建筑群。

西部建筑群包括1号、7号、8号、9号建筑基址。1号宫殿基址是西部建筑群的核心，位于宫城西南部，平面呈曲尺形，南北长100米、东西宽108米，方向为南偏东8度。1号宫殿整体修建在夯土台基上，主要包括门庑、廊庑和殿堂。大门面阔8间，双门道，两侧带门房。廊庑进深约6米，围合成宽广的庭院。其中，南北廊有木骨泥墙居中，形成内外廊，东西廊的木骨泥墙位于外侧屋檐处，形成内向廊。主殿位于庭院偏北部，基座东西长30.4米、南北宽11.4米，檐柱东西9排、南北4排。7号建筑基址呈横长方形，东西31.5米，南北10.5～11米，与1号基址有共同的轴线，它与宫城南墙相连，应是南宫门遗址[①]。8号基址位于宫城西墙上。

东部建筑群包括2号、4号、6号、11号、12号建筑基址。最核心的2号宫殿基址位于宫城的东部略偏北，平面呈南北纵长方形，南北长72.8米（东墙）、东西宽57.5～58米，方向与宫城城墙及其外侧的井字形干道保持一致。2号宫殿基址为左右及后方绕以厚夯土墙，前方隔以木骨泥墙的单进院落；院落前端中央为单门道院门，两侧各有一间半门房，大门两侧接内外廊庑，院落沿两侧厚墙起内向廊；后墙处建房5间，院落后部修建主殿，面阔9间，进深3间，周围有回廊，台基中央是具有3室的独立房屋。4号基址位于2号基址正南方向约12～14米，由殿堂、庭院、东西廊庑构成，主殿东西约38.5米，南北约12.6～13.1米，与2号基址应有较密切的关系[②]。6号基址始建年代为二里头文化四期，增建于2号基址的北墙外，依托宫城东墙而建，由北殿、西庑和东、南围墙及庭院组成，整个基址略呈横长方形，东西56.6～58米，南

[①] 许宏、赵海涛：《河南偃师市二里头遗址宫城及宫殿区外围道路的勘察与发掘》，《考古》2004年第11期，第3～13页。

[②] 许宏、赵海涛、陈国梁：《河南偃师市二里头遗址4号夯土基址发掘简报》，《考古》2004年第11期，第14～22页。

北宽分别约38.3米（东部）、49.5米（西部），总面积逾2 500平方米①。

在遗址中、东部，即宫城北和西北一带，发现了圆形的地面建筑和长方形的半地穴建筑及附属于这些建筑的墓葬，东西绵延近300米，推测与祭祀活动有关。在遗址南部偏东，紧邻宫城南面大道的南侧有绿松石器作坊，宫城南侧200余米处还有铸铜作坊区，它们的使用期都从遗址第2期至第4期。值得注意的是，这些重要手工业作坊很可能存在于一个单独的分区中。在宫城南面大道与绿松石器作坊遗址之间发现了平行于宫城南面大道、宫城南墙的墙垣遗址（Q5），它向东延伸，至宫城东侧大道南延伸线的内侧南拐，与道路并行一直往南面，也即铸铜作坊的东面延伸。在作坊区的西面，也发现了一段呈南北向、走向与宫城周围南北干道基本平行的墙垣遗址（Q7）。在作坊区南部发现壕沟遗迹，宽16米以上，深约3米，已知长度逾100米。Q5、Q7从遗址第2期使用至第4期，与绿松石器作坊、铸铜作坊同时存在，应有密切的关系，是否存在一座专门为官营手工业作坊修建的围城，有待进一步的考古工作探察。除此之外，还有一些手工业作坊遗址散布在宫城的其他方位。例如，制骨相关遗存集中分布在宫城以东，陶窑遗址发现多处，位置比较分散。在宫城周边，还曾发现多处夯土基址，一般认为是贵族居住区。二里头遗址的墓葬散见于遗址各处，并未形成集中使用且长时期沿用的墓地，与居住区一般不存在严格的区分。

总的说来，二里头遗址已初步建立了功能分区，如宫城、祭祀区、手工业作坊区和不同等级的居民区、墓地等，不同区块空间形态的差异显示出规划强度上的分化。一些功能区的边界比较明确，建筑排列有序，应经过预先的规划②，如宫城、重要的手工业区、祭祀区；另一些功能区的范围比较模糊，如一般居住区、平民墓地等，很可能是通过长时间的自组织活动形成。宫城和院落式宫殿建筑是二里头遗址的核心，在不同的时期，二里头的宫殿建筑很可能有着不同的布局规制，反映了不同时期特殊的宫廷政治、礼仪活动需求。早期修建的3号、5号宫殿基址具有多进院落，庭院呈横长方形，庭院中央往往有高等级墓葬。晚期修建的1号、2号大型宫殿建筑仅各有单一的纵长方向庭

---

① 赵海涛、陈国梁、许宏：《二里头遗址发现大型围垣作坊区——全面揭露一处二里头文化末期大型庭院建筑》，《中国文物报》2006年7月21日。

② 赵海涛：《二里头遗址二里头文化四期晚段遗存探析》，《南方文物》2016年第4期，第115~123页。

院，庭院南面是门塾，北面是主殿，周围环绕廊庑。仅在2号宫殿发现高等级墓葬，且墓葬偏居主殿北侧与北部的廊庑之间。庭院中的墓葬表明，这些建筑的功能和性质，应不同于后世的宫殿，不仅仅为生者营造，还与祭祀先人的活动密切相关。

二、商代都城的布局与形态

经过了系统考古调查和发掘且城址形态又比较清晰的商文化都城大致有三座，它们是商代早期的郑州商城和偃师商城，以及稍早于殷墟时期的洹北商城。

（一）郑州商城[①]

郑州商城位于今郑州市区东部旧城及北关，它是商文化中心区最大的城址，时代属商代早中期，遗址面积为25平方公里。建城之初，郑州商城西北有荥泽，东部有蒲田泽，两大湖泊之间是一些台地和众多的河流。郑州商城北境有黄河流过，金水河则流经城址的西北角外侧，还有从城址南部流过的熊耳河，这些河流与前述湖泊一道构成了郑州商城北部的屏障。

郑州商城由内城和外郭两圈城墙构成。郑州商城在二里头文化至二里岗文化过渡期营建了面积约3平方公里的大城，外城建成之后大城成为内城。内城呈东北角斜抹的长方形，比较规整，北垣长约1690米、东垣长约1700米、南垣长约1700米、西垣长约1870米，周长约6960米，面积约3平方公里。内城之外开凿城壕。由于内城的北城墙和南城墙分别与金水河与熊耳河的走势一致，内城的走向很有可能是按照河道来确定的。在内城东西1000米、南北900米的范围内遗留有各类高低不平的夯土台基遗迹，面积约0.9平方公里。

[①] 陈嘉祥、曾晓敏：《郑州商城外夯土墙基的调查与试掘》，《中原文物》1991年第1期，第89～97页；河南省文物研究所：《郑州商城考古新发现与研究：1985～1992》，中州古籍出版社，1993年；河南省文物考古研究所：《郑州商城：1953～1985年考古发掘报告》，文物出版社，2001年；曾晓敏、李素婷、宋国定：《河南郑州商城宫殿区夯土墙1998年的发掘》，《考古》2000年第2期，第40～60转104页；曾晓敏、宋国定：《郑州商城北大街商代宫殿遗址的发掘与研究》，《文物》2002年第3期，第32～50页；袁广阔、曾晓敏、宋国定等：《郑州商城外郭城的调查与试掘》，《考古》2004年第3期，第40～50页；河南省文物考古研究所：《郑州商城宫殿区商代板瓦发掘简报》，《华夏考古》2007年第3期，第31～42页；刘彦锋、吴倩、薛冰：《郑州商城布局及外廓城墙走向新探》，《郑州大学学报（哲学社会科学版）》2010年第3期，第164～168页；袁广阔、朱光华：《关于郑州商城小型房基的几点认识》，《中原文物》2010年第5期，第33～38页；汪松枝、姜楠、李扬等：《郑州市南关街商代遗址发掘简报》，《华夏考古》2016年第1期，第26～37页；袁广阔：《略论郑州商城外郭城墙的走向与年代》，《中原文物》2018年第3期。

其中，在内城的东北部，长约 750 米、宽约 500 米的区域内发现了夯土台基数十处，通常认为这是郑州商城的"宫殿区"，面积约 0.37 平方公里。以往在宫殿区附近还曾发现厚达 6 米的夯土墙，说明有可能存在封闭的宫城。

在内城南墙和西墙外侧约 600~1 100 米的位置，又陆续发现一些夯土残墙。将残墙首尾相连，可以构成一座将内城之外不同功能元素全部围绕起来的外郭城。目前，郑州商城已确定的外城墙是一个呈西南—东北走向的大敞口，与城东的古湖泊形成一个闭合的外城区，面积约 8 平方公里，加上外城西北外侧护城河围合的部分，范围可达 13 平方公里。在内、外城墙之间，发现了郑州商城同时期的铸铜、制骨、制陶作坊，普通居住区和墓地。例如，城北的紫荆山以北有铸铜和制骨作坊遗址各 1 处，城西的铭功路一带有制陶作坊遗址，城南的南关外附近也有铸铜作坊遗址 1 处。在西城墙外、城东北角附近和内城南部的多处地点，还发现了商代墓群和铜器窖藏。外郭城的边界并不规则，营建年代相当于典型二里岗期早段、略晚于过渡期，应当是为了保护业已形成的内城增建而成（图 2-4）。

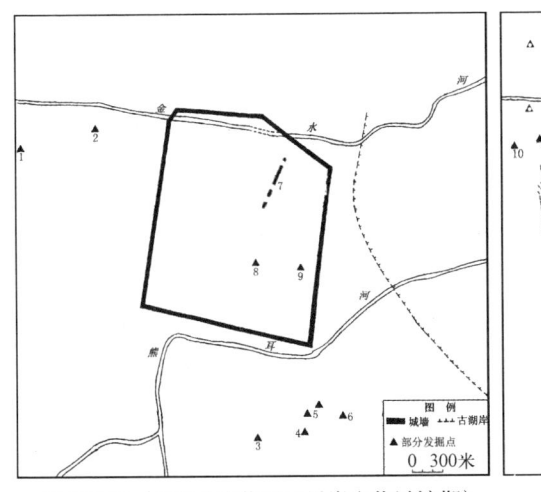

肇始阶段（二里头文化至二里岗文化过渡期）　　鼎盛阶段（典型商代二里岗期）

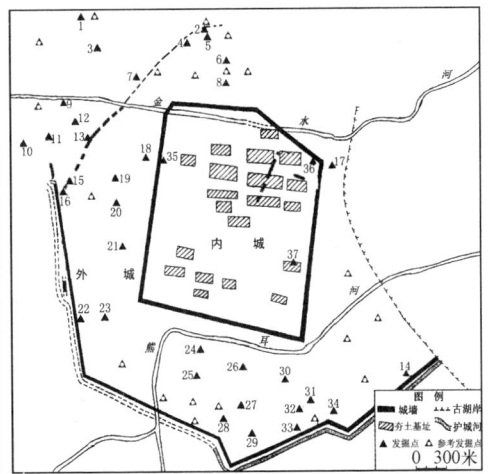

图 2-4　郑州商城布局演变示意图①

如果郑州商城的宫城可以得到确认，外郭的北部、东部也修建了城垣的话，那么，郑州商城就具有内外相套的三重封闭城墙。

---

① 改绘自侯卫东：《郑州商城的城市化进程》，《中原文物》2018 年第 3 期，第 38、40 页。

(二) 偃师商城[①]

偃师商城位于今河南省偃师市区以西，西距二里头遗址只有 6 公里左右。城址坐落于洛阳盆地东部，北依邙山，南临洛河。偃师商城与郑州商城的建设和使用期基本相同，规模大约是郑州商城的四分之一，城内各类遗存的丰富程度远不如郑州商城。尽管如此，偃师商城具有相当完整的城垣体系，城门狭窄，城内的宫殿和军营都有厚墙围绕，显示出极为浓厚的军事防御色彩。依据考古材料推测，偃师商城可能是商王朝修建在先前二里头文化的中心地区、用于镇抚前代遗民的军事重镇，可视作商代前期的陪都（图 2-5）。

偃师商城由南城和北郭两部分组成。南城东西约 740 米、南北约 1 100 米，面积约 0.81 平方公里，呈比较规整的长方形，只是北垣和东垣有多处直角拐折。东、西墙的中间各有一狭窄的城门，南面可能还有一座城门。北郭呈纵长方形，接在南城的北面和东面的北部，城墙略有曲折，东城墙全长约 1 770 米，西城墙直线距离约 1 710 米，北城墙全长约 1 240 米，南城墙直线距离约 740 米，面积近 2 平方公里。外郭已发现东城门 2 座，北、西城门各 1 座。郭城外围环绕壕沟。郭内有建筑基址、墓葬和铸铜作坊，可能是手工业作坊区和一般居住址。城墙内侧附近较为集中地分布着若干同时期的小型墓葬。在古代，偃

[①] 段鹏琦、杜玉生、肖淮雁：《偃师商城的初步勘探和发掘》，《考古》1984 年第 6 期，第 488~504 页；赵芝荃、徐殿魁：《1983 年秋季河南偃师商城发掘简报》，《考古》1984 年第 10 期，第 872~879 页；王学荣：《偃师商城第 Ⅱ 号建筑群遗址发掘简报》，《考古》1995 年第 11 期，第 963~978 页；王学荣、张良仁、谷飞：《河南偃师商城东北隅发掘简报》，《考古》1998 年第 6 期，第 1~8 页；杜金鹏、王学荣、张良仁等：《试论偃师商城东北隅考古新收获》，《考古》1998 年第 6 期，第 9~13 页；王学荣、杜金鹏、岳洪彬：《河南偃师商城小城发掘简报》，《考古》1999 年第 2 期，第 1~11 页；张良仁、杜金鹏、王学荣：《河南偃师商城宫城北部"大灰沟"发掘简报》，《考古》2000 年第 7 期，第 1~12 页；王学荣：《河南偃师商城商代早期王室祭祀遗址》，《考古》2002 年第 7 期，第 6~8 页；杜金鹏、王学荣：《偃师商城遗址研究》，科学出版社，2004 年；杜金鹏、王学荣：《偃师商城近年考古工作要览——纪念偃师商城发现 20 周年》，《考古》2004 年第 12 期，第 3~12 页；曹慧奇、王学荣、谷飞等：《河南偃师商城宫城第八号宫殿建筑基址的发掘》，《考古》2006 年第 6 期，第 3~12 页；王学荣、谷飞、曹慧奇等：《河南偃师商城宫城池苑遗址》，《考古》2006 年第 6 期，第 13~31 页；李志鹏、王学荣、谷飞等：《河南偃师商城Ⅳ区 1999 年发掘简报》，《考古》2006 年第 6 期，第 32~42 页；曹慧奇、谷飞：《河南偃师商城西城墙 2007 与 2008 年勘探发掘报告》，《考古学报》2011 年第 3 期，第 385~410 页；中国社会科学院考古研究所：《偃师商城（第一卷）》，科学出版社，2013 年；谷飞、曹慧奇：《2011~2014 年偃师商城宫城遗址复查工作的主要收获》，《三代考古（六）》，科学出版社，2015 年；谷飞、曹慧奇、郭天平等：《河南偃师商城宫城第三号宫殿建筑基址发掘简报》，《考古》2015 年第 12 期，第 38~51 页；谷飞、曹慧奇：《河南偃师商城宫城第五号宫殿建筑基址》，《考古》2017 年第 10 期，第 23~31 页；谷飞、曹慧奇、陈国梁：《2011 年至 2016 年偃师商城宫城遗址复查工作的主要收获》，《中原文物》2018 年第 3 期，第 63~74、82 页。

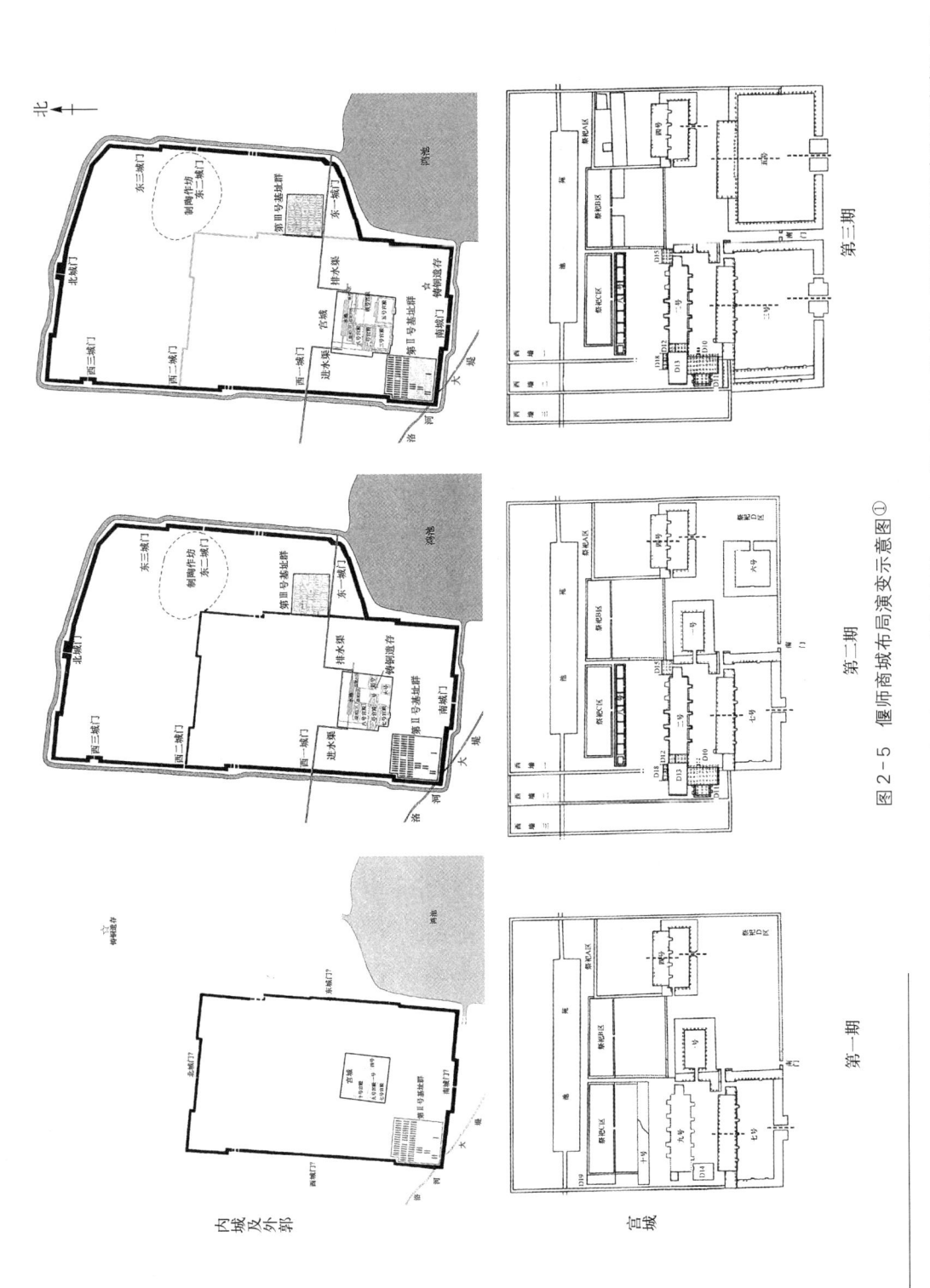

图 2-5 偃师商城布局演变示意图[1]

[1] 图片引自陈国梁:《偃师商城遗址聚落形态的初步考察》,《三代考古(七)》,科学出版社,2017 年,第 392、393、395 页。《三代考古(六)》,科学出版社,2015 年,第 178~180 页;谷飞:《偃师商城宫城建筑过程解析》,《三代考古(七)》,科学出版社,2017 年,第 392、393、395 页。

师商城东南部曾有一大片湿地水泊,很可能就是文献中记载的鸿池陂。另外,在城址东北角之外还探出了一条西北—东南走向的古河道,宽度约20米,其东南与外城城壕相通[①]。

偃师商城的宫城位于南城的中央偏南。宫城平面近方形,边长约200米,面积约4.5万平方米,周围有厚墙环绕。宫城的南部紧密排列着五组廊院式宫殿建筑,北部发现了三处石砌水槽遗址,应是宫殿的主要用水设施。南城的西南部和东城墙外还各有一个由厚墙围绕起来的小城,其内多为整齐有序的排房,可能是储藏、粮仓、武库或营房。

根据考古发掘提供的年代信息,偃师商城的规模经历了一个较长阶段才逐渐完备。在遗址第一期,最早营建的是宫城及其内的祭祀区,随后是南城及其西南角的小城,遗址东北隅还出现了冶铸遗址;到了第二期,才在南城以北增修保护铸铜作坊和普通平民居住区的北郭城,挖掘护城壕,营建水池和进水、排水渠,并对宫城西墙及宫殿建筑进行了改扩建;到遗址第三期,随着南郭的启用,内城基本平毁,宫城内修建了最大的两座合院建筑(3号、5号基址),宫城北部的水池淤塞废弃最终宣告了城址的衰败。

(三)洹北商城[②](含殷墟遗址)

洹北商城位于洹河北侧,一般认为,这座城址是年代早于殷墟的中商时期商王朝都城。洹北商城紧邻殷墟遗址,两者略有交错,两个遗址可以视为同一都城不同发展阶段的两个部分。

洹北商城平面大致呈方形,城墙边长2 100~2 200米,城内面积4.7平方公里,方向南偏西195度。宫城位于城址中部略偏南,平面呈长方形,方向为南偏西167度,长795米,宽度超过515米,面积约0.41平方公里。城内已钻探和发掘确认的夯土基址有30余处,排列紧密有序。其中宫殿区东南部的1

[①] 张兴照:《商代邑聚临河选址考论》,《黄河科技大学学报》2010年第3期,第47~50页。

[②] 唐际根、荆志淳、刘忠伏等:《河南安阳市洹北商城的勘察与试掘》,《考古》2003年第5期,第3~16页;唐际根、岳洪彬、何毓灵等:《河南安阳市洹北商城宫殿区1号基址发掘简报》,《考古》2003年第5期,第17~23页;中加洹河流域区域考古调查课题组、唐际根、荆志淳等:《河南安阳市洹北商城遗址2005~2007年勘察简报》,《考古》2010年第1期,第3~8页;中国社会科学院考古研究所安阳工作队:《河南安阳市洹北商城宫殿区二号基址发掘简报》,《考古》2010年第1期,第9~22页;何毓灵、岳洪彬:《洹北商城十年之回顾》,《中国国家博物馆馆刊》2011年第12期,第6~19页;唐际根、岳洪彬、何毓灵等:《洹北商城与殷墟的路网水网》,《考古学报》2016年第3期,第319~342页。

号、2号宫殿基址已经发掘，形制较为清晰。1号宫殿址坐北朝南，平面呈回字形，建筑群东西长173米、南北宽85~91.5米，占地面积达1.6万平方米。2号基址位于1号基址北侧，与1号基址相距29米，朝向与1号基址相同，形制与1号基址相似，北部正中是主殿，正殿两侧与环绕院落的廊庑相连，院落东西长92米、南北宽61.4~68.5米，总面积5 992平方米，规模略小于1号宫殿。1号基址的夯土中以及庭院内外共发现40余处祭祀遗存，而2号基址的庭院内较为空旷，这两座建筑形制相似，空间联系紧密，但庭院内遗存性质不同，应有着不同的使用方式和目的。

在洹北商城的西南隅还发现了一座方形小城，东西约240米，南北约255米，它的东墙南端与大城南墙相接，北墙西端与大城西墙相接，性质有待探索。洹北商城的中部偏东地带钻探出众多的中小型建筑基址，北部发现多处较大规模的夯土建筑遗迹，可知居民点应主要集中在宫城之外的西北和东北部。此外，城址内还发现了房基、水井、灰坑和墓葬等遗存（图2-6、图2-7）。

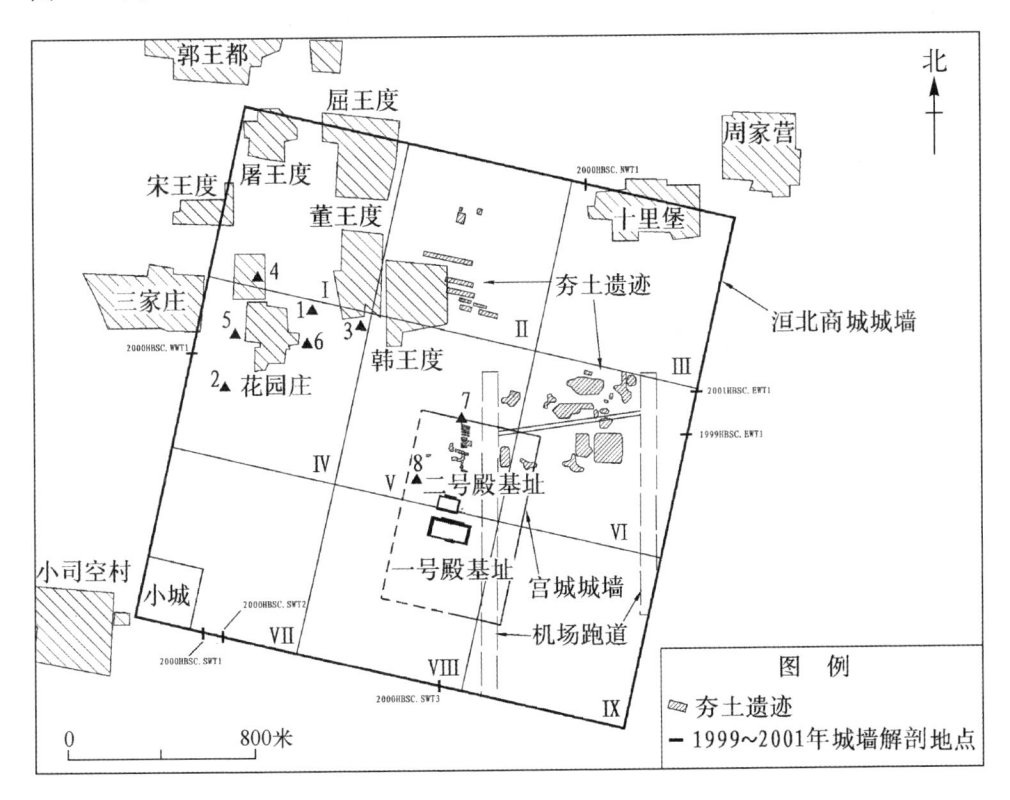

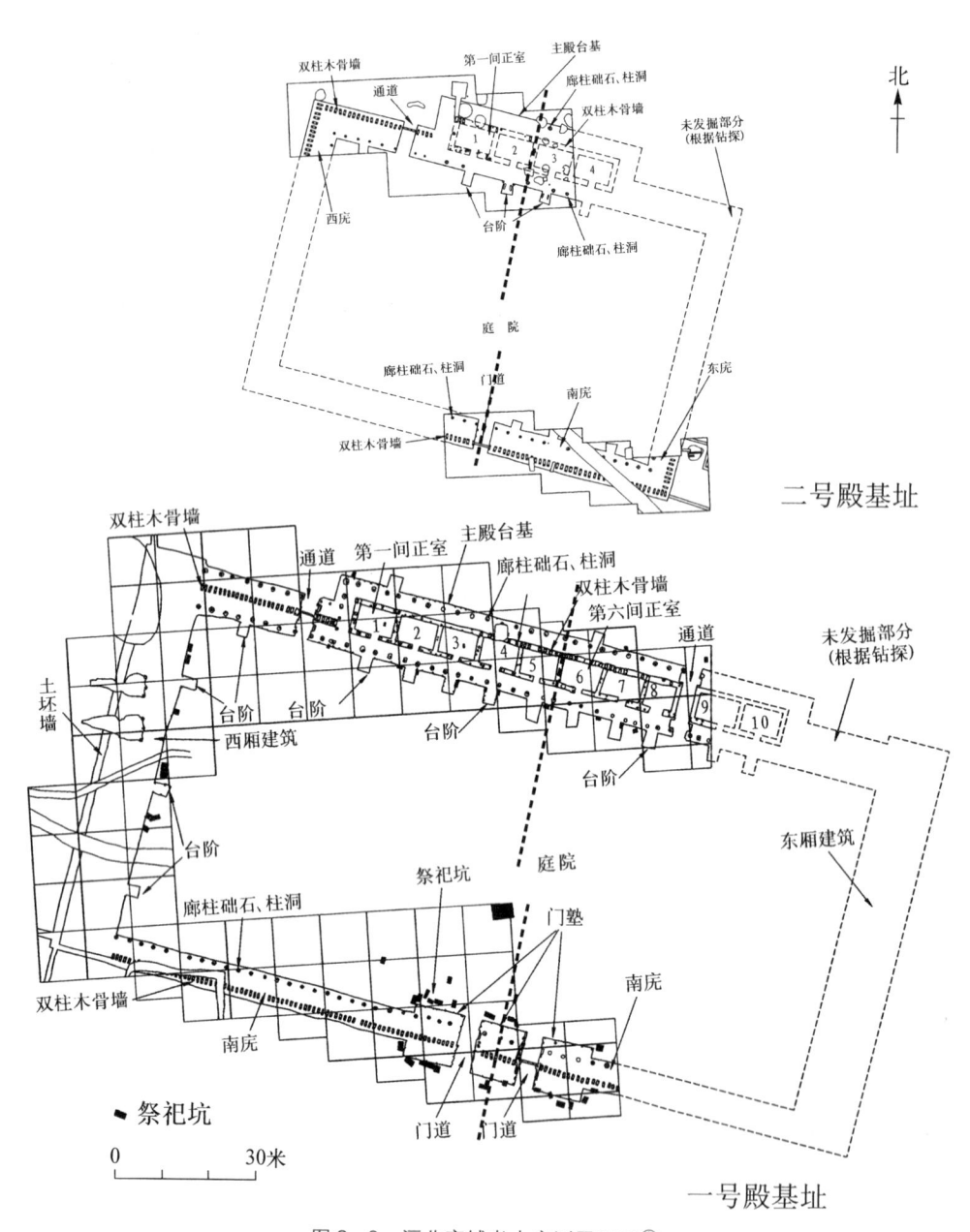

图 2-6 洹北商城考古实测平面图①

---

① 改绘自唐际根、荆志淳等:《河南安阳市洹北商城遗址 2005~2007 年勘察简报》,《考古》2010 年第 1 期,第 4 页;唐际根、荆志淳、何毓灵:《洹北商城宫殿区一、二号夯土基址建筑复原研究》,《考古》2010 年第 1 期,第 24、32 页。

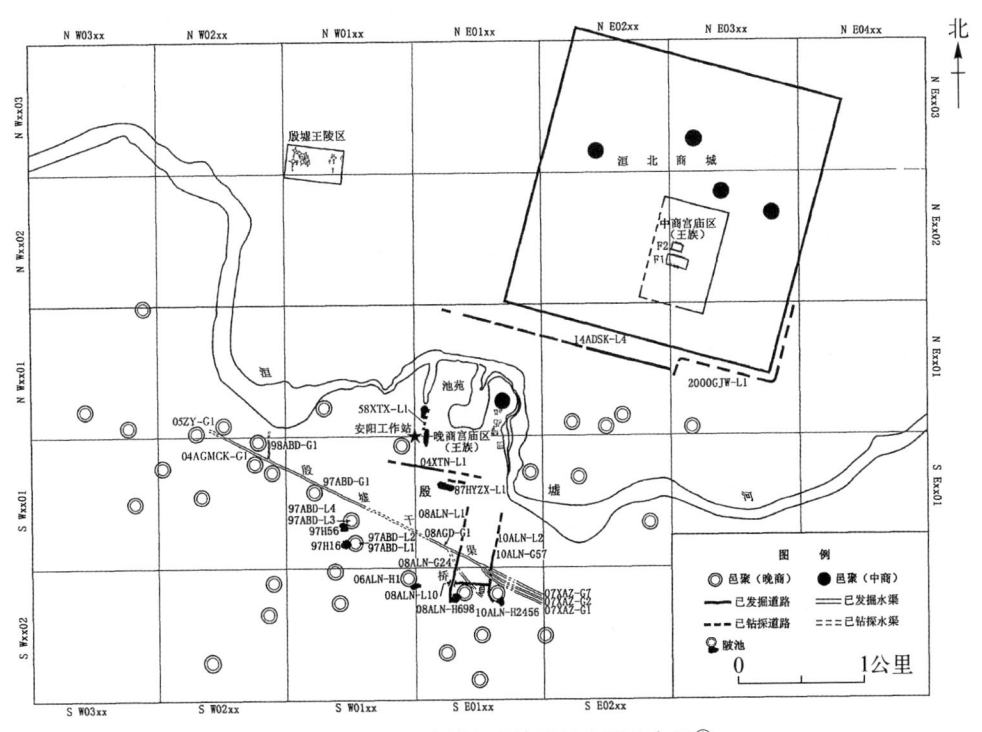

图 2-7 洹北商城与殷墟路网水网分布图[①]

从考古材料看，商人移居洹北商城一带之初，首先修建了一批规模可观的宗庙和宫殿，随之而来的平民住在宫殿宗庙区的东北和西北，一段时间之后，开始在宫殿宗庙区外修建宫城，最后才开始在平民居住点的外围修建一座更大的外城。洹北商城的建造过程应是先建邑，后营宫城，再造大城。由于某种原因，外城突然停止修建。因而，洹北商城并未完全建成。

在突然停建洹北商城的同时，在洹河之南的高地上开始出现高等级夯土基址，并逐渐形成了以小屯为中心、范围广达 30 平方公里的都邑活动区，形成了殷墟遗址。目前，在殷墟的小屯中心区，除了宫室建筑基址外，还发现有墓地、作坊、祭祀坑、甲骨坑等与王室活动密切相关的重要遗存。在小屯中心区的西北有王陵区和族墓地，南面由东向西有苗圃北地、孝民屯东南、孝民屯西等多处铸铜作坊，东南有大司空村附近的制骨作坊，在小屯中心区周边还发现了散布的数

[①] 唐际根、岳洪彬、何毓灵等：《洹北商城与殷墟的路网水网》，《考古学报》2016 年第 3 期，第 324 页。

十个居民点。一般认为，小屯及其附近区域是商代后期盘庚至商纣的都城"殷墟"，小屯大型建筑群是商王朝的宫殿和宗庙。殷墟范围内发现的多条道路和水渠，可以将王陵区、宫殿宗庙区以及族邑、作坊、墓地等功能区有机联系起来。

需要注意的是，迄今为止，殷墟还没有发现如前述商代都城一般形态规整的城墙或城壕，小屯中心区的遗迹性质也与其他商代都城的宫城存在一定差异。这种情况是由于商代晚期特殊的社会形态还是其他原因造成，有待进一步的考古工作。

三、周代以前的都城布局与形态

本节主要考察了周代以前的典型城址二里头遗址和商代的郑州商城、偃师商城、殷墟的洹北商城（表2-1）。这些遗址的规模可观，既具备大型的封闭城圈、城市建筑和井字形路网，也有同时代最先进的手工业作坊、给排水系统，具有比较复杂的功能结构，聚集了大量不同阶层的非农业人群，应是自二里头时期至商代中国中原地区的政治、军事和文化中心，很可能是周代以前的都城。在这近1000年时间里，不同族群的都城布局和规划既表现出一些根本性的差异，也有不少对前代传统的因袭和发扬。

表2-1 周代以前的都城构成与格局

等级	中 心 都 城			次级陪都
名 称	二里头遗址	郑州商城	洹北商城	偃师商城
朝向	南偏东	南偏西	南偏西	南偏西
城垣结构	仅发现宫城	发现内城、外城，或有宫城	发现宫城和内城	发现宫城、内城、外城三圈城垣
宫城　宫城面积（平方公里）	0.12	可能接近0.37	0.4	0.045
宫城　宫城位置	遗址东南部至中部	城东北部	城中部偏南	城中部偏南
宫城　宫城内的建筑形制和性质	多座廊院建筑并置，部分宫殿庭院内有高等级墓葬	多座大型夯土基址，有院落式、长方形台基和大型密集柱础的近方形建筑多种	多座廊院建筑并置	多座廊院建筑并置

续表

等级 名　称	中 心 都 城			次级陪都
	二里头遗址	郑州商城	洹北商城	偃师商城
宫城 大型建筑的规模	1号宫殿基址东西约108米，南北约100米，面积10 000平方米	省中医学院家属院内F1~F3组合成院落式建筑，主殿F1长30米，宽13米，侧殿F2残长20米，宽8米	1号宫殿基址东西约173米，南北约85~91.5米，面积约15 000平方米	5号宫殿基址东西约104米，南北约91.3米，面积9 000平方米
内城 内城面积（平方公里）	主要遗址分布范围为3平方公里，含手工业作坊多处	3	4.7	0.81
内城 内城位置		宫殿区外围	外套于宫城	外套于宫城
外城 外城面积（平方公里）		17	不详	2.9
外城 外城位置		内城南面		内城北面
外城 外城中的遗存性质		手工业作坊多处		手工业作坊多处

　　二里头遗址与商代都城的城址及大型建筑基址虽都是坐北朝南，但都不是正南北方向，在朝向上存在一些显著的差异，可能与两个族群不同的文化习俗或技术传统有关。二里头遗址的大型宫殿、井字形干道和宫城遵从同一朝向，坐北朝南而略呈南偏东，应是同一规划设计的产物；商代三座都城及其主要宫殿的朝向都是坐北朝南而略呈南偏西。商代城址的朝向规制自商代早期似已确立，如目前所知的早商时期城址，除焦作府城村商城之外，无论是中心聚落，还是地方城邑，都不是规整的正南北朝向，而是略偏西南5~20度。

　　二里头遗址的宫城成熟于遗址第3期，宫城内十余座建筑基址排列有序，尤其是1号、2号宫殿建筑基址，同样采用围廊庭院式布局，基址修建在整体夯筑的台基上，外围是周匝环绕的廊庑，中心占地最大的是露天庭院，庭院北部是东西宽、南北狭的主殿，主殿正对南廊中段的门址。通过轴线的串联，1号、2号宫殿还与其周边的附属建筑形成了紧密的空间联系。这类以回廊环绕单一中心庭院为特征的建筑布局，有别于二里头遗址早期的3号、5号建筑基址的布局，又相继出现在商代早期的偃师商城和中期的洹北商城中，成为商代都城大型宫殿的主流形式。有所变化的是，商人将主殿的台基向北推，使其与院落北廊的台基连成一体，形成了边界相当规整的中心庭院。在二里头遗址的 2 号宫殿、洹北商城的 1 号宫殿等建筑基址的庭院内，发现了贵族墓葬、祭祀坑等一些性质特殊的遗存，显示出祭祀等礼仪活动很可能是早期宫廷活动的主要内容。如何判别早期宫殿建筑基址的功能性质，哪些作为宗庙，哪些作为王室的居所，还有待未来进一步的探讨。

在二里头遗址中，井字形正交干道围绕宫殿区铺筑，并成为确定宫城边界的主要参照，反映了中国都城的交通组织很早就倾向于更加理性的正交模式。在商代二里岗时期的望京楼城址内，已经找到了十段道路遗迹，若将位于同一条直线上的道路遗迹首尾相接，可知这一时期城内主干道共四条，东西向、南北向各两条，它们两两相交，呈井字形，将望京楼商城分作规模相近的九个区块。由此来看，正交形路网不仅为商人沿用，还在商代都邑内全面铺开，广泛影响了城门通道的分布、功能区的划分等其他城市要素的组织。

较之二里头遗址，商代都城最显著的发展就是城池制度的完善。商代都城普遍具有多重城郭和环壕。首先修建的宫城和内城，平面一般呈规则的几何形，城垣外侧挖凿壕沟。外围郭城的修筑一般晚于宫城和内城，甚至开始于都城使用一段时间之后。为了将既有的手工业作坊、平民居址、墓地、窖藏等不同类型的城市建筑和设施全部围合其中，又照顾到特殊的自然地形，外城走向一般多有拐折。由此来看，商代都城的修建一般经历了较长时间，几乎不可能在修建之初就制定包括多座城圈在内的完整规划方案。正因为如此，宫城以外区域的功能分布常常显得松散，外城的布局少有显而易见的秩序。

第二节　周代前期的理想城市
——周鲁城布局新探

公元前 1046 年，周武王灭商，正式建立周王朝。至公元前 771 年，犬戎入侵，周幽王被杀，随后即位的周平王将都城从丰镐迁到洛阳，这一事件标志着西周的结束和东周春秋时代的开始。实际上，在春秋早期，周王室余威尚存，一些诸侯国的政治、军事力量也还没有强大到敢"问鼎轻重"的地步。这表现在考古学文化上，就是春秋早期周文化的面貌仍与西周晚期相同。因而，西周至春秋早期在分期上都属于周代前期考古的范畴。以下首先讨论周原、丰镐和洛邑等周代前期周王室都城的考古学面貌。

一、周代前期都城概况

根据文献记载，周人从祖先公刘开始逐渐强大，其子庆节在豳建立都邑，专心农事，安土乐居。到了古公亶父，为了躲避戎狄的侵袭，迁徙到岐山脚下定居，称岐周或周原。周文王时，东迁至沣河西岸的丰，作为京邑，同时西征戎狄、东结诸侯，迅速壮大了周人的势力。文王之子武王继任，他又在沣河东岸建立镐京，领军东征，最终推翻商朝，开创了历时800余年、文化空前繁荣的周王朝。为了有效控制中原地区，武王灭商不久即有"营周居于洛邑"的打算。至成王五年，周公旦在平定三监和武庚之乱后，在今河南洛阳一带修筑了东都洛邑。与此同时，岐周所在的周原地区仍是当时重要的政治中心，是西周王室的宗庙和王室重臣的采邑所在。公元前771年，犬戎入侵，幽王被杀，西周灭亡。在战乱之中，周原沦为废墟，周平王将都城迁徙到洛阳，揭开了东周列国彼此征伐的序幕。

上述载于史籍的西周都邑，其地望已经基本得到考古工作证实，分述如下。

（一）周原岐邑[①]

周原遗址位于今陕西省关中平原以西，范围涉及今凤翔、岐山、扶风、武功四县之大部分和宝鸡、眉县、乾县的一小部分，面积达200平方公里以上。这里是周人早期活动的中心和灭商以前的都城，又称岐邑。文王迁丰以后，这里仍是周人重要的政治中心，曾是周公和召公的采邑。据《诗经》《史记·周本纪》等文献记载，周人在古公亶父时（约当公元前12世纪末或公元前11世

[①] 马世之：《关于西周都城遗址的探索》，《中州学刊》1987年第5期，第108～112页；周原考古队：《2002年周原遗址（齐家村）发掘简报》，《考古与文物》2003年第4期，第3～9页；徐天进、王占奎、付仲阳等：《1999年度周原遗址ⅠA1区及ⅣA1区发掘简报》，《古代文明（二）》，文物出版社，2003年；徐天进、孙秉君、雷兴山等：《2001年度周原遗址调查报告》，《古代文明（二）》，文物出版社，2003年；雷兴山、徐天进、王占奎：《2001年度周原遗址（王家嘴、贺家地点）发掘简报》，《古代文明（二）》，文物出版社，2003年；徐天进、孙秉君、雷兴山等：《2001年度周原遗址调查报告》，《古代文明（二）》，文物出版社，2003年；付仲杨、宋江宁、徐良高：《陕西周原遗址发现西周墓葬与铸铜遗址》，《考古》2004年第1期，第3～6页；徐天进、雷兴山、孙庆伟：《2003年秋周原遗址（ⅣB2区与ⅣB3区）的发掘》，《古代文明（三）》，文物出版社，2004年；徐天进、雷兴山、孙庆伟等：《周原遗址凤雏三号基址2014年发掘简报》，《中国国家博物馆馆刊》2015年第7期，第6～24页；李彦峰、孙庆伟、宋江宁：《陕西宝鸡市周原遗址2014～2015年的勘探与发掘》，《考古》2016年第7期，第32～44页。

纪初）将活动中心迁移到这里。至西周末年，周原因戎人入侵而废。

2013年，周原联合考古队于20世纪80年代在凤雏南及贺家北发现的两段夯土墙的基础上，结合航片分析与地表勘察，又找到了城址北、西、南三面的一些残存城垣，从而在周原遗址核心区的中部略偏西北确认了一座西周时期的城址（图2-8）。这座城址的中心大致位于凤雏甲组夯土基址附近，城址呈横长方形，东西约1510米，南北约640米，南墙中段略有外凸，面积约0.9平方公里，在城内已发现10处院落式大型夯土建筑基址，包括已经经过发掘的

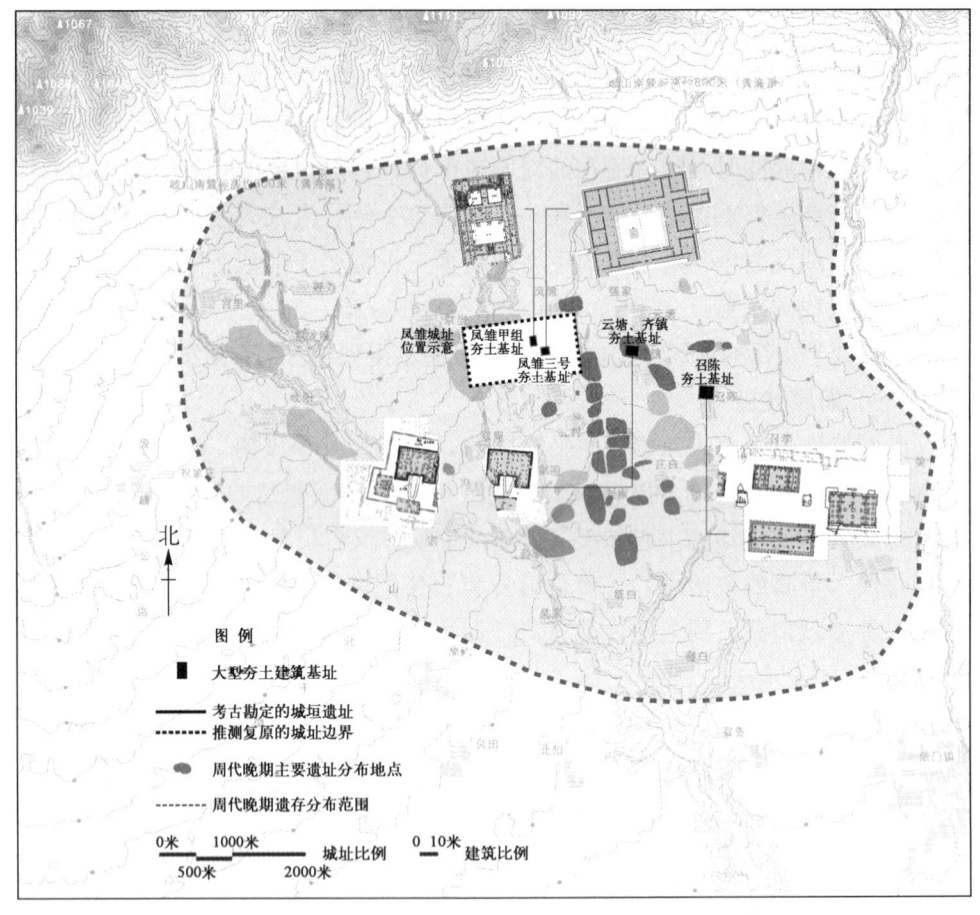

图2-8 周原遗址西周晚期主要遗存平面分布示意图[①]

---

① 改绘自2013年宝鸡市周原博物馆、北京大学考古文博学院和陕西省考古研究院联合考古队调查成果。

凤雏甲组、乙组及 3 号基址。由于城墙叠压着西周中晚期的灰坑，周原凤雏城址的建造年代不早于西周中期偏晚阶段[①]。凤雏城址是目前所知唯一位于西周周王室都邑的范围内，且布局、形态比较清晰的西周城址。

经考古工作确认，周原岐邑的聚落范围应远大于凤雏城址的规模。在西周早期，周原岐邑的聚落面积已达 19 平方公里左右；到西周中期，也就是凤雏城址修建前后，周原岐邑的规模急剧扩大，聚落范围从遗址中部的王家沟东侧向东一直扩展到美阳河西岸，聚落面积增至 28 平方公里；到西周晚期，周原岐邑的聚落范围已经在 30 平方公里以上[②]。

在周原遗址，开展了考古发掘并系统公布材料、保存较为完整的大型夯土基址已有 5 处，其中除凤雏甲组和 3 号基址位于凤雏城圈之内，城圈以外还有 3 组大型建筑基址。在岐山县凤雏村西南发掘了先周时期的两重合院式夯土基址，即凤雏甲组夯土建筑基址，该基址所有房屋通过廊屋连接，格局与商代地方城址的中心建筑如出一辙[③]。在凤雏甲组基址的南侧约 40 米，发现了凤雏 3 号基址，它始建于西周早期，废弃于西周晚期，平面呈回字形，四面为夯土台基，中心为长方形庭院，庭院中发现了一处特殊的立石和铺石遗迹，建筑总占地面积约 2 180 平方米，研究者推测它很可能是官方社祀遗存[④]。在扶风县召陈村发现了多座西周中晚期的夯土基址，在强家村和下樊村也见到类似遗址，它们都是由单栋建筑组合而成的建筑群，单栋房屋的进深、面阔都较前代同等级建筑加大较多，周边环绕卵石铺砌的散水，显示出周代木构宫殿建筑已经达到较高的技术水平[⑤]。在扶风县云塘、齐镇发现了两组布局和工艺非常相似的夯土基址群（即周原遗址的云塘、齐镇建筑群），使用年代应在西周晚期。这两座建筑群结构非常相似，周边环绕围墙，南面设门，正殿位于院落北侧居

[①] 关于周原遗址的最新考古成果暂未正式发表，本书所使用的材料由宝鸡市周原博物馆、北京大学考古文博学院和陕西省考古研究院周原遗址联合考古调查队提供，尤其得到北京大学考古文博学院雷兴山教授及其研究生张天宇的大力支持与协助，特此说明以示感谢。

[②] 雷兴山、种建荣:《周原遗址商周时期聚落新识》，湖北省博物馆编《大宗维翰：周原青铜器特展》，文物出版社，2014 年，第 18～29 页。

[③] 陕西周原考古队:《陕西岐山凤雏村西周建筑基址发掘简报》，《文物》1979 年第 10 期，第 27～37 页；陈全方:《周原西周建筑基址概述（上）》，《文博》1984 年第 1 期，第 7～14 页；陈全方:《周原西周建筑基址概述（下）》，《文博》1984 年第 2 期，第 9～14 页。

[④] 徐天进、雷兴山、孙庆伟等:《周原遗址凤雏三号基址 2014 年发掘简报》，《中国国家博物馆馆刊》2015 年第 7 期，第 6～24 页；曹大志、陈筱:《凤雏三号基址初步研究》，《中国国家博物馆馆刊》2015 年第 7 期，第 25～38 页。

[⑤] 尹盛平:《扶风召陈西周建筑群基址发掘简报》，《文物》1981 年第 3 期，第 10～22 页。

中，平面呈凹字形，两座配殿分居正殿南面的东西两侧，三座殿堂呈品字形排列；院落中央为庭院，庭院内铺筑 U 字形卵石路面，路面南连院落南门，北侧两端分别与正殿的两个台阶相通[①]。实际上，在广阔的周原遗址内，原始功能可能是宫庙建筑的夯土基址分布相当广泛，考古学家称，"几乎整个周原商周时期聚落的不同居住区内，都可发现大型夯土建筑"[②]，这可以从另一个侧面反映岐邑在空间布局上的分散状态。

实际上，在周原遗址区内，周代遗存非常密集，遗存类型相当丰富。除了有大型夯土建筑群、道路、池渠遗迹、壕沟等城市建筑和设施，历年还在周原遗址发现了 56 处手工作坊，涉及铸铜、制骨、角器制作、玉石器、蚌器或漆木器加工、制陶等多种行业，共确认墓地和零散墓葬点 70 余处，还发现了大量西周晚期的青铜器窖藏。从出土铜器的铭文来看，当时的岐邑内居住着许多非姬姓家族，聚族而居。除了上述大型夯土建筑基址外，周原遗址还发现了一些半地穴和地穴式房址，是当时下层民众的栖居之所。这些材料显示，周原岐邑不仅面积广阔，还有着相当复杂的聚落结构和社会组织，由城墙环绕的凤雏城址绝不是西周岐邑唯一的绝对核心，这与偃师商城、郑州商城和洹北商城等商代都城以城邑为中心的面貌截然不同。周原地区的城池在都邑内的重要性已明显降低，换一种角度说，西周初年有着不同以往的城邑观念和形式。

（二）丰、镐二京[③]

丰镐遗存位于今陕西省西安市西南的沣河两岸，一般认为是西周王朝的丰、镐二京所在。据文献记载，周文王在沣河西岸建丰京，其子武王在沣河东

[①] 徐良高、刘绪、孙秉君：《陕西扶风县云塘、齐镇西周建筑基址 1999～2000 年度发掘简报》，《考古》2002 年第 9 期，第 3～26 页；曹玮、孙周勇、段毅等：《陕西扶风云塘、齐镇建筑基址 2002 年度发掘简报》，《考古与文物》2007 年第 3 期，第 23～32 页。

[②] 雷兴山、种建荣：《周原遗址商周时期聚落新识》，湖北省博物馆编《大宗维翰：周原青铜器特展》，文物出版社，2014 年，第 18～29 页。

[③] 中国科学院考古研究所：《沣西发掘报告》，文物出版社，1963 年；保全：《西周都城丰镐遗址》，《文物》1979 年第 10 期，第 68～70 页；胡谦盈：《丰镐考古工作三十年（1951～1981）的回顾》，《文物》1982 年第 10 期，第 57～87 页；郑洪春、穆海亭：《镐京西周五号大型宫室建筑基址发掘简报》，《文博》1992 年第 4 期，第 76～83 页；陕西省考古研究所：《镐京西周宫室》，西北大学出版社，1995 年；冯孝堂、梁星彭：《1976～1978 年长安沣西发掘简报》，《考古》1981 年第 1 期，第 13～18 转 76 页；卢连成：《陕西长安沣西客省庄西周夯土基址发掘报告》，《考古》1987 年第 8 期，第 692～700 页；中国社会科学院考古研究所、陕西省考古研究院、西安市周秦都城遗址保护管理中心：《丰镐遗址考古发现与研究系列丛书：丰镐考古八十年》，科学出版社，2016 年。

岸建镐京。然而，迄今为止，并未在沣河两岸发现同时期的大型封闭城圈或城壕。目前，丰、镐二京的遗存范围主要是依据已经发现的数十座大型夯土基址大致推定（图2-9）。丰京遗存主要位于沣河西岸的客省庄、马王村、张家坡、大原村、冯村、曹家寨和西王村一带，面积约6平方公里。镐京遗存主要位于沣河东岸的镐河故道南岸，集中区在斗门镇花园村、普渡村至洛水村郡邬岭的

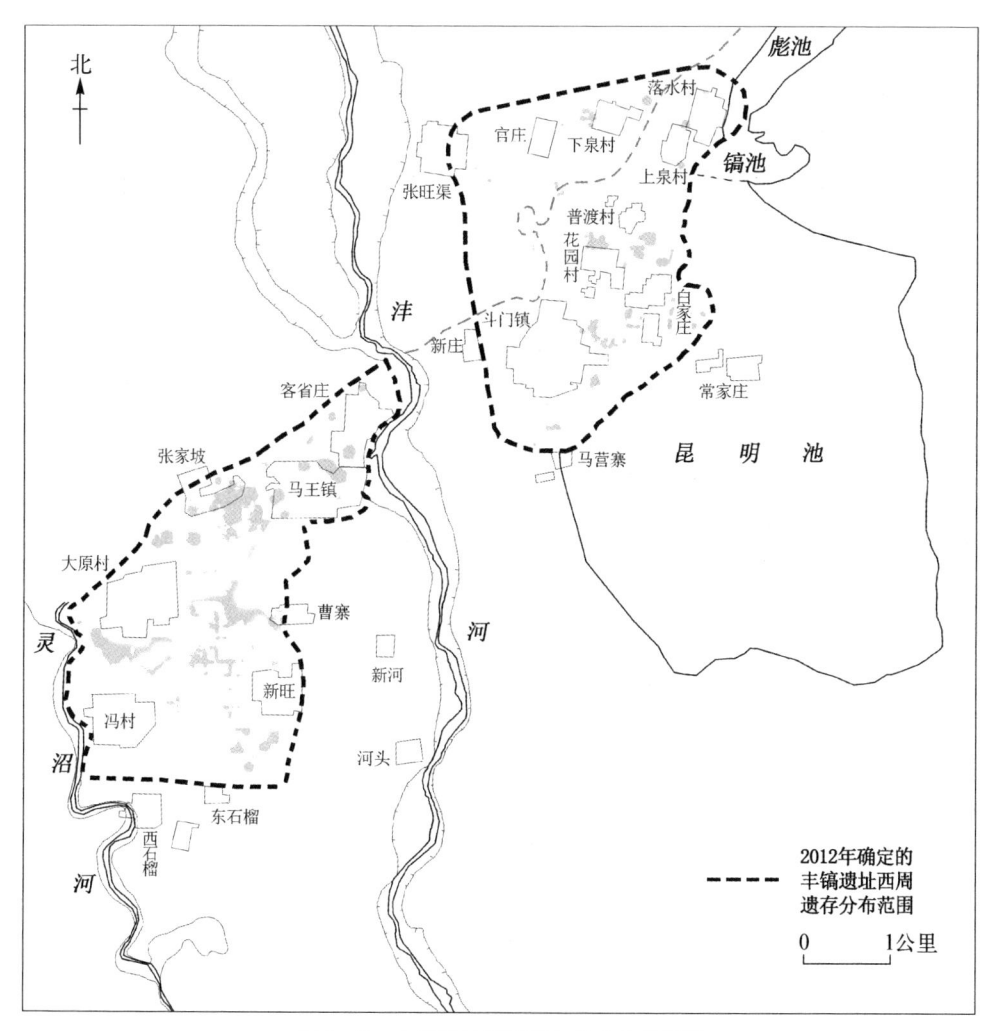

图2-9　丰镐遗址西周遗存的分布范围①

---

① 改绘自中国社会科学院考古研究所、陕西省考古研究院、西安市周秦都城遗址保护管理中心：《丰镐遗址考古发现与研究系列丛书：丰镐考古八十年》，科学出版社，2016年。

高地，由于部分被汉唐昆明池破坏，现存面积约4平方公里。

不仅尚未发现大型城圈，丰、镐二京的边界还比较模糊，都邑的内部布局、大型建筑的形制、主要功能区的构成和分布也不太清楚。大体说来，在丰镐遗存分布区内，大型建筑夯土基址主要集中在遗址北部的客省庄至马王村一带，墓葬区主要集中在自马王村至大原村一带的高地上，在新旺村、冯村一带的高地也有发现。

（三）东都洛邑

东都洛邑位于黄河中游南岸的洛阳盆地，处于由黄河、伊河和洛河三条河流在豫西丘陵地带冲积形成的平地上。洛阳盆地周边围绕着中条山、崤山、熊耳山、伏牛山和嵩山等山脉，形成了东、西、南三面阻山，北面黄河横亘的有利地形，既具备护卫都城的山河险阻，又有方便的水陆交通，是非常理想的建都地点。《逸周书·作洛解》记载洛邑"南系于洛水，北因于郏山（北邙山）"，《尚书·洛诰》则记载了召公为洛邑卜地选址的过程："我乃卜涧水东、瀍水西，惟洛食；我又卜瀍水东，亦惟洛食。"目前，在瀍河两岸已经发现了一片面积广大、内涵丰富的西周时期遗址，包括一条西周早期的南北大道、西周早期的车马坑祭祀遗址、西周铸铜遗址和西周贵族墓地、平民墓地和殷遗民墓区等。多数学者认为这一带就是西周早期营建的成周（也即洛邑）[①]，其并未修建城垣的考古学现象也一如丰、镐二京，反映了西周初年的都城面貌。

20世纪80年代，汉魏洛阳故城中部发现了一座西周城址，考古学上称"韩旗两周城址"。这座城址呈横长方形，北、东、南、西四面城墙分别长约2600米、1800米、2400米、1940米，面积约5平方公里，其规模大致合当时的东西六里、南北五里（图2-10）。发掘者根据在城址东西墙中段试掘的6条探沟认为，原城墙夯土为西周时期所筑，具体时代皆不晚于西周中晚期。根据考古报告，西周时期的城墙夯土中主要夹杂着西周早期的陶片，其中T5的夯1内所出遗物皆不晚于西周中晚期，说明修筑城墙的时间也不会早于西周中期[②]。

[①] 李民：《说洛邑、成周与王城》，《郑州大学学报（哲学社会科学版）》1982年第1期，第13~19页；叶万松、张剑、李德方：《西周洛邑城址考》，《华夏考古》1991年第2期，第71~76页；梁云：《成周与王城考辨》，《考古与文物》2002年第5期，第51~55页；徐昭峰：《成周与王城考略》，《考古》2007年第11期，第62~70页；侯卫东：《论西周晚期成周的位置及营建背景》，《考古》2016年第6期，第90~97页。

[②] 钱国祥：《汉魏洛阳故城城垣试掘》，《考古学报》1998年第3期，第361~388页。

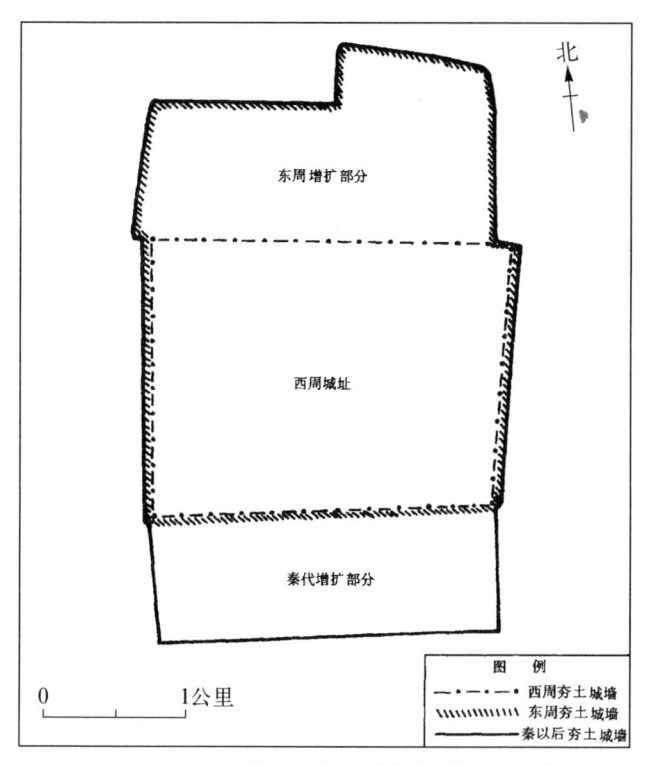

图 2-10　汉魏洛阳故城早期城址沿革示意图①

发掘者认为，汉魏洛阳故城中部的西周城址有可能是周初为居处殷遗民而建的成周城，西周城址北侧的城圈当为春秋晚期周敬王"城成周"过程中扩建的结果，通过"秦封吕不韦为洛阳十万户侯，大其城"，西周城址南部的城圈又得以建成，从而形成了汉晋洛阳故城（即北魏洛阳城内城）的规模。此后，虽汉、曹魏、西晋及北魏各代都对城垣进行了一些补筑或扩建，但城圈的基本形态没有大的变化。但近年也有一些学者对韩旗周城的修建时间和早期性质提出了不同的意见，如段鹏琦称该城为洛邑成周之外的西周城②；梁云认为该城始建于春秋早期或两周之际，是周平王东迁之后修建的驻扎诸侯国军队的翟泉城③；徐昭峰认为该城始建于西周晚期，城名为"周"④；侯卫东认为，韩旗周城修建于西周晚

---

① 钱国祥：《汉魏洛阳故城城垣试掘》，《考古学报》1998 年第 3 期，第 383 页。
② 段鹏琦：《洛阳古代都城城址迁移现象试析》，《考古与文物》1999 年第 4 期，第 44～51 页。
③ 梁云：《成周与王城考辨》，《考古与文物》2002 年第 5 期，第 51～55 页。
④ 徐昭峰：《成周与王城考略》，《考古》2007 年第 11 期，第 62～70 页。

期，营建之初可能就是新的成周城①。由于长期作为都城使用，韩旗周城的内部布局已经很难通过考古工作详察。

二、周代前期周王室都城的布局特点

由于考古材料的限制，目前难以全面掌握周代前期周王室都城的布局特征，下文仅初步讨论周原、丰镐和洛邑的一些共同特点。

第一，封闭城圈不是周代前期周王室都邑的必要配置。周原的凤雏周城和洛邑的韩旗周城的始建时间都不早于西周晚期，换句话说，在西周中期之前，依据现在所掌握的考古材料，周王室的三处都邑很可能都没有修筑封闭的城圈，聚落的功能组团相对分散，都邑的边界位置模糊，都邑的空间面貌明显有别于商代早、中期的都城。文献及西周铭文中，"邑"常用来称谓都城，如丰邑、洛邑、新邑、新大邑等，这或许反映了周代都邑特殊的布局结构和形成过程。

第二，目前在周原和洛邑发现的两座西周晚期城址都呈东西长、南北短的横长方形，结合西周时期诸侯国都邑的城圈规模来看，这种形制可能是西周晚期周王室都邑城垣规划的通行模式。周原遗址的凤雏城址东西约1 510米，南北约640米，长宽比约1∶0.4；韩旗周城东西约2 500米，南北约2 000米，长宽比约1∶0.8。值得注意的是，修建于西周早期的燕国都城董家林古城采用的也是横长方形的城圈②。

董家林古城位于北京西南郊的琉璃河遗址，考古工作证明，这里是燕国的早期都城③。这一遗址北连平原，南面大石河（即琉璃河），遗存分布区东西约3 500米，南北约1 500米，面积在5平方公里以上。其中，董家林城址的始建年代不晚于西周早期，彻底废弃于西周末年，城址位于遗存区中部的董家林村附近的台地上，北部基本完整，南部城垣尚未发现，北城墙全长829米，大致为城址东西方向的长度，东、西城墙大致平行，各存300余米。结合琉璃河遗

---

① 侯卫东：《论西周晚期成周的位置及营建背景》，《考古》2016年第6期，第90～97页。
② 该观点受北京大学刘绪教授启发。
③ 中国社会科学院考古研究所等：《琉璃河燕国古城发掘的初步收获》，《北京文博》1995年第1期，引自苏天钧主编《北京考古集成（2～4）》，北京出版社，2000年，第903～906页；赵福生：《西周燕都遗址（琉璃河商周遗址）》，引自苏天钧主编《北京考古集成（2～4）》，北京出版社，2000年，第876、877页；雷兴山、王鑫、赵福生：《1995年琉璃河周代居址发掘简报》，《文物》1996年第6期，第4～19页；王鑫、柴晓明、雷兴山：《琉璃河遗址1996年度发掘简报》，《文物》1997年第6期，第2～14页。

址周边的地形和墓地等主要遗存的分布范围推测，城址的南边界应该不会超出今董家林村。换句话说，董家林城址的南北向长度应短于东西向长度，整座城圈呈横长方形，长宽比约为1:0.6。城址中部曾出土高等级建筑构件，这一带很有可能是燕国都城的宫殿区（图2-11）。

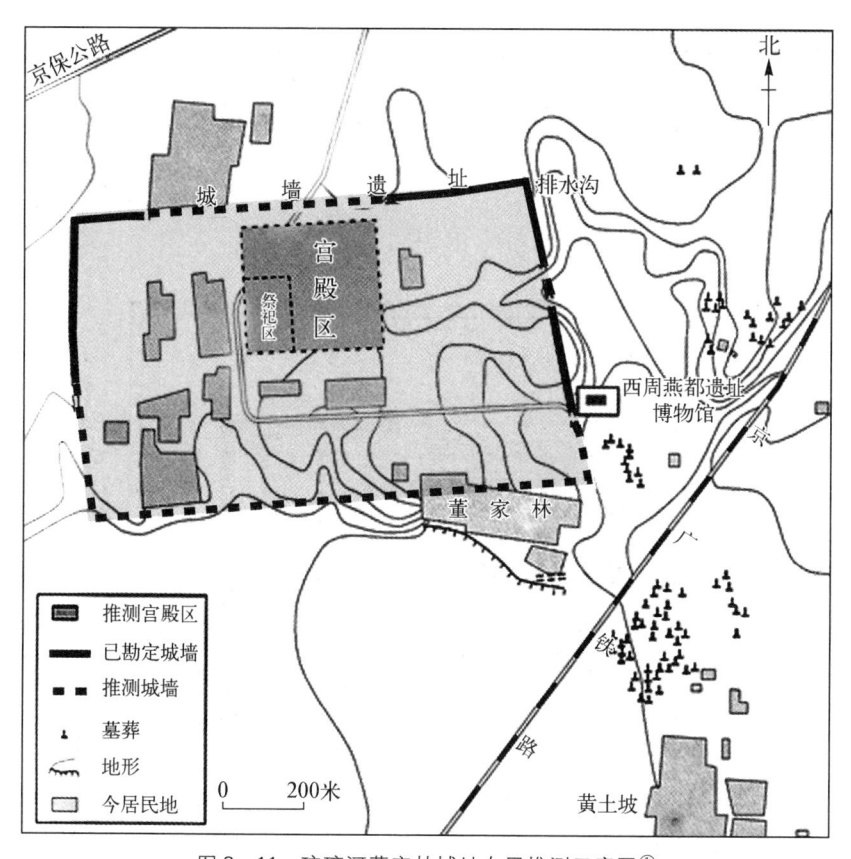

图2-11 琉璃河董家林城址布局推测示意图①

进一步结合后述修建于两周之交的曲阜周代鲁城来看，这种东西长、南北狭的横长方形城圈可能是某种通行于周代前期的都城规划制度。

第三，到周代晚期，周王室大型宫庙建筑的形制和布局已形成一套固定的标准，不仅特征鲜明，有别于前朝，还很可能对诸侯国都城及其宫庙建筑的规划设计产生了广泛影响。既往发掘的二里头遗址、商代都城的宫殿建筑，往往

---

① 改绘自中国社会科学院考古研究所等琉璃河考古队：《琉璃河燕国古城发掘的初步收获》，苏天钧主编《北京考古集成（2~4）》，北京出版社，2000年，第905页。

采用以庭院为中心的院落式布局,通过回廊围合形成建筑群的边界,主殿位于建筑群北端,回廊与主殿的台基整体夯筑,阔大的庭院处于建筑群的中央,应当是开展宫庙礼仪活动的主要场所。尽管整个建筑群遵从坐北朝南的布局,但门庑通道的中线与主殿的中线偏差较多,难以形成协调整座建筑的中轴线(参见图2-5、图2-6)。

从周原遗址西周晚期修筑的云塘、齐镇建筑群来看,周代的典型院落式建筑不再以庭院为中心,而是在院落内修建三座呈品字形排列的主要殿堂,正殿位于北侧中央,两座配殿分居正殿南面的东西两侧,院墙与建筑的台基独立夯筑,三座殿堂中央的庭院内铺筑卵石路,主要的礼仪活动应发生在殿堂之内(图2-12)。与云塘、齐镇建筑群采用相同或相近布局的大型夯土建筑群还能

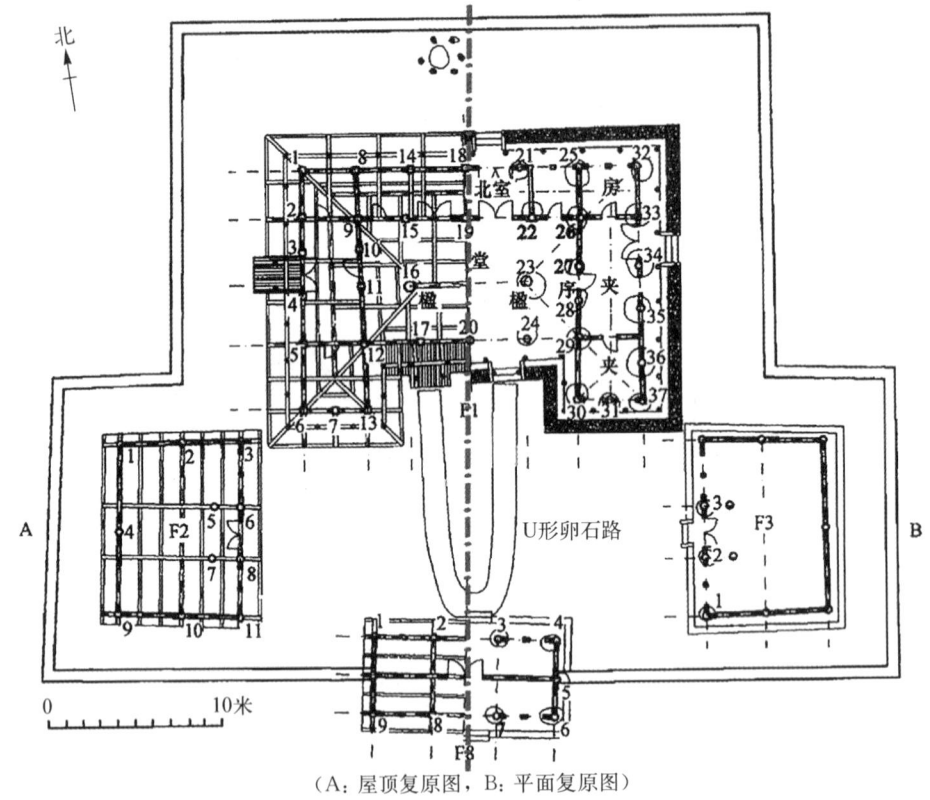

(A:屋顶复原图,B:平面复原图)
图2-12 周原云塘西周建筑群平面复原示意图[①]

---

① 玛丽安娜:《陕西扶风云塘西周建筑群复原研究》,《建筑历史与理论(第十辑)——首届中国建筑史学全国青年学者优秀学术论文评选获奖论文集》,科学出版社,2009年,第382页。

在周代诸侯国都城中找到，典型如秦雍城马家庄 1 号、3 号建筑群，晋都新田的呈王路 13 地点建筑群。这些建筑的主殿中线与门道中线基本位于同一直线上，且东、西配殿以这条直线左右对称，也就是说，整座建筑群的布局遵从统一的南北中轴线（图 2-13～图 2-15）。

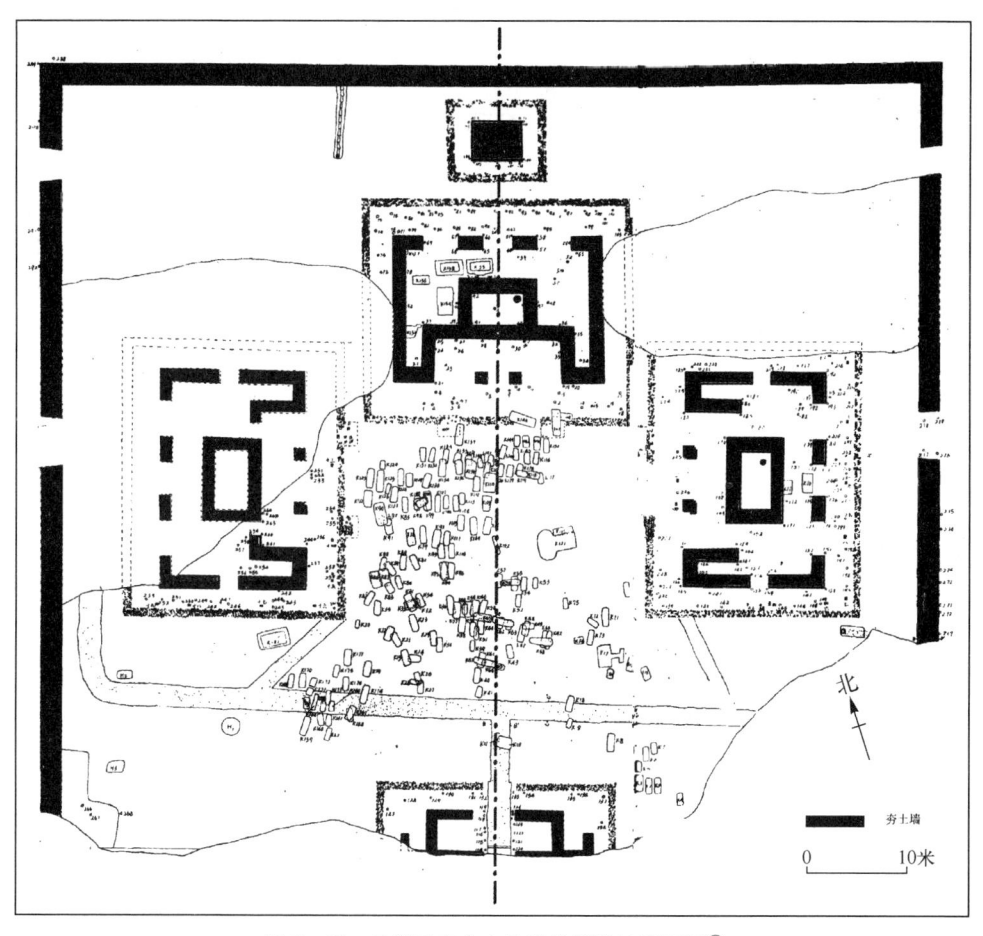

图 2-13　凤翔马家庄 1 号建筑群遗址平面图[①]

文献记载，周王朝在建国初期就将前代的国家制度、社会秩序、生活方式、行为标准进行了一次总结，将历史经验加以汇集、厘定和增补，并在此基础上，制定了广泛推行的制度和标准，这就是历史上所称的"周公制礼作乐"。

[①]　韩伟、尚志儒、马振智等：《凤翔马家庄一号建筑群遗址发掘简报》，《文物》1985 年第 2 期，第 4、5 页。

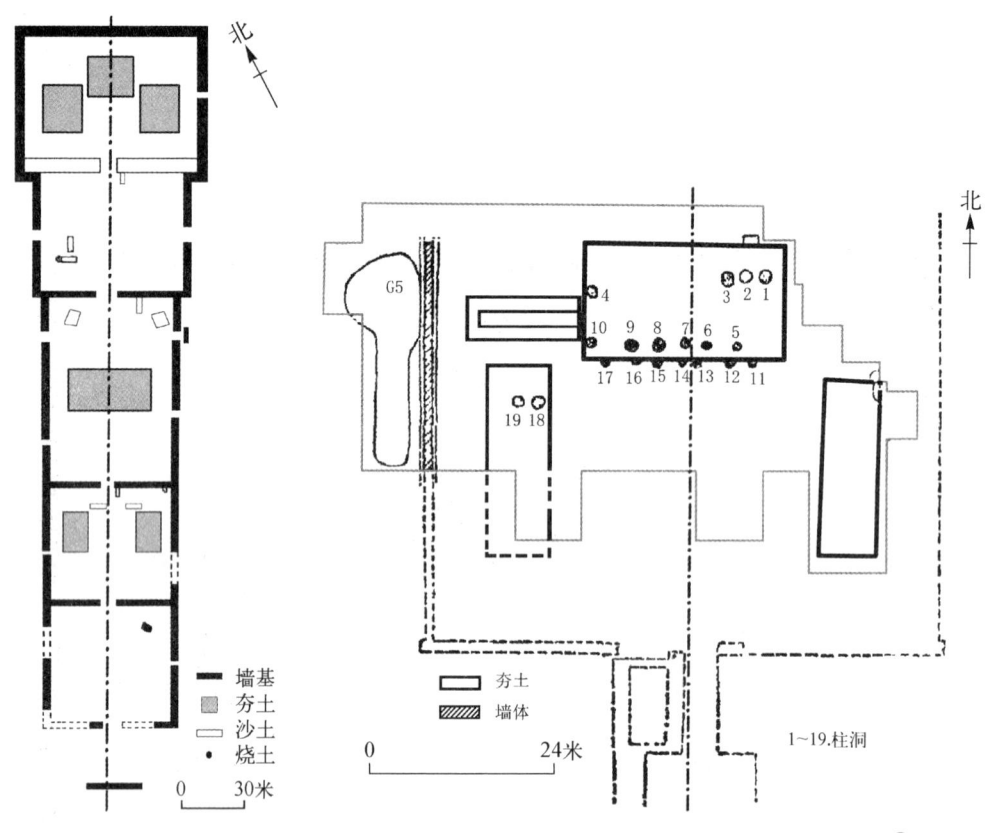

图 2-14 凤翔马家庄 3 号建筑群遗址平面示意图①

图 2-15 侯马呈王路 13 号建筑群遗址平面示意图②

流传至今陈述"礼"之具体内容和要求的重要典籍如《周礼》《仪礼》和《礼记》三书，都被视作这个时代的产物。通过周王室都城建设实践总结形成的建筑和城市布局制度，很有可能也作为"礼"的重要组成部分，从京畿地区输送到各个诸侯国都城，作为诸侯国标榜政权正统性的物质载体。

周代初年制定的礼仪制度与标准不仅在巩固和发展周王朝的统治上起到了至关重要的作用，而且更为广泛地渗透到中国古代社会的各个方面。客观上说，发现和研究周代的城址尤其是周王室的都城应当是了解中国古代城市规划

---

① 改绘自陕西省文管会雍城考古队：《秦都雍城钻探试掘简报》，《考古与文物》1985 年第 2 期，第 15 页。

② 改绘自吴振禄：《侯马呈王路建筑群遗址发掘简报》，《考古》1987 年第 12 期，第 1073 页。

思想与建设制度非常重要的内容。然而，如前所述，周原、丰镐和洛邑这几座西周都城的布局暂未探明，它们的轮廓形态、功能和建设过程都还比较模糊，难以系统探究周代前期周王室都城布局的规划和制度。有鉴于此，下文将通过考古材料相对丰富的周代前期诸侯国都城遗址曲阜鲁城来具体讨论周代前期的城市布局和规划思想。

三、周代鲁国都城曲阜布局新探

曲阜鲁故城遗址位于山东省曲阜市旧城及其以东和以北地区，始建于周代前期，后来又沿用为汉代鲁国都城。西周初年，周成王封周公旦于鲁，由周公长子伯禽就封建都，鲁国就此成为西周至春秋时期的一个重要诸侯国。鲁顷公二十四年（公元前249年），鲁为楚所灭，鲁城改设鲁县。西汉初改薛郡置鲁国，将治所设在鲁县，重新启用曲阜作为鲁国都城。黄初元年（220年），鲁被贬为侯国；次年，废鲁国，改为鲁郡，曲阜降为郡治。北宋大中祥符五年（1012年），由于传说记载轩辕黄帝诞生于寿丘（今曲阜县城东旧县村），曲阜县改名为仙源县，县治迁至寿丘。明正德八年（1513年），考虑到孔庙遭天灾人祸破坏严重，展开了"移城卫庙"工程，将县治迁回曲阜城，并以孔庙和孔府为中心修筑了新的城池，一直沿用到清，这一城址即叠压在鲁故城西南部的明清曲阜城。

在周代前期周王室都城的形态还不太清晰的情况下，将周鲁城作为考察周代前期都城规划思想的重要案例，主要是基于周鲁城的修筑年代、周鲁城的外部形态和周鲁城在周代诸侯国中的特殊地位这三方面考虑。第一，依据考古材料，史传作礼制乐的周公的封国都城是鲁城，其始建年代大约在两周之际或略偏晚，晚于文献记载鲁国的定都时间，这与前述周原、洛邑等周王室都邑范围内出现城圈的时间非常相近。第二，周鲁城东西最宽3.7公里、南北最长2.7公里，长宽比约为1∶0.7，与前述凤雏周城、韩旗周城以及董家林城址外部形态相似，同样呈东西长、南北狭的横长方形。第三，周公是兴周灭商、辅佐成王和创立周代礼乐制度的元老重臣，周公的封国鲁国在周代诸侯国中也就具有特殊的地位，其等级待遇仅次于周王室而高于其他诸侯国。《左传·昭公二年》载"周礼尽在鲁矣"，《史记·商君列传》载："今我更制其教，而为其男女之别，大筑冀阙，营如鲁卫矣。"依据文献，在周代诸侯国都城中，鲁城的等级最接近周王朝都城，形制也为其他诸侯国所效法。

（一）周鲁城的既有考古工作与布局研究

鉴于鲁故城的重要性，很早就有国内外学者开始关注鲁故城的考古工作。1942～1943年，日本学者关野雄、驹井和爱等就对鲁故城遗址做过调查和发掘①。中华人民共和国成立后，周鲁城遗址范围内陆续有周代遗存的发现，如1953年在孔府花园发现一座西周墓②，1968年在北关村出土一批西周晚期铜器③，1973年又在小北关发现春秋铜器④。

为了对周鲁城有更多的了解，1977～1978年，山东省博物馆对鲁故城进行了大规模的考古勘探和发掘，包括在城墙上3个地点开挖探沟14条，在城内7处文化堆积地点开挖探方和探沟28个，发掘了已知6处墓地中的4处，共计发掘墓葬134座（西周墓葬128座），还在周鲁城内发现了汉代鲁城的城墙、城门遗迹。依据此次考古工作成果编写的《曲阜鲁国故城》⑤，成为中国第一部都城考古报告，揭示了周鲁城遗址主要遗存的年代范围，周代至汉代鲁故城发展演变的基本进程，以及周代鲁故城的基本形制与布局。

此后，由于城市建设速度加快，对城市遗迹进行全面考古勘察的难度越来越大，鲁故城的考古工作主要在个别区块持续推进。2011年，来自山东大学和美国加利福尼亚大学洛杉矶分校（简称"UCLA"）的联合工作队曾对鲁故城城墙内的关键区域，以及包括几个位于山顶的遗址的城外区域进行了考古调查⑥。结合曲阜鲁国故城遗址公园的建设，自2011年以来，山东省文物考古研究所还针对鲁故城的宫殿区、南东门等遗址开展了考古勘探与发掘工作，取得

---

① ［日］驹井和爱：《曲阜鲁故城の遗迹》，《考古学研究》第二册，1931年。
② 山东省文物考古研究所、山东省博物馆、济宁地区文物组：《曲阜鲁国故城》，齐鲁书社，1982年，第2页。
③ 同上。
④ 同上。
⑤ 山东省文物考古研究所、山东省博物馆、济宁地区文物组：《曲阜鲁国故城》，齐鲁书社，1982年。以下简称《鲁故城》。
⑥ 关于这次调查，未见简报，参见凯瑟琳（Kathleen Sperry）：《中心与边地——鲁国的空间组织和建造环境》，山东大学硕士学位论文，2011年，第11页。"2009年夏天在曲阜以及周边的两次调查提供了更多鲁故城以及它的边地和可能的边界防御系统的信息。其中一项由UCLA李民（后文又作'李旻'）带领的调查初步考察了城墙内的关键区域，以及包括几个位于山顶的遗址的城外区域。……在2009年的调查中，城墙内外密集分布的周代和汉代陶片，尤其是没有更晚建筑的城市北部地区，提供了证明鲁国都城的证据。地表所发现的遗存与1977～1978年钻探调查结果相符"。

了新的重要成果①。

在曲阜鲁城历次考古工作中,规模最大、收获最多、影响也最为深远的是山东省博物馆 1977~1978 年的考古调查和发掘,学术界目前关于鲁故城的信息基本上都是来自这次考古工作。围绕《鲁故城》提供的信息,不同学科的学者曾对这座城址的遗址分期、年代序列和空间格局作出了积极的思考与精辟的讨论,为辨析这座城址的时空性质拓展了新的视角②。其中,关于鲁故城布局特征的认识,可归为两类。第一类可称为"中轴"说,即认为周人在鲁故城内外修建了一系列标志性建筑,它们在城市中心构成了一条南北向的轴线,居住区、手工业作坊区等功能区都是围绕这条轴线布置的。这一说法最初出自《鲁故城》结语:"宫殿、城门、'两观'、祭坛成直线,构成了鲁城的一条中轴线,文献和考古材料都证明,这条中轴线在春秋以前已经存在。"③ 这一观点影响广泛,如《中国大百科全书·考古学卷》"曲阜鲁城遗址"条④、《中国古代城市规划史》⑤《中国考古学·两周卷》⑥ 等著作均援引此说,进而有学者据此评价"曲阜鲁城是我国古代城市建筑采用中轴线布局形式最早的一座故城"⑦。第二类认识以许宏为代表,他认为鲁城近中部周公庙高地上的夯土窄墙不是宫城城墙,宫殿区的分布范围应远大于此;鲁城西南部汉代城址的始建年代可上溯到

---

① 韩辉、徐倩倩、高明奎等:《曲阜鲁国故城考古工作取得重要成果——确认了鲁故城宫城 解决了宫城、外郭城的年代问题》,《中国文物报》2017 年 3 月 10 日。

② 杜正胜:《关于齐国建都与齐鲁故城的讨论》,《文物与考古》1986 年第 2 辑,书目文献出版社,第 8~16 页;王恩田:《曲阜鲁国故城的年代及其相关问题》,《考古与文物》1988 年第 2 期,第 48~55 页;许宏:《曲阜鲁国故城之再研究》,《先秦城市考古学研究》,北京燕山出版社,2000 年,第 171~184 页;侯强:《鲁都城市规划探析》,《城市研究》1998 年第 1 期,第 61~64 页;张悦:《周代宫城制度中庙社朝寝的布局辨析——基于周代鲁国宫城的营建模式复原方案》,《历史研究》2003 年第 1 期,第 72~77 页;蔡超:《两周时期齐鲁两国聚落形态研究》,中国建筑设计研究院,2006 年,第 46~62 页;凯瑟琳(Kathleen Sperry):《中心与边地——鲁国的空间组织和建造环境》,山东大学硕士学位论文,2011 年。

③ 参见《鲁故城》第 213 页。

④ 夏鼐:《中国大百科全书·考古学卷》,中国大百科全书出版社,1986 年,第 403 页。

⑤ "宫城、大城正南门及舞雩台三者布置在一条南北中轴线上,这就是宫城的中轴线,也是曲阜城的规划主轴线。图中 9 号南北干道,便是沿着此轴线建制的全城道路网的主干道"。贺业钜:《中国古代城市规划史》,中国建筑工业出版社,1996 年,第 203 页。

⑥ "舞雩台、宫城、南垣东门位于一条南北向直线上,似为都城的一条中轴线"。中国社会科学院考古研究所:《中国考古学·两周卷》,中国社会科学出版社,2004 年,第 254 页。

⑦ 张学海:《浅谈曲阜鲁城的年代和基本格局》,《文物》1982 年第 12 期,第 13~16 页。

战国；鲁城布局并非重垣相套①。如依此观点，"中轴"说恐难成立。

事实上，以上两种观点都有值得商榷或完善之处。首先，从实测图上看，宫城（即周公庙建筑群夯土基址）中线、南东门遗址与舞雩台遗址三者并非处于一条南北向的直线上。自南东门开始，三者的连线存在一个明显的拐折，三处遗址点实际构成了一个钝角三角形（图2-16）。因而，鲁故城的中轴线走向如何，鲁故城是否参照中轴线布局，仍有待重新考察。其次，第二类认识讨论的主要是战国至汉代鲁故城的面貌，考虑到鲁故城城垣的年代应早于春秋，因此其建成之初的城市布局特征应再作讨论。

通过南北延伸的中轴线联系不同类型的城市建筑和设施，构建极具秩序的城市内部空间，一贯被视作中国古代都城的重要特征。有学者评价道："曲阜鲁城是我国古代城市建筑采用中轴线布局形式最早的一座故城。"② 因此，鲁城的布局是否围绕中轴线展开，中轴线的具体走向如何，周代前期的鲁城面貌究竟如何，都是关乎中国古代城市规划发展史的重要问题。以下基于2012年孙华、刘延常等编制的鲁故城考古规划，从鲁故城历史地形的勘察出发，重新试探鲁故城的布局特征。

（二）周鲁城考古规划与实施

2012年前后，北京大学考古文博学院与山东省文物考古研究所合作，为曲阜鲁国故城遗址公园编制了考古专项规划。依据《曲阜鲁国故城考古规划》，鲁故城未来考古调查应主要包括四方面内容③：

1. 寻找并确认先前已经查明的遗迹。《曲阜鲁国故城考古规划》写道："由于早期的考古工作往往不注重精确定位，原先调查和发掘的遗迹在现代地表往往难以确定其位置，因此要将已经发现的遗迹现象标识在大比例的地形图上（最好是矢量化的数字地形图上），然后继续开展专项的考古调查工作。"限于20世纪70年代的技术条件，《鲁故城》标识遗址遗迹的底图较粗糙，遗迹

---

① 许宏：《曲阜鲁国故城之再研究》，引自《先秦城市考古学研究》，北京燕山出版社，2000年，第182～184页。杨宽也提出了一定相似的观点，他认为："从曲阜故城的城门的设置和交通大道的布局来看，重心在于西部和中北部，原来整个城的结构是坐西朝东的。"参见杨宽：《中国古代都城制度史》，上海人民出版社，2006年，第50页。

② 张学海：《浅谈曲阜鲁城的年代和基本格局》，《文物》1982年第12期，第13～16页。

③ 参见孙华、刘延常：《大型遗址考古规划浅谈——以〈曲阜鲁国故城考古规划〉编制为例》，湖南省文物考古研究所编《考古与文化遗产保护——理论与实践》，上海古籍出版社，2013年，第50～52页。

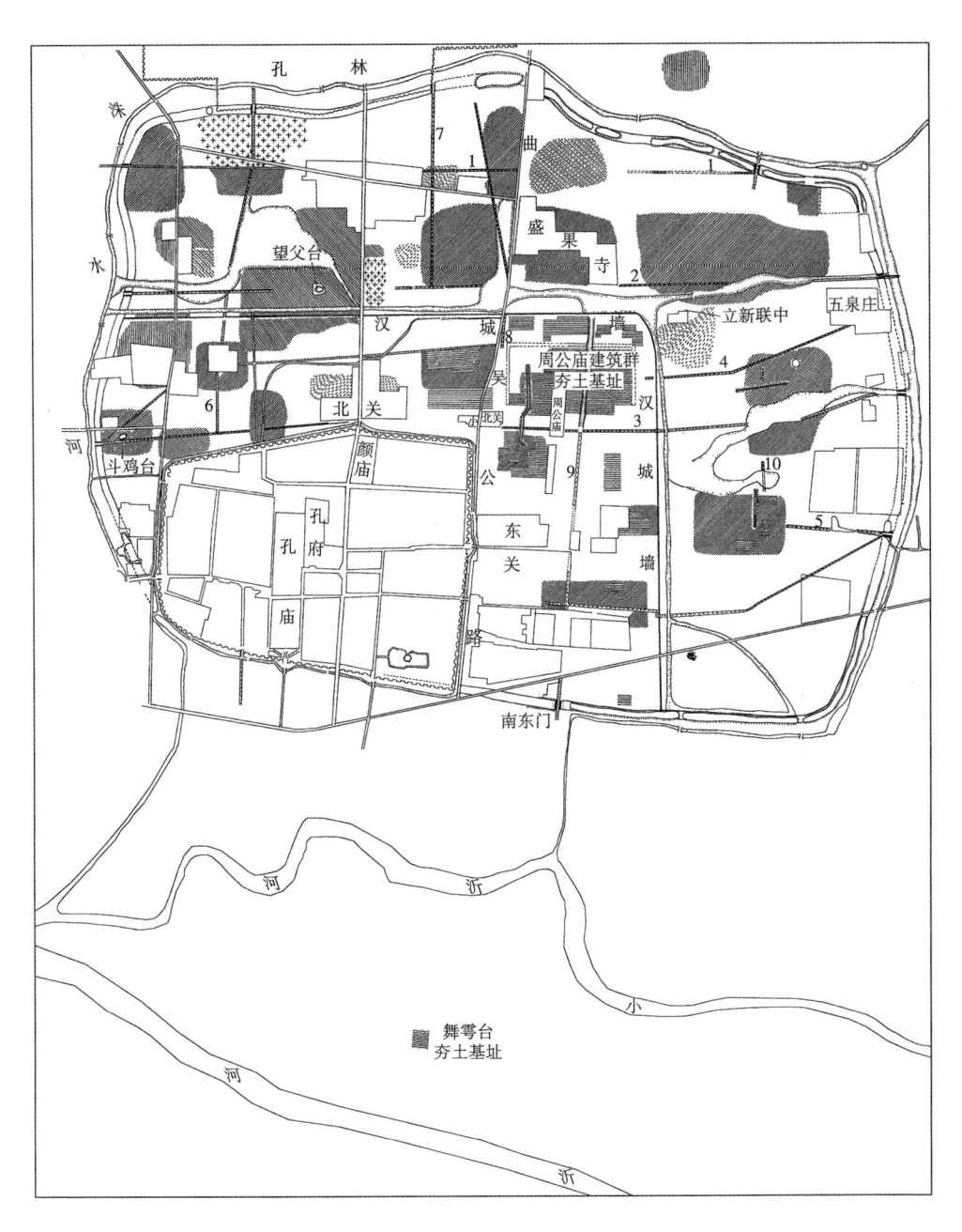

图 2-16　曲阜鲁城考古遗址遗迹分布图①
注：图中序号为周代道路遗迹编号。

---

① 改绘自《鲁故城》第 4 页插图 3。

标注缺乏绝对坐标定位，随着城址上城市和村落的扩展，许多原先的地面标志已经不复存在，曾经绘制的曲阜鲁故城遗迹分布图已经难以在今址上准确辨认。因此，考古调查需对城址进行重新勘探，找到原先查明的城墙、城门、城壕、宫殿、道路、沟渠、作坊、墓地等遗迹，并基于遗址坐标系的基准点，使用GPS全球定位系统和电子全站仪，将这些遗迹准确标注在千分之一的地形图上。

2. 在充分掌握遗址已知遗迹空间分布信息的基础上，继续开展对遗址的勘探工作，补充遗址的平面空间信息。依据《曲阜鲁国故城考古规划》，鲁故城需要通过调查勘探查明的缺失信息包括城门数量（尤其是南城门）、周公庙中心的宫墙（即内城范围）、周公庙台地前中央大道两侧夯土基址的性质、道路（尤其是南部空白区域）。

3. 开展新的考古测量钻探工作，将所有探孔及钻探所发现的遗迹准确定位在遗址坐标系统上。测量钻探应该以遗址坐标系统的总基准点为控制点，钻探数据应标示在不小于千分之一比例的矢量化数字地形图上，精度应控制在厘米级。在掌握了城址内遗迹平面分布信息的基础上，沿遗址坐标系统分区域进行等距离的测量钻探，每个探孔用GPS或电子全站仪记录位置和深度信息，探孔间距离不大于5米，每个探铲带出的土柱全部拼接成完整的柱状，根据土柱的层理划分地层，然后根据这些等距离探孔所获地层信息绘制出遗址的堆积剖面总图。

4. 一座大遗址通常不会孤立存在，在该遗址周围还分布着其他相关的遗址和遗迹。考古专项规划应该以聚落或城址为中心，根据遗址周围的地形地貌，按照区域考古的方法，制订调查计划，逐年开展调查，以查明一定空间范围内与中心遗址共时的遗址和遗迹状况。曲阜鲁国故城遗址周围需要调查的空间范围，北面和西面宜以泗水为界，南面和西面宜以山地为界，东西约50公里，南北约25公里，面积约1 250平方公里（图2-17）。

结合前述鲁城布局研究存在的问题与《曲阜鲁国故城考古规划》，笔者于2012年秋对鲁故城遗址进行了实地调查，限于时间和精力，主要开展了规划所述前三方面的部分内容，以城垣及其内区域为重点进行勘测。具体工作分两个阶段。首先，对先前考古工作已经探明的遗址遗迹进行精确定位。我们对鲁故城的每一处遗址点都进行了实地踏查，考察了它们的存在环境与保存状况，并将周公庙庙门台基的台明西南转角顶点作为测量基点[①]，采用差分GPS逐一测定勘探点

---

① 即图2-18所示各个测量点的高程都是以此点高程为零测定的相对高程。

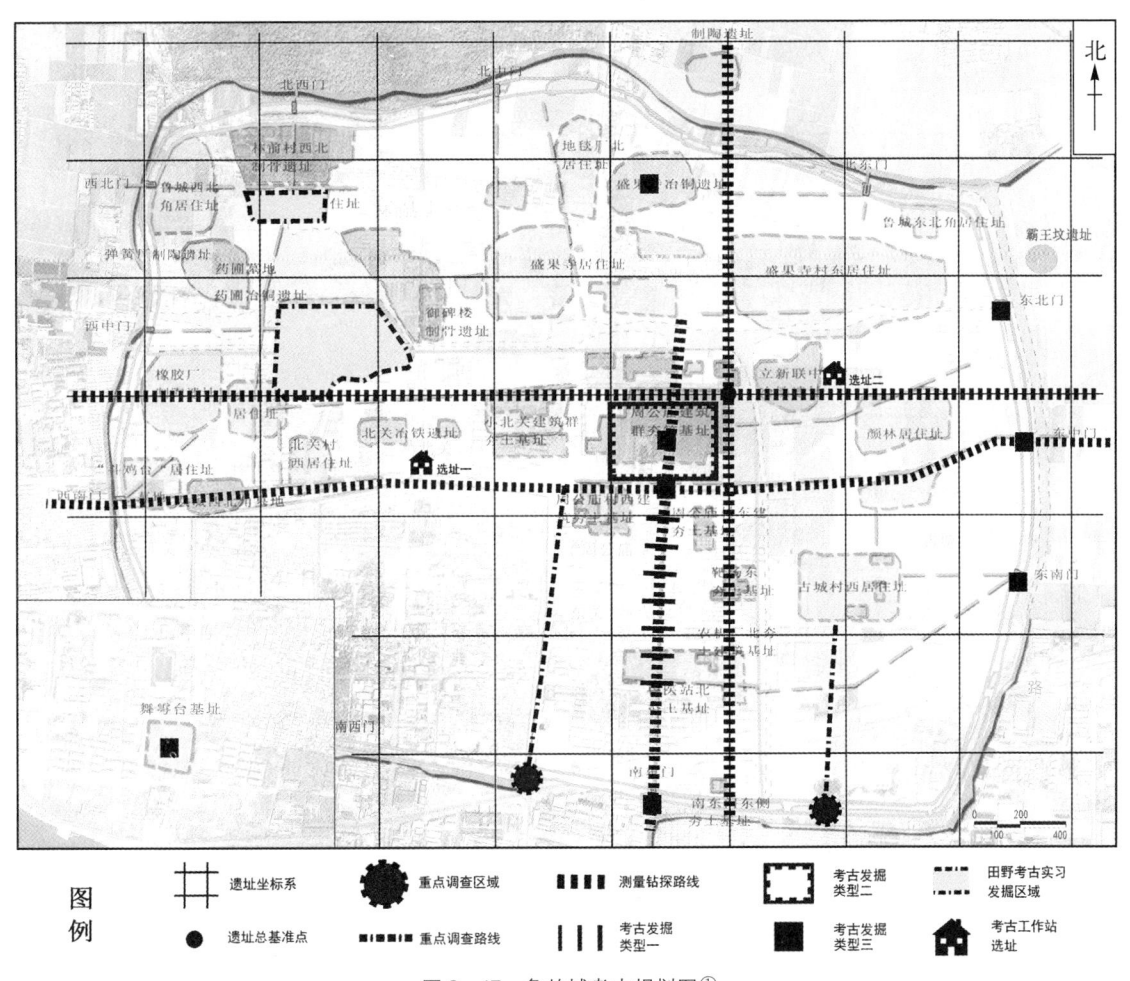

图 2-17　鲁故城考古规划图①

的位置，掌握每一处遗址点的四至边界和地表高程数据，以及鲁城内外目前的地势起伏情况（图 2-18）。其次，沿着城址的东西、南北轴线展开勘探与测量，每两个探孔的间隔控制在 10 米或 20 米，记录每个探孔的位置和深度信息，将每个探孔带出的土用剖截的水管承托、拼接成完整的柱状，留取每个探孔土样的影像信息，根据土柱的层理划分地层，最后依照这些等距离探孔所获得的地层信息绘制出遗址的堆积剖面总图。在实际操作中，由于近现代建筑物的阻隔，部分勘

---

① 孙华、刘延常：《大型遗址考古规划浅谈——以〈曲阜鲁国故城考古规划〉编制为例》，湖南省文物考古研究所编《考古与文化遗产保护——理论与实践》，上海古籍出版社，2013 年，第 53 页。

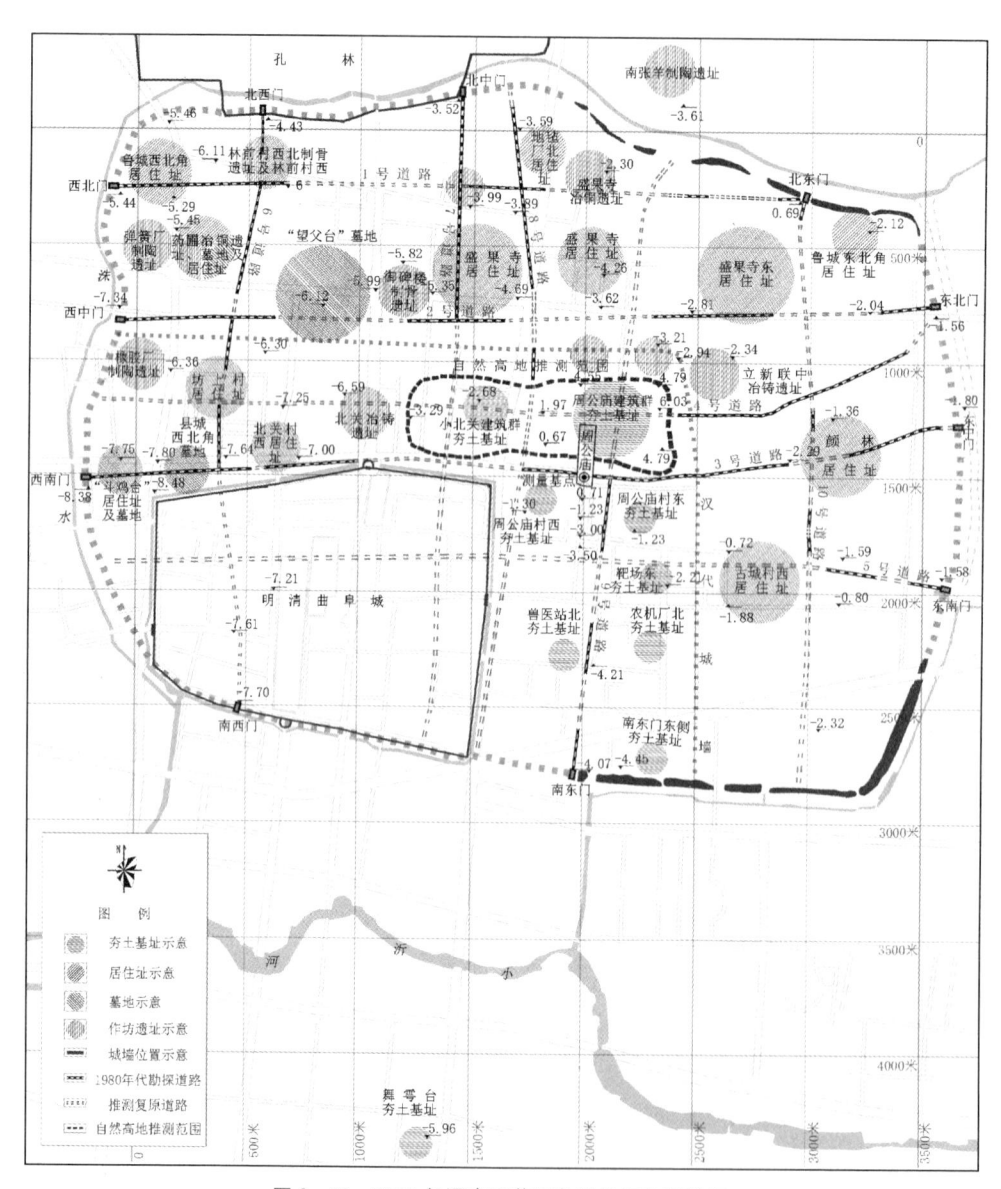

图 2-18 2012 年调查所获周鲁城地表高程数据

探的位置进行了平移转换。与此同时，对重要的遗址点，也有选择地进行了局部钻探，以验证早年的报告（图 2-19、图 2-20）。

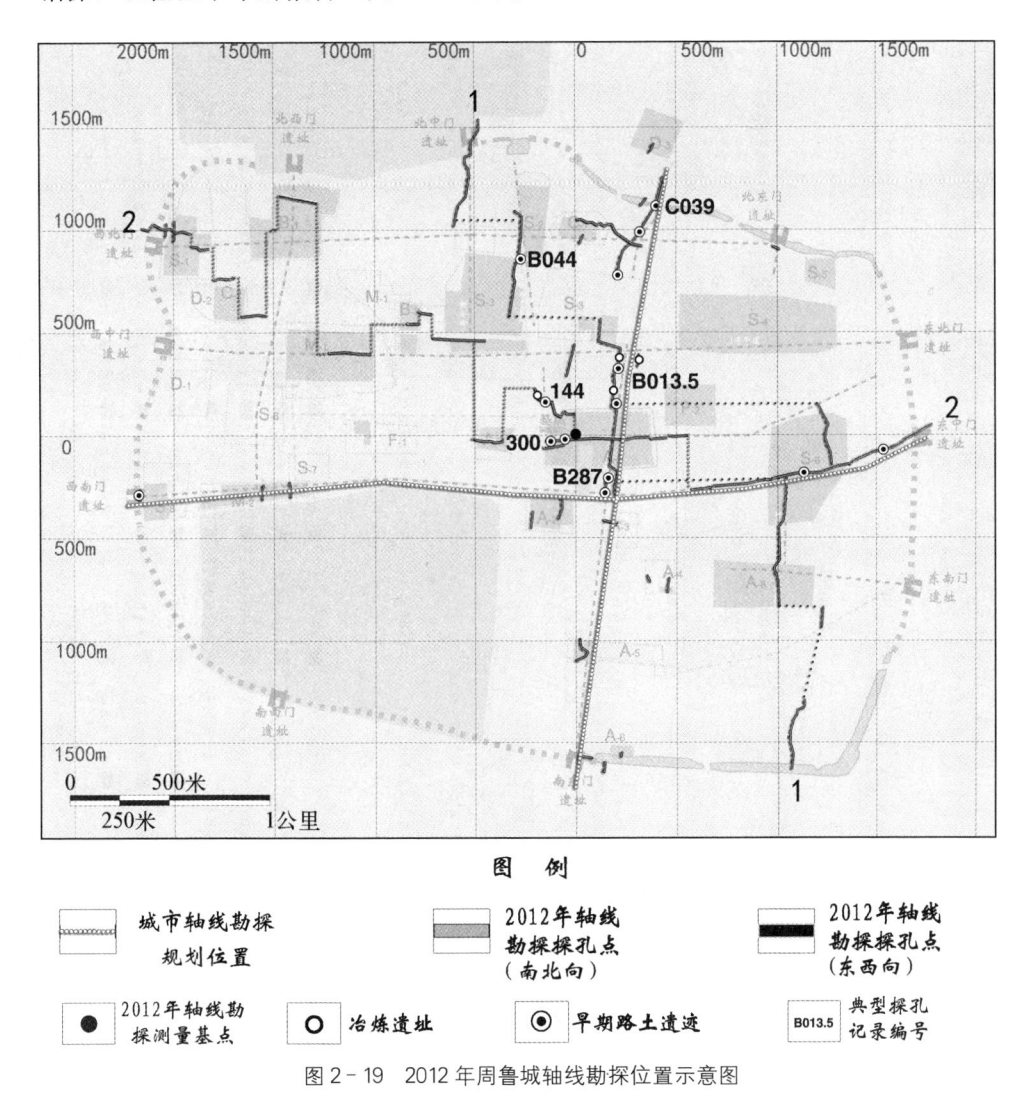

图 2-19 2012 年周鲁城轴线勘探位置示意图

（三）鲁国故城的地理形势

曲阜鲁城选址于鲁中南山地丘陵与鲁西南泗、沂冲洪积平原的交界处，这与位于鲁中山地丘陵与鲁北平原的交界处、淄水出山口内侧的齐临淄城的选址非常相似。鲁城东边的山地丘陵区低矮平缓，绵延成势，自鲁城南、北两侧缓缓向西伸展，对鲁城呈环抱之势。在环抱的山岭内侧，又有两支河流川流而过，位于鲁

90　中国古代的理想城市

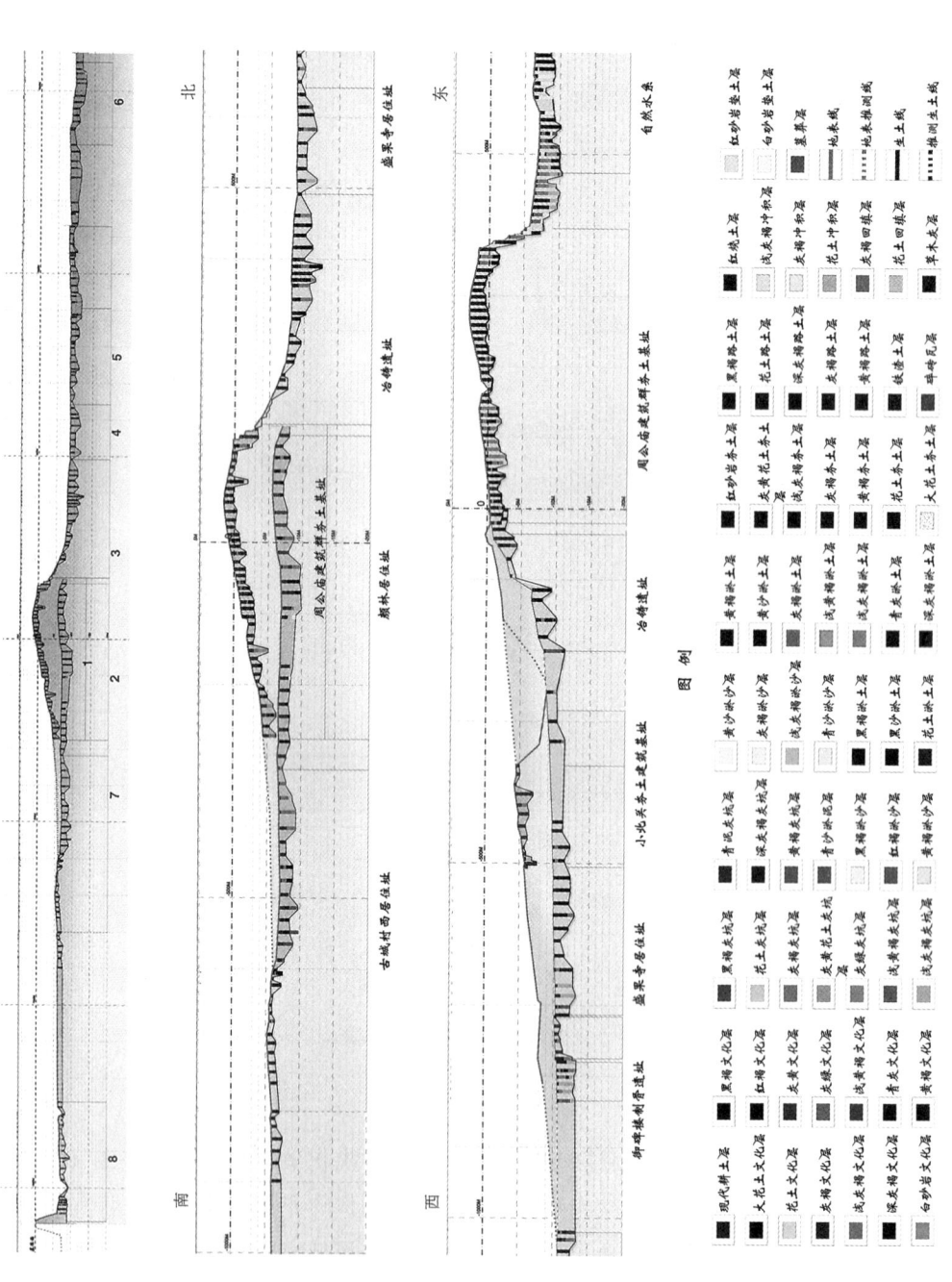

图 2-20　周鲁城自然高地剖面示意图①

① 上图为"自然高地 1-1 剖面",下图为"自然高地 2-2 剖面"。

城北面的泗河发源于蒙山，是鲁西南最大的河流；位于鲁城南面的沂河发源于曲阜东南邹县城前镇凤凰山北麓，是曲阜的主要排洪河道。两支河流离开山区后，由于两侧地势较高，冲洪积物仅分布在河流两岸，至曲阜附近，地势变得平坦，河床的宽度达到百米以上，到鲁城以西地势低洼之处，形成面积广阔的冲洪积平原，渐而连成一片，并向西南延伸形成横贯鲁西南的大平原。综上山河形势，鲁城位于泗沂水系刚刚离开丘陵地带所形成的小冲积平原之上，即鲁西南冲洪积平原的顶部。选址于此，鲁城居民不仅可以拥有充沛的水源，占据肥沃的土壤，高效地从事农业生产，还可以在很大程度上减少河道的摆动迁移，避免洪涝灾害（图 2-21）。

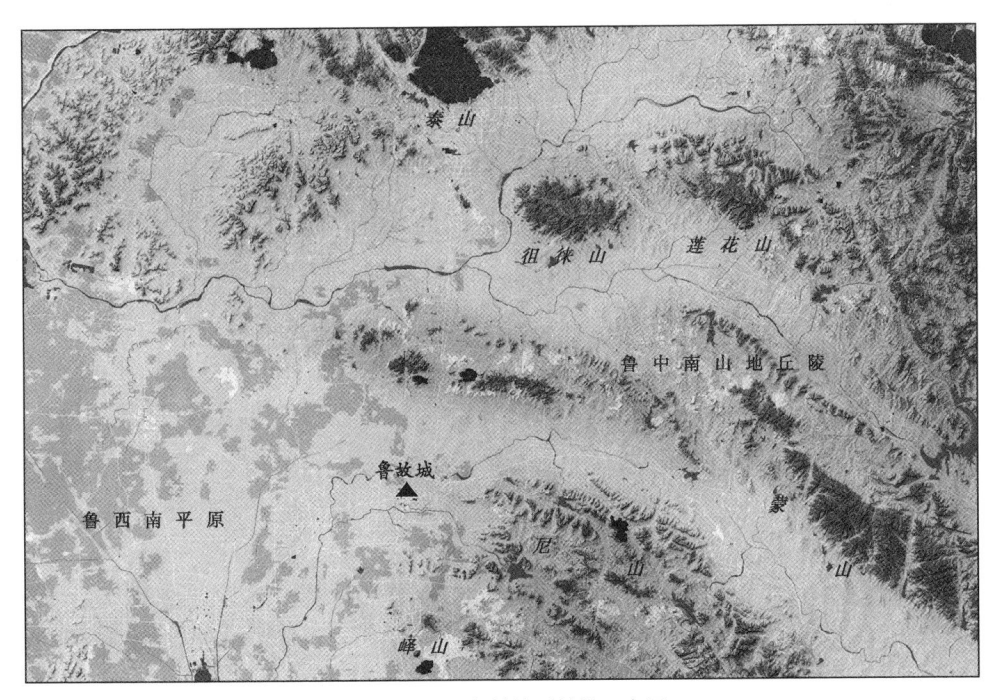

图 2-21　周鲁城地形地势示意图

在鲁故城内，由于存在河套断裂和不透水层等特殊的地质构造[①]，泉水资源较为丰富，至今城内还保留了逵泉、南泉、小泉、五泉庄等地名。在鲁故城

---

① 鲁故城的地质特征，参见齐邦峰：《鲁都曲阜的区位条件分析》，待刊。按：该文作者为山东省曲阜师范大学教师，作者邮箱 qibangfeng@163.com。该文由北京大学城市与环境学院博士研究生王洪波提供，特此致以谢忱。

外，源出城东五泉庄的洙水向西流，折而向南，形成西、北两面护城河，另一支向南形成东面护城河；南面有沂河支流小沂河流过，构成环城壕沟的主要水源。距城址北约 2 公里，有泗河干流由东向西、自鲁故城西约 10 公里处曲折南流，与流经城址南部的沂河交汇。由于鲁故城内、外丰富的水资源，即便已经选取趋避水患的有利位置，如遇大洪水，仍有被淹之虞。

曲阜有史以来，水灾常有发生，危害很大，在 1840～1990 年间，曲阜共发生水灾 34 次，平均每 4.4 年 1 次，其中发生重大水灾 26 次，小型局部水灾每 1～3 年即发生 1 次[①]。考虑到春秋至秦汉时期是中国历史上的第二温暖时期，降水量大于近现代，鲁故城的防洪问题应更加严峻。文献记载，在鲁庄公执政的三十多年里，虽曾"浚洙"一次，但仍三次遭遇"大水"[②]。

值得注意的是一块位于鲁故城中央的自然高地。《鲁故城》描述这块自然高地的范围道："（鲁故城内，笔者注）中、东部高起的地方，其基础是城东防山（即古文献所称的'曲阜'）向西延伸的余脉。它以周公庙高地为最高点（高程 70～78 米），向东延伸至古城村，向西经过小北关至曲阜县城北门一带。"[③] 实地勘测，位于周公庙附近的这块自然台地，由于 104 国道（即原曲吴公路）的切割以及现代房屋的占压，多处遭到破坏，原有规模、边界已经比较模糊，它的完整范围除惯以称作"周公庙高地"的周公庙北侧台地之外，还应包括 104 国道西侧的小北关村、延恩花园及再往西的孔子中学，直至明清曲阜城北门外的北关一带。

考古发掘证实，自然高地很可能就是鲁城的宫殿区，或为文献中的"中城"[④]

---

① 曲阜县地方史志编纂委员会办公室：《曲阜县志资料·自然地理志》，济宁市新闻出版局，1986 年，第 73～80 页；山东省曲阜市史志编纂委员会：《曲阜市志》，齐鲁书社，1993 年，第 83、84 页。

② 据《春秋左传》记载，鲁庄公七年（公元前 687 年）秋、二十四年（公元前 670 年）以及二十五年（公元前 669 年）秋，鲁城均遭"大水"；鲁庄公九年（公元前 685 年）冬，鲁城浚洙。参见杨伯峻：《春秋左传注（修订本）》，中华书局，2009 年，第 171、228、232、178、179 页。笔者认为，这次对洙水的疏通，很可能是因为前两年洪水导致河道淤积；以后十余年鲁城未遭水患，可能也与此次疏浚有关。

③ 参见《鲁故城》第 10、11 页。

④ "（成公九年）城中城"，据杨伯峻：《春秋左传注（修订本）》，中华书局，2009 年，第 842 页注："据《谷梁传》，中城即内城。若然，则此中城即鲁都曲阜之内城。杜注以此为鲁国城邑之名，云在'东海厚丘'县西南，即今江苏沭阳县境，为鲁边境所未达。杜注不可信。说详江永考实。定六年，'城中城'与此同。""（定公六年）冬，城中城"。据杨伯峻：《春秋左传注（修订本）》，中华书局，2009 年，第 1555 页注："杜注：'公为晋侵郑，故惧而城之。'中城，内城。亦见成九年经并注。"可见，杨伯峻将相距近 80 年的两次"城中城"都视作对鲁国修建内城的记载。

所在，其上紧凑分布着大量夯土基址。东部是周公庙建筑群夯筑基址，发现了唐宋、两汉和春秋战国三个时期的地层堆积和两汉、东周两期建筑遗迹；西部是小北关建筑群夯土基址，文化堆积较薄，仅有两层文化层，共发现两组夯土基址，基址分居南北，相距约 100 米。地面上散布大量战国和汉代的筒瓦、板瓦、云纹圆瓦当和铺地方砖，基址年代尚未断定①。从考古实测图可以看出，小北关建筑基址的南面一组的东端被 104 国道切断，完整范围可能还向东延伸，与周公庙建筑群夯筑基址相距不过数十米②（图 2-22）。报告描述道："这里是周公庙高地向西延伸的部分，地势较高。"③ 将鲁城围绕这块自然高地修筑，可以在洪水来袭时留下足够面积的庇护所，减小水患的威胁，换句话说，自然高地的存在极有可能是促成鲁国国都选址于此的关键。

笔者实地勘察发现，自然高地整体凸出于地表，顶部覆盖着人类活动的堆积物，堆积物以下是厚度超过 100 米的早第三系泥砾岩④，高地边缘已遭到近现代城市建设不同程度的破坏。自然高地的原始规模东西约 1 200 米，南北约 400 米，周长约 3 200 米。高地顶面东高西低，相对平坦，除了偏东部的地表略有隆起，其余部位的坡面基本维持着同一斜率向西逐渐降低。自然高地东西向的生土线对这一地形特征有着更为清晰的反映：以周公庙庙门台明的西南转角点作为高程基准点，周公庙高台东端（A 点）的地表高程为 5.9 米，生土高程为 3.9 米；周公庙高台中部隆起处最高点（B 点）的地表高程为 7.21 米，生土高程为 4.61 米；周公庙高台中部的南北向穿沟底部（C 点）的地表高程为 4.38 米，生土高程为 3.88 米；周公庙高台中部的南北向穿沟顶部（D 点）的地表高程为 5.3 米，生土高程为 4.3 米；周公庙高台西部（E 点）的地表高程为 3.96 米，生土高程为 2.36 米；小北关高台东端（F 点）的地表高程为 -0.11 米，生土高程为 -0.56 米；小北关高台中部（G 点）的地表高程为 -1.29 米，生土高程为 -1.78 米；小北关高台的西端（H 点）被现代房屋占压，仅可测得地坪高程为 -3.29 米（图 2-23）。此外，自然高地周边的地坪一般低于基准点 0.5~4 米，生土线一般低于基准点 2.5~7 米。整体来看，自

---

① 参见《鲁故城》第 14 页，报告并未交代两层文化层的具体年代，仅对土色、土层深度和厚度描述道："上层黄褐土，深 0.3 米、厚 0.2~0.5 米；下层灰褐土，深 0.5~0.8 米、厚 0.3~0.6 米。"
② 参见《鲁故城》第 12 页。
③ 参见《鲁故城》第 14 页。
④ 据齐邦峰：《鲁都曲阜的区位条件分析》，待刊。

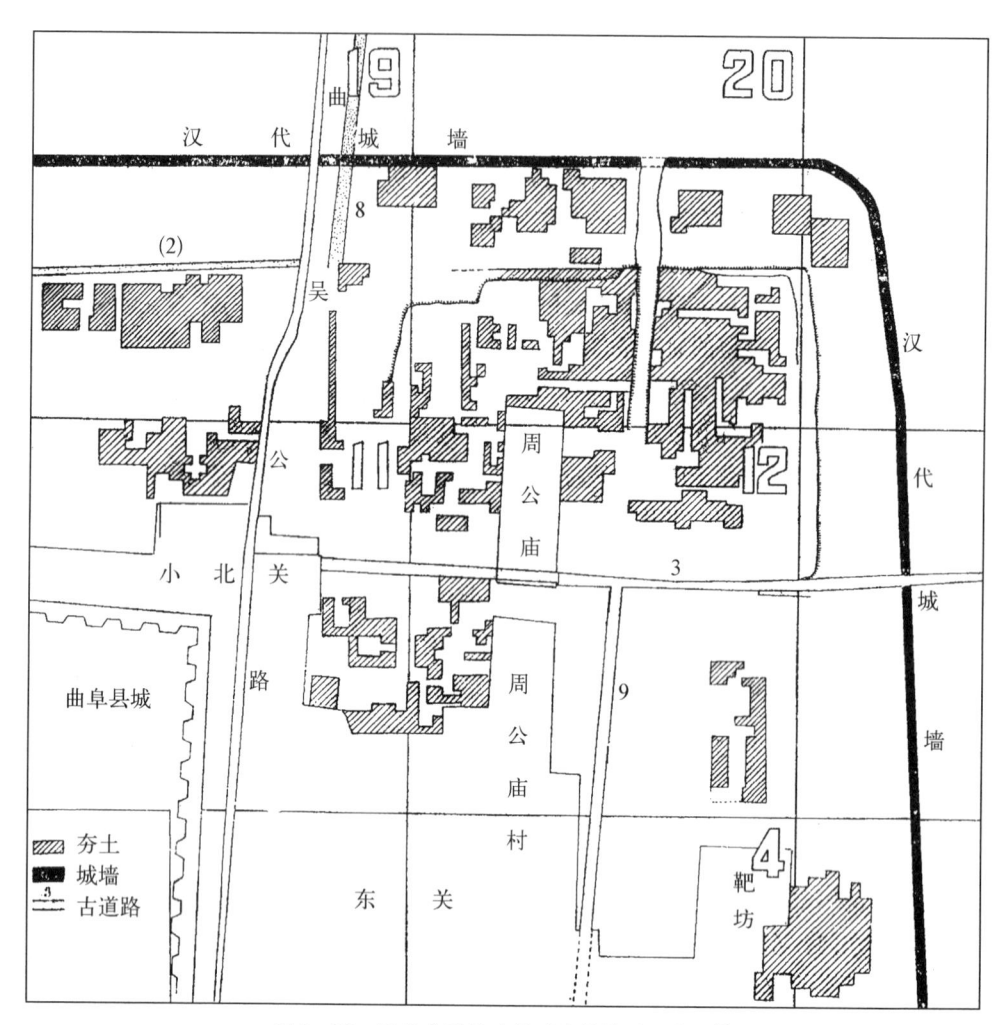

图 2-22 周公庙周边建筑群夯筑基址示意图①

然高地最高点与最低点的高差超过 5 米,东、北两面较陡峭,凸出地表至少有 8 米,南、西两面较平缓,凸出地表也应不小于 2 米。

东汉文献记载,鲁故城因附近有"委曲长七八里"之"阜",故又名曲阜,报告认为这里的"曲阜"指城东土山②。有学者经过考辨指出,报告采信的这

---

① 取自《鲁故城》第 12 页。
② 参见《鲁故城》第 1 页:"东汉人应劭说:'鲁城中有阜,逶曲长七八里,故名曲阜。'按鲁城中当是鲁城东。阜即土山。今鲁城东面不远有土山,如'原'高出地面,当即应氏所说的'曲阜'。城以山为名,似乎是可信的。"

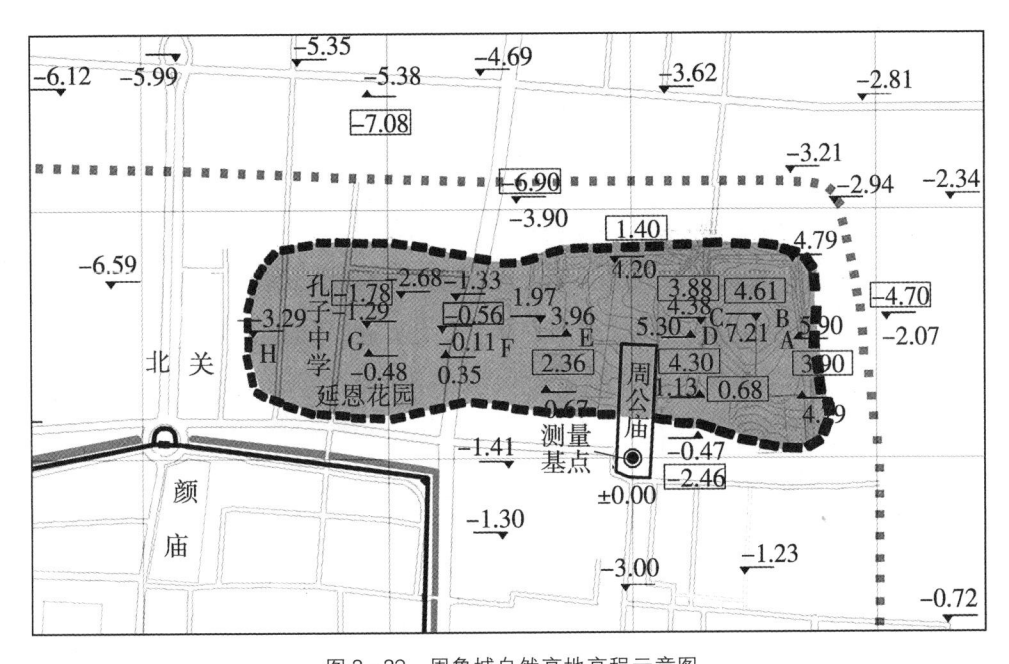

图 2-23　周鲁城自然高地高程示意图

注：无方框标高表示地表高程，带方框标高表示生土高程。

种说法最早出现于万历《兖州府志》，实际属于明朝嘉靖初年曲阜县城迁回鲁故城之后产生的误读；而最早的"曲阜"位于"鲁城中"的说法，流传有序，应最接近史实情况[①]。现所见古地图中，符合"曲阜"位于"鲁城中"说法的主要有明末《阙里志》所载"鲁国图"（图 2-24）和康熙年间《阙里广志》所载"鲁国图"（图 2-25），图中"曲阜"位于古鲁城的东北角，平面呈弯曲状，中央向北凸出。若将这两幅图与实测图进行比较，可以看出，其在比例上有所失真，图上明清曲阜城的边长大约是周代鲁城同侧边长的三分之二强，但实际上，明清曲阜城的面积不超过周鲁城的四分之一。同样，周公庙的位置与规模也不符实。尽管如此，这两幅图却都比较准确地标示了地物的相对空间关系："曲阜"从周公庙东端蜿蜒向西，越过了明清曲阜城东城墙向北的延长线，西端接近明清曲阜城的北关一带，这一范围与自然高地的原始规模基本吻合。如以先秦 1 尺合 0.231 米、1 里合 415.8 米换算，自然高地的周长约 3 200 米，合 7.7 里。考虑到自然高地的边缘已遭到不同程度的破坏，如将"长"作"周

---

① 陈东：《鲁城"曲阜"说考辨》，《孔子研究》2017 年第 5 期，第 145～151 页。

长"理解①，其实测规模与东汉记载的"委曲长七八里"也算基本吻合②。

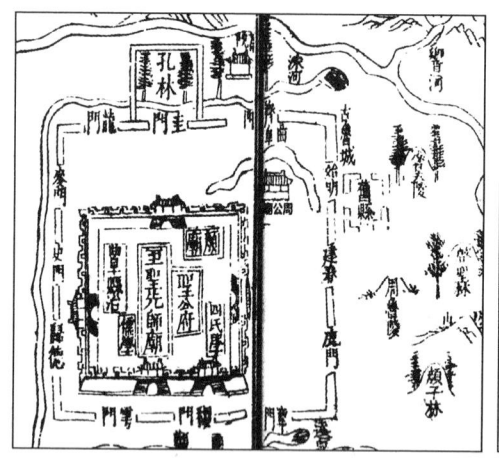

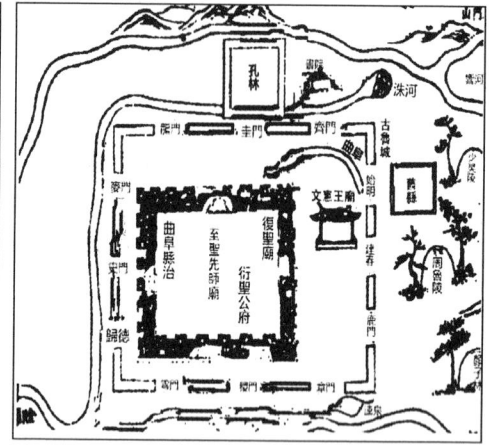

图 2-24 《阙里志》载"鲁国图"（局部）　　图 2-25 《阙里广志》载"鲁国图"（局部）

《括地志》记载，季子台、大庭氏库及唐代曲阜县治石城都在"曲阜"之上③，《元和郡县志》承袭了这一说法④。在小北关发现的南北两块夯土基址以及在周公庙高地发现的城墙、壕沟，与文献记载的这些建筑或城址是否有关，还有待进一步的考古探索。总之，如果"曲阜"位于"鲁城中"的说法无误，那么，自然高地很可能就是文献记载的"曲阜"所在。

（四）周鲁城布局新探

以往有关鲁故城布局的研究对"周公庙高地"给予了充分关注，本书则认为包括周公庙夯土基址、小北关夯土基址的自然高地对周代鲁城营建之初的城垣、干道、中轴线等规划起到决定性作用。

---

① 现发现的鲁城城垣东西约合东汉 9 里，如将"长七八里"理解为"曲阜"的长度，城内显然没有一座规模约占鲁城东西向长度 4/5 的土丘。故而推测，"长七八里"可能是对"曲阜"周长的描述。

② 东汉学者应劭最早明确指出"曲阜"的位置和规模，《风俗通义·山泽》"阜"条写道："阜者，茂也，言平地隆踊，不属于山陵也。今曲阜在鲁城中，委曲长七八里……"西晋学者臣瓒注《汉书·地理志》，写道："鲁城内有曲阜，逶迤长八九里。"这两种说法略有不同，但臣瓒应是沿袭自应劭，后世学者也更多引用应劭的说法。参见（东汉）应劭撰，王利器校注：《风俗通义校注》，中华书局，1981 年，第 472 页；（清）孙希旦：《礼记集解》，中华书局，1989 年，第 842 页。

③ 《括地志》载：唐代初年"曲阜县治在鲁城中。皇甫谧《帝王纪》云：黄帝自曲阜徙（徒）穷桑，是也。应劭曰：曲阜在鲁城中，委曲长七八里。案：今季子台及大庭氏库及今县治石城，并在其上也。"参见陈东：《日本宫内厅书陵部所藏〈括地志〉残卷校释》，《齐鲁学刊》2017 年第 1 期，第 45 页。

④ 《元和郡县志》载："曲阜，在县理鲁城中，委曲长七八里。今按：季子台及大庭氏库及县理城，并在其上。"参见（唐）李吉甫：《元和郡县图志》，中华书局，1983 年，第 269 页。

1. 城垣布局

依据《鲁故城》，鲁故城平面近扁方形，四周城垣只有南面较直，其余三面都呈弧形，城墙周长 11 771 米，其中东墙 2 531 米、南墙 3 250 米、西墙 2 430 米、北墙 3 560 米；城址东西最宽 3.7 公里，南北最长 2.7 公里，面积约 10 平方公里。据笔者实测，自然高地北边界距曲阜鲁城北城垣约 1 333 米，东边界距东城垣约 1 316 米，南边界距南城垣约 1 343 米，西端已被现代建筑占压破坏，若作复原推测，其西边界距西城垣接近 1 400 米（图 2-26）。考虑到上古时期大型城址的施工误差，可以认为，上述东西约 1 200 米、南北约 400 米的自然高地恰好位于周鲁城的中心，高地四边与相邻的鲁故城城墙距离基本相等，在 1 300～1 400 米之间。换句话说，鲁故城的中心就是自然高地，鲁城城垣的位置和规模很可能是以自然高地为中心，以自然高地的四面边界为参考规划而成。

如前所述，经考古勘探和发掘证实，自然高地上分布着大面积的夯土遗迹，可能是周代前期鲁城的宫廷区。2012 年的勘探基本验证了周公庙高地建筑基址的年代和规模，由于小北关一处并未获得足以证明其年代的考古材料，仅知其规模较大，两者关系尚未摸清。如今，小北关高地一带的开发建设甚多，仅存东北角面积约 2 万平方米的空地，而且破坏不小。从探孔记录看，这一带文化层堆积很薄，空地的东半部分基本没有文化层，表土下即为生土，西部稍好，一般也不超过 0.5 米，个别地方厚 1 米左右。从地表散落的建筑构件、陶片来看，小北关高地的开发建设应不晚于战国。由于高地中部被 104 国道及路畔的建筑破坏，台基中部的情形现已不清楚，厘清高地上宫殿建筑的布局尚待进一步研究工作。

南宋初年，孔传撰《东家杂记》曾提及周鲁城规模"九里三十步"，他在考证周鲁城的由来时说道："鲁城，周回九里三十步。城之西南隅，即孔子之旧宅。昔鲁人泛海而失津，至于澶州，遇仲尼，七十子游海上，指以归涂，使告鲁公筑城，以备寇。鲁人归且以告鲁侯，鲁侯以为诞。俄而群鹊数万衔土培城，鲁侯始信，乃城曲阜。讫而齐寇果至，此其所以为圣也。事载《十六国春秋》。其说神异，虽先圣之所不语，然鲁人尚能言之，所谓疑则传疑者。"[1] 目前我们所知的周鲁城的周回约 34 里，远远大于"九里三十步"，

---

[1] （南宋）孔传：《东家杂记》卷下《先圣庙·庙外古迹》，文渊阁四库全书版。

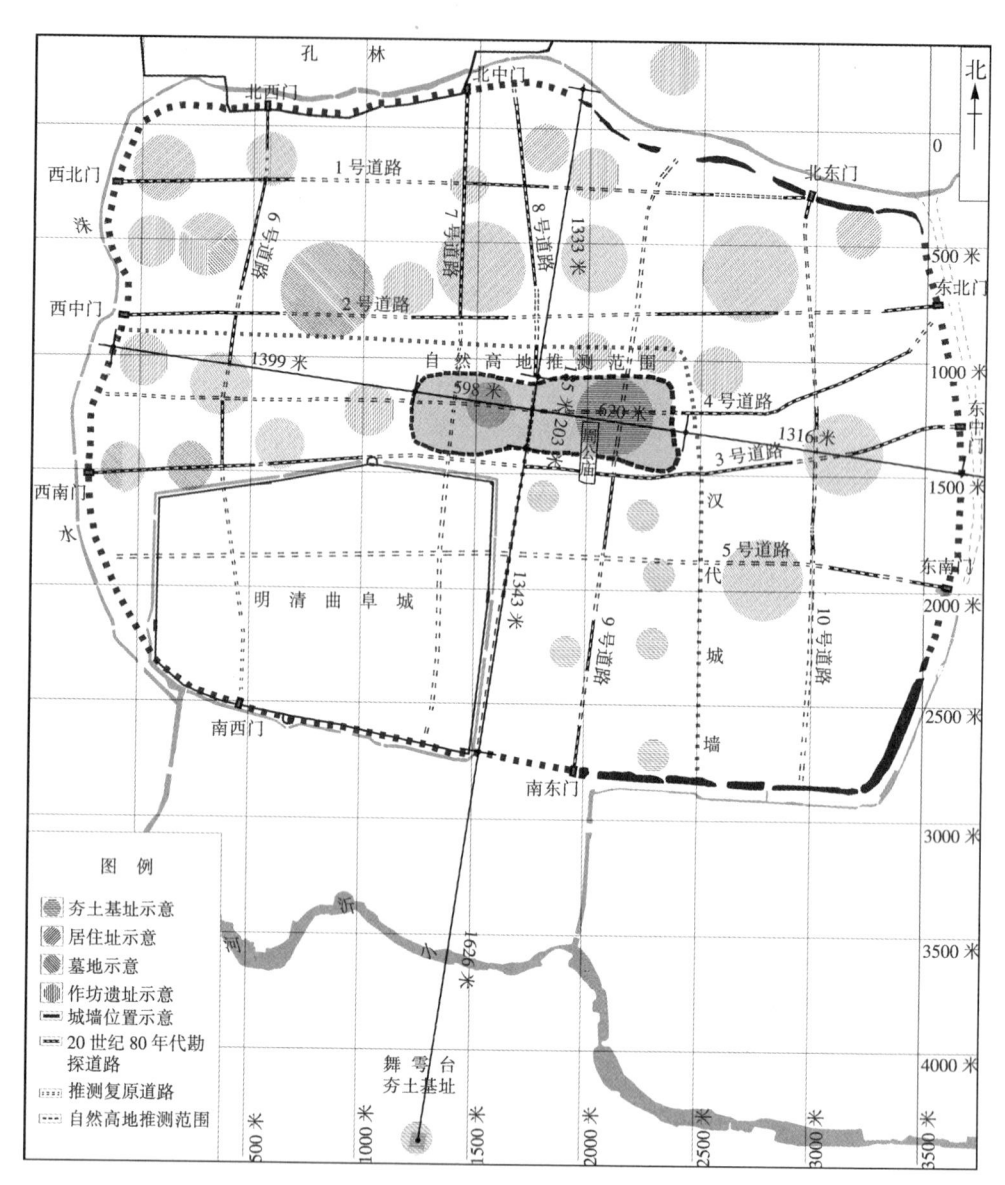

图 2-26　周鲁城自然高地与城垣、干道空间关系示意图

与《十六国春秋》的记载异迥。值得注意的是，尽管高地的西端和南端都被现代建设占压，边界模糊，现存规模周回仍达 8 里，与《十六国春秋》的记载较为接近。因而，孔传读到的古史究竟是神异之说，还是言之有据，尚可进一步探讨。

2. 干道路网布局

1977~1978年，在鲁故城内发现了若干道路遗迹，显示出周鲁城内至少有10条交通干道，其中东西向干道（1~5号）、南北向干道（6~10号）各5条，它们多贯通全城，将城门与城门或大型建筑联系起来（表2-2）。考虑到交通道路的连续性，在已经探明的干道遗迹的延展线上有可能发现新的同时期路土遗迹，可将位于同一干道上的数段遗迹连成一线并向城墙延伸，从而复原鲁故城的干道网络。可以注意到，周鲁城干道网的布局也与自然高地的形态关系密切。

表 2-2　周鲁城干道遗迹①

编 号	深度（米）	宽度（米）	厚度（米）	备 注
1号干道	1~1.4	10	0.3~0.6	至少探得四段，以保存较好的自西北门至林前村一线计
2号干道	1.8	8~9	0.3	至少探得四段，以保存较好的自西中门至"望父台"墓地一线计
3号干道	0.6	13~15（东段）	0.7	以埋藏较深的西段计；本次在西南门、东中门及周公庙高地南侧都探得此段路土
4号干道	1.6	8	1	至少分东、西两段，西段被汉城东墙和护城河截断，路面上压着较多的铁渣、硫渣和红烧土；以路土较厚、信息较完整的西段计
5号干道	约1	残宽8	0.3	压在黄生土之上
6号干道	1.4	7	0.6	以坊上村南的下层路土计
7号干道	1.4~1.8	6	0.2~0.4	压在黄生土之上
8号干道	1.8~2.3	12	0.3	至少分南、北两段，以位置较深的北段计
9号干道	1.4	15	0.8	至少探得三段路土，以保存最厚的东关村一段路土计；本次调查发现的自然高地北至盛果寺村南一段路土下叠压铁渣、硫渣和红烧土
10号干道	1.6~1.8	10	0.3	至少探得三段路土，以位置最深的中段下层路土计

具体来说，8号干道遗迹位于鲁城北中部的盛果寺村西，1978年共发现

---

① 数据主要取自《鲁故城》，部分补入了笔者2012年的勘察结果。

南、北两段，如将两段遗迹首尾相接，并将南段遗迹的南端延长，8号干道将紧贴周公庙建筑群夯筑基址的西侧向南伸展。7号干道遗迹位于鲁城北中部的林前村东，仅发现一段，如将它向南延伸，正好穿过自然高地的西部。以上7号、8号、9号三条南北向道路恰好将自然高地分作四块，8号干道大致位于自然高地的南北向中线上，7号、9号干道的复原延伸线距8号干道的水平距离分别为385米、374米，即7号、9号两条干道在8号干道两侧大致呈对称分布。在东西方向上，若将西起周公庙高地东侧，向东不远折向东北门的4号干道往西延伸复原，恰好位于自然高地的东西向中线上。在4号道路的北边和南边，分别有2号、3号两条东西向干道，它们与4号道路基本平行，通过自然高地的南北边缘。以上六条道路，与自然高地呈对称之势，构成了连接鲁故城宫廷区与非宫廷区的棋盘形路网。余下还有1号、5号、6号、10号4条干道，将它们的道路遗迹延长，可以构成以自然高地为中心、与自然高地的边缘基本等距的井字形网络，它们是周鲁城非宫廷区的主要道路。如上述复原干道网络的方法无误，同样可以验证自然高地对周鲁城干道组织的突出意义。

3. 功能区分布

周鲁城内其他功能区的分布也与自然高地表现出一定程度的协调关系。例如，鲁故城内共发现11处比较重要的居住址，主要分布在自然高地的东、西、北三面；共发现4处墓地，全部分布在自然高地以西，自然高地以东未发现墓地；已发现的制陶、制骨、金属冶铸等手工业作坊遗址11处，除1处位于鲁故城东北郊，其余都位于自然高地的北面。

依据20世纪的考古工作，鲁故城内的铁器冶铸手工业地点主要有北关铁器冶铸遗址和立新联中铁器冶铸遗址两处，它们的延续时间都是战国至汉代。从实地勘探的情况来看，自然高地北侧冶铸遗址的堆积较厚，分布相当广泛，如能将北关铁器冶铸遗址和立新联中铁器冶铸遗址视作一个整体，那么鲁城内的大型冶铸区应环绕着中心高地北部，且以高地呈对称分布。从探孔中的陶片来看，这一铁器冶铸遗址的年代应是战国至汉代，其下的地层多被渗透成黑褐色，也从侧面反映出这一遗址应延续了较长时间。将冶铸遗址布置在邻近宫廷区的位置，说明鲁国[①]对冶铸业的高度重视，这应当出于政治、军事方面的

[①] 从目前对铁器冶铸遗址的年代判断来看，遗址反映的历史背景不一定是周代的鲁国，也有可能包括楚国和汉代的鲁国。

考虑。

4. 中轴线走向

除自然高地以外，鲁故城内外还发现了近十处夯土基址，主要分布在自然高地的南面。自然高地南侧应是周鲁城"非宫廷区"极为重要的区域。由于明清曲阜城和现代房屋的叠压，全面揭露这些夯土基址的分布和形制恐怕非常困难。舞雩台是现今所知唯一位于鲁城之外，且保存质量较好、遗迹年代相对清晰的一处夯土基址。它的位置也与自然高地有着密切的关系。

舞雩台遗址坐落于沂河北岸约 250 米，北距鲁故城南城墙约 1 626 米，一般认为是鲁国的郊祭场所。《鲁故城》记载，舞雩台台基残高 7 米，有上、中、下三层，夯筑遗迹分别为春秋、战国和西汉三个时期，土台四周散布着不少战国至汉的瓦片[①]。既往研究多认为，周公庙高地、南东门与舞雩台三处遗址点处在一条直线上，这条直线则是周鲁城的中轴线。但事实上，若恢复自然高地的原始规模，自然高地中心与舞雩台的连线，即为 8 号干道延长线，恰好位于周鲁城的中央，纵贯城市南北，这才是准确的曲阜鲁故城的中轴线。

此外，据 1978 年勘探，位于高台北侧东西向的人工水沟的形态变化似与自然高地有一定关系。从《鲁故城》载"鲁故城遗址遗迹分布图"看，周公庙高台北侧的水沟在宫城区之北突然加宽，其宽度东侧与汉城的东城墙大致相应，西侧与明曲阜城的东侧大致相应，这个范围与自然台地的边缘范围大致相吻。二者究竟是否存在对应关系，有待未来验证。

基于上述推测，可总结周鲁城规划与布局特征如下：

周代前期鲁国都城的规划是以自然高地为中心，经过精心设计而成。自然高地是整个鲁城的中心。城垣位置和城址规模是以自然高地为中心、向四边大致等距扩展确定。自然高地中心与城南郊祭场所的连线是周代鲁都的轴线所在。这条轴线位居城址正中，且宫城轴线与外城轴线的重合，城市的干道规划、高等级建筑和核心工业区的布局设计也都是紧密围绕着这一轴线展开。考古勘探发现的 7 号、8 号、9 号三条南北向城市干道将自然高地分作左右对称的四部分，也应当是联系自然高地与舞雩台的主要道路。城市轴线不仅将城址东西分作居住、墓葬两个功能区块，还控制着祭祀建筑的选址、道路网络的布局、铁器冶铸工业区的布置，并将城市内外紧密联系起来，使整座城址的布局

---

① 参见《鲁故城》第 15、16 页。

显得秩序井然。

(五) 布局渊源与变迁

关于鲁故城的规模等级，按前述的先秦尺度换算，自然高地的规模约合东西2.9里，南北0.9里，周长约7.7里，自然高地边缘距相邻的周鲁城城墙约3.2～3.4里，周鲁城东西约合8.9里，南北约合6.5里，周鲁城的北城墙、南城墙分别距舞雩台约合10.4里、3.9里，8号道路与其两侧的7号、9号道路相距均约合1里。依据这些数据，可以进一步推测周鲁城的规划方案（图2-27）。值得注意的是，《考工记·匠人营国》记载了周王城有"方九里"之制。作为次于王城一级的鲁国都城，是否存在这种可能，即周鲁城的东西向长度依照王城制度，按照9里修建，而南北向长度则在王制上减一等，按照7里修建[①]。换句话说，鲁城的布局能否在一定程度上反映曾对周代城市规划产生广泛影响的城市礼制，有待未来加以验证。

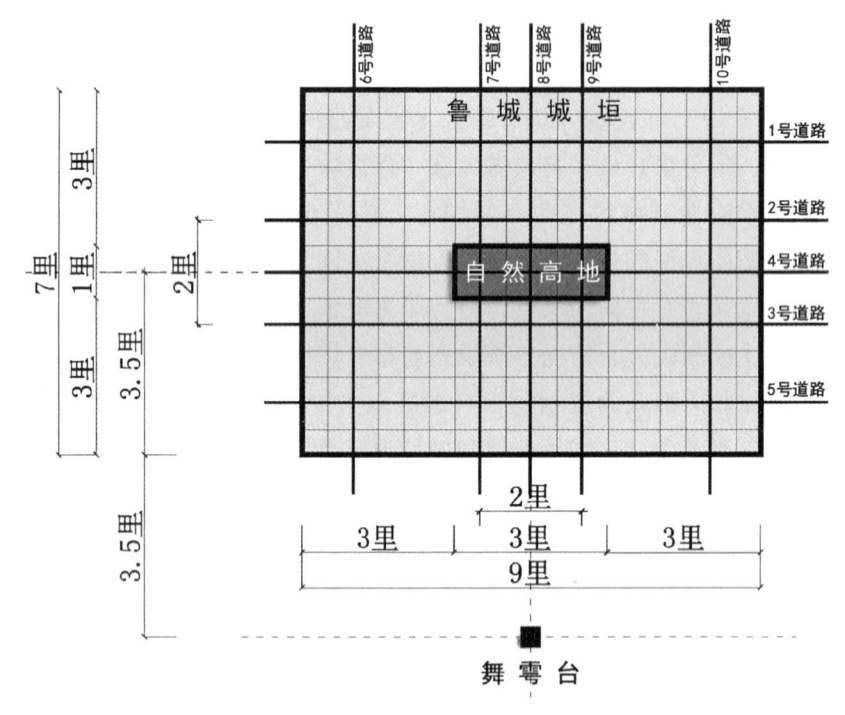

图2-27 周鲁城规划方案推测

[①] 另一种考虑是，周鲁城的边界形态规划是依照周代前期的都城制度，如西周早期的燕国都城董家林城址，周原岐邑的凤雏周城和洛邑的韩旗周城，也都采用横长方形城圈。此观点得到北京大学考古文博学院刘绪教授的启发。

关于鲁故城的城垣年代尚存一定争论。报告认为，商末周初鲁城范围内已出现较大规模的人类活动，鲁故城内时代最早的第一期遗存应属西周初期，南东门东侧第一、二期城垣可能属西周前期，经过试掘可确切断代的最早城垣分别属遗址第三期（西周晚期）[①] 和第四期（春秋前期）[②]。但多数学者认为这一推定偏早。如许宏指出，西周初年鲁城才出现一定规模的居住区，遗址第一期遗存或当西周中期偏早[③]，南东门东侧第三期城垣下叠压着的第一、二期城垣，没有可资断代的层位关系和遗物发现，年代尚不能判断；根据现有资料所能确认的最早的鲁城城垣约当遗址第三期，即两周之交或略晚，鲁城最早的城垣应从此时开始修筑[④]。以上两种说法，虽在居住区出现和城垣修筑的时间上存在分歧，却都认为在定都之后的较长的一段时间内，鲁城很可能并未修筑城垣。依据最新的考古工作，周鲁城城垣始建于西周晚期，延续至战国晚期[⑤]。考虑到自然高地与周鲁城城垣在空间和规模上的协调关系，笔者认为鲁城开始以自然高地为中心、以舞雩台一线为中轴线，在布局上采取严谨的秩序，其起始时间应与城垣的始筑时间基本一致，即西周晚期。

除周鲁城城垣外，周公庙高地边缘还有宽约 2.5 米的夯土墙，报告认为系宫城围墙[⑥]。根据最新的考古工作判断，宫城偏居高地东部，始建于春秋晚期，战国晚期废弃，汉代重修，最终废弃于魏晋[⑦]。可知，周鲁城以中轴对称的严谨布局似从春秋晚期宫城修筑之时就被打破。

至汉鲁城，城市范围发生了很大变化，其利用周鲁城的部分西、南城垣，又增筑了东、北两面城垣。值得注意的是，许宏曾推测汉鲁城的始建年代可上溯至战国，战国时期的鲁城应已有割取大城之一部分的小城存在[⑧]。

---

① 参见《鲁故城》第 30～36 页。见于西北城角 T205～T207 第一期城垣、东北城角西侧 T505 第一期城垣。

② 参见《鲁故城》第 28～30 页。见于南东门东侧 T602～T604 第三期城垣。

③ 许宏：《曲阜鲁国故城之再研究》，引自《三代考古（一）》，科学出版社，2004 年，第 276～289 页。

④ 同上。

⑤ 韩辉等：《曲阜鲁国故城考古工作取得重要成果——确认了鲁故城宫城 解决了宫城、外郭城的年代问题》，《中国文物报》2017 年 3 月 10 日。

⑥ 参见《鲁故城》第 54、55 页。

⑦ 韩辉等：《曲阜鲁国故城考古工作取得重要成果——确认了鲁故城宫城 解决了宫城、外郭城的年代问题》，《中国文物报》2017 年 3 月 10 日。

⑧ 许宏：《曲阜鲁国故城之再研究》，引自《三代考古（一）》，科学出版社，2004 年，第 276～289 页。

若依照这一观点，鲁城布局的改变也可能发生在春秋战国之交，随着鲁国国力减弱，为了形成更加有利于保护统治阶级的城郭并列式布局，鲁城制定了统一的规划，在东移并封闭宫殿区的同时还缩小了外城的规模。以上关于鲁城布局的延续及演变情况的设想，是否接近史实，也有待进一步的考古研究。

基于对《鲁故城》考古报告的整理和实地勘察，本节重新探讨了鲁国故城的选址与布局特征，尤其是城中自然高地的原始规模与核心地位以及周鲁城中轴线的具体位置。有学者指出，从上古至秦汉时期，中国城市文献的主体内容是城市建设技术方法，具体如选择城市的位置以及设置城市的结构[①]。鲁故城在这两个方面都显示出较为成熟的水平。鲁故城的位置选定，既便于获取充足的水资源，顺畅地排出城市污、废水，又有利于修建在自然高地上的宫殿区趋避水患，反映了规划者对鲁故城所在区域的气候、水文和地形环境的充分了解。鲁故城将自然高地作为城市中心，已通过考古工作确认了其上规模可观的封闭城圈以及多组高等级建筑基址，应是宫庙区所在，反映出中国古代都城营建的"择中"原则[②]；将自然高地与人工高台的连线作为城市轴线，从而形成了较为严谨的城市结构，显示出较高程度的城市规划。轴线清晰、布局巧妙的曲阜鲁国故城可谓中国城市规划史上的经典之作。

第三节　周代后期至秦汉都城的规划

一、周代后期的都城形态

东周初年，自平王东迁后，周王朝的声威江河日下，逐渐失去了号令诸侯的能力，一些拥有较强国力的诸侯国相继兴起。从春秋早中期之际开始，更具体地说是从齐桓公称霸开始，先后出现了几个"挟天子以令诸侯"的霸主，形成了礼乐征伐自诸侯出的局面。他们各据一方，兼并或统属周围小国，原先一统的周王朝分裂成了以若干个诸侯大国为中心的地域集团。与此

[①] 辛德勇：《由国朝到宫室再到里坊——论〈两京新记〉在中国古代城市文献编述史上的意义》，引自《困学书城》，生活·读书·新知三联书店，2009年，第180页。

[②] 《吕氏春秋》云："古之王者，择天下之中而立国，择国之中而立宫，择宫之中而立庙。"参见许维遹集释，梁运华整理：《吕氏春秋集释·审分览》，中华书局，2009年，第460页。

相适应，考古学文化也分裂成了晋、楚、齐、秦、燕等多个周文化的亚文化。自春秋早中期到战国，属于考古学上的周代后期。在这样的文化背景下，周天子地位丧失，诸侯争霸称雄；诸侯地位丧失，卿大夫和陪臣执政，周王朝的旧秩序受到了极大的冲击。由于诸侯甚至大夫先后坐大，其按照原先等级身份修筑的都城已经不能满足需要，于是纷纷扩大旧城或另建新城。周代后期复杂多样的都城形态，就产生于这样的历史背景中。依照每座城址内的城圈性质和结构，可将周代后期的典型城址分作若干类型。这些类型并不是同时出现或流行，它们的演替变化，反映了周代后期城市规划思想的发展趋势及特点。

《吴越春秋》载"鲧筑城以卫君，造郭以守民，此城郭之始也"，也就是说，修筑技术差别不大的城圈，由于居民身份和城市功能的不同，功能性质存在较大差异——保卫王室贵族的城圈是"城"，守卫庶民百姓的城圈是"郭"。在城市考古中，一般通过城圈内主要遗存的特征来判别城圈的性质。例如，高大坚固的夯土台基一般认为是宫庙基址，大量集中埋藏铜器等献祭物件的地点一般视作祭祀地点，围绕这些遗存的城圈可以认为是"城"；如若城圈内找不到宫庙、祭祀等遗存，却主要保存了大量手工业作坊遗址或是日常生活留下的堆积，一般认为是"郭"之所在。

按照以上方法，周代后期的典型都城布局至少可以分三类。第一类是"宫城聚集型"城址，即城圈之内以高大的夯土台基为主，而多数祭祀地点、手工业作坊遗存都在城垣之外。第二类是"城宫相套型"城址，同一城圈内除了有集中分布的大型夯土建筑基址（或是封闭的宫城城圈），还共存着祭祀遗址、手工业作坊遗址甚至大片墓地。第三类是"城郭并列型"城址，其特征是，在都城范围内，共存一座以上性质不同的城圈，部分城圈内几乎找不到大型夯土基址，可能是专门居处平民的独立郭城。

值得注意的是，周代后期的诸侯国都城既有一次规划完全新建的，也有多次规划修旧扩充的。在划定城址的布局类型时，需区别对待改建前、后的城址。例如，齐临淄城似能剥离出战国前未建小城和战国后在城西另筑小城的两个阶段，郑韩新郑故城也应分为郑之新郑和韩之新郑两个阶段的城址，经过战国晚期的改筑之后，洛阳东周王城也出现了独立的宫城，形成双城南北并立的新局面。以下，首先分述每种类型的典型城址。

(一) 典型的宫城聚集型城址——晋新田[①]

晋都新田位于今山西省侯马市附近，地处汾、浍二河交汇处的平原上，是晋景公所迁晋国晚期的都城新田。从景公迁都到三家分晋（公元前585～前376年），晋国都城设在这里，历时逾200年[②]。晋都新田由一系列城址组成，可分早晚两期。早期有白店城址，晚期规模最大的是牛村、平望和台神三座城址。晚期的三座城址聚集在一起，呈品字形分布，打破了早期的白店城址。由于白店城址大概是晋迁都新田以前修筑的城，且存在与布局还有待进一步的考古工作，此处不再赘述。在三座古城的东郊，还有马庄、呈王、北邬三座城址，因其距离较远，规模又小，多数学者认为它们是卿大夫所有，与晋侯的宫城一起构成了没有郭城围护的"晋都新田"（图2-28）。

在三座呈品字形分布的城址中，都有大型夯土建筑基址。牛村城址居于东南位置，东西约1 100～1 400米，南北约1 340～1 740米，整体呈长方形，北墙东端呈抹角状。考古学家判断，这座城址大约兴建于公元前6世纪下半叶，废弃于公元前5世纪下半叶。在牛村城址内，中部偏北有一座平面呈竖长方形的内城，东、北墙分别长665米、530米，西墙仅存西北角一小段，南墙残长约500米，面积约34.3万平方米。内城西北部有一座大型夯土台基，平面呈正方形，边长约52.5米，存高6.5米，顶部北高南低，分为三级，至今尚有近1米厚的瓦砾堆积。它的附近还有近百处较小的夯土遗迹。平望城址居北，大致呈纵长方形，东西约900米，南北约1 300米。城内中央略偏西有规模宏大的夯土台基，其自底至顶面可分三级，底面最大一圈是边长75米的方形，其南部正中有宽约30米的台基向南凸出，存高约8.5米。在大型夯土台基的南侧，还发现了布局有序的四十余处夯土遗迹。台神城址居于西南位置，呈横长方形，东西约1 700米，南北约1 250米，城内中南部有夯土遗迹十余处。大大小小的夯土建筑基址是三座城圈内最主要的遗存，其中位于牛村、平望城

[①] 畅文斋：《侯马地区古城址的新发现》，《文物参考资料》1958年第12期，第32、33页；山西省文物管理委员会：《山西省文管会侯马工作站工作的总收获（1956年冬至1959年初）》，《考古》1959年第5期，第222～228页；张守中：《1959年侯马"牛村古城"南东周遗址发掘简报》，《文物》1960年第8、9期合刊，第11～15页；侯马市考古发掘委员会：《侯马牛村古城南东周遗址发掘简报》，《考古》1962年第2期，第55～62页；吴振禄：《山西侯马牛村古城晋国祭祀建筑遗址》，《考古》1988年第10期，第894～909页；山西省考古研究所侯马工作站：《山西侯马晋国遗址牛村古城的试掘》，《考古与文物》1988年第1期，第57～60页；山西省考古研究所侯马工作站：《晋都新田》，山西人民出版社，1996年。

[②] 《史记·晋世家》，中华书局，1982年，第1635～1688页。

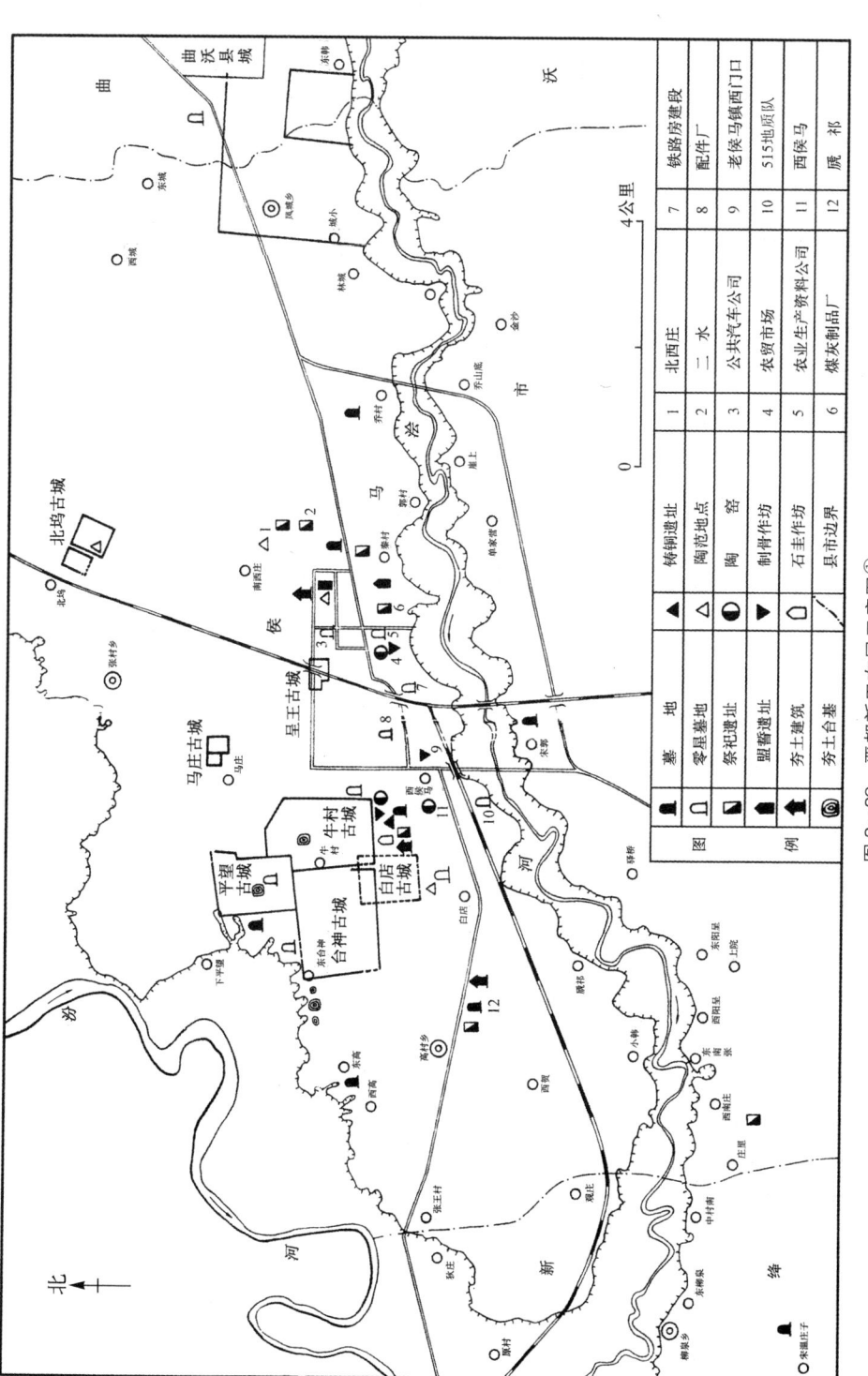

图 2-28 晋都新田布局示意图[1]

[1] 改绘自山西省考古研究所侯马工作站：《晋都新田——纪念山西省考古研究所侯马工作站建站 40 周年》，山西人民出版社，1996 年，插页。

址内的夯土高台，一般被认为是晋侯的宫殿。

同时期其他类型的遗存成片散布在三座城址的外围。在以上三座城址的东部及东北部，自北向南，依此发现了北坞、马庄和呈王三座古城，三座城址又都由两座独立或相连的城圈构成，一般认为它们是卿大夫之城。北坞古城由东、西并列的两座独立城圈构成，西城东西约 372 米，南北约 382 米，东城东西约 493 米，南北约 570 米。马庄古城由东、西两城构成，两城北墙处于同一条直线上，西城东西约 60 米，南北约 250 米，东城东西约 265 米，南北约 350 米。呈王古城中部有一条东西向夯土墙，将其分为南、北两城，北城东西约 396 米，南北约 167~168 米，南城东西约 214 米，南北约 105 米。在三座城址的东南，距浍河北岸约 2 平方公里的范围内，发现了包括盟誓出土地点在内的 5 处祭祀遗址，其中可能有宗庙建筑基址。在三座城址的南面，牛村古城南的浍河岸边，有大片手工业作坊遗址，包括铸铜、制骨、制陶等不同行业。在三座城址的西北，发现了一组夯土基址，这一带邻近汾河，可能是晋侯的园囿所在。在城区的近郊至远郊，还有上马、下平望、西高等墓地，主要埋葬晋都的卿大夫、士及庶人。

据考古工作，牛村古城大约兴建于公元前 6 世纪下半叶，废弃于公元前 5 世纪下半叶，台神、平望两座城址修筑和使用的时间大概是春秋中期至春秋战国之交，这三座城址虽修筑年代略有早晚之别，但大体上还应是同时使用的。关于它们的性质，曾有学者指出，应当视作三座宫城[①]。笔者以为，这一理解是比较恰当的。首先，三座城址的规模都在 1~2 平方公里，与后文所述城宫相套型城址中宫城的规模接近。其次，由于规模有限，每座城址内遗存的性质也比较单一，以夯土基址为主，没有大面积的祭祀、手工业作坊遗址或墓地。再次，牛村、台神、平望三座城址面积合计约 6 平方公里，远远不及城宫相套型城址中大城的面积，无法满足一般城民的居住需求。因此，牛村、平望和台神三座城址更有可能是晋公居住、执政的地点，是晋都新田的宫殿区。

晋都新田的完整规模应远远大于目前所知的几座封闭城圈的范围。这座城市的总体特征是，没有修筑封闭的统一城圈，以汾、浍为天然湟濠，中心为三座城址构成的组团式宫城，宫殿区以西临河一带可能是皇家苑囿，以东是包括祭祀场所、六卿宅邸、手工业作坊等不同功能要素在内的城区或郭区，在春秋

---

① 田建文指出："根据我们的判断，牛村、平望、台神三座古城以平望最早，余二者为扩建晋都时增拓的城墙圈；就性质而言，前者为宫城，后二者则相应为增扩的宫城。"参见田建文：《新田模式——侯马晋国都城遗址研究》，《晋都新田研究》，山西省内部图书，2011 年，第 82 页。

时期独树一帜。

（二）典型的城宫相套型城址

1. 姜齐临淄[①]

齐都临淄位于今山东省淄博市齐都镇，是西周至战国时期齐国的都城遗址。史籍记载，周初姜太公受封于齐，都营丘，后来又徙都薄姑。西周时期，周武王将齐地封给吕尚，史称"姜齐"或"吕齐"。齐康公十九年（公元前386 年），齐康公被放逐海上，周王正式册命齐国大夫田和为齐侯。此后，齐国虽沿用旧名，国君的族系却已变更。后一阶段的齐国又被称为"田齐"。自齐献公元年（公元前859 年）由薄姑迁都于临淄到齐王建四十四年（公元前221 年）秦灭齐，临淄先后作为姜齐与田齐政权的都城约600 年[②]。从考古资料来看，姜齐和田齐虽同以临淄为都城，但在两个历史阶段，城市的轮廓和格局差异显著，应分别讨论（图 2-29）。

从地理环境上看，齐临淄城位于淄河冲积扇的前缘，东临淄河，西依系水，北为一望无际的平原，南面十余里进入丘陵地带，有牛山、稷山等鲁山余脉。临淄城由大、小两座城址构成。小城位于大城西南。小城的东北角打破大城的西南部，嵌套进大城之中。通过对大城西垣与小城北垣衔接处的解剖发掘，考古学家了解到，大城西垣包含在小城北垣之内，而且有继续向南延伸的迹象[③]。这表明，齐临淄城应当是经过两次以上规划，逐步改建形成。许宏、杜正胜等学者皆认

[①] [日]关野雄：《齐都临淄の调查》，《中国考古学研究》，东京大学出版会，1956 年，第 577 页；山东省文物管理处：《山东临淄齐故城试掘简报》，《考古》1961 年第 6 期，第 289～297 页；群力：《临淄齐国故城勘探纪要》，《文物》1972 年第 5 期，第 45～54 页；张学海：《田齐六陵考》，《文物》1984 年第 9 期，第 20～22 页；张学海、罗勋章：《齐故城五号东周墓及大型殉马坑的发掘》，《文物》1984 年第 9 期，第 14～19 转 100 页；孙敬明、李剑、张龙海：《临淄故城内外新发现的陶文》，《文物》1988 年第 2 期，第 81～88 页；张龙海、朱玉德：《临淄齐国故城的排水系统》，《考古》1988 年第 9 期，第 784～787 转 866 页；李剑、张龙海：《山东临淄齐国故城西周墓》，《考古》1988 年第 1 期，第 24～26 页；李发林：《齐故城瓦当》，文物出版社，1990 年；张龙海：《临淄齐瓦当的新发现》，《文物》1992 年第 7 期，第 55～59 转 105 页；张龙海：《山东临淄齐国故城陶窑遗址的调查》，《考古》2006 年第 5 期，第 91～94 页；杜宁、李建西、张光明等：《山东临淄齐国故城东北部冶铁遗址的调查与研究》，《江西理工大学学报》2011 年第 6 期，第 11～15 页；杜宁、王晓莲、李建西：《山东临淄齐国故城城圈地铜渣的调查与研究》，《江西理工大学学报》2012 年第 2 期，第 14～17 页；吕凯：《临淄齐国故城十号宫殿建筑遗址二〇一二年度发掘成果》，《中国文物报》2013 年 5 月 24 日；杨勇、魏成敏等：《山东临淄齐故城冶铸遗存考古调查与发掘取得重要收获》，《中国文物报》2013 年 7 月 19 日；山东省文物考古研究所：《临淄齐故城》，文物出版社，2013 年。

[②] 《史记》卷三十二《齐太公世家》，中华书局，1982 年，第 1477～1514 页。

[③] 曲英杰：《古代城市》，文物出版社，2003 年，第 68 页，注 20。

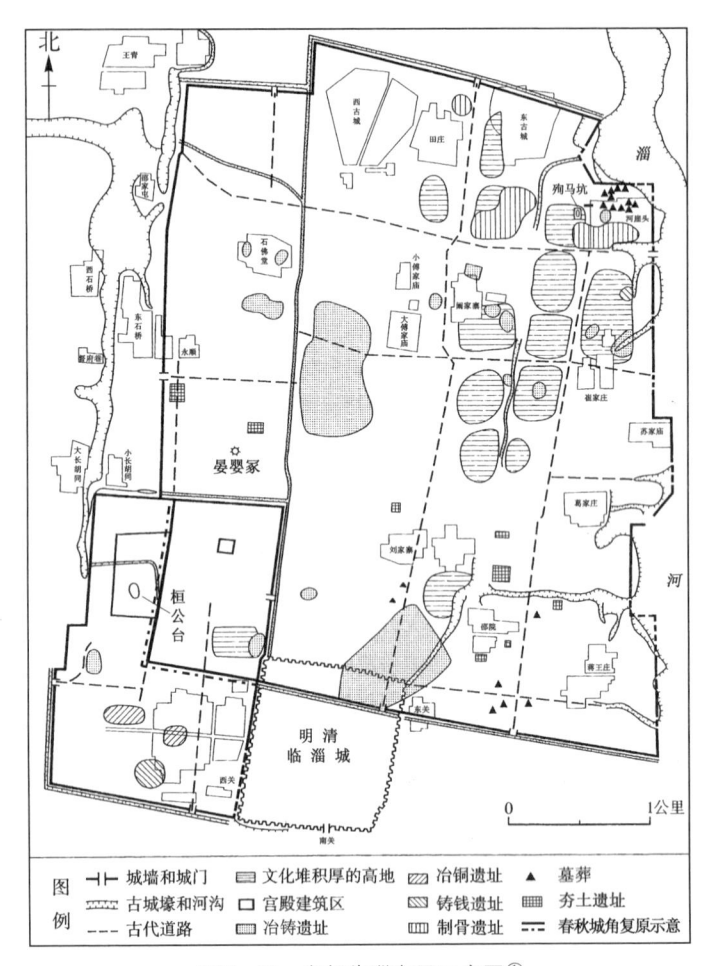

图 2-29 齐都临淄布局示意图①

为，小城的年代晚于大城，小城应创建于战国，很可能是田齐政权修建的宫城②。因此，本书将主要以齐临淄大城的考古材料来讨论姜齐临淄的布局和形态。

姜齐临淄呈不规则的长方形，城垣的曲折拐角有 24 处之多。城址东西约 3 316 米（以北城墙长度计），南北约 5 209 米（以东城墙长度计），面积接近 17 平方公里。东、西城墙临近淄河、系水，因地就势，以天然河道为城壕。南、北城墙亦没有完全沿直线修建，墙体外侧开凿了宽 25～30 米的人工城壕，壕

---

① 改绘自山东省文物考古研究所：《临淄齐故城》，文物出版社，2013 年，第 17、540 页。
② 杜正胜：《关于齐国建都与齐鲁故城的讨论》，《文物与考古》1986 年第 2 辑，书目文献出版社，第 48～55 页；许宏：《先秦城市考古学研究》，北京燕山出版社，2000 年，第 99、100 页。

沟的东、西两端分别与淄河、系水相通，形成环城壕沟。现已探出城门6座，东西墙各1座，南北墙各2座，道路7条，纵横相交，构成接近棋盘形的路网。

文献记载，姜齐临淄城内应有齐侯的宫城，关于它的具体位置，目前至少有两种观点。其一从文献出发，认为宫城应位于临淄大城的中心[①]；其二根据考古工作的情况，认为大城东北隅的"韩信岭"高地更有可能是宫城所在[②]。在姜齐临淄的中部和东北部，还发现了多处西周、春秋战国时期及汉代的居住址。在城址的东北部、中部和偏西处发现了一些手工业作坊遗址，应是几处集中的手工业区。在城址内，还发现了多处较城址略早或同时期的墓地，如大城东北部河崖头村一带已探出大、中型墓葬20余处，很可能是西周至春秋姜齐贵族的"公墓"。总的说来，姜齐临淄城内既有贵族的宫殿和墓地，又有平民的居址和手工业作坊，应共存着不同性质和等级的城市建筑。

2. 早期洛阳东周王城[③]

洛阳东周王城位于今河南省洛阳市境内。史籍记载，自周平王东迁（公元前770年）至周赧王五十九年（公元前256年）被秦国所灭，周王室多数时间

[①] 如曲英杰认为，从晋师焚四郭而临淄城仍可守来看，(齐临淄) 郭城（大城）内有宫城，而且应位于中心地带，具体说来，其位置应在大城西部南北河道以东、中部南北向大道以西、东西向大道以南。参见曲英杰：《古代城市》，文物出版社，2003年，第69页。

[②] 如许宏指出："上述两条东西向干道（注：即自北数第一、二条东西干道）和向西折曲的南北向干道围起的阚家寨一带，极有可能是姜齐的宫城之所在；或许，西折的南北向干道就是沿着宫城的西垣修筑的。"参见许宏：《先秦城市考古学研究》，北京燕山出版社，2000年，第100页。

[③] 中国社会科学院考古研究所洛阳发掘队：《洛阳涧滨东周城址发掘报告》，《考古学报》1959年第2期，第15～43页；中国科学院考古研究所：《洛阳中州路（西工段）》，科学出版社，1959年；叶万松：《洛阳中州路战国车马坑》，《考古》1974年第3期，第171～178页；徐治亚、赵振华：《洛阳战国粮仓试掘纪略》，《文物》1981年第11期，第55～64转50页；中国科学院考古研究所：《洛阳发掘报告（1955～1960洛阳涧滨考古发掘材料）》，北京燕山出版社，1989年；王炬：《洛阳市西工区东周墓》，《文物》1995年第8期，第4～6页；叶万松、黄吉博：《洛阳东周王城遗址发现烧造坩埚古窑址》，《文物》1995年第8期，第19～25页；陈良伟：《洛阳凯旋路南东周墓发掘报告》，《考古学报》2000年第3期，第359～394页；洛阳市文物工作队：《洛阳东周王城第5239号大墓发掘简报》，《考古与文物》2000年第4期，第3～8页；程永建、赵振华：《洛阳解放路战国陪葬坑发掘报告》，《考古学报》2002年第3期，第359～380页；俞凉亘：《洛阳东周王城战国陶窑遗址发掘报告》，《考古学报》2003年第4期，第545～577页；俞凉亘、田玉娥：《洛阳东周王城内春秋车马坑发掘简报》，《考古与文物》2003年第4期，第10～14转20页；安亚伟：《东周王城战国至汉代陶窑遗址发掘简报》，《文物》2004年第7期，第42～54页；潘海民、郑卫：《河南洛阳市唐宫路战国车马坑》，《考古》2007年第12期，第3～7页；徐昭峰、朱磊、尚巧云等：《洛阳东周王城东城墙遗址2004年度发掘简报》，《文物》2008年第8期，第15～19转54页；严辉、孙建国、杨爱荣等：《洛阳王城广场战国墓（西区M37）发掘简报》，《文物》2009年第11期，第22～29页；尚巧云、胡小宝、胡瑞等：《洛阳西工区春秋墓发掘简报》，《文物》2010年第8期，第8～28页；洛阳市文物工作队：《洛阳瞿家屯发掘报告》，文物出版社，2010年。

以此为都①。东周王城西有涧河，南有洛河，城址位于两河交汇处的北部高地。徐昭峰指出："根据现今的考古资料，东周王城不仅存在内城外郭，而且在其晚期又在郭城之外的西南部形成一座小城，从而形成内城外郭和小城与大城南北并立的复杂的城郭布局。"② 因此，下文将首先考察早期的东周王城，也即在郭城以外修筑小城之前的东周王城的布局与面貌（图2-30）。

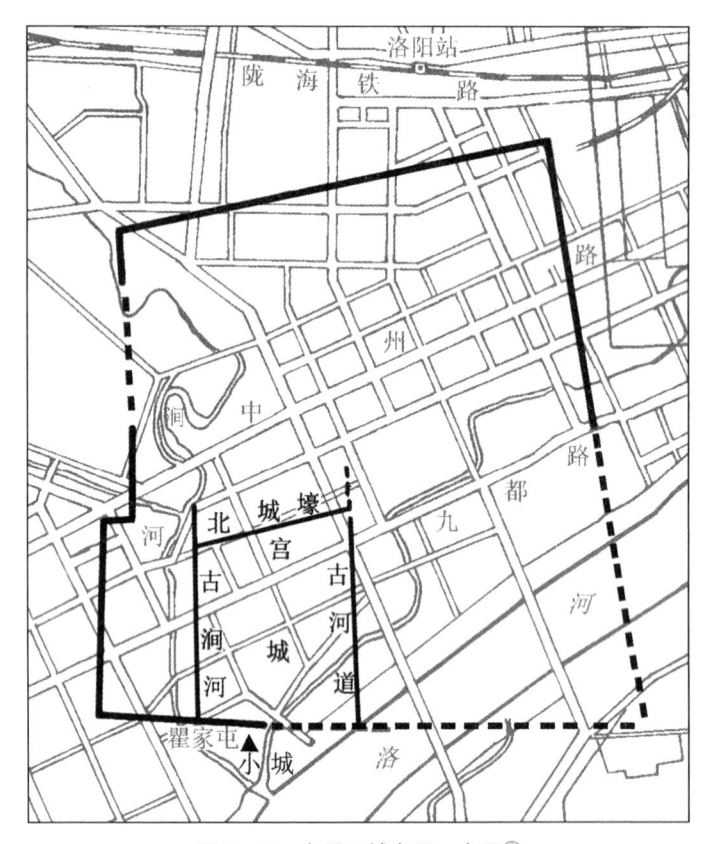

图2-30 东周王城布局示意图③

早期东周王城大致呈方形，局部城墙略有拐折。因河流侵扰，城址仅有北墙保存得比较完整，全长2890米，北墙与南墙相距约3200米，城址规模约9平方公里。东周王城的城墙大约修筑于春秋中期以前，战国至秦汉有所增补。

---

① 《史记》卷四《周本纪》，中华书局，1982年，第111～172页。
② 徐昭峰：《试论东周王城的城郭布局及其演变》，《考古》2011年第5期，第70页。
③ 改绘自徐昭峰：《试论东周王城的城郭布局及其演变》，《考古》2011年第5期，第74页。

西汉后期，在王城中部又围筑形成了河南县城。

宫殿区位于东周王城的西南部，即瞿家屯村的东北部一带。这里处于洛、涧水的交汇地带，位置险要，地势高亢。宫殿区的范围大致是南至东周王城的南墙，西至涧河故道，北以宫城城垣和城壕为界，东至古河道[①]。在宫殿区内已经确认了分列南、北的两组大型夯土建筑基址。北面一组平面呈长方形，周围绕以厚夯土墙，东西约344米，南北约182米，其内中部偏北和西部有长方形的大型夯土基址。在基址东侧，还探出了一条南北向干道，长900米，宽约20米。在夯土基址附近，还发现了与建筑有关的遗存如柱洞、柱础石、建筑构件和给排水管道等，其时代从春秋至战国。南组建筑紧靠北组建筑，整体也呈长方形，中部设有两道相距约20米的南北向、平行分布的夯土墙。南组建筑中暂未发现大型夯土台基。在宫殿区夯土建筑基址的东部，发现了战国时期设立的仓窖区，共探出仓窖74座，排列整齐。手工业作坊主要集中在东周王城的西部，包括制铜、制骨、制玉和制陶等不同工种，其中尤以西北隅的战国制陶窑址面积最大。在东周王城的中部、东北隅以及涧水西岸均发现了规模可观的东周墓葬。在东周王城的城圈内，同样共存着贵族与平民的生活遗迹。

3. 郑都新郑[②]

郑韩故城位于今河南省新郑市，地处豫西山地东缘向黄淮大平原的过渡

[①] 徐昭峰：《试论东周王城的城郭布局及其演变》，《考古》2011年第5期，第68、69页。

[②] 李德保：《在新郑郑韩故城内发现宫城遗址》，《中原文物》1978年第2期，第64页；河南省博物馆新郑工作站、新郑县文化馆：《河南新郑郑韩故城的钻探和试掘》，《文物资料丛刊（3）》，1980年，第56~66页；蔡全法、宋国定：《新郑县辛店许岗东周墓调查简报》，《中原文物》1987年第4期，第62~68页；李德保：《郑韩故城制骨遗址的发掘》，《华夏考古》1990年第2期，第43~59转81页；安金槐、李德保：《郑韩故城内战国时期地下冷藏室遗迹发掘简报》，《华夏考古》1991年第2期，第1~15转113页；李德保：《河南新郑郑韩故城制陶作坊遗迹发掘简报》，《华夏考古》1991年第3期，第33~55页；河南省文物考古研究所新郑工作站：《郑韩故城青铜礼乐器坑与殉马坑的发掘》，《华夏考古》1998年第4期，第11~24页；马俊才、蔡全法：《河南新郑市郑韩故城郑国祭祀遗址发掘简报》，《考古》2000年第2期，第61~77转98页；蔡全法、宋国定：《郑韩故城发现战国时期大型制陶作坊遗址》，《中原文物》2003年第1期，第4~8页；蔡全法、马俊才：《河南新郑郑韩故城东周祭祀遗址》，《文物》2005年第10期，第4~33转1页；樊温泉、徐承泰：《新郑市郑韩路6号春秋墓》，《文物》2005年第8期，第39~46页；河南省文物考古研究所：《新郑郑国祭祀遗址》，大象出版社，2007年；信应君、黄富成、侯新佳等：《新郑市赵庄东周墓葬发掘简报》，《中原文物》2011年第3期，第9~16页；马俊才、朱树政、衡云花等：《新郑监狱春秋铸钱遗址发掘简报》，《中国钱币》2012年第4期，第46~56页；樊温泉：《郑韩故城考古发掘取得重要收获》，《华夏文明》2017年第3期，第10~12页；樊温泉、余洁、马俊才：《郑韩故城考古取得重要收获》，《中国文物报》2018年4月6日。

区，坐落于双洎河（古洧水）与黄水河（古溱水）交汇处的三角地带。根据史料，郑国都城原在今陕西华县附近，春秋初年才东迁至新郑，在此建都近400年。公元前375年，韩灭郑之后，改建郑国旧都新郑作为都城①。郑韩新郑故城先后作为郑国和韩国后期的政治、经济、文化中心长达539年之久（图2-31）。

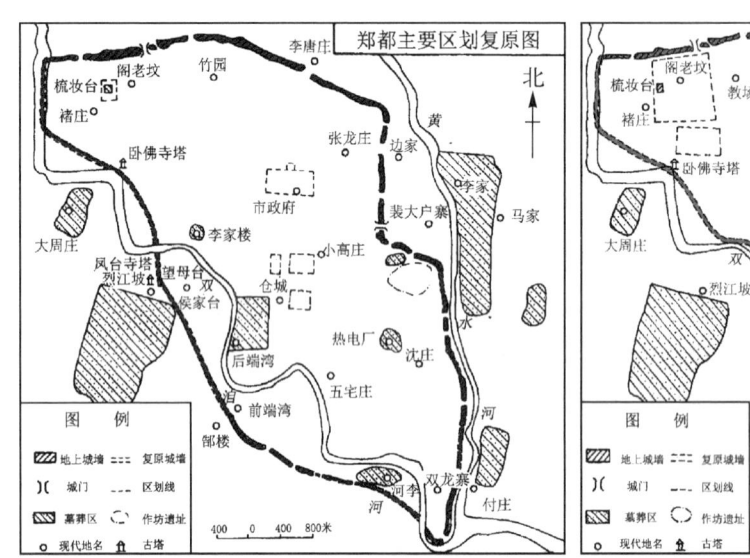

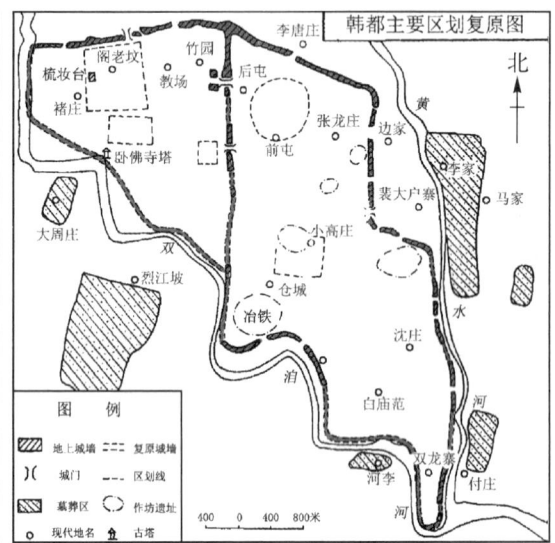

1. 郑都新郑

2. 韩都新郑

图2-31 郑韩新郑布局示意图②

根据考古工作，郑韩故城依照地形修筑，平面呈不规则的三角形。城址中部有一道南北向的隔墙，将城址分为西城和东城两个部分。考古材料显示，郑韩故城的城墙经过春秋和战国两个时期先后修筑而成。具体到每个阶段郑韩故城的城垣形态，目前仍存争议，可以大致总结为两类观点。一些学者从文献出发，认为郑国首先修筑了西城及宫城，东城由韩国扩建③。另一

---

① 《史记》卷四十二《郑世家》，中华书局，1982年，第1757~1778页。
② 改绘自马俊才：《郑、韩两都平面布局初论》，《中国历史地理论丛》1999年第2期，第118、123页。
③ 例如，史念海认为："很可能这段南北向的隔墙，本是郑国都城的东城墙，韩灭郑之后，由平阳迁都来此，逐渐发展，扩大都城的范围，在郑国原来城之东，继续兴建，建立更近于黄水河也即当时的溱水的东城墙，又延展原来郑国都城的北城墙和南城墙，构成新的韩国都城。"参见史念海：《郑韩故城溯源》，《中国古都研究（第十五辑）》，三秦出版社，2004年，第75~112页。曲英杰在《古代城市》一书中也写道："很可能郑人东迁，最初只营建此西城，内有宫城，外有郭城。其东城当为后期所筑，属拓展外郭城性质。"参见曲英杰：《古代城市》，文物出版社，2003年，第92页。

方面，从考古材料出发，一些学者认为先有大城，再加建隔城。至于隔城的具体年代，又至少有两种说法。马世之认为："根据考古勘察和试掘资料，郑韩故城始建于春秋早期，只是其间隔墙的时代稍晚，也建于春秋时代，是郑人修筑的。"[①]陈钦龙的意见是，隔墙的建造方法是先开挖基础槽，然后层层夯打，而东城东墙则是不挖基槽，这说明两者不是在同时建造的，而隔墙墙基的夯层是常见于春秋夯层的圆形圜底夯，不是常见于战国夯层的圆形平底夯[②]。因此，隔墙的修筑时间虽晚于东城的东城墙，但也应该是在春秋时期。马俊才认为，隔墙在战国中期才由韩国增建，他写道："韩国灭郑并沿用其都城，对其城形制作了很大的改变，在中央筑隔城，使韩都形成西宫城东郭城的布局。"[③] 笔者认为，先有大城再建隔城的观点，能获得更多考古材料的支撑，更为可信。依照这一观点，可以发现，不论隔墙的确切年代如何，在定都新郑后较长的一段时间里，郑都新郑都仅有一座城圈。以下考察的郑新郑城布局，主要针对的就是处于大城建成不久、尚未修建隔墙的阶段。

郑都新郑城址东西约 5 000 米，南北约 4 500 米，周长约 20 公里，面积约 16 平方公里。在郑都新郑西北部有一座俗称"梳妆台"的夯土台基，东西约 80 米，南北约 135 米，高约 8 米，始筑于春秋时期。城址中部偏北也发现了大面积夯土，并清理出 6 个磉墩，一般认为它们很可能是与郑国宫殿有关的建筑遗存。在城址东部，发现了春秋时期的青铜器坑 19 座，殉马坑 80 余座，出土青铜礼乐器 300 余件，它们应与祭祀活动有关。郑都新郑城内，还发现了与城址同时期的墓地两处，它们分别位于隔墙的东侧和西侧。考虑到隔墙的修建时间较晚，两处墓地的距离并不大，或许同属该城南部的集中墓葬区。总的说来，宫殿、墓地、祭祀遗存在城圈之内基本呈均布状态，其空间分布并未表现出隔墙的强烈影响，这也从一个侧面印证了隔墙的修筑年代应晚于大城的推测。

[①] 马世之：《郑韩故城的城市布局》，《文物建筑（第 3 辑）》，科学出版社，2009 年，第 117～130 页。

[②] 陈钦龙：《郑韩故城考古发现与初步研究》，郑州大学硕士学位论文，2007 年，第 10 页；蔡全法：《新郑韩故城》，《中国考古学年鉴（1991）》，文物出版社，1992 年，第 230～232 页。

[③] 马俊才：《郑、韩两都平面布局初论》，《中国历史地理论丛》1999 年第 2 期，第 124 页。

4. 秦雍城[①]

秦都雍城位于今陕西省凤翔县南,为春秋至战国早期的秦国都城遗址。史籍记载,秦人原本居住在秦地,西周末年,得赐岐以西之地,自春秋中期"(秦)德公元年初居雍城大郑宫"始,到秦献公二年(公元前383年)迁都栎阳止,共以雍城作为都城长达294年[②]。

秦雍城选址于纸坊河与雍水河的交汇地带,城墙依地形修建,平面略呈不规则的长方形,方向为南偏东166度,城址东西约3 300米(以南城墙计算),南北约3 200米(以西城墙计算),面积约11平方公里。考古学家根据墙体夯土层内发现的雍城初期的陶片,结合《史记·秦本纪》"悼公二年,城雍"的记载,认为秦国在以雍城为都城近两百年之后才正式构筑城墙[③]。迁都之初,雍城的聚落以河为界,外围四周环绕雍水河、纸坊河、塔寺河以及凤凰泉河,形成保卫都邑的防御体系。秦雍城的西城垣保存较好,从凤翔县城西南约50米向南延伸,南城墙沿雍水河修筑,东城墙紧贴纸坊河修建,北城垣大部分被凤翔县城叠压。城圈合围成不规则的梯形,墙体宽度为8~14米。

在秦雍城内,地势西北高,东南低,有白起河等多条河流穿城而过,早年发现了纵横相交的道路4条。考古工作表明,城内的夯土建筑基址分布广泛,修筑于不同时期,反映了雍城中心从东南临河区域向中部和东部扩张的变迁过程。其中,最重要的宫殿基址分布于雍城南部、中心和东北部,考古学家一般

[①] 徐锡台、孙德润:《秦都雍城遗址勘查》,《考古》1963年第8期,第419~422页;曹明檀、袁仲一、韩伟:《凤翔先秦宫殿试掘及其铜质建筑构件》,《考古》1976年第2期,第121~128页;韩伟、董明檀:《陕西凤翔春秋秦国凌阴遗址发掘简报》,《文物》1978年第3期,第45、46页;韩伟:《凤翔秦公陵园钻探与试掘简报》,《文物》1983年第7期,第30~37页;陕西省雍城考古队:《秦都雍城钻探试掘简报》,《考古与文物》1985年第2期,第7~20页;韩伟、焦南峰、田亚岐:《凤翔秦公陵园第二次钻探简报》,《文物》1987年第5期,第55~65页;韩伟、焦南峰:《秦都雍城考古发掘研究综述》,《考古与文物》1988年第5、6期合刊,第111页;凤翔县雍城文管所:《陕西凤翔铁丰陶窑》,《考古与文物增刊》,2007年;田亚岐、王保平、陈钢等:《秦雍城豆腐村制陶作坊遗址发掘简报》,《考古与文物》2011年第4期,第3~31转115页;田亚岐、耿庆刚、景宏伟、张成:《陕西凤翔:秦雍城城内道路系统考古工作取得阶段性成果》,《中国文物报》2011年2月16日;田亚岐:《秦雍城城内道路系统考古工作》,《2011中国重要考古发现》,文物出版社,2012年;陕西省考古研究院、宝鸡市考古研究所、凤翔县博物馆:《秦雍城遗址系列考古报告·1·秦雍城豆腐村战国制陶作坊遗址》,科学出版社,2013年;田亚岐:《秦都雍城城址东区考古调查取得重要收获》,《2012中国重要考古发现》,文物出版社,2013年。

[②] 《史记》卷五《秦本纪》,中华书局,1982年,第173~222页。

[③] 田亚岐:《秦都雍城布局研究》,《考古与文物》2013年第5期,第65页。

称为瓦窑头宫区、马家庄宫区（含姚家岗遗址区）和铁丰—高王寺宫区[①]。瓦窑头宫区发现了雍城早期的宫庙建筑遗址，残长186米，有多进院落，宫殿结构较为复杂。马家庄宫区位于城内中部略偏南，年代约当春秋中晚期，共有高等级建筑基址四组，保存较好。其中，1号建筑群呈横长方形，东西90米，南北84米，周围绕有墙垣，内有呈品字形排列的3座建筑基址，庭院中还发现了181座祭祀坑。3号建筑群遗址由五个相连的院落组成，南北长326.5米，最北一进院落宽86米，院落内的建筑排列方式与1号建筑群遗址相似。这些建筑基址被认为与祭祀活动有关。值得注意的是，1号建筑群和3号建筑群中最北一进院落的布局，与周原云塘、齐镇建筑群和晋都新田呈王路13号建筑群，采用了非常接近的品字形格局，很可能继承了周代的高等级宫庙制度。位于马家庄宫区西邻的姚家岗遗址，曾发现与马家庄宫区接近的建筑遗址、铜质建筑窖藏和"凌阴"冰窖遗址，在功能上可能与马家庄宫区有密切的联系[②]。在雍城北部，北起铁沟凤尾村，南至高王寺，西到棉织厂、翟家村，面积约4万平方米的范围内，考古学家曾采集到战国早、中期的瓦当、筒瓦等，曾发现多处战国建筑基址，在高王寺村西还曾发现战国铜器窖藏，因此推测这一带是雍城后期的主要宫庙所在。在宫殿区周边，还常常发现较为密集的中小型地面建筑或半地穴建筑遗址，应是平民的居所。秦雍城的各类作坊遗址一般分布在城墙内侧，如在史家河、马家庄和今凤翔县城北街一带发现青铜作坊遗迹的线索，在史家河、东社、高庄一带发现冶铸作坊，在豆腐村、铁丰、瓦窑头等地发现制陶作坊。秦雍城城郊也散布着一些同时期的作坊、窖藏遗址（图2-32）。

与前述周代后期的典型城宫相套型城址不同的是，秦雍城的城圈之内很少发现同时期的集中墓地。例如，占地约21平方公里的秦公陵园位于雍城的西南郊，城南雍水河两岸有多个规模大、延续时间长的国人墓地，环绕在城址周边的其他地点也不乏一些小规模的国人墓地。雍城以内布局严谨的宫殿与城外散布的国人墓地反映了城垣内外城市管理强度的差异。

[①] 关于"铁丰—高王寺宫区"的称谓，引自田亚岐：《秦都雍城布局研究》，《考古与文物》2013年第5期；其他学者或称"铁沟、高王寺（战国）宫殿区"，参见陕西省考古研究院秦汉考古研究部：《陕西秦汉考古五十年综述》，《考古与文物》2008年第6期。

[②] 已有学者对姚家岗宫区的性质提出其他认识，如认为姚家岗遗址实际是马家庄宫区的组成部分，或认为，姚家岗遗址区应是一处专业作坊区，其产品专供相关宫区使用。参见田亚岐：《秦都雍城布局研究》，《考古与文物》2013年第5期，第63~71页；王元：《秦都雍城姚家岗"宫区"再认识》，《考古与文物》2016年第3期，第69~74页。

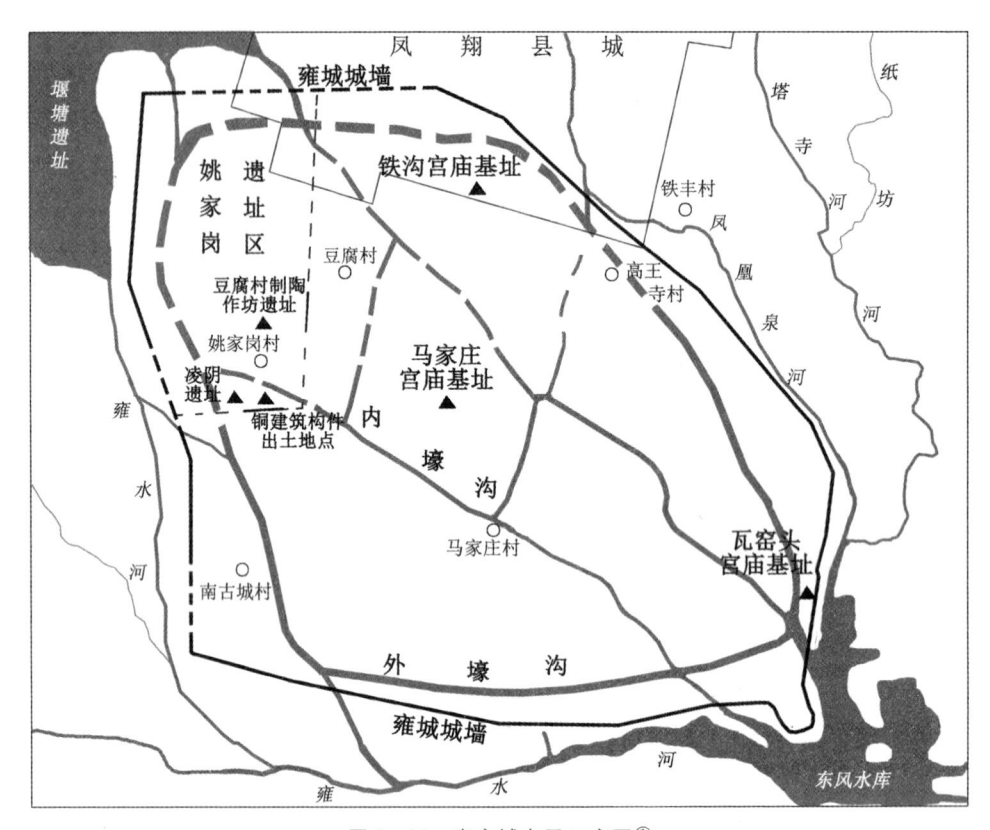

图 2-32 秦雍城布局示意图[1]

5. 楚纪南城[2]

楚纪南城位于今湖北省荆州市北，坐落于长江北岸、纪山之南，它是东周

---

[1] 改绘自田亚岐：《雍城：东周秦都与秦汉"圣城"布局沿革之考古材料新解读》，吉林大学边疆考古研究中心编《新果集（二）——庆祝林沄先生八十华诞论文集》，科学出版社，2018年，第330页。

[2] 纪南城文物考古发掘队：《江陵毛家山发掘记》，《考古》1977年第3期，第158~165转209页；陈祖全：《一九七九年纪南城古井发掘简报》，《文物》1980年第10期，第42~49页；湖北省博物馆：《楚都纪南城考古资料汇编》，湖北省博物馆，1980年；湖北省博物馆：《楚都纪南城的勘查与发掘（上）》，《考古学报》1982年第3期，第325~350页；湖北省博物馆：《楚都纪南城的勘查与发掘（下）》，《考古学报》1982年第4期，第477~506页；韩楚文：《纪南城松柏鱼池探掘简报》，《江汉考古》1987年第3期，第22~34转29页；陈跃钧等：《湖北潜江龙湾发现楚国大型宫殿基址》，《江汉考古》1987年第3期，第19~21页；韩楚文：《江陵县纪南城摩天岭遗址试掘简报》，《江汉考古》1988年第2期，第6~11页；杨权喜：《1988年楚都纪南城松柏区的勘查与发掘》，《江汉考古》1991年第4期，第6~15页；杨定爱、韩楚文：《纪南城新桥遗址》，《考古学报》1995年第4期，第413~451页；罗正松：《湖北潜江龙湾发现一处东周窑址》，《考古》1997年第5期，第67页；荆州市博物馆、潜江市博物馆：《湖北潜江龙湾放鹰台Ⅰ号宫殿基址发掘简报》，《江汉考古》2003年第3期，第3~15页；湖北省潜江博物馆、荆州博物馆：《潜江龙湾》，文物出版社，2005年；海冰：《荆州纪南城发现一批东周窑址》，《湖北日报》2014年2月15日。

时期楚国都城郢城遗址。《史记·楚世家》记载，楚文王元年（公元前 689 年）楚国迁都至此，到楚顷襄王二十一年（公元前 278 年）秦将白起拔郢，楚被迫迁都（大约在今河南淮阳附近），先后历时约 400 年[①]。

楚纪南城平面略呈长方形，东西约 4 500 米，南北约 3 500 米，城角多作抹角，南墙东段因借地形南凸，略有拐折。根据考古工作，纪南城大约在春秋晚期或春秋战国之交开始修筑城垣，春秋早中期"郢都"的地望及形态还有待确认。楚纪南城已找到城门 7 座，含陆门 5 座，水门 2 座。城内已探出古河道 4 条，三纵一横，相互贯通，尤以南北向河道中的北边一支朱河，南边一支新桥河，与东西向河道龙桥河为主干。这三条河流将城内分作四个区块，每个区块内的遗迹类型都有一定的相似性，似已有意将不同的功能单元集中布局的规划理念。在朱河—新桥河以东，排布着数十块东周时期的夯土基址，其中尤以龙桥河、凤凰山西坡古河道所割取的都城中央偏南位置最为密集。在夯土基址密集区的中部曾找到一段曲尺形残墙，其东段邻近凤凰山西古河道，南北残长约 750 米，北段东西残长约 690 米。有学者认为，夯土城墙所围绕的范围应是楚纪南城的宫殿区，面积接近 0.5 平方公里。在朱河—新桥河以西，极少发现夯土基址，应是普通居民区。在龙桥河两岸和城址西南部，分布着制陶、金属铸造等不同类型的手工业作坊遗址。在城内东北部，还曾发现春秋中期的墓葬。在纪南城周围，遗存也比较丰富。例如，东郊毛家山一带有制陶作坊遗址，南郊发现了夯土台基，城西、城北郊有密集的居住址。与秦雍城相似，与纪南城同时期的墓葬普遍离城址较远，散布在距城址约三四十公里的范围内（图 2-33）。

6. 魏安邑城[②]

魏安邑城位于今山西省夏县禹王乡，俗称"禹王城"，是魏国前期的都城遗址。史籍记载，晋献公十六年（公元前 661 年）晋灭魏，封晋国大夫毕万于魏，晋悼公十一年（公元前 562 年）或稍晚，魏绛"徙治安邑"，魏文侯二十

[①] 《史记》卷四十《楚世家》，中华书局，1982 年，第 1689~1738 页。
[②] 解希恭：《山西芮城永乐宫新址墓葬清理简报》，《考古》1960 年第 8 期，第 18~21 页；陶正刚、叶学明：《古魏城和禹王古城调查简报》，《文物》1962 年第 4、5 期合刊，第 59~64 页；张彦煌、徐殿魁：《山西夏县禹王城调查》，《考古》1963 年第 9 期，第 474~479 页；张童心、黄永久：《夏县禹王城庙后辛庄战国手工业作坊遗址调查简报》，《文物季刊》1993 年第 2 期，第 11~16 页；张童心、黄永久：《禹王城瓦当》，上海古籍出版社，2010 年；磨占雄：《禹王城研究的新成果》，《中国文物报》2011 年 9 月 16 日。

120　中国古代的理想城市

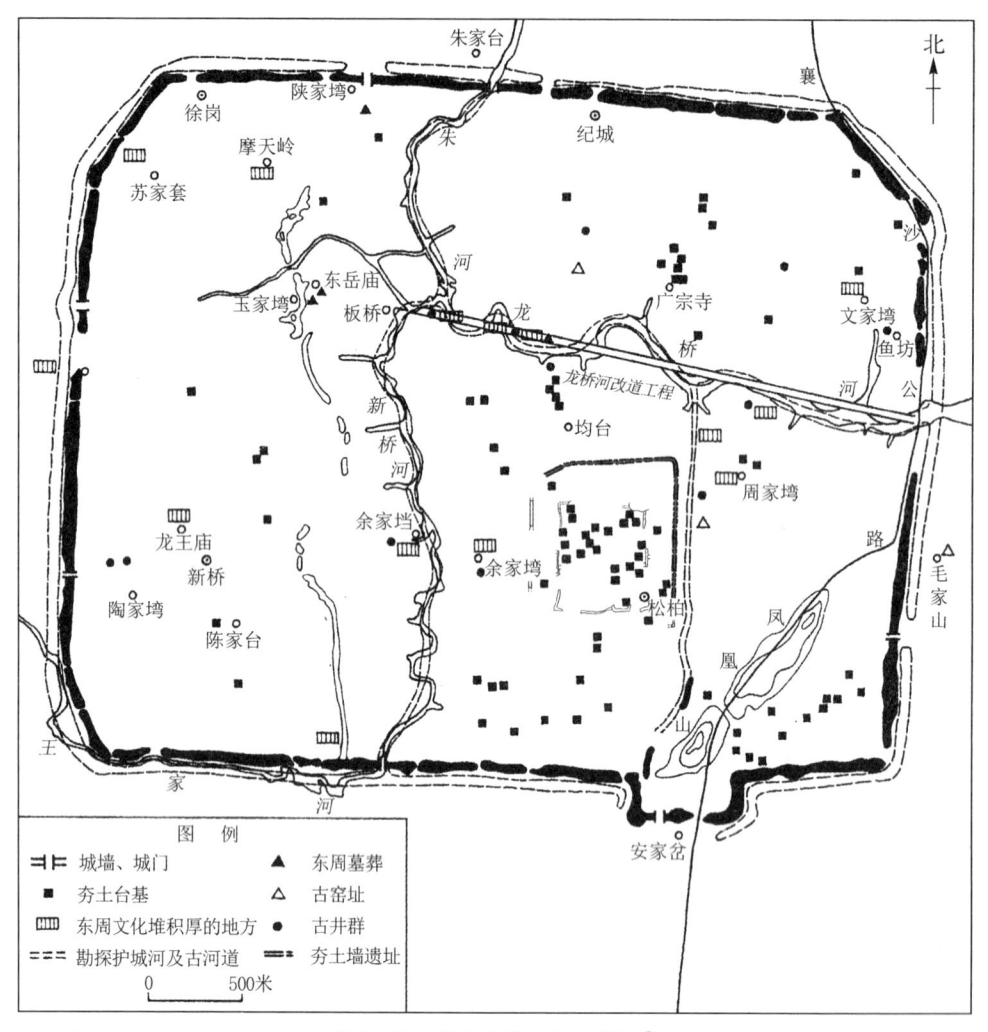

图 2-33　楚纪南城布局示意图①

二年（公元前 403 年）魏始立为诸侯，魏惠王九年（公元前 361 年）徙都大梁②。安邑作为魏国的中心前后约 200 年。

　　魏安邑城坐落于运城盆地边缘，西北是鸣条岗和涑水河，西南不远有河东盐池，南面隔青龙、无盐、白沙、姚暹诸水与中条山遥遥相望。城址西高东

---

　　①　改绘自湖北省博物馆：《楚都纪南城的勘查与发掘（上）》，《考古学报》1982 年第 3 期，第 331 页；宫殿区据《2011～2015 年楚都纪南城考古工作报告》。
　　②　《史记》卷四十四《魏世家》，中华书局，1982 年，第 1589～1606 页。

低，西部是层层高起的坡地，青龙河斜穿古城东南部，向东注入白沙河。魏都安邑由内外相套的两座城垣构成，朝向为南偏西40度。外城平面略呈梯形，北垣长2 100米，西垣略有弯折，长4 980米，南垣长3 565米，东垣残长1 530米。内城位于外城中央，平面近于正方形，南北约930米，东西约990米，周长约3 270米。北、东、南中部都有缺口，可能是城门遗址。考古材料显示，外城的年代约属战国前期，内城的建造年代可能与外城相近，或为魏都宫城，但内城中的夯土情况复杂，尚未发现居住遗址或宫殿基址。在外城西部即今庙后辛庄村北还发现了一处战国中晚期的手工业作坊遗址，集中出土了不同类型的陶范（图2-34）。

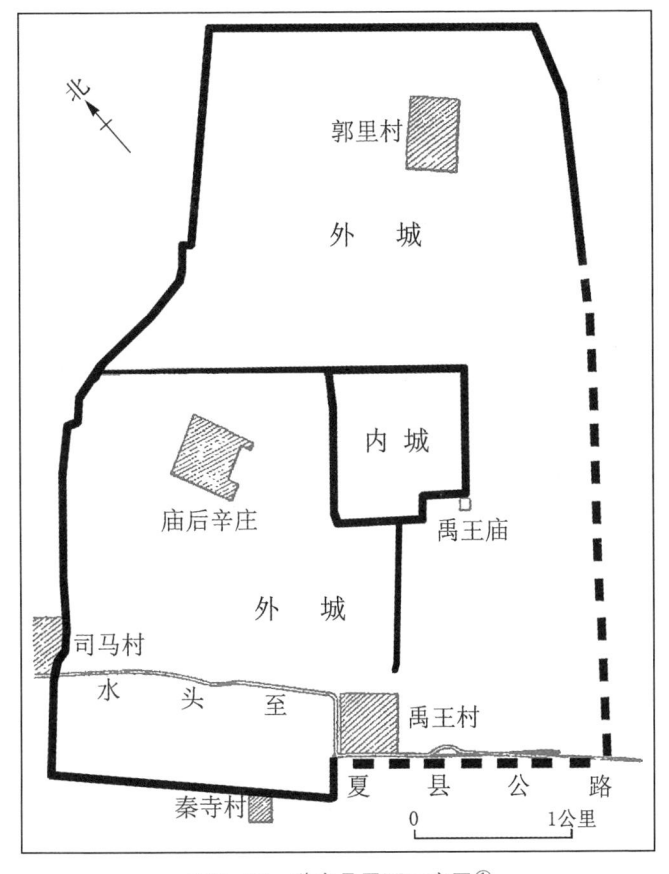

图2-34　魏安邑平面示意图①

---

① 改绘自张彦煌、徐殿魁：《山西夏县禹王城调查》，《考古》1963年第9期，第474页。

（三）典型的城郭并立型城址

1. 田齐临淄

田齐临淄城的格局，因小城的修筑，发生了彻底的变革。根据城址内的遗存性质，小城应为田齐宫殿，镶嵌在大城西南隅，构成西城连东郭的结构。小城的东墙北段、北墙东段与大城相接，略呈纵长方形，西墙略有拐折，周长约7 275米，面积约3平方公里。小城城垣上已经确认了5座城门，城内探出3条道路。在小城的西北部，发现了大片夯土建筑基址，其中一座东西约70米，南北约86米，高约14米，规模巨大，俗称"桓公台"。除了夯土台基，小城内还有一些手工业作坊遗址，如城东、城西都有铁器铸造作坊遗址，南部有一些铸铜和铸钱作坊遗址，可能服务于统治阶级（参见图2-29）。

小城面向大城一侧，部分城墙和城壕都格外宽阔，并有可能在东北角修建了角楼。这些策略显示出，小城对大城平民的戒防甚至重于对城外敌军的防御。

2. 赵邯郸城[①]

赵邯郸城位于今河北省邯郸西郊，《史记·赵世家》《汉书·地理志》记载，赵敬侯元年（公元前386年）赵国迁都至此，一直沿用至赵王迁八年（公元前228年）邯郸城被秦军击破[②]，作为赵国都城共158年。

赵邯郸城西依太行山，东连华北大平原，位于滏阳河支流沁河与渚河的冲积扇上，由多座彼此独立、大小不同的城圈构成（图2-35）。其中，位于城址西南部的3座小城，呈品字形排列，构成组团式宫城，俗称"赵王城"。考古学家认为，它们始建于赵国迁都邯郸前后。位于城址东北部的大城，应是居住工匠和百姓的郭城，年代可能稍早。在3座小城之中，位于北侧的小城呈不规

[①] ［日］驹井和爱：《邯郸——战国时代赵都城址の发掘》，东亚考古学会，1954年；北京大学、河北省文化局邯郸考古发掘队：《1957年邯郸发掘简报》，《考古》1959年第10期，第531~536页；邯郸市文物保管所：《河北邯郸市区古遗址调查简报》，《考古》1980年第2期，第142~146页；河北省文物管理处、邯郸市文物保管所：《赵都邯郸故城调查报告》，《考古学集刊（4）》，中国社会科学出版社，1984年，第162~195页；陈光唐：《赵邯郸故城》，《文物》1981年第12期，第85、86页；乔登云、乐庆森：《赵都邯郸故城考古发现与研究》，《邯郸学院学报》2005年第1期，第26~36页；韩立森、段宏振：《近年来赵邯郸故城考古发现与研究》，《邯郸职业技术学院学报》2008年第4期，第6~9、18页；段宏振：《赵邯郸城研究》，文物出版社，2009年；王荣耕、程俊力、刘冠群：《邯郸附近早期冶炼遗址调查》，《邯郸学院学报》2009年第3期，第111~114页；段宏振、任涛：《邯郸赵王城遗址城垣建筑考古的新发现》，《中国文物报》2011年3月25日；乔登云：《赵都邯郸故城考古新发现与探索》，《邯郸学院学报》2017年第1期，第22~30页。

[②] 《史记》卷四十三《赵世家》，中华书局，1982年，第1779~1834页。

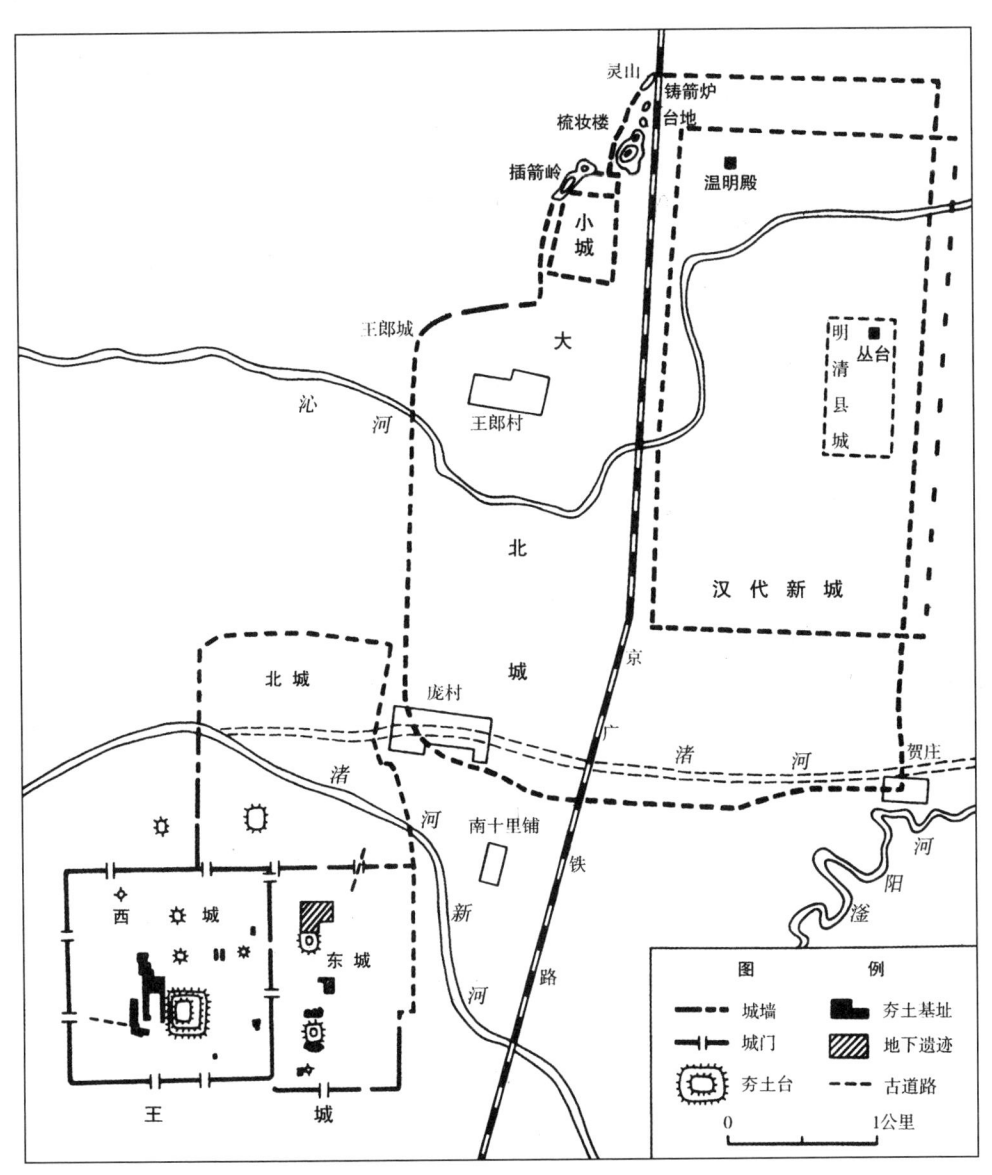

图 2-35 赵都邯郸布局示意图①

---

① 段宏振:《赵都邯郸城研究》,文物出版社,2009 年,第 88 页。

则的长方形，东西1 272～1 440米，南北约1 500米，面积约2平方公里，城内中部近南墙处发现了一座较小的夯土台基，西墙内外有两个夯土台基东西隔城墙而立。位于东南的小城呈长方形，东西850～950米，南北约1 500米，面积近1.5平方公里，现已确认城门遗址三处，近西墙处有两座大型夯土台基，其附近还有若干夯土基址。位于西南的小城呈方形，各边长都约1 400米，面积约2平方公里，每面各有两座城门，城圈中央略偏南现存一座巨大的方形夯土台基，东西265米，南北296米，残高19米，是目前所知战国时期最大的夯土台基，在这个高大方台的西、北和西北方位也有大面积夯土基址。近年来，又在小城城垣上发现了排水槽道和铺瓦等防雨、排水设施。在邯郸赵王城东南部小城的南墙以外，最初开凿了宽17～19米、深3.8米的城壕，到战国晚期，又在南墙外1 000米处新建了一套由南北并列的三条壕沟构成的城壕，每条壕沟的宽度均不足5米，深度为2.2～2.6米，彼此相距10米，构成了极为复杂的"双壕系统"[1]。可见小城的修筑极为精良，这座城池的军事防御作用格外受到重视。

大城俗称"大北城"，其西南角距小城北端仅60余米，城址平面呈不规则的长方形，西北角略有曲折，南北最长处4 880米，东西最宽处3 240米，占地面积约14平方公里。在城址西北隅一带，有一组与城垣相连的夯土建筑基址群，俗称"插箭岭""梳妆楼""铸箭炉""皇姑庙""灵山"等。这组基址的东侧，还连着一座面积约24万平方米的小型城圈。大城中北部还发现了温明殿和丛台两座夯土台基。除此之外，大城内的其余地段，已发现冶铁、铸铜、制陶、制骨、石器加工等不同工种的手工业作坊遗址20余处，遗存分布广泛，分布较为稀疏，整体来看，与小城内的遗存面貌有所不同。在邯郸城作为赵国都城的阶段，大城虽仍有一些大型建筑，但主要承担的还应是郭城的作用。

3. 中山国都灵寿城[2]

中山国都灵寿城位于今河北省平山县北，是战国时期北方少数民族白狄所

---

[1] 段宏振、任涛：《邯郸赵王城遗址城垣建筑考古的新发现》，《中国文物报》2011年3月25日。
[2] 康保柱：《河北平山县三汲村发现战国墓》，《考古》1958年第6期，第49、50页；河北省文物管理处：《河北省平山县战国时期中山国墓葬发掘简报》，《文物》1979年第1期，第1～31页；河北省文物研究所：《河北平山三汲古城调查与墓葬发掘》，《考古学集刊（5）》，中国社会科学出版社，1987年，第157～193页；河北省文物研究所：《中山国灵寿城第四、五号遗址发掘简报》，《文物春秋》1989年增1期，第52～69页；河北省文物研究所：《河北平山县考古调查简报》，《文物春秋》1990年第3期，第4～13页；河北省文物研究所：《䶵墓——战国中山国国王之墓》，文物出版社，1996年；河北省文物研究所：《战国中山国灵寿城——1975～1993年考古发掘报告》，文物出版社，2005年；耿建扩：《古中山国遗址惊现地下军事粮仓》，《光明日报》2005年11月3日。

图 2-36 中山国灵寿城布局示意图①

① 改绘自河北省文物研究所:《战国中山国灵寿城——1975～1993 年考古发掘报告》,文物出版社,2005 年。略有改动。

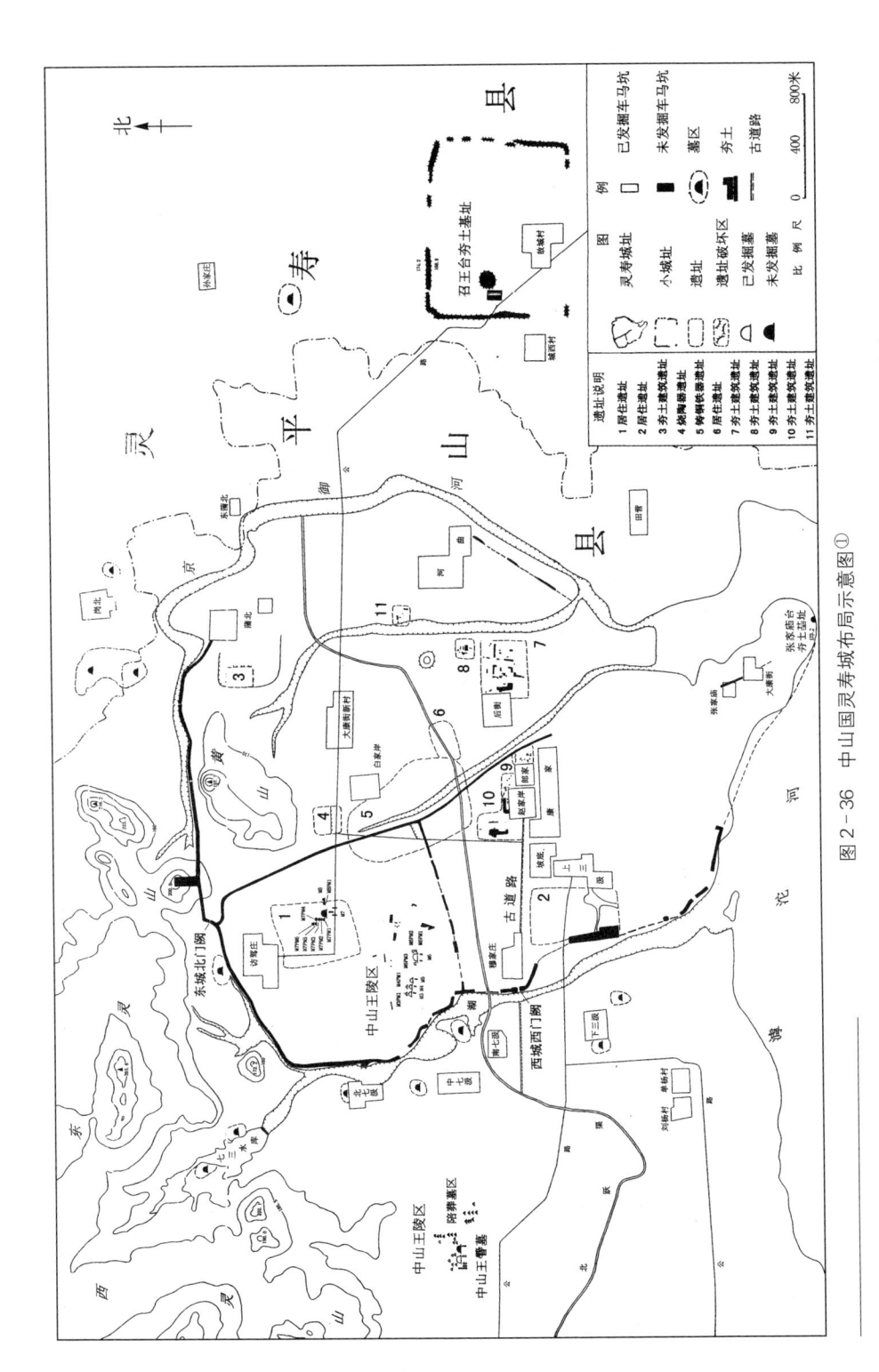

建立的中山国的都城遗址。公元前406年，中山国被魏国所灭，大约在公元前378年，中山国复国，到公元前296年，最终被赵国所灭[①]。一般认为，灵寿城是中山复国期间的都城遗址，繁荣期在80年左右。

灵寿城北依灵山，南临滹沱河，西北有太行山，东面不远处就是华北平原，地势北高南低，视野辽阔。在城址东、西两侧，各有数条源自灵山的河沟自北向南注入滹沱河，筑城者随形就势，在其中两条河沟的内侧修筑城垣，将灵寿城环绕成一个不规则的椭圆形。城址东西约4 000米，南北约4 500米，面积逾20平方公里。在城内中部，横亘着一道五千余米的南北向隔墙，将城址分为东、西二城。目前发现的大型夯土基址主要集中在东城，所以一般认为东城是宫，西城是郭。在东城内，现已确认南北排列的3组夯土基址，其中位于城北部高地上的3号基址有较厚的夯土墙基和成排的大型夯筑柱基、柱础石，推测为大型宫室建筑。此外，东城中还有铸铜冶铁、制陶以及加工石、玉、骨器等手工业作坊遗址。灵寿城很可能在春秋晚期已具备一定规模，西城就修建在早期聚落遗址的基础上。西城被一道隔墙划分为南、北两区，北区内修砌了两座大墓和若干陪葬墓，是王陵区，墓葬旁边还有从春秋晚期延续到战国早期的居住址、制陶作坊等。南区散布着较大面积的居住址，中部发现了彼此相连的两组大型基址，推测是延续时间较长的普通居住区（图2-36）。

4. 韩新郑城[②]

从公元前375年迁都，到公元前230年被秦所灭，韩国占郑国故都新郑为都的时间近146年之久。韩人占据郑城以后，对旧有城墙进行了大规模的加宽和加高，在西城北墙上修建了马面，放弃了原有的南城墙，沿双洎河北岸修建了新的南城墙。如前所述，郑韩故城中出现隔墙的准确时间尚存争议，但可以肯定的是，韩人占据新郑之后的较长一段时间里，新郑城被隔墙分作东、西两个相对独立的城区，大型夯土基址主要集中在西区。前述位于城址西部的"梳妆台"高台被继续使用，韩人毁坏了台基上的建筑，在这里开展冶铸手工业生产。西区中部还有一座东西约500米，南北约320米的城圈，很可能是韩国宫城。宫城西北部曾发掘一处战国的地下建筑遗址，西城偏东处也有数座战国晚期的夯土台基，西城西北部还曾揭露过一段战国晚期的履道基址。与此同时，

[①] 《史记》卷四十五《韩世家》，中华书局，1982年，第1865～1878页。
[②] 参见"郑新郑"注解。

东区内的郑国祭祀遗址已废弃，原地点被平民墓葬占据，很可能具有故意破坏前朝礼制建筑的性质。东区内的战国遗存主要发现了铸铜、冶铁、制骨、制陶等手工业作坊遗址和一般居住址，是韩都的郭城。韩国王陵和贵族墓地安排在距离新郑较远的城郊。

对比郑新郑城址内遗址的空间分布，可以看出，韩新郑东、西城区的等级和性质已经有了明显的调整，隔墙的修筑应当与这种变化有着密切的联系。在新郑城的隔墙上，发现了南北两座城门，其中北门附近的墙体向西拐出数十米，内侧西端又有一段城墙凸出，从而加大了门道的长度，城门西北部还发现了两处地下夯筑台基，可能也与城门守御有关。这些位于隔墙上的军事设施进一步显示了东、西两城对峙的紧张关系（参见图 2-31）。

5. 燕下都[①]

燕下都是战国中晚期的燕国都城，位于今河北省易县东南。《史记·燕召公世家》记载，东周时期燕国虽迁都临易（今河北雄县），仍以蓟（今北京旧城西郊）为旧都，称上都，到战国中晚期又营建下都武阳城[②]，在此后比较长的时间里，燕国同时有两座都城。关于燕下都城址的始建年代和性质仍存在一些争议。

燕下都坐落于太行山东麓，处在北易水和中易水之间，山峦从北、西、西南三个方向环抱着城址，其东南面为低平开阔的华北平原。城址平面呈不规则的长方形，东西约 8 000 米，南北 4 000~6 000 米，面积 30 余平方公里，由东西相连的两座城圈构成。其中，东城中部偏北又各有一道东西向的隔墙和河渠（3 号河渠），将东城分为南、中、北三区。研究者认为，东城的始建年代应不晚于战国中期，是燕下都的主体，西城或稍晚于东城，隔墙可能是战国晚期甚至更晚增建[③]。燕下都的南北城墙分别以中易水和北易水为城壕，东西城墙外开凿人工壕沟。

[①] 黄景略：《燕下都城址调查报告》，《考古》1962 年第 1 期，第 10~19 转 54 页；陈应祺：《燕下都第 22 号遗址发掘报告》，《考古》1965 年第 11 期，第 562~570 页；李晓东：《河北易县燕下都故城勘察和试掘》，《考古学报》1965 年第 1 期，第 83~105 页；王素芳、石永士：《燕下都遗址》，《文物》1982 年第 8 期，第 85~87 页；石永士：《河北易县燕下都第 13 号遗址第一次发掘》，《考古》1987 年第 5 期，第 414~428 页；河北省文物研究所：《燕下都》，文物出版社，1996 年。

[②] 《史记》卷三十四《燕召公世家》，中华书局，1982 年，第 1549~1562 页。

[③] 欧燕：《试论燕下都城址的年代》，《考古》1988 年第 7 期，第 645~649 页；许宏：《燕下都营建过程的考古学考察》，《考古》1999 年第 4 期，第 61~64 页。

128　中国古代的理想城市

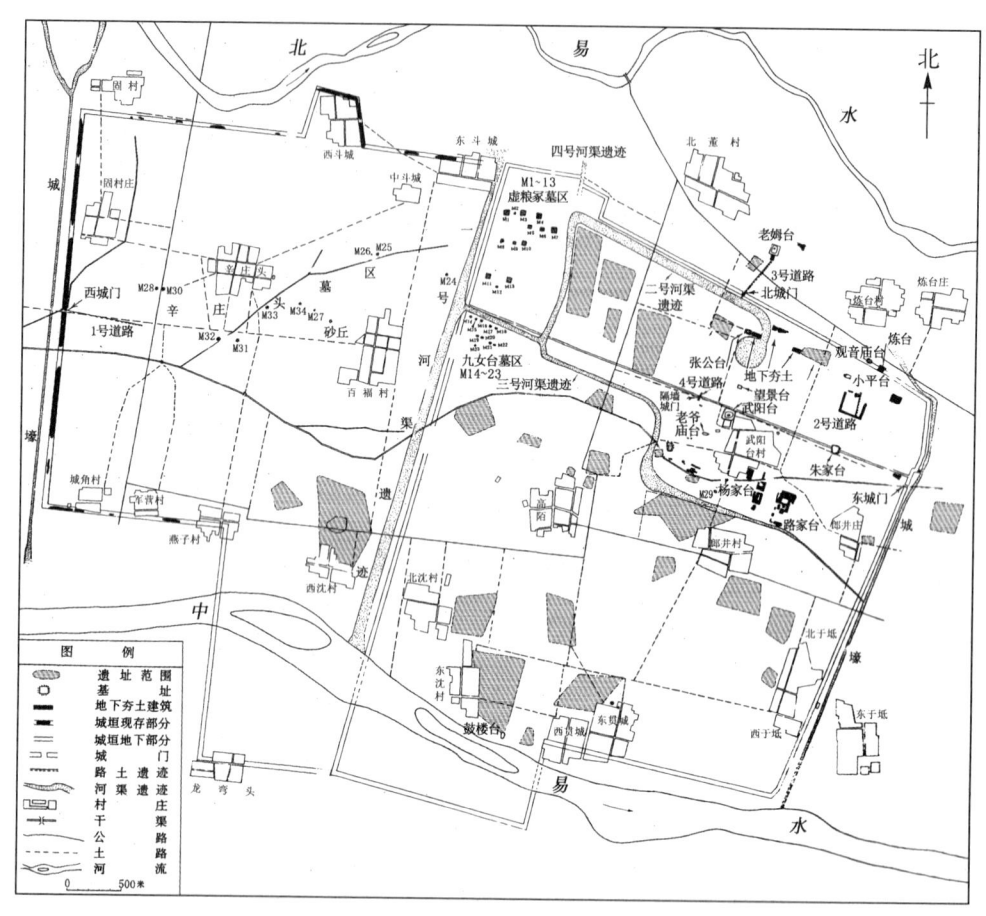

图 2-37　燕下都布局示意图①

　　东城接近正方形，边长约 4 000～4 500 米，面积约 20 平方公里，东、西、北三面各发现一座城门，城内找到古道 3 条。一般认为，3 号河渠以北的东半部分是燕下都的宫殿区，中部是手工业作坊区，西部有虚粮冢和九女头两处墓葬区。在宫殿区中心，是东西最长处 140 米，南北最宽处 110 米的"武阳台"建筑基址，其北依次排列着望景、张公和老姆诸台，数座建筑似有意沿着同一条轴线布置。在宫殿区西北的手工业作坊区发现了制作铁器、兵器和骨器的手工业作坊遗址若干。在东城中南部，邻近古河道南岸，还有另一些制作铁器、

---

①　改绘自河北省文物研究所：《燕下都》，文物出版社，1996 年，插页；参见李晓东：《河北易县燕下都故城勘察和试掘》，《考古学报》1965 年第 1 期。

兵器，铸钱和制陶的作坊遗址，主要是一般手工业作坊区。在东城南部，发现了十余处面积较大、堆积较厚、出土遗物比较丰富的遗址，可能是普通居民区。宫殿区西北的两处墓葬区的年代约从战国早期至晚期，墓葬中出土了仿铜陶礼器，墓主人应是燕国王室贵族一类。

西城也接近正方形，边长约3 700～4 000米，规模略小于东城，城内主要发现了两处居住遗址和辛庄头墓葬区。相较而言，西城内遗存稀少，考古学家推测西城可能是具有防御性质的"附城"[①]。在城圈外围，还有不少重要遗存，如东城北侧有巨大的老姆台及附属建筑遗迹，东侧发现了规模较大的制陶作坊遗址，南侧有若干墓葬（图2-37）。

6. 晚期洛阳东周王城[②]

2004～2005年，考古工作者在东周王城附近的瞿家屯村东南发现了一处大规模、高规格的战国中晚期夯土建筑基址群，它坐落于东周王城南墙的南侧，处在涧河东岸、洛河北的台地上，发掘面积约1万平方米，发现有大型的成组夯土建筑基址，包括墙基、散水、排给水设施、池苑、暗渠、水井、陶窑等遗迹，以及大量的建筑构件如瓦当、瓦钉、板瓦、筒瓦、陶水管道，另有少量的陶豆、盆、罐、鬲等器物残片。从这组夯土建筑群向北约200米是东周王城南墙，向南约百米是现在的洛河河道，向西不到百米是涧河，向东不远是流经早期东周王城宫城东侧的古河道，依据遗址周边的地形推测，发掘者认为它很可能处于一座被城墙和河道环绕的小城之中，参照遗存性质和文献史料，推测小城或许是周赧王居住的宫城[③]。据此，随着战国中晚期东周王城南侧大型建筑群的修建，王城由早期的内城外郭，变成了晚期的小城与大城南北并立的格局（大城内应仍有宫城）（参见图2-30）。

除以上六座城址，依照文献的记述，战国晚期修建的秦咸阳城和成都城很可能也采用了城郭并立型布局。秦咸阳位于关中平原中部的咸阳原上，坐落于灞水和泾水注入渭河处。战国时期，秦人对咸阳的经营主要集中在渭河北岸大致东西7 200米、南北6 700米的范围内。由于秦朝末年的战乱以及渭水的北

[①] 许宏：《先秦城市考古学研究》，北京燕山出版社，2000年，第103页。
[②] 徐昭峰、薛方、胡小宝等：《洛阳瞿家屯东周大型夯土建筑基址发掘简报》，《文物》2007年第9期，第43～53页；徐昭峰、朱磊：《洛阳瞿家屯东周大型夯土建筑基址的初步研究》，《文物》2007年第9期，第67～70页；洛阳市文物工作队：《洛阳瞿家屯发掘报告》，文物出版社，2010年。
[③] 徐昭峰：《试论东周王城的城郭布局及其演变》，《考古》2011年第5期，第67～77页。

移，战国时期咸阳城的布局目前仍比较模糊。在秦都咸阳被水冲毁、文献记载稀少和考古材料缺乏的情况下，学者往往以秦将修筑的古成都城来反推秦咸阳城的布局①。

史料记载，秦惠文王后元九年（公元前 316 年），秦将司马错等率兵击败了蜀国的开明王朝，灭巴蜀国，随后秦将按照咸阳的格局扩建成都城，如东晋常璩《华阳国志·蜀志》所载："……惠王二十七年，（张）仪与（张）若城成都，周回十二里，高七丈……营广府舍，置盐、铁、市官并长丞；修整里阓，市张列肆，与咸阳同制。"② 因而，成都又有"小咸阳"之称。左思《蜀都赋》有"亚以少城，接乎其西"③，李膺《益州记》载成都少城"与大城俱筑，惟西、南、北三壁，东即大城之西墉"，可见秦将扩建后的成都城是西城（少城）连东郭（大城）格局，也属于城郭并立类型。

（四）周代后期诸侯国都城的形态特点

将上述周代后期典型诸侯国都城的城圈规模、修建时间和布局特征列表比较如表 2-3：

表 2-3　周代后期典型诸侯国都邑布局比较

城址名称	城圈规模	始建时间（文献）	始建时间（考古）	布局特征
晋新田	三座宫城均不超过 3 平方公里，合计约 6 平方公里	公元前 585～前 369 年	台神、平望古城始筑于春秋中期至春战之交，牛村古城稍早	以汾、浍为天然湟濠，中心为三座宫城，呈品字形排列，宫殿区西边临河一带可能是皇家苑囿，以东是城区或郭区
姜齐临淄	17 平方公里	公元前 859～前 386 年	城墙应始建于东周时期	高等级建筑遗址主要集中在城东北"韩信岭"高地，或为姜齐宫城

---

① 如杨宽在推测秦都咸阳"西城东郭连接的布局"时，就首先"从成都故城推测咸阳布局"，并为此设立专节论述。参见杨宽：《中国古代都城制度史研究》，上海古籍出版社，1993 年，第 101～103 页。

② （东晋）常璩撰，刘琳校注：《华阳国志校注》，巴蜀书社，1984 年，第 196 页。

③ 左思《蜀都赋》"亚以少城，接乎其西"，刘逵注："少城，小城也，在大城西"。参见（梁）萧统编，（唐）李善注：《文选》卷四，中华书局，1977 年，第 79 页。

续表

城址名称	城圈规模	始建时间 文献	始建时间 考古	布局特征
早期洛阳王城	约9～10平方公里	公元前770～前256年	城墙大约建于春秋中期以前或战国时期	高等级建筑基址主要位于涧、洛交汇地带的瞿家屯村一带，或是有城墙和壕沟围绕的宫城，面积接近1.5平方公里
郑都新郑	约20平方公里	公元前775～前375年	城墙修筑于春秋时期	城西有梳妆台夯土高台，中部偏北有大面积夯土，东部发现祭祀遗址
秦雍城	约10平方公里	公元前677～前383年	秦都雍城后近二百年才正式修筑城墙（也即城墙始筑于春秋时期）	城中央略偏南的高地有宫殿、宗庙遗址分列东西，北部有战国时期的市场遗址和手工业作坊遗址
楚纪南城	约16平方公里	约公元前689～前278年	城墙大约修建于春秋晚期或春秋战国之交	中央偏东南高地发现倒L形墙垣遗址，或为宫城
魏安邑城	约10.5平方公里	公元前562～前362年	城墙大约修建于战国前期	中央有一座占地约1平方公里的小城，或为宫城
田齐临淄	西城约3平方公里，东郭约17平方公里，合计约20平方公里	公元前386～前221年	小城修建于战国时期	西城连东郭
赵邯郸城	西城约5.5平方公里，东郭约16平方公里，合计约21.5平方公里	公元前386～前228年	小城始建于战国时期，大城可能稍早	呈品字形排列的三座宫城居西侧，大城居于东北
中山国灵寿城	东城约12平方公里，西郭约9平方公里，合计约21平方公里	公元前378～前296年	城墙修建于战国时期	东城连西郭，郭城分为南、北两城
韩新郑城	西城约5平方公里，东郭约15平方公里，合计约20平方公里	公元前375～前230年	隔墙修建于春秋时期或战国时期	西城连东郭

续表

城址名称	城圈规模	始建时间 文献	始建时间 考古	布局特征
燕下都	东城约20平方公里，西郭约13平方公里，合计约33平方公里	约公元前350～前222年	东城的始建年代应不晚于战国中期，西城或稍晚于东城	东城连西郭，东城又分为不同功能区
晚期洛阳王城	根据发掘者称可作为小城边界的城墙和河道，南部如确有小城，面积约0.1～0.5平方公里		小城内的夯土建筑基址始建于战国中期晚段与战国晚期早段之间或略后，废弃于战国晚期	南面独立修建新宫城

基于城垣结构及城垣内各类遗存的性质和分布特征，上文将周代后期主要诸侯国的都城布局分成宫城聚集、城宫相套和城郭并立三种类型讨论。总结说来，第一类宫城聚集型城，典型城址为"晋都新田"，这座城址很可能没有实体的郭城，而是通过自然或人工要素形成一个相对封闭的郭区。在郭区范围内，目前所探明的最大的三座城圈牛村、平望和台城城址，面积都不超过3平方公里，在这三座城址内部矗立着高大的夯土基址，很可能是晋国的宫城，多数祭祀遗迹、手工业作坊遗址、不同等级的居住区和贵族墓地等功能区散布在城圈之外，呈组团状分布在广义的"晋都新田"范围内。

第二类城宫相套型城址，本书考察了姜齐临淄、早期东周王城、郑都新郑、秦雍城、楚纪南城和魏安邑城6座典型实例。这些城址的城圈规模普遍在10平方公里以上，最大者郑新郑故城约20平方公里。在这些城址的城圈之内，或能找到更小的封闭城圈，如魏安邑城，城中能找到集中城垣的遗迹，可能为宫城，或如楚纪南城、秦雍城，城中有比较集中的夯土基址分布区，或为宫殿区。除宫城或宫殿区以外，城圈中还普遍共存着一定规模和数量的祭祀遗存、手工业作坊遗址、居住址以及墓地。这说明，在城宫相套型城址中，共同生活着身份、等级不同的居民，即便王室贵族居住在一座更小的城圈内，他们也往往需要通过大城抵达城郊，王室贵族和普通民众的关系相对融洽。

第三类是城郭并立型城址，本书主要考察了田齐临淄、赵邯郸城、中山国灵寿城、韩新郑城、燕下都和晚期洛阳王城 6 座典型城址。它们的突出特点是，都城中并列多座独立的城圈，一些城圈之中不再出现大型的夯土建筑基址，而以手工业作坊及普通居住址为主，应当作为安置百姓的郭城使用。这类城址的小城内普遍有巨型的夯土台基，独立出入的城门通道，城墙及城门上往往有特殊的防御措施。

上述三类城址，城宫相套和城郭并立两类城址的数量较多，这两种形态也可视为周代后期都城规划的主线。值得注意的是，城宫相套和城郭并立型城址并不是同时出现的，而在年代上存在一定的先后关系。通过考古工作推定的城宫相套型城址的修筑时间，虽与文献记载的诸侯国定都、迁都时间似略有差距，但多数不晚于春秋战国之交。其中最晚一座为魏安邑城，根据考古材料，这座城址至晚在战国前期已经建成。从战国中期以后，新建的诸侯国都城往往不再采用宫外套城的布局，而改用城与郭相对独立的新模式。在田齐临淄、韩新郑城和晚期洛阳王城，将城宫相套型的旧城改造成城郭并立型的新城也应发生在战国以后。东周时期城郭形态的革新，绝不是简单的工程技术或城市规划方法的改良，而是一次筑城观念的变化，是战国后期阶级分化、对立的物质体现。

上述的典型城宫相套型城址与周鲁城在修筑过程和空间结构上均有相似之处。这些城市的布局和规划可视作对周代前期城市规划制度的继承与发展。考古学家注意到，在周鲁城中仍存在不少年代早于城垣的遗存，鲁国在定都曲阜至两周之交的数百年间很可能没有夯筑城墙。与此相似，城宫相套型城址的修筑很可能也发端于这些诸侯国定都一段时间之后。由于鲁故城的大城城垣大约建于两周之际，而周公庙附近发现的宫城城垣大约建于春秋晚期，这说明，在较长时间内，鲁故城的城圈内共存着宫殿基址、祭祀遗迹、手工业作坊遗址、居民区和墓葬等不同类型的遗存，这也符合城宫相套型城址的布局特点。由于周鲁城的自然高地恰好位于大城中央，或者说筑城者恰好以高地中心为基准点向四面等距扩展修建城垣，又在城南筑垒坛台形成贯通都城南北的轴线，较其他城宫相套型的城址，鲁故城显得更具严谨的秩序。

此外，由于各诸侯国的文化习俗和各国都城的环境条件有所差异，城宫相套型城址在功能组成和布局结构上也表现出一些地域性特点。例如，秦雍城的大城之内基本没有发现大型墓葬或墓地，秦公陵园也集中布置在城郊，这与其他城宫相套型都城内普遍存在集中墓地有所不同。

据 1978 年的考古工作，在曲阜鲁城周公庙高地边缘发现了宫城的围墙遗迹和汉代的城墙、城门遗址。应当注意的是，许宏曾质疑汉城的年代，结合汉城遗存的年代判断和汉城内墓葬的年代属性，他推测"鲁城内'汉城'的始建年代可上溯至战国，战国时期的鲁城应已有割取大城之一部分的小城存在"[①]。若是这样，那么到战国时期，曲阜鲁城的布局也发生了重大的转变，城市不再以自然土台为中心，而是朝城西一隅聚集、缩小，最终演变为当时最盛行的"城郭并列式"布局。

伴随着城郭结构的变革，周代后期城郭并立型城市的规模、功能构成以及城池的防御理念等方面也发生了诸多变化。在周代后期的城郭并立型都城中，出现了专门为保护或管束手工业者和百姓而修建的巨大郭城。由于郭城的增筑，但凡新建的城郭并立型城址，规模都在 20 平方公里以上，燕下都甚至达到 33 平方公里。在绝大多数城郭并立型城址的城圈之内，很少再出现规模较大的集中墓区，城圈服务的对象被缩小为生民（例外似仅见于少数民族政权修筑的灵寿城），这从客观上扩大了都邑可容纳人口的规模。城郭并立型城址规模的扩大，在一定程度上印证了文献的记载，《战国策·赵策三·赵惠文王三十年》载："且古者四海之内分为万国，城虽大，无过三百丈者，人虽众，无过三千家者。……今千丈之城、万家之邑相望也。"[②] 从田齐临淄小城的北墙、赵邯郸城南郊的多重壕沟系统和韩新郑城隔墙上的城防设施等考古材料来看，城郭并立型都邑格外注重城池的防御，修筑城池不仅是为了抵御外来威胁，还用来分隔共同居住在都邑内的不同阶层，保护诸侯和贵族，防范因权力、经济差异日益拉大而造成的内讧。

还需注意的是，一些典型的城市设计手法，如以南北向轴线串联道路、广场、殿堂的空间组织形式，并未因城市规划理念的变革而被遗忘。在秦雍城的马家庄 1 号建筑群基址中，三座格局基本相同的长方形建筑台基呈品字形排列，其南面分居东、西两侧的两座建筑以北面居中一座建筑的中线呈东西对称，且这个建筑群的院落、门塾和庭院也遵循中轴对称原则布局（参见图 2-13）。秦雍城马家庄 3 号建筑基址东距 1 号建筑基址约 500 米，由五个南北向一字排开、两两相接的院落构成，长 326.5 米，北端宽 86 米，南端宽 59.5 米。其中最北一重院

---

① 许宏：《曲阜鲁国故城之再研究》，《先秦城市考古学研究》，北京燕山出版社，2000 年，第 183 页。

② （西汉）刘向集录：《战国策》卷二十《赵策三》，上海古籍出版社，1985 年，第 678 页。

落内也有三座格局基本相同的长方形建筑台基，与 1 号建筑基址相似，它们同样呈品字形排列（参见图 2-14）。其中，北面居中一座建筑的中线也是整个院落以及整座建筑群的中轴线。在城郭并列型城址中，城市轴线则是以南北相望的高台建筑构成。在燕下都东城北部的宫殿区，以武阳台为中心，向北依次修筑了望景台、张公台和老姆台等，这些高台建筑串联形成了一条接近笔直的南北向轴线。在赵王城中部偏南的 1 号夯土高台（俗称"龙台"）基址的北侧约 215 米处，有东西 58 米、南北 55 米的 2 号夯土高台基址，再往北约 228 米，还有一座边长 60 米的 3 号夯土高台基址，三座高台建筑南北相望，也构成了一条轴线（图 2-38）。

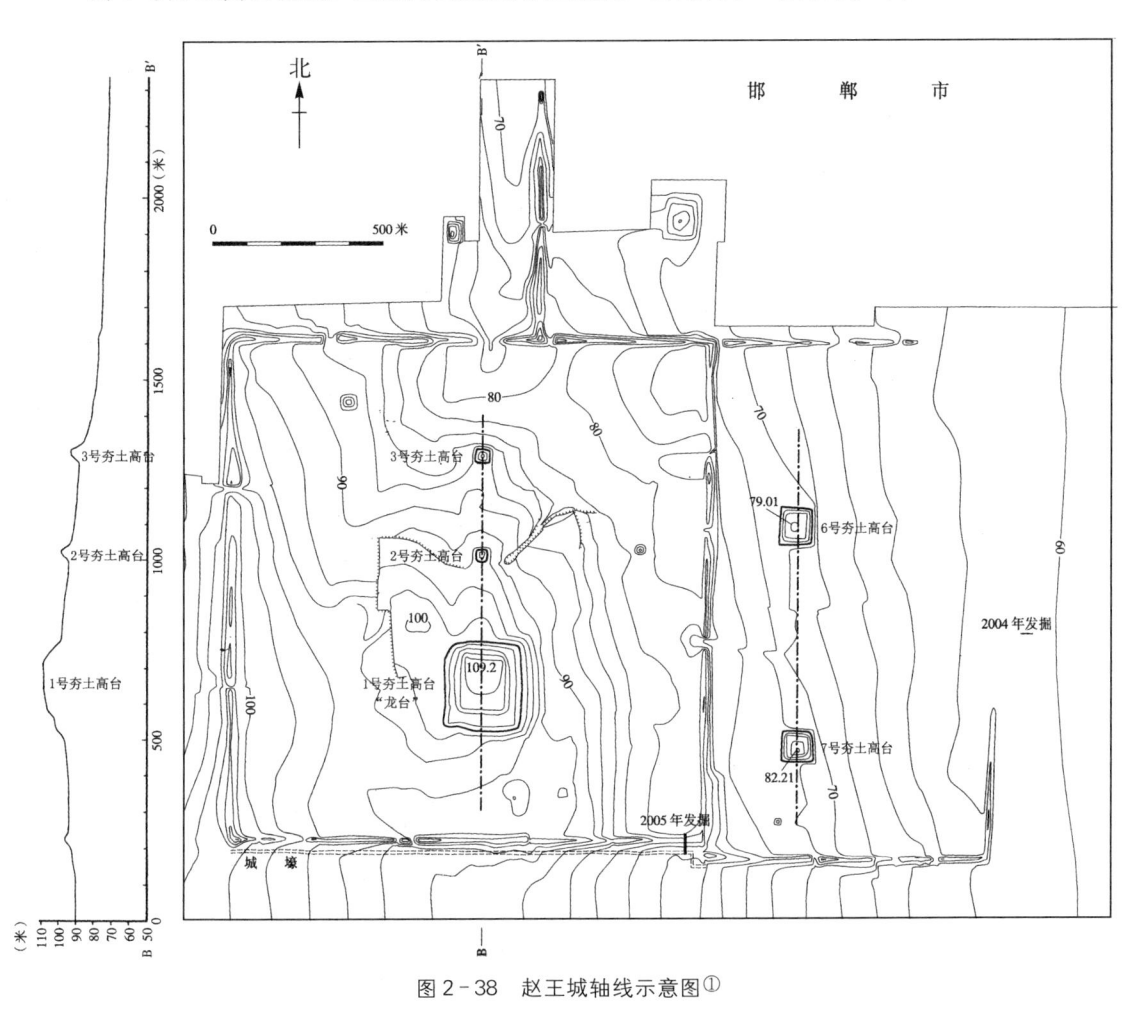

图 2-38 赵王城轴线示意图①

---

① 改绘自段宏振：《赵都邯郸城研究》，文物出版社，2009 年，第 94、95 页。

在流行于战国末年的城郭并立型城址中，城圈功能分化，百姓移居郭城，墓区迁离城市，这也从客观上使直接服务于统治者的城区面积得以扩大，汉臣萧何所谓宫殿"非壮丽无以重威"似乎从战国中后期已经成为营建都城的信条，高大、华丽的高台宫殿日渐成为都城的建设重点和视觉标志物。伴随着国家的政治形态从分封走向集权，以宫城为中心，城、郭对立的新型都邑也预示着秦汉帝国都城规划的发展方向。

二、秦汉都城的布局与形态——周代后期城郭并立型城址的演化

秦汉帝国建立，国家的政治形态从分封走向集权，原本构成都城的两大要素——"城"与"郭"朝着不同方向发展：象征王权的宫殿、宫城数量增加，面积扩大，构成了秦汉都城的主体；容纳百姓的郭城变得更为模糊，秦咸阳、西汉长安和东汉洛阳城遗址迄今都未确认郭城的位置和范围。

（一）秦始皇对秦咸阳的改造①

公元前221年，秦始皇完成对六国的兼并，建立起大一统的秦帝国，咸阳

---

① 吴梓林、郭长江：《秦都咸阳故城遗址的调查和试掘》，《考古》1962年第6期，第281~289页；陕西省博物馆、文管会勘查小组：《秦都咸阳故城遗址发现的窑址和铜器》，《考古》1974年第1期，第16~26页；刘庆柱、陈国英：《秦都咸阳第一号宫殿建筑遗址简报》，《文物》1976年第11期，第12~24、41页；学理、采梁、梓林等：《秦都咸阳发掘报道的若干补正意见》，《文物》1979年第2期，第85~86页；咸阳市文管会等：《秦都咸阳第三号宫殿建筑遗址发掘简报》，《考古与文物》1980年第2期，第34~42页；秦都咸阳考古工作站：《秦咸阳宫第二号建筑遗址发掘简报》，《考古与文物》1986年第4期，第9~19页；秦都咸阳考古工作站：《秦都咸阳古城址调查与试掘简报》，《考古与文物》1986年第3期，第1~9页；陈国英：《咸阳长陵车站一带考古调查》，《考古与文物》1985年第3期，第12~24页；陈国英：《秦都咸阳考古工作三十年》，《考古与文物》1988年第5、6期合刊，第127~133页；杜葆仁：《秦阿房宫遗址考古调查报告》，《文博》1998年第1期，第3~16页；陕西省考古研究所：《秦都咸阳考古报告》，科学出版社，2004年；李毓芳、孙福喜、王自力等：《西安市阿房宫遗址的考古新发现》，《考古》2004年第4期，第3~6页；李毓芳、孙福喜、王自力等：《阿房宫前殿遗址的考古勘探与发掘》，《考古学报》2005年第2期，第207~238页；阿房宫考古队：《咸阳上林苑1、2号建筑遗址考古发掘取得重要收获》，《中国文物报》2005年12月9日；李毓芳：《阿房宫西边界确定——阿房宫考古队2005年新进展》，《文史知识》2006年第3期，第96~98页；中国社会科学院考古研究所、西安市文物保护考古所阿房宫考古工作队：《西安市上林苑遗址一号、二号建筑发掘简报》，《考古》2006年第2期，第26~34页；阿房宫考古工作队：《陕西西安发掘上林苑3号和5号建筑遗址》，《中国文物报》2006年11月1日；中国社会科学院考古研究所、西安市文物保护考古所阿房宫考古工作队：《西安市上林苑遗址三号建筑及五号建筑排水管道遗迹的发掘》，《考古》2007年第3期，第3~14页；李毓芳、孙福喜、王自力等：《上林苑四号建筑遗址的勘探和发掘》，《考古学报》2007年第3期，第359~378页；中国社会科学院考古研究所、西安市文物保护考古所阿房宫考古队：《西安市上林苑遗址六号建筑的勘探和试掘》，《考古》2007年第11期，第94~96页；李毓芳、王自力：《西安秦汉上林苑四号、六号建筑遗址发掘》，《中国文物报》2007年7月6日；李毓芳、孙福喜、王自力等：《近年来阿房宫遗址的考古收获》，《中国文物报》2008年1月4日；耿庆刚：《咸阳长陵车站61XYCLJC3的再发现》，《文博》2013年第3期，第17~19转71页。

城也从一方诸侯的国都升级为统御天下的帝国中心。文献记载,秦始皇在渭河两岸大兴土木,修建了大量宫殿建筑,咸阳城向南扩展,城区范围北至渭河北岸高地,南至终南山,以渭河为界,分为渭南、渭北两个城区。

秦咸阳渭北城区有咸阳宫和模仿关东六国建筑风格修建的宫殿,《史记·秦始皇本纪》记载:"秦每破诸侯,写放其宫室,作之咸阳北阪上,南临渭,自雍门以东至泾、渭,殿屋复道周阁相属。"①考古工作者认为,今咸阳原上聂家沟至姬家沟之间的遗址最为密集,宫殿建筑遗址群周围还发现了墙垣遗存,可能是秦咸阳宫遗址,汉高祖长陵附近曾出土齐国风格的瓦当,可能是秦始皇模仿齐国风格修建的宫殿所在②。由于渭河摆动的影响,秦咸阳渭北城区损毁严重,其范围推测西起长陵车站附近,东至柏家嘴村,北由成国渠故道,南到西安市草滩农场附近(即秦代渭河北岸,汉长安城遗址北约 3 275 米),东西约 7 200 米,南北约 6 700 米③。宿白指出,咸阳渭北城区的特征是"宫廷在北,居民在南,手工业、商业区在西,墓区在西北"④(图 2 - 39)。

秦咸阳的渭南城区初建于战国晚期,至秦始皇时期已有"诸庙及章台、上林"⑤,后来"焉作信宫渭南,已更命信宫为极庙,象天极"⑥,并"自极庙道通骊山,作甘泉前殿","筑甬道,自咸阳属之"⑦。秦始皇三十五年(公元前 212 年)后,展开大规模营建活动,"始皇以为咸阳人多,先王之宫廷小,……乃营作朝宫渭南上林苑中。先作前殿阿房,东西五百步,南北五十丈,上可以坐万人,下可以建五丈旗。周驰为阁道,自殿下直抵南山。表南山之颠以为阙。为复道,自阿房渡渭,属之咸阳,以象天极阁道绝汉抵营室也"⑧。由于汉长安是在秦咸阳渭南城区的基础上改建而来的,渭南城区的布局也不太清楚。考古工作者推测,甘泉宫(也称南宫)遗址大致位于汉长安的桂宫遗址之下,"章台"遗址在汉长安的未央宫遗址附近,昭王庙可能在汉长安

---

① 《史记》卷六《秦始皇本纪》,中华书局,1982 年,第 239 页。
② 陕西省社会科学院考古研究所渭水队吴梓林、郭长江:《秦都咸阳故城遗址的调查和试掘》,《考古》1962 年第 6 期,第 281~289 页;陕西省博物馆、文管会勘查小组:《秦都咸阳故城遗址发现的窑址和铜器》,《考古》1974 年第 1 期,第 16~26 页。
③ 刘庆柱:《论秦咸阳城布局形制及其相关问题》,《文博》1990 年第 5 期,第 200~211 页。
④ 宿白:《汉唐宋元考古——中国考古学(下)》,文物出版社,2010 年,第 12 页。
⑤ 《史记》卷六《秦始皇本纪》,中华书局,1982 年,第 239 页。
⑥ 《史记》卷六《秦始皇本纪》,中华书局,1982 年,第 241 页。
⑦ 同上。
⑧ 《史记》卷六《秦始皇本纪》,中华书局,1982 年,第 256 页。

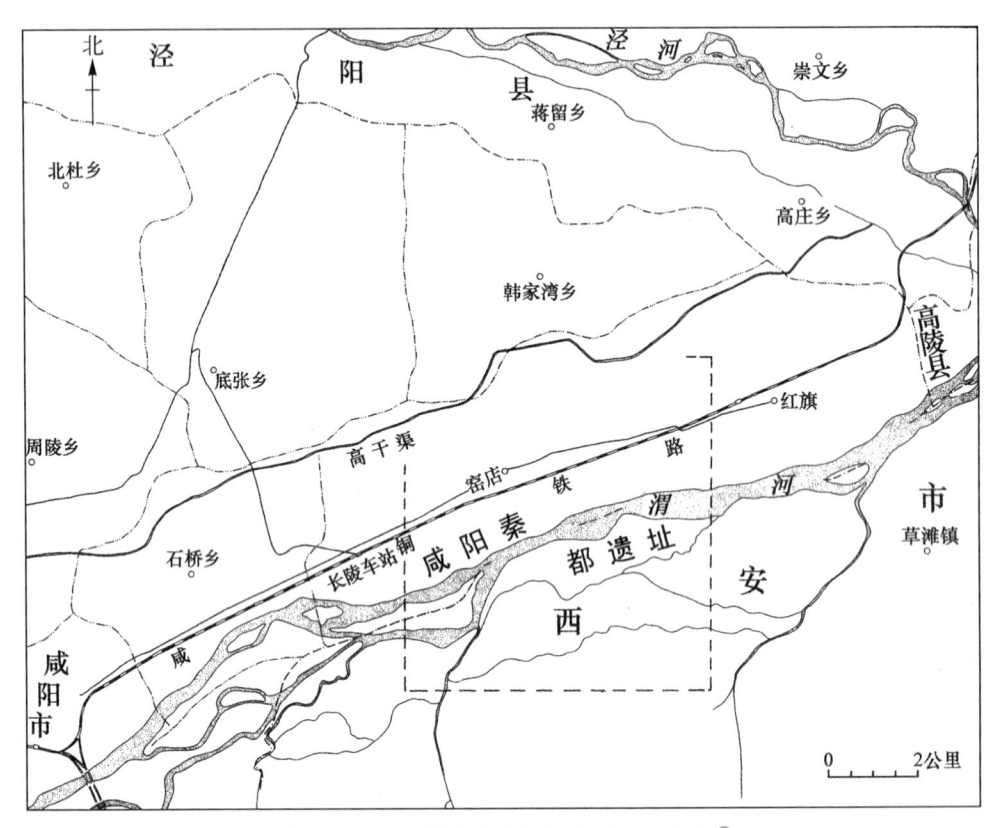

图 2-39 秦咸阳遗址（渭北区）位置示意图①

东部或长乐宫遗址附近，社稷遗址为汉代沿用，改立为汉官社和官稷，位于长安城西南部。

由于种种原因，秦咸阳遗址的城市范围和格局仍比较模糊。结合现有材料，这座城址值得关注的特征主要包括三个方面。

第一，巨型的高台宫殿建筑和面积广阔的宫城是秦咸阳城建设的重要内容，这延续了周代后期诸侯国都城规划的发展趋势。根据考古工作，阿房宫遗址东西约 3 公里，南北约 5 公里，占地约 15 平方公里，至今仍保留有二十余处夯土台基。其中，被认为是阿房宫前殿的夯土台基面积最大，约合 65 万平方米，台高 7 米。单就一座阿房宫，其规模都可与曲阜鲁城、临淄齐城等周代诸侯国的都城相较。

---

① 引自陕西省考古研究所：《秦都咸阳考古报告》，科学出版社，2004 年，第 2 页。

第二，秦咸阳城重视轴线的塑造，轴线的延伸范围甚至超出京畿地区。从《史记·秦始皇本纪》的记述来看，当时似乎规划了一条南北向的都城轴线，北自阿房宫前殿，南至终南山，所谓阿房宫"表南山之颠以为阙"①。张守节正义引《三辅旧事》载"始皇表河以为秦东门，表汧以为秦西门，表中外殿观百四十五"②，即以屏蔽关中的山限和河限作为秦帝国外部的第一重门户。文献记载，"（秦始皇）二十二年，始皇之碣石……刻碣石门"③。三年后，"……立石东海上朐界中，以为秦东门"④。苏秉琦指出，从位置和地势来看，渤海湾西海岸辽宁绥中县的碣石宫遗址很可能象征着秦帝国的东门⑤，从而构成秦帝国外部的再一重门户。多重门户的规划，通过将都城与特殊的自然山河或人工标志物形成轴线式的对景，强调都城的权威性以及王权对整个国家的强大控制力。

第三，咸阳城跨越渭水，南、北两城区通过宽6丈、长140丈的咸阳桥相连，史书称"渭水贯都，以象天汉，横桥南渡，以法牵牛"⑥，"为复道，自阿房渡渭，属之咸阳，以象天极阁道绝汉抵营室"⑦。相较于曲阜周代鲁城以自然高地为中心、以中央轴线集中布局不同城市功能单元的模式，秦咸阳象天设都，如星辰散落在河汉两侧，咸阳的重要功能组团也分居渭河两岸，形成了广阔的城市绵延带。

（二）西汉长安⑧

西汉长安建立在秦咸阳渭南城区的基础上。公元前202年，汉高祖刘邦采

---

① 《史记》卷六《秦始皇本纪》，中华书局，1982年，第256页。
② 转引自《史记》卷六《秦始皇本纪》，中华书局，1982年，第241页。
③ 《史记》卷六《秦始皇本纪》，中华书局，1982年，第251页。
④ 《史记》卷六《秦始皇本纪》，中华书局，1982年，第256页。
⑤ 苏秉琦：《中国文明起源新探》，生活·读书·新知三联书店，1999年，第155、156页；辽宁省文物考古研究所：《姜女石——秦行宫遗址发掘报告（上册）》，文物出版社，2010年，第403、404页。
⑥ 何清谷：《三辅黄图校释》，中华书局，2005年，第21页。
⑦ 《史记》卷六《秦始皇本纪》，中华书局，1982年，第256页。
⑧ ［日］足立喜六：《長安史跡の研究》，东洋文库，1933年；俞伟超：《汉长安城西北部勘查记》，《考古通讯》1956年第5期，第20～26页；王仲殊：《汉长安城考古工作的初步收获》，《考古通讯》1957年第5期，第102～110页；王仲殊：《汉长安城考古工作收获续记——宣平城门的发掘》，《考古通讯》1958年第4期，第23～32页；唐金裕：《西安西郊汉代建筑遗址发掘报告》，《考古学报》1959年第2期，第45～55页；黄展岳、张建民：《汉长安城南郊礼制建筑遗址群发掘简报》，《考古》1960年第7期，第36～40页；中国社会科学院考古研究所汉城工作队：《汉长安城武库遗址发掘的初步收获》，《考古》1978年第4期，第261～269页；郑洪春、姚生民：《汉甘泉宫遗址调查》，《人文杂志》1980年第1期，第79、80页；刘庆柱：《西安市汉长安城东市和西市遗址》，《中国考古学年鉴（1987）》，文物出版社，1988年，第264页；刘庆柱、李毓芳、张连喜等：《汉长安城未央宫第三号建筑　（转下页）

纳娄敬的建议，定都关中。定都之初，先是对位于渭河南岸的秦兴乐宫加以整饬，更名长乐宫，作为临时皇宫继续使用。公元前 200 年，长乐宫建成，刘邦从栎阳正式迁都长安。

汉长安城不是完全新建的都城，也不是一次性规划和建造的产物。结合文献

（接上页）遗址发掘简报》，《考古》1989 年第 1 期，第 33~43 转 19 页；陕西省考古研究所：《西汉京师仓》，文物出版社，1990 年；杨灵山、古方：《汉长安城 1 号窑址发掘简报》，《考古》1991 年第 1 期，第 18~22 页；李遇春、张连喜、杨灵山：《汉长安城未央宫第二号遗址发掘简报》，《考古》1992 年第 8 期，第 724~732 页；古方、杨灵山：《汉长安城 2~8 号窑址发掘简报》，《考古》1992 年第 2 期，第 138~142 页；刘庆柱、李毓芳、张连喜等：《汉长安城未央宫第四号建筑遗址发掘简报》，《考古》1993 年第 11 期，第 1002~1011 页；刘庆柱、李毓芳、刘振东等：《汉长安城窑址发掘报告》，《考古学报》1994 年第 1 期，第 99~129 页；刘庆柱、李毓芳、张连喜等：《汉长安城 23~27 号窑址发掘简报》，《考古》1994 年第 11 期，第 986~996 页；李毓芳、刘振东、张连喜：《1992 年汉长安城冶铸遗址发掘简报》，《考古》1995 年第 9 期，第 792~798、807 页；李毓芳：《汉长安城未央宫的考古发掘与研究》，《文博》1995 年第 3 期，第 82~93 页；刘庆柱、李毓芳、张连喜：《汉长安城北宫的勘探及其南面砖瓦窑的发掘》，《考古》1996 年第 10 期，第 23~32 页；刘庆柱、李毓芳、张连喜：《汉长安城北宫的勘探及其南面砖瓦窑的发掘》，《考古》1996 年第 10 期，第 19~27 页；刘庆柱：《汉长安城的考古发现及相关问题研究——纪念汉长安城考古工作四十年》，《考古》1996 年第 10 期，第 1~14 页；中国社会科学院考古研究所：《汉长安城未央宫（1980~1989 年考古发掘报告）》，中国大百科全书出版社，1996 年；刘振东、李毓芳：《1996 年汉长安城冶铸遗址发掘简报》，《考古》1997 年第 7 期，第 5~12 页；中日联合考古队：《汉长安城桂宫二号建筑遗址发掘简报》，《考古》1999 年第 1 期，第 1~10 页；中日联合考古队：《汉长安城桂宫二号建筑遗址 B 区发掘简报》，《考古》2000 年第 1 期，第 1~11 页；中日联合考古队：《汉长安城桂宫三号建筑遗址发掘简报》，《考古》2001 年第 1 期，第 74~83 页；刘振东：《汉长安城新发现六座窑址》，《考古》2002 年第 11 期，第 92~94 页；中日联合考古队：《汉长安城桂宫四号建筑遗址发掘简报》，《考古》2002 年第 1 期，第 3~15 页；中国社会科学院考古研究所汉长安城工作队：《汉长安城长乐宫排水管道遗址发掘简报》，《考古》2003 年第 9 期，第 33~38 页；中国社会科学院考古研究所：《西汉礼制建筑遗址》，文物出版社，2003 年；李毓芳、刘振东、张建锋：《汉长安城长乐宫二号建筑遗址发掘报告》，《考古学报》2004 年第 1 期，第 55~86 页；刘振东、张建锋：《汉长安城长乐宫发现凌室遗址》，《考古》2005 年第 9 期，第 3~6 页；中国社会科学院考古研究所：《汉长安城武库》，文物出版社，2005 年；刘振东、张建锋：《西安市汉长安城城墙西南角遗址的钻探与试掘》，《考古》2006 年第 10 期，第 40~52 页；刘庆柱、李毓芳：《汉长安城考古的回顾与瞻望——纪念汉长安城考古半个世纪》，《考古》2006 年第 10 期，第 12~21 页；刘振东、张建锋：《西安市汉唐昆明池遗址的钻探与试掘简报》，《考古》2006 年第 10 期，第 53~65 页；刘振东、张建锋：《西安长乐宫遗址的发现与初步研究》，《考古》2006 年第 10 期，第 22~29 页；中国社会科学院考古研究所：《汉长安城遗址研究》，科学出版社，2006 年；中国社会科学院考古研究所、日本奈良国立文化财研究所：《汉长安城桂宫（1996~2001 年考古发掘报告）》，文物出版社，2007 年；张建锋、刘振东、徐龙国：《西安汉长安城直城门遗址 2008 年发掘简报》，《考古》2009 年第 5 期，第 49~60 页；徐龙国、刘振东、张建锋：《西安市汉长安城长乐宫六号建筑遗址》，《考古》2011 年第 6 期，第 11~25 页；王自力、辛龙、王志宏等：《汉长安城沅水古桥遗址发掘报告》，《考古学报》2012 年第 3 期，第 369~400 页；渭桥考古队：《陕西考古发现秦汉渭桥遗址为同时期全世界最大木构桥梁》，《中国文物报》2013 年 1 月 16 日；刘瑞、李毓芳、王志友等：《西安市汉长安城北渭桥遗址》，《考古》2014 年第 7 期，第 34~47 页；刘瑞、李毓芳、王志友等：《西安市汉长安城北渭桥遗址出土的古船》，《考古》2015 年第 9 期，第 3~6 页；张建锋、刘振东、徐龙国：《西安市未央区汉长安城建章宫一号建筑遗址》，《考古》2017 年第 1 期，第 29~41 页。

和考古材料，西汉长安的布局经历了草创、完善、丰富和改变等过程，大致可分为四个阶段（图2-40）。

第一阶段是西汉定都长安前后的高祖时期（大约在公元前202年）。汉高祖恢复了秦咸阳城位于渭河南岸的兴乐宫（改名长乐宫），此后在长乐宫西的龙首山北麓新建未央宫，在长乐、未央两宫之间草创北宫，修造武库、太仓等附属设施。

第二阶段是汉惠帝时期。公元前194年，汉惠帝即位，随即下令修筑都城城墙，一并修建城门、铺设城市干道。直到惠帝五年（公元前190年）秋，长安城才修筑完成。公元前189年，还在既有的大市之西新建西市。

西汉长安的城圈平面呈不规则的方形，除东城墙是直线外，其余三面城墙受河流岸线和既有宫殿的限制多有曲折。其中，东城墙长约5 917米，西城墙长约4 766米，南城墙长约7 453米，北城墙长约6 878米，周长25 014米，占地总面积约34.4平方公里。城墙上共有12座城门，每面3座，每座城门有3个门道，门道间以夯土墙相隔，每个门道宽约8米，城门进深约16米。与长乐宫、未央宫相邻的霸城门、覆盎门、西安门和章城门的城门门道隔墙宽约14米，城门通面阔约52米；其他城门门道隔墙宽约4米，城门通面阔约32.4米。东面的宣平门、清明门、霸城门中门道的东侧，有向外凸出的夯土基址。

按照道路宽度分析，汉长安通过城门的干道共有8条，均沿直线铺筑，路面被两条排水沟隔为三股，整体宽度可达45～56米。东西向干道4条，为宣平门大道、清明门大道、霸城门—直城门大道和雍门大道，南北向干道4条，为洛城门大道、厨城门大道、横门大道和安门大道。除东墙上的霸城门隔长乐宫[①]与西墙上的直城门相对，其余10座城门再无两两相对，干道极少贯通全城，覆盎门、西安门、章城门等城门直接面对宫殿，未与干道相通。这说明，西汉长安城内的道路主要围绕几座主要宫殿形成，城门位置的安排，并没有主要考虑道路的位置及交通的需要，更有可能是为了附和《考工记》"每边三门"的数量要求。

第三阶段在汉武帝时期。文景之治以后，西汉帝国进入全盛时期，好大喜

[①] 也有学者认为，原判断属霸城门西、长乐宫内发现的且与直城门贯通的东西向大道，并不属于长乐宫内部的大道，而是城市级别的东西向大街。因此，长乐宫的北界应在这条东西向大街的南侧，大街北侧为明光宫。参见刘瑞：《汉长安城的朝向、轴线与南郊礼制建筑》，中国社会科学出版社，2011年，第15～25页。

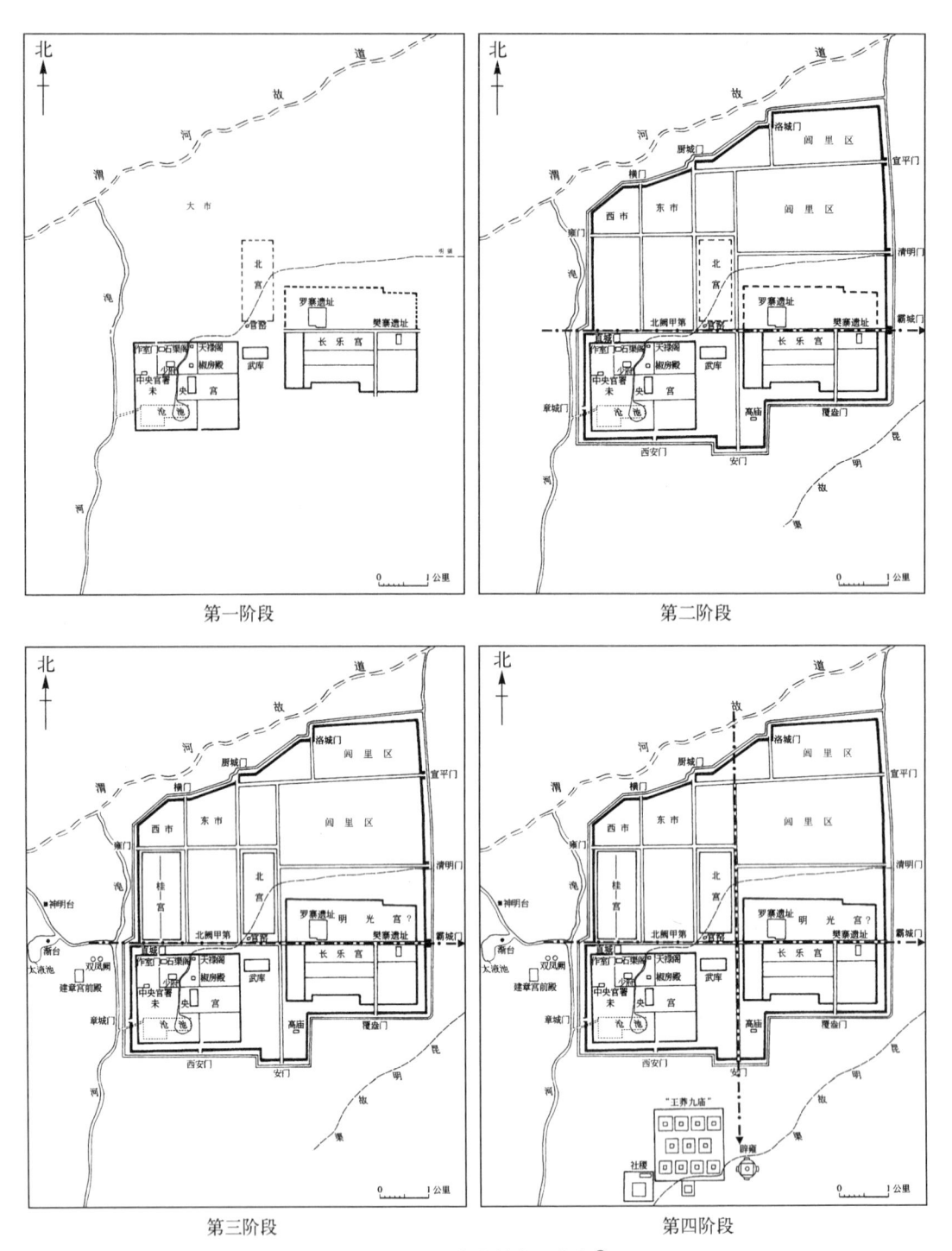

图 2-40 汉长安城布局演变①

---

① 改绘自刘庆柱:《中国古代都城考古发现与研究(上)》,社会科学文献出版社,2016 年,第 262 页;关于明光宫的位置及东西轴线的走向参见段清波:《汉长安城轴线变化与南向理念的确立——考古学上所见汉文化之一》,《中原文化研究》2017 年第 2 期,第 25~33 页。

功的武帝在长安城内改建或新建了北宫、明光宫、桂宫等多座宫殿，几乎填满了城圈的南部。他还在城西修建了建章宫，扩建上林苑、昆明池，在都城周边修建了难以计数的中小型离宫别馆。通过考古工作，长安城内已经探明了未央宫、长乐宫、桂宫、北宫4座宫殿，1座武库，以及东、西两市，它们占据了城址的南面和西面，约计全城三分之二的面积，即使不计未能探明边界的明光宫，城内也仅有东北一隅稍显空白。

西汉太初元年（公元前104年），汉武帝又在汉长安城西侧修建了建章宫。建章宫"度比未央"，"千门万户"，汉武帝用作皇宫，直到昭帝元凤二年（公元前79年）才"自建章宫徙至未央宫"。建章宫遗址平面呈横长方形，东西约2130米，南北约1240米。前殿基址位于宫城中央略偏西，南北约320米，东西约200米，南低北高，这一点与未央宫的前殿相似。前殿西北约450米处凿有太液池，以象征大海，池中筑台，以象征大海中的蓬莱、方丈、瀛洲等神山，形成"一池三山"布局，反映了神仙思想的影响。从规模和形制看，汉武帝是按照西汉最高等级的宫城来营造建章宫的，太液池的配置和象征意义成为汉代以后的皇家御苑设计所仿效的模本。

最后一个阶段是西汉末年。元始四年（4年），短暂夺取西汉政权的儒生王莽在长安城南修建了明堂辟雍、官稷、灵台、太学等，地皇元年（20年）又拆除了长安城西侧的建章、承光、包阳、大台、储元宫及平乐、当路、阳禄馆等，在长安城南郊兴建了九庙。加上此前在长安城南郊修建的官社，这些建筑构成了位于长安城郊的形制独特、规模庞大的礼制建筑群。

史料记载，汉长安城有闾里一百六十[1]，人口接近50万，它们显然无法被长安城东北一隅容纳。因此，一些学者提出，汉长安城不少平民应居住在城圈以外[2]，现所知的汉长安城的性质更接近汉魏洛阳城的内城，主要服务于皇室和贵族。东汉张衡撰《西京赋》在述及西京长安的营建时说："乃览秦制，跨周法。"李善注曰："跨，跨也。因秦制，故曰览；比周胜，故曰跨之也。"[3] 从考古资料看，西汉对于秦朝都城制度的继承，除沿用秦人旧有宫殿苑囿之外，更重要的是以宫殿作为都城的重点，宿白说："（汉长安）城内绝大部分面积布

---

[1]《三辅黄图》："长安闾里一百六十，室居栉比，门巷修直。"参见何清谷：《三辅黄图校释》，中华书局，2005年，第99页。
[2] 宿白：《汉唐宋元考古——中国考古学（下）》，文物出版社，2010年，第28页。
[3]（梁）萧统编，（唐）李善注：《文选》卷二，中华书局，1977年，第38b页。

置了皇家专用的宫殿区，宫殿区不只一处，分散在城内，占据了六分之五以上的面积。"① 经武帝朝的建设，西汉长安以宫为重心的都城结构再次得到强化。

一般认为，南北向的安门大街是长安城的轴线，它从未央、长乐两宫之间穿过，直指修建于南郊的礼制建筑。有学者指出，建章宫、未央宫、长乐宫东宫门上外凸的阙台，以及东城墙上宣平门、清明门、霸城门三门上外凸的阙台能够表明，西汉晚期之前，汉长安城与西汉皇陵的朝向一致，应是坐西朝东，以东为尊，贯通全城的霸城门—直城门大街构成了东西向的城市轴线②。王莽时期修建的南郊礼制建筑，尽管使用时间不长，却改变了长安的朝向，将城市的主轴线从东西向的霸城门—直城门大街改到安门大街。西汉长安城郊还有一些西汉时期的大型建筑遗址，它们位于长安城南北轴线方向，构成了一条北至三原县北塬阶上的天齐坑和五座高台祭祀建筑遗址，经长陵、安门大街、南郊礼制建筑，南至秦岭山麓的子午谷口，总长度达 74 公里的超长基线④（图 2-41）。需要注意的是，"子午谷、子午线、天齐祠均是王莽时期而不是汉初形成的，只不过王莽们赋予了这一轴线及子午道超出南北方向自然地理意义之外的、代表正统的政治学和文化学上的特殊意义，昭示南向理念的彻底

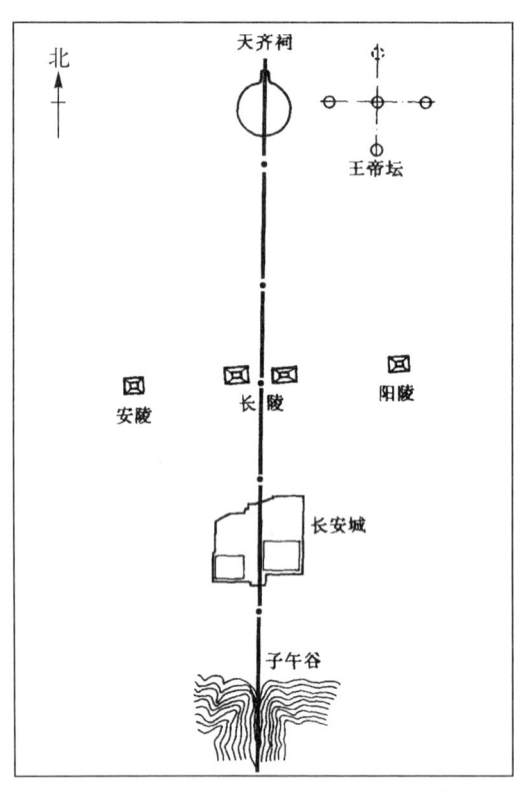

图 2-41 汉长安城超长基线示意图③

---

① 宿白：《汉唐宋元考古——中国考古学（下）》，文物出版社，2010 年，第 28 页。
② 段清波：《汉长安城轴线变化与南向理念的确立——考古学上所见汉文化之一》，《中原文化研究》2017 年第 2 期，第 27 页。
③ 引自秦建明、张在明、杨政：《陕西发现以汉长安城为中心的西汉南北向超长建筑基线》，《文物》1995 年第 3 期，第 5 页。
④ 秦建明、张在明、杨政：《陕西发现以汉长安城为中心的西汉南北向超长建筑基线》，《文物》1995 年第 3 期，第 4~15 页。

确立"①。可以说，王莽对西汉长安的改造不仅扭转了西汉长安的朝向和轴线，还减弱了汉初营筑宫室"非壮丽无以重威"思想、汉武帝崇奉的神仙思想在长安城留下的印记，使得儒家的宗法礼制在都城规划中取得压倒性作用，给后世留下了难以磨灭的印象。

历经四个阶段的改造和增建，汉长安城具备了宏伟的宫殿、封闭的城池、笔直的街道、仙境般的园囿和秩序严整的礼制建筑群，这座城市的布局上既有继承战国中期以来将宫城和高台建筑作为都城中心、秦咸阳将自然山水作为构建城市轴线要素的一面，又通过王莽的改制，超越了秦汉都城的营建理念，使得后世都城的规划恢复到符合周代礼制，或者说，符合儒家学者心目中理想都城制度的轨道上继续发展。

（三）东汉洛阳②

西汉末年，旧都长安毁于战火，继起的东汉将都城东迁，以始建于西周的洛阳作为都城。依据考古资料，东汉洛阳城址下，至少叠压了三座修建于不同时代、规模不同又有因袭关系的古代城址。最底层的城址修建于西周晚期，即前文讨论的韩旗故城，城圈呈横长方形，南北1 800～1 940米，东西2 400～2 600米。春秋晚期，城址向北扩建，修建了新的北城墙。到了秦代，吕不韦又将城池南扩，达到南北9里、东西6里的规模。从西汉到北魏，历代虽对城墙都进行了修补和增筑，但整体规模不再有大的改变。至魏文帝、明帝时期，出于军事目的，在西北城角修筑了一圈小城，即金墉城。北魏以后又在旧金墉

---

① 段清波：《汉长安城轴线变化与南向理念的确立——考古学上所见汉文化之一》，《中原文化研究》2017年第2期，第30页。

② 阎文儒：《洛阳汉魏隋唐城址勘查记》，《考古学报》1955年第1期，第117～136页；中国科学院考古研究所洛阳工作队：《汉魏洛阳城初步勘查》，《考古》1973年第4期，第198～208页；中国社会科学院考古研究所洛阳工作队：《汉魏洛阳城南郊的灵台遗址》，《考古》1978年第1期，第54～57页；段鹏琦：《汉魏洛阳故城太学遗址新出土的汉石经残石》，《考古》1982年第4期，第381～389页；段鹏琦、杜玉生、肖淮雁等：《洛阳汉魏故城北垣一号马面的发掘》，《考古》1986年第8期，第726～730、760页；钱国祥：《汉魏洛阳故城发现的东汉烧煤瓦窑遗址》，《考古》1997年第2期，第47～51页；钱国祥：《汉魏洛阳故城城垣试掘》，《考古学报》1998年第3期，第361～388页；中国社会科学院考古研究所洛阳汉魏故城队：《汉魏洛阳故城金墉城址发掘简报》，《考古》1999年第3期，第1～15页；洛阳市文物局、洛阳白马寺汉魏故城文物保管所：《汉魏洛阳故城研究》，科学出版社，2000年；中国社会科学院考古研究所：《汉魏洛阳故城南郊东汉刑徒墓地》，文物出版社，2007年；段鹏琦：《汉魏洛阳故城》，文物出版社，2009年；中国社会科学院考古研究所：《汉魏洛阳故城南郊礼制建筑遗址1962～1992年考古发掘报告》，文物出版社，2010年；陈华州、周剑曙、郭琳：《汉魏洛阳城东阳渠、鸿池陂考古勘察简报》，《华夏考古》2011年第1期，第20～25页。

城的北侧新建了两座小城，形成金墉三城南北相连的结构。北魏时期修建外郭，将汉晋时期的洛阳城包裹在内，也凸显了汉晋洛阳城的内城属性。

东汉洛阳的城池基本沿用了东周至秦汉洛阳城的规模，约东西 2 500 米，南北 3 700～4 200 米。城墙整体呈南北略长的纵长方形，局部并不规整。经过向北、南面的扩建，东西两面新、旧城墙的交接位置都出现了拐折。北墙修建在邙山山麓，受到地形影响，西侧城墙内收。南面城墙遭洛水冲毁，具体走向不详。依据文献，东汉洛阳城共有 12 座城门，其中东、西两面各 3 座，北面 2 座，南面 4 座（图 2-42）。从钻探和发掘的情况看，城门都是一门三洞，连接城门的干道也应分作三股，对应三个门洞，这与汉长安的城门、干道制度相同。

延续秦咸阳与汉长安的传统，东汉洛阳的城圈以内修建了大量服务于皇室贵族的宫殿。规模最大的是南、北两宫。东汉之前，南、北两宫就已存在。东汉初年，南宫是朝宫。汉明帝永平三年（60 年）开始修建北宫，形成两宫对峙的格局。蔡质《汉典职仪》记载：“南宫至北宫，中央作大屋，复道，三道行，天子从中道，从官夹左右，十步一卫。两宫相去七里。”[①] 学者一般认为"七里"为"一里"之误，也有学者指出，七里是南宫主殿至北宫主殿之间复道的距离[②]。依据王仲殊的复原，南宫的范围大致北至中东门大街，南至广阳门大街，东至开阳门大街，西至小苑门，约南北 1 300 米，东西 1 000 米。钱国祥认为，南宫的南墙或许更靠南，应复原至贴近南墙的位置[③]。东汉末年，董卓烧毁洛阳宫庙，南宫就此覆灭。

北宫位于南宫的西北部，规模大致为南北 1 500 米、东西 1 200 米，在魏晋、北魏时期重新启用为宫城，又经过了诸多改造。整体来看，南、北宫占据东汉洛阳城的中部，面积接近全城面积的三分之一，导致全城基本没有能够贯通东西或南北的干道。北宫的东北还有永安宫，是太后的居所，西北有濯龙园，是皇室禁苑，这些宫苑也有相当可观的规模。

除了宫殿御苑，城内还有一定数量的官府、太仓、武库、商市和宗亲贵胄

[①] 参见《后汉书·光武帝纪》"建武元年……冬十月癸丑，车驾入洛阳，幸南宫却非殿，遂定都焉"的注解。从东汉洛阳的规模来看，这里的"七里"或为"一里"之误。引自《后汉书》卷一《光武帝纪》，中华书局，1965 年，第 25 页。

[②] 钱国祥：《由阊阖门谈汉魏洛阳城宫城形制》，《考古》2003 年第 7 期，第 53～63 页。

[③] 同上。

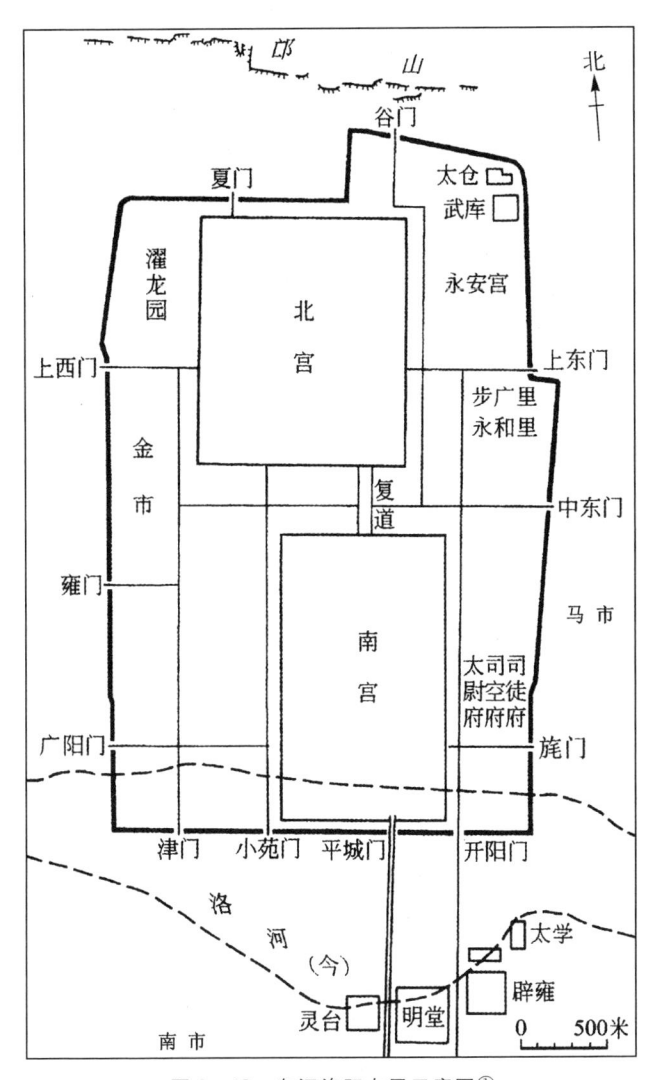

图 2-42　东汉洛阳布局示意图[①]

的宅邸。例如，城内东北隅高地修建了与皇室安危密切相关的太仓、武库。城南自东数第一座城门开阳门内侧集中了太尉府、司空府、司徒府等衙署。全城有三座商市，金市位于城内，靠近西面的上西门和雍门之间，另外两座南市和马市分别位于南郊和东郊。达官贵族居住在上东门内侧的步广里和永和里，董

[①] 改绘自刘庆柱：《中国古代都城考古发现与研究（上）》，社会科学文献出版社，2016 年，第 322 页。

卓的宅邸也位于永和里。与西汉洛阳相似，东汉洛阳的平民居住区不全在现今所知的城圈之内。

文献记载，东汉洛阳城陆续修建了一系列礼制建筑，它们主要位于城圈以外，尤以南郊为多，类型和数量都超过了西汉末年的长安。25年，光武帝立洛阳为都，翌年开始修筑高庙、社稷，在城南立郊兆。建武五年（29年），在城南兴建太学。中元元年（56年）前后，增建明堂、灵台、辟雍及北郊兆域等。考古工作表明，东汉洛阳城的灵台、明堂、辟雍、太学遗址都位于今天的洛河南岸的东西向带状高地上，它们正对着南墙自东数第二座城门平城门，并与城圈以内的南宫遥遥相望，从南宫经平城门至南郊礼制建筑，隐约构成了一条都城的南北轴线。

平民居住区、手工业作坊、服务于平民的商市和少量的早期寺庙散布在东汉洛阳的城圈之外，它们很可能共存在面积可观的郭区内。有学者推测，郭区环绕在东汉洛阳的城区四面，郭区内划分出众多居住的里，四郭外环绕着用于农耕和设坛进行郊祀活动的四郊。依据《后汉书》的记载，东郊距东城垣约3 470米，南郊距南城垣约3 000米，西郊距西城垣约3 900米，北郊距北城垣约2 600米或1 734米，可大致推知东汉洛阳郭区的最大范围[1]。

东汉洛阳是最后一座将并置的多座宫城作为核心的全国性都城。相较于西汉长安，东汉洛阳尽管减省了专门为后妃设立的宫城，但南宫、北宫、永安宫及御苑仍在城中占据着相当大的面积。东汉洛阳的宫城内还保留了一些政府机构，宫城的功能要素比较复杂。因此，本书将东汉洛阳放在上古都城这一章讨论。还应注意到，东汉洛阳也延续了王莽时期改造西汉长安的一些规划思想，如重视礼制建筑，强调城市坐北面南的朝向，并以干道将宫城、宫门、城门与南郊的礼制建筑相连，形成一条富有礼仪意味的空间轴线。这些举措巩固了儒家宗法礼制在都城规划上的重要地位，也预示着中古时期都城制度的变化趋势。

第四节 小结与讨论

本章系统论述了中国上古时期典型都城的形态，重点考察了周鲁城的原始

---

[1] 肖淮雁：《东汉洛阳的郭》，《汉代考古与汉文化国际学术研讨会论文集》，齐鲁书社，2006年，第96~102页。

地形、规模、干道、轴线和布局特征。比较来看，周鲁城是目前所知在城市布局上最接近《考工记》理想规划的上古都城实例。将周鲁城的形态特征与《考工记》理想规划进行比较，如表2-4所示：

表2-4 周鲁城与《考工记》理想规划的对比

形态特征	周鲁城 实测	周鲁城 推测	《考工记》理想规划
边界与分区	城墙略呈弧线，中部外凸，东墙2 531米、南墙3 250米、西墙2 430米、北墙3 560米，呈横长方形	东西约9里，南北约7里	9里（约3 750米）见方
城门与道路	已发现南面2门，东、北、西各3门，东西、南北向各有5条干道	旁3门	旁3门，道路9经9纬
核心功能布局	自然高地居中，夯土基址居南，手工业作坊居北，居民区居东，墓地居西	宫庙居中，面朝后市，左民廛，右墓地	左祖右社，面朝后市
中心与轴线	以修建高等级建筑的自然高地为中心，自然高地与城南祭祀遗址的连线为中轴线		依据学者的解义图示，以宫为中心点，宫中线为轴线
城市模块	可能采用1里见方的基准模块		依据学者的解义图示，基准模块可能有1里见方、3里见方两种情况

可以看到，周鲁城的城门、道路设置和轴线、中心点等空间特征基本符合《考工记》思想。周鲁城的东、西面各确认有3座城门，符合《考工记》"旁三门"之制，南面仅发现了2座城门，但不排除还有南城门叠压在明清曲阜城下而未被发现。经过复原，周鲁城共有纵横各5条干道，构成了连接宫廷区与非宫廷区的两个井字形路网，周鲁城道路的布局与《考工记》的道路制度也非常接近。有别于既往研究将周鲁城内的小北关高地视作一个独立区块，我们认为，小北关高地与周公庙高地原本同属位于周鲁城中央的一块自然高地，其范围东至周公庙高地的东端，向西经过小北关高地，一直延伸到明清曲阜城北门外的北关一带，很可能就是古代文献记述的位于"鲁城中"的"曲阜"。自然高地的原始规模东西约1 200米，南北约400米，高地四边与相邻的鲁故城城

墙距离基本相等,约在1 300~1 400米之间。因此,周鲁城的城垣、道路布局皆以自然高地为中心,自然高地中心与城郊舞雩台的连线是城市名副其实的中轴线。

另一方面,周鲁城也有一些并不完全符合《考工记》理想规划的形态特征。首先,按照先秦尺度换算,周鲁城规模约东西9.6里,南北7.4里,呈横长方形,并不符合《考工记》"方九里"之制。关于周鲁城规模的设计,可作两种推测。第一种可能,周鲁城的规模和边界形态是按照周代前期都邑的通行标准来设定的。如西周早期的燕国都城董家林城址,西周晚期在周原岐邑修建的凤雏周城、在洛邑修建的韩旗周城,规模虽有不同,却都是采用横长方形的城圈。第二种可能,作为次于周王室都城一级的都邑,周鲁城的东西向长度仿效王城制度,按照9里修建,而南北向宽度则在王制上减杀一等,按照诸侯国都城的标准,修建为7里。

其次,周鲁城的功能布局似已围绕中轴线展开,有了刻意的统一安排,但在功能单元的构成和分布上与《考工记》理想规划存在明显的抵牾之处。如将周鲁城中心密布夯土台基的自然高地视作"宫"(或包括祖、社等宗庙建筑在内),将自然高地南面的夯土基址视作"朝",将自然高地北面的冶铸遗址视作"市",那么周鲁城的功能布局大致符合《考工记》对"前朝后市"的要求。但是,周鲁城的东部有大面积的居住区,西面有4片集中墓地,这些功能要素并未出现在《考工记》描绘的"周王城"中。

还值得注意的是,模数制似已初步运用在周鲁城的城垣、干道、中轴线等城市要素的规划设计中。按照先秦尺度换算,周鲁城中央自然高地的规模约合东西3里、南北1里,自然高地边缘距相邻周鲁城城垣约合3里,周鲁城约合东西9里、南北7里,作为城市中轴线的8号道路与其两侧的7号、9号干道距离各约1里,自然高地中心距南城垣与南城垣距舞雩台遗址的距离非常接近,都约3.5~4里。考虑到先秦时期的施工误差,如果周鲁城在布局上采用了模数制,那么很可能是以周代1里为基准模数。

修建于周代前期的周鲁城,东、西面各有3座城门,城内10条干道构成了棋盘形路网,通过连接宫殿宗庙区与郊外祭坛的干道形成了南北向城市中轴线,主要的城市功能组团在布局上显示出与中轴线较高的协调性。周鲁城的这些布局特点反映了中国上古都城规划追求严谨和恪守秩序的一面,非常贴近于《考工记》描绘的周王城。以周鲁城为代表的高水平城市规划和建设,有条件为《考工记》的撰述提供相当真切而具体的参照。同时，周鲁城也有一些不同于《考工记》理想规划的特点，如城圈呈横长方形而非方形，城内分布了大片集中墓地。陈寅恪指出，《考工记》"所依据匠人营国之材料其中必有当时真正之背景者"[①]。考虑到周鲁城的修建时间应早于《考工记》的成书时间，我们认为，周鲁城的营建很可能是先秦儒生描绘理想城市蓝图的重要实践渊源。

到了周代后期，周王室地位下降，各诸侯国彼此征伐，各自修建形态各异的城池。其中，以城宫相套型和城郭并列型都邑最为常见。城宫相套型城址可视作鲁城布局的继承者，只是各类城市要素的空间协调性不及周鲁城，战国中后期盛行的城郭并列式都邑规划与同时期成文的《考工记》思想差异最大，却对后续秦汉都城的格局产生了深刻影响。

中国上古时期的都城规划发展可划分为四个小的阶段：一是夏商阶段（从商代晚期至周代初年的都邑面貌尚不清楚，或可单独分作一个阶段），是城郭制度的初步确立期，宫、城边界规整，郭城依照自然地形及既有的城市聚落逐渐建成；二是周代前期至战国中期以前，以城宫相套式布局为主流，尤以周鲁城的规划为代表，各类城市要素显示出较高的空间协调关系，应是遵从特定礼制的表现；三是战国中期至战国末，以城郭并列式布局为主流，居民按身份、阶级分城居住，都城对外以及城郭之间的军事设施受到同样重视；四是秦汉阶段，王室居住的宫、城被无限放大，容纳百姓的郭却趋于无形。《考工记》理想城市模型的提出应在战国至秦汉时期，它离不开前两个阶段的城市建设实践，尤其是以鲁故城为代表的城郭一体、布局严谨的都城规划经验，却与后两个阶段盛行的以宫为中心、城郭分离的都城布局相悖，直到西汉增筑长安城门、干道、城外礼制建筑，《考工记》思想对都城规划的影响才逐渐显露出来。

---

① 陈寅恪：《隋唐制度渊源略论稿》，《陈寅恪集》，生活·读书·新知三联书店，2001年，第70页。

第三章

中国中古时代的理想城市

——以东魏北齐邺城、隋唐长安为例

今皇居徙御，百度创始，营构一兴，必宜中制。上则宪章前代，下则模写洛京。……今求就之披图案记，考定是非，参古杂今，折中为制，……

——《魏书·李业兴传》

从曹魏代汉至唐王朝覆灭共计680余年，一般认为是中国历史上的中古时期。它上承西汉空前的大一统，经历了三国两晋南北朝的离乱分裂，最终又归结于隋唐的和平盛世。宿白对魏晋南北朝至隋唐考古材料的叙述，以隋灭陈的589年为界，将中古历史分为前、后两个阶段[①]。前一阶段300多年，总的历史局面是南北分裂；后一阶段也是300多年，出现了有别于秦汉的统一帝国。前后两个阶段既有紧密联系，隋唐的政治制度即源自南北朝，又各具特点，考古材料的面貌有着比较明显的差异。

中国中古都城的形态演进也基本符合上述分期。三国两晋南北朝时期，拥兵自重的地方政权多开展都城建设，其中对后世城市规划发展影响最大的是曹魏邺城、魏晋洛阳的营建。在北魏洛阳的改、扩建过程中，对一些都城制度进行了革新，并在东魏北齐邺城的扩建中得到了较为理想化的实施。大一统的隋唐王朝，大胆革新了南北朝时期的都城规划思想，建成了长安和洛阳这两座人口超过百万、规划极为严密、布局又极富特点的巨大城市。本章将以东魏北齐邺城、隋唐长安等城址为中心，讨论中古时期的典型都城布局及规划思想。

第一节　三国两晋南北朝的都城形态

一、三国两晋南北朝的都城概况

三国两晋南北朝是继东周之后又一个政局动荡、战争频繁的历史阶段，很多地方政权进行了都城建设实践，在东汉末至三国短短数十年，曹魏建许昌、邺和洛阳三都，孙吴建京、武昌和建业三都，蜀改建成都。265年司马炎建立晋，以洛阳为都，史称西晋。316年，西晋灭亡，残余势力南渡建立政权，史

[①] 宿白：《汉唐宋元考古——中国考古学（下）》，文物出版社，2010年，第84、85页。

称东晋。东晋按照魏晋洛阳的规制改造了孙吴的建业旧城，易名"建康"，作为统治中国南方地区的政治中心。此后，东晋先后为宋、齐、梁、陈四朝取代，都城沿用未变。

在中国北方，因北方少数民族的入侵，政局长期陷于混乱的局面，先后出现了汉族和5个少数民族建立的16个政权，他们曾分别以长安、邺城、平阳、襄城、姑臧、统万城为都，但时间都不长。除大夏都城统万城为新建之外，其余都城多是在旧城的基础上改建而成。439年，北魏统一中国北方，493年从平城迁都洛阳，在魏晋洛阳废墟的基础上扩建外郭，形成了面积广阔的北魏洛阳城。534年，北魏政权分裂为以邺城为都的东魏和以长安为都的西魏，东、西魏后来分别被北齐、北周取代，两座都城沿用未变。

尽管通过文献可知的三国两晋南北朝都城众多，但目前已经系统掌握考古资料的城址数量却有限。究其原因，一方面，三国两晋南北朝时期距东周后期的城市建设高潮不过一千年，较之上古时期的城市，这个时期的多数都城修建在既有的城市遗迹上，难以全面实施规划；另一方面，三国两晋南北朝距今又是千余年，较之近古时期的都城，中古时期的都城不仅在改朝换代的战争中毁坏严重，还常常被近现代建筑叠压，考古工作常常只能见缝插针地在局部进行。

迄今为止，在三国两晋南北朝时期的都城中，通过考古工作能够基本摸清城市结构和布局的主要有北魏洛阳、曹魏和东魏北齐邺城，能够基本确定地望和轮廓的有孙吴京和武昌、曹魏许昌、六朝建康和大夏统万城，还有一些城址如北魏盛乐及平城、后赵襄国、前凉姑臧等城址，具体位置还有待确认。

结合文献和考古材料，按照规划思想的不同，可大致将三国两晋南北朝时期的都城分作两类：其一是遵循或仿效洛阳规制进行改造或新建的都城，如魏晋、北魏洛阳，六朝建康以及东魏北齐邺城；其二是按照别出心裁的规划思路进行建设的城址，如临江而筑的孙吴京及武昌，以及史籍所记载的前凉姑臧和西魏北周长安，它们的布局应与洛阳截然不同。除此之外，还有一些都城沿用既有城址，未见重大改建，如曹魏许昌、蜀汉成都等，关于这些城址的形态和规划，本书不再赘述。

二、魏明帝洛阳都城制度的创立与发展

（一）魏明帝洛阳都城制度的创立

对城垣的勘探和试掘显示，魏晋时期的洛阳城大致沿用了东汉以来的城

址，仅在局部进行修补或增筑，如在城墙外侧夯筑防御性的"马面"，在西北隅利用部分北城墙、西城墙修建金墉城，城圈规模和边界没有明显变化②（图3-1）。由于北魏洛阳遗迹的叠压，关于魏晋洛阳城市格局的考古遗迹相对有限，以下研究将主要依据史料。

曹操以邺城为政治中心，同时也对东汉故都洛阳的废墟进行整饬，曾在东汉建安二十四年（219年）修复洛阳宫殿，并在北宫的西北修筑建始殿③。220年，曹丕代汉称帝，建立曹魏政权，正式迁都洛阳，对都城制度略加

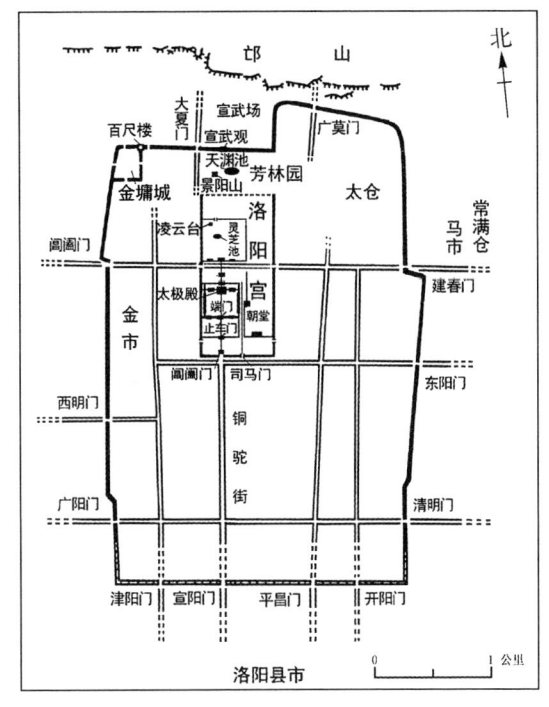

图3-1 曹魏西晋洛阳城平面复原图①

恢复。至226年，先后建成了宫殿北侧的芳林园（后避曹芳讳，改名"华林园"）、城内西北角的陵（凌）云台，以及储藏甲仗的武库。227年，魏明帝曹叡即位，他在执政的13年中，大兴土木，在洛阳城内新建了宫殿、坛庙、苑囿、道路等，创立了全新的城市分区和布局。265年，西晋以"禅让"方式取代了曹魏，洛阳的宫殿和坛庙几乎没有因为改朝换代遭到破坏。西晋太康十

---

① 钱国祥：《中国古代汉唐都城形制的演进——由曹魏太极殿谈唐长安城形制的渊源》，《中原文物》2016年第4期，第38页。

② 段鹏琦、杜玉生、肖淮雁等：《洛阳汉魏故城北垣一号马面的发掘》，《考古》1986年第8期，第726～730页；钱国祥：《汉魏洛阳故城城垣试掘》，《考古学报》1998年第3期，第361～388页；中国社会科学院考古研究所洛阳汉魏故城队：《汉魏洛阳故城金墉城址发掘简报》，《考古》1999年第3期，第1～15转97页；钱国祥、刘瑞、郭晓涛：《河南洛阳汉魏故城北魏宫城阊阖门遗址》，《考古》2003年第7期，第20～41页；钱国祥：《汉魏洛阳故城40年的考古勘察收获》，《汉代考古与汉文化国际学术研讨会论文集》，齐鲁书社，2006年；段鹏琦：《汉魏洛阳故城》，文物出版社，2009年；中国社会科学院考古研究所：《汉魏洛阳城南郊礼制建筑遗址》，文物出版社，2010年，第348～366页；中国社会科学院考古研究所、日本独立行政法人国立文化财机构奈良文化财研究所联合考古队、钱国祥、刘涛等：《河南洛阳市汉魏故城魏晋时期宫城西墙与河渠遗迹》，《考古》2013年第5期，第3～6页；刘涛、钱国祥、郭晓涛：《河南洛阳市汉魏故城太极殿遗址的发掘》，《考古》2016年第7期，第63～78页。

③ 《三国志》卷一《武帝纪》，中华书局，1959年，第53页。

年（289年）晋武帝颁布"改建宗庙"诏："往者乃魏氏旧庙处立庙，既壅翳不显，又材木弱小，至今中间有跌挠之患。今当修立，不宜在故处。太仆寺南临甬道，地形显敞，更于此营之……"②这是目前所知西晋时期对洛阳城的主要改动。永嘉五年（311年），洛阳城因刘曜、王弥之乱遭到焚毁（图3-2）。

傅熹年将魏明帝对洛阳城的改造分为两期，第一期从227年到234年，以重新修建城北的宫殿为主；第二期从235年至239年，建设重点南移，以修建宗庙、社稷为主，还重新修整了街道③。经过魏明帝改造后的洛阳城，在形态方面具有以下三方面特点：

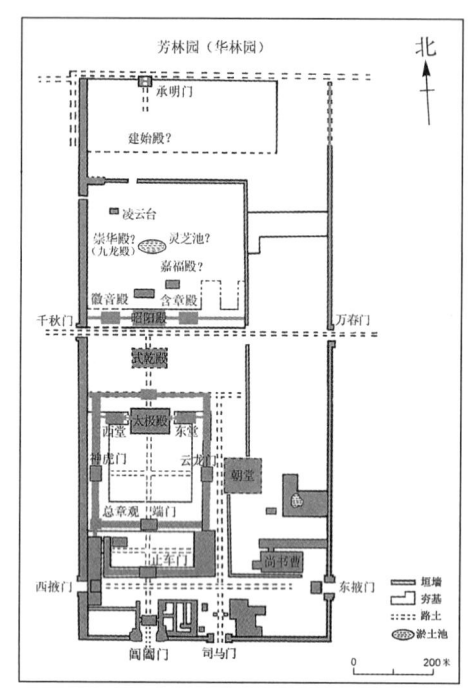

图3-2 曹魏西晋洛阳宫平面复原图①

1. 缩小宫殿面积，开创了宫城居北的格局

曹魏迁都洛阳之后，启用曹操修复的建始殿和承明门，并逐渐修复了北宫一部分殿宇。同时，废弃了东汉的南宫和永安宫，逐渐将全部宫殿及苑囿集中到北宫及其周边④。青龙三年（235年），魏明帝开始全面兴建洛阳宫殿，征发工徒三至四万人，先后在原北宫的位置修建前朝主殿太极殿、后宫正殿昭阳殿、寝殿崇华殿（后来改名九龙殿）、宫门阊阖门及门前的观、阙、罘罳等设施。景初元年（237年），又对始建于魏文帝黄初年间、位于宫城北墙与都城北墙之间的芳林园加以改造，在园中以各地名石堆砌景阳山。撤除南宫后城区

---

① 钱国祥：《中国古代汉唐都城形制的演进——由曹魏太极殿谈唐长安城形制的渊源》，《中原文物》2016年第4期，第38页。
② （清）严可均辑：《全晋文》卷六《武帝太康十年》，中华书局，1958年，第1496页。
③ 傅熹年：《中国古代建筑史·第二卷·三国、两晋、南北朝、隋唐、五代建筑》，建筑工业出版社，2009年，第9页。
④ 据傅熹年考订，曹魏时期很有可能并未重建东汉城内原来的南宫，魏晋文献中提及的"南宫"，应指重建后的北宫中永巷以南的宫殿建筑群。参见傅熹年：《中国古代建筑史·第二卷·三国、两晋、南北朝、隋唐、五代建筑》，建筑工业出版社，2009年，第9、10页。

南部留下的空地，由新建的祖、社、衙署和贵胄府邸等填补。此外，在都城西北角的高地上增建金墉城，其城墙厚达十余米，具有明显的军事意图。西晋末年，金墉城不再是宫殿，变成了囚禁皇室政治犯的高级监狱。

总的说来，通过对南宫、永安宫等宫城的裁撤，曹魏洛阳改变了秦汉都城中遍布宫城的旧传统，形成了在都城北部居中安排单一宫城、在宫城周边布置附属御苑的新格局。

2. 拉通南北向的城市轴线，并以祖、社、官署和贵胄府邸填充南城

文献记载，曹魏洛阳的宫城南面有东西并立的两座城门，东侧为司马门，西侧为阊阖门。阊阖门内正对正殿太极殿，门前夹建巨阙，开通了直达都城南门宣阳门的南北大道，即著名的铜驼街[①]。铜驼街是皇帝进出都城、宫城的主要道路，铜驼街南端的宣阳门又被称为国门。景初元年，在铜驼街中段东侧、原东汉南宫之地修建太庙，在铜驼街中段西侧、与太庙对称的位置修建太社，形成太庙与太社分列东西的格局，以符合《考工记》"左祖右社"的礼制。同年，将洛阳城南的委粟山开辟为皇帝祭天的南郊，并在阊阖门南陈设从汉长安城中搬来的铜驼。随着祭天场所的开辟，主要道路的开通，左祖右社的建成，又配以铜驼、巨阙等巨型陈设，阊阖门内外形成了芳林园—太极殿—铜驼街—委粟山这条纵贯都城南北的主轴线。

司马门内是曹魏时期的办公机构——朝堂所在，门前迤东一带有魏晋时期的重要官署，由此形成了魏晋洛阳城内另一个重要的政治中心。司马门前陈设了新铸的铜翁仲，司马门南北一线的干道与衙署构成了城市的另一条轴线。

3. 继承并规范了东汉以来都城礼制建筑的配置

曹魏黄初五年（224年），魏文帝颁布国家祀典，继续推进东汉以来简化礼制的改革，诏书规定："先王制礼，所以昭孝事祖，大则郊社，其次宗庙，三辰五行，名山大川，非此族类，不在祀典。……自今，其敢设非祀之祭，巫祝之言，皆以执左道论，著于令典。"[②] 曹魏洛阳城沿用了东汉以来的一部分礼制建筑，如迎时气的五郊、辟雍与太学，简化、整合了一些礼制建筑，如将"天子七庙、帝各一庙"革新为"一庙七主"，重新规定了太庙制度，还将北郊

---

① 《洛阳记》，引自（宋）李昉：《太平御览》卷一九五《居处部》，中华书局，1960年，第943a页。

② 《三国志》卷二《文帝纪》，中华书局，1959年，第84页。

与圜丘、方泽合为一体，以明堂与南郊合祀，而其他群神被合祀于南北郊。另外，还加入了一些新的祭祀活动，如魏明帝太和元年（227年）春二月丁亥，朝日于东郊，秋八月己丑，夕月于西郊，基本符合典籍对朝日夕月的礼制要求。经曹魏至西晋，天子东郊耕籍田、皇后北郊亲蚕事的制度也初步具备。

后来被隋唐帝国列入国家大祀的四项内容——祭拜天地、左祖右社、朝日夕月和东耕西蚕，在曹魏洛阳已基本完备。

（二）魏明帝洛阳都城制度的广泛实践

西晋政权非常短暂地恢复了大一统局面。作为全国性首都的魏晋洛阳城，其开创的城市格局——宫城及皇室用地在北，祖、社、官署、贵族府邸居南，轴线贯通都城南北，祭坛环绕都城郊外，成为中国新的都城范式，先后为东晋建康、北魏洛阳和东魏北齐邺城等都城所仿效。

近年的考古工作表明，北魏洛阳时期的阊阖门遗址，阊阖门北面处于同一南北直线上的2号宫门、3号遗址，北魏宫城太极殿及宫院遗址均叠压在魏晋时期的宫门、宫殿、院墙遗址之上，北魏洛阳的宫城布局不仅沿袭自魏晋时期，宫殿建筑的形制可能也很大程度上继承了魏晋制度。这些考古材料印证了文献的记载，肯定了曹魏时期对洛阳实施改造的重要意义。

值得注意的是，通过考古探明的曹魏邺城，即邺北城，其建成时间早于魏晋洛阳，城市形态与魏晋洛阳相似，同样采用宫城居北、官署居南、轴线联系宫区与城区的布局。因此，魏明帝改造洛阳很有可能是以邺城为蓝本，曹魏洛阳制度体现了邺城规划的延续和发展。在遵照魏晋洛阳都城制度的诸多都城中，由邺北城扩建而成的东魏北齐邺城是唯一一座新建于开阔平地、理论上能够较为全面实现洛阳制度的实例，且考古资料较为丰富，研究条件比较成熟，下一节将对邺城单独进行讨论。以下首先简要梳理仿效魏晋洛阳制度进行都城建设的东晋建康和北魏洛阳的布局特点。

1. 东晋建康

229年，孙权将都城迁至建业，并新建了规模达20里19步的都城。文献描述，宫苑大约占据了建业城的三分之二，其余地段布置了南宫、官署、军营和仓库等[①]。从文字描述看，建业的城市结构更接近秦汉都城，城内以服务于

---

① 傅熹年：《中国古代建筑史·第二卷·三国、两晋、南北朝、隋唐、五代建筑》，建筑工业出版社，2009年，第21页。

王室的建筑居多，平民居住区的规模应非常有限甚至未作安排。由于后代遗迹的叠压破坏严重，建业的布局尚未探明。

316 年，西晋愍帝司马邺被俘。次年，司马睿即晋王位，以建康为都（为避愍帝名讳，将建业改名建康），三月"初备百官，立宗庙社稷"①。318 年，司马睿正式即帝位，建立东晋政权，以建康为都。东晋初年，统治者因陋就简，启用了孙吴政权的旧有宫殿。政局略微稳定后，开始效仿魏晋洛阳的布局改造建康。依据文献，改造的主要内容包括：在御街北面修建宫殿，形成贯穿都城的南北向轴线，在御街南端修建宗庙、社稷和衙署，调整城门与干道的位置等②。文献记载，东晋建康城周长 20 里，面积约合今 6 平方公里，加上城墙以外的平民活动区，都城范围大概有东西、南北各 40 里之广③。此后夺得政权的宋、齐、梁、陈四朝沿用该城。陈朝覆灭后，六朝建康城被弃作耕地，到唐宋时期，旧城遗迹已湮没难寻。

目前，六朝建康城遗址几乎全部叠压在元集庆路城、明清南京城和现代南京市区之下，很难系统开展考古工作。由于这座城址的考古资料很少，学者依据文献对六朝建康城的复原提出了不同的意见，张学锋总结道："20 世纪 50 年代以后，探讨六朝建康城的论述不下 40 种，其中较多涉及建康城复原的论述亦在 20 种左右。"④ 如果以宫城和外城的位置关系作为分类标准，既有关于建康城的复原大概可分为四类意见：以日本学者外村中复原方案为代表的第一类观点，将宫城居于外城中央，宫城东、西墙距离外城东、西墙相等，宫城南、北墙距离外城南、北墙相等⑤；以卢海鸣的复原方案为代表的第二类观点，将宫城布置在外城中央偏北，类似于魏晋洛阳的布局，宫城南墙与外城南墙的距离大于宫城北墙至外城北墙的距离⑥；郭湖生的复原方案非常独特，将宫城居于外城北端，与隋唐长安城布局相近，可视作第三类⑦；根据在建康城考古

---

① （唐）许嵩撰，张忱石点校：《建康实录》卷五《晋》，中华书局，1986 年，第 127 页。
② 傅熹年：《中国古代建筑史·第二卷·三国、两晋、南北朝、隋唐、五代建筑》，建筑工业出版社，2009 年，第 68～77 页。
③ （北宋）司马光：《资治通鉴》卷一六二，中华书局，1956 年，第 5018 页。
④ 张学锋：《六朝建康城的发掘与复原新思路》，《南京晓庄学院学报》2006 年第 2 期，第 26～38 页。
⑤ ［日］外村中：《六朝建康都城宫城考》，《中国古代科学史论续编》，京都大学人文科学研究所，1998 年。
⑥ 卢海鸣：《六朝都城》，南京出版社，2002 年。
⑦ 郭湖生：《六朝建康》，《建筑师》1993 年第 10 期，第 80～84 页。

工作中获得的零星线索，张学锋推测宫城居于外城中央，宫城北墙又向东西两端延伸将外城分为南北两部分，这一设想兼有外村中与郭湖生复原方案的特点，可算作第四类①（图3-3～图3-6）。

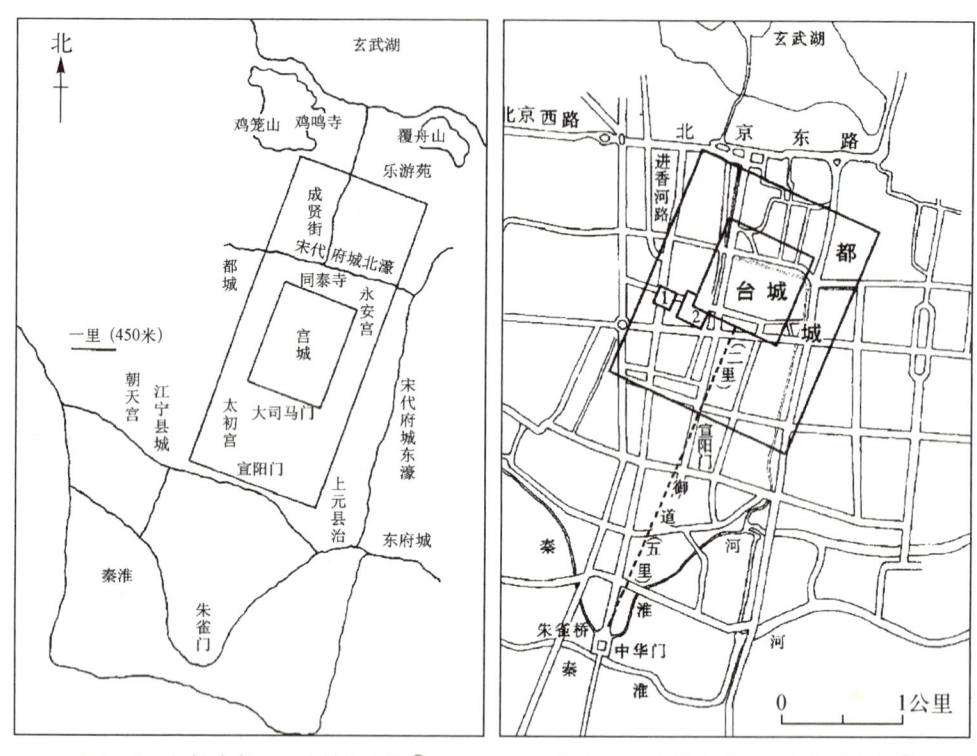

图3-3 六朝建康——外村中方案②

图3-4 六朝建康——卢海鸣方案③

结合后文要谈到的北魏洛阳外郭的布置特点，实际上，前三类方案将宫城置于外城中央、外城中央偏北和外城北端，分别贴近于北魏洛阳、魏晋洛阳和东魏北齐邺城的布局。学者们可能是以都城实例作为复原的一个参考，这也从侧面反映了东晋建康与洛阳制度的紧密联系。

---

① 张学锋：《六朝建康城的发掘与复原新思路》，《南京晓庄学院学报》2006年第2期，第26～38页。

② [日]外村中：《六朝建康都城宫城考》，《中国古代科学史论续编》，京都大学人文科学研究所，1998年。转引自张学锋：《六朝建康城的发掘与复原新思路》，《南京晓庄学院学报》2006年第2期，第33页。

③ 卢海鸣：《六朝都城》，南京出版社，2002年。

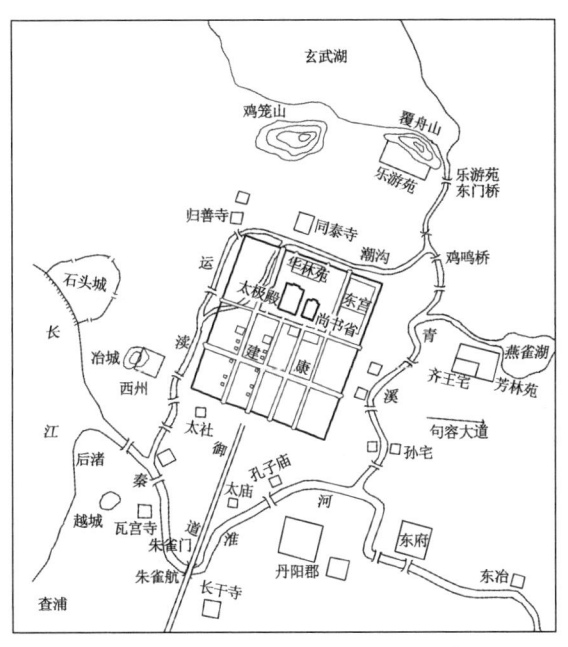

图 3-5　六朝建康——郭湖生方案①

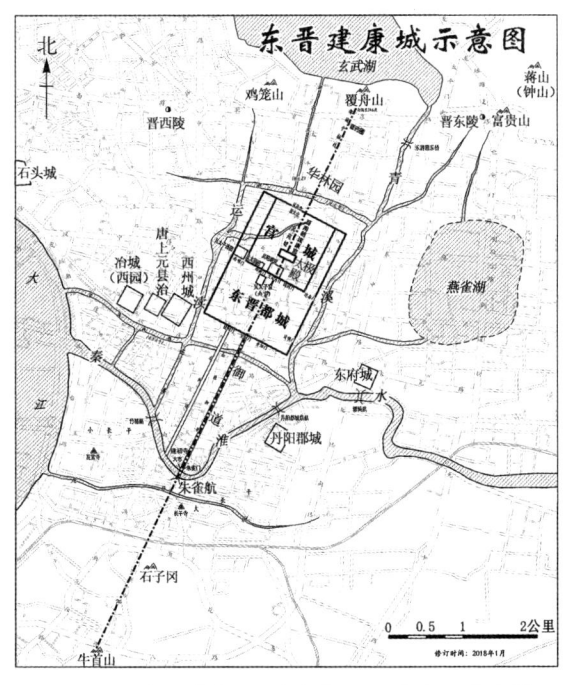

图 3-6　东晋建康——张学锋 2015 年复原方案②

---

① 摹自郭湖生：《六朝建康》，《建筑师》1993 年第 10 期；参见郭湖生：《中华古都——中国古代城市史论文集》，空间出版社，1997 年，第 32 页。
② 改绘自张学锋：《六朝建康城的考古发掘与展望》，《文汇报》2018 年 3 月 23 日。

2. 北魏对洛阳都城制度的恢复与革新[①]

北魏太和十七年（493年），为了保持对中原地区的控制，北魏孝文帝开始筹备将都城南迁至传统汉文化的中心——洛阳。同年十月，命穆亮、李冲等在魏晋洛阳城废墟的基础上修缮宫室。两年后，建成北魏皇帝临时居住的金墉城以及临时性的太庙、太社、圜丘、方泽，北魏正式迁都。景明二年（501年），开始复建宫城主殿太极殿，一并修建"京城诸坊"及外郭城，于次年完成。从筹备迁都到宫殿、郭城建成，北魏改造洛阳的工程前后持续了近十年。

依据考古工作，北魏洛阳共有三圈城垣。其中，宫城和内城分别沿用了魏晋时期的宫城和东周以来的外城。宫城呈纵长方形，东西约660米，南北约1398米，面积约0.92平方公里，地势稍稍高于周围。内城同样呈纵长方形，西垣残长约4290米，北垣全长约3700米，东垣残长约3895米，南城垣已被改道后的洛河冲毁，如以洛河的位置作为南城墙的复原依据，内城面积约9平方公里。文献记载，北魏时期新建的外郭城"东西二十里，南北十五里"，目前已经找到了属于东、西、北三面郭城的数段城垣，南郭城垣未能发现，一般认为南郭的边界应位于洛河故道北岸。依据郭城残迹进行复原，北魏洛阳外郭

[①] 宿白：《北魏洛阳城和北邙陵墓——鲜卑遗迹辑录之三》，《文物》1978年第7期，第42～52转102页；杜玉生：《北魏永宁寺塔基发掘简报》，《考古》1981年第3期，第223～224转212页；段鹏琦、杜玉生、肖淮雁等：《汉魏洛阳城北魏建春门遗址的发掘》，《考古》1988年第9期，第814～818页；杜玉生、肖淮雁、钱国祥：《北魏洛阳外廓城和水道的勘查》，《考古》1993年第7期，第602～608页；钱国祥、肖淮雁：《北魏洛阳永宁寺西门遗址发掘纪要》，《考古》1995年第8期，第698～701页；钱国祥、刘瑞、郭晓涛：《河南洛阳汉魏故城北魏宫城阊阖门遗址》，《考古》2003年第7期，第20～41页；刘涛、钱国祥、肖淮雁等：《河南洛阳市北魏洛阳城津阳门内大道遗址发掘简报》，《考古》2009年第10期，第49～58页；中国社会科学院考古研究所、日本独立行政法人国立文化财机构奈良文化财研究所联合考古队：《河南洛阳市汉魏故城新发现北魏宫城二号建筑遗址》，《考古》2009年第5期，第3～6页；中国社会科学院考古研究所：《汉魏洛阳故城南郊礼制建筑遗址》，文物出版社，2010年，第348～366页；中国社会科学院考古研究所、日本独立行政法人国立文化财机构奈良文化财研究所联合考古队：《河南洛阳市汉魏故城发现北魏宫城三号建筑遗址》，《考古》2010年第6期，第3～6页；中国社会科学院考古研究所、日本独立行政法人国立文化财机构奈良文化财研究所联合考古队：《河南洛阳市汉魏故城发现北魏宫城五号建筑遗址》，《考古》2012年第1期，第3～6页；刘涛、钱国祥、郭晓涛等：《汉魏洛阳故城北魏宫城五号建筑遗址的发掘》，《中国文物报》2012年3月30日；钱国祥、郭晓涛：《北魏洛阳城的瓦当及其他瓦件研究》，《华夏考古》2014年第3期，第99～112页；刘涛、钱国祥、郭晓涛：《河南洛阳市汉魏故城发现北魏宫城四号建筑遗址》，《考古》2014年第8期，第3～6页；钱国祥、刘涛、郭晓涛：《河南洛阳市汉魏故城发现北魏宫城太极殿东堂遗址》，《考古》2015年第10期，第3～6页；刘涛、钱国祥、郭晓涛：《河南洛阳市汉魏故城太极殿遗址的发掘》，《考古》2016年第7期，第63～78页。

依据地形修建，北跨邙山，南临洛河，城圈北宽而南窄，呈不规则的横长方形。外郭东西墙的平均间距约1万米，如南界以洛河故道北岸计算，南北约6公里，外郭面积应在60平方公里以上（图3-7、图3-8）。

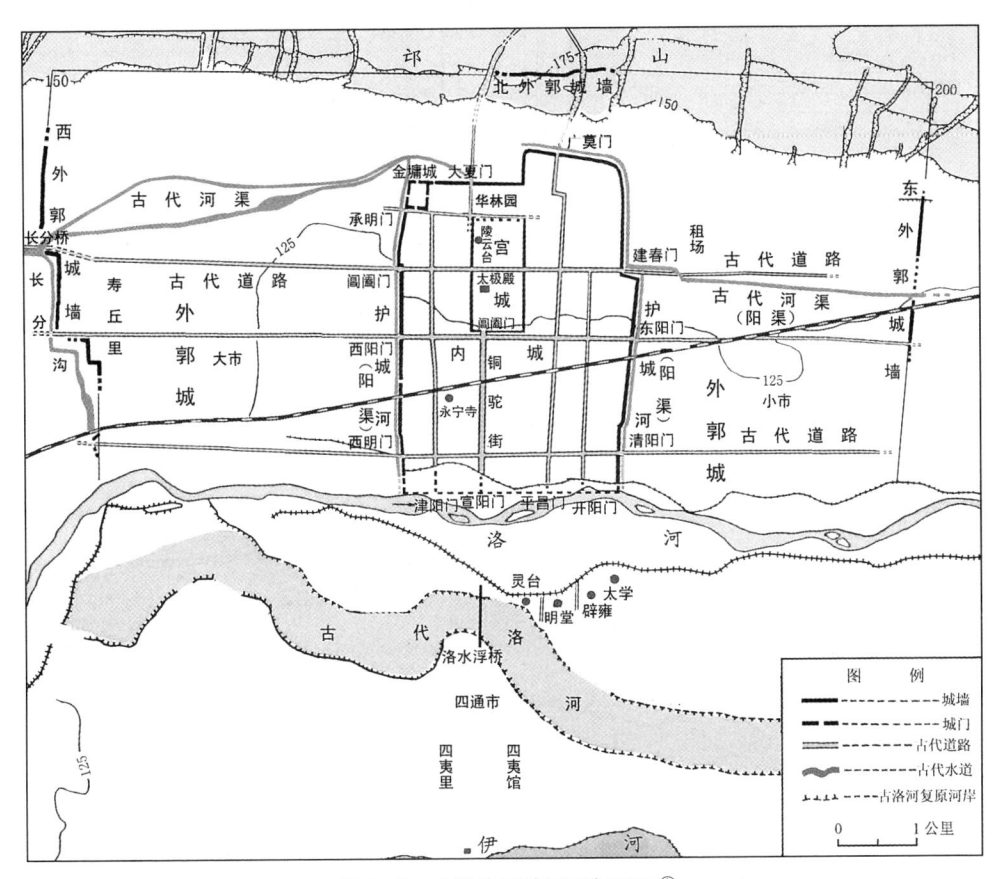

图3-7 北魏洛阳城平面复原图①

进入中原腹地的拓跋族，在文化上极力汉化，洛阳的改造工程亦力求保持魏晋洛阳城的基本格局，如沿用了魏晋洛阳的宫殿苑囿，重新恢复了太极殿、左祖右社，加固了城墙马面等防御措施。与此同时，北魏政权对洛阳城也进行了一些大胆的革新，总结为以下三个方面。

首先，在都城四面布置了一个规模阔大、以市坊为主要功能要素的外郭，

---

① 钱国祥：《中国古代汉唐都城形制的演进——由曹魏太极殿谈唐长安城形制的渊源》，《中原文物》2016年第4期，第40页。

图 3-8 北魏洛阳城里坊复原图①

1. 津阳门	2. 宣阳门	3. 平昌门	4. 开阳门	5. 青阳门	6. 东阳门
7. 建春门	8. 广莫门	9. 大夏门	10. 承明门	11. 阊阖门	12. 西阳门
13. 西明门	14. 宫城	15. 左卫府	16. 司徒府	17. 国子学	18. 宗正寺
19. 景乐寺	20. 太庙	21. 护军府	22. 右卫府	23. 太尉府	24. 将作曹
25. 九级府	26. 太社	27. 胡统寺	28. 昭玄曹	29. 永宁寺	30. 御史台
31. 武库	32. 金墉城	33. 洛阳小城	34. 华林园	35. 曹魏景阳山	36. 听讼观
37. 东宫预留地	38. 司空府	39. 太仓	40. 太仓署 导官署		
41. 洛阳大市	42. 洛阳小市	43. 东汉灵台址	44. 东汉辟雍址	45. 东汉太学址	
46. 四通市	47. 白象坊	48. 狮子坊	49. 金陵馆	50. 燕然馆	51. 扶桑馆
52. 崦嵫馆	53. 慕义里	54. 慕化里	55. 归德里	56. 归正里	57. 阅武场
58. 寿丘里	59. 阳渠水	60. 谷水	61. 东石桥	62. 七里桥	63. 长分桥
64. 伊水	65. 洛河	66. 东汉明堂址	67. 圜丘		

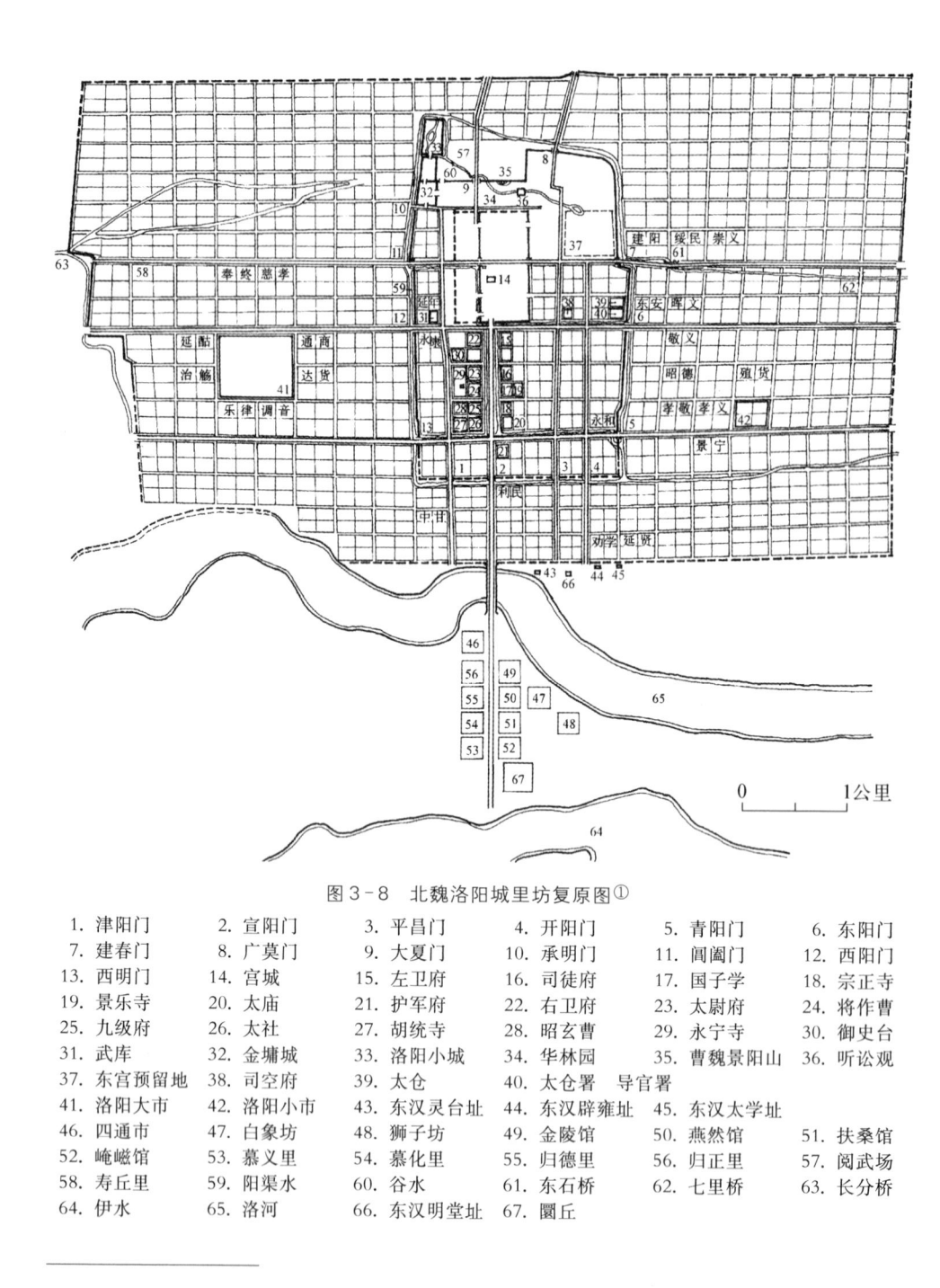

① 傅熹年:《中国古代建筑史·第二卷·三国、两晋、南北朝、隋唐、五代建筑》,中国建筑工业出版社,2001年,第86页。

形成了宫城、内城和外郭三重城垣内外相套的结构。北魏洛阳外郭的里坊大小基本统一，每座里坊的边长都约三百步，里坊之间以正交路网相隔。从外郭北宽南窄的形态来看，不同位置的里坊大小应有一定区别。北魏洛阳裁撤了位于宫城西侧的金市，将市场全部安排在外城的里坊之间，共设大市、小市和四通市三座集中市场。宿白认为，外城中布置如此整齐的里坊，而且居民区占据城市如此大的面积，可能主要有两方面的原因：第一，北魏迁洛之后，在组织上还保留着旧日部落性质的军事编制；第二，当时北方中原人口流失严重，统治者为了保存实力，就必须控制人口[①]。

其次，将原本位于司马门前的诸多官署衙门集中到铜驼街两侧，强化了太极殿至阊阖门一线作为城市唯一南北轴线的地位。将第二重城垣上由南数第二座西城门北移，安排在正对由南数第二座东城门东阳门的位置，从而连通了横亘宫城之南、宽达40米的东西向干道。这样一来，铜驼街和东西干道在阊阖宫门前交汇，构成了丁字形城市交通骨架。宿白指出，这一丁字形干道系统从北魏开始，一直延续到明清都城[②]。

需要指出的是，由于沿用了前朝的主要路网，北魏洛阳的中心轴线（即铜驼街）并没有位居城市的正中央，而是略偏内城的西侧。佐川英治认为，北魏洛阳扩建外郭应是以中心轴线左右对称布置，但由于中心轴线并未处于内城中央，致使东、西内城与东、西外郭之间的距离不相等，也就造成了东、西外郭城的实际面积并不相称[③]（图3-9）。

最后，在都城的重要地段修建规模可观的佛寺，丰富了城市建筑的功能类型和纵向空间的高低变化。尽管魏晋时期在都城内外已经设有佛寺，但数量有限。北魏皇室崇信佛教，将大量人力物力投入佛寺浮屠的修建，上行下效，民间为消灾祈福，纷纷舍宅为寺、兴建佛塔。寺院佛塔不仅成为重要的城市功能单元，也成为都城的制高点和视觉标志。据《洛阳伽蓝记》记载，鼎盛时期，北魏洛阳"京城表里，凡有一千余寺"[④]。居于北魏洛阳城诸寺之首的当属永宁

[①] 宿白：《汉唐宋元考古——中国考古学（下）》，文物出版社，2010年，第89页。
[②] 同上。
[③] ［日］佐川英治：《北魏洛阳城的中轴线及其空间设计试论》，《魏晋南北朝史研究：回顾与探索——中国魏晋南北朝史学会第九届年会论文集》，湖北教育出版社，2009年，第724～733页。
[④] （北魏）杨衒之：《洛阳伽蓝记》序，引自杨衒之著，杨勇校笺《洛阳伽蓝记校笺》，中华书局，2006年，第2页。

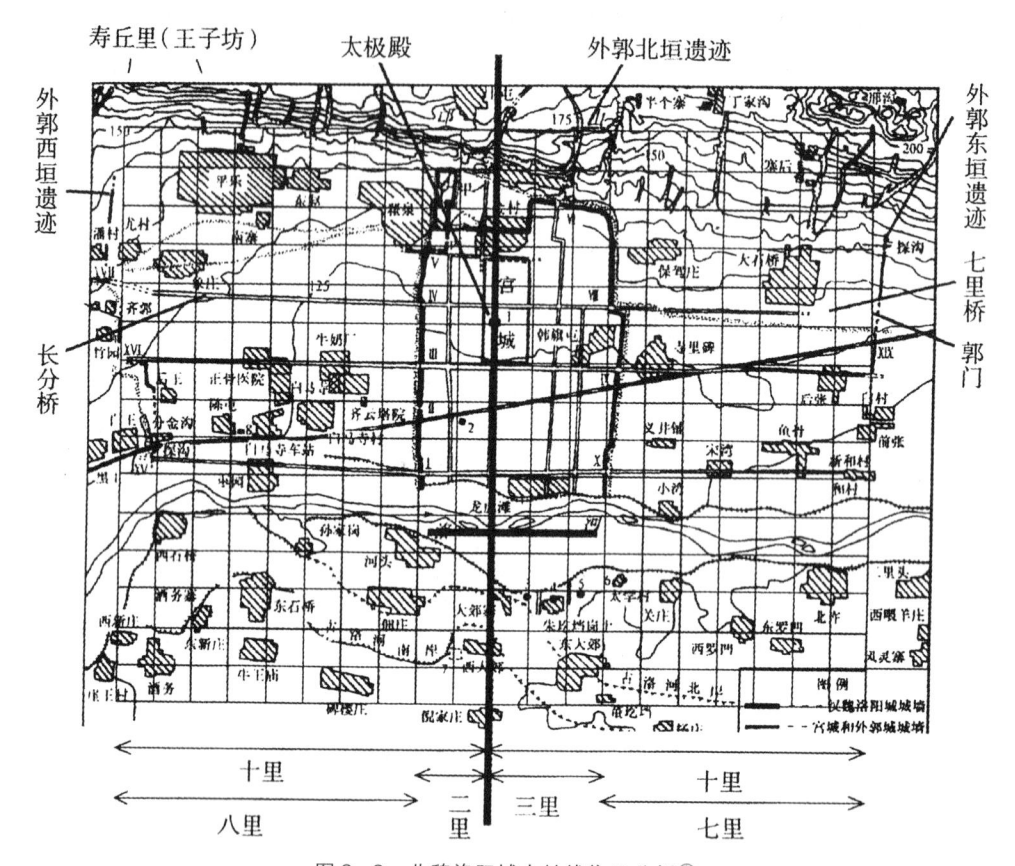

图 3-9 北魏洛阳城中轴线位置分析①

寺。孝明帝熙平元年（516年），灵太后下令修建永宁寺。该寺位于"宫前阊阖门南一里御道西"②，由于寺中有体量巨大的九层佛塔，永宁寺"去京师百里，已遥见之"③。考古发掘显示，永宁寺遗址平面为长方形，南北约305米，东西约215米，约占四分之一个里坊的大小，寺庙环绕院墙，四面开门，周匝设回廊，中央为100米见方的塔基，塔基北面还有一座大型佛殿遗址④。

---

① ［日］佐川英治：《北魏洛阳城的中轴线及其空间设计试论》，《魏晋南北朝史研究：回顾与探索——中国魏晋南北朝史学会第九届年会论文集》，湖北教育出版社，2009年，第733页。
② （北魏）杨衒之：《洛阳伽蓝记》卷一《永宁寺》，引自杨衒之著，杨勇校笺《洛阳伽蓝记校笺》，中华书局，2006年，第11页。
③ 同上。
④ 参见中国社会科学院考古研究所：《北魏洛阳永宁寺（1979~1994年考古发掘报告）》，中国大百科全书出版社，1996年。

三、别出心裁的都城规划

（一）山地因险筑城——孙吴京与武昌

京和武昌是孙吴政权在三国纷争最为激烈的阶段修建于长江沿岸的军事性都城。这两座都城的规划巧妙利用了河岸的陡峭地形，加强了城址的防御能力，与孙吴所建南京石头城在选址上有异曲同工之妙。

孙吴京城[1]又称铁瓮城，位于今镇江市区长江南岸的北固山前峰。东汉建安十三年（208年），孙权将政权中心"自吴迁于京口而镇之"[2]，筑京城，《至顺镇江志》记载："子城吴大帝所筑，周回六百三十步，内外固以砖，号铁瓮城。"[3] 三年后，徙治秣陵。考古工作表明，京城始建于孙氏占据江东以后至孙吴立国之前，城垣随地形修筑，平面略近椭圆形，西南角稍向外凸出，东西最宽处近300米，南北约480米，基本上完整地将北固山前峰岗地包围在城墙以内，城址内部高出外围地面15~20米。在京城封闭的城圈上仅设西、南两座城门，防守相当严密（图3-10）。

孙吴武昌城[4]又称吴王城，位于鄂东南长江南岸、今鄂州市区中部，同样是孙吴政权设立的一个临时性都城。221年，为应对蜀汉的进攻，孙权将都城西迁至鄂城，"改名武昌，以武昌、下雉、寻阳、阳新、柴桑、沙羡六县为武昌郡"[5]，随即修筑武昌城池。229年，孙权在武昌称帝，不久后又将政权迁回建业，以武昌为西都。据考古工作确认，孙吴武昌与京相似，也选址在临江高地，因险筑城。孙吴武昌城址北临长江，南有洋澜湖，东有虎头山，西近西

---

[1] 镇江古城考古所：《铁瓮城考古发掘纪要》，《南方文物》1995年第4期，第99~104页；刘建国、王书敏、霍强：《江苏镇江市铁瓮城遗址发掘简报》，《考古》2010年第5期，第36~53页；刘建国、霍强、陈长荣等：《镇江铁瓮城南门遗址发掘报告》，《考古学报》2010年第4期，第505~549页。

[2] （唐）许嵩撰，张忱石点校：《建康实录》卷一《太祖》，中华书局，1986年，第11页。

[3] （元）俞希鲁：《至顺镇江志》卷二，江苏古籍出版社，1999年，第9页。

[4] 蒋赞初：《鄂城六朝考古散记》，《江汉考古》1983年第1期，第34~38页；鄂州市博物馆、湖北省文物考古研究所：《六朝武昌城考古调查综述》，《江汉考古》1993年第2期，第19~24页；廖晋雄：《鄂州市吴王城古陶井发掘简报》，《江汉考古》1993年第4期，第7~9转25页；鄂州市博物馆：《鄂州市古砖井发掘简报》，《江汉考古》1994年第4期，第22~28页；徐国胜：《湖北鄂州市吴王城内三座古井的发掘》，《考古》1997年第12期，第36~43页；王然、丁兰：《吴王城新考》，《江汉考古》2000年第1期，第75~80页；冯务建：《六朝武昌城试掘简报》，《江汉考古》2003年第4期，第3~12页。

[5] 《三国志》卷四十七《吴主传》，中华书局，1959年，第1121、1129页；《建康实录》载："时权在公安，闻之，自公安下都鄂，改鄂为武昌。"参见（唐）许嵩撰，张忱石点校：《建康实录》卷一《太祖》，中华书局，1986年，第20页。

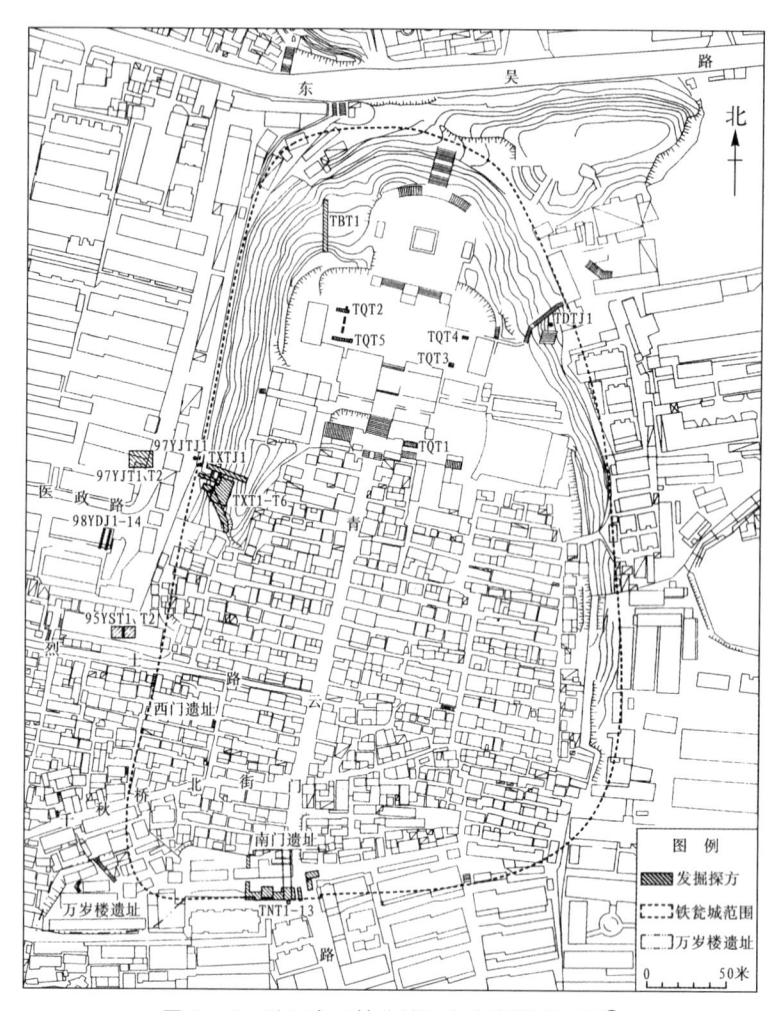

图 3-10 孙吴京（铁瓮城）考古实测平面图①

山丘陵。城址大体呈长方形，东西约 1 000 米，南北约 500 米，面积约 0.5 平方公里。城垣走向依据自然地形布置，北垣沿陡峭的江岸修建，东垣北段以寿山、窑山高地为城垣，城角依据地势多作抹角处理。城址以长江为北城壕，东、南、西三面开凿了宽深的城壕。在古城内的东南、西北角发现了较大面积的夯土建筑基址，或为宫殿衙署一类，西南及东南角城壕周边发现有较大面积的铜炼渣和烧土堆积，可能是手工业作坊遗址。另外，近年还在城址内外发现

---

① 刘建国、王书敏、霍强：《江苏镇江市铁瓮城遗址发掘简报》，《考古》2010 年第 5 期，第 37 页。

了若干与武昌古城同时期的古井（图3-11）。

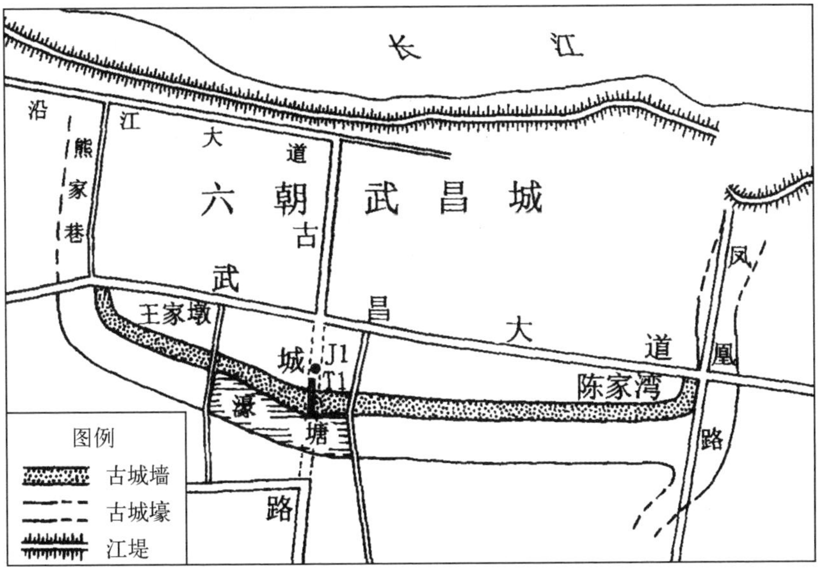

图3-11　六朝武昌城考古实测平面图①

综上，孙吴的政权中心京与武昌，都选址于临近长江天险的丘陵地带，因山筑城，随地形布置高大的城墙，开凿宽且深的城壕，城址的规模往往比较有限，仅略同曹魏邺城的宫城。这两座城市，更加侧重特定时间的军事作战意义，体现的是南方山城的选址和规划原则。

（二）五城攒聚之城——前凉姑臧

前凉姑臧是十六国时期张氏前凉政权的都城。根据文献，它大致位于今甘肃省武威市附近。姑臧旧城原由匈奴修筑，汉代夺回河西四郡，设武威郡。西晋永宁元年（301年）张轨治理姑臧，升姑臧为州治。经过八王之乱和五胡乱华，张氏政权以姑臧为政治中心，逐渐雄霸河西地区，直到376年被前秦所灭。由于考古资料极少，关于姑臧城的地望众说纷纭，尚未形成统一意见②。

---

① 冯务建：《六朝武昌城试掘简报》，《江汉考古》2003年第4期，第3页。
② 参见梁新民：《姑臧故城地理位置初探》，《敦煌学辑刊》1987年第1期，第107~112页；梁新民：《姑臧城的若干问题及其他——对〈中国历史文化名城小辞典〉"武威"条的五点质疑》，《西北史地》1991年第3期，第79~85页；王乃昂、蔡为民：《凉都姑臧城址及茂区变适初探》，《西北史地》1997年第4期，第7~12页；[日]前田正名：《姑臧城の城廓景観について》，《东方学》第44辑，1972年，第37~53页；朱艳桐：《五凉时期姑臧城的扩建与城市形态》，《中国历史地理论丛》2016年第4期，第65~73页。

文献记载，前凉政权在第四世张骏时达到鼎盛，对姑臧城进行大规模改建和扩建，于南城内兴筑谦光殿，在谦光殿的东、西、南、北四面建宜阳青殿、朱阳赤殿、政刑白殿和玄武黑殿，构成"五宫攒聚"的宫殿格局，并由南城与东、西苑城，北城、匈奴城等多座城圈[①]构成"五城攒聚"的城市格局。傅熹年认为，姑臧建五宫、五城的思想，源于儒家的五行思想，张骏在"四时宫"轮转听政来自《吕氏春秋》"十二纪"（后被删节收入《礼记·月令》）的要求[②]。

（三）双城并列，外郭环绕——大夏统万城

赫连夏国凤翔元年（413年），铁弗匈奴的赫连勃勃修筑都城，号称"统万城"。统万城遗址（又称白城子遗址）位于今陕西榆林靖边县红墩界镇白城则村，坐落于无定河上游北岸，海拔1157～1183米。依据考古工作，这座城址由并列的东城、西城和外围环绕的外郭城构成。其中，西城呈南北较长的方形，西墙略有拐折，面积36.79公顷。东城呈南北较长的方形，形态比较规整，面积40.36公顷。外郭城呈L形，将东、西两城环套在内，面积约770公顷[③]。统万城地形北高南低、西高东低，城址坐西北朝东南，沿朝阳方向的缓坡呈阶梯式布局。

关于今白城子遗址所见的东城、西城、外郭城的建造时间，学界有不同的观点[④]。从考古工作来看，西城和外郭的夯土相似，推测建于赫连夏时期，东城应是沿用自汉代的"大城"，至迟于唐末已重修，故在今遗址上所见的夯土

[①] 关于姑臧城名及具体数量，不同学者据《晋书》《水经注》等文献提出了不同看法，参见［日］前田正名：《姑臧城の城廓景観について》，《東方学》第44辑，1972年，第37~53页；朱艳桐：《五凉时期姑臧城的扩建与城市形态》，《中国历史地理论丛》2016年第4期，第65~73页；朱艳桐：《姑臧城空间布局与五凉河西政治》，《敦煌学辑刊》2017年第2期，第55~63页。

[②] 傅熹年：《中国古代建筑史·第二卷·三国、两晋、南北朝、隋唐、五代建筑》，中国建筑工业出版社，2001年，第49页。

[③] 陕西省考古研究院、榆林市文物保护研究所、榆林市文物考古勘探工作队、靖边县统万城文物管理所：《统万城遗址近几年考古工作收获》，《考古与文物》2011年第5期，第14～19页；邢福来：《流沙半掩赫连城——统万城考古纪实》，《大众考古》2016年第7期，第21～31页。

[④] 宿白：《三国两晋南北朝考古－北方地区－大夏和吐谷浑城址》，初版于1992年，见《中国大百科全书·考古学卷》，中国大百科全书出版社，2002年；［韩］朴汉济：《五胡赫连夏国之都城统万城的选址及其构造——以胡族国家的都城经营方式为中心》，原载韩国《东洋史学研究》2000年第19辑，引自侯甬坚编《统万城建城一千六百年国际学术研讨会文集》，陕西师范大学出版社有限公司，2015年，第367～393页；邓辉：《统万城与毛乌素沙地历史时期环境变迁研究评述》，《中国历史地理论丛专辑·走向世界的沙漠古都——统万城》，2003年，第106～112页；刘景纯：《统万城布局结构及其相关问题的探讨和推测》，《中国历史地理论丛专辑·走向世界的沙漠古都——统万城》，2003年，第113～120页；艾冲：《隋唐时期的夏州城新论》，《陕西历史博物馆馆刊（第18辑）》，2011年，第104～114页；邢福来：《关于统万城东城的几个问题》，《考古与文物》2014年第5期，第109～113页。

年代较晚。就城市功能而言，西城是统治中心和礼制中心，西城墙基宽 10～14 米，城墙上还增设了马面、隅墩等防御设施。文献记载西城设 4 门，"南门曰朝宋，北门曰平朔，东门曰招魏，西门曰服凉"。西城的西南部应是宫城，发现了"永安台"遗址。东城未见赫连夏时期的大型夯土建筑遗迹，当时可能作为安置俘虏的私城，留下了足够的空地以建造帐幕[1]。外郭城阔大，遗迹稀少，有学者推测外城可能用于管理畜产[2]。外郭城外还发现了一些赫连夏时期的夯土基址，可能与祭祀礼制建筑有关。

从《统万城铭》对五郊、七庙、左社、右稷、明堂、露寝、闾阖、象魏、华林等城市功能的记述，以及文献所记载的统万城宫殿铜雕装饰来看，大夏国都的规划应考虑了对中原都城制度的效仿。但实际上，从考古发掘的情况来看，赫连夏时期修建的西城、外城都比较空旷，建筑、道路遗迹也没有发现存在轴线对位关系，统万城的选址和建设还是主要考虑了当地的自然环境以及统治者在防御、生活上的实际要求（图 3-12、图 3-13）。

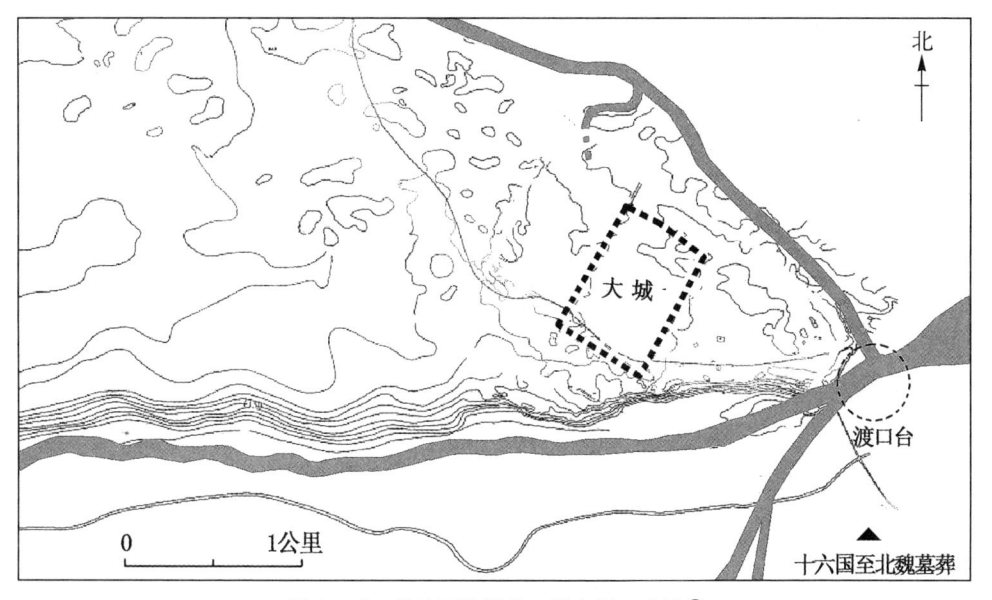

图 3-12 赫连夏前期统万城布局示意图[3]

---

[1] 袁怡雅：《统万城遗址的空间格局研究》，中国建筑设计研究院硕士学位论文，2017 年，第 65～83 页。
[2] 同上。
[3] 改绘自袁怡雅：《统万城遗址的空间格局研究》，中国建筑设计研究院硕士学位论文，2017 年。

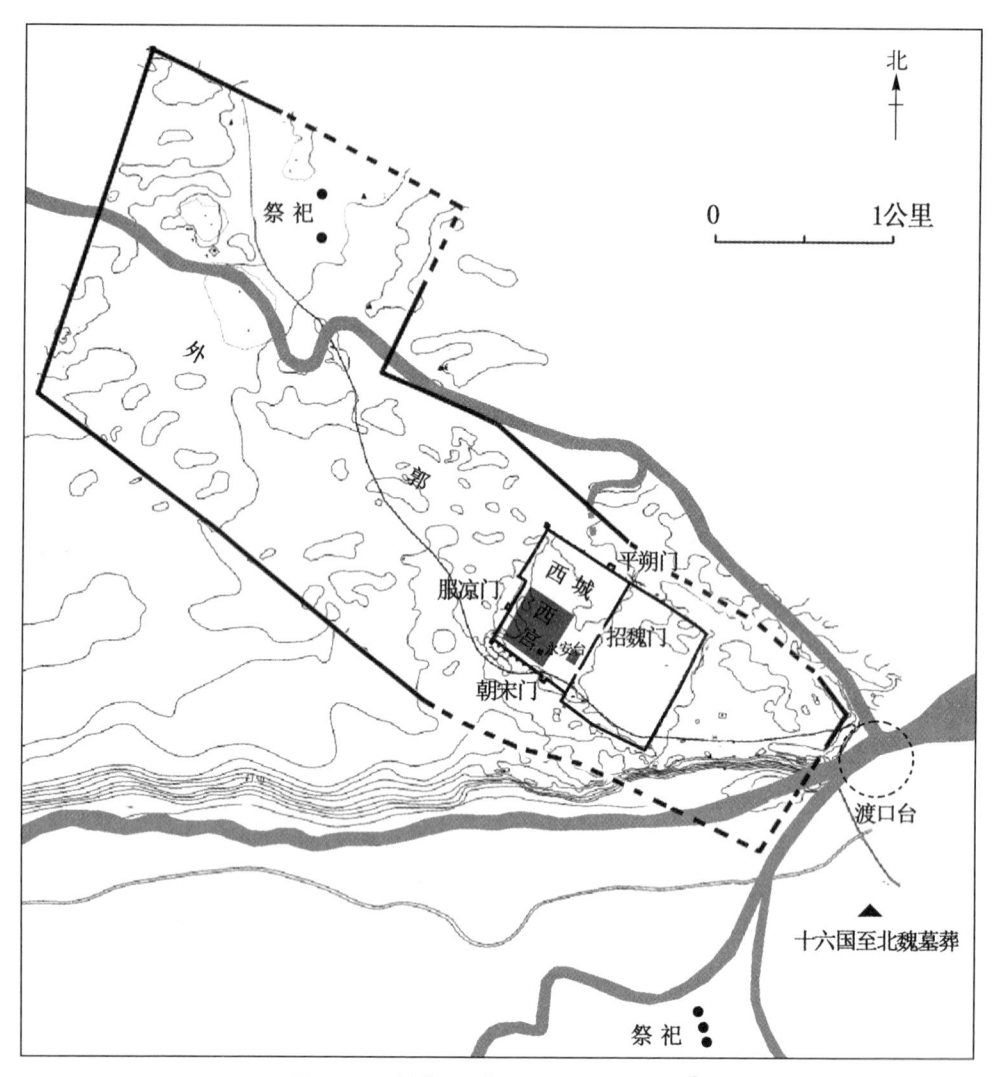

图 3-13 赫连夏时期统万城布局示意图①

（四）变易周礼之城——西魏北周长安略述

经历两汉末年的动乱，西汉故都长安遭受了严重的破坏，至西晋初年仍非常荒凉。潘岳《西征赋》描绘道："街里萧条，邑居散逸。营宇寺署，肆廛管库，蓁芮于城隅者，百不处一。"②尽管如此，长安仍被十六国时期的多个政权

---

① 改绘自袁怡雅：《统万城遗址的空间格局研究》，中国建筑设计研究院硕士学位论文，2017年。
② （梁）萧统编，（唐）李善注：《文选》卷十，中华书局，1977年，第154a页。

作为统治中心。在长安城之中，刘曜于319年立前赵，苻坚于350年立前秦，姚苌于386年立后秦。418年，夏国赫连勃勃夺得长安，以为南都。十二年后，北魏击败夏，取得长安。534年，魏孝武帝西奔，在长安建立西魏政权。北周通过禅让夺得西魏政权之后，仍然以长安为都，直至隋文帝迁建新的都城。

文献记载，十六国时期，长安城中有"小城"，至南北朝时，城中又另筑小城、子城和皇城[1]。刘曜亡后，长安为后赵占据，石虎以石苞镇长安，征发雍、洛、秦、并州十六万人城长安未央宫。史念海指出，十六国至南北朝后期，长安城中的小城、子城和皇城，都应没有离开未央宫的范围[2]。

近年，考古工作者在汉长安城东北部，以宣平门大街、洛城门大街与北城墙、东城墙围合的区域内找到了两座十六国至北朝时期的城址。两者东西毗邻，西小城北墙长1 214米，东墙长972米，南墙长1 236米，距宣平门大街100米，西墙长974米，面积约1.2平方公里；东小城北墙长988米，东墙长990米，南墙长944米，西墙即西小城东墙，面积近1平方公里。其中，东小城的东墙和东、西小城的北墙都是由原汉长安城的城墙改建而成。依据文献，西魏北周时期的长安宫城分为东、西两宫。结合既往对城门的考古工作，发掘者认为，两座小城所在的汉长安城的东北角才是西魏北周长安的政治中心[3]。从规模上看，东、西小城的面积均约1平方公里，与南北朝时期洛阳、邺城的宫城规模比较接近（图3-14）。

目前，依据考古材料推定的南北朝时期的长安城布局与既往学者基于文献的认识存在一定差异。如果汉长安城遗址东北部的两座小城就是西魏北周时期

---

[1] 史念海、史先智：《论十六国和南北朝时期长安城中的小城、子城和皇城》，《中国历史地理论丛》1997年第1期，第2~13页。

[2] 尚民杰同样认为："未央宫的命运与长安建都的历史过程息息相关，自西汉定都长安后，又继之以王莽、东汉献帝、西晋惠帝和愍帝、前赵、前秦、后秦、西魏、北周、隋等，先后涉及大小十个王朝，建都历史三百六十余年，在此期间未央宫虽几经兴衰，但仍被作为皇宫使用，一直是汉长安城中最重要的宫殿建筑群。"参见尚民杰：《西汉以后的未央宫》，《考古与文物》2003年第2期，第56~59、69页。

[3] 刘振东：《西汉长安城的沿革与形制布局的变化》，《汉代考古与汉文化国际学术研讨会论文集》，齐鲁书社，2006年，第620~634页；刘振东：《西安市十六国至北朝时期长安城宫城遗址的钻探与试掘》，《考古》2008年第9期，第23~35页；杨永林：《十六国至北朝长安城宫门遗址面世》，《光明日报》2009年1月5日。

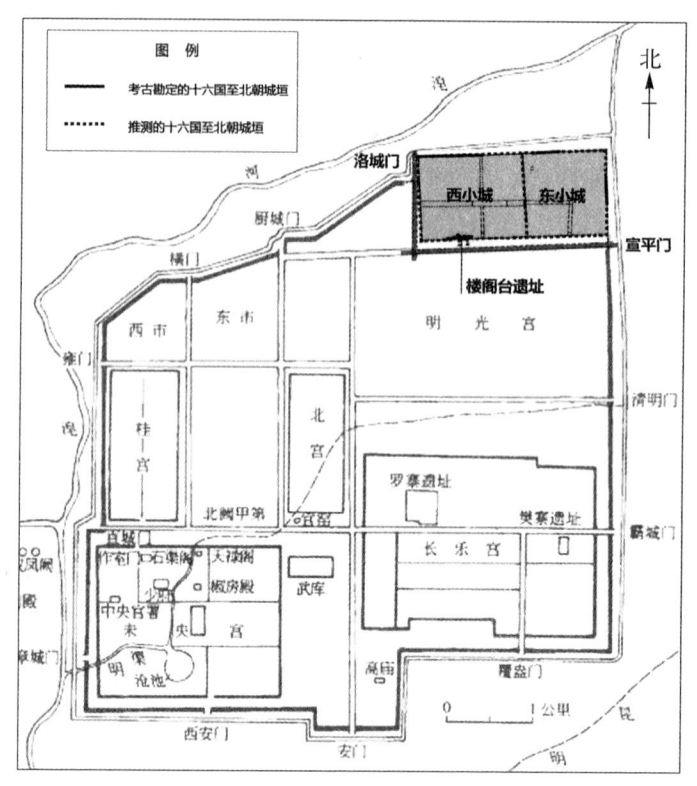

图 3-14 依据考古材料绘制的十六国至北朝长安宫城布局图①

的宫城，那么，此时未央宫的性质和作用是什么？为何未央宫频频见诸文献？这些问题还值得再做进一步研究。

尽管十六国至北朝长安城的宫城位置和形态有待厘清，但根据文献可知，为了在文化上与南梁、北齐抗衡，北周政权标榜以效仿《周礼》立国，城市制度力求模仿先秦的经典文献，具有明显的复古倾向，迥异于北魏营建洛阳的城市制度。例如，北周皇帝朔望视朝、处理政务、会见群臣的宫殿称为"露寝"（亦作"路寝"），宫门称"露门"，不同于南北朝时期洛阳正宫称太极宫，正宫门称阊阖门。北周长安城祖、社的布局也独树一帜，采用"右宗庙，左社稷"的做法，有别于洛阳、邺城"左祖右社"的制度，《隋书·礼仪》认为前

---

① 改绘自刘振东：《西安市十六国至北朝时期长安城宫城遗址的钻探与试掘》，《考古》2008 年第 9 期，第 26 页；底图取自中国社会科学院考古研究所：《中国考古学·秦汉卷》，中国社会科学出版社，2010 年，第 177 页。

者是"思复古之道"①，隋人评价道："……古今既殊，礼亦异制。故左社稷而右宗庙者，得质之道也。右社稷而左宗庙者，文之道也。"② 从祖、社制度来看，北周长安的布局很有可能来源于变易之后的《周礼》，不同于汉晋以来对《周礼》的常规释义。

第二节 南北朝时期的理想城市
——兼探东魏北齐邺城的外郭边界

魏明帝以曹魏邺城的布局作为主要参考来改造洛阳，创立了影响广泛的洛阳都城规制；东魏北齐扩建邺城，很大程度上又继承了经北魏扩建洛阳总结的都城建设经验，可以说，三国两晋南北朝时期的邺城经历了洛阳规制自萌发至成熟的全过程，洛阳与邺城是中古时期前半段彼此见证的两颗"双子星"。相较而言，既往邺城受到的关注较少，有关东魏北齐邺城城市格局的疑团也比较多。

曹魏邺城修建于汉末乱世，曹氏家族尚未正式称帝，城址的规模和建制受到一定影响，傅熹年称："曹魏邺城是因袭汉代郡国一级城市的规模体制，而不是按帝都体制重新规划的。"③ 东魏北齐邺城不仅规模更大，还是南北朝时期为数不多的新建城市之一，拥有较好的实施规划设想的建设条件。罗宗真写道，"东魏、北齐邺城从总体设计到付诸实施，较少受到旧城或自然条件的局限，更能贯彻设计者的意图，因而它的平面布局更加成熟完备"④。朱岩石指出："（东魏北齐邺城）设计者们一定程度参与过北魏洛阳的建设，而邺南城基本全部为新建，更易表达营造设计者在洛阳城未能充分实施的意图构想，因而邺南城更加规整完善。"⑤ 有鉴于此，本节将围绕东魏北齐邺城讨论洛阳都城规制以及中古时期前半段的城市规划思想。

---

① 《隋书》卷七《礼仪》，中华书局，1973年，第135页。
② 《隋书》卷七《礼仪》，中华书局，1973年，第141页。
③ 傅熹年：《中国古代建筑史·第二卷·三国、两晋、南北朝、隋唐、五代建筑》，中国建筑工业出版社，2009年，第5页。
④ 罗宗真：《魏晋南北朝考古》，文物出版社，2001年，第25页。
⑤ 朱岩石：《东魏北齐邺南城内城之研究》，巫鸿主编《汉唐之间的视觉文化与物质文化》，文物出版社，2003年，第98页。

一、邺城概况

邺城位于今河北省临漳县和河南省安阳市的交界处,地处太行山前的河北平原的南部。城址北邻西南—东北走向的漳水,南面是东西流向的洹水。地势以西北近漳河河道处略高,东、南两面开阔平坦,地势"平广阔大"[1],适合耕种垦殖。邺城的位置又恰好处在太行山东麓的南北陆路交通要道上,随着曹操在淇水筑堰、开凿平虏、利漕等河渠,邺城一度成为黄河下游大平原上南北水运交通的枢纽。优越的自然条件,加之后天的开垦经营,险要的地理位置,加之水陆交通的疏导,使南北朝时期的邺城更加富庶和繁荣,具备了建立国家都城的条件。传说邺城始建于齐桓公时代,在两汉时期曾作为冀州州治和魏郡郡治,南北朝时期先后有曹魏、后赵、冉魏、前燕和东魏—北齐政权在这里建都(图 3-15)。

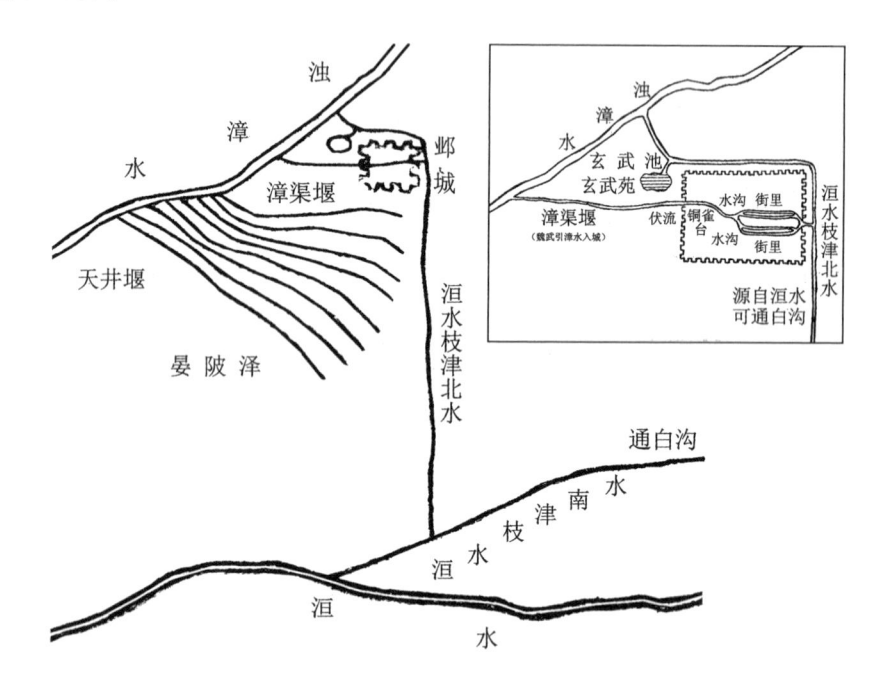

图 3-15 曹魏邺城周边水系分布示意图[2]

---

[1] (北宋)陈申之:《相台志》,许作民辑校注《邺都佚志辑校注》,中州古籍出版社,1996 年,第 194 页。

[2] 郑连第:《古代城市水利》,水利电力出版社,1985 年,第 38 页。

邺城遗址的主体由南北相连的北城和南城构成，习惯上称为"邺北城"和"邺南城"。邺北城兴建于东汉末年，经曹魏政权的经营、十六国时期的改建，一直沿用到东魏北齐时期。邺南城兴建于东魏初年，据朱岩石的考证，其性质应相当于东魏北齐邺都的内城[1]。曹魏和东魏北齐时期是形成邺城布局的两个最重要的阶段。

(一) 曹魏邺城概况

邺北城兴建于曹魏时期，亦是曹魏邺城的主体。建安九年（204年），曹操攻占了袁绍经营多年的根据地邺城。此后，曹操开始在邺城大兴土木，修建宫殿苑囿，按照自己的理想布置政权中心。建安十八年（213年），曹操立为魏公，将邺确立为统辖冀州十郡的魏国的都城，"置丞相已下群卿百寮，皆如汉初诸侯王之制"[2]。同年7月正式修建曹魏社稷宗庙[3]。220年，曹丕代汉为帝，建立魏朝，将都城迁至洛阳。从204年曹操克邺到220年曹丕定都洛阳，曹魏对邺城的经营有17年之久，邺都经过这段时间的快速发展，成长为中国北部的政治、经济、文化中心之一。20世纪80年代对邺城遗址的考古工作证实，邺北城主体始建于东汉晚期至曹魏时期，是曹魏邺城所在。

根据《水经注》等文献记载，曹魏邺城东西七里，南北五里，呈横长方形。共设七座城门，南面开三门，自东向西依次为广阳门、中阳门和凤阳门。东、西面各有一门，东为建春门，西为金明门。北面二门，东为广德门，西为厩门。曹魏邺城的布局特点是利用连通建春门与金明门的东西大道将全城分为南北两部分，北边以宫殿苑囿为主，南边以民廛为主。具体来说，北半部分的中央是宫殿建筑群，西侧地势稍高，是皇家仓库和苑囿所在，还建有颇具军事防御意味的铜爵三台；宫殿东面是贵族的居住区戚里。南半部分主要是民居、商业区和一些军营。中阳门内大道位于都城中央，北面正对立有巨阙的宫城正门和宫城主殿，大道北段东西两侧有相国府、御史大夫府、奉常寺等曹魏政权的主要官署，它是邺城最宽阔、最壮观的街道，是全城的中轴线。考古工作基本验证了曹魏邺城的上述布局（图3-16）。

---

[1] 朱岩石：《东魏北齐邺南城内城之研究》，巫鸿主编《汉唐之间的视觉文化与物质文化》，文物出版社，2003年，第97～109页。

[2] 《三国志》卷一《武帝纪》，中华书局，1959年，第39页。

[3] 《三国志》卷一《武帝纪》，中华书局，1959年，第42页。

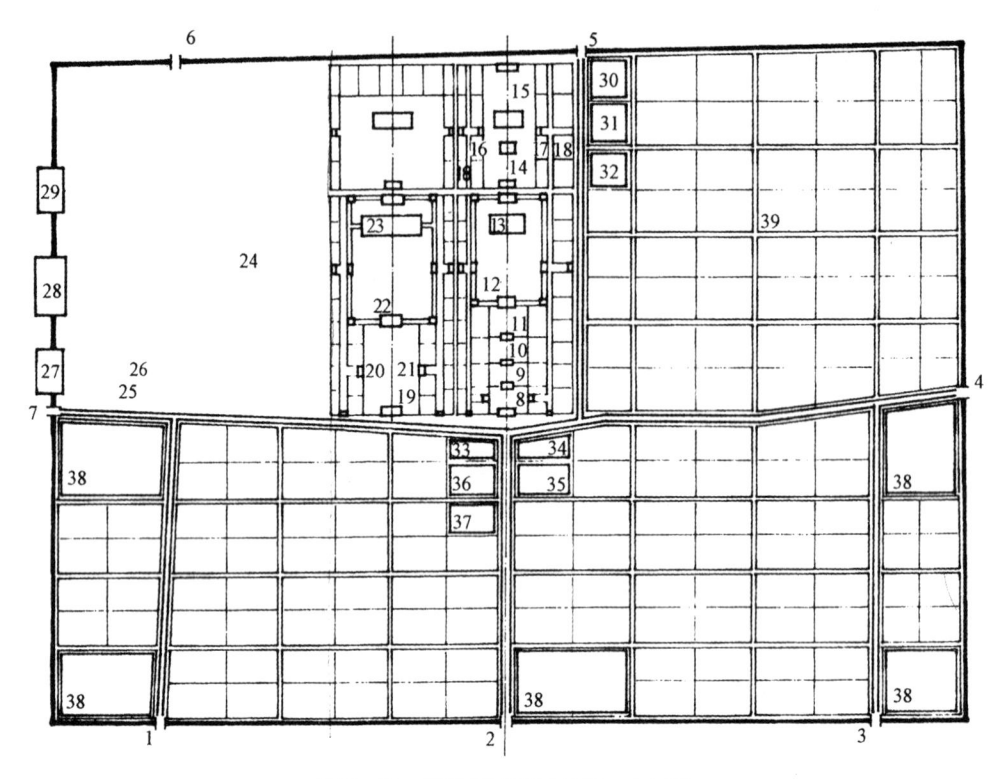

图 3-16　曹魏邺城平面复原示意图[①]

1. 凤阳门	2. 中阳门	3. 广阳门	4. 建春门	5. 广德门	6. 厩门
7. 金明门	8. 司马门	9. 显阳门	10. 宣明门	11. 升贤门	12. 听政门
13. 听政殿	14. 温室	15. 鸣鹤堂	16. 木兰坊	17. 楸梓坊	18. 次舍
19. 南止车门	20. 延秋门	21. 长春门	22. 端门	23. 文昌殿	24. 铜爵园
25. 乘黄厩	26. 白藏库	27. 金虎台	28. 铜爵台	29. 冰井台	30. 大理寺
31. 宫内大社	32. 郎中令府	33. 相国府	34. 奉常寺	35. 大农寺	36. 御史大夫府
37. 少府卿寺	38. 军营	39. 戚里			

十六国时期，邺北城先后作为后赵、冉魏、前燕政权的都城，虽屡因战乱焚掠，但城市布局基本保持旧貌，主要强化了宫殿和城市防御设施（图 3-17）。384 年，后燕占领邺城，在城中修筑隔城，分割、缩小了原有规模。东魏迁都邺城以后，保留并继续使用邺北城，城内除了有北宫和皇家园林，也有不少达官贵人的宅邸。

[①] 傅熹年：《中国古代建筑史·第二卷·三国、两晋、南北朝、隋唐、五代建筑》，中国建筑工业出版社，2009 年，第 3 页。

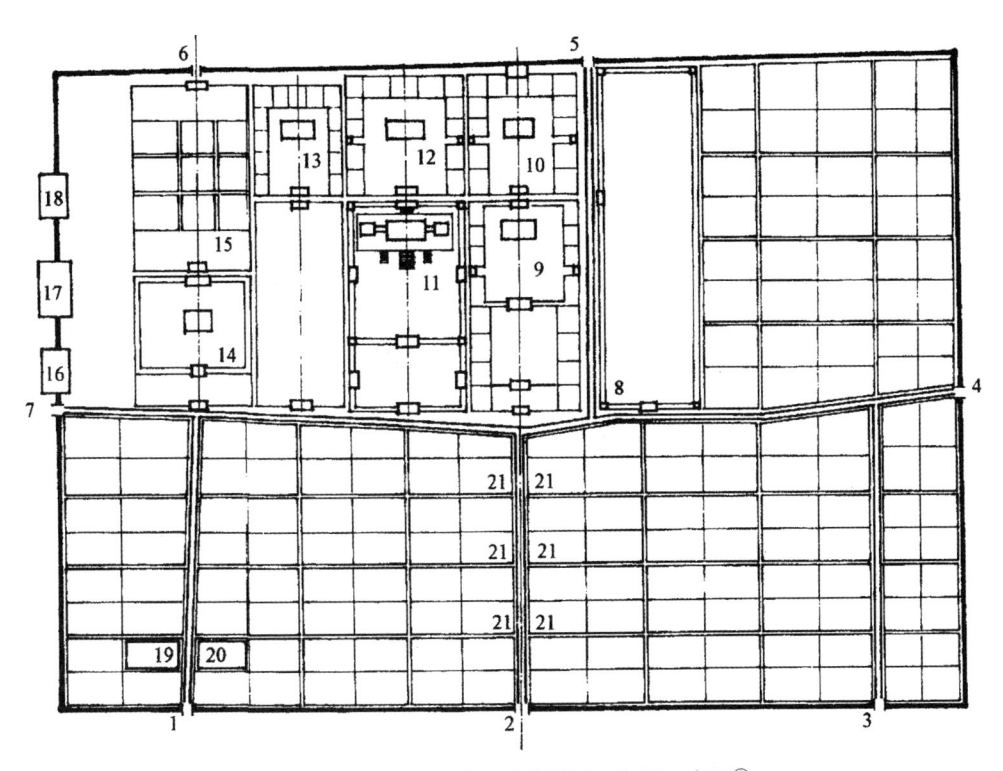

图 3-17　十六国后赵石虎邺城平面复原示意图[1]

1. 凤阳门　　2. 中阳门　　3. 广阳门　　4. 建春门　　5. 广德门　　6. 厩门
7. 金明门　　8. 东宫　　　9. 朝堂　　　10. 晖华殿　　11. 太武殿　　12. 金华殿
13. 琨华殿　14. 显阳殿　　15. 九华宫　　16. 金凤台　　17. 铜爵台　　18. 冰井台
19. 太社　　20. 太庙　　　21. 衙署

（二）东魏北齐邺城南城概况

邺南城始建于东魏初年，并为北齐沿用，它是东魏北齐邺城的重要组成部分。北魏永熙三年（东魏天平元年，534年），权臣高欢拥立孝静帝，建立东魏政权。同年十一月自洛阳迁都至邺。迁都之后，高欢以"北城窄隘"，安排孝静帝暂住在相州廨舍，翌年选定了邺都旧城南面的空地，修建宗庙宫室，扩筑新城，历时约5年。《魏书·李业兴传》记载，新建的邺南城"上则宪章前代，下则模写洛京"，实际修建了东、南、西三面城墙，北面借用邺北城的南墙，《邺中记》记载："城东西六里，南北八里六十步。高欢以北城窄隘，故令

---

[1] 傅熹年：《中国古代建筑史·第二卷·三国、两晋、南北朝、隋唐、五代建筑》，中国建筑工业出版社，2009年，第60页。

仆射高隆之更筑此城。掘得神龟，大方丈，其堵堞之状，咸以龟象焉。"550年，高欢之子高洋废孝静帝，自立为帝，仍以邺城为都，建立北齐政权。577年，北齐被北周所灭，邺都宫苑被拆毁，都城降为地方城市相州，邺城作为东魏和北齐政权的都城计约43年。

邺南城南面设3门，东西各开4门，共11座城门。南墙正中为朱明门，朱明门东西分别是启夏门和厚载门。东墙自南而北，依此是仁寿门、中阳门、上春门、昭德门。西墙自南而北，依次是止秋门、西华门、乾门和纳义门。考古钻探发现邺南城有南北干道3条，中间一条正对宫城正门，其余两条通过厚载门和启夏门；东西两墙上的城门也是两两相对，形成4条东西向干道（最北侧的城门和道路情况还有待验证），纵横大道相交，构成全城的正交路网。邺南城内的宫城位于城址中部偏北，与《邺中记》记载的"宫东西四百六十步，南北连后园至北城合九百步"① 基本吻合。邺南城宫城的后园及北墙因漳河改道从这个位置流过，遗迹多已无存，实测距离约800米。宫城南临西华门和中阳门大道，该东西大道将全城平分为南北两部分，绝大多数中央官署分布在南半部分，尤其是集中在朱明门大道两侧，文献记载"尚书省及卿寺百司，自令仆而下，至二十八曹，并在宫阙之南"②。其中，大司马府和御史台应位于端门外大街的东西两侧，司州牧廨也位于宫城之南。在邺南城宫城以南、朱明门大街两侧仍能找到一些夯土台基，可能是与官署建筑有关的遗址。文献记载，东魏北齐的太庙位于朱明门大道东侧，相邻的大道西侧应该是社稷，符合"左祖右社"的传统制度。据朱岩石考订，邺南城东北部的刘太昌村，应是东魏北齐太仓所在③。根据史料，邺南城内还有一些皇亲贵胄的府邸，几乎都位于城址南部，如朱明门大街西侧有北齐录尚书事和士开宅、东魏尚书元文遥宅，启夏门内有北齐同三司刘臻宅，宫城西南、御史台的南部有昌黎王韩长鸾宅、高昌王刘龙虎宅等（图3-18、图3-19）。

综上所述，南北毗邻的邺北城和邺南城主体分别兴建于曹魏及东魏北齐两个时期，东魏北齐时期邺城的范围则包括这两座城址在内。邺城在577年北周灭北齐之战后废为地方城市相州，但城市的基础设施并未遭到大的破坏。北周

---

① 佚名：《邺中记》，许作民辑校注《邺都佚志辑校注》，中州古籍出版社，1996年，第116页。
② 佚名：《邺中记》，许作民辑校注《邺都佚志辑校注》，中州古籍出版社，1996年，第127页。
③ 朱岩石：《东魏北齐邺南城内城之研究》，巫鸿主编《汉唐之间的视觉文化与物质文化》，文物出版社，2003年，第104页。

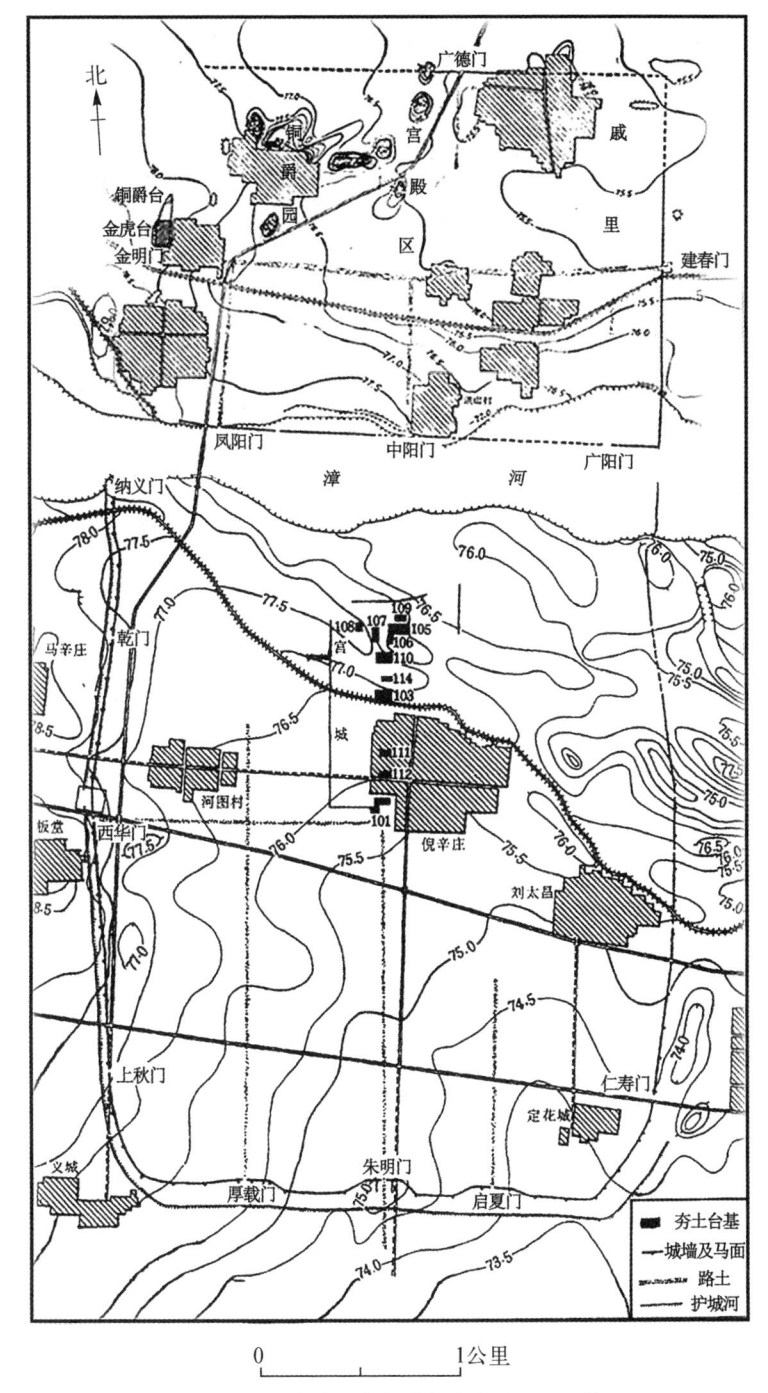

图 3-18　东魏北齐邺城考古实测平面图①

---

① 拼合自徐光冀、顾智界：《河北临漳邺北城遗址勘探发掘简报》，《考古》1990 年第 7 期，第 22 页；徐光冀、朱岩石、江达煌：《河北临漳县邺南城遗址勘探与发掘》，《考古》1997 年第 3 期，第 28 页。

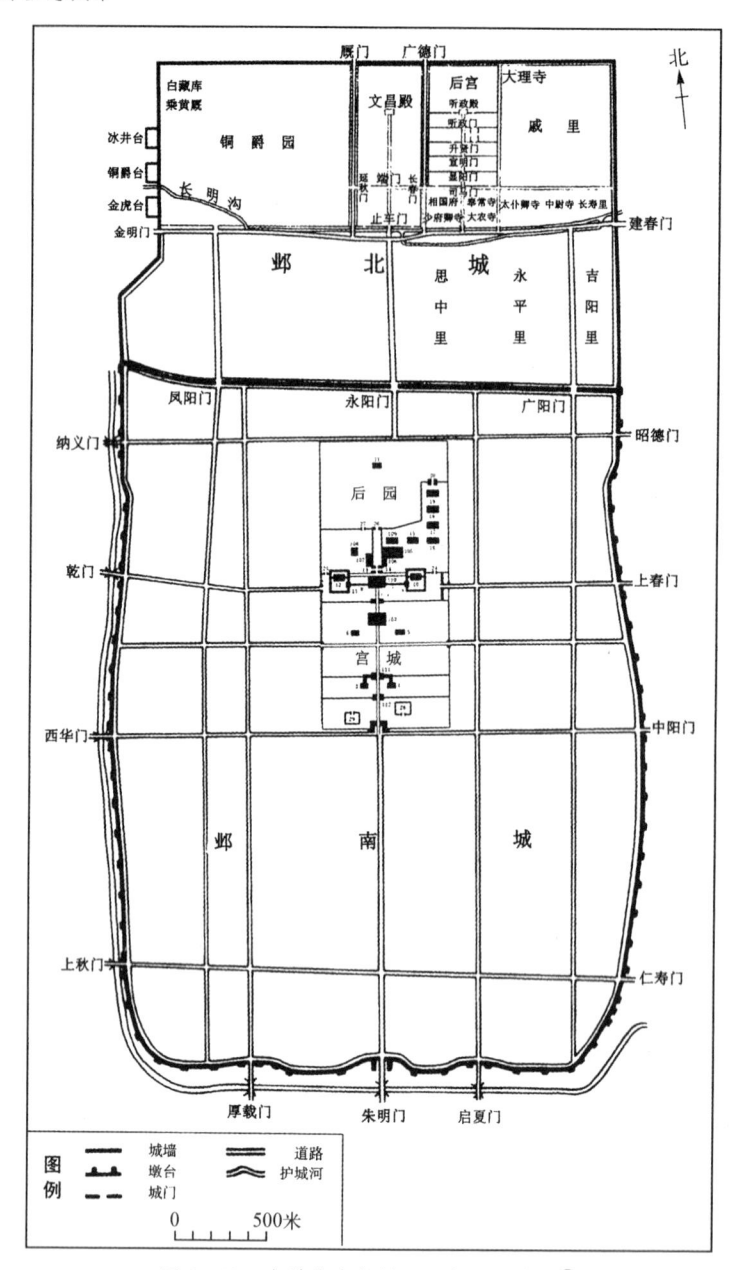

图 3-19 东魏北齐邺城平面复原示意图①

---

① 改绘自徐光冀：《曹魏邺城的平面复原研究》，《中国考古学论丛——中国社会科学院考古研究所建所 40 年纪念》，科学出版社，1993 年，第 422～428 页；徐光冀：《东魏北齐邺南城平面布局的复原研究》，《宿白先生八秩华诞纪念文集》，文物出版社，2002 年，第 204、205 页。另外，傅熹年也绘制了东魏北齐邺城及邺城南城宫城的复原图，关于部分宫苑的推测与徐文有所不同，参见傅熹年：《中国古代建筑史·第二卷·三国、两晋、南北朝、隋唐、五代建筑》，中国建筑工业出版社，2009 年，第 104、131 页。

大象二年（580年），杨坚平定相州总管尉迟迥叛乱之后，焚毁邺城屋舍，迁徙居民至安阳，邺城从此沦为废墟。在此之后，邺城故址西北的漳河改道，从邺城的北城与南城之间穿过，冲毁了其间的部分城址，靠近河道的城址逐渐掩埋在洪水沉积形成的泥沙层之下。不过，正由于在南北朝以后再也没有城市叠压在邺城遗址之上，城址地表至今仍是乡村，遗存年代相对单纯，后世生活遗迹的干扰比较少，邺城废弃后的状态得到了比较好的保存。

邺城的城市考古开始较早，系统的调查、勘探和发掘起步于20世纪50年代以后。1957年，俞伟超首先调查了邺城遗址[①]。1976年至1979年，邺城遗址所在地临漳县的文物管理部门对遗址进行了多次调查和勘探，采集到了大量文物[②]。1983年开始，中国社会科学院考古研究所等单位联合组成邺城考古队，对邺城遗址开展了长期系统的调查、钻探和发掘，这项工作持续多年，基本上弄清楚了邺北城、邺南城遗址的平面布局等基本情况[③]，以考古工作为基础，徐光冀对邺北城、邺南城的平面布局进行了复原研究[④]，朱岩石[⑤]、傅熹年[⑥]、郭济桥[⑦]等学者进一步讨论了邺城内城的相关问题，并开始关注东魏北齐邺城外郭城的复原研究。2001年以后，陆续发现并发掘了赵彭城北朝佛寺遗址、北吴庄佛教埋藏坑等重要遗存，为全面认识东魏北齐邺城的面貌提供了非常丰富的信

[①] 俞伟超：《邺城调查记》，《考古》1963年第1期，第15~24页。

[②] 乔文泉：《邺城考古调查和钻探简报》，《中原文物》1983年第4期，第9~16页。

[③] 徐光冀：《邺城遗址的勘探发掘及其意义——在磁山文化学术讨论会上的发言》，《文物春秋》1989年第Z1期，第38~39页；徐光冀、顾智界：《河北临漳邺北城遗址勘探发掘简报》，《考古》1990年第7期，第21~26转102页；徐光冀：《邺城考古的新收获》，《文物春秋》1995年第3期，第1~5转16页；徐光冀、顾智界：《河北临漳县邺南城朱明门遗址的发掘》，《考古》1996年第1期，第1~9页；徐光冀、朱岩石、江达煌：《河北临漳县邺南城遗址勘探与发掘》，《考古》1997年第3期，第27~32页。

[④] 徐光冀：《曹魏邺城的平面复原研究》，《中国考古学论丛——中国社会科学院考古研究所建所40年纪念》，科学出版社，1993年，第422~428页；徐光冀：《东魏北齐邺南城平面布局的复原研究》，《宿白先生八秩华诞纪念文集（上）》，文物出版社，2002年，第201~215页。

[⑤] 朱岩石：《东魏北齐邺南城内城之研究》，巫鸿主编《汉唐之间的视觉文化与物质文化》，文物出版社，2003年，第97~109页。

[⑥] 傅熹年：《中国古代建筑史·第二卷·三国、两晋、南北朝、隋唐、五代建筑》，中国建筑工业出版社，2009年，第2~6、103~107页。

[⑦] 郭济桥：《曹魏邺城中央官署布局初释》，《殷都学刊》2002年第2期，第34~38页；郭济桥：《北朝时期邺南城布局初探》，《文物春秋》2002年第2期，第16~26页；郭济桥：《东魏、北齐邺京城乡建制》，《殷都学刊》2012年第4期，第38~43页；郭济桥：《邺南城的宫城形制》，《殷都学刊》2013年第2期，第34~37页。

息①。基于文献记载和新发现的线索，邺城考古队推测的东魏北齐邺城外郭城的北界即邺北城的北墙及其延长线，以此为基准，将邺南城外郭城复原为南北、东西边长都为9 000米左右，换算为当时的尺度是边长约20里的正方形城址②（图3-20）。

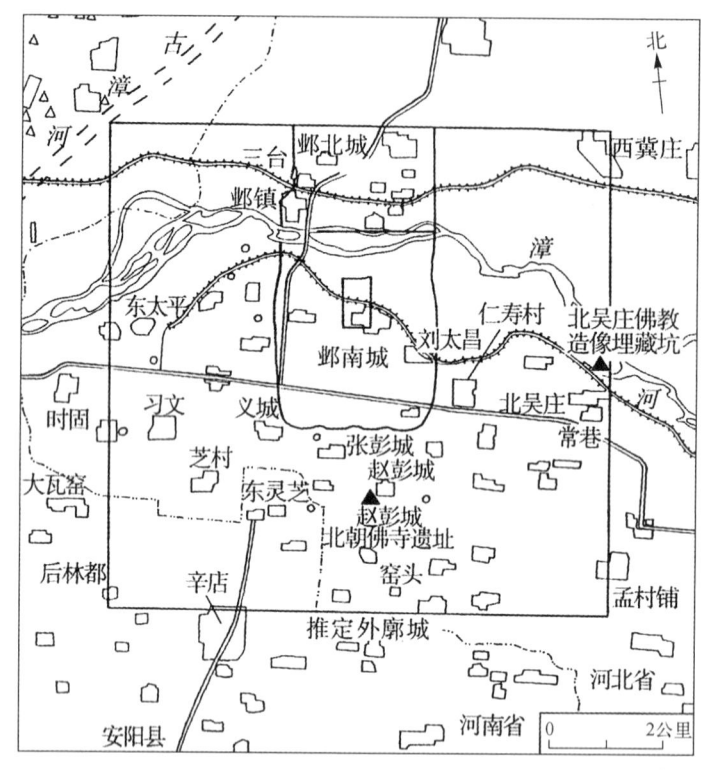

图3-20 邺城考古队绘东魏北齐邺城外郭复原图③

---

① 朱岩石、何利群、艾力江：《河北临漳县邺城遗址东魏北齐佛寺塔基的发现与发掘》，《考古》2003年第10期，第3～6页；朱岩石、何利群、郭济桥等：《河北临漳县邺城遗址赵彭城北朝佛寺遗址的勘探与发掘》，《考古》2010年第7期，第2～44转104页；中国社会科学院考古研究所、河北省文物研究所邺城考古队、朱岩石、何利群等：《河北临漳县邺城遗址北吴庄佛教造像埋藏坑的发现与发掘》，《考古》2012年第4期，第4～7页；中国社会科学院考古研究所、河北省文物研究所邺城考古队、朱岩石、何利群等：《河北邺城遗址赵彭城北朝佛寺与北吴庄佛教造像埋藏坑》，《考古》2013年第7期，第49～68页；何利群、沈丽华、朱岩石等：《河北临漳县邺城遗址赵彭城北朝佛寺2010～2011年的发掘》，《考古》2013年第12期，第25～35页；中国社会科学院考古研究所、河北省临漳县文物旅游局：《邺城考古发现与研究》，文物出版社，2014年；何利群、朱岩石、沈丽华等：《河北临漳邺城遗址核桃园一号建筑基址发掘报告》，《考古学报》2016年第4期，第563～591页。

② 朱岩石：《东魏北齐邺南城内城之研究》，巫鸿主编《汉唐之间的视觉文化与物质文化》，文物出版社，2003年，第97～109页。

③ 朱岩石、何利群等：《河北邺城遗址赵彭城北朝佛寺与北吴庄佛教造像埋藏坑》，《考古》2013年第7期，第49页。

二、洛、邺二都的中心点位置规律分析

尽管三国两晋南北朝时期的都城众多，但已系统掌握考古资料的城址数量却相当有限。其中，新建于开阔平地，能够较全面实现规划的城址就更少了，目前可利用考古材料进行城址复原研究的主要是曹魏邺城、北魏时期修建的洛阳外郭城和东魏北齐邺城。如前所述，在北魏洛阳城的改造中，原本位于魏晋洛阳城司马门前的诸多官署衙门被集中到铜驼街的两侧，太极殿至阊阖门一线成为全城唯一的南北向轴线。与此同时，第二重城垣上由南数第二座西城门北移，安排在与南数第二座东城门正对的位置，从而拉通了横亘在宫城之南、宽达40米的东西向道路。这样一来，东西干道和南北干道在阊阖门前交汇，宫门前形成了一个丁字形路网和广场。宿白指出，这一道路格局从北魏开始，一直影响到明清都城。宫门前的丁字形干道网自曹魏邺城就已出现。按照考古实测数据，曹魏邺城的中阳门内大道与建春门—金明门大道在宫门前略向南折，丁字路口附近形成了一个小型广场，丁字路口距建春门、金明门都约为1 200米，丁字路口距离南、北城垣都约800米，丁字路口也是全城的几何中心点（图3-21）。

参照考古确认的北魏洛阳城东、西郭城的位置，日本学者佐川英治论证了北魏洛阳扩建外郭是以阊阖门至圜丘一线，即都城的南北轴线为中心线，左右对称布置。由于北魏洛阳外郭的四个转角尚未得到考古勘定，如从阊阖宫门与各面城墙的垂直距离来看，宫门与东、西外郭城的距离都约5 000米，处于城市的中线上；南城墙早年遭洛河摆动冲毁，学者一般认为南外郭城应在洛水之北，洛河故道北界距离宫门约3 000米，这与宫门至北外郭城的距离2 950米也非常接近[①]（图3-22）。因此，在北魏扩建外城时，很可能是以阊阖宫门前的丁字街口作为中心点来规划外郭的规模。

根据考古实测数据，邺南城的纵向中轴线为朱明门内大道，它正对宫门，宽约38.5米，西华门—中阳门的东西大道为横向中轴线，它将全城平分为南北两部分，绝大多数中央官署、祖庙和太社都分布在邺南城的南半部分，纵、横轴线在宫城正门前交汇形成丁字街口，街口距离东西城垣的距离都约1 750

[①] ［日］佐川英治：《北魏洛阳城的中轴线及其空间设计试论》，《魏晋南北朝史研究：回顾与探索——中国魏晋南北朝史学会第九届年会论文集》，湖北教育出版社，2009年，第724~733页。

188　中国古代的理想城市

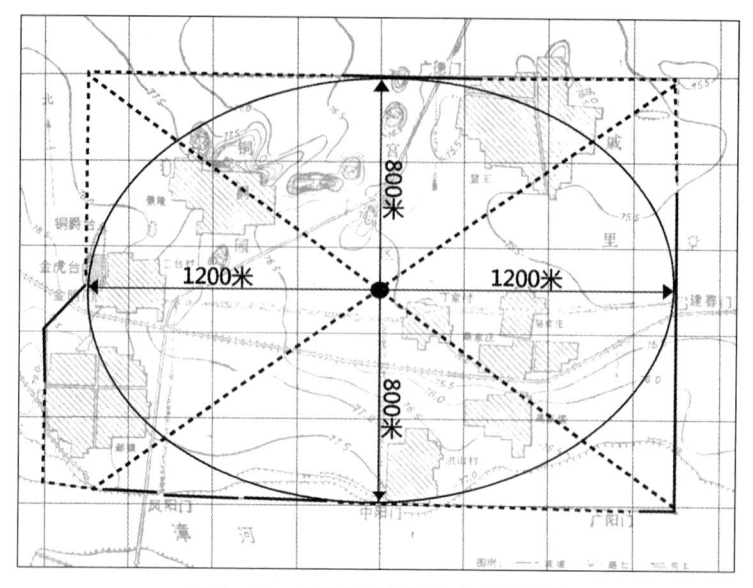

图 3-21　曹魏邺城几何中心分析图①

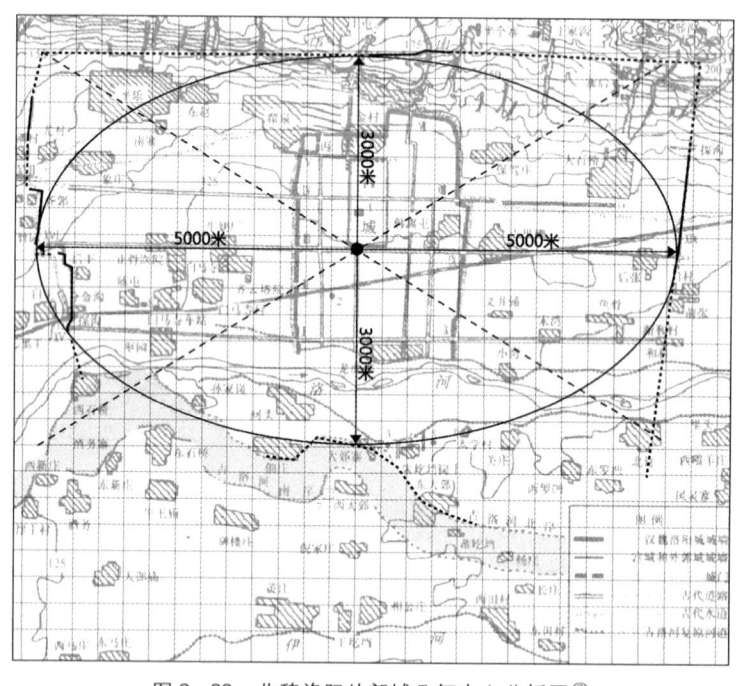

图 3-22　北魏洛阳外郭城几何中心分析图②

---

　　① 图上每一小格边长为 400 米，底图取自徐光冀、顾智界：《河北临漳邺北城遗址勘探发掘简报》，《考古》1990 年第 7 期，第 22 页。

　　② 图上每一小格边长为 400 米，底图引自中国社会科学院考古研究所汉魏洛阳城工作队：《北魏洛阳外郭城和水道的勘查》，洛阳市文物局、洛阳白马寺汉魏故城文物保管所编《汉魏洛阳故城研究》，科学出版社，2000 年，第 21 页。

米，与邺北城南垣和邺南城南垣的距离都约 1 400 米①（图 3-23）。由于邺南城的北墙是利用了邺北城的南墙，其余东、南、西三面城垣位置的确定，很可能也是以宫门为中心点，按照南、北城区，东、西城区两两对称的原则来开展规划。

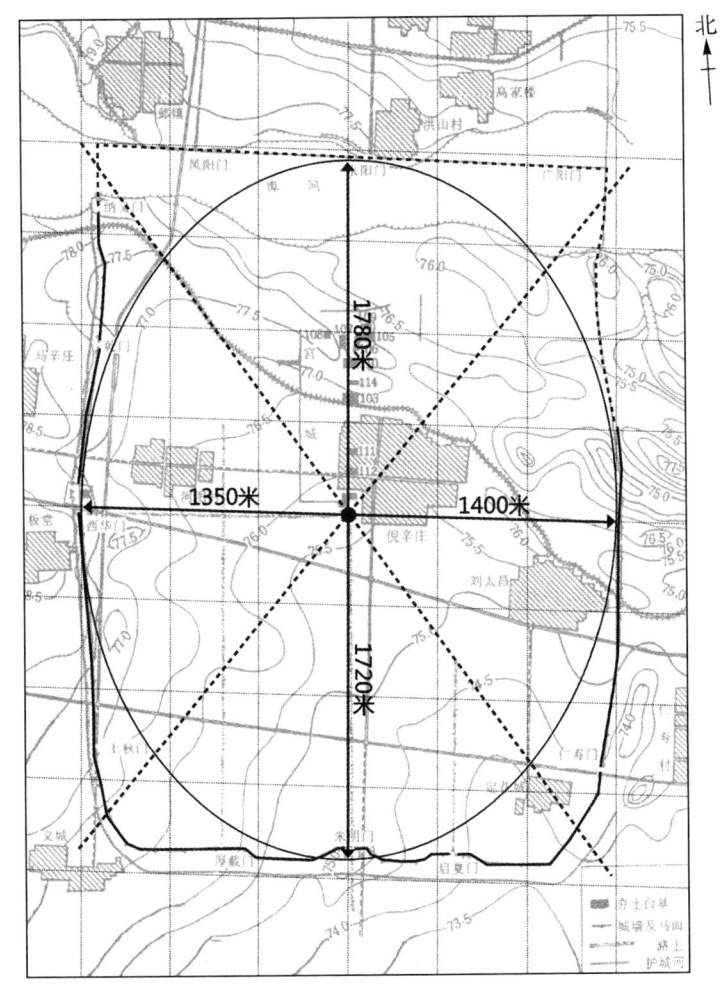

图 3-23　东魏北齐邺城南城（内城）几何中心分析图②

---

①　徐光冀、顾智界：《河北临漳邺北城遗址勘探发掘简报》，《考古》1990 年第 7 期，第 21～26 转 102 页；徐光冀、朱岩石、江达煌：《河北临漳县邺南城遗址勘探与发掘》，《考古》1997 年第 3 期，第 27～32 页；朱岩石、何利群、沈丽华等：《河北邺城遗址赵彭城北朝佛寺与北吴庄佛教造像埋藏坑》，《考古》2013 年第 7 期，第 49～68 页。

②　图上每一小格边长为 460 米，底图引自徐光冀、朱岩石、江达煌：《河北临漳县邺南城遗址勘探与发掘》，《考古》1997 年第 3 期，第 28 页。

一般认为，元大都的中心台和中心阁是中国都城规划史上第一次以建、构筑物的形式将城市的几何中心明确标示出来，如《析津志》载："中心台，在中心阁西十五步。其台方幅一亩，以墙缭绕。正南有石碑，刻曰：中心之台，寔都中东、南、西、北四方之中也。在原庙之前。"[①] 通过上述对曹魏邺城、北魏洛阳和东魏北齐邺城的分析可以看到，早在南北朝时期，无论有意或无意，新建都城的几何中心点都已被具有特殊象征意义的建筑标示出来。宫门在中古时期是沟通天子与生民的重要空间节点，一系列富有象征意味的礼仪活动在这里发生，与宫门毗邻的还有宏伟的宫殿、高大的阙门、宽阔的街口、笔直的大道和庄严的祭场，它们共同构成了让人过目难忘的都城中轴线景观。邺城和洛阳两座都城，在特殊的位置安放着具有特别形式、功能和象征意义的陈设，如非巧合，则可理解为具有时代延续性的设计手法。如果东魏北齐时期的确为邺城修筑了一座外郭城，那么外郭边界的选址，也很可能遵循上述将外郭的几何中心点置于宫门前的规律。

三、东魏北齐邺城外郭边界试探

关于东魏北齐邺城的格局，目前让学者最为疑惑的是，它曾经是否修建外郭城。毕竟，较东魏北齐邺城略早的北魏洛阳，以及稍晚一些的隋唐长安、隋唐洛阳都有面积相当可观的外郭城。如果邺城也有外郭城，那么，它的边界何在，内部的里坊布局又是如何？这不仅是一个关乎中国古代城市发展史的学术问题，对于准确划定邺城的保护范围，全面保护邺城的文物古迹，也有着现实层面的积极意义。

关于曹魏邺城是否有外郭，依据《魏都赋》载"修其郛郭，缮其城隍"，《资治通鉴》载慕容垂拔邺外郭、符丕退守中城之事，傅熹年评价道，"曹魏邺城是否有外郭是值得探讨的事"[②]。如后文所述，关于东魏北齐邺城外郭的文献记载略多一些，不仅涉及外郭的里坊数量，还包括外郭的石桥及商市，在外郭修建的官吏宅邸等。东魏北齐邺城存在外郭城的可能性非常大[③]。

---

① （元）熊梦祥：《析津志辑佚》，北京古籍出版社，1983年，第104页。
② 傅熹年：《中国古代建筑史·第二卷·三国、两晋、南北朝、隋唐、五代建筑》，中国建筑工业出版社，2009年，第2~6页。
③ 傅熹年：《中国古代建筑史·第二卷·三国、两晋、南北朝、隋唐、五代建筑》，中国建筑工业出版社，2009年，第103~107页。

从 1995 年开始，邺城考古队提出寻找东魏北齐邺城外郭的课题。21 世纪伊始，将该课题列为邺城考古的重点。迄今为止，尽管考古工作还没有取得有关外郭走向的直接证据，却可以基本推断东魏北齐邺城的确存在外郭城，从邺南城内建筑的功能，邺南城的南城门形制等线索来看，目前所知的邺南城应是东魏北齐邺城的内城部分[1]。近十年来，考古工作者还陆续在邺北城、南城之外取得了如赵彭城北朝皇家佛寺遗址、北吴庄佛教埋藏坑等重要的考古材料[2]，它们表明，东魏北齐邺城的居民区应超出邺北城、邺南城的范围，换句话说，新近发现的一些遗址遗迹很可能正处在外郭城的边界之内，它们的分布和规模可以用来探索外郭的边界位置。

结合前述关于中古新建都城几何中心点位置的规律，参考自然地理、人文地理、文献记载、考古资料等诸多方面的线索，本书拟从城市规划的角度推测东魏北齐邺城外郭的边界和布局特征。首先将外郭各面边界的可能位置，按照方位顺序，列举如下：

（一）北外郭的边界推测

朱岩石指出，如果邺城的北外郭城自邺北城北墙继续往北扩展，在假设郭城四面的边界都是直线的前提下，邺城西外郭城的范围将非常有限，因而邺城北外郭的边界很有可能正是邺北城的北城墙及其延长线[3]。朱岩石的意见是完全正确的，在邺城西北郊东魏北齐贵族墓葬区出土的墓葬资料，也能够证明邺城外郭北界就在邺北城北城墙一线。

在河北磁县申庄乡东陈村西北约 500 米有"四美冢"，从出土墓志可知"四美冢"是北齐尧氏家族墓地，其中北冢是尧峻及其两位夫人的合葬墓，尧峻妻子吐谷浑的墓志写道，她死后被"合葬于邺西漳北负郭七里"[4]。测量现所

---

[1] 朱岩石：《东魏北齐邺南城内城之研究》，巫鸿主编《汉唐之间的视觉文化与物质文化》，文物出版社，2003 年，第 97～109 页。

[2] 朱岩石、何利群、郭济桥等：《河北临漳县邺城遗址赵彭城北朝佛寺遗址的勘探与发掘》，《考古》2010 年第 7 期，第 2～44 转 104 页；中国社会科学院考古研究所、河北省文物研究所邺城考古队、朱岩石、何利群等：《河北临漳县邺城遗址北吴庄佛教造像埋藏坑的发现与发掘》，《考古》2012 年第 4 期，第 4～7 页；中国社会科学院考古研究所、河北省文物研究所邺城考古队、朱岩石、何利群等：《河北邺城遗址赵彭城北朝佛寺与北吴庄佛教造像埋藏坑》，《考古》2013 年第 7 期，第 49～68 页。

[3] 据朱岩石于 2013 年 10 月在北京大学考古文博学院研究生课程"城市考古"上的核心内容。

[4] 磁县文化馆：《河北磁县东陈村东魏墓》，《考古》1977 年第 6 期，第 33～42、70、82 页；朱全升：《河北磁县东陈村北齐尧峻墓》，《文物》1984 年第 4 期，第 16～22 页。

知尧氏墓冢与邺北城北墙的南北向直线距离约4 000米，约合东魏北齐7.4里，如考虑到南北朝时期贵族墓葬的配置，完整的尧氏墓园还会往南延伸，其南端与邺北城北墙延长线，也就是邺城考古队推定的北郭的距离应当就在3 500～4 000米，这一距离符合墓葬距离邺城外郭七里的记载（图3-24、图3-25）。

（二）南外郭的边界推测

在邺南城南中门内大道的延长线东侧距离邺南城南墙约1 000米的位置上，有东魏北齐时期的赵彭城佛寺遗址。遗址坐北朝南，平面接近方形（450米×430米），外侧有宽

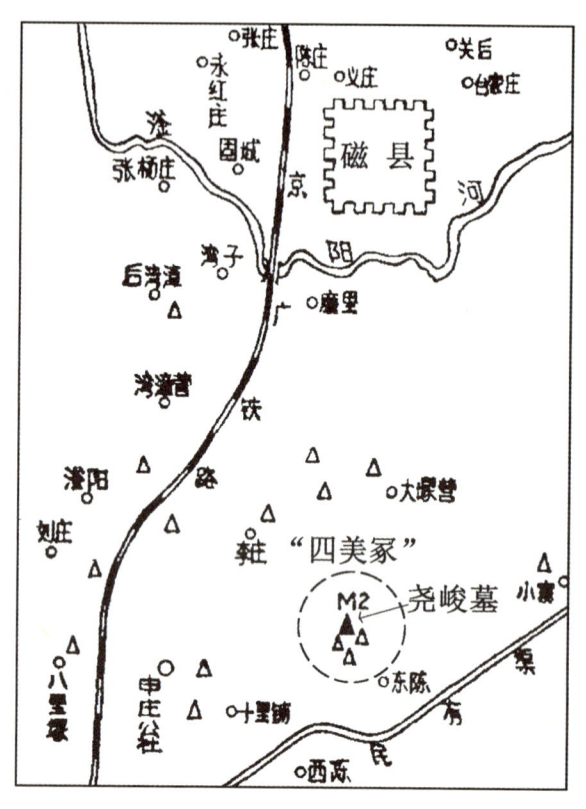

图3-24 磁县北齐尧峻墓位置图①

5～6米的方形壕沟围绕。史籍记载，邺城东南郊还设有北齐天子行籍田之礼的农田和祠坛等礼仪场所②。关于籍田的具体位置，文献没有明确记载，但在邺南城东南角正南方向2 500～3 000米，现在还有一处名为"吉田"的小村庄，后世文献记载，这里就是北齐籍田所在③，吉田村很有可能是由同音词"籍田"异化而来。东魏北齐邺城的南外郭边界当在赵彭城佛寺遗址南、今吉田村北。

如考虑几何中心点规律，东魏北齐邺城的南、北外郭与邺南城宫城正门

---

① 朱全升：《河北磁县东陈村北齐尧峻墓》，《文物》1984年第4期，第16页。
② 《隋书》卷七《礼仪》："北齐藉于帝城东南千亩内，种赤粱、白谷、大豆、赤黍、小豆、黑穄、麻子、小麦，色别一顷。自余一顷，地中阡陌，作祠坛于阡南陌西，广轮三十六尺，高九尺，四陛三壝四门。又为大营于外，又设御耕坛于阡东陌北。"中华书局，1973年，第144页。
③ （北宋）陈申之：《相台志》，许作民辑校注《邺都佚志辑校注》，中州古籍出版社，1996年，第212页。

图 3-25 尧峻妻吐谷浑墓志铭拓片①

的距离应基本相等,本书推测,北外郭很有可能是以邺北城及延长线为界,南外郭与邺南城南墙的距离应接近邺北城的南北向长度,即 1 700 米,也就是 4 里。

(三)东外郭的边界推测

关于东外郭的位置,目前所知的线索主要是古籍对东市及石桥方位、远近的记载。依据文献,邺城的郭城内有东、西市,《邺中记》写道:"石

---

① 朱全升:《河北磁县东陈村北齐尧峻墓》,《文物》1984 年第 4 期,第 21 页。

桥在城东五里，南北长一百尺，东西阔二丈九尺，高一丈九尺。元象二年仆射高隆之造。当时以桥北为东市，即古万金渠也。"① 据此，东郭城内的东市位于距城5里的石桥北面。假设南北向的石桥正对东市南门，东市规模按照四个坊的面积计算，即便是东市东墙紧靠邺城的东郭城墙，郭城距离内城也至少有6里的距离。这是推测邺城东郭边界一个最保守的估计。鉴于北魏洛阳、隋唐长安等中古都城的市距离相邻的外郭城墙都还有一段距离，东魏北齐邺城的东郭城距离东市东墙还有一至两个坊的距离，也是完全有可能的。

邺城东面至少有大型皇家苑囿两处。《邺乘·邺都宫室志》据《图经》引《魏志》云："太祖受封于邺，东置芳林园，西置灵芝园。"芳林园初由曹操修建，距邺北城二里，至十六国时期，规模已达周回数十里，还修筑了长墙数十里②，东魏北齐沿用，见《北齐书·废帝》载："乾明元年……二月……甲辰，帝幸芳林园，亲录囚徒，死罪以下降免各有差。"③ 另一处苑囿"东山池"始建于东魏迁都不久，是"东魏相高澄所筑，引万金渠水为池作游赏处"，朱岩石推测它"位于邺南城东四五华里左右"④。由于推测东外郭在内城东面六里之外，那么距内城二里、周回数十里的芳林园很有可能在东外郭内，占据了外郭的东北隅，距内城四五华里的东山池或许位于东外郭之外。近年考古工作者还在东魏北齐邺城东面发现了北吴庄佛教造像埋藏坑⑤，这个地点距离邺南城东墙约3 000米，应接近东外郭的边界。

（四）西外郭的边界推测

将邺北城北城墙即外郭北界向西延伸，至与漳河故道的相交处，该点距离邺北城西北角的垂直距离约3 500米，相当于秦汉里约8.45里、魏晋里约8.03里、东魏里6.5里的距离。出土于磁县白道村与西常村间的北齐乞伏保

---

① 佚名：《邺中记》，许作民辑校注《邺都佚志辑校注》，中州古籍出版社，1996年，第131页。
② 佚名：《邺中记》，许作民辑校注《邺都佚志辑校注》，中州古籍出版社，1996年，第101页。
③ 《北齐书》卷五《废帝纪》，中华书局，1972年，第75页。
④ 朱岩石：《论邺城皇家园林反映的魏晋南北朝时代特征》，邯郸市文物保护研究所编《追溯与探索：纪念邯郸市文物保护研究所成立四十五周年学术研讨会文集》，科学出版社，2007年，第212~220页。
⑤ 中国社会科学院考古研究所、河北省文物研究所邺城考古队、朱岩石、何利群等：《河北临漳县邺城遗址北吴庄佛教造像埋藏坑的发现与发掘》，《考古》2012年第4期，第4~7页；中国社会科学院考古研究所、河北省文物研究所邺城考古队、朱岩石、何利群：《河北邺城遗址赵彭城北朝佛寺与北吴庄佛教造像埋藏坑》，《考古》2013年第7期，第49~68页。

达墓志和高僧护墓志，记述他们死后被窆于邺西北七里紫陌之阳、葬于邺西紫陌河之北七里①。墓志的出土位置距离邺北城西北角不足4 000米，仅相当于东魏北齐7里多，如果将外郭城的北墙从邺北城西北角向西延伸超过1 000米，墓志出土位置距离邺城西界最北端就会不足当时七里之数。因此，我们需要考虑两种可能性：一种可能是邺城北部的邺北城西侧就无外郭，有的只是皇家苑囿的边墙；另一种可能是邺城北部的邺北城西侧也有外郭，西郭墙与内城的距离同东郭墙，外郭的西北角直抵漳河边上，上述墓志以邺北城的西北角而非邺城郭城的西北角来计算。

在引漳河入城的沟渠附近，从曹魏时期就开始修建大型皇家苑囿，至东魏北齐时期，邺城西侧的园林主要有游豫园和仙都苑（即华林园）。游豫园修建于北齐天保七年（556年），位于邺北城铜雀台西、漳河之南，主要作为马射练习之所②。从位置来看，游豫园很可能利用了曹魏至十六国时期的灵芝园、玄武苑故址③。游豫园的规模，"周回十二里，内包葛屦山，作台于上"④。北齐天统年间，"于游豫园穿池，周以列馆，中起三山，构台，以象沧海，并修大佛寺，劳役钜万计"⑤。邺南城西面还有仙都苑，原名华林园，始建于东魏时期，经北齐武成帝增饰，如神仙所居，改名仙都苑⑥。仙都苑内有非常宽阔的水面，"行处可二十五里。中有龙舟六艘，又有鲸鱼、青龙、鹢首、飞隼、赤鸟等舟"，推测灵芝园应在邺南城西南，临近漳河，在外郭以外。

参考上面的复原依据，我们可以大致推定东魏北齐邺城外郭城往四个方向的边界位置：北外郭很有可能是以邺北城及延长线为界；如果将邺南城北墙与邺北城北墙间的距离作为规划方案中内城与外郭之间的距离，则南外郭的边界距离邺南城南墙应接近邺北城的南北长度，即1 700米，也就是4里；根据东外郭内东市的位置（该市南门外的石桥距内城5里），外郭城的西边界距内城应在5里以上；由于邺城西与漳河故道的距离，外郭城的东边界不会超过7

---

① 马忠理：《磁县北朝墓群——东魏北齐陵墓兆域考》，《文物》1994年第11期，第56~67页。
② 马温：《邺都故事》，许作民辑校注《邺都佚志辑校注》，中州古籍出版社，1996年，第156页。
③ 佚名：《邺中记》，许作民辑校注《邺都佚志辑校注》，中州古籍出版社，1996年，第100页。
④ （清）顾炎武：《历代宅京记》卷十二《邺·城内城外杂录》，中华书局，1984年，第186页。
⑤ 《隋书》卷二十四《食货志》，中华书局，1973年，第678页。
⑥ 《邺中记》云："齐武成增饰华林园，若神仙所居，遂改为仙都苑。"参见佚名：《邺中记》，许作民辑校注《邺都佚志辑校注》，中州古籍出版社，1996年，第129页。

里；如城址以宫城正门所在的南北轴线呈东西对称布局，那么东、西外郭的范围各在 7 里之内（图 3-26）。

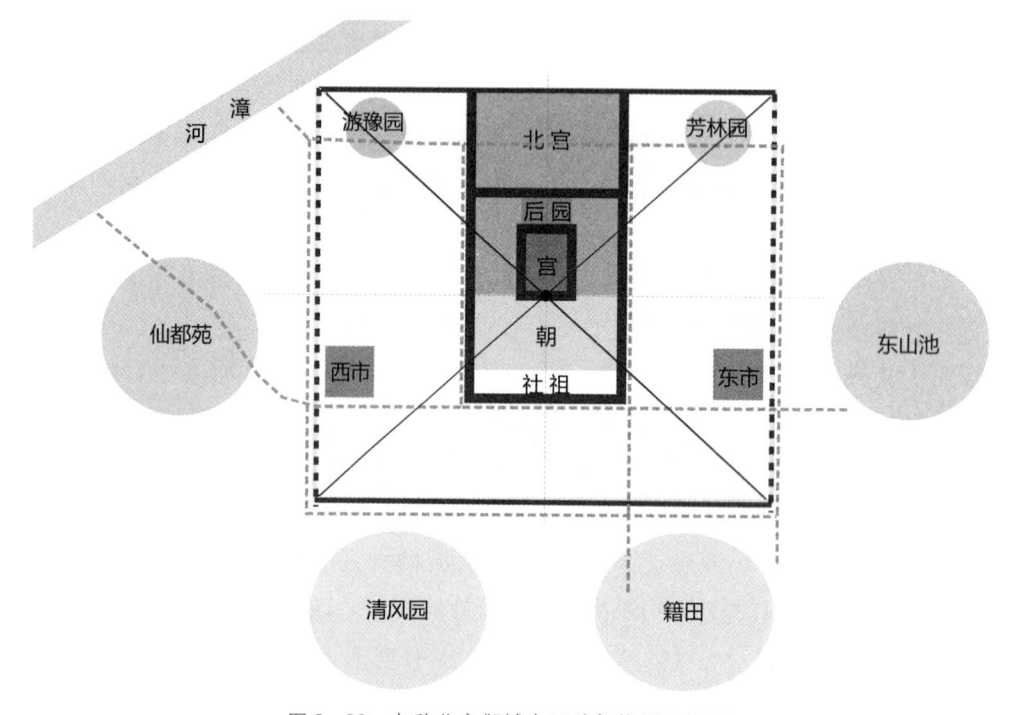

图 3-26　东魏北齐邺城布局外郭推测示意图

（五）东魏北齐邺城外郭里坊布局复原

在论述中古时期制度渊源时，陈寅恪明确指出东魏北齐邺城对北魏洛阳的承袭关系，写道："（东魏北齐邺城）其宫市位置及门阙名称无一不沿袭洛都之旧，质言之，即将洛阳全部移徙于邺是也。其司营构之任而可考知者，如高隆之、任集、辛术诸人，其男女系之血统虽不尽悉，但可一言以蔽之，北魏洛阳都邑环境中所产生之人物而已。观于主持营构者高隆之一传，即知东魏及高齐之邺都之新构，乃全袭北魏太和洛阳之旧观……"[①]因此，可参考北魏洛阳的里坊来进一步推测东魏北齐邺城外郭城的布局特点。

---

① 陈寅恪：《隋唐制度渊源略论稿》，《陈寅恪集》，生活·读书·新知三联书店，2001 年，第 80 页。

文献记载，北魏最早的都城平城（今山西大同市旧城及其以北），"其郭城绕宫城南，悉筑为坊，坊开巷，坊大者容四五百家，小者六七十家"[①]。北魏迁都洛阳后重新营建的都城，其外郭城已经有计划地把居民居住区以"里"为单位，制定统一规格，整体规划营建，如《洛阳伽蓝记》所说的"方三百步为一里"[②]，即每个坊相当于一平方里。北魏洛阳的里坊，既是城市的规划模数，也是居民的管理单位。在文献中，关于北魏洛阳的里坊数，至少有323、220和320三种不同说法。《魏书·世宗纪》记载景明二年"九月丁酉，发畿内夫五万人筑京师三百二十三坊，四旬而罢"[③]。但是，《洛阳伽蓝记》载："京师……庙社宫室府曹以外，方三百步为一里，里开四门，门置里正二人、吏四人、门士八人，合有二百二十里。"[④] 此外，《北史·世宗宣武帝纪》载景明二年"九月丁酉，发畿内夫五万五千人筑京师三百二十坊，四旬罢"[⑤]。以上不同记载，造成了后人理解的困难。宿白、傅熹年等认为，220里一说更符合实际[⑥]，王仲殊则指出"二百二十应系三百二十之误"[⑦]，张金龙认为，《魏书·世宗纪》中的"筑坊三百二十三"不能轻言其误，《洛阳伽蓝记》和《魏书》关于北魏洛阳里坊的两种记载，不能只同意此说而否定彼说。他推测"323"是方案，是未筑前的数字，受地形限制，实际筑成的里坊数为"220"[⑧]。

依据文献，东魏北齐邺城也是以里坊管理居民。关于东魏北齐邺城与北魏洛阳城的里坊数，史书虽有不同记载，但都存在着"323"坊一说。东魏北齐

---

① 《南齐书》卷五十七《魏虏传》，中华书局，1972年，第985页。
② （魏）杨衒之撰，周祖谟校释：《洛阳伽蓝记校释》，中华书局，1963年，第228页。
③ 《资治通鉴》卷一四四引用了这种说法，亦称齐和帝中兴元年（501年）九月，"魏司州牧广阳王嘉请筑洛阳三百二十三坊，各方三百步，曰：'虽有暂劳，奸盗永息。'丁酉，诏发畿内夫五万人筑之，四旬而罢"。
④ （魏）杨衒之撰，周祖谟校释：《洛阳伽蓝记校释》，中华书局，1963年，第227、228页。
⑤ 《北史》卷十八《元嘉传》同《魏书》本传。《魏书·广阳王嘉传》早佚，后人据《北史》等补之，同于《北史》。
⑥ 宿白：《北魏洛阳城和北邙陵墓——鲜卑遗迹辑录之三》，《文物》1978年第7期，第46～56转104页；傅熹年：《中国古代建筑史·第二卷·三国、两晋、南北朝、隋唐、五代建筑》，中国建筑工业出版社，2009年，第103～107页。
⑦ 王仲殊：《中国古代都城概说》，《考古》1982年第5期，第505～515页。
⑧ 张金龙：《北魏洛阳里坊制度探微》，《历史研究》1999年第6期，第52、53页。

邺城的里坊可考名称的，至少有 30 个里、7 个坊①。张金龙指出，东魏北齐邺城的里坊名称继承了北魏洛阳里坊的名称及其命名原则②。关于东魏北齐邺城的里坊数，史料大概有 323 和 400 两说。《隋书·百官志》载："邺……凡一百三十五里，里置正。临漳……凡一百一十四里，里置正。成安……七十四里，里置正。"③将这一说法中东魏北齐所属的成安、邺和临漳三县的里坊数相加，总数为 323 里（坊）。另外一种说法来自顾炎武《历代宅京记》："南城自兴和迁都之后，四民辐凑，里闬阗溢，盖有四百余坊，然皆莫见其名，不获其分布所在。其有可见者，有乐市，西市。"④

在我们推测的东魏北齐邺城外郭范围中，前述赵彭城佛寺遗址非常值得关注。该遗址的位置紧靠在邺城中轴线的东边，方向与城的中轴线一致，由佛塔、佛殿、廊院等不同的建筑基址构成，遗址外侧以宽 5~6 米的壕沟为界，整体呈方形，长宽范围大致是南北 453 米、东西 434.5 米。四面围壕中间留有没有壕沟的一段，可能是供出入的道路⑤。发掘者指出，"（赵彭城遗址）位置应在邺南城外郭城范围内，并占一坊之地，成为今后寻找与研究邺南城外郭城的坐标"⑥。赵彭城佛寺遗址这种状况，非常

---

① 综合王仲荦、张金龙和牛润珍等学者的考证，现已知邺城 30 个里为永康里、允忠里、敷教里、修正里、清风里、中坛里、修义里、信义里、德修里、东明里、嵩宁里、徽海里、宣平行里、孝德里、永福里、修人里、景荣里、宣化里、乡义里、风义里、崇仁里、道政里、遵明里、西口里、德游里、孝义里、修仁（人？）里、香夏里、孝终里、广都里（城外）；7 个坊为土台坊、义井坊、元子思坊、天官坊、东夏坊、石桥坊、公子坊（《相台志》"妙福寺"条）。参见张金龙：《北魏洛阳里坊制度探微》，《历史研究》1999 年第 6 期，第 58~69 页；牛润珍：《东魏北齐邺京里坊制度考》，《晋阳学刊》2009 年第 6 期，第 81~85 页。

② 如东魏北齐邺城的永康、宣化、修人（民/仁？）里见于已知北魏洛阳里坊，孝德里与北魏洛阳之孝义等里，永福里与北魏洛阳之永平等里，景荣里与北魏洛阳之景宁里，修义、信义、乡义、风义诸里与北魏洛阳之闻义、敬义、昭义等里，德修里与北魏洛阳之德游里，在命名原则上都如出一辙。张金龙：《北魏洛阳里坊制度探微》，《历史研究》1999 年第 6 期，第 59 页。

③ 《隋书》卷二十七《百官志》，中华书局，1973 年，第 761 页。

④ （清）顾炎武《历代宅京记》卷十二《邺下·城内城外杂录》，中华书局，1984 年，第 182、184 页；另可参见《嘉靖彰德府志·邺都宫室志》。

⑤ 朱岩石、何利群、艾力江：《河北临漳县邺城遗址东魏北齐佛寺塔基的发现与发掘》，《考古》2003 年第 10 期，第 5~8 页；朱岩石、何利群、郭济桥等：《河北临漳县邺城遗址赵彭城北朝佛寺遗址的勘探与发掘》，《考古》2010 年第 7 期，第 2~44 转 104 页；中国社会科学院考古研究所、河北省文物研究所邺城考古队、朱岩石、何利群等：《河北邺城遗址赵彭城北朝佛寺与北吴庄佛教造像埋藏坑》，《考古》2013 年第 7 期，第 49~68 页。

⑥ 朱岩石、何利群、郭济桥等：《河北临漳县邺城遗址赵彭城北朝佛寺遗址的勘探与发掘》，《考古》2010 年第 7 期，第 41 页。

像占据一个坊的寺院，如果以此为基准，可以大致复原邺城外郭的里坊布局。

北魏洛阳里坊的大小不见于文献记载，傅熹年根据北魏洛阳外郭城的范围，推测北魏洛阳的里坊尺度大约是 410 米见方，可以参考。按东魏北齐尺度较大，但同时期的西魏北周尺度却稍小，北周一里合今 442.41 米，唐代继承了北朝的尺度，有小里大里之分，小里就是北周里，约合今 442.5 米。赵彭城佛寺的范围平均 443.7 米，接近于 435.6 米的魏晋里，更与北周里和唐小里大致相当。如果以此作为一个坊的尺度，可以作下述推测：

赵彭城佛寺北壕距离邺南城南墙约 1 000 米，邺南城南墙外有平行于城墙的护城河，护城河外应该还有平行的道路，减去城脚、护城河、道路的宽度 100 余米，那么邺南城外距离赵彭城佛寺遗址间不足 900 米的距离，恰好可以容纳两排里坊。前面已经提到，赵彭城佛寺遗址与吉田村之间还有两个坊的距离，考虑到籍田礼制建筑不应紧靠外郭城，我们推断在赵彭城佛寺遗址南只有 1 排坊，那么，邺南城外的郭城内南北就有 4 排坊。南北 4 排坊的距离，正是邺南城内邺南宫南侧的东西大道以南至南城墙的距离，也就是说邺南城南部也可以排列 4 排坊。这种对应现象应该不是偶然的，应当是当时有意设计的结果。以南郭墙为基准，由南向北推至邺北城北墙的位置，可以排列 16 排坊；再以邺城的南北中轴线大道为基线，以赵彭城佛寺遗址范围为基本模数，向东进行复制，至邺南城东城墙延长线的位置可排列 3 列坊，至东城墙外 5 里石桥的位置就可排列 8 列坊，如果再向外扩约两里，邺城中轴线东侧就可以排列 10 列坊（这正好可将北吴庄造像坑即佛寺遗址包括在内）。按照对称的原则再复制邺城西部的 10 列坊，邺城东西总共可排列 20 列坊。按此推测，邺城南北 16 排乘以东西 20 列，东魏北齐邺城的里坊总数就是 320 个，非常接近邺城 323 坊之说（图 3-27）。

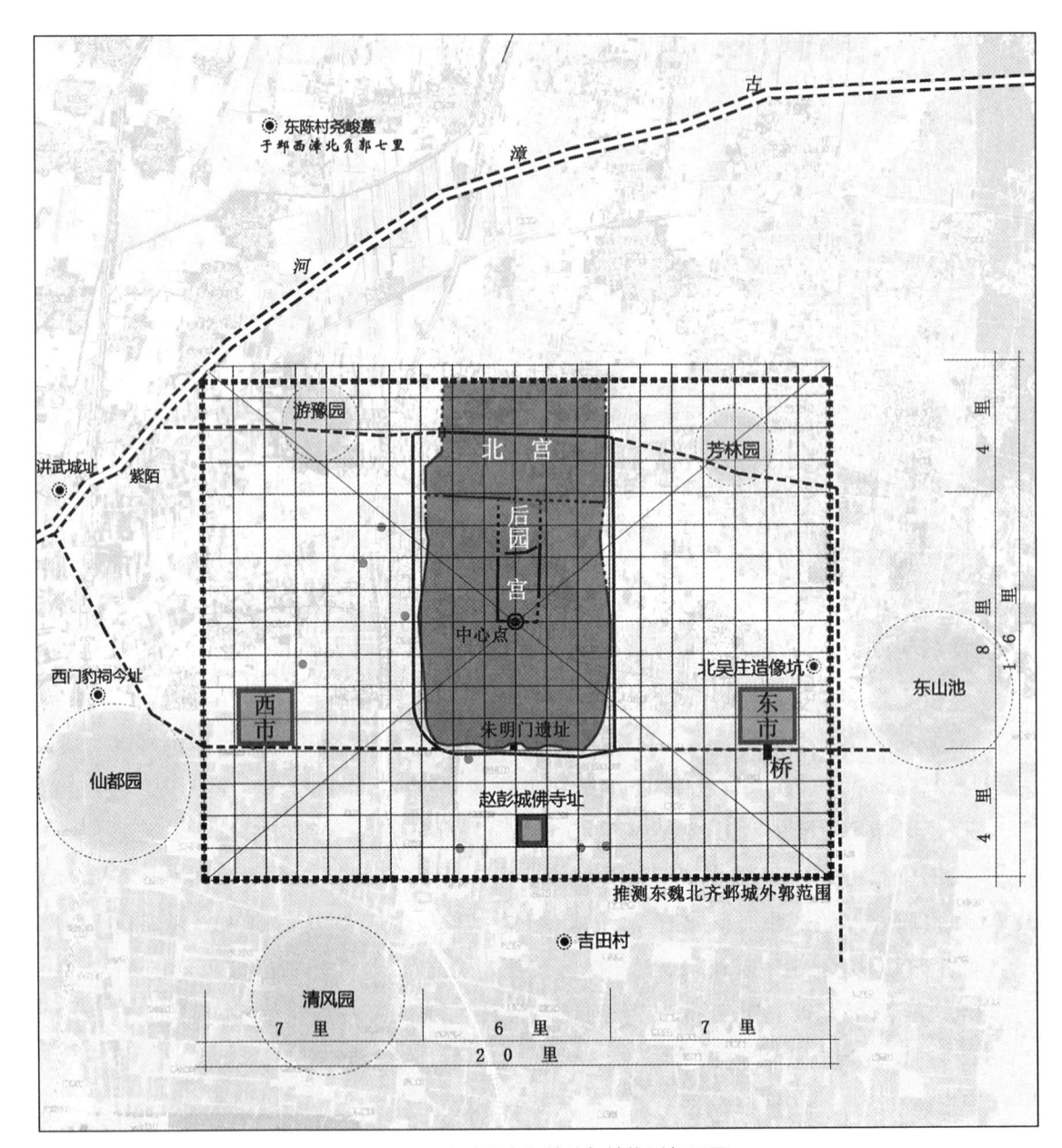

图 3-27 东魏北齐邺城外郭城推测复原图

第三节　隋唐都城规划对东魏北齐邺城的继承与创新

577年，北周灭北齐，统一中国北方。581年，杨坚逼迫北周静帝下诏禅位，建立隋朝。此后，隋文帝击灭后梁和陈朝，在589年结束了西晋以来三百余年的分裂局面，重新恢复了中国南北的大一统，开创了气象一新的隋唐盛世。尽管国祚短暂，隋代却修筑了三座划时代的大型都城，即开皇二年（582年）修建于关中平原中部、汉长安城东南的大兴城，大业元年（605年）修建于洛阳盆地西部、汉魏洛阳故城西侧的东都城，以及大业元年至大业六年修建于长江北岸的江都城。隋亡之后，唐改大兴为长安，一度改东都为洛阳（后又复称东都），将并州（太原）定为北都，定凤翔为西都，成都为南都，以凑成"五都"之数。实际上，唐代对除长安和洛阳之外的其余三座城市并没有进行大规模的建设或真正作为都城使用。本书将主要考察的是隋大兴—唐长安[①]、

[①] 如无特指，后文一律简称隋唐长安。考古材料参见杭德州、雒忠如、田醒农：《唐长安城地基初步探测》，《考古学报》1958年第3期，第79～93页；马得志：《唐大明宫发掘简报》，《考古》1959年第6期，第296～301页；马得志：《唐长安兴庆宫发掘记》，《考古》1959年第10期，第549～558页；中国科学院考古研究所：《唐长安大明宫》，科学出版社，1959年；庄锦清：《唐长安城西市遗址发掘》，《考古》1961年第5期，第248～250页；马得志：《1959～1960年唐大明宫发掘简报》，《考古》1961年第7期，第341～344页；马得志：《唐代长安城考古纪略》，《考古》1963年第11期，第595～611页；陕西省博物馆文管会钻探组：《唐长安城兴化坊遗址钻探简报》，《文物》1972年第1期，第43～46页；中国科学院考古研究所西安工作队：《唐代长安城明德门遗址发掘简报》，《考古》1974年第1期，第33～39页；中国科学院考古研究所西安工作队：《唐青龙寺遗址发掘简报》，《考古》1974年第5期，第322～327转321页；吴永江：《唐大明宫遗址》，《文物》1981年第7期，第90～93页；晁华山：《唐长安城东市遗址出土金铤》，《文物》1981年第4期，第56～57页；马得志：《唐长安城发掘新收获》，《考古》1987年第4期，第329～336转310页；马得志：《唐长安皇城含光门遗址发掘简报》，《考古》1987年第5期，第441～448转480页；马得志：《唐长安青龙寺遗址》，《考古学报》1989年第2期，第231～262页；马得志：《唐长安城安定坊发掘记》，《考古》1989年第4期，第319～323页；安家瑶：《唐长安西明寺遗址发掘简报》，《考古》1990年第1期，第45～55页；李健超：《唐长安1∶2.5万复原图》，《西北大学学报（自然科学版）》1993年第2期，第169～176页；柏明：《唐长安太平坊与实际寺：西北大学校园考古新发现》，西北大学出版社，1994年；赵强、李喜萍、秦建明：《唐长安城发现坊里道路遗迹》，《考古与文物》1995年第6期，第2～5页；安家瑶、李春林：《唐大明宫含元殿遗址1995～1996年发掘报告》，《考古学报》1997年第3期，第341～406页；中国社会科学院考古研究所西安唐城工作队：《关于唐含元殿遗址发掘资料有关问题的说明》，《考古》1998年第2期，第93～96页；穆晓军、刘瑞、陈晓捷：《唐长安城太平坊东南隅出土遗物》，《文博》1998年第6期，第22～28、36页；陈安利：《西安出土唐代建筑材料综述》，《文博》1999年第5期，第65～68页；安家瑶、李春林：《陕西西安唐长安城圜丘遗址的发掘》，《考古》2000年第7期，第29～47页；龚国强、何岁利：《唐长安城大明宫太液池遗址发掘简报》，《考古》2003年第11期，第7～26页；安家瑶、龚国强、李春林等：《唐长安城大明宫太液池遗址考古新收获》，《考古》2003年第11期，第3～6页；龚国强、（转下页）

隋东都—唐洛阳①两座城址。

(接上页) 何岁利:《西安唐大明宫太液池南岸遗址发现大型廊院建筑遗存》,《考古》2004年第9期,第3～6页;王维坤、贾麦明、任江:《西安唐长安城太平坊隋唐时期遗迹的清理》,《考古》2005年第9期,第34～41页;安家瑶、龚国强、何岁利等:《西安市唐长安城大明宫太液池遗址》,《考古》2005年第7期,第29～34页;姜捷:《唐长安醴泉坊的变迁与三彩窑址》,《考古与文物》2005年第1期,第65～72页;安家瑶、龚国强、何岁利等:《西安唐长安城大明宫太液池遗址的新发现》,《考古》2005年第12期,第3～6页;龚国强、何岁利、李春林:《西安市唐长安城大明宫丹凤门遗址的发掘》,《考古》2006年第7期,第39～49页;王长启、张国柱、王蔚华:《原唐长安城平康坊新发现陶窑遗址》,《考古与文物》2006年第6期,第51～57页;冉万里、刘瑞俊:《唐长安城崇化坊遗址发掘简报》,《文物》2006年第9期,第45～51页;姜宝莲、秦建明、梁晓青:《隋唐长安城含光门北侧地层的考古调查》,《文博》2006年第5期,第43～48页;龚国强、何岁利、李春林:《西安市唐大明宫含元殿遗址以南的考古新发现》,《考古》2007年第9期,第3～6页;中国社会科学院考古研究所:《唐大明宫遗址考古发现与研究》,文物出版社,2007年;李健超:《隋唐长安城通化门遗址考》,《唐都学刊》2012年第2期,第31、32页;龚国强、李春林、何岁利:《西安市唐大明宫遗址考古新收获》,《考古》2012年第11期,第3～6页;何岁利、龚国强、李春林:《西安市唐长安城大明宫兴安门遗址》,《考古》2014年第11期,第44～53页。

① 如无特指,后文一律简称隋唐洛阳。考古材料参见阎文儒:《洛阳汉魏隋唐城址勘查记》,《考古学报》1955年第1期,第117～136页;阎文儒:《隋唐东都城的建筑及其形制》,《北京大学学报(人文科学版)》1956年第4期,第81～100页;陈久恒:《隋唐东都城址的勘查和发掘》,《考古》1961年第3期,第127～135页;陈久恒:《"隋唐东都城址的勘查和发掘"续记》,《考古》1978年第6期,第361～379页;贺官保、朱亮:《隋唐洛阳含嘉仓城德猷门遗址的发掘》,《中原文物》1981年第2期,第11～13页;马得志:《唐代长安与洛阳》,《考古》1982年第6期,第640～646页;王岩、杨焕新、冯承泽:《唐东都武则天明堂遗址发掘简报》,《考古》1988年第3期,第227～230页;朱亮:《隋唐东都应天门遗址发掘简报》,《中原文物》1988年第3期,第22～24页;王岩、冯承泽、杨焕新:《洛阳隋唐东都城1982～1986年考古工作纪要》,《考古》1989年第3期,第234～250页;王岩:《关于唐东都武则天明堂遗址的几个问题》,《考古》1993年第10期,第949～951页;杨焕新:《唐东都乾元门遗址发掘简报》,《考古》1994年第1期,第34～36页;陈良伟:《隋唐洛阳城永通门遗址发掘简报》,《考古》1997年第12期,第44～49页;王岩、陈良伟、姜波:《洛阳唐东都上阳宫园林遗址发掘简报》,《考古》1998年第2期,第38～44页;陈良伟:《河南洛阳隋唐城宣仁门遗址的发掘》,《考古》2000年第11期,第42～48页;陈良伟、石自社:《洛阳唐东都圆璧城南门遗址发掘简报》,《考古》2000年第5期,第34～38页;陈良伟、石自社:《隋唐洛阳城城垣1995～1997年发掘简报》,《考古》2003年第3期,第47～55页;陈良伟、李永强、石自社等:《定鼎门遗址发掘报告》,《考古学报》2004年第1期,第87～130页;谢虎军、张敏、赵振华:《隋东都洛阳回洛仓的考古勘察》,《中原文物》2005年第4期,第8～9、34页;韩建华、石自社、陈良伟:《河南洛阳市隋唐洛阳皇城东垣的清理》,《考古》2006年第9期,第93～96页;韩建华、石自社、陈良伟:《河南洛阳市隋唐城宣政门遗址的发掘》,《考古》2006年第4期,第31～36页;韩建华、石自社、陈良伟:《河南洛阳市隋唐城宣政门遗址的发掘》,《考古》2006年第4期,第25～38页;陈良伟、石自社、韩建华:《河南洛阳市隋唐东都重光北门遗址的发掘》,《考古》2007年第11期,第47～54页;陈良伟、韩建华、石自社:《河南洛阳市隋唐东都应天门遗址2001～2002年发掘简报》,《考古》2007年第5期,第33～38页;中国社会科学院考古研究所:《隋唐洛阳城发掘报告(1959～2001)》,文物出版社,2014年;石自社、曹岳森、韩建华等:《河南洛阳隋唐城明堂和天堂遗址的发掘》,《中国文物报》2011年4月15日;霍宏伟:《洛阳老城十字街与隋唐城街道遗迹》,《考古》2012年第8期,第80～88页;高虎、王炬:《近年来隋唐洛阳城水系考古勘探发掘简报》,《洛阳考古》2016年第3期,第3～17页。

一、隋唐长安对东魏北齐邺城的延续与创新

（一）隋唐长安概况

代周次年，隋文帝在还没有完成南北统一大业的时候，就开始筹划新都城的营建。他颁布的诏令道："曹、马之后，时见因循，乃末代之晏安，非往圣之宏义。此城从汉，凋残日久，屡为战场，久经丧乱。今之宫室，事近权宜，又非谋筮从龟，瞻星揆日，不足建皇王之邑，合大众所聚。"[①] 在高颎、刘龙和宇文恺等人的主持下，新的都城选址于长安旧城的东南方向，同年6月开始动工，翌年3月建成宫城，隋朝正式迁都。隋文帝曾被封为大兴公，这座新的都城也就被命名为大兴城。隋唐长安的外郭是目前所知中国历史上第一座边界完全方正规整的都城城圈。由于外郭面积太大，至少经过了隋大业九年、唐永徽五年（654年）和唐开元十八年（730年）三次建设，历时一个多世纪，才完全建成。李渊代隋立唐以后，沿用旧都，改称长安。除了名称的变化，唐初对这座都城的改造并不多。随着李唐政权的稳固，社会经济文化的发展，唐长安城的局部有所改建，如玄宗时期在外郭东城修筑了一道夹城，以便皇帝无须穿越郭区就能畅行于大明宫、兴庆宫与曲江芙蓉苑之间。736年，唐长安被吐蕃洗劫，883年遭到黄巢军队的破坏，904年朱温将包括皇室在内的长安居民全部迁往洛阳，终结了这座都城的辉煌（图3-28、图3-29）。

（二）隋唐长安对东魏北齐邺城制度的延续与完善

在《隋唐制度渊源略论稿》一书中，陈寅恪写道："隋唐之制度虽极广博纷复，然究析其因素，不出三源：一曰魏、齐，二曰梁、陈，三曰魏、周。"其中，"此魏、周之源远不如其他二源之重要"[②]。具体到城市制度，陈寅恪同样认为，"夫大兴、长安都城宫市之规模取法太和洛阳及东魏高齐邺都南城，犹明堂、车服之制度取法中国之经典也"[③]。从工程主事者的角度，也可见隋唐长安与南北朝都城的密切关系。高颎是营建隋大兴城的主事者之一，他可能与北齐皇族同宗，他的父亲原供职于北齐政权，后来才投归北周。宇文恺是大兴

[①]《隋书》卷一《高祖》，中华书局，1973年，第17页。
[②] 陈寅恪：《隋唐制度渊源略论稿》，《陈寅恪集》，生活·读书·新知三联书店，2001年，第3~4页。
[③] 陈寅恪：《隋唐制度渊源略论稿》，《陈寅恪集》，生活·读书·新知三联书店，2001年，第88页。

图 3-28 隋大兴平面复原图①

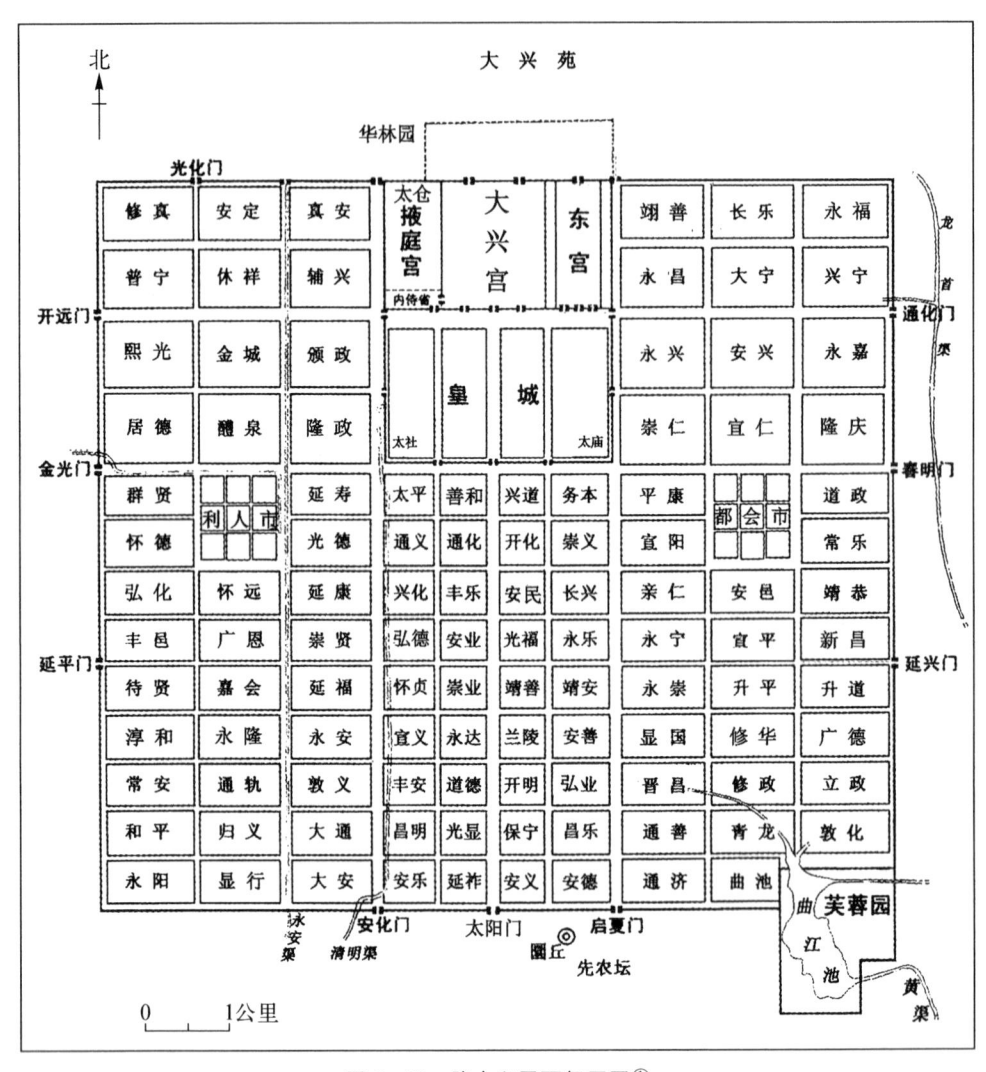

城的主要设计师，他的父亲宇文贵是北魏旧臣，随魏孝武帝西奔关中，文献记载，宇文恺"好学，博览书记，解属文，多伎艺"②，对北魏、北齐、北周以来的文化传统和典章制度熟稔于心。建造隋大兴城时，隋朝的将作监大匠是北齐

---

① 引自刘庆柱：《中国古代都城考古发现与研究（上）》，社会科学文献出版社，2016年，第352页。
② 《隋书》卷六十八《宇文恺传》，中华书局，1973年，第1587页。

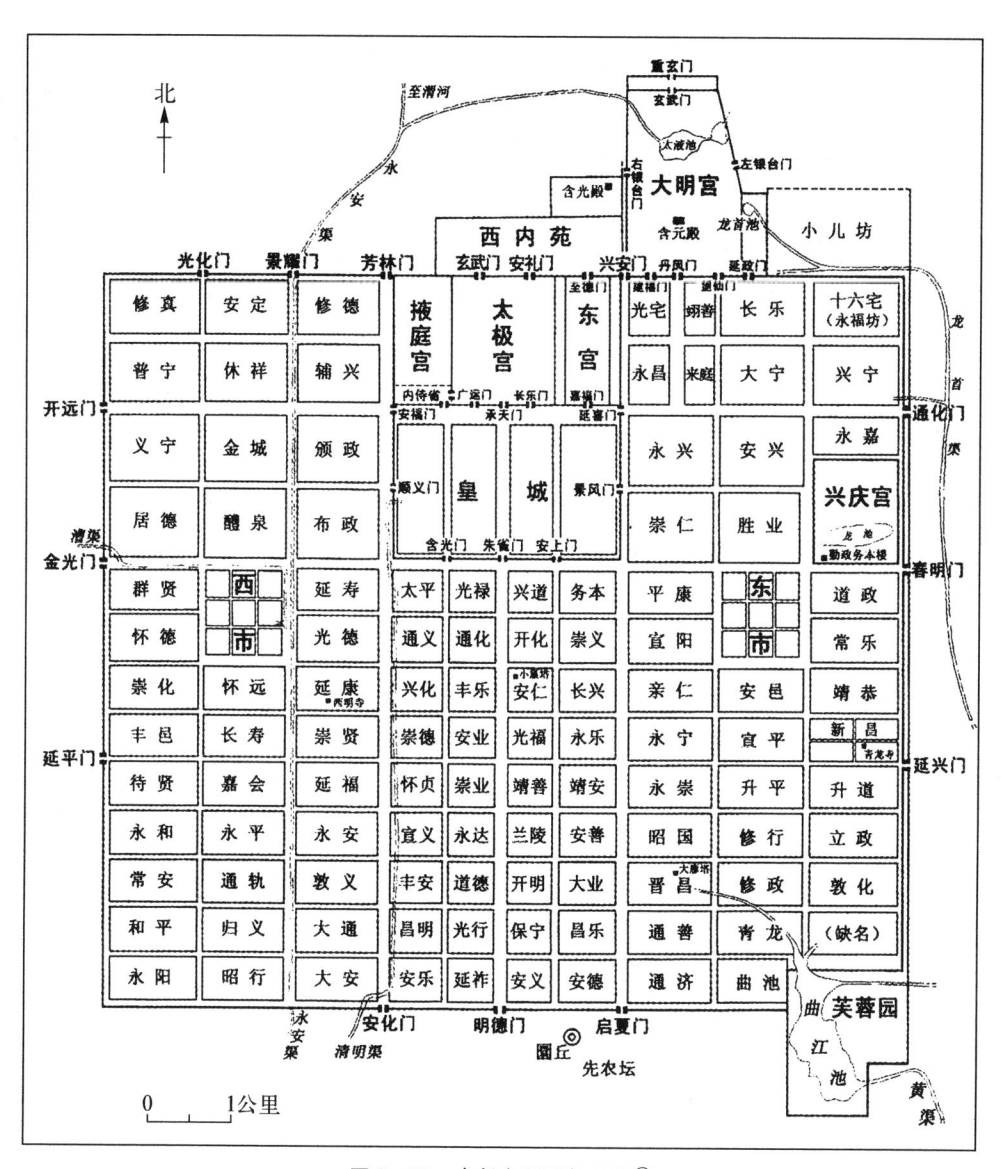

图 3-29　唐长安平面复原图①

旧臣刘龙，他曾为北齐后主修建铜爵三台，非常了解北齐的都城和宫室制度。

以下将从城市形态分析隋唐长安对北朝都城尤其是东魏北齐邺城制度的

---

① 改绘自刘庆柱：《中国古代都城考古发现与研究（上）》，社会科学文献出版社，2016 年，第 352 页。

继承。

1. 宫、皇城居外城北端，其东、南、西三面为外城围绕

隋唐长安的皇室禁地位于长安城的北部，紧贴北外城墙，与禁苑相连。宫城中央为太极宫，东为东宫，西有掖庭宫、太仓南北而立。皇城中除了设有左祖右社，主要是各类中央官署、皇家寺观。宫城北墙外侧的禁苑，隋代称大兴苑，平民不得出入，其范围"东距浐，北枕渭，西包汉长安城，南接都城。东西二十七里，南北二十三里，周一百二十里"[①]。后来在太极宫北面增设了一个规模较小的西内苑，也称北苑，南北一里，东西与宫城长度相当。如前文所述，北魏洛阳城增建外郭是从内城向四面扩展，北外郭被建在城北的邙山山坡上，距离北内城墙约3里，大致等于内城南墙与洛河之间的距离。也就是说，北魏洛阳城的规划者有意将皇宫布置在都城的中心。东魏北齐邺城的布局却与此有所不同，如东魏北齐邺城的确有外郭，其北界很有可能就是邺北城的北墙及其延长线，由于邺北城在东魏北齐时期的性质相当于内城，外郭是从东、南、西三面包裹着内城。由于东魏北齐沿用了邺北城，并从邺北城南墙起建邺南城，以南、北两城构成的内城紧贴外城北墙，它们的位置与隋唐长安的宫、皇城一致，这有别于北魏洛阳以内城居中、内城北墙与外城北墙间尚有外郭区的布局。

2. 集中设置东、西商市于都城的外郭

隋唐长安城有两座集中市场，它们对称分布于外城的东部和西部，隋代称都会市和利人市，唐代改名东市和西市。隋唐时期，长安城内绝大多数手工业和商业活动都集中在这两座市场中。据考古确认，东、西市的具体位置在皇城南面，北邻春明门至金光门大道，处于东面往蒲州、潼关、商州的驿路和西面往山南西道的驿路沿线，交通十分便利。其中，东市东西924米、南北1 000米，西市东西927米、南北1 031米，每市约占两坊之地。两座市场周边都环绕着宽约4米的封闭围墙。市场内部被井字形的道路划分为九个小区，道路宽度略有不同，东市井字街宽30米，西市井字街宽16米，或与商贸的繁华程度有关。井字形干道的中央是管理机构市署和平准局，干道沿线是密集的店铺，一般面阔1~3个开间，宽约4~10米，其余仓库距离干道

[①] （清）徐松撰，（清）张穆校补，方严点校：《唐两京城坊考》卷一《三苑》，中华书局，1985年，第28页。

较远，一般靠近围墙。

北魏洛阳废止了魏晋时期位于洛阳内城西部的金市，将市场集中于三处，设在外郭的里坊之间。北魏洛阳外郭的东部有小市，西部有大市，南部有四通市。东魏北齐邺城继承了北魏洛阳仅在外郭设市的做法，只是将市场减少至两座，分设在内城中轴线两侧，即东市和西市。根据文献记载，东市距离内城5里，这也是前文复原东魏北齐邺城东边界的重要依据。隋唐长安设立集中市场的数量、名称以及它们与内城的空间方位关系都与东魏北齐邺城几乎完全相同。

3. 轴线贯通三城，且基本位于三座城圈的中央位置

隋至唐初，长安城的南北轴线居于城市中央，它的北段，穿过宫城正门承天门和皇城正门朱雀门，遥指都城北面的禁苑与渭河，它的南段将外城分为东西两个行政区，轴线以东属万年县，以西归长安县，再往南，一直延伸到南山石砭峪。隋唐长安以干道为城市中轴线，以轴线划分都城的行政管辖单元，也沿袭自北魏洛阳、东魏北齐邺城。仔细分辨，隋唐长安与北魏洛阳、东魏北齐邺城的轴线位置有一点相似之处，那就是三座城址的轴线都没有完全处于都城正中，而是略偏城西，或者说，轴线东面的宫、城区往往略略大于轴线西面的宫、城区。隋唐长安城朱雀门距离皇城东南角1 450米，距皇城西南角1 350.6米（门稍偏西）[①]，相差百米；北魏洛阳城的轴线通过内城南墙自西数第二座城门，偏于城西；邺南城朱明门大道及其延长线也在宫城的西半部分，宫城正门距离宫城西南角约260米，距离宫城东南角约360米，两者相差同样是百米。如果说北魏洛阳城轴线略偏城西可能是受限于周汉时期就已奠定的城市格局，那么作为新建城市的东魏北齐邺南城和隋唐长安城，轴线为何会略有偏移，是有意还是巧合所致，值得未来继续关注。

4. 寺观密布，以高耸的佛塔装点城市轴线

佛教自汉代传入中国，至魏晋南北朝时期广泛流行，宗教建筑成为新的城市功能要素。隋代帝王宠信佛教，大兴城内寺院林立，盛期多达百余座。唐初帝王尽管更加推崇道教，但都城内一度仍保留了数量众多且占地面积可观的佛教寺院。唐人韦述《两京新记》记载，唐长安有佛寺91所；宋人宋敏求《长安志》记载，唐长安有佛寺104所；清人徐松《唐两京城坊考》记载，唐长安佛寺有107所；近年孙昌武在《唐长安佛寺考》一文中考证仅唐长安皇城和宫

[①] 马得志：《唐代长安城考古纪略》，《考古》1963年第11期，第598页。

城内就有佛寺13所，城内有佛寺160所[①]；介永强的《〈唐长安佛寺考〉补苴》一文还增补了唐长安皇城和宫城以及禁苑内的道场、佛寺、佛堂7处，外城的佛寺7所[②]。佛教信仰丰富了都城市民的生活，形态别致的佛教建筑也重塑了都城的天际线。小雁塔和大雁塔是唐长安保留至今为数不多的两处佛寺建筑，它们分别与太极宫和大明宫南北相对，也分别是隋及唐初都城内的主要轴线——明德门大道一线和唐代盛期以后都城主要轴线——丹凤门大道一线上的制高点。

在城市轴线附近营建高耸的佛塔也是沿袭自南北朝时期的城市设计传统。例如，北魏洛阳城内最为雄伟的永宁寺佛塔就建在城市轴线铜驼街的旁边，九级浮屠，"去京师百里，已遥见之"。考古学家发掘的赵彭城佛塔基址也证明，在东魏北齐邺城的中轴线朱明门大道旁也曾有占地约1坊的大型佛寺，寺内耸立着高大的佛塔。

5. 都城礼制建筑制度齐备

隋代统一南北之后，隋文帝命牛弘、辛彦之兼采南北朝礼制，议定了新的祀典，史书称"郊丘宗社，典礼粗备，唯明堂未立"[③]。虽然隋朝是建立在西魏北周的政权基础上，但隋大兴的宗庙、社稷和祭拜天地这三项最核心的都城礼制建筑却主要继承自东魏北齐邺城的制度。《隋书》记载："是时帝崇建社庙，改周制，左宗庙而右社稷。"[④] 可见，隋唐两京没有沿用北周的"左社右祖"制度，而将宗庙和社稷分别设在皇城的东南和西南隅，恢复了北魏洛阳、东魏北齐邺城的祖、社布局。在郊丘的设置上，东晋、南朝承袭了西晋洛阳合并郊丘的做法，而北齐、北周采取的则是北魏洛阳分立郊丘的做法，诞生于北朝文化圈的隋王朝倾向于后者，在隋大兴城的南郊有圜丘和南郊坛，北郊有方丘和北郊坛，朝日夕月、东耕西蚕等礼制建筑也在郭城之外的地点分别修筑，一如北魏以来北朝都城的郊坛设置。

(三) 隋唐长安的革新变化

隋唐长安是"中国古代营建的规模最大、规划最严谨、分区最明确的伟大

[①] 孙昌武：《唐长安佛寺考》，《唐研究（第二卷）》，北京大学出版社，1996年，第1~49页。

[②] 介永强：《〈唐长安佛寺考〉补苴》，《中国历史地理论丛》2009年第3期，第130~136页；介永强：《〈唐长安佛寺考〉若干问题辨正》，《中国历史地理论丛》2010年第4期，第151~156页。

[③] 《隋书》卷六《礼仪》，中华书局，1973年，第121页。

[④] 《隋书》卷七《礼仪》，中华书局，1973年，第136页。

都城"①，能够建成这样一座庞大而整齐的城市，除了凭借吸取既有的工程经验，更重要的是拥有敢于冲破传统的勇气和能力。这种勇于开创的时代风气，从唐朝官员关于明堂制度的讨论中可见一斑。魏徵说："其（明堂）高下广袤之规，几筵尺寸之制，则并随时立法，因事制宜。自我而作，何必师古。"② 名儒颜师古更说："假如周公旧章，犹当择其可否；宣尼彝则，尚或补其阙漏。况郑氏臆说，淳于护闻，匪异守株，何殊胶柱？"③ 他主张："惟在陛下圣情创造，即为大唐明堂，足以传于万代，……"④ 隋唐长安的革新变化主要体现在以下几个方面：

1. 空前绝后的皇城制度

《长安志》载："自两汉以后至于晋齐梁陈，并有人家在宫阙之间，隋文帝以为不便于事，于是皇城之内，唯列府寺，不使杂人居止，公私有辨，风俗齐肃，实隋文新意也。"⑤ 由于历代城市建设的叠压，隋唐长安皇城的布局尚未得到考古证明。依据文献，皇城内部被三条纵街和一条横街分为八个区块，除祖、社外，还有六省、九寺、一台、四监、十八卫等中央官署。单独将官署集中设在一座封闭城圈内，在隋代之前，似乎从未出现；隋唐之后，即使都城中仍保留了"皇城"的称谓，但彼时皇城内的房屋功能已不再纯粹是中央衙署。隋文帝所规划的皇城，不仅将政府办事机构与普通居民市坊严格分开，使得都城的功能分区更加严谨，也缩小了第二圈城垣的规模，扩大了都城内居住区的实际面积。

2. 公共园林的兴起

隋唐长安城的另一个创新之处是设有曲江池、乐游园等可向公众开放的园林。曲江池位于长安外郭东南隅，隋文帝又为其易名"芙蓉"，文献记载宇文恺规划大兴城时"以其地在京城东南隅，地高不便，故阙此地不为居人坊巷，而凿之为池，以厌胜之"⑥。曲江池的北半部分被堤岸隔开，是面向市民开放的

---

① 傅熹年：《中国古代建筑史·第二卷·三国、两晋、南北朝、隋唐、五代建筑》，中国建筑工业出版社，2009年，第346页。
② 《旧唐书》卷二十二《礼仪》，中华书局，1975年，第851页。
③ 《旧唐书》卷二十二《礼仪》，中华书局，1975年，第852页。
④ 《旧唐书》卷二十二《礼仪》，中华书局，1975年，第853页。
⑤ 引自（宋）宋敏求、（元）李好文撰，辛德勇、郎洁点校：《长安志·长安志图》，三秦出版社，2013年，第239页。
⑥ （南宋）程大昌撰，黄永年点校：《雍录》卷六《唐曲江》，中华书局，2002年，第132页。

风景园林区，其内水道萦回，花木繁盛，是文人雅士最为青睐的聚会之地。考古勘探表明，曲江池园林遗址的四周筑有围墙，周长约7 000米，园内西部是曲江池，堤岸蜿蜒约4 000米有余。此外，位于唐长安城的升平坊内的乐游原，是都城地势最高之处，太平公主曾在此建亭，后来发展为平民游玩之处，"每正月晦日、三月三日、九月九日，京城士女，咸就此登赏祓禊"[①]。东魏北齐邺城尽管也在都城近郊修建了数座规模宏大的园林，但它们主要服务于皇室及贵族，还没有出现隋唐长安的曲江池和乐游园这种常年开放、可供市民赏玩的公共性园林。

3. 城市重心的东移

隋大兴的太极宫地势卑低，尽管从图纸上看处于都城中央，但并不便于实际生活，也给皇宫的安全防卫制造了隐患。因而，从唐贞观八年（634年）开始，在太极宫东面的龙首原上新建大明宫，其"北据高原，南望爽垲，每天晴日朗，南望终南山如指掌，京城坊市街陌俯视如在槛内"[②]。大明宫的规模较之太极宫更大，外形却不如前者规整，平面呈梯形，南部较宽处建宫殿，北部略窄则利用低洼地形开凿太液池。大明宫建成之后，取代了太极宫的地位，大明宫及宫门丹凤门前成为举办重大节庆和国事活动最主要的场所。唐玄宗登基后，将位于大明宫南面的旧居兴庆坊改造为兴庆宫，常常在兴庆宫听政理政。随着大明宫的建成、兴庆宫的改造，都城初建时的对称布局被打破，城市重心从中轴一线偏移到城市东部，大明宫正殿含元殿与慈恩寺塔相对而立，在都城东部构成了一条新的景观轴线。

4. 礼制建筑制度的发展

唐王朝对隋大兴城内外的礼制建筑也进行了一些调整。唐代取消了单独设立的南北郊坛，城外仅设南圜丘、北方丘和五郊坛，祈谷、雩祀都在圜丘行事。由于科举考试在唐代受到格外的重视，都城内增设了国子学，还修建了孔子庙、周公庙等，以祭拜儒教圣人，这一制度一直延续至明清北京。唐代在都城内为孝敬皇帝李弘、中宗李显、七太子等单独立庙，长安城内故而还有太庙以外的其他皇室宗庙，可视作宋元都城原庙制度的滥觞。

---

① 参见（宋）宋敏求、（元）李好文撰，辛德勇、郎洁点校：《长安志·长安志图》，三秦出版社，2013年，第239页。

② （北宋）宋敏求：《长安志》卷六《东内大明宫》，引自《长安志（附长安志图）》，中华书局，1991年，第71页。

二、隋唐洛阳反映的都城规划新思路

为了加强与关东和南方的联系，隋仁寿四年（604年）十一月，隋炀帝下诏弃用洛阳旧城，在汉魏洛阳城以西约十公里建新城东都。《隋书》载"既营建洛邑，帝无心京师"[①]，可见隋炀帝对东都的重视。翌年三月正式动工，下诏命杨素、杨达、宇文恺、封德彝、牛弘等主持工事。仅仅过了十个月，东都洛阳已初步建成。唐武德四年（621年）东都被罢为洛州，到显庆二年（657年）才恢复东都名号。隋唐时期，东都洛阳（后文简称隋唐洛阳）是中国北方地区除首都长安之外最繁华的城市。在唐代早、中期，武则天、唐玄宗都曾久居东都，洛阳是这两个阶段事实上的国家中枢。东都洛阳的规划制定于大兴城建成22年之后，距全国统一也有15年之久，国家的政治局势比较稳定，南北方的经济文化往来频繁，加之隋炀帝倾慕江南文化、好兴土木工事等个人性格，洛阳对大兴制度虽有所继承，但也表现了很强的创新意识，反映了隋末唐初都城规划的新思路。

隋唐洛阳位于洛阳盆地中部，北依邙山，南对龙门，地势西北高而东南低。周边水系发达，东有瀍水，西有涧水，南有伊水，洛水自西向东穿城而过，将洛阳分为南、北两区。较之"重关四塞，水陆艰难"的西京长安，洛阳有着更好的交通和区位条件。以洛水贯都，借助宽阔的自然河流对都城的功能空间进行划分，这是隋唐洛阳有别于长安的最大特点，也在很大程度上决定了这座城市的布局结构和商贸活动模式。洛水之北，因地势较高，主要安置皇城、宫城、禁苑；洛水之南，主要安置居民区和商业区。横贯都城的河流，既为城市给排水组织提供了便利，也为洛阳商贸的快速发展和私家园林的兴盛提供了很好的条件。然而，大胆的选址和布局也为水灾的发生埋下了隐患。根据史料，在隋唐三百年间，东都水患频发，洛阳东北城区受其破坏影响尤为严重。近年来，学者通过对沉积剖面的采样分析发现，隋唐洛阳城的定鼎门遗址曾分别在盛唐时期和中唐时期遭到洪水破坏，这说明洛河经隋唐洛阳城河段在唐代曾多次发生严重的水灾[②]。中国古代历史上，除了秦汉咸阳拟跨渭水布局，却未全部建成之外，汉魏以来极少将城址跨河而建。《隋书·食货志》记隋炀

[①] 《隋书》卷七《礼仪》，中华书局，1973年，第139页。
[②] 许俊杰、莫多闻、周昆叔等：《唐宋时期洛阳城洪水事件的地层沉积记录》，《北京大学学报（自然科学版）》2013年第4期，第621～627页。

帝修建东都："初造东都，穷诸巨丽。帝昔居藩翰，亲平江左，兼以梁、陈曲折，以就规摹。曾雉逾芒（邙），浮桥跨洛，金门象阙，咸竦飞观……"① 从这段记载来看，隋唐洛阳大胆的选址和布局，很可能与隋炀帝对南朝城市的青睐有关。

隋唐洛阳的等级略低于长安，规模上也小于后者，但两座城市的分区和结构基本一致。隋唐洛阳同样具备宫城、皇城（及隔城）和外郭三圈城垣，外郭中也有封闭的商市、民坊，不计其数的道观寺庙和生机盎然的池苑园林，城外四面也修建了祭拜不同类型神祇的坛、丘（图 3 - 30）。与隋唐长安相较，隋唐洛阳的城市布局明显不再拘泥于对称、规整等几何方面的要求，而是因地制宜，考虑不同功能区的协调与城市生活的便利，具体体现在以下几个方面。

首先，隋唐洛阳的宫城与皇城位于整座城址的西北隅高地而非中央，这一选址更多地考虑了实际地形，而非城市平面图形的规整对称，与后来唐长安增建大明宫的想法接近。其次，随着皇宫的西移，城市轴线也偏居城西。从宫城正门应天门往南，经过皇城正门端门，跨越架设在洛河上的天津桥，抵达外城南城墙自西数第一座城门是隋唐洛阳的南北轴线，它还与南面二十余里处的龙门伊阙遥遥相望。最后，与隋唐长安对称布置东、西两市不同，洛阳城有北、南、西三市，共占四坊之地。北市、南市分别位于北郭、南郭的中部，西市位于西郭西南角，它们的位置应当是根据河渠走势选定，分别邻近漕渠、运渠和通济渠，交通方便，有利于商贸交易。

在隋炀帝连通北起涿郡，南达江都、杭州的大运河之后，洛阳不仅是大运河的中心，也是南北物资集散中转要地。随着商贸的繁荣，洛阳渐而成为全国最重要的经济中心，《河南志》记载了通远市附近通济桥的繁华景象："自此桥之东，皆天下之舟船所集，常万余艘，填满河路，商旅贸易，车马填塞，若西京之崇仁坊。"② 尽管隋唐洛阳的面积仅有长安城的一半左右，鼎盛时期的人口数量却几乎可以比肩长安③，繁华程度可见一斑。

---

① 《隋书》卷二十四《食货》，中华书局，1973 年，第 672 页。
② （清）徐松辑，高敏点校：《河南志·唐城阙古迹》，中华书局，2012 年，第 142 页。
③ 何一民：《中国城市史纲》，四川大学出版社，1994 年，第 222 页。

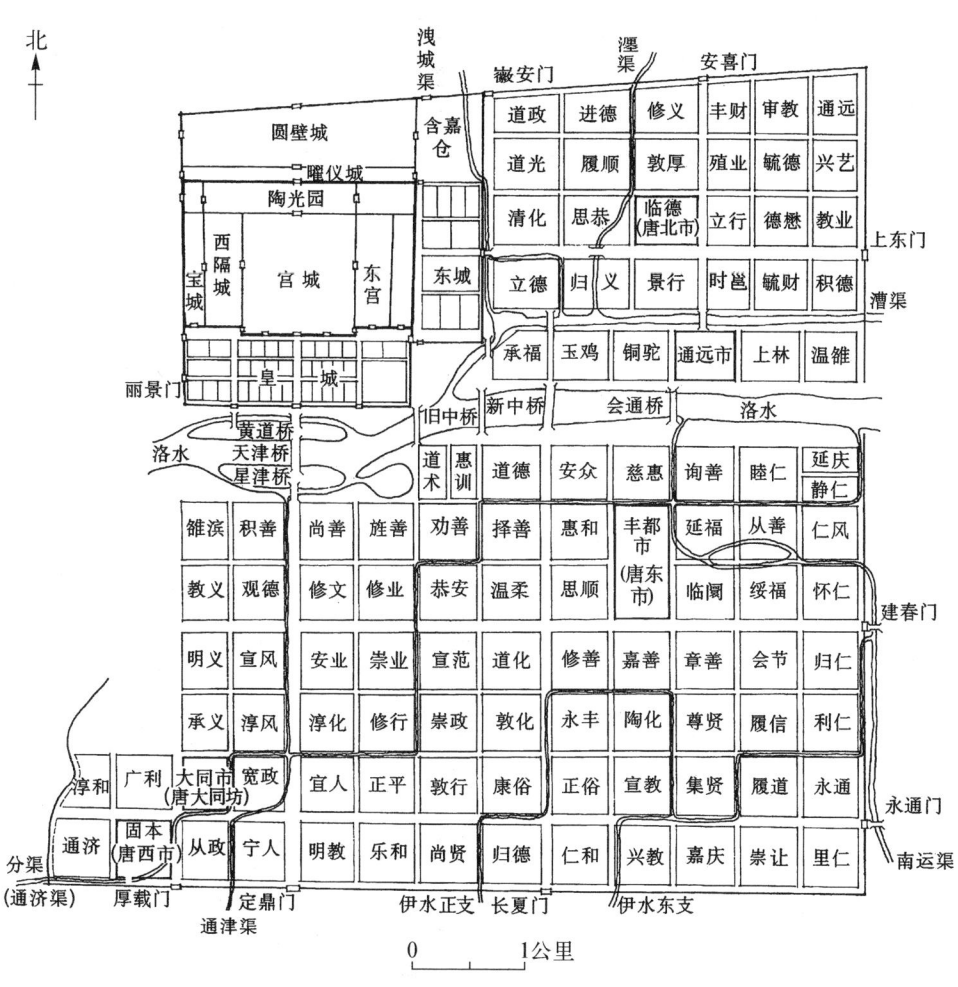

图 3-30　隋唐洛阳城平面复原图①

三、隋唐长安的设计模数新释

如长安和洛阳这样规模庞大而结构严谨的城市，可以想象，在动工之前，应当拟定了比较完备的城市规划方案，但凡看过长安和洛阳复原城图的人，大概都不会否认这个观点。如果隋唐长安当真存在设计方案，它的设计理念如何，方案有何特点？它的承袭、影响又当如何？随着考古工作的开展，更多学

---

① 引自傅熹年：《中国古代建筑史·第二卷·三国、两晋、南北朝、隋唐、五代建筑》，中国建筑工业出版社，2009年，第345~349、355~360页。

者得以依据实测数据解答上述问题。然而，既有考古报告关于隋唐长安具体尺寸的描述存在一定分歧，基于对这些差异来源的比较和分析，下文提出了关于隋唐长安"模数制"设计程序的几种可能。参考与隋唐长安同时期的几座东亚都城，还将进一步就几种设计模式和模块的可能性大小加以比较。

（一）傅熹年关于隋唐都城设计模数的研究

傅熹年关于隋唐长安设计模数的考察是其隋唐都城规划设计方法综合研究的子课题之一。通过演算分析，傅熹年指出，隋唐长安最初的规划是以宫、皇城的东西宽度和南北长度为模数，将全城划分为若干区块，再以此为基础划分为若干坊市及正交路网，具体说来，隋唐长安的宫、皇城东西宽 2 820.3 米，它控制了城南中央四坊的东西宽度；宫、皇城南北长 3 335.7 米，它控制了位于宫、皇城两侧各十二坊区的宽度，以及城南诸坊在南北方向上的划分，也即城南自南而北，第一至三排坊、第四至六排坊、第七至九排坊，加上每三坊间所夹两条东西向街，其南北长度在 1 668～1 739 米之间，恰好大约是宫、皇城南北长度的一半；隋唐洛阳则是以四边长度基本相等、大致呈正方形的宫城为统一的设计模数，具体说来，全城的规模以 350 丈见方的宫城大内为基准，将大内扩大 4 倍，即为 700 丈见方的皇城宫城之总和，将它等分为 4 份，则每一份是一座 175 丈见方的坊[①]（图 3-31、图 3-32）。这项研究不仅使我们对隋唐两座都城的规模设计有了全新的认识，更重要的是，参考实测数据，它证明了沿用到明清北京的以宫城长、宽尺寸为基本模数，以及将宫城、皇城和郭城加以整体考虑的设计方法很可能至晚到隋代已经出现。关于这一设计方法的优势，傅熹年指出："在规划方面，确定面积模数，把全城划分为若干排列整齐的区块，便于在整体上控制城市轮廓和主要干道网，更细致的工作可以留待区块内的规划去做，这就大大简化了规划工作，可以迅速地定出城市的大轮廓。"[②]

根据傅熹年的结论，隋唐长安和洛阳规划的基准设计模块都取自都城内的宫、皇城。由于两座城址的子城形态不同，两座城址设计模块的数量和形态也存在一些差别。其中，隋唐长安子城的东西宽度略大于南北长度，其形态为纵

[①] 傅熹年:《隋唐长安洛阳城规划手法的探讨》,《文物》1995 年第 3 期, 第 48～63 页;傅熹年:《中国古代建筑史·第二卷·三国、两晋、南北朝、隋唐、五代建筑》, 中国建筑工业出版社, 2009 年, 第 345～349、355～360 页;傅熹年:《中国科学技术史·建筑卷》, 科学出版社, 2008 年, 第 272～275 页;傅熹年:《中国古代城市规划、建筑群布局及建筑设计方法研究》, 中国建筑工业出版社, 2001 年, 第 5～7 页。

[②] 傅熹年:《隋唐长安洛阳城规划手法的探讨》,《文物》1995 年第 3 期, 第 62、63 页。

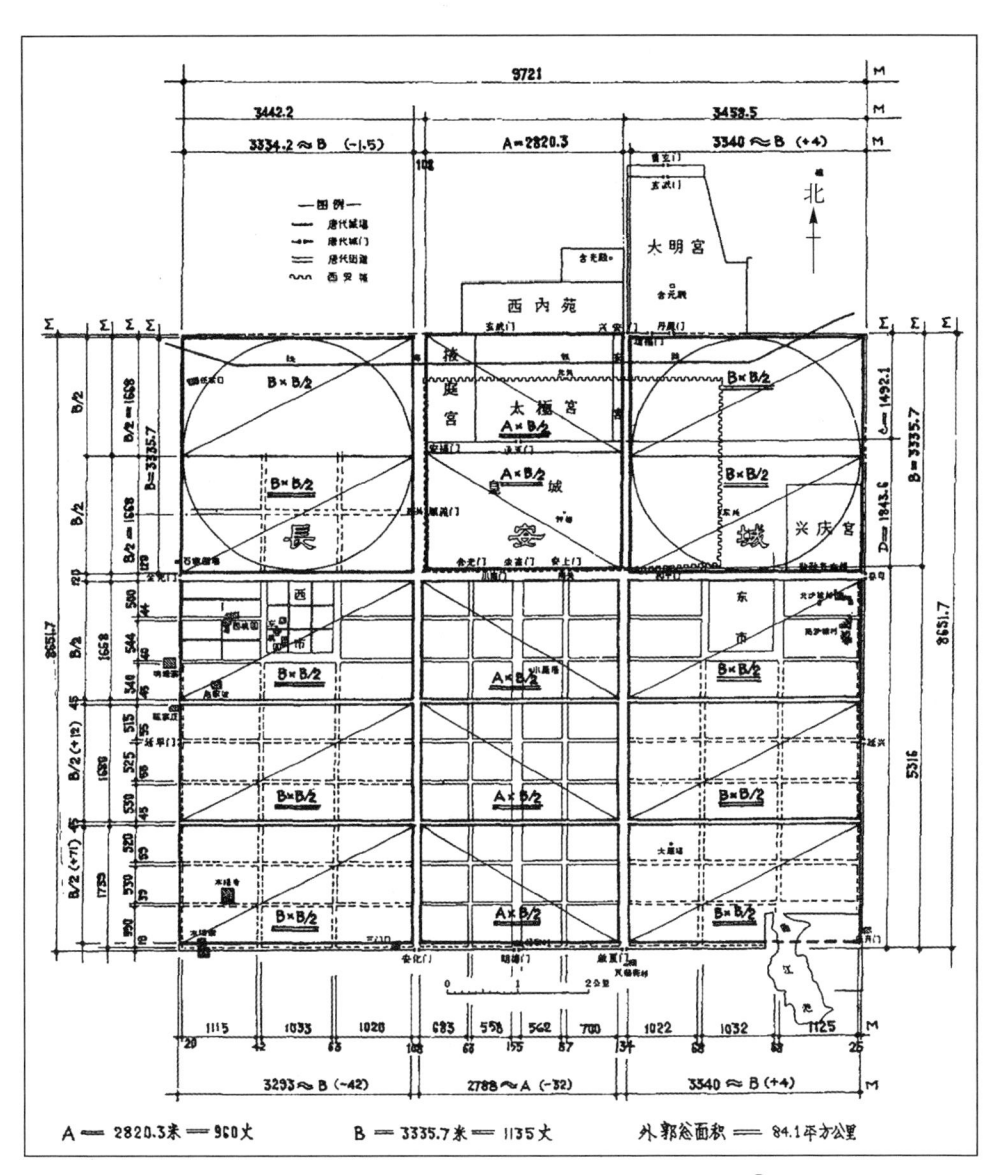

图 3-31 傅熹年所作隋唐长安设计模数分析示意图①

长方形，子城的南北向长度的 1/2 被取作子城南部里坊区的南北向模数基准，子城的南北向长度同时还被取作子城两侧里坊区的东西向模数基准，子城的东

---

① 傅熹年：《隋唐长安洛阳城规划手法的探讨》，《文物》1995 年第 3 期，第 53 页。

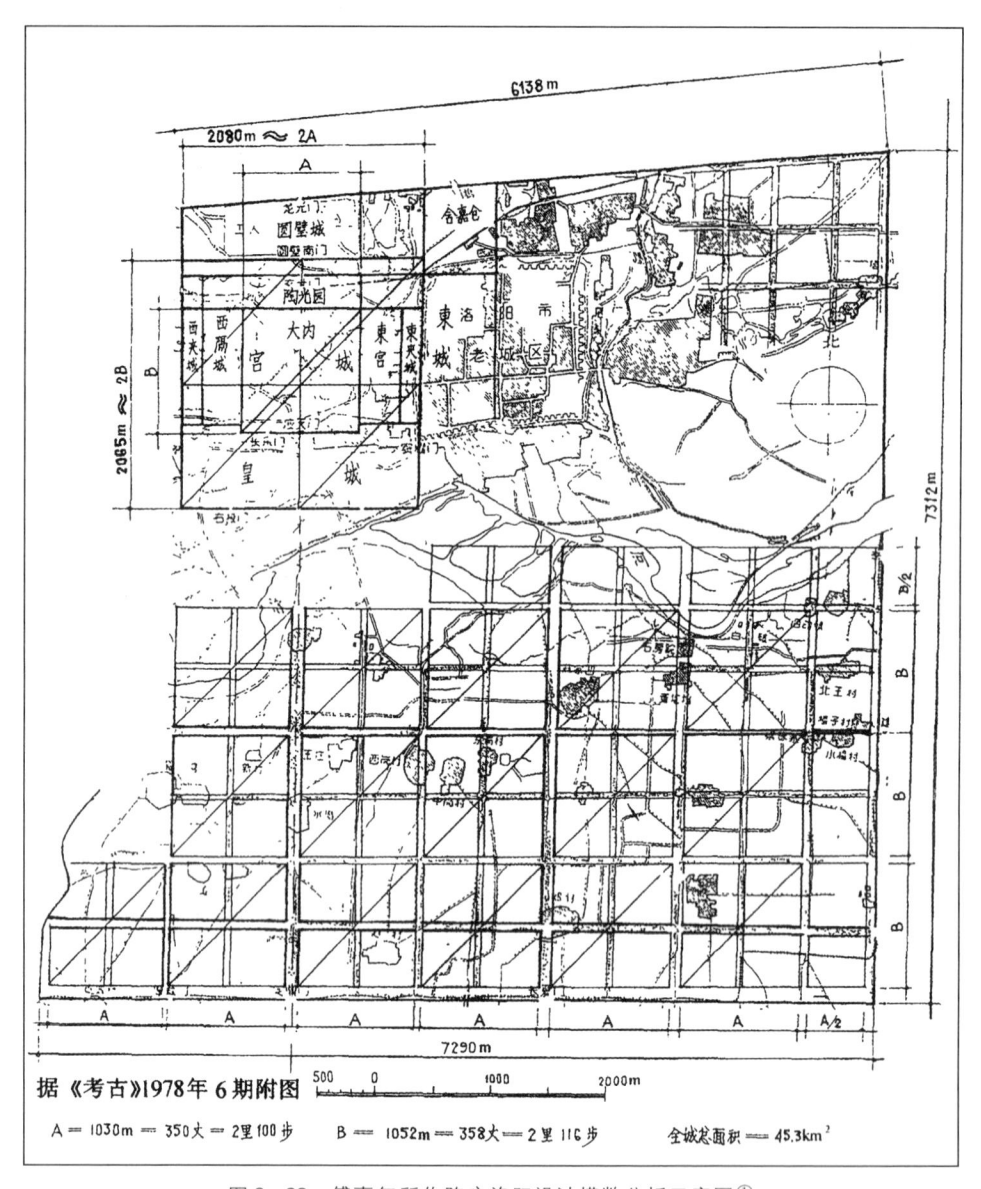

图 3-32　傅熹年所作隋唐洛阳设计模数分析示意图[1]

西向宽度被取作子城南部里坊区的东西向模数基准，这样一来，长安城的设计模块共有四类，都为长方形，城址的外轮廓总计由四种大小不同、数量不等的长方形模块组合而成。由于隋唐洛阳的宫城，宫、皇城以及北面两座隔城所组

---

[1]　傅熹年：《隋唐长安洛阳城规划手法的探讨》，《文物》1995 年第 3 期，第 53 页。

成的子城四边基本等长，且子城的面积恰好是宫城大内面积的 4 倍。因而，隋唐洛阳的设计模块只有一种，即一个与大内等大的正方形，整座城址的外轮廓由若干个或半个模块组合而成。隋唐长安与洛阳城在规划手法上的最大不同，如傅熹年所言："大兴或以长或以广与长之半为模数，其区块大小不一律，在面积上与皇城、宫城面积无模数关系，而洛阳区块之大小一律，长宽与大内全同，面积亦相等，使大内成为全城的面积上的模数，故就规划中模数运用而言，洛阳明显比大兴成熟。"傅熹年指出，洛阳是在隋唐长安建成二十余年以后才开始规划设计的，此时隋朝不仅已经完成了统一南北的大业，设计师本人的阅历渐长，设计能力也愈强，所以洛阳的规划设计水平超过长安（大兴），也是很自然的事情①。

关于上述结论，令人费解的是，为何隋唐长安要以宫、皇城的南北长度来确定东西两侧坊区的东西宽度，而不是如明清北京一般，以紫禁城的纵横边长分别确定同方向上外城的规模，傅熹年对此未作解释。显然，如明清北京以宫城某一方向的尺寸作为同方向外城大小的模数，更符合设计的一般逻辑。

（二）既有实测数据的比较与整理

除了上述疑点，不同考古报告对隋唐长安城址规模和尺寸的不同记述，也是在隋唐长安规划方法研究中值得重视的问题。

中华人民共和国成立至今，关于隋唐长安的系统考古工作至少有两次，值得注意的是，两次工作提供的数据并不完全相符，尤其是部分关键数值存在一定分歧。第一次考古工作的成果主要见载于 1958 年发表的《唐长安城地基初步探测》②（后文简称《探测》）。数年后，又对唐长安城进行了一次非常详细的勘测，主要成果公布在 1963 年见刊的《唐代长安城考古纪略》③（后文简称《纪略》）。此外，1983~1984 年初重修明代西安城墙时，又先后发现了唐长安皇城城墙、城墙角以及朱雀门、含光门、安福门等城门遗址，并在局部开展了考古工作，也提供了一些尺寸数据（后文将这一数据来源简称"李健超复测"）④。傅熹年、宿白等关于隋唐长安城的复原和研究，主要参考的是《纪略》的数据。

---

① 傅熹年：《隋唐长安洛阳城规划手法的探讨》，《文物》1995 年第 3 期，第 61、62 页。
② 杭德州、雒忠如、田醒农：《唐长安城地基初步探测》，《考古学报》1958 年第 3 期，第 79~93 页。
③ 马得志：《唐代长安城考古纪略》，《考古》1963 年第 11 期，第 595~611 页。
④ 李健超：《唐长安 1∶2.5 万复原图》，《西北大学学报（自然科学版）》1993 年第 2 期，第 169~175、191 页。

上述三次工作都涉及了隋唐长安的城郭构成，每圈城垣的东西、南北长度，以及主要门址的位置。考古工作显示，隋唐时期的城市规划已采用"步"或2倍于步的"丈"作为基本度量参数。据中国社会科学院考古队的推测，隋唐长安采用的度量参数——唐尺约等于0.294米，也即一唐步合1.47米，一唐丈合2.94米①。例如，经考古勘测的隋唐长安城内最宽的三条道路，宫城前横街宽220米，非常接近150步（合220.5米），明德门至朱雀门大道（后文简称"明德门大道"）宽155米，非常接近105步（合154.35米），启夏门至安化门大道宽134米，非常接近90步（合132.3米）。不仅路面宽度明显是以步为度量单位，而且两级之间的差距大约都是15步。从实测来看，都城的分区很有可能以"丈"为单位，如前述洛阳城的宫城和子城边长都是50丈的倍数，傅熹年认为，这显示了在隋唐洛阳城的规划中已用50丈网格为布置基准②。

关于隋唐长安城南北向的长度，三次考古工作提供的数据并无太大分歧：外城南北长约8 651.7米，从中轴线附近看，可分为三段，宫城北墙（即外城北墙）至宫城南墙为1 492.1米，皇城北墙（即宫城南墙）至皇城南墙为1 843.6米，皇城南墙至外城南墙为5 316米。按照上述推定的换算比例，隋唐长安宫城南北长507丈，宫城南墙至皇城南墙的距离（即皇城南北）为627丈，皇城南墙至外城南墙的距离为1 808丈，考虑到施工及测量精度，可略去尾数，它们很可能是分别按照500丈、600丈和1 800丈所规划（表3-1）。

表3-1　隋唐长安城南北向设计尺寸推测

位　置	宫城南北距离	宫城南墙至皇城南墙距离	皇城南墙至外城南墙距离
实测值（米）	1 492.1	1 843.6	5 316
换算值（丈）	507	627	1 808
推测值（丈）	500	600	1 800
偏差比率（%）	1.4	4.5	0.4

值得注意的是，不同报告关于隋唐长安城东西向的宽度却提供了不同的数据。差异至少可见于两处。第一，关于长安城的东西宽度，《探测》载隋唐长安城外城北城基东西宽9 570米，南城基东西宽9 550米；而《纪略》称东西

---

① 马得志:《唐代长安城考古纪略》，《考古》1963年第11期，第596页。
② 傅熹年:《中国科学技术史·建筑卷》，科学出版社，2008年，第303页。

广（由春明门至金光门的直线距离）9 721米（包括东西二城墙的厚度在内），相较可知，两份报告在不同位置测得的城址宽度的差距在151～171米，约合唐时50丈，即100步。第二，关于长安城明德门至两侧安化门、启夏门的距离，《探测》分别为1 360米和1 550米，即南正门距南东门较之距南西门远190米，换句话说，明德门大道略偏于城西部，而《纪略》分别为1 435.5米和1 473.5米，即南正门距南东门较之距南西门仅远38米，明德门大道基本居于都城中央。

关于第一处差异，经过20世纪末的考古复测，李健超认为，"宫城北墙向西向东延伸与《探测》所述的外廓城西北角和东北角相符"[1]。这说明，第一次考古工作提供的隋唐长安外城东西的宽度9 550～9 570米并非有误，同样可以得到考古验证支持，《纪略》与《探测》提供的数据不同可能是由于勘测位置的差异所致，换句话说，研究隋唐长安的设计模数也应关注《探测》提供的数据。

关于第二处差异，由于长安城的南北干道彼此平行，还可以参考明德门大道、安化门大道、启夏门内大道北端的距离加以检验。这一距离实际等同于正门朱雀门与皇城东南角、西南角的距离。唐末韩建缩小长安城时，保留了唐代的皇城，基本为元代沿用。所以，朱雀门与东南、西南角的距离是比较容易得到确认的。据《纪略》载，朱雀门在皇城南城墙的中部，距皇城东南角1 450米，距皇城西南角1 350.6米。计算可知，即东西相差近100米。李健超复测的数据是，皇城西南角至朱雀门实测1 320米，皇城东南角至朱雀门实测1 510米，两者相差190米[2]。比较可知，《探测》一文提供的明德门大道南端与两侧干道的距离差值，与复测所得明德门大道北端（即朱雀门）与皇城东南、西南角的距离差值一致，都是190米。

除上述两处明显的差异之外，两份数据共同反映了一些问题，以下两点尤其需要注意。

首先，数次考古工作对皇城规模的意见比较一致，《探测》载皇城东西宽2 820.3米，《纪略》载朱雀门至皇城东南角、西南角距离相加之和为2 800.6米，李健超测朱雀门至皇城东南角、西南角距离之和为2 830米，后两者的均值

---

[1] 李健超：《唐长安1∶2.5万复原图》，《西北大学学报（自然科学版）》1993年第2期，第170页。

[2] 李健超：《唐长安1∶2.5万复原图》，《西北大学学报（自然科学版）》1993年第2期，第172页。

正合《探测》所载数据。其次，明德门大道很有可能并不位居宫、皇城及外城正中。根据《探测》所示数据以及《纪略》所示明德门大道距离皇城东南、西南转角的距离看，隋唐长安并非完全对称，而是道路以东的城区较之道路以西的城区宽100~200米。隋唐长安的建设程序是先宫城，再皇城，最后外城。因此，隋唐长安东西城区的宽度差异，很有可能源于宫城东半部分略大于西半部分。

将《探测》《纪略》提供的实测数据进行比较（表3-2），可以看到，两次工作探得皇城西墙至朱雀门即宫、皇城的西半部分宽度在450丈左右，皇城东墙至朱雀门即宫、皇城的东半部分宽度在500丈左右，两者相减，差值在50丈左右，皇、宫城的总宽度约950丈。这说明，隋唐长安的大体轮廓的规划，很有可能与隋唐洛阳一致，同样以50丈见方网格为布置的基准。若是这样，那么宫城东、西区的差值应接近一个基准方格（图3-33）。

表3-2　隋唐长安东西向实测数据对比

数据来源	位置	宫、皇城宽度	皇城西墙距外城西墙	皇城西墙至朱雀门	皇城东墙至朱雀门	皇城东墙距外城东墙	外城宽度	备注
《探测》及李健超复测	实测值（米）	2 830	3 360	1 320	1 510	3 420	9 560	《探测》载，明德门居南城墙自西向东4 680米处，外城东西宽度取北外城墙9 570米与南外城墙9 550米均值
	换算值（丈）	963	1 143	449	514	1 163	3 252	
	皇城东、西区宽度差值（丈）		65					
《纪略》	实测值（米）	2 820	3 442	1 351	1 450	3 458	9 721	皇城西墙距外城西墙3 442.2米，取自傅熹年图
	换算值（丈）	959	1 171	460	493	1 176	3 306	
	皇城东、西区宽度差值（丈）			33				

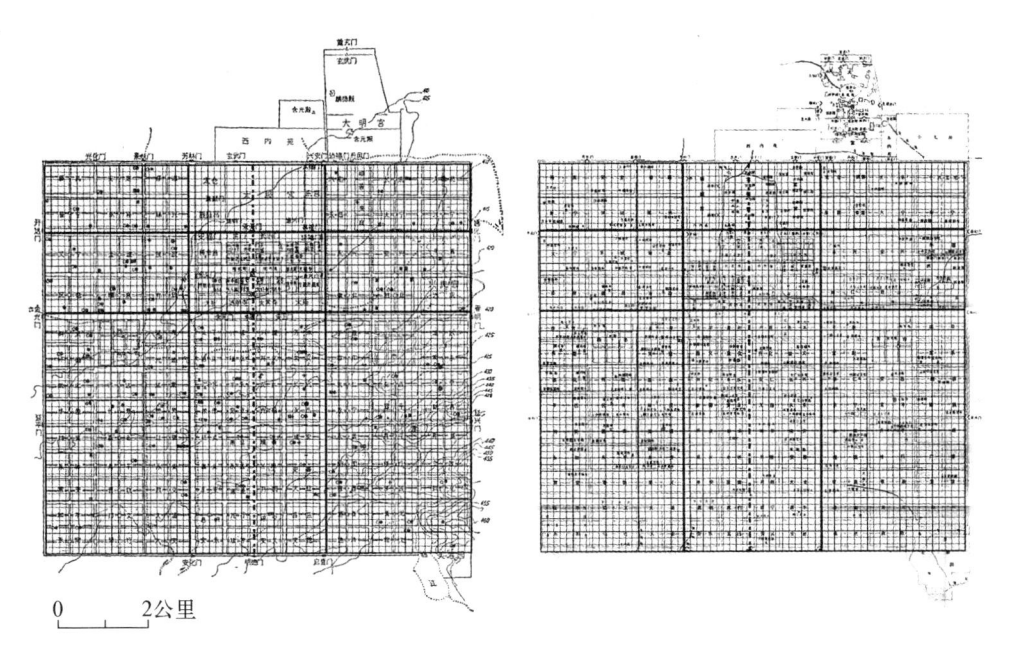

图 3-33　两次考古实测图与 50 丈方格网对比分析图①

(三) 城市设计方案的可能情况分析

傅熹年分析隋唐长安的设计模数时，是将城址的东西方向分为三个大区——东、西区分别是宫、皇城东西的十二坊之地，中区是宫、皇城及其两侧的南北干道。按照傅熹年的分区方式，以宫城东西两侧干道宽 100 步、合 147 米（路面存宽实测 134 米），分别处理如表 3-2 所示宫、皇和外城的宽度数据，得出东、西十二坊区以及两区之间的宽度（表 3-3）。两次考古工作的成果同样表明，东、西十二坊区的宽度非常接近 1 100 丈，《探测》所示数据的偏差分别仅有 1.2%、0.6%，《纪略》所示数据偏差较大，也一般在 2% 左右，考虑到古代工程施工的技术条件和古今叠压型城市开展考古勘测的难度，这种偏差应是允许的。

依照前文的换算方式，宫城南北长约 500 丈，皇城南北长约 600 丈，宫、皇城南北长合计 1 100 丈，它恰好等于东、西外十二坊区的宽度。同时，皇城

---

① 图上每个小方格边长均为 50 丈。左图底图取自宿白：《隋唐长安城和洛阳城》，《考古》1978 年第 6 期，第 412 页；右图底图取自李健超：《唐长安 1∶2.5 万复原图》，《西北大学学报（自然科学版）》1993 年第 2 期，第 191 页。

表 3-3　隋唐长安东西向设计尺寸推测

数据来源	位　置	外城西十二坊区宽度	西十二坊区东至朱雀门大道距离	朱雀门大道至东十二坊区西距离	外城东十二坊区宽度
《探测》及李健超复测	实测值（米）	3 213	1 467	1 657	3 273
	换算值（丈）	1 093	499	564	1 113
	推测值（丈）	1 100	500	550	1 100
	偏差比率（%）	0.6	0.2	2.5	1.2
《纪略》	实测值（米）	3 295.2	1 497.6	1 597	3 310.5
	换算值（丈）	1 121	509	543	1 126
	推测值（丈）	1 100	500	550	1 100
	偏差比率（%）	1.9	1.8	1.3	2.4

南墙至外城南墙的距离是 1 800 丈，其数值恰好是皇城南北长度的 3 倍。这说明，无论哪一份考古数据更接近真实情况，都能显示出隋唐长安整体规模与皇宫尺寸的密切关系，符合傅熹年的研究结论。按照这一结论，隋唐长安的规划过程是，在初步设计阶段，隋唐长安城由 15 个矩形区块组成，共有 4 种大小、4 种基础模数：宫城区块东西宽 1 050 丈，南北长 500 丈；宫城东西两侧各设 1 个东西宽 1 100 丈、南北长等同于宫城南北长度 500 丈的区块；皇城区块东西宽 1 050 丈，南北长 600 丈，按相同规模又往南复制出 3 个相同大小的外城区块；在这 4 个等同于皇城大小的区块的东西两侧又各有 4 个东西宽 1 100 丈、南北长等同于皇城南北长度 600 丈的区块（图 3-34）。以此设计模块的组合构

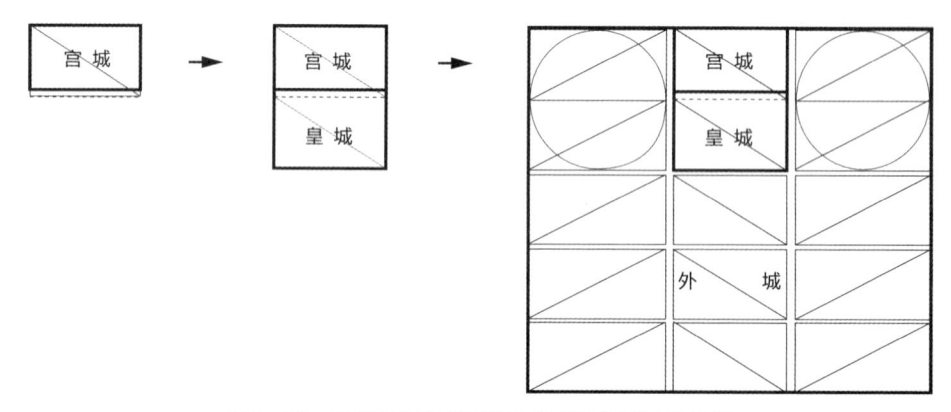

图 3-34　据傅熹年观点所作隋唐长安设计过程分析

建都城的轮廓，再用次级干道作进一步分割，将由 13 个区块构成的外城细分为大小有别的商市或里坊。

如果隋唐长安最初的设计方案跟我们今天所能掌握的城址完全一致，那么前述傅熹年的解释应当非常接近这座都城的规划设计思想和方法。需要注意的是，有别于既往的一般认识，隋唐长安的南北中轴线并非位于宫城、皇城、外城正中，而是略偏西。具体说来，不论是明德门与左右两侧的门址之间，还是朱雀门与皇城南墙东、西转角之间，考古学家都曾测得 100~200 米的差值。这个差值，恰好接近唐代的 50 丈，等同于隋唐长安、洛阳规划中一个基准模块的大小。这一差值是无意为之，还是有意为之；是施工误差导致，还是体现了某种设计意图，值得深入分析。从另一个角度说，规整有序如隋唐长安一般的城址，其建设定然不是一蹴而就、不加规划随意建成的，而是历经了从初步构思到深入完善的设计过程，最初的设计方案很可能需要经过一番修改、调整才能付诸实施。因而，可以就考古所掌握的隋唐长安是否等同于隋唐长安的设计方案，推测不同的可能性，作进一步更细致深刻的考察。

第一种可能，城东、西宽度所差的 50 丈是在宫城设计时根据建筑功能的实际需求有意为之，例如在最初的设计方案中，宫城东半部分所需的用地大于西半部分，从而多留出了 50 丈。若是这样，那么隋唐长安的规模设计仍如前文推测（图 3-35）。

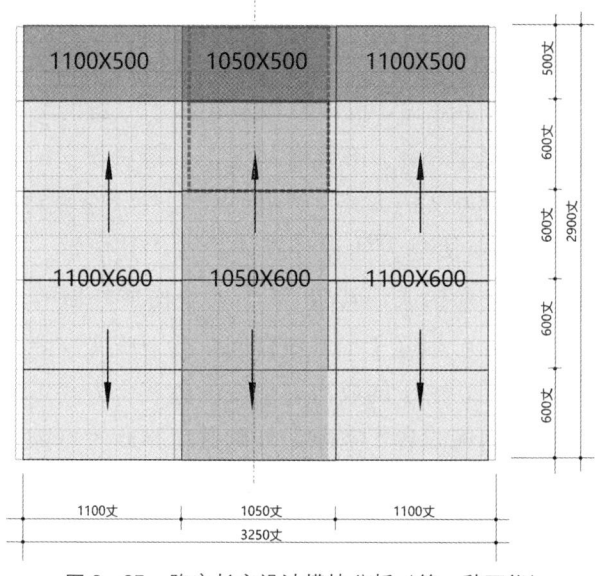

图 3-35　隋唐长安设计模块分析（第一种可能）

第二种可能，城东、西宽度所差的 50 丈并不是最初的设计方案，而是由于施工或其他因素的影响，改变了原有的东西完全对称的设计，使得宫城的东、西两部分在建成后并不完全相同，且东半部大于西半部。

中国古代城市或建筑东西方位略有差异的布置很大程度上源于左右方位的等级差别，但究竟孰高孰低，不同时代在不同问题上很可能有所不同。例如，在先秦时期，"尚左"是正宗，"尚右"是尚左的翻版；到了秦汉时期，盛行"尚右"，尤以《史记》《汉书》为甚，对后世影响极大，晚至唐代如李白《闻王昌龄左迁龙标遥有此寄》中的"左迁"仍有"下迁"之意[①]。如果隋唐长安宫城的东半部分大于西半部分并不是应功能需求的初步设计方案，而是考虑了一些特殊因素之后对初步设计进行调整的结果，那么东西方位的等级差异有可能是促使初步设计方案调整的原因。此时，又可以考虑两种调整方案的情况，以求更加贴近初步设计方案的原状。

情况之一，在原来的设计方案中，宫城东、西两侧都为 450 丈，外城北部东、西十二坊的间距为 1 000 丈，由于某种原因，建设完毕之后，东城的实际面积超过了设计面积，使得宫城东西并不对称，尽管宫城东西两侧的坊区仍按照设计的东西对称进行建设，但城市轴线未能恰好位于城市正中。此时，设计方案应是一座东西宽 3 200 丈、南北长 2 900 丈的城市，它同样有 4 个设计模块，分别为 500×1 000 丈、600×1 000 丈、500×1 100 丈、600×1 100 丈（图 3-36）。

情况之二，原本设计宫城东、西两侧都为 500 丈，这样一来，外城北部东、西十二坊的间距为 1 100 丈，也即宫城东、西十二坊的宽度与宫城及两侧预留道路用地的总宽度完全一致。在这种情况下，隋唐长安的规划设计存在唯一的设计模块，即边长 500 丈的方格。在情况之二中，全城将由 5 排、6 列大小完全相等的共 30 个 500 丈见方的设计模块构成，其中宫、皇城分别由 2 个 500 丈见方的模块东西并列构成，其余 26 个模块构成外城的轮廓边界。这些方块之间，在南北方向上，相邻 2 个方块之间留有 100 丈空隙作为周边区块的道路用地；在东西方向上，由于构成宫、皇城的各 2 个方块可视作独立的功能单元，中部 2 列方格的内侧减省了空隙，外侧共留 100 丈空隙，它们的东西各 2 列方格仍然保持两两间距 100 丈。

---

① 黄发忠：《尊左与尊右的源与流》，《文史知识》1985 年第 6 期，第 58～62 页。

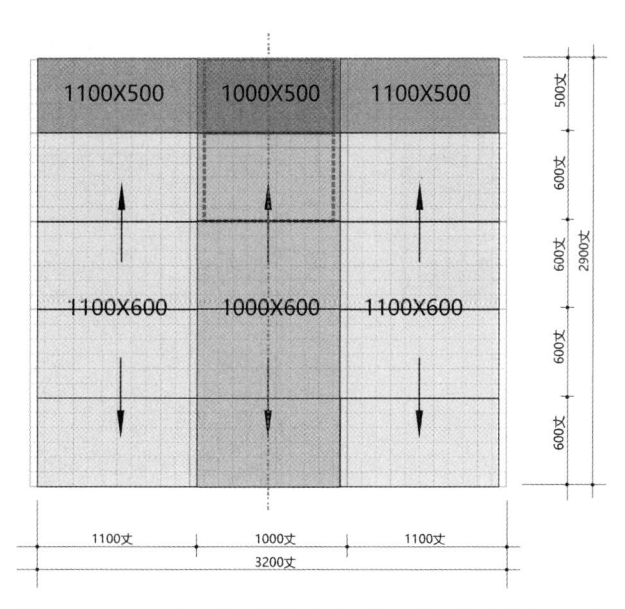

图 3-36　隋唐长安设计模块分析（第二种可能的情况之一）

　　如果从设计程序上考虑，首先由 2 块设计模块构成宫城，并在它的纵横方向各留 100 丈作为道路用地，东、西均分，各为 50 丈，形成宫、皇城与东西各十二坊区间的南北向干道；由于北面已抵城墙，不需设道路，南面占用了全部 100 丈空隙，形成了全城最宽阔的宫前横街。皇城在横街南面修筑，大小与宫城相同，也占用 2 个设计模块的面积，皇城南侧同样留出了南北长 100 丈的道路用地。以基准方格为模块，从外围环路所构成的宫、皇城区边界出发，开始向东、南、西 3 个方向布设外城。其中，东西各扩展 2 列设计模块，两两横向间距 100 丈；将城市北端形成的 6 列模块向南继续扩展，从皇城南墙算起，再布置 3 排模块，两两纵向间距同样是 100 丈。这样就形成了隋唐长安城的基本轮廓。在这一设想下，宫城的面积是设计模块的 2 倍大小，宫、皇城构成的子城面积是设计模块的 4 倍大小加功能区之间的预留道路占地，整座城址的面积是设计模块的 30 倍大小加区块之间的预留道路占地。这些相等大小的模块，排列整齐，彼此间按功能单元的需求留出所需道路的宽度，构成全城的大分区。然后，根据居住里坊的规模设定，将各个分区划分为若干坊，并将预留的道路用地，即方块与方块之间的 100 丈间隔，按照实际需要分配到里坊之间，并使它们东西成行，南北成列，形成遍布全城的正交路网。从实测来看，隋唐长安城内南北向次干道一般宽 42～68 米，东西向次干道宽 39～75 米，约合

15～25 丈，城墙内的环路宽 20～25 米，在 10 丈左右，可能就是将 100 丈分作数份，并间隔在里坊之间形成的宽度（图 3-37）。

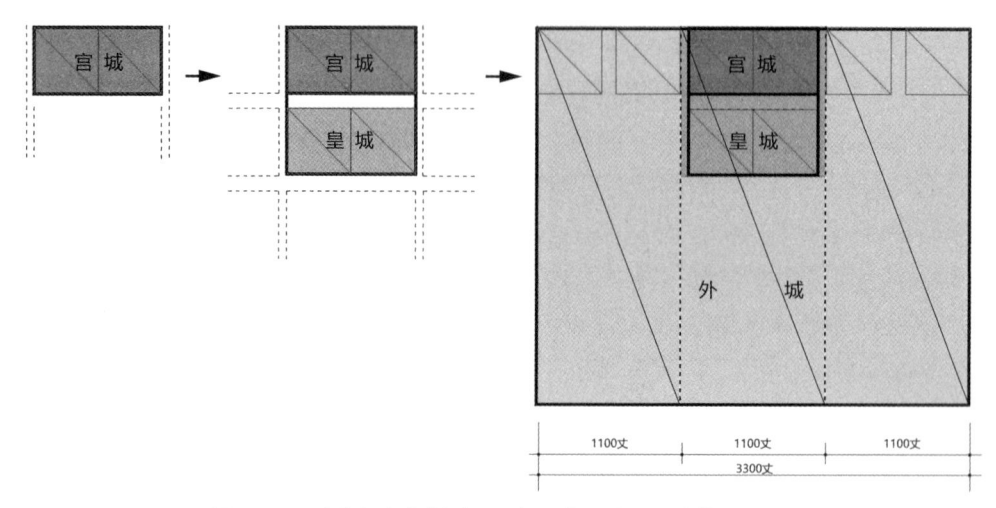

图 3-37 隋唐长安规划过程分析（第二种可能的情况之二）

需要说明的是，隋唐长安的宫城实际由隔墙分作了 3 个以上的独立单元。宫城中央为太极宫，即大内宫殿，东为东宫，宽度尚未探明，西有掖庭宫、太仓南北而立，实测掖庭宫、太仓东西宽约 702.5 米，约合 250 丈，太极宫与东宫之间的隔墙尚未探明。按照这种情况假设，宫城东西对称，每半城的宽度都为 500 丈，加之前述宫城南北长度是 1 492.1 米，约合 500 丈，那么太极宫大内正合于全城设计模数的规格——500 丈见方（图 3-38）。

在这一推测情况中，隋唐长安的模块大小与太极宫完全一致，这与傅熹年所推定的隋唐洛阳的模数区块来源相同，也即隋唐都城面积上的设计模数都来自宫城大内的尺寸。

（四）以 500 丈为唯一规划模数的可能性分析

比较上述隋唐长安设计初步方案的三种可能情况，前两个方案都采用了 4 种规格不同的长方形设计模块，第三个方案只采用了 1 种正方形设计模块。联系修建于隋唐长安同时期的东亚地区大型都城，如隋唐洛阳、日本平城京和渤海国上京龙泉诸座城址，本书认为，以 500 丈为设计模数，以边长为 500 丈的方格为设计模块，很可能最为接近隋唐长安的初步规划方法。

如傅熹年推测，隋唐洛阳的初步规划很可能采用了 350 丈见方的设计模块，不再赘述。

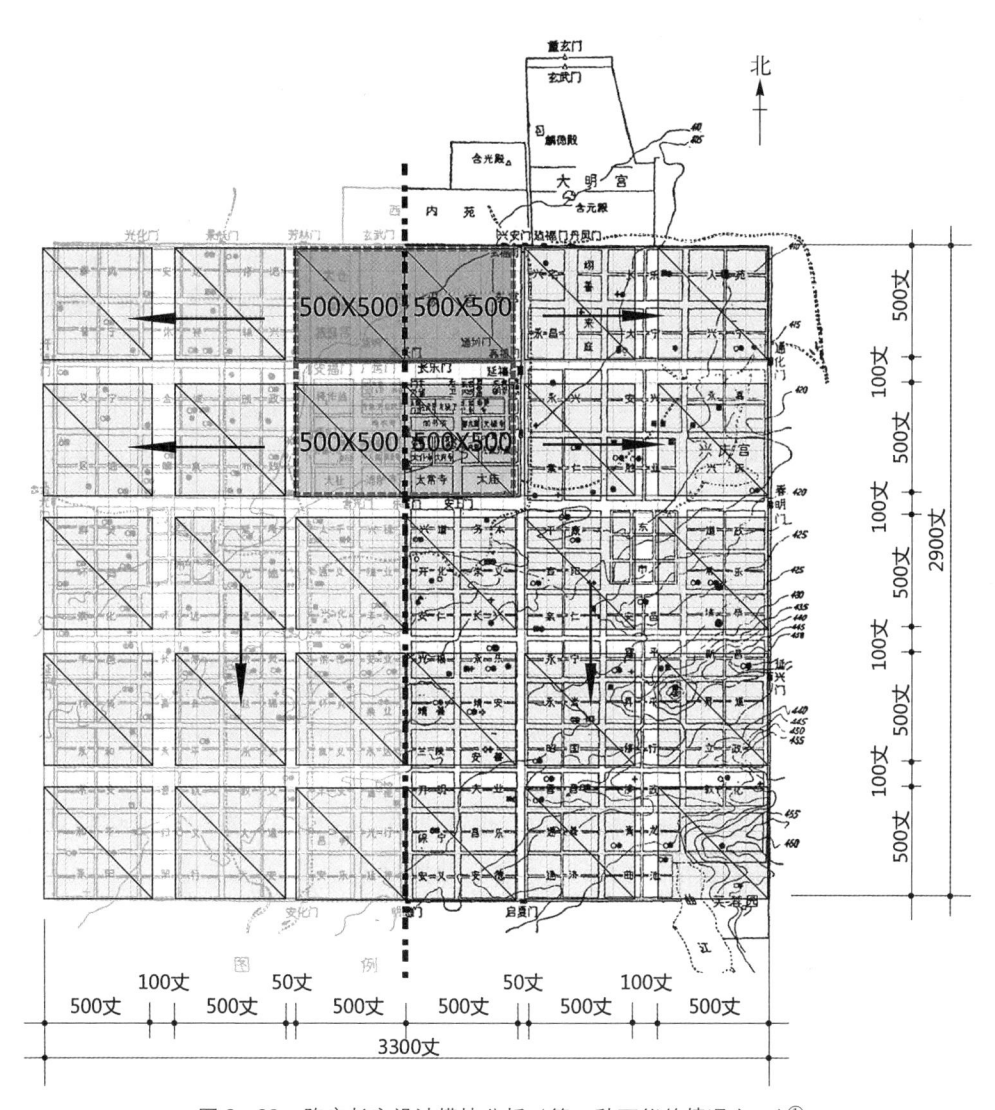

图 3-38　隋唐长安设计模块分析（第二种可能的情况之二）①

日本平城京和渤海国上京城，分别建于 710 年和 8 世纪中叶，一般认为它们的布局受到长安和洛阳的影响较大，从城郭的数量、皇宫的位置和城市轴线的布局看，它们的确与隋唐都城尤其是长安非常接近：日本平城京和渤海国上京城同样有基本方正的城郭，有从东、南、西三面环抱皇宫的外城，也有大致

---

① 底图取自宿白：《隋唐长安城和洛阳城》，《考古》1978 年第 6 期，第 412 页。

居于都城中央而贯通都城南北的轴线。在《隋唐长安洛阳城规划手法的探讨》一文中，傅熹年写道："日本平城京除里坊以四个为一组外，其宫城主要部分也占四坊之地，在模数运用上又更近于'洛阳'。""渤海上京皇城前的里坊基本以四坊为一个区块，宫城恰为两个区块，近于大兴—长安"①（图3-39）。笔者认为，傅熹年对于日本平城京的分析是非常到位的，这座城址的基本轮廓应当是以与宫城等大的方形模块为基础，在模块与模块之间隔以道路，整合而成；但建成稍晚一些的渤海上京城，既可以理解为以等大的长方形模块构成，又可以视为以等大的正方形模块组合而成。

上京龙泉府有宫城、皇城和外城三重城区，宫城东西宽约1060米，南北长约720米，北面还有一座南北长约240米的隔城，凸出于外城北墙，皇城与宫城同宽，南北长约460米，外城东西宽4586米，南北长约3406米。保存较好的西半城共有东西4列、南北11排，共41座里坊。其中，各坊东西宽465~530米，南北长度基本可分为大小2种，北边3排为南北长350~370米，南面8排为南北长235~265米。街道的宽度有5种，即：110米、92米、78米、65米、28~34米②。从实测图可以看到，尽管渤海上京城极力模仿隋唐都城，但城址不如后者规整，外城西墙明显较东墙长，致使北墙、南墙的东端分别往南、往北倾斜，外城东部的宽度也超过西部许多，致使城市南北轴线偏西。因此，计算该城址的设计模数，也难以如隋唐长安、洛阳一般精确。如仅以保存较好的西半城加以分析，从南边开始算起，第一、二排里坊与第三、四排里坊之间的道路仅有28~34米宽，每2列南北相邻的8个坊视作一个区块，它们东西宽为930~1060米，南北长约1040~1080米，基本呈正方形，可以视作该城的设计模块。宫、皇城的东西宽度为1060米，宫城加隔城的南北长度近1000米，都非常接近模块的边长。皇城南北长460米，南侧道路宽65米，也即皇城北墙至南侧最近一排里坊北墙的距离约为模块边长的一半。将1000~1080米这个数值进行折算，约合当时的340~370丈，也即渤海国上京城的模块大小与隋唐洛阳城的相当接近（图3-40）。

如上所述，从隋唐长安及随后修建且与其有密切文化联系的都城洛阳、日本平城京、渤海国上京城等来看，这些中古都城均应采用了边长大于1里的等

---

① 傅熹年：《隋唐长安洛阳城规划手法的探讨》，《文物》1995年第3期，第62页。
② [日]井上和人著，吴丽丹译：《渤海上京龙泉府形制新考》，《边疆考古研究（第四辑）》，科学出版社，2005年，第157~193页。

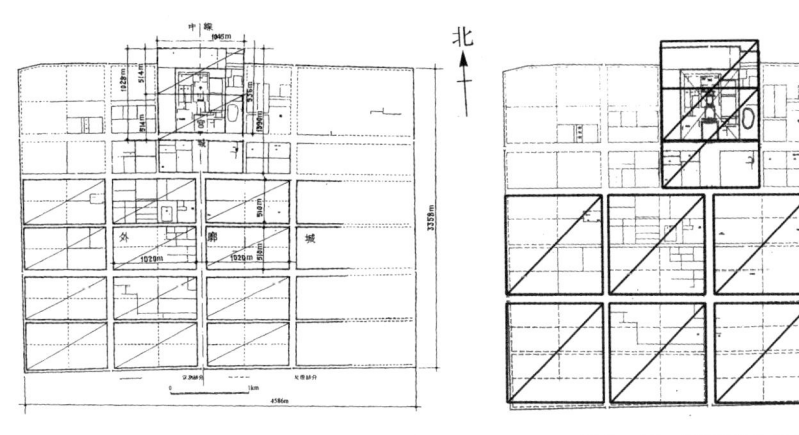

图 3-39 傅熹年所作渤海国上京城模块分析示意图①　　图 3-40 笔者所作渤海国上京城模块分析示意图②

大方块作为设计模块，模块与模块之间常常留下一定空隙作为道路用地，通过这一规划方法控制城址的整体规模之后，再作进一步的具体划分，割取大小有别的区块分别作为宫城、皇城、隔城、商市或居民里坊，同时将预留的道路用地根据交通状况和性质功能，分作不同的大小，安排到不同的功能区之间，从而可以由粗到细、从整体到局部，按照等级和功能对一座幅员广阔的都市进行空间区划。

综上分析，本书认为，隋唐长安最有可能按照第二种可能的情况之二进行规划。若是这样，相较于南北朝时期的城市规划，隋唐都城模块边长往往大于 1 里，更有利于减小布置大型城市的难度，这反映了规划技术层面上的进步。值得注意的是，隋唐长安与洛阳、平城京、渤海上京城对外城不同位置的模块划分方式有所差异。隋唐长安宫、皇城两侧各有 4 个模块，每个模块被等分为横向 3 排里坊、纵向 4 列里坊，其间布置宽窄不等的道路；宫、皇城南面共 6 个模块，每个模块被分为横向 3 排里坊、纵向 2 列里坊，且靠近中轴线的里坊较宽，其间布置宽窄不等的道路；其余 12 个模块，除割取方形商市之外，每个模块都均分作横 3 排、纵 3 列里坊，并将预留的 100 丈道路用地分到里坊之间。与此不同的是，隋唐洛阳、日本平城京和渤海上京城遵循相同规划将全城面积划分为大小基本一致的里坊。此时，都城的设计模数虽因都城面积的扩张

---

① 图片取自傅熹年：《中国古代城市规划、建筑群布局及建筑设计方法研究（下）》，中国建筑工业出版社，2014 年，第 6 页。

② 底图取自张铁宁：《渤海上京龙泉府宫殿建筑复原》，《文物》1994 年第 6 期，第 39 页。

增大到 1 里以上，但通过对模块的均匀划分，使整座城市的面貌依旧如汉魏洛阳般整齐划一。

第四节　小结与讨论

本章系统论述了从三国至隋唐时期典型都城的形态与规划，重点考察了东魏北齐邺城的完整面貌和隋唐长安的设计思路。中国中古时期都城的规划发展可分为前、后两个阶段。在三国两晋南北朝时期，随着汉代的大一统局面被打破，和平禅让和军事占领成为政权更迭的两种主要途径。营建都城是标榜政权合法性的重要手段，都城的规划思路也主要可分为两类，一类是遵从曹魏邺城、魏晋洛阳制度，另一类反其道而行之，采用了别出心裁的设计理念。后一阶段隋唐时期，择址新建了长安和洛阳两座分区严密、格局严整、秩序清晰的都城，它们的布局几乎都是通过一次规划完全确定下来，反映了城市规划技术和理念上的新突破，凸显了中古城市的景观特征。

东魏北齐邺城的主体修筑处于中古都城发展前、后两个阶段的过渡时期，它的布局可作两种解释。三国两晋南北朝时期都城的新建城圈以宫城正门为全城的几何中心点，从这一规律出发，本书推测，东魏北齐邺城外郭的北界很可能就是邺北城的北墙及延长线，往南推 16 排边长为 1 里的"里坊"加上道路、内护城河（邺南城外）的宽度，可至外郭南界；外郭的东、西界应分别在东、西市之外，邺城东西总共或可排列 20 列坊。按照这一推测，关于东魏北齐邺城的第一种解释是，邺南城作为内城，处于外郭的中央，邺城的整体布局与北魏洛阳一脉相承，属于科斯托夫所划分的第一种中国古代都城[1]。还需注意到，在东魏北齐时期，邺北城有三台和武库，是军队驻扎的禁地，还有皇族居住的北宫，性质上不同于普通百姓生活的郭区，而更接近内城。因此，关于东魏北齐邺城的第二种解释是，邺南城和邺北城共同作为内城，处于外郭的北端，内城与外郭共用北城墙，城市的整体布局与隋唐长安一致，属于科斯托夫所划分的第二种中国古代都城布局[2]（图 3-41）。

---

[1] Spiro Kostof, *The City Shaped: Urban Patterns and Meanings through History*. Thames & Hudson, London, 1999. 引自 [美] 斯皮罗·科斯托夫：《城市的形成：历史进程中的城市模式和城市意义》，中国建筑工业出版社，2005 年，第 175 页。

[2] 同上。

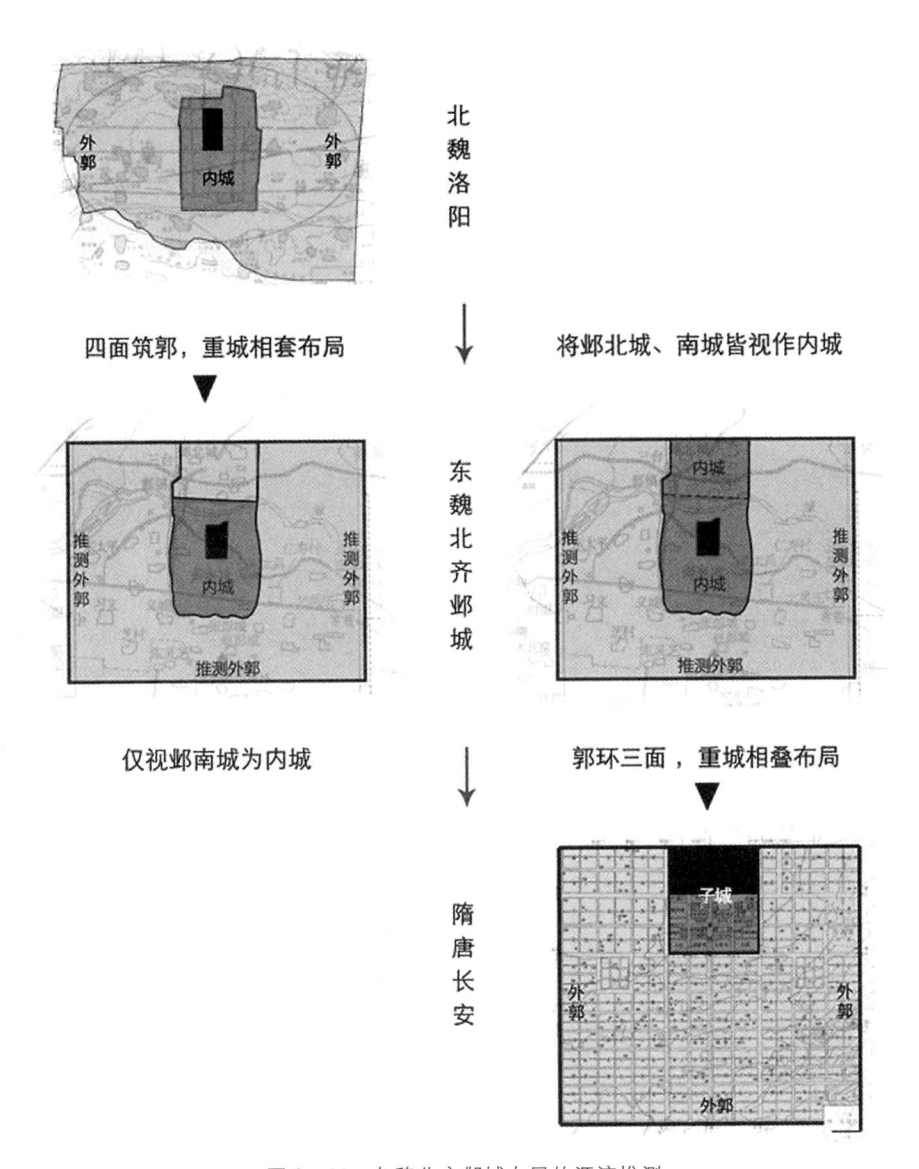

图 3-41　东魏北齐邺城布局的源流推测

　　东魏北齐邺城布局的第一种解释，外城中央为内城，内城中央为宫城，基本符合《考工记》理想规划的重城相套模式；第二种解释与隋唐长安的布局相似，内城偏居外城北部，有悖于《考工记》理想规划（表 3-4）。文献记载，东魏北齐邺城的东、西两市位于东、西外郭偏南，也不符合《考工记》"后市"的要求。应该说，中古时期的都城规划既有遵从经典的一面，又有大胆创新的内容，正如东魏扩建邺城阶段所主张的规划原则"参古杂今，折中为制"。在隋唐都城的规划中，突破传统的信念更进一步得到了淋漓尽致的表达。隋文帝将宫城、皇城置于大兴城北端，实行严格的城市分区；隋炀帝模仿南朝都城，将洛阳子、外城分别修建在洛河两岸；关于明堂制度，魏徵说，"其（明堂）高下广袤之规，几筵尺丈之制，则并随时立法，因事制宜。自我而作，何必师古"[1]，颜师古说："假如周公旧章，犹当择其可否；宣尼彝则，尚或补其阙漏。况郑氏臆说，淳于瞽闻，匪异守株，何殊胶柱？"[2] 随着大一统局面的恢复，隋唐帝国的文化特征日益鲜明，基于传统又不失新意的城市规划新体系也逐渐成熟。

表 3-4 东魏北齐邺城、隋唐长安设计方案与《考工记》理想规划比较表

资料来源	性质	形制	规模 东西	规模 南北	功能	备注
东魏北齐邺城	实测	实践成果	双城并立	—	—	宫城居中偏北	以北朝晚期1里约合450米换算
	推测	设计方案	三城相套或相叠	20里	15里	内城中，宫城南侧有衙署及左祖右社；外郭中，分设东、西市	
隋唐长安	实测	实践成果	三城相叠	9 721米	8 651.7米	宫城居中偏北，宫城南面的外郭之中分立东、西市	以隋唐时期1丈等于2.94米换算
	推测	设计方案	三城相叠	3 300丈	2 900丈	宫城南面的皇城中有衙署及左祖右社	
《考工记》理想规划		双城相套	9里见方		左祖右社，面朝后市	

日本学者妹尾达彦指出，从7世纪到8世纪约两个世纪间，通过模仿、借鉴隋唐长安的都城格局，欧亚大陆东部各地相继建立国家和都城，最终诞生了"东亚都城时代"[3]。应该注意到，隋唐都城将宫、皇城北移，严格控制不同城圈的居民性质和使用功能，采用模数制控制全城的规模，以封闭的里坊构成城

---

[1] 《旧唐书》卷二十二《礼仪》，中华书局，1975年，第851页。
[2] 《旧唐书》卷二十二《礼仪》，中华书局，1975年，第852页。
[3] [日]妹尾达彦：《东亚都城时代的诞生》，《唐史论丛》2012年第1期，第296～311页。

市的基本街区单位，城市格局如棋盘一般严密，并通过纵贯全城的中轴线将宫殿、祖、社、衙署、郊坛等不同性质的公共空间串联起来，这些规划成就无不建立在南北朝时期既有的实践经验之上，中古时期前、后两个阶段的发展是一个紧密联系的整体。

第四章

中国近古时代的理想城市

——以元中都和明中都为例

国家建元之初，卜宅于燕，因金故都。时方经营中原，未暇建城郭。厥后人物繁夥，隘不足以容，乃经营旧城东北，而定鼎焉。于是堞埤之崇，楼橹之雄，池隍之浚，高深中度，势成金汤。而后上都、中都诸城，咸仿此而建焉。

——元《经世大典·工典总叙》

第一节　五代至宋元的都城规划

　　安史之乱以后，藩镇割据仍长期存在，唐王朝的权势日渐衰弱。唐天祐元年（904年）正月，朱温毁废都城长安，胁迫唐昭宗东行，令张全义整饬因战乱破坏的洛阳宫室，拟迁都洛阳。三年后，朱温灭唐，五代十国开始，中国又一次陷入全国性的分裂局面。在北方中原地区，政权更迭频繁。907年朱温建后梁，以汴梁为东京，以洛阳为西京。923年后唐继立，定都洛阳。936年后晋代之，定都汴梁，以洛阳为西京。946年后汉继立。951年后周夺得政权。直到960年赵匡胤取代后周建立宋朝，五代才正式结束。

　　经过五十余年的战乱，黄河流域的生产遭到了巨大破坏，土地荒芜，城市颓败，大量人口南迁。北方的经济重心逐渐东移，位于黄河中下游平原地带的汴梁成为新的国家中心。另外，与军阀混战共存的十个相对较小的地方割据政权即"十国"，除北汉之外，其余都位于南方。这些地方政权的存在时间比五代各朝稍长，因而中国南方的局势也比较稳定，在人口、经济、文化与科技方面的发展皆胜过北方。

　　五代十国的分裂与动乱，无形中带动了不同地区经济、文化的交流，在唐宋之间起到了重要的过渡作用。宋代建立以后，政治、社会、经济等方面都发生了显著的变革，出现了明显有别于汉、唐的崭新面貌，北宋全盛时期的中国一度成为当时世界上最为富庶、文明程度最高的国家。社会、经济和文化的发展对城市规划与形态的演进产生了深刻影响。宋代的都城突破了隋唐长安、洛阳的旧有格局，宫、皇城的面积进一步缩小，它们不再凸出于外城的北部，而是位于外城中央，形成重重相套的城池；外城之内，破坏坊墙、里坊直接向街道开门的做法逐渐合法化，形成了开放的商市、勾栏和居民区，市民文化蓬勃发展，新建城区的部分规划权交还市民，由他们按需布置。

过去学界往往重视北宋汴梁城的新面貌，实际上，北宋汴梁的变化萌发自唐末五代时期。例如，唐末韩建缩建长安，将重城相叠的旧城改造为重城相套的格局，后唐重建洛阳城，颁布了允许城民"各自修营"的诏书，后周世宗扩建汴梁外城，采取了较为宽松的营建政策，这些对开创北宋汴京新的城市面貌产生了直接或间接的影响。

以下首先简要梳理长安和洛阳等城市的布局在唐末五代的变化。

一、唐末五代长安与洛阳城的改造

（一）长安"韩建新城"反映的城郭结构变化趋势

唐末迁都洛阳以后，由于人为破坏，长安城内的房屋和人口数量锐减。904年，考虑到防御的需要，驻防长安城的佑国军节度使兼京兆尹韩建对长安城进行了改筑，史称"韩建新城"。经过改造后的长安新城为五代各朝相继因用，奠定了唐末至明初西安的基础。元人李好文《长安志图》"新城条"记载："唐天祐元年，匡国节度使[①]韩建筑。……建遂去宫城，又去外郭城，重修子城（原注：即皇城也）。南闭朱雀门，又闭延喜、安福门，北开玄武门，是为新城（原注：即今奉元路府治也）。城之制，内外二重，四门，门各三重。今存者惟二重，内重其址尚在。东、西又有小城二，以为长安、咸宁县治所。"[②]尽管交代了改建后的长安城已采用"内外二重"的格局，但这段文字并没有详细记述"重修子城"的位置，在李好文所绘"奉元城图"上也找不到二重城垣的痕迹。对于这一问题，辛德勇指出，内城的规模较小，没有明显标识，北宋府置于新城中央的府衙，可追溯至韩建的筑城活动，也即"内外二重"中的内重城圈是京兆府或佑国军的衙署[③]。依据"奉元城图"上所绘元奉元路和陕西行省衙署的范围，吴宏岐进一步推测，韩建新城中的子城（衙城）主要占据了隋唐长安城的尚书省东部以及北邻的左晓卫和左武卫旧址，对比现在的西安城，其范围大致位于今钟楼西大街以北、西安市政府大院以南、北院门大街以东、钟楼北

[①] 另一说为"佑国军节度使"之误，见《旧五代史》卷十五《韩建传》，中华书局，1976年，第205页。

[②] 引自（宋）宋敏求、（元）李好文撰，辛德勇、郎洁点校：《长安志·长安志图》，三秦出版社，2013年，第239页。

[③] 辛德勇：《有关唐末至明初西安城的几个基本问题》，《陕西师范大学学报（哲学社会科学版）》1990年第1期，第25~28页。

大街以西①。依照上述推测,改建后的长安城以原皇城为外城,以新建衙署为子城,形成了两重城垣内外相套的格局(图4-1)。

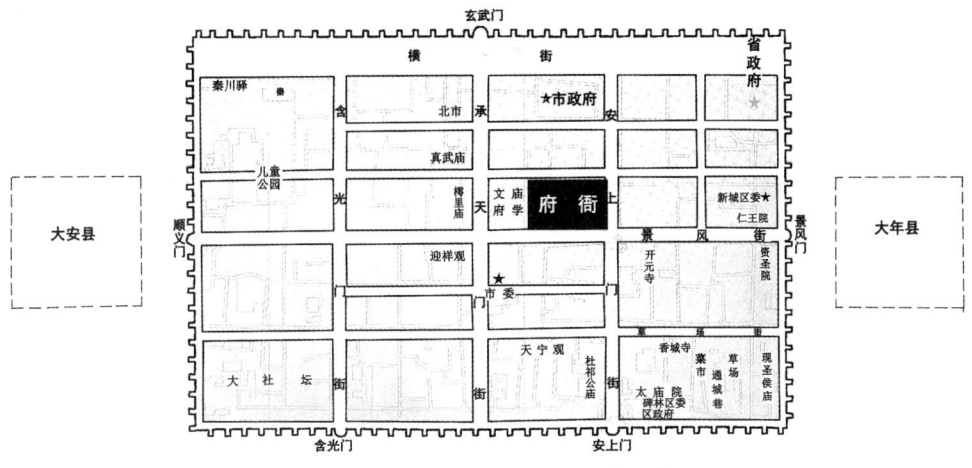

图4-1 唐末韩建新城复原示意图②

发明于唐代的火药,从五代末北宋初开始,逐渐被应用在军事战争中,城池攻守战役对城墙的破坏力大为增加,中国的战争史进入冷热兵器过渡时期。受此影响,唐末五代府州一级的地方城市普遍在大城内部修建垣墙环绕的衙署,继而形成内外两重或三重城墙相套的结构,如徐州、潞州有子城,越州、宣州、魏州、郓州、晋阳等有牙城,都具备二重城垣,蔡州甚至有内外三重城垣。唐末以来长安城的格局变化,或许也受到了地方城市的影响。随着军阀战争愈演愈烈,城池攻守的战争强度明显增大,被隋代城市规划者放弃的传统城池模式——统治阶级的活动区外以数重壁垒及无以计数的百姓居所为屏障的城市布局重新得到启用,这一趋势使得《考工记》理想规划的实践具有现实层面的积极意义。

(二)洛阳重建敕令所反映的坊市变化

经过唐代后期的多次战乱,到唐光启三年(887年)张全义任河南尹时,洛阳已毁坏殆尽。为了尽快恢复洛阳的繁荣,后唐同光二年(924年)朝廷颁布敕令:"在京应有空闲地,任诸色人请射盖造。藩方侯伯,内外臣寮,于京

---

① 吴宏岐:《论唐末五代长安城的形制和布局特点》,《中国历史地理论丛》1999年第2期,第153页。

② 史念海:《西安历史地图集》,西安地图出版社,1996年,第108页。

邑之中，无安居之所，亦可请射，各自修营。其空闲有主之地，仍限半年，本主须自修盖，如过限不见屋宇，亦许他人占射。"同月再次下诏："诸道节度观察防御团练等使、刺史，出司土宇，入觐朝廷，将壮宸居，须崇甲第，宜于洛京修宅一区。"① 根据诏书，为了促进洛阳城市人口的快速恢复，朝廷施行了相当宽松的土地和土木建设政策，允许任何等级的官员、任意族属的百姓在洛阳城内申请用地，在一定时间内（半年）按照各自需求修建房屋。

宽松的政策吸引了人口的集聚，也造成了一些新的城市问题，其中最突出的是新建房屋侵占道路，妨碍交通。后唐长兴二年（931年），大臣建议，为了维持道路的畅通，应加强管理，依据通行的要求制定道路的宽度标准："其诸坊巷道两边，常须通得牛车，如有小小街巷，亦须通得车马来往，此外并不得辄有侵占。"对于尚未开发的地段，应由官府统一确定道路的位置和宽度，"其未曾有盖造处，宜令御史台、两街使、河南府，依已前街坊地分，劈画出大街，及逐坊界分，各立坊门，兼挂名额，先定街巷阔狭尺丈后，其坊内空闲及见种田苗并充菜园等田地，亦据本主自要量力修盖外，并许诸色人收买，修盖舍屋地宅"。临街盖店只有在里坊内才被允许，"……见定。已有居人诸坊曲内，有空闲田地及种苻并菜园等，如是临街堪盖店处，田地每一间破明间七椽，其每间地价，宜委河南府估价收买"②。白寿彝指出："诏令中提到许多具体要求，但没有再提及坊门开关时间与围墙，说明已无必要。……而不再提及'市'，说明后唐首都洛阳的坊市制大体上已经破坏，只要有需要就可以临街开店营业，其他记载也常以市肆、街市泛指商业街道。有时虽提及坊、市，这里的市即是市肆、街市而非指围有墙垣、市门定时开关的封闭式的市。"③

从唐代中后期开始，都城内就不断出现侵街现象，原本制度严谨、管理规范的坊市制度已渐呈崩盘之势。五代时期的洛阳，政府进一步将规划住宅和商铺的主导权留给市民，通过鼓励市民的自组织建设活动，采用相对宽松的城市管理政策，洛阳的人口、商业得以快速复兴。至北宋时期，洛阳被尊为西京，仍是国家重要的经济和文化中心。

---

① （宋）王溥：《五代会要》卷二十六《街巷》，上海古籍出版社，1978年，第411页。
② （宋）王溥：《五代会要》卷二十六《街巷》，商务印书馆，1936年，第315、316页。
③ 白寿彝：《中国通史》第七卷《中古时代·五代辽宋夏金时期（上册）》，上海人民出版社，1989年，第692、693页。

二、五代至北宋都城汴梁的形态与结构[①]

汴梁又称东京开封府，是五代后梁、后晋、后汉、后周和北宋的都城，城址叠压在今河南开封市区之下。汴梁城坐落于河谷平坦地带，距黄河南岸不足10公里，城内除夷山、繁台、吹台等小山丘外，无太大地势起伏。汴梁是由地方城址改建而成的都城，其前身是唐代汴州城。由于汴河与大运河相通，汴州经济发达，史书称"河南，汴为雄郡，自江、淮达于河、洛，舟车辐辏，人庶浩繁"[②]。后周世宗年间（954~959年），为汴州旧城扩建外城。北宋定都于此后，又陆续进行了一些改建，汴梁城的规模扩大到周回50余里，至少有三圈城垣，与都城的级别相称（图4-2）。汴梁城水系发达，不仅有金水河、五丈河、汴河、蔡河四条河流穿城而过，城垣周边环绕护城河，城外还分布着众多河渠。

宋钦宗靖康二年（1127年）初，汴梁被金军攻破，北宋灭亡。金人旋即占据汴梁，将其作为陪都。金海陵王统治期间，"大内以遗火殆尽，新造一如旧制"[③]。金宣宗朝，再次以汴梁为都，金人放弃外城，铲平了内城的南、北城墙，分别向外扩建新的城墙，形成了金代以后明清开封城的边界。明洪武元年（1368年），徐达攻下开封，汴梁路被改为开封府，作为陪都，称北京。次年，在宋、金故宫的基址上修建了周王府，设有萧墙和紫禁城两重城圈。外城仅存旧基，城门封堵，用来阻拦水患。明清时期，开封多次遭遇特大洪水，城址被泥沙深埋。目前，考古工作已经探明了五代至北宋汴京的位置、规模和外部形

[①] 丘刚：《北宋东京外城的城墙和城门》，《中原文物》1986年第4期，第44~47转33页；丘刚、孙新民：《北宋东京外城的初步勘探与试掘》，《文物》1992年第12期，第52~61页；丘刚：《北宋东京内城的初步勘探与测试》，《文物》1996年第5期，第16、69~75页；丘刚、李合群：《北宋东京金明池的营建布局与初步勘探》，《河南大学学报（社会科学版）》1998年第1期，第12~14页；丘刚、李合群、刘春迎：《开封考古发现与研究》，中州古籍出版社，1998年；开封市文物工作队：《河南开封市宋东京城内汴河故道的初步勘探与试掘》，《考古》1999年第3期，第43~52页；丘刚、董祥：《明周王府紫禁城的初步勘探与发掘》，《文物》1999年第12期，第66~73页；刘春迎：《北宋东京城研究》，科学出版社，2004年；开封市文物工作队：《开封市城墙西门北侧古马道勘探与试掘》，《中原文物》2005年第5期，第24~29页；刘春迎：《河南开封明周王府遗址的初步勘探与试掘》，《文物》2005年第9期，第46~58页；葛奇峰：《北宋东京城外城城壕护坡勘探简报》，《华夏考古》2007年第3期，第72~74页。

[②] 《旧唐书》卷一百九十《齐澣传》，中华书局，1975年，第5037页。

[③] （南宋）楼钥：《北行日录》卷上"十二月九日庚寅"条，朱易安等编《全宋笔记·第六编（四）》，大象出版社，2013年，第16页。

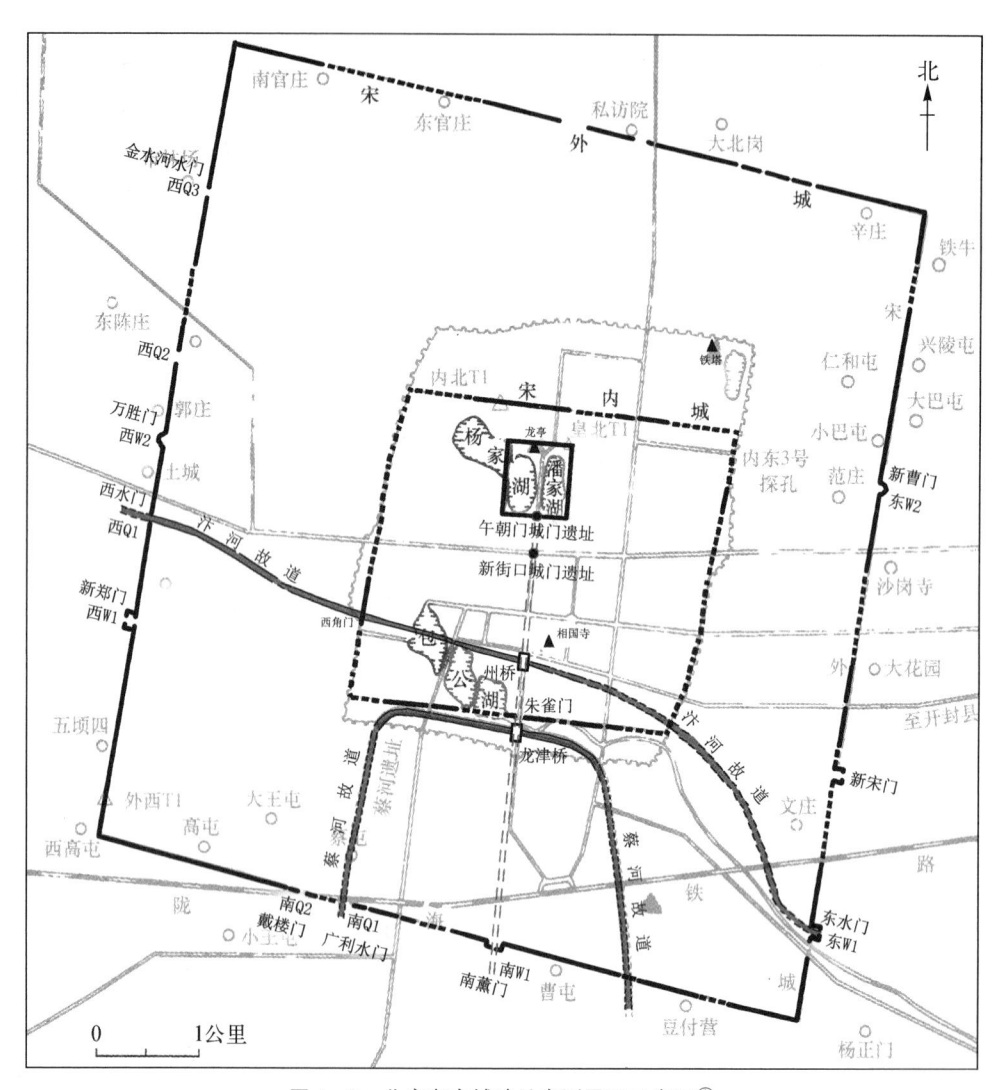

图4-2 北宋东京城遗址实测平面示意图①

态，但皇宫布局及城墙结构等状况还存在争议。

结合考古与文献资料，将五代至北宋汴京的特点总结如下：

（一）重城相套的城池结构

与前述唐末五代的长安以及多座州府一级的地方城址结构相似，经过多次

---

① 底图取自刘春迎：《北宋东京城考古综述及最新考古发现》，《东亚都城和帝陵考古与契丹辽文化国际学术研讨会论文集》，科学出版社，2016年，第178页。

改扩建之后的北宋汴梁已经形成多重城垣从四面环抱皇宫的格局，目前所探明的宫城、内城和外城各自构成封闭城圈，并重重相套，这较隋唐长安、洛阳的皇宫倚据外城一边的布局已有了明显的变化。

北宋汴梁城的皇宫位于城市中央偏北，原是唐汴州城的衙署，五代沿用，北宋时期曾按照洛阳宫殿进行改造。关于宫城的规模，由于文献存在一些模糊混淆之处，存在不同见解，有宫城周回5里之说、9里之说，随着考古材料的丰富，还有学者提出宫、皇两重城，宋、金两代宫城等新观点。依据考古工作，目前可以确认的是，汴京最内一层宫城城圈呈东西略短、南北稍长的长方形，东西约570米，南北约690米，周回约合北宋5里。在其外是否还有一圈皇城，范围如何，有待进一步的考古工作。由于宫城规模有限，主要官署集中到皇宫以南的御道两侧，还有一些分散安排在城内离皇宫较远的地段。

内城也称里城或旧城，即原汴州州城，周回20里155步。文献记载，在唐代，内城设7座城门，至北宋增至10座，还增设2座角门，另在汴河穿过城墙处还有2座水门。内城的建筑分布十分密集，有大量衙署、寺观和行市。据考古实测，内城略呈纵长方形，朝向为南偏西10度，东西约3100米，南北约2700米，周长约11550米。

外城又称新城或罗城，始筑于后周世宗显德二年，史载规模48里130步。北宋一朝始终无法从军事上解除北境的敌患，都城汴梁又无险可守，朝廷不得不加强城池的防御，拓宽城壕，加厚城墙，将外城扩大到周回50余里。据考古实测，北宋汴梁的外城呈东西略短、南北稍长的菱形，周长约29120米。外城有城壕环绕，至真宗景德二年（1005年）四月增高外城诸门外桥之后，外城壕已经能够通行舟船，《东京梦华录》记载："城濠曰护龙河，阔十余丈。濠之内外，皆植杨柳，粉墙朱户，禁人往来。"[1]

（二）时空自由的坊市

与五代时期复建洛阳的政策相似，周世宗在扩筑汴梁外城时也给予了市民一定的自主决定权，诏书写道："将便公私，须广都邑，宜令所司于京城四面，别筑罗城。先立表识。……（罗城）标识内，候官中劈画，定军营、街巷、仓场、诸司公廨院，务了，即任百姓营造。"[2] 这与隋唐长安的营建制度——"公

---

[1] （北宋）孟元老：《东京梦华录》卷一《东都外城》，引自（北宋）孟元老撰，伊永文笺注《东京梦华录笺注》，中华书局，2007年，第1页。

[2] （宋）王溥：《五代会要》卷二十六《城郭》，商务印书馆，1936年，第320页。

私府宅，规模远近，营构资费，随事条奏"有了显著的差异。

北宋初年，汴梁虽仍旧保留了里坊制度，但不断发生侵街活动，即使政府多有惩治也难以完全禁断。最终，临街建屋在景祐年间（1034～1038 年）成为合法的行为，宣告了里坊制度的彻底崩溃。从宋代的文献和图像资料中可以看到中古都城的景象——如军营一般排列整齐的封闭坊市、空旷笔直的城市干道，在汴梁城几乎完全消失，取而代之的是自由的商铺和密集的街巷。除了坊市活动的空间限制减少，都城商贸娱乐活动的开放时间也变得宽松，《宋会要辑稿·食货》记载："太祖乾德三年四月十三日，诏开封府令京城夜市至三鼓已来不得禁止。"[1]

（三）隆重的城市轴线

尽管减少了对市民活动的限制，汴京也有保留传统城市空间秩序的一面。宋人叶梦得在《石林燕语》一书中记载："太祖建隆初，以大内制度草创，乃诏图洛阳宫殿，展皇城东北隅，以铁骑都尉李怀义与中贵人董役，按图营建。初命怀义等，凡诸门与殿须相望，无得辄差，故垂拱、福宁、柔仪、清居四殿正重，而左右掖与昇龙、银台等诸门皆然，惟大庆殿与端门少差尔。宫成，太祖坐福宁寝殿，令辟门前后，召近臣入观。谕曰：'我心端直正如此，有少偏曲处，汝曹必见之矣！'群臣皆再拜。后虽尝经火屡修，率不敢易其故处矣。"[2]也就是说，宋皇宫中的垂拱、福宁、柔仪、清居等主殿，按图择址新建，彼此串联构成了一条笔直的南北轴线。由于汴京的宫殿尚未全面揭露，上述文献难以得到求证，目前已知的是，汴京的皇宫、内城与外城由一条南北向中轴线贯穿相连，未有偏差。

在汴梁城内，以皇宫大内为中心，面向东、西、南、北各有一条宽阔笔直的干道，时称御道。为了突出御道与轴线，宋人将与御道相通的城门作为正门，对这些城门的形制加以特别处理。文献记载，北宋汴梁"城门皆瓮城三层，屈曲开门。唯南熏门、新郑门、新宋门、封丘门，皆直门两重。盖此系四正门，皆留御路故也"[3]。其中，南面从皇城正南门往南，经州桥、内城正门朱雀门、龙津桥，直达外城正门南熏门的御道，南达郊坛，宽二百余步，也称御

---

[1] 刘琳、刁忠民、舒大刚、尹波等校点：《宋会要辑稿》第十三册，上海古籍出版社，2014 年，第 7941 页。
[2] （宋）叶梦得撰，宇文绍奕考异，侯忠义点校：《石林燕语》，中华书局，1984 年，第 2、3 页。
[3] （北宋）孟元老：《东京梦华录注》，中华书局，1982 年，第 1 页。

街,是汴京规格最高的道路,也是全城的中心轴线,长约 4 公里。如前述,南薰门的瓮城门道为直行,从而形成了一条从城外至南薰门、朱雀门、宣德门及皇宫的视线通廊。从宣德门南到州桥北一段御街具有广场性质,每每朝会典礼,百官都需排候于此,尤其隆重。近年的考古工作已对中轴线上的南薰门、龙津桥、朱雀门、州桥和承天门等重要遗址进行了勘探和试掘,结果表明,北宋汴梁的中轴线均位于今日开封的中心大道中山路的路面下约 8 米处,方向为北偏东 5 度[1]。

(四)别具一格的祭祀制度

北宋汴梁的祭祀制度比较独特,没有完整地继承隋唐以来的郊坛礼制,仅主要保留了左祖右社和南郊祭天的坛庙,效仿唐代中晚期在都城内修建众多皇室宗庙的做法,将原庙朝献祖宗作为祭祀礼制的重要组成部分。

北宋汴京的祖、社位于内城,分居内城南部的东、西两侧,符合左祖右社的传统,但两者之间以及两者与皇宫之间的距离较远,略显疏离。郊外的礼制建筑仅主要保留了祭天坛庙及行宫,设于南郊,在外城正门南薰门之外。自南北朝逐渐形成的对岳镇海渎的祭祀和对孔子的祀典,似未见于北宋汴京。有别于前朝,北宋皇族借用汉代原庙祭祀的典故,在宣德门前的御道两侧分别修建了景灵宫的东、西两宫,安放帝后遗容,进行朝拜献祭。另外,宋徽宗宠信道教,在道观寺庙中保存供奉祖先的塑像,致使其杂糅于坛庙祀典,后世学者认为这属乱制之举[2]。

总的说来,在北宋汴京从地方城市改建为都城的过程中,内城的位置和范围最早确定,在此基础上扩建外城,并改建皇宫大内。这一连串变化是否有预先的统一规划,是一个值得关注的问题。近年来在今开封的午朝门与新街口两个地点分别探出两处宋代的城门遗址[3](图 4-2)。其中,位于午朝门的城门遗址应与宫城城圈相连,是宫城正门;位于新街口的城门遗址上方还叠压着与金代皇城、明周王府禁垣相连的金代、明代城门。在文献中关于宣德门与宫城或是皇城相连有不同的说法,目前的考古工作又未能在金皇城和明周王府禁垣的下方确认北宋时期的封闭城圈。因此,两座宋代城门遗址究竟哪一座是文献

---

[1] 刘春迎:《开封城传统布局中轴线考》,《河南文物考古论集(二)》,中州古籍出版社,2000年,第 188 页。

[2] 孙大章:《中国建筑艺术全集·9·坛庙建筑》,中国建筑工业出版社,2000年,第 13 页。

[3] 丘刚、李合群、刘春迎:《开封考古发现与研究》,中州古籍出版社,1998年,第 164、187 页。

所载的极度奢华的宣德门，还难以确定。值得注意的是，如将实测的汴梁内城和外城的四个对角两两相连，可以看到两座城圈的中心点都非常接近新街口附近的城门。

三、辽金元等北方游牧政权的都城形态

10～13 世纪，中国北方被辽、金、元等北方少数民族建立的政权占据。这些政权原本居无定所，没有筑城的传统，随着与汉人接触的增多以及势力扩张的需要，他们在早期的活动区内先后修筑了一些新的都城及属城，在向南边农耕地区开拓的过程中，又沿用改建了一部分旧城，逐渐接受了以都城象征政权、以城市控制国家的观念。

辽、金政权来自东北亚森林地区，他们的都城设置最初继承了唐末推行的五京制度，在与南边国家的文化交流增多之后，又在都城的规划中多有模仿北宋都城汴梁的做法，这使得同一政权在不同阶段修筑的城址有着截然不同的布局形态。辽王朝先后设立的五京是上京临潢府、东京辽阳府、南京幽州府、西京大同府和中京大定府，其中遗址情况比较清楚，而且能够较好反映辽人城建水平的主要是辽上京和中京。金人最初接受了辽五京建制，将原来的金的国都改称上京会宁府，改北宋汴梁为南京开封府，改辽中京大定府为北京大定府，连同原有的东京辽阳府、西京大同府，是为金初五京。海陵王迁都辽南京后，将其改建为金中都，一度削去上京会宁府，形成了新的金五京。在金人的六座都城中，金上京和中都主要由金人修建，其余则改建自宋或辽的旧城。13 世纪，游牧力量达到顶点，其标志是来自北方草原的蒙元政权崛起，他们的轻骑军队所向披靡，征服了欧亚大陆绝大部分地区，建立了横跨欧亚的庞大帝国。蒙元政权先后修建了四座都城，即哈拉和林、元上都、元大都和元中都，又称蒙元四都。这四座城址各具特点，反映了蒙元政权从兴起于草原到入主中原这一过程中城市规划思想与制度的演化。

尽管游牧政权的都城众多，但在很长时间里，游牧政权的领袖们似乎并未习惯于定居生活，仍旧定期携带大量亲眷、官员和军队，随季节变更，在统治的疆域内流转迁徙。他们修建的都城往往有着恢宏的城市形态却缺乏活跃的城市生活，修建这样的城市主要还是为了象征政权的威势，便于管束劫掠而来的异族工匠和百姓。如从城池结构的角度，辽、金、元政权的都城大致可归为三

类——多城并立、重城相叠和重城相套,以下大致介绍各类型的代表城址和流行时间。

(一)双城并立——辽金元政权早期都城的城郭形制

辽、金、元政权建立之初所修建的都城辽上京、金上京和哈拉和林属于多城并立形态。其特点是,都城由一座以上的独立城圈构成,在一座城圈之中修建供皇室贵族使用的宫殿、衙署以及高等级宅邸,另一座城圈则用来集中管理包括工匠、商人在内的异族平民,很少修建高等级建筑,两座城圈彼此毗邻,可共用城墙,但城门一般独立设置。

辽上京[1]是契丹人最早修建的都城,它位于今内蒙古自治区巴林左旗林东镇南。辽神册三年(918年),辽太祖耶律阿保机在临潢修筑都城,命名皇都,后称皇城。926年,在皇城之南扩展汉城(也称郭城),并在皇城内修建开皇、安德、五鸾三大殿。文献记载,938年,辽太宗依照汉制,"御开皇殿,辟承天门受礼,因改皇都为上京"[2]。

根据考古工作,辽上京由南北两座城圈构成,总面积约5平方公里。北侧是皇城,平面呈方形,西北和西南角被抹角斜切,以皇城东西向轴线左右对称,皇城东西约1 720米,南北约1 600米,周长6 399米,面积2.75平方公里。城墙周匝设马面,转角建角楼,防御工事完备。城址南部是汉城,平面略呈方形,倚皇城南垣修建,周长6 129.73米,城墙不设马面、角楼,城内暂

---

[1] 王晴:《辽上京遗址》,《文物》1979年第5期,第79~81页;内蒙古文物考古研究所:《辽上京城址勘查报告》,《内蒙古文物考古文集(第一辑)》,中国大百科全书出版社,1994年,第510~536页;张郁:《辽上京城址勘查刍议》,《内蒙古文物考古文集(第二辑)》,中国大百科全书出版社,1997年,第525~530页;塔拉、董新林:《辽上京城址初露端倪》,《中国文物报》2001年11月9日;中国历史博物馆遥感与航空摄影考古中心、内蒙古自治区文物考古研究所:《内蒙古东南部航空摄影考古报告》,科学出版社,2002年;董新林:《辽上京城址的发现和研究述论》,《北方文物》2006年第3期,第23~31页;董新林:《辽上京城址考古发掘和研究新识》,《北方文物》2008年第2期,第43~45页;董新林、陈永志、汪盈等:《辽上京城遗址首次大规模考古发掘乾德门遗址》,《中国文物报》2012年1月20日;董新林、陈永志、汪盈等:《内蒙古巴林左旗辽上京皇城西山坡佛寺遗址考古获重大发现》,《考古》2013年第1期,第3~6页;董新林、陈永志、汪盈:《内蒙古辽上京遗址探微》,《中国文化报》2013年6月7日;董新林等:《2013年辽上京皇城遗址考古发掘取得重要收获》,《中国文物报》2014年2月14日;董新林等:《考古发掘首次确认辽上京宫城形制和规模》,《中国文物报》2015年1月30日;汪盈、董新林、陈永志:《内蒙古巴林左旗辽上京宫城城墙2014年发掘简报》,《考古》2015年第12期,第78~97页;董新林等:《辽上京城址首次确认曾有东向轴线》,《中国文物报》2016年5月6日;汪盈、董新林、陈永志等:《内蒙古巴林左旗辽上京遗址的考古新发现》,《考古》2017年第1期,第1~8页;汪盈、董新林、陈永志:《内蒙古巴林左旗辽上京宫城东门遗址发掘简报》,《考古》2017年第6期,第3~27页。

[2] 《辽史》卷三十七《上京道》,中华书局,1974年,第440页。

未发现大型夯土基址（图4-3、图4-4）。

《旧五代史·外国列传》载："（契丹）其俗旧随畜牧，素无邑屋，得燕人所教，乃为城郭宫室之制于漠北，距幽州三千里，名其邑曰西楼邑，屋门皆东向，如车帐之法。城南别作一城，以实汉人，名曰汉城，城中有佛寺三，僧尼千人。"② 根据考古工作，辽上京皇城的朝向应为坐西面东，以东为正向，其东、北、西三面城墙的中部各有一座城门，东城门为三门道过洞式，而西门、北门仅为单门道，规格较低；皇城东门内大街宽度不少于40米，而皇城南门内大街宽度仅为20米左右，东门内大街应接近汴京御路的性质；城内西部地势较高，俗称"西山坡"，是全城的制高点，山顶平地上有一组由三座佛塔呈南北向一字排开的辽代佛寺遗址。

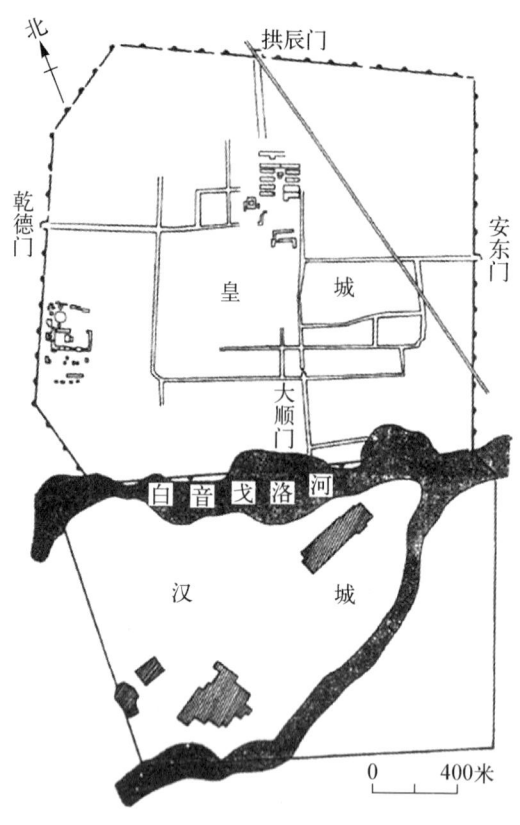

图4-3 辽上京平面复原示意图①

《辽史·地理志》记载，辽上京"其北谓之皇城，高三丈，有楼橹。门，东曰安东，南曰大顺，西曰乾德，北曰拱辰。中有大内。内南门曰承天，有楼阁；东门曰东华，西曰西华。此通内出入之所"③。根据考古工作，位于皇城中部偏东的宫城，平面略呈长方形，南北长约770米，东西宽约740米，南墙中部偏西辟有南门，东、西墙中央各辟一门，其中东门为三门道殿堂式城门，与皇城东门相对，构成辽上京的主轴线，西门、南门为单门道过梁式，宫城西门

---

① 李逸友：《辽上京遗址》，《中国大百科全书·考古学卷》，中国大百科全书出版社，1986年，第278页。
② 《旧五代史》卷一百三十七《外国列传》，中华书局，1976年，第1830页。
③ 《辽史》卷三十七《上京道》，中华书局，1974年，第441页。

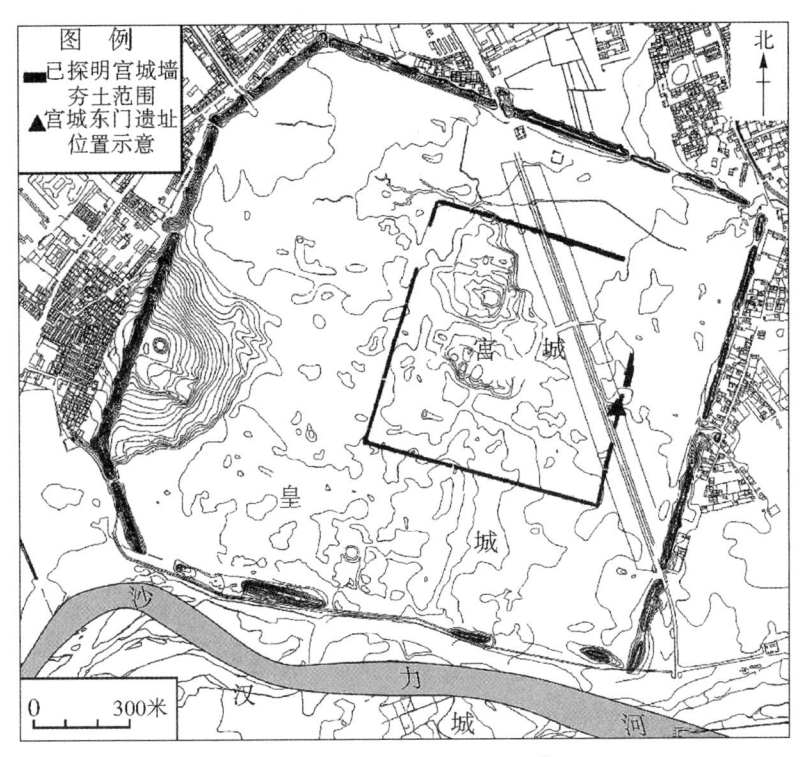

图 4-4　辽上京皇城平面图①

也与皇城西门相对②。在宫城东门之内,已发现三组大型的东向宫殿院落,沿城市主轴对称分布。

依照《辽史》的记载,辽上京宫城南门的名称和形制最为尊贵,应以南为正向,但考古材料表明,宫城的朝向、轴线均与皇城一致,应是统一规划的产物。

金前期都城上京会宁府③俗称白城,位于今哈尔滨市东南阿城县南。据《大金国志》记载:"国初无城郭,星散而居,呼曰'皇帝寨''国相寨''太子

---

① 汪盈、董新林、陈永志等:《内蒙古巴林左旗辽上京宫城东门遗址发掘简报》,《考古》2017 年第 6 期,第 4 页。
② 汪盈、董新林:《辽上京皇城和宫城城门遗址浅析》,《华夏考古》2018 年第 6 期,第 36~42 页。
③ [日]鸟居龙藏:《满蒙古迹考》,商务印书馆,1933 年,第 218 页;孙秀仁:《金代上京城》,《黑龙江古代文物》,黑龙江人民出版社,1979 年;许子荣:《金上京会宁府遗址——全国重点文物保护单位之一》,《黑龙江文物丛刊》1982 年第 1 期,第 3~67 页;景爱:《金上京》,生活·读书·新知三联书店,1991 年;赵永军:《金上京城址发现与研究》,《北方文物》2011 年第 1 期,第 37~41 页;赵永军、刘阳:《哈尔滨市阿城区金上京皇城西部建筑址 2015 年发掘简报》,《考古》2017 年第 6 期,第 44~65 页;赵永军、刘阳:《黑龙江阿城金上京皇城东部 1 号建筑址》,《大众考古》2017 年第 6 期,第 14~17 页。

250　中国古代的理想城市

'庄',后升'皇帝寨'曰会宁府,建为上京。"① 金太宗天会二年（1124年）筑上京新城,名会平州,随后开始修建乾元殿、庆元宫。北宋宣和七年（1125年）,宋臣许亢宗到金上京庆贺金太宗即位,记载了金上京宫室的情况②。根据考古工作,金上京同样由南北毗邻的两座城圈构成,呈曲尺形,其中北城东西约1553米,南北约1828米,南城东西约2148米,南北约1528米,两城周长约11公里,总面积6.28公里。金上京与辽上京的城垣结构相似,差异在于本族和异族居处城池的方位,两座城址南北城的性质恰好相反。金上京的高等级建筑群主要位于南城,南城西部有坐南朝北、周长约2290米的宫城,宫城的中心建筑台基平面呈十字形,大致呈南北向,东西最长约41米,南北最宽约33米,中央主殿呈圆形,向南敞口④。南城东部分布着规格较高、类似官署或贵族府邸的建筑遗迹。冶铁、制车作坊和金银店铺等一般手工业作坊遗址主要位于北城（图4-5）。

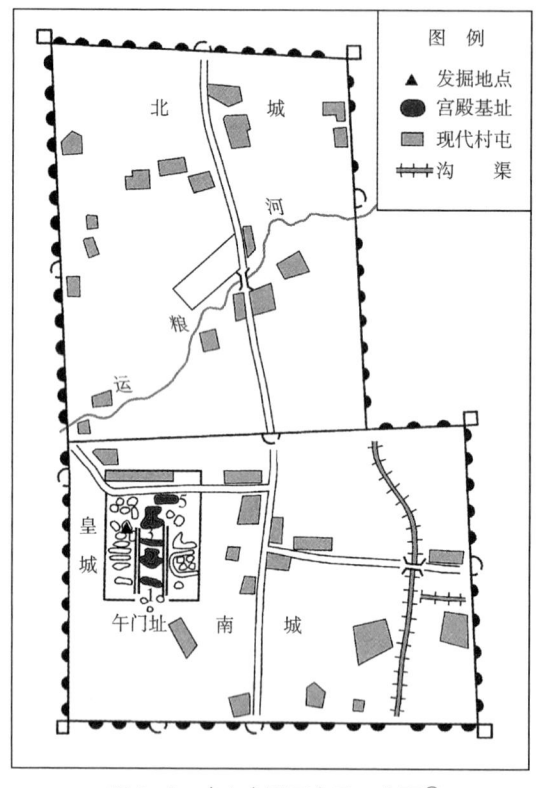

图4-5　金上京平面布局示意图③
1～5. 宫殿基址

---

① 《大金国志》卷三十三《燕京制度》,（南宋）宇文懋昭撰,崔文印校证:《大金国志校证》,中华书局,1986年,第470页。

② 《宣和乙巳奉使金国行程录》记载许亢宗进入金上京城:"一望平原旷野,间有居民数十家,星罗棋布,纷揉错杂,不成伦次,更无城郭,里巷率皆背阴向阳。便于牧放,自在散居。又一二里,命撤伞,云近阙。复北行百余步,有阜宿围绕三四顷,并高丈余,云皇城也。至于宿围门,就龙台下马,行入宿围。西设毡帐四座……"朱易安:《全宋笔记·第四编（八）》,大象出版社,2008年,第15～16页。

③ 赵永军、刘阳:《哈尔滨市阿城区金上京皇城西部建筑址2015年发掘简报》,《考古》2017年第6期,第44～65页。

④ 同上。

哈拉和林位于今蒙古共和国中部后杭爱省境内，地处鄂尔浑河冲积平原边缘的丘陵坡脚，是蒙古政权修建的第一座都城。1220年，成吉思汗将这里选定为蒙古政权的首都，1235年由第二代蒙古大汗窝阔台正式下令修建。1370年，哈拉和林城被明军焚毁。1586年，取用哈拉和林的一些建筑材料建成了位于城址南部的大型寺庙额尔德尼召。既往的观点认为，位于哈拉和林西南隅的方形建筑群基址是永安宫遗址，近年的考古工作表明，真正的永安宫被叠压在额尔德尼召寺之下，位于哈拉和林的南部[1]。按照新的材料，哈拉和林由南、北两座城圈构成，结构与辽上京、金上京相似，南城地势较高，是统治者居住的宫城，北城地势较低，城墙边界似不规则的漏斗，城内道路除十字街干道外，其余建筑、街巷皆自由布局，与金上京较为接近（图4-6）。

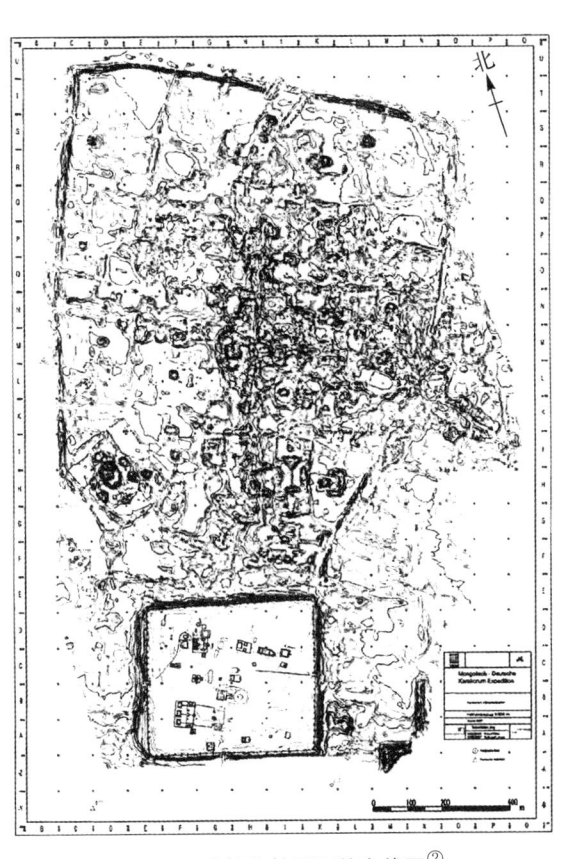

图4-6 哈拉和林平面等高线图[2]

---

[1] 德国与蒙古联合考古发掘队于2000~2009年的考古工作表明，额尔德尼召寺的北墙叠压于哈拉和林宫城的北墙之上，换句话说，哈拉和林除了此前确认的不规则矩形土筑城圈之外，还应包括位于土城以南、由砖墙围合的宫城，其四面设门，颇具规模。而位于城市西南角，之前曾经推测为"万安宫"的建筑基址更有可能是一座佛寺"兴元阁"的遗址。参见德国考古研究院、蒙古考古研究所：《哈剌巴拉噶斯与哈拉和林——鄂尔浑河谷的两个晚期游牧民族都城：德国考古研究院和蒙古考古研究所在2000~2009年间的发掘与研究》（*Karabalgasun and Karakorum — Two Late Nomadic Urban Settlements in the Orkhon Valley: Archaeological Excavation and Research of the German Archaeological Institute（DAI）and the Mongolian Academy of Sciences 2000-2009*），乌兰巴托，2011年。

[2] 德国考古研究院、蒙古考古研究所：《哈剌巴拉噶斯与哈拉和林——鄂尔浑河谷的两个晚期游牧民族都城：德国考古研究院和蒙古考古研究所在2000~2009年间的发掘与研究》，乌兰巴托，2011年，第64页。

（二）重城相叠——辽金元政权晚期都城的城郭形制

随着游牧民族势力的南进，不同民族的接触增多，游牧民族开始在草原、游牧的交界地带修建新的都城。这些都城不再采用分而治之的双城并列式，而是模仿北宋都城汴梁，将统治者使用的宫城布置在都城中央，服务于统治者的机构布置在皇城，皇城外部还有市场和居民生活的外郭。有别于下一节要讨论的元大都的布局，下面要考察的三座城址具有一个共同特点，即每座城址的所有城墙并非都是内外相套的关系，也有彼此"相叠"的情况，如辽中京、金中都的皇城与宫城共用北墙，元上都的外城与内城共用东、南两面城墙，可以视作从"双城"向"重城"的过渡形式。

辽中京大定府[①]位于今内蒙古昭乌达盟宁城县大明城，修建于辽圣宗统和二十三年至二十五年（1005～1007年）。《辽史》记载，为修筑新城，辽圣宗专门从燕蓟一代征用了大量富有经验的优秀工匠，以期建成一座兼具"郛郭、宫掖、楼阁、府库、市肆、廊庑"的"神都"[②]。据考古勘探，这座城址有宫城、皇城、外城三重城垣。外城平面呈长方形，南北3 500米，东西4 200米[③]。外城的中部偏北是皇城，南北1 500米，东西2 000米。宫城位于皇城北部正中，四边均长1 000米，宫城的北墙与皇城的北墙中段重合。换算可知，宫城约2里见方，东、南、西三面各扩1里即达皇城边界，皇城向南扩3里、向东西各扩2里、朝北扩1里，即为外城。都城的御道依次通过宫城、皇城、外城的正南门，恰好位于城址的中线上。尽管辽中京不再采用双城形制，而是在皇宫之外叠套郭城，但城内仍有满足不同族群的市民生活需求的不同类型房屋。在辽中京外城南部的中轴线两侧修建了若干排里坊，主要用来管理汉人，如《乘轺录》记载："契丹国外城高丈余步，东西有廊，幅员三十里，……自朱夏门入，街道阔百步余，东西有廊舍约三百间，居民列廛肆庑下。街东西各

---

① 张郁：《内蒙辽中京及西城外出土的文物》，《考古》1959年第7期，第372、373页；辽中京发掘委员会：《辽中京城址发掘的重要收获》，《文物》1961年第9期，第34～40页；李逸友：《辽中京西城外的古墓葬》，《文物》1961年第9期，第40～44页；项春松：《辽中京遗址》，《文物》1980年第5期，第89～91、109页；吉平：《辽中京大塔基座覆土发掘简报》，《内蒙古文物考古》1991年第1期，第58～63页；马凤磊、李义、马景禄等：《辽中京半截塔台基覆土及地宫发掘简报》，《内蒙古文物考古》2005年第2期，第23～36页。

② 《辽史》卷三十九《中京道》，中华书局，1974年，第481页。

③ 关于辽中京的规模，还可参见中国历史博物馆遥感与航空摄影考古中心、内蒙古自治区文物考古研究所：《内蒙古东南部航空摄影考古报告》，科学出版社，2002年，第96页。

三坊，坊门相对。房以卒守坊门，持梃击民，不令出观。"① 同时，契丹贵族仍在城市内保留着传统的居住习惯，其"内城中止有文化、武功二殿，后有宫室，但穹庐毳幕"②（图4-7）。

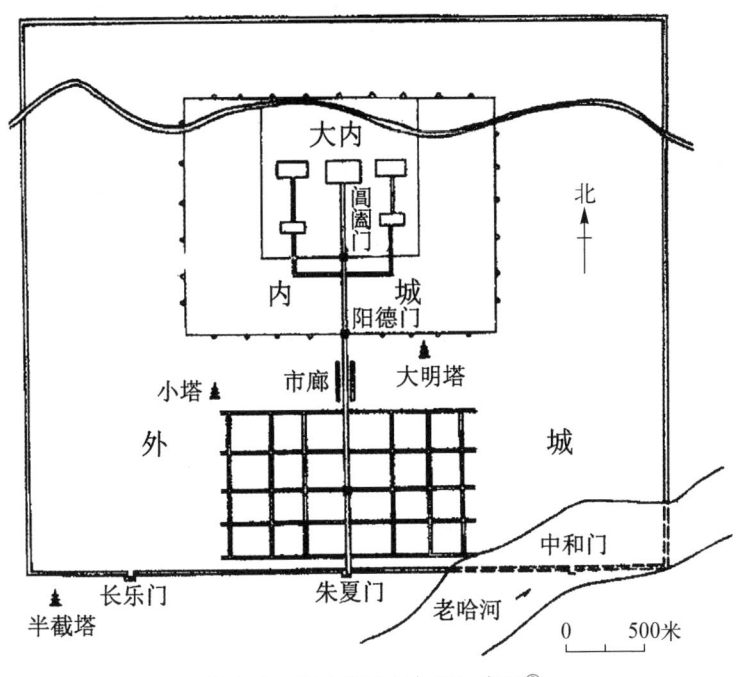

图4-7 辽中京平面复原示意图③

金中都④位于今北京市西南的宣武区内。这座城址是金海陵王天德三年

---

① （北宋）路振：《乘轺录》，贾敬颜著《五代宋金元人边疆行记十三种疏证稿》，中华书局，2004年，第60页。
② （北宋）路振：《乘轺录》，贾敬颜著《五代宋金元人边疆行记十三种疏证稿》，中华书局，2004年，第67页。
③ 李逸友：《辽上京遗址》，《中国大百科全书·文物、博物馆卷》，中国大百科全书出版社，1993年，第316页。
④ 朱偰：《辽金燕京城郭宫苑图考》，《武汉大学文哲季刊》1936年第1期，第49～83页；周肇祥：《辽金京城考》，《中和杂志》1941年第11期，第4～43页；[日]那波利贞著，刘德明译：《辽金南京燕京故城疆域考（上、下）》，《中和杂志》1941年第12期，第53～74页，1942年第1期，第80～149页；朱偰：《八百年前的北京伟大建筑——金中都宫殿图考》，《文物参考资料》1955年第7期，第67～75页；阎文儒：《金中都》，《文物》1959年第9期，第8～12页；侯仁之：《北京历史地图集》，北京出版社，1988年；于杰、于光度：《金中都》，北京出版社，1989年；北京市文物研究所：《北京考古四十年》，北京燕山出版社，1990年；齐心：《近年来金中都考古的重大发现与研究》，《中国古都研究（第十二辑）——中国古都学会第十二届年会论文集》，山西人民出版社，1994年，第149～ （转下页）

(1151年)在辽南京的旧址上改扩建而成。在金中都修建之前,金已击败辽,占领了北宋汴梁,金海陵王完颜亮特"先遣画工写京师宫室制度,至于阔狭修短,曲画其数,授之左相张浩辈,按图以修之"①,因而有金中都"制度如汴"的说法②。对金中都进行的全面考古工作始于1958年,北京大学阎文儒等对金中都的四面城墙进行了准确定位,并且调查了路桥、宫殿等遗迹,展开了基于考古调查的金中都复原研究。1965年至1966年,中国社会科学院考古研究所徐苹芳等再次对金中都展开考古工作,探明了外城城门的位置,考察了皇城的尺度、金中都的中轴线以及部分街巷道路的位置。金中都有外城、皇城和宫城三重城垣,外城略呈方形,北墙长4 900米、东墙长4 510米、南墙长4 750米、西墙长4 530米,周长约18 690米。宫城位于外城的中央偏西,平面为长方形,宫城南面为皇城。根据史料,金中都将贯穿宫城、皇城和外城正门的南北向御道作为城市的主轴线,皇城南面的御道两侧设有廊,其东有太庙,西有三省六部衙署。由于从旧城改建而来,金中都同时存在两种街道模式,城东、北部是辽南京旧城区,沿用着中古时期传统的棋盘形路网,城西、南新区的道路骨架则是平行排列的长巷(图4-8)。

元上都③位于今内蒙古自治区锡林郭勒盟正蓝旗东北,坐落在蒙古高原东南边缘闪电河湿地北侧的金莲川草原上。蒙古宪宗六年(1256年),忽必烈下令修筑元上都,最初作为开平府城。中统四年(1263年)五月,忽必烈被推举为蒙古大汗,定都开平府,更名"上都"。从1264年至1368年,这座城市

(接上页)163页;赵其昌:《金中都城坊考》,苏天钧主编《北京考古集成6》,北京出版社,2000年;卢迎红:《金中都水关遗址考览》,北京燕山出版社,2001年;张然:《北京发现罕见金中都古建筑遗址》,《中国文化报》2010年6月9日;《金中都城市布局复原的历史回顾》,《中国文物报》2015年6月19日。

① (南宋)徐梦莘:《三朝北盟会编(丁)·炎兴下轶一四四》,大化书局,1979年,第490页。
② (元)孛兰盻等撰,赵万里校辑:《元一统志》卷一《大都路》,中华书局,1966年,第2页。
③ 贾洲杰:《元上都》,《内蒙古大学学报(哲学社会科学版)》1977年第3期,第56~67页;贾洲杰:《元上都调查报告》,《文物》1977年第5期,第65~74、101页;张文芳:《元上都遗址》,《内蒙古文物考古》1994年第1期,第116~122页;魏坚:《元上都及周围地区考古发现与研究》,《内蒙古文物考古》1999年第2期,第21~28页;李逸友:《明开平卫及其附近遗迹的考察》,《内蒙古文物考古》1999年第2期,第33~39页;内蒙古文物考古研究所、锡林郭勒盟文物管理站、多伦县文物管理所:《元上都城南砧子山南区墓葬发掘报告》,《内蒙古文物考古》1999年第2期,第92~124页;李逸友:《元上都大安阁址考》,《内蒙古文物考古》2001年第2期,第6~8页;吕军、魏坚:《元上都城址东南砧子山西区墓葬发掘简报》,《文物》2001年第9期,第37~51页;魏坚:《元上都》,中国大百科全书出版社,2008年;塔拉、杨星宇:《内蒙古锡林郭勒元上都城址阙式宫殿基址发掘简报》,《文物》2014年第4期,第45~57页。

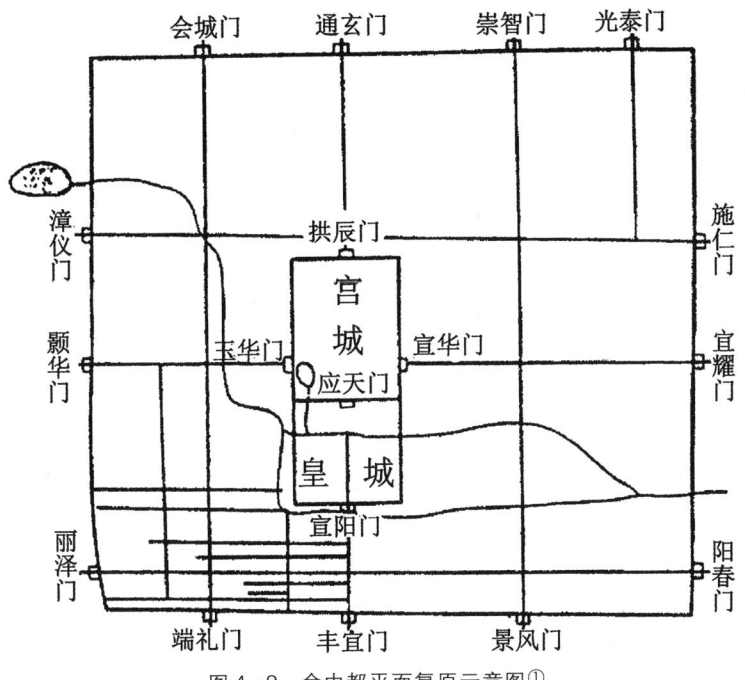

图 4-8 金中都平面复原示意图①

是元朝的上都。忽必烈修建元上都时，已经占领北宋汴京及辽金诸都，可以吸取不同都城尤其是北宋汴梁的营建经验。例如，文献记载，元上都举行天子登基大典的大安阁就取材自北宋汴梁的熙春阁，仅在重新组装时"稍损益之"②；又如元上都外城和皇城的南、北向城门均采用长方形瓮城，内外城门通视，但东、西向城门均筑马蹄形瓮城，瓮城门均折向南开③，这与前述北宋汴梁的城门制度非常接近（图 4-9、图 4-10）。

在城郭制度上，元上都采用了与辽中京、金中都类似的重城相叠式，具有

---

① 徐苹芳：《古代北京的城市规划》，《中国历史考古学论丛》，允晨文化实业股份有限公司，1995年，第133页。
② （元）虞集：《道园学古录》卷十《跋大安阁图》，引自《万有文库第二集七百种·道园学古录（二）》，商务印书馆，1937年，第186页。
③ 据魏坚所见，在元上都目前已经发现的13座城门中，除宫城3门未发现瓮城，其余皇城和外城的10座城门都设有瓮城，其形态规律是：凡南、北墙上的5座城门，瓮城均略呈长方形，一般50米×60米左右，瓮城为南、北向直开；凡东、西墙上的5座城门，瓮城均为马蹄形，南北宽60米，东西长55米，瓮城门均折向南门。参见魏坚：《元上都（上）》，中国大百科全书出版社，2008年，第20、24页。

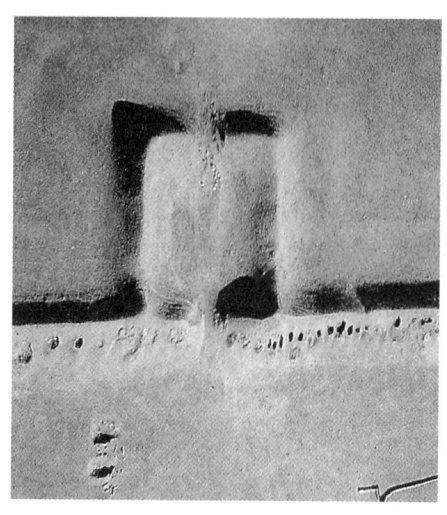

图 4-9 元上都外城北墙西侧长方形瓮城航拍照片①　　图 4-10 元上都皇城东门马蹄形瓮城航拍照片②

宫城、皇城、外城三重城垣，宫城、皇城内外相套，而外城附建于皇城的北面和西面。此外，外城四面还有商贸云集、平民聚居的关厢。计关厢在内，全城占地共计 18 平方公里（图 4-11）。元上都地处上都河湿地北侧，地势低洼，附近多有沼泽，还面临西北山地大面积汇水造成的洪水威胁③。元上都初建时，就在城址西北立铁幡竿以镇水，后来又由郭守敬主持修建了铁幡竿渠进一步防备水患。元上都的外城仅从皇城向北、西两个方向扩展，与地形、水患的制约应有关系。

（三）重城相套——元大都的继承与创新

元世祖中统元年（1260 年），忽必烈进驻金中都所在的燕京，至元四年（1267 年）决定在金中都旧城东北修建新的都城，初称中都。至元九年更名大都。元大都是宋代以来由游牧政权修建的第一座用于统御中国全境的都城，也是游牧政权修建的第一座环套形式的城址。它在突厥语中名为"汗八里"（Khanbaliq），意为"可汗之城"④，其规模宏大，居民繁盛，商贸发达，是帝

---

① 魏坚：《元上都（下）》，中国大百科全书出版社，2008 年，彩版肆零。
② 魏坚：《元上都（下）》，中国大百科全书出版社，2008 年，彩版贰陆。
③ 王晓琨：《1299 年大水中的草原都城：元上都水利考古》，《中国社会科学报》2013 年 9 月 11 日。
④ 也有学者指出，蒙古人和元代来华的西域人将北京旧城（金中都）称为"汗八里"，新城（元大都）则称为"茶迭儿八里"。参见林梅村：《日月光天德　山河壮帝居——元大都中轴线古迹调查》，《文物》2021 年第 5 期，第 56～71 页。

图 4-11　元上都平面示意图①

国的中心,《马可波罗行记》歌颂道:"全城中划地为方形,划线整齐,建筑房舍。每方足以建筑大屋,连同庭院园囿而有余。……方地周围皆是美丽道路,行人由斯往来。全城地面规划有如棋盘,其美善之极,未可言宣。"②

元大都有大内宫殿、隆福宫和兴圣宫三座宫城,它们与御苑一同被环绕在萧墙之内,萧墙外部四面环绕着接近正方形的外城。宫城、萧墙和外城三者形成了元大都重城相套的基本结构。在外城的东、南、西三面,分别修建了三座

---

① 改绘自魏坚:《元上都(上)》,中国大百科全书出版社,2008 年,插页。
② [法]沙海昂注,冯承钧译:《马可波罗行纪》,中华书局,2004 年,第 338、339 页。

城门，它们各自正对着一条笔直的城市干道。外城被宽二十四步的大街、十二步的小街划分为五十坊，每个坊区又被十个左右等距的胡同细分为宅地，较之北宋汴梁"任百姓营造"更具强制性，较之隋唐都城沿干道修建坊墙又减少了约束，使得城市既不失繁华活跃，又可保持视觉上的严谨秩序。外城的核心功能有太庙、社稷、朝府和市场，它们分别位于萧墙的东、西、南和北面（图4-12）。元大都的轮廓方正，东、南、西三面的城门数量以及核心功能建筑的分布与《考工记》所载周王城完全吻合。正因如此，讨论《考工记》营国思想对中国古代都城规划的影响，往往以元大都为典型实例；讨论元大都规划思想的论著，也要对元大都与《考工记》城市思想的关系进行一番探讨。

除开很好地拟合了中国儒家经典的城市理想，元大都还有许多因地、因时制宜的创意。例如，皇宫对金朝皇帝苦心经营的离宫和湖沼加以利用，开发了西山一带新的水源，建立起完备的城市水利系统，以及通过水运将国家的政治中心与国内物资最为丰富、经济最为发达的江南地区紧密相连。之所以能够取得这样伟大的建设成就，很大程度上得益于中国古代的城市规划与建设经验的积累，例如重城相套的结构以及在太庙之外修建多座祭拜元代皇帝的庙宇都继承自北宋汴梁。元大都的规划还第一次以建、构筑物的形式明确标示出城市的中心，《析津志》载："中心台，在中心阁西十五步。其台方幅一亩，以墙缭绕。正南有石碑，刻曰：中心之台，寔都中东、南、西、北四方之中也。在原庙之前。"[1] 只是关于中心台、中心阁的具体位置，不同学者仍有着不同的认识。

尽管元大都的布局备受称颂，但需要注意的是，在其规划实施的过程中，存在一些限制因素，城市功能单元布局与城市空间组织也有一些不尽理想之处。

第一，受限于自然地形和既有的宫殿，皇宫偏于城南且不规整。元大都并不是完全的新建城址，而是建造在前朝的离宫之上，为了利用旧有宫殿，元大都的宫城偏于城址的南面，为了将既有湖面包围在萧墙之内，萧墙又偏居城西，因而宫城和萧墙无法以中轴线左右对称。

第二，模仿星宿分散布置官署，却并不利于实际使用。初建时，元大都革新了北宋汴梁将官署集中安排在御道千步廊两侧的做法，而是模仿天上星宿，将官署分散修建在皇宫的各个方向，如中书省在宫城北面的凤池坊，枢密院在

---

[1] （元）熊梦祥：《析津志辑佚》，北京古籍出版社，1983年，第104页。

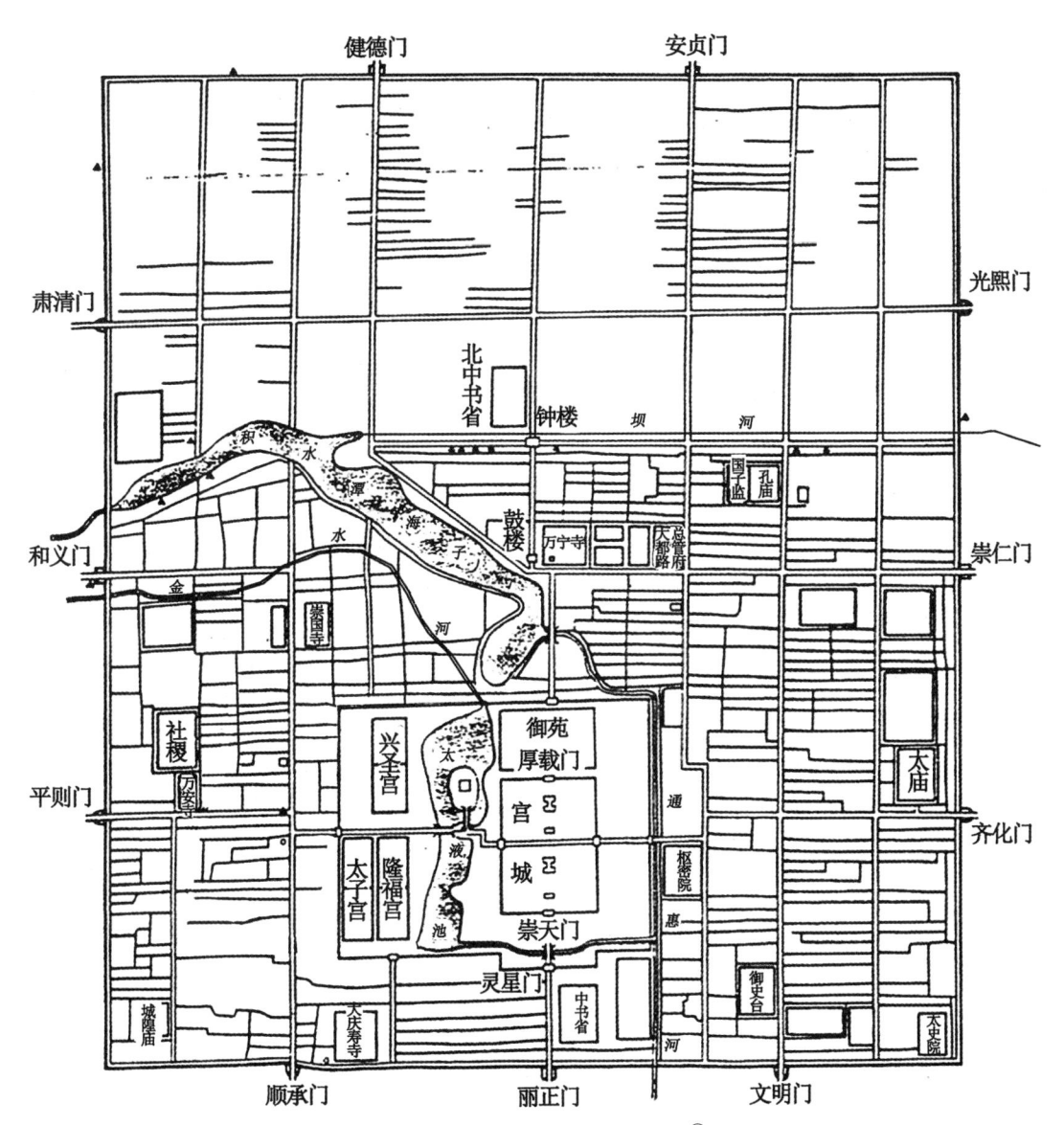

图 4-12 元大都平面复原示意图[①]

---

① 引自徐苹芳:《元大都的勘查与发掘》,《中国历史考古学论丛》,允晨文化实业股份有限公司,1995年,第160页;图上河道按照《元大都河湖水系复原图》修改,参见邓辉:《元大都内部河湖水系的空间分布特点》,《中国历史地理论丛》2012年第3期,第32～41页。

宫城东面的保大坊，御史台位于肃清门里。然而，当启用这些官署之后，才发现分散式布局并不利于协作办公。最终，只好再次将主要官署迁移到皇宫的东侧和南侧[①]。

第三，轴线并未贯通城市南北，而是在城市中心发生了明显拐折。元大都南部的中轴线从外城南中门丽正门开始，经皇城正南门灵星门，从大内宫殿的南宫门崇天门开始穿过重重宫殿，一直到宫城北门厚载门、皇城北门后载红门，通过考古队在今景山北面发现的宽达 28 米的南北大道[②]，最终到达万宁桥，或许还指向中心台、中心阁。元大都北面的中轴线由钟、鼓楼串联而成，学者一般认为它们的位置可以依据今天的旧鼓楼大街推定。按照这一考古成果，元大都北面的轴线较之南面的轴线偏西约 160 米，约合元代一百丈，从外城两座北门延伸出来的干道也未正对从南墙相应位置铺筑的道路，相错的距离也在 160 米左右。

以道路、宫殿、城门和其他标志性建筑连成一条南北贯通的中轴线，是中国古代都城非常重要的特征，其精要之处如宋太祖语："凡诸门与殿须相望，无得辄差。"元大都为何出现城市南北轴线、道路的微小错位，是有意还是疏忽，目前还不清楚。至明清改建北京城，在元代钟鼓楼的东侧约 160 米新建钟、鼓楼，终于使城市轴线从视觉上连成一线，贯通南北。

在元大都建成后不到 30 年，元武宗海山决定在蒙古高原南缘，草原游牧区和农业定居区的交接地带修建一座新的陪都——元中都。元《经世大典·工典总叙》在"城郭"条记载元朝都城的因袭关系时写道："国家建元之初，卜宅于燕，因金故都。时方经营中原，未暇建城郭。厥后人物繁夥，隘不足以容，乃经营旧城东北，而定鼎焉。于是，坤堞之崇，楼橹之雄，池隍之浚，高深中度，势成金汤。而后上都、中都诸城，咸仿此而建焉。"[③] 根据这段文献，元上都和元中都应以大都为蓝本进行规划和建设，但事实上，元上都修建于大都之前，从考古探查的情况来看，元上都的宫殿规制、城市结构与大都存在明显的差异。因而，《经世大典》这部分记载是否可信，元中都的经营是否以大

---

① 杨宽：《中国古代都城制度史》，上海古籍出版社，1993 年，第 480~482 页。
② 中国科学院考古研究所、北京市文物管理处元大都考古队：《元大都的勘查和发掘》，《考古》1972 年第 1 期，第 19~28 页。
③ （元）赵世延、虞集等撰，周少川、魏训田、谢辉辑校：《经世大典辑校》，中华书局，2020 年，第 813 页。

都制度为准绳，是否能以元大都的布局推测中都未建成的部分，还需要以元中都的实物材料加以检验。

另一方面，由于明清以来北京城市改造和建设的影响，我们对元大都尤其是诸座宫殿的了解还主要来源于文献而缺乏实物依据，元中都的考古材料或许能提供这方面的帮助。元中都选址于开阔平地，极少受到既有城市及自然地形的约束，具备相对理想的实现元代理想都城制度的条件。建设和使用时间都不长的元中都遗址，废弃后又长期保存在荒野之中，堆积性质比较单一，城址面貌基本凝固在其建设和使用时期。

下文将首先从元中都内城的调查出发，考察元中都的规划与元大都的城市制度的关系，是否如文献的描述，仿大都而建。在此基础上，结合在第二圈城垣、外城中发现的一些遗址、遗迹，尽可能推测尚未完全建成的理想城市元中都的完整规划方案。

第二节　近古时期的理想城市
——元中都的考古调查与复原研究

一、元中都概况

（一）史地背景

元中都遗址坐落于河北省张家口市张北县城西北约 15 公里处。从地理空间分析，元中都位于蒙古高原南部边缘，处在燕山与阴山的会合之处，农业定居区和草原游牧区的交接地带。蒙元时期，元中都位于上都和大都之间，在修建这座都城前，这里曾是元代皇帝巡幸两都返程途中的旺兀察都行宫所在（图 4-13）。元中都是蒙元四都[①]中设立最晚的都城，是草原游牧族群国家两京制和多京制的延续，也是其建立者元武宗个人政治意志的体现。

元大德十一年（1307 年），武宗海山下令在旺兀察都行宫所在地新建宫阙，名之为中都，将其作为大都的陪都，随之开始了中都城的大规模建设。至大四年（1311 年），元武宗去世，继位的元仁宗下令停止尚未全部完成的中都建设工程，解除了中都的陪都职能。中都虽不再为陪都，但其宫阙仍在。由于

[①] 指位于今蒙古国的哈拉和林，中国的元上都、元中都和元大都。

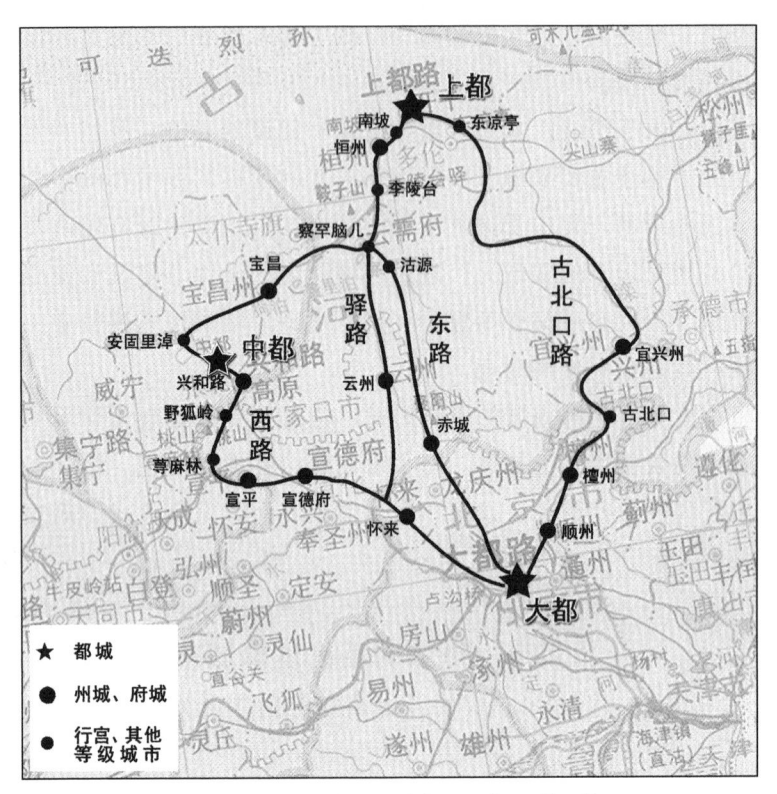

图 4-13　元中都与元大都、上都驿道图①

地处南北交通要道的地理位置和凉爽宜人的气候环境，使得中都在一段时间内仍然作为行宫使用。元仁宗以后的泰定帝、文宗、顺帝等多位皇帝曾到此巡幸、议政和做佛事。天历二年（1329 年），元文宗在中都宫殿中毒死其兄明宗，以后的元朝皇帝不再进入中都，中都逐渐残破。元末社会动荡，农民起义，中都建筑毁于战火。中都成为废墟后，蒙元余部仍然时常聚集此地。至正二十八年（1368 年）八月，元顺帝从大都出逃，曾在中都派使者至高丽征兵。元代以后，这里更为荒芜，成为牧马的草场。明永乐八年（1410 年），明成祖亲征蒙元残部，元中都废墟已为泥沙遮掩，时名"沙城"。

明朝国势衰退，退守野狐岭长城后，元中都废址不再见于历史记载之中，逐渐为人们所忘却。清代的旺兀察都地区为察哈尔部镶黄旗牧地，当地人已经将中都遗址称为"插汉巴哈尔逊"，即白城子，但仍然保留了明代沙城之名。

---

① 北京大学考古文博学院韩爽绘。

只是沙城与元中都的关系已有点若即若离,且与白羊城和红城子发生混淆。日本学者箭内亘于1919年调查元中都遗址,他首次提出元中都就是《大清一统志》所载沙城,即插汉巴尔哈逊城,也就是张北县城北馒头营子附近的白城子废城①。不过,箭内亘又将元中都与昌州混淆起来,因而他的见解没能引起学术界的重视。20世纪80年代初,时任张家口一中语文教师的尹自先发现并认识到白城子很可能就是元中都②。1983年,张家口地区文化局的刘建华和张北县文化馆的张书平对该遗址进行了调查,根据采集标本的比较分析,确认白城子遗址是元代遗址,推断该遗址就是元中都城址后,元中都遗址才重新被考古学界关注③。随后,河北省文物研究所开始对元中都遗址进行系统考古调查和发掘,主要成果整理为《元中都:1998~2003年发掘报告(上、下)》(后简称《元中都》),于2012年秋出版。

元中都选址在一片开阔的草地上,城址一带地势西南略高而东北略低,草原上散布着多个湖沼,是放牧牛羊的优良草场。这片草地的东、南、北三面地势平坦,碧草如茵,其外是连绵起伏的山岭或缓丘。西面地势渐高,相对高度约130米的狼尾巴山(即历史文献记载中的"凤凰岭")是这一带的制高点,它从中都城西向南延伸,直抵野狐岭北。这些低山将中都所在的草场围合起来,呈拱卫之势。由野狐岭北坡诸条溪流汇集而成的安固里河,在中都东侧不远处,自南向北流过后,途中受到北方山丘的壅阻,在中都城东北形成了名为黄盖淖的湖泊,河道也因之折转向西,与同样发源于野狐岭北坡、沿狼尾巴山北流的另一条河流汇集成名为安固里淖(即历史文献记载中的"鸳鸯泊")的大湖。时人描述中都一带的地理环境道:"曰封王地,今名凤凰山。山西南有故城,名曰沙城。四望空阔,即元之中都。此处最宜牧马。西北有海子,驾鹅鸿雁之类满其中,远望有如人立者、坐者、行者、謦欬者。白者如雪,黑者如石。好事者或驰骑逐之,至即飞起,人去旋下,翩跹回翔于水次。"④ 蒙元时

---

① [日]箭内亘:《元代的东蒙古》,《蒙古史研究》,日本刀江书院,1930年。
② 尹自先:《白城子说——兼订〈口北三厅志〉〈察哈尔省通志〉〈张北县志〉几处舛误》,《张北文史资料(第1辑)》,1991年,第151~157页;尹自先:《张北县志》,中国社会科学出版社,1994年,第560~563页。
③ 刘建华:《河北省张北县白城子古城址调查简报》,《辽海文物学刊》1995年第2期,第25~27页。
④ (明)岷峨山人:《译语》,薄音湖、王雄编辑点校《明代蒙古汉籍史料汇编(第1辑)》,内蒙古大学出版社,2006年,第227页。

期，中都一带有大面积的水域，地下水位也高，应能满足中都生活用水之需。另外，考古工作者在元中都城址的周边还发现了与元中都同时期的遗存，如城址东北的黑城子遗址，西侧的淖沿子遗址、新地湾遗址、狼尾巴山遗址等，从遗物性质来看，它们很有可能是向中都提供物资、军事支援的基地，与中都城址有着紧密的联系（图4-14）。

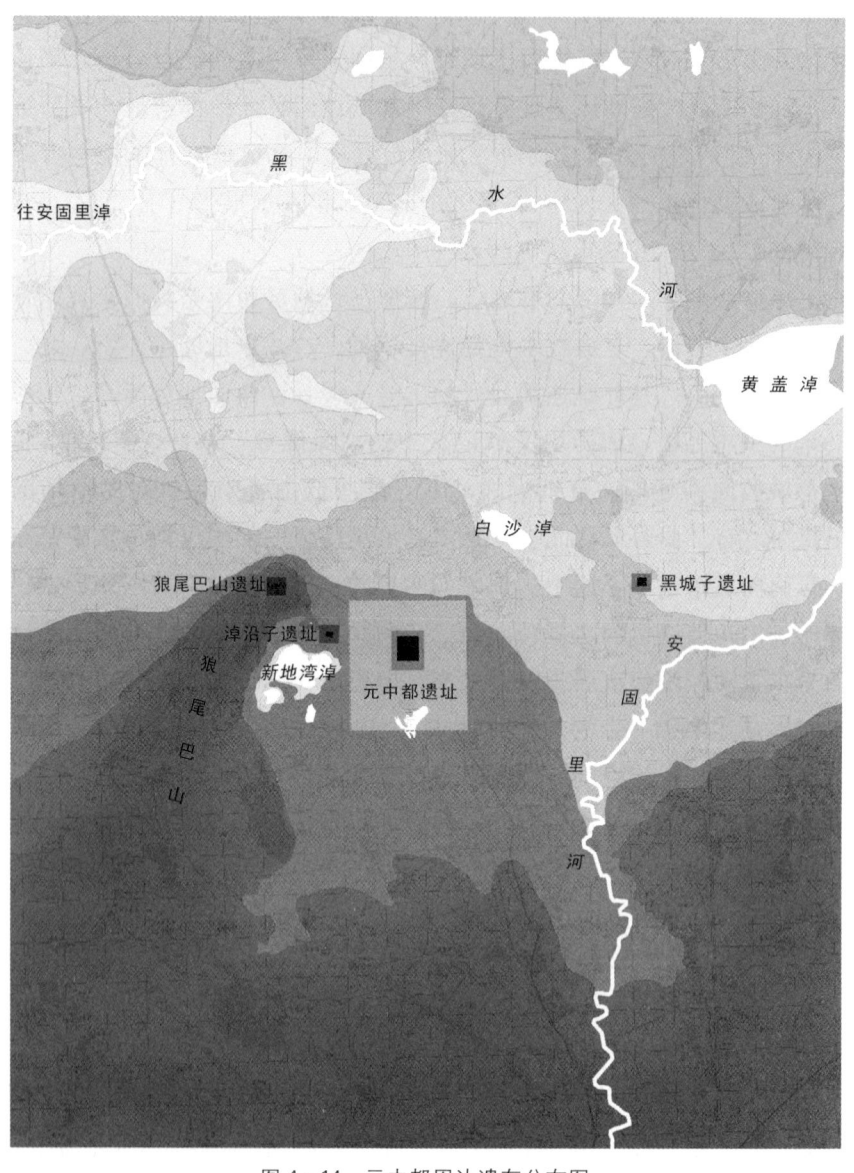

图4-14　元中都周边遗存分布图

(二) 城址概况

元中都城址坐北朝南，朝向为南偏东1.1度，采用三重城垣叠套的回字形结构，占地约850公顷。将《元中都》提供的数据整理如表4-1。外城呈方形，四边长度相近，均约2900米，约合900丈、7.67里[①]，周长合计11715米，约合30.99里。第二圈城垣居外城中央偏北，呈南北向稍长的长方形，《元中都》称"皇城"，东西约780米，南北约930米，周长合计3407米，约合9.01里。内城即文献中的元中都皇城[②]，《元中都》称"宫城"，它同样位于第二圈城垣的中央偏北，亦呈南北稍长的长方形，东西约545米，南北约605米，周长2302.8米，约合6.09里。自内而外，三圈城垣的周长约合元代的6里、9里、30里，都是3的整数倍，三者周长之比约为2∶3∶10。元中都的内城规模与元上都的内城（宫城）接近，外城面积介于上都的外城面积与上都合计关厢的总面积之间[③]。元中都的规模很可能参照了元上都，按照陪都的等级设计。

表4-1 元中都城垣及附属建、构筑物遗存概况[④]

位置	东	南	西	北
内城	长603.4米，城墙底部夯土残宽11～13米，中部存东城门豁口，宽3.15米，豁口南、北各有排水涵洞1处	长542米，城墙中段为城门遗址，城门西侧有水门1座，皆已发掘；城门东侧也有排水涵道的痕迹，往东有两处砖砌建筑遗迹；南墙与原张化公路交叉口西侧也发现砖石遗迹，是否为门址，待查	长608.5米，中部存宽4.1米的"U形"缺口，为西城门遗址；城门北侧约50米似有排水涵洞1处	长548.8米，中段豁口处为北城门遗址，北城门东西各有一处遗迹似排水涵洞

---

① 本节的"里"都为"元里"略写，按1元尺约合0.315米、1元里约合378米换算，下文同。
② 张春长：《有关元中都城墙的几点思考》，《文物春秋》2003年第5期，第31～33页。
③ 据考古学家的调查，元上都内城（宫城）周长2295米，第二圈城垣（皇城）周长5620米，外城周长8885米，城圈范围占地约484公顷，外城四面有关厢，地表可见遗迹分布范围约1220公顷，合计占地约1800公顷。参见魏坚：《元上都（上）》，中国大百科全书出版社，2008年，第18～49页。关于元大都大内宫殿的规模，如后文所述可见于历史文献的记载，大内宫殿东西480步（756米），南北615步（968米），合计周长9里30步，相当于3448米。
④ 整理自《元中都》第27～47页。

续表

位置	东	南	西	北
第二圈城垣	距内城东墙115米，长927.7米，残宽6~8米，城门3座，涵洞1处	距内城南墙207.5米，长770米，残宽约7米，城门1座，在城墙南20余米处找到两处夯土，东侧一块很可能是墙基	距内城西墙113.78米，长930.6米，中段叠压在原张化公路之下，残宽6~8米，城门1处	距内城北墙115.85米，长778.34米，残宽7~8米，城门1处，东段沿墙体北侧边缘发现夯土遗迹7处，性质尚未断定
隔墙	共有南北两道，间距240.7米；每道墙宽4~5米；北墙距城角215.4米，南墙距城角147.4米；隔墙中段地势较低，或留有门道	因道路建设等破坏，尚未发现确切的隔墙遗迹	共有南北两道，间距239.3米；每道墙宽4~5米，北墙距城角214.7米，南墙距城角154米；南隔墙周边发现建筑基址3处	共有东西两道，间距116.5米；每道墙宽4~5米；东隔墙距城角215米，西隔墙距城角217.6米；东隔墙往东地表凹凸，往西约3.5米，发现一条正对内城涵洞的沟，性质待发掘解决
外城	长2964米，距内城东城墙1188.46米	长2964米，距内城南城墙1633.74米，南墙西段残宽8~9米；南城墙南侧约40米还有一条长约260米、宽约15米、高约1米的东西向土垄，平行于南城墙	长2881米，距离西城墙1150.65米，西城墙南段残宽13.5米	长2906米，距内城北城墙713.96米，残宽5.6米

元中都三圈城垣内均有建筑遗迹，外城现已发现建筑基址20处（F201~FF220），具体年代尚难断定；第二圈城垣内建筑遗迹最少，现仅知3处（F101~F103），全部位于城址西部，分列于西城南隔墙的南北两侧；内城里发现的遗迹最多，除四座门址、四座城隅曲尺形角台外，根据地表凹凸变化大致可以分辨出31处建筑基址（D1~F31）[①]、4处地坑（H1~H4），内城还确

---

① 《元中都》第47页载"宫城内共有建筑遗迹32处，编号D1（D1~F32）"，然而，48页又写道："在南门北侧约20米有一列东西向的长条遗迹，以门之西北侧最为突出，发掘证实为门的附属结构广场围墙的废弃堆积，原编为F32。"由此知，中都内城现有建筑遗迹应仅计31处。

认了5处道路遗迹。其中，位于城址中心的工字形大殿①是内城台基高度最高、规模最大的建筑遗址，它坐落在经过内城4座门址的4条道路（或道路延长线）的交汇处，其余30处建筑基址大致以中都南北轴线东西对称，均匀分布在中心大殿四周，其中尤以中心大殿南侧的城区内建筑遗址最为密集。迄今为止，元中都城址一共发掘清理了5处建、构筑物遗址，包括中心大殿、内城西南角台、内城南门、内城南城垣排水涵洞和位于第二圈城垣的南城门。

（三）既往调查的遗留问题

如前所述，元中都内城位于城址中部，是现存建筑遗迹最多的区域，也是既往调查的重点。尽管如此，既往不同的调查者对内城建筑遗迹的数量、位置和形态的记述有所出入，这一区域的宫殿布局尚未厘清。

在《元中都》出版之前，尹自先、刘建华、陈应祺、郑绍宗、董向英等多位学者都曾在元中都城址展开调查，对内城建筑遗迹的数量和分布进行勘察和记录是这些调查工作的重点。尹氏注意到："城内中央有大土台基一，……台基外围藩屏小台基十数个，多依南北中轴线对称布列。所有台基遍布砖石瓦砾，间有黄、绿釉琉璃砖瓦、兽形砖刻、纹饰滴水等残块。"②刘氏在1983年对元中都进行了调查，数年后发表的考古报告记载，中都内城共有土台19处，城址中部为一座长方形大土台，在其前后左右分布着18座小土台，这些土台高出地表0.5～1.5米不等，长宽在1.5～5米之间，土台上及周围遍布大量建筑构件的瓦砾，如瓦当、滴水、砖、石柱础等，考古报告指出，这19处高土台应是建筑基址，地表散落的建筑构件瓦砾均为元代遗物③。1997年，河北省文物研究所派陈、郑氏赴元中都，再次对建筑基址进行了辨认和记录，两人分别撰有报告，虽各有侧重，但关于城址建筑遗迹的记录基本相符，根据这次调查的成果还绘制了"元中都遗址平面图"（图4-15）。这份图纸明确指出了每处遗址的位置和形制，在《元中都》出版前，它是研究元中都宫殿制度最重要

---

① 后文统一简称这座工字形宫殿建筑为中心大殿，即《元中都》中的F1、D1。
② 尹自先：《白城子说——兼订〈口北三厅志〉〈察哈尔省通志〉〈张北县志〉几处舛误》，《张北文史资料（第1辑）》，1991年，第151～157页；尹自先：《张北县志》，中国社会科学出版社，1994年，第560～563页。
③ 刘建华：《河北省张北县白城子古城址调查简报》，《辽海文物学刊》1995年第2期，第25～27页。

的依据①。具体说来，郑文②以表格形式详细记录了内城 13 处遗址的保存状况，包括基址的长度、宽度、存高和基本特征，如中心大殿遗址高 3~5 米，角楼高 3~4 米，其余多数遗址的高度在 1.5~3 米之间。陈文③则绘制了图幅范围至外城的元中都遗址图，该图内城（即原文中的皇城，下同）范围内同样绘有 13 处遗址，外城 6 处遗址，共计 19 处。陈氏指出，中都内城的建筑遗址普遍以南北向中轴线东西对称分布。具体来说，中央以土筑高台建筑为主体，高台的东西及南北两侧的建筑基本上对称，高台北部的一组建筑群似为后宫建筑，内城南半部东西对称的建筑遗迹可能为东西朝房，皇城南门内的建筑遗址可能是实心影壁基址，内城中心大殿的北部、东南、西南有三片空白地带，地表看不到明显的遗址、遗迹。

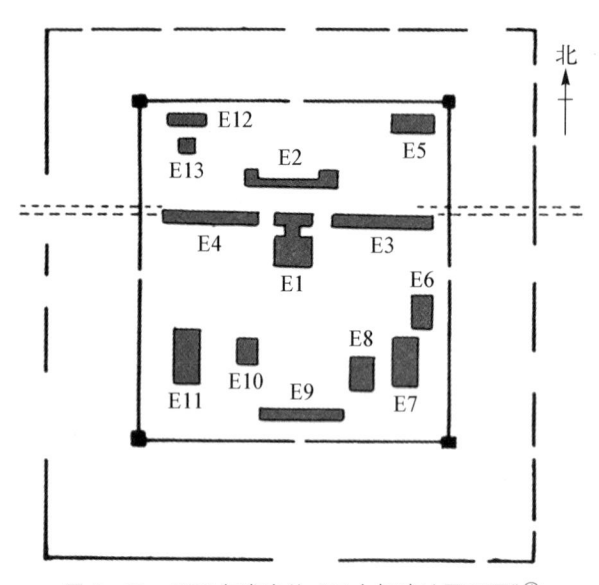

图 4-15 1998 年发表的"元中都遗址平面图"④

---

① 郭晓宁：《元代都城建设对比分析研究》，西安建筑科技大学硕士学位论文，2006 年，第 30 页；傅熹年：《中国科学技术史·建筑卷》，科学出版社，2008 年，第 495 页。以上两本论著的相关章节都是以"元中都遗址平面图"为基础展开的。

② 郑绍宗：《考古学上所见之元中都——旺兀察都行宫》，《文物春秋》1998 年第 3 期，第 55~63 页。

③ 陈应祺：《略谈元中都皇城建筑遗址的平面布局》，《文物春秋》1998 年第 3 期，第 64、65 页。

④ 郑绍宗：《考古学上所见之元中都——旺兀察都行宫》，《文物春秋》1998 年第 3 期，第 55~63 页。

值得注意的是，元中都考古队张春长提出了关于元中都内城建筑基址数量的另一种观点，其《关于元中都布局与建筑的几个问题》记载道，元中都内城已发现的建筑遗迹共有 31 处，各建筑基址之间则有 7 处是没有建筑的空白地带，并配绘"元中都宫城建筑布局示意图"[①]（图 4-16）。另外，考古队董向英撰文，也认为中都内城中心大殿的周边有 30 余个布列整齐、对称的小台基[②]。

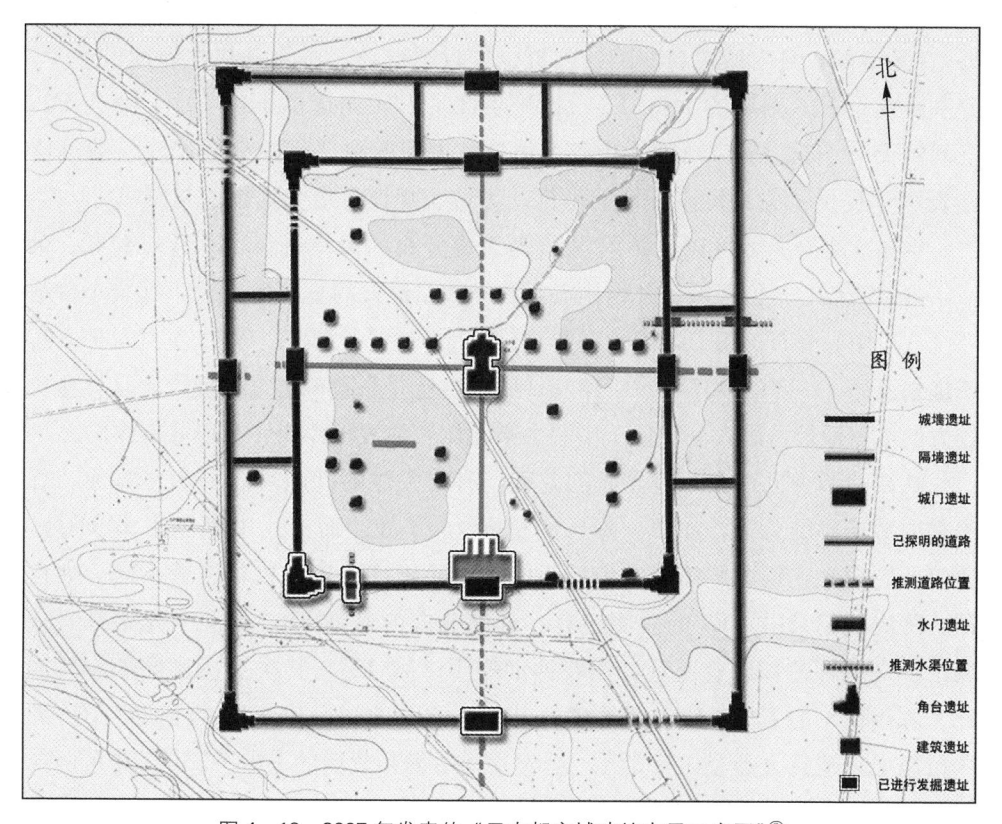

图 4-16 2007 年发表的"元中都宫城建筑布局示意图"[③]

2012 年出版的《元中都》公布的数据与张、董的说法基本一致。根据《元中都》，内城有 31 处建筑基址，工字形大殿 D1 位于内城中心，在 D1 的北

[①] 张春长：《关于元中都布局与建筑的几个问题》，《河北省考古文集（三）》，科学出版社，2007 年，第 477~481 页。
[②] 董向英：《元中都概述》，《文物春秋》1998 年第 3 期，第 73~76 页。
[③] 张春长：《关于元中都布局与建筑的几个问题》，《河北省考古文集（三）》，科学出版社，2007 年，第 477~481 页。

部有 4 处略呈圜丘状的建筑基址，呈东西向排列，编号为 F3～F6，另在 F3 的东南部还有一处 F2；D1 的左右侧翼各有 5 处建筑遗迹，呈东西向排列，它们分别是东侧的 F7～F11，西侧的 F12～F16，另在 F16 北侧还有一处 F17；D1 南部东西分列有少量建筑遗迹，包括东南有 F18，西南为 F19、F20；内城四角还分布着一些建筑遗迹，如东南隅的 F21～F23，西南隅的 F24～27、F31（据《元中都》，F31 可能是晚期居址），西北隅有 F29、30，东北隅有 F28。此外，《元中都》对内城地表凹陷的位置也进行了记录，目前一共找到地坑 4 个，分别是位于 F18 南侧的 H1，F21 北侧的 H2，F21 南侧的 H3 以及 F19 与 F20 之间的 H4[①]（图 4-17）。《元中都》第二章末尾所附"元中都遗址建筑遗迹统计表"[②]，提供了关于每座基址的坐标、方位、规模等更为详细的信息。

根据既往研究，可以总结宫城建筑遗迹分布的总体规律，其特点包括：第一，内城的核心是位于城址几何中心且台基体量最大的工字形大殿，其余小台基环绕这个中心分布；第二，绝大多数建筑基址以中心大殿的中轴线左右对称，宫城规划遵循了一定的秩序要求；第三，中都内城并非满布建筑基址，而是存在比较大的空白地带，最大一块位于中心大殿北侧，地表很少能够发现散落构件。

既往的调查也存在一些显著的差别，有待关注的问题可总结为三方面。首先是内城遗迹的总数，如郑、陈氏的记录为 13 处，而《元中都》中为 31 处，数值差别较大，具体则体现在内城不同区域的建筑数量和相对位置不同，如在郑、陈氏的记录中，E7 的西侧还有一处南北向的基址 E8，对应《元中都》载图中 F23 的西侧却没有基址，而在西北有 F18 和 H3。其次是遗迹的形态，如郑、陈氏记录的 E12、E13 两处建筑基址中之，北边一座 E12 的宽度是 E1 的两倍以上，遗迹大致呈丁字形[③]，对应《元中都》载图的 F29、F30，其东西向宽度却基本相同[④]；郑、陈氏记录的 F2，呈东西长、南北狭的形态，东西两端

[①] 《元中都》原载数量为 32 处，然而，据《元中都》第 48 页的介绍，原编号为 F32 的建筑遗迹，经发掘清理证实，它实际上是内城南门附属广场围墙的废弃堆积，故而《元中都》所记载的内城建筑遗迹实则为 31 处。

[②] 参见《元中都》第 71～77 页。

[③] 尹自先：《白城子说——兼订〈口北三厅志〉〈察哈尔省通志〉〈张北县志〉几处舛误》，《张北文史资料（第 1 辑）》1991 年第 1 期，第 151～157 页；尹自先：《张北县志》，中国社会科学出版社，1994 年，第 560～563 页。载有"（内城）西北角一组呈丁字形（E12），东西长 70 米、宽 18 米，上面似为两座建筑，其南 20 米处有一座南北长 28、宽 16 米的建筑遗迹，上为一座建筑"。

[④] 另参见《元中都》第 74 页表格知，南侧 F29 南北 70 米、东西 105 米，北侧 F30 南北、东西都是 50 米，文字与图纸的描述有出入。

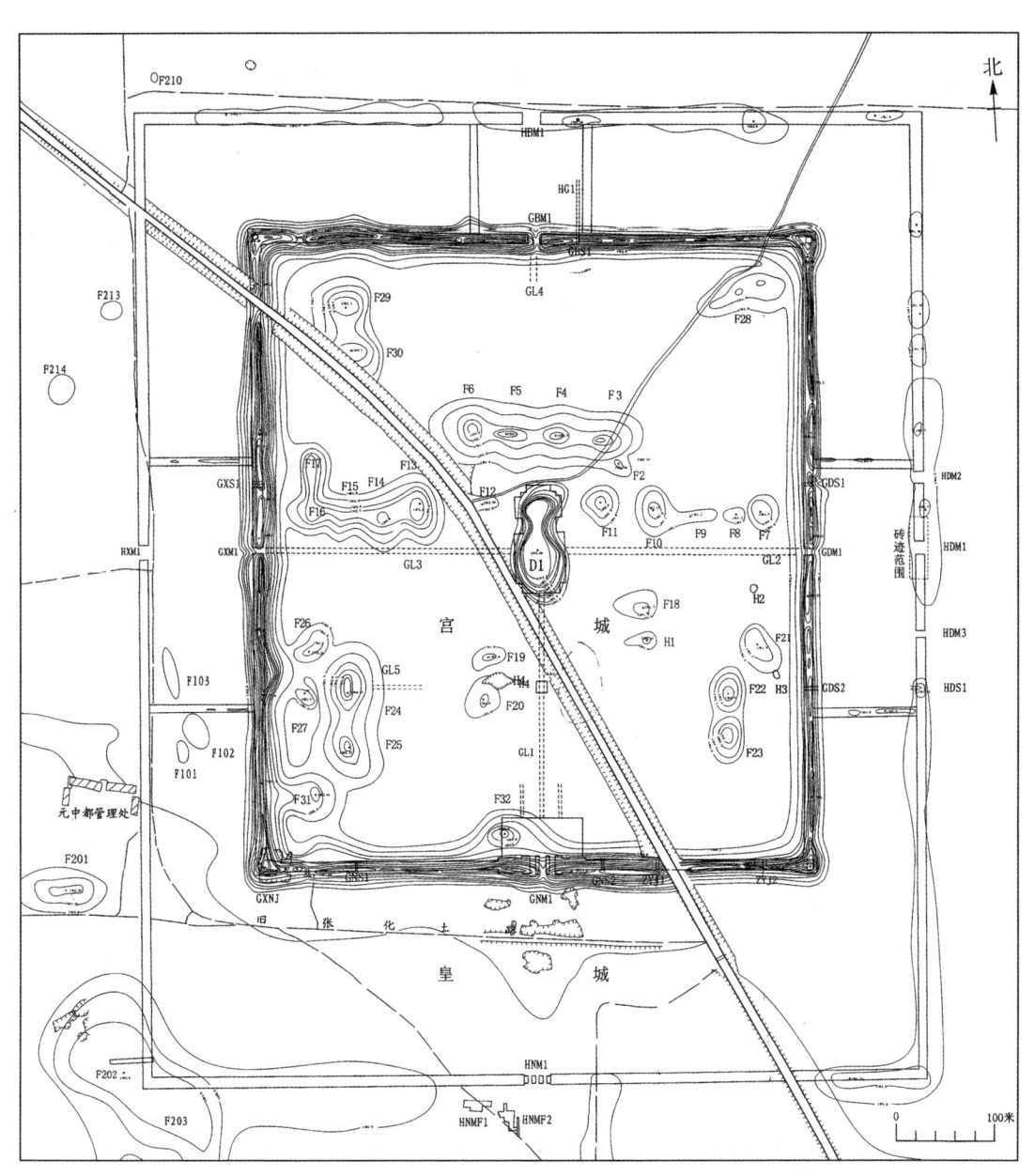

图 4-17　2012 年《元中都》载 "元中都皇城、宫城平面图"①

---

①　引自《元中都》第 31 页。

又向北凸出，对应《元中都》载图的 F3、F4、F5、F6，为四座彼此独立的基址，且端部两座并未向北凸出。最后是基址的高度，在郑文随附"元中都皇城建筑基址统计表"中，除中心大殿和角楼现存高度在 3 米以上，其余都在 1.5 米至 3 米之间②，而《元中都》记载的台基间高差较郑文更大，除中心大殿和角楼，最高的台基为宫城西南部的 F24，高 2.61 米，最低矮的是宫城东部的 F8、F9，仅存 0.2 米③。

针对上述问题，笔者于 2012 年秋对元中都再次进行了实地调查，关于内城建筑遗迹的调查思路和收获主要如下。

二、2012 年秋元中都考古调查的思路与主要收获

通过初步踏查，我们注意到，中都内城可以找到瓦件、砖块、石块等散落构件分布密集、连续成块的遗存分布带，在分布带内，地表一般又保存了一个或数个不等的隆起，同一个分布带内的隆起一般相对独立，每个隆起的高度、遗物类型和数量有所不同。掌握了上述特点后，我们邀请天津大学建筑学院的李哲控制无人直升机，沿中都城址的南北向中轴线完成了南北长约 4 公里、东西宽 2 公里的低空摄影测量，并对分布带及隆起进行重点测量④（图 4-18）。以航拍获得的城址现状平面图为基础，利用测量级 GPS 的定位，进一步标示出每个遗存分布带的形态和范围，测定了每座隆起最高点和最低点的

图 4-18 元中都中轴线及内城航拍图①

---

① 天津大学建筑学院李哲摄于 2012 年。
② 郑绍宗:《考古学上所见之元中都——旺兀察都行宫》，《文物春秋》1998 年第 3 期，第 55~63 页。
③ 参见《元中都》第 71~77 页。
④ 李哲、李严、孙华等:《低空遥感考古实务》，《中国文化遗产》2017 年第 2 期，第 72~77 页。

位置与高程，掌握了每座隆起的现存规模。接下来，以隆起为单位，记录地表散落物的特征，包括散落构件的多寡及类型，现存柱础、柱础坑（或疑似柱洞的坑洞）的位置和形制，以及较大石块、典型砖瓦构件的位置和尺寸。最终绘成2012年内城建筑遗迹分布图（图4-19）。

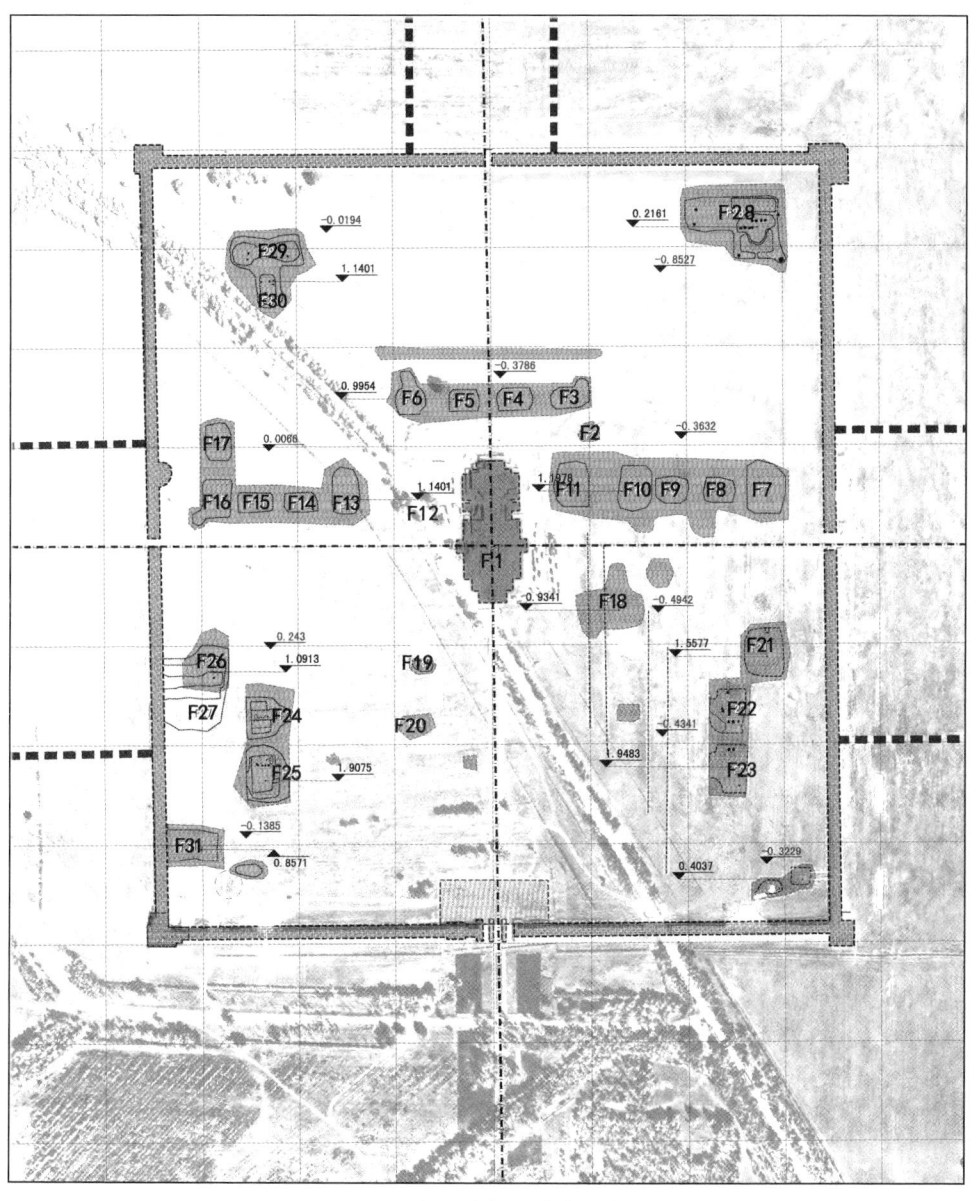

图4-19　2012年元中都内城建筑遗迹分布图

如图所示，中都内城目前可以找到十余片遗存分布带。在这些分布带中，又能够分辨出30余处隆起。回顾既往调查，郑、陈二人所记载的13处大致是遗存分布带的数量，而《元中都》记载的31处则是地表隆起的数量，两者数量的悬殊主要应来自对基址的辨认方式不同。

关于内城建筑遗迹的数量，本次调查还得到了4点新线索。第一，在F3~F6北侧20~30米处有一条平行于F3~F6、南北宽约5米、东西长大致同F3~F6的建筑构件散落带，遗留了非常细碎的灰砖瓦、琉璃瓦、汉白玉和黑石头碎块，地表无隆起变化。调查中，我们对散落带的西端和东端分别进行了采样勘探，西端深至0.7~0.8米仍是碎砖瓦，东端也有碎砖瓦堆积，但厚度不如西端，土质与普通地点有所不同。关于这一遗存散落带的性质，由于时间关系，本次无缘探明。第二，在内城东南隅有一块东西50米、南北15米的条形建筑构件散落带，其上有东西并列的两个隆起。既往调查的文字或图纸均未记载这一处建筑遗迹。目前，东侧的隆起高出地表约0.8米，地表遗迹主要为黑石残块及少许灰砖。西侧隆起高出地表约0.5米，南部有一南北向长的浅坑，散落物主要是一些碎黑石，未见砖瓦，隆起上现在还有一块长宽都约半米的方形黑石，它的大半部分都被黄土掩埋，石块表面风化侵蚀严重，凹凸不平。当地文物部门在东、西两块隆起上分别立着"四号基址"和"五号基址"展示牌。值得注意的是，这一散落带的南边有连续的坑洞，一直连到城垣上的凹陷缺口，它们或许与水渠有关。第三，在中心大殿D1正南方向100余米、东西约300米的范围内，即F18~F20及周边，大致可以分辨出5片以上砖瓦遗迹相对密集的区域，这些地点隆起并不明显，遗物稀疏，且以碎砖、瓦砾为多，极少见到屋瓦遗存，它们的性质及其与中心大殿的关系值得关注。第四，邻近中心台基D1的建筑遗迹基本都是东西对称分布，唯有F2仅在D1东侧出现。经过初步勘探，碎砖瓦之下掩埋着一处约7米见方的夯土台基。在D1西侧，与F2对称的位置目前是原张化公路的绿化带，种植低矮灌木，并没有明显的构件散落带或地表隆起。考虑到内城建筑东西对称分布的特点，在内城西部、F2的对称位置原本可能也存在一处建筑遗迹。上述线索有待考古工作的进一步确认。如存疑位置的基址可以得到确认，那么中都内城地表隆起数量将接近40处。另外，散落构件的分布状况也值得重视，如F3~F6北侧的散落带周边并不能见到明显的地表凹凸变化，却很有可能反映了原有某类建筑的布局。

本次调查的第二项收获是重新绘制了部分隆起的现状平面图，以厘清既往调查对基址形态的不同认识。根据《元中都》，位于内城东北隅的 F28 呈东西宽、南北狭、西南外凸的条形，这与现状并不相符①。如航拍图所示，这块隆起实际由东、西两块组成：东侧一块呈南北长、东西狭的方形，中部稍低，四周微高，似一合院基址，地表目前还保存了十余个大坑，很可能是柱础坑遗迹；西侧一块略呈方形，微高于周边，北界与东侧基址一致，南面范围超出东侧基址的南界较多，地表可见少量散落的建筑构件（图4-20）。在内城西北隅的遗存分布带中应有三座隆起，北边两座基本连成一线与南边一座组合起来呈倒品字形，与陈、郑的记录更为接近（图4-21）。另外，中心大殿北侧的遗存分布带中确有四处隆起，《元中都》基本符实，东西两端的两座隆起的确稍向北凸出，但从钻探的情况来看，地下夯土台基并未向北凸出。

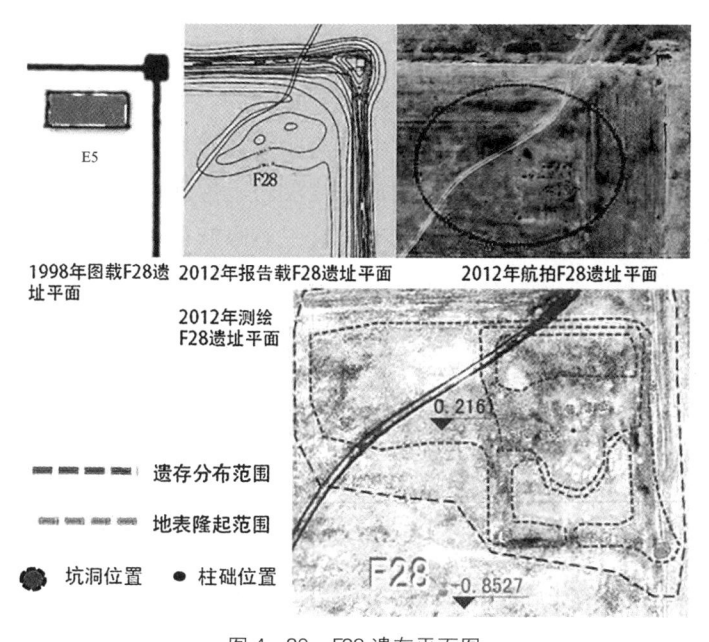

图 4-20 F28 遗存平面图

本次调查的最大收获是重新测定了每座隆起的高度，并按照散落构件的数量与性质对隆起进行了分类。根据测量级 GPS 的测定，除中心大殿及角楼外，中都内城现有隆起的高度为 0~3 米不等，现存高度较高的隆起主要位于中心

---

① 参见《元中都》第 73 页表格可知，F28 南北 42 米、东西 90 米。

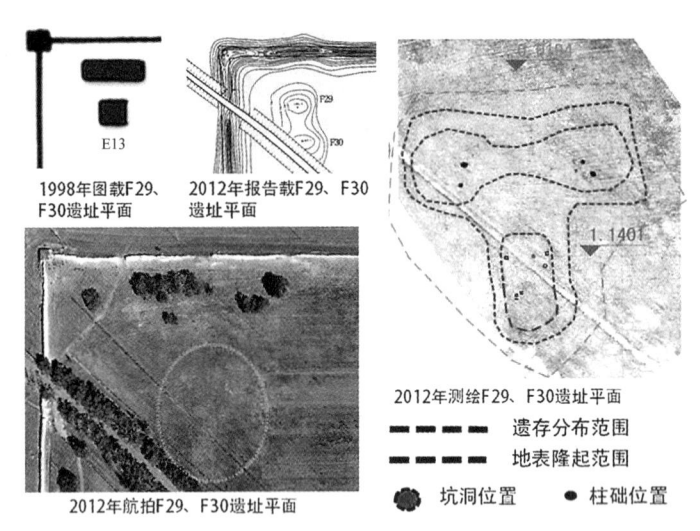

图 4-21　F29、F30 遗存平面图

大殿周边，尤其是中心大殿以南的东、西两侧居多（图 4-22）。

　　根据散落构件的数量与性质，隆起大概可分为三类：第一类隆起地表的散落物既有琉璃瓦碎片、汉白玉碎石，也有灰砖灰瓦碎块；第二类隆起地表的散落物仅见灰砖、灰瓦碎块，极少琉璃瓦件或汉白玉碎石；第三类隆起地表的散落物仅见碎砖，且较为稀疏，不见瓦砾。这三类隆起的空间分布呈现一定的规律性，第一类隆起位于中轴线两侧及城址东北、西北隅，第二类隆起位于邻近东、西城门的道路南北两侧以及城址东南、西南角，第三类隆起主要散布在中心大殿的正南方（图 4-23）。若仅从散落物的性质推测，第一类隆起可能是等级较高，采用琉璃屋顶、汉白玉台基的宫殿建筑或设施，第二类隆起可能是一般仓库等辅助用房，第三类不见瓦片残件的隆起，或为道路、垣墙一类构筑物的遗迹①。

三、元中都对大都制度的遵从与改易——从元中都内城复原出发

（一）元中都内城建筑的功能推定

　　蒙元时期，修建于都城的大型宫殿一共有六座。窝阔台在登上大汗位的第

---

①　需要指出的是，笔者的调查与《元中都》第 71～77 页附表"元中都遗址建筑遗迹统计表"所载信息，如遗存高度和备注的遗存现象等并不完全相同，或与调查时间、设备、方法不同有关。在此仅依笔者本次调查所见。

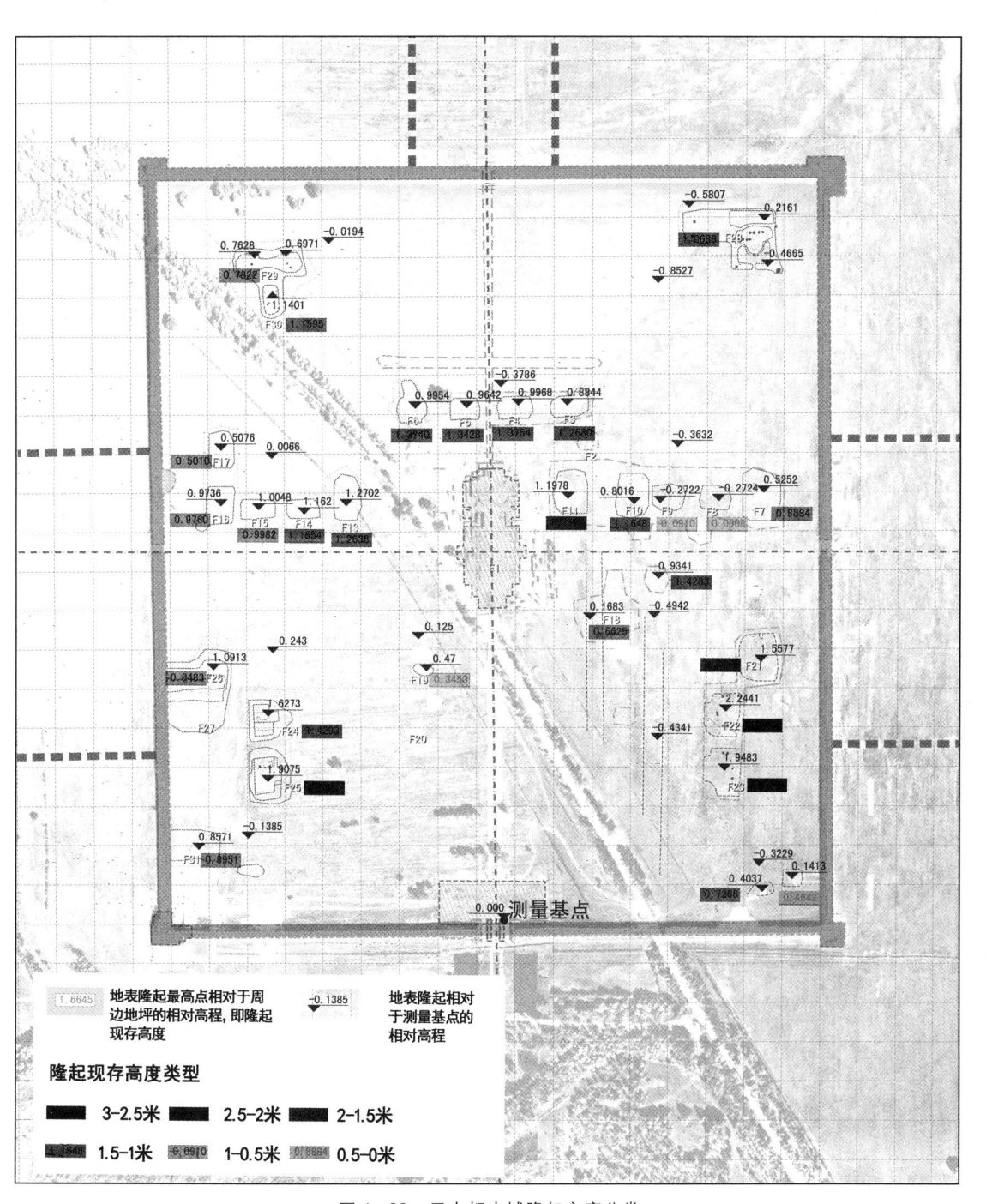

第四章　中国近古时代的理想城市　277

图 4-22　元中都内城隆起高度分类

隆起遗迹现象类型

■ 第一类隆起：既有琉璃瓦碎片、汉白玉碎石，也有灰砖灰瓦。

▓ 第二类隆起：仅见灰砖、灰瓦碎块，极少琉璃瓦件或汉白玉碎石。

░ 第三类隆起：仅见碎砖，且较为稀疏，不见瓦砾。

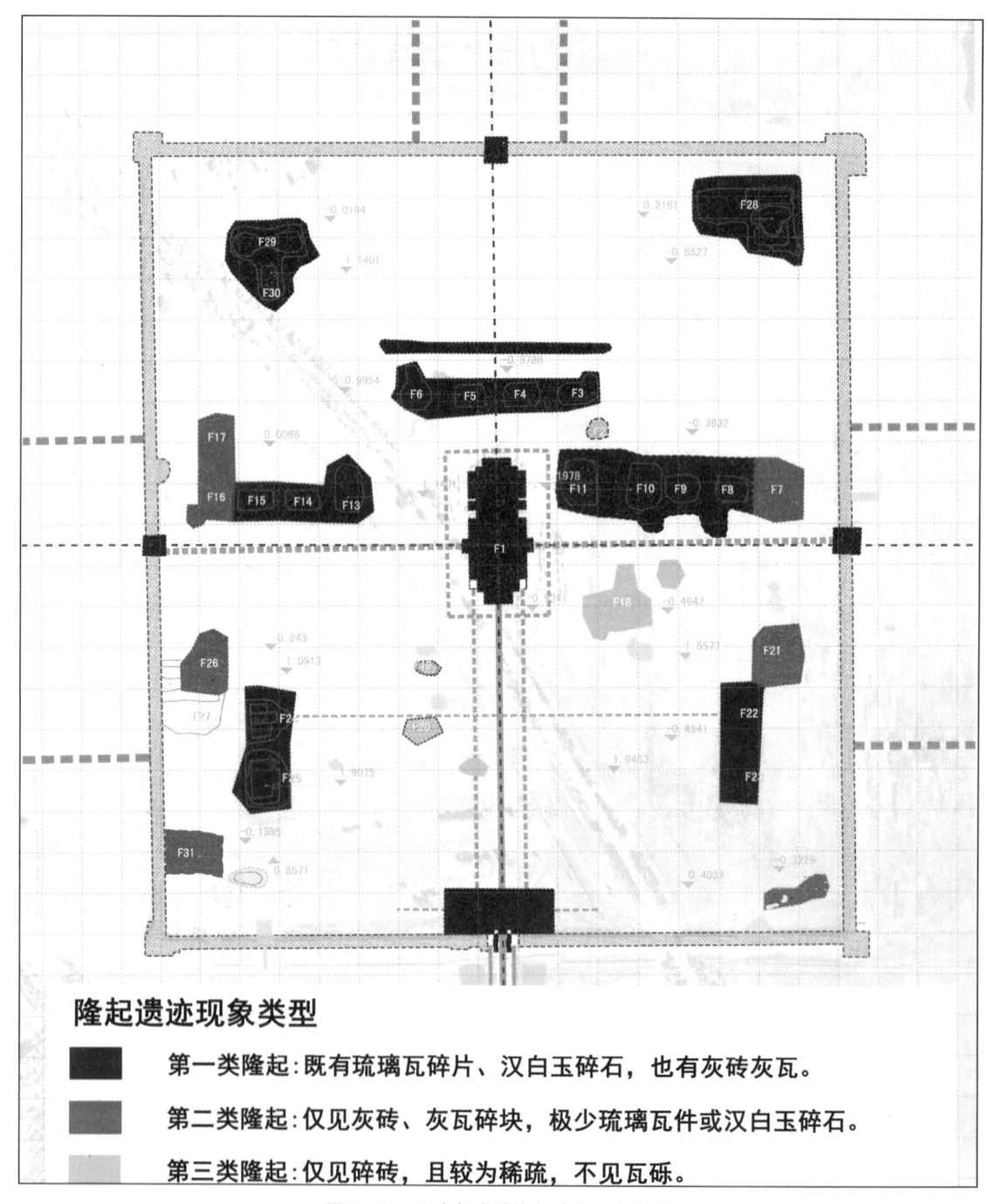

图 4-23 元中都内城隆起遗迹现象分类

七年（1235年）建哈拉和林为首都，在城南建万安宫①。忽必烈进入汉地后，于1256年修建开平城，三年完工，建成上都宫殿即上都的内城。1260年，忽必烈进驻燕京，至元四年（1267年）决定在金中都东北修建新城，初称中都，九年改称大都，此间在至元五年十月建成了位于城址南部居中的大内宫殿。至元三十一年五月，元成宗将始建于至元十一年、位于皇城西侧的原太子府改建为供太后起居的隆福宫，是为元大都的第二座宫殿。至大元年（1308年）武宗即位，在太液池西侧专门为皇太后创建了兴圣宫，是为元大都的第三座宫殿。与此同时，武宗下旨修筑中都城，中都的内城即是元代统治者修建于都城的第六座宫殿建筑群。

如前述元大都城制对元中都的影响符实，那么，元中都不是按照普通行宫的要求，而是以元大都为蓝本，按照都城的宫殿规制展开规划建设。然而，元大都的三座宫殿悉以毁坏，考古勘察主要厘清了皇城和宫城的范围②，由于叠压在明清紫禁城之下，内部布局很难探明。关于元大都宫城的布局形制，元人陶宗仪《南村辍耕录》"宫阙制度"条③、明人萧洵随徐达进北平所撰《故宫遗录》④对元大都主要宫殿的方位关系和部分主要建筑的面阔、进深、高度等尺寸都有比较详细的记述，可为互校补充。此外，元人王士点《禁扁》还收录了元大都主要宫室苑囿的名称和位置。既往研究指出，元大都三座宫殿分别各有至少东、中、西三条轴线，形成东、中、西路三组功能有别的建筑群，每一路建筑的功能布置又因南北方位有所不同⑤。将前述关于大都宫殿的文献记载按照方位整理如表4-2：

---

① 关于哈拉和林城的位置，至少有两说，传统说法即认为城址西南、边长约260米的方形建筑群就是宫城所在。然而，经过2000～2009年德国与蒙古国联合考古发掘，提出了新的观点：城址南部清代寺院额尔德尼召的北墙叠压在哈拉和林宫城的北墙之上，很有可能额尔德尼召之下还有一座颇具规模的宫城；原本推测为"万安宫"的建筑基址更有可能是佛寺"兴元阁"的遗址。参见：德国考古研究院、蒙古考古研究所：《哈剌巴拉噶斯与哈拉和林——鄂尔浑河谷的两个晚期游牧民族都城：德国考古研究院和蒙古考古研究所在2000～2009年间的发掘与研究》（*Karabalgasun and Karakorum — Two Late Nomadic Urban Settlements in the Orkhon Valley: Archaeological Excavation and Research of the German Archaeological Institute（DAI）and the Mongolian Academy of Sciences 2000 - 2009*），乌兰巴托，2011年。

② 徐苹芳：《元大都的勘察和发掘》，《中国历史考古学论丛》，允晨文化实业股份有限公司，1995年，第159～172页。

③ （元）陶宗仪：《南村辍耕录》，中华书局，2008年，第250～257页。

④ （明）萧洵：《故宫遗录》，《北平考·故宫遗录》，北京古籍出版社，1980年，第67～77页。

⑤ 傅熹年：《中国科学技术史·建筑卷》，科学出版社，2008年，第496～508页。

表 4-2　元大都三座宫殿的建筑功能与布局

宫墙规模及设置	中路 南侧	中路 北侧	东路 南侧	东路 北侧	西路 南侧	西路 北侧
大内宫殿　东西480步（756米），南北615步（968米），高35尺（11米），用砖包砌，南面开一正门两翼门，东、西、北三面各开一门，四角建角楼	大明殿组	延春阁组（元后期增建清宁宫一组）	酒人之室、庖人之室	供先朝后妃颐养天年的11所宫院	内藏库20所	供佛的玉德殿和宸庆殿
隆福宫　平面呈纵长矩形，绕以砖砌宫墙，南面开三门，东、西、北三面各开一门	光天殿组	侍女直庐5所，其后及左右又有侍女室72间	酒房、内庖	沉香殿、浴室	文宸库、牧人宿卫之室	文德殿、盝顶殿、香殿
兴圣宫　平面呈纵长矩形，绕以砖砌宫墙，南面开三门，东、西、北三面各开一门	兴圣殿组	延华阁组	酒房、庖室	东盝顶殿、妃嫔院、侍女院	藏珍库、牧人庖人宿卫之室、军器库、鞍辔库、生料库、学士院	西盝顶殿、妃嫔院、侍女室

元大都三座宫殿建筑群尽管规模不同，殿宇名号有别，制度却非常相似。三座宫殿都呈纵长矩形，垣墙以砖包砌，周匝设六门，南面三座，东、北、西三面各一座。宫殿建筑的功能布局也符合相同规制——中路南侧为中心建筑群，即"正衙"所在，东路南侧统统是酒房和庖室，西路南侧多为各种库房及宿卫等后勤人员的居所，东、西两路的北侧一般是供嫔妃使用的宫院或佛殿。三座宫殿最大的差异是中路北侧的建筑布局，大内宫殿和兴圣宫是以阁殿为主的建筑群[①]，而由太子府邸改建的隆福宫是等级较低的妃嫔居所。综括上述分析，大都三座宫殿之间的共同点远多于差异，应当是按照统一规制修建。将元

---

① 姜东成：《元大都隆福宫光天殿复原研究》，《故宫博物院院刊》2008年第2期，第6～23转159页。

大都三座宫殿的布局规律示意如图4-24。

根据前述对隆起高度和散落物数量、性质的调查，可将元中都内城的隆起分作四类：第一类隆起位于内城中部南侧，包括D1、F2~F6、F8~F15、F18~F20、F22~F25，共计21座，现存高度一般在1米以上，少数达到2至3米，地表一般留存有密集的琉璃瓦、汉白玉石碎片；第二类隆起位于内城东北、西北隅，包括F28和F29、F30，高度在1米左右，地表留存物包括琉璃瓦、汉白玉石碎片；第三类隆起分别位于内城南部的东、西两侧，邻近东西城墙的内侧，如东侧南部的F7、F21和西侧南部的F16、F17、F26、F27、F31，这些隆起现存高度不到1米，地表散落物主要是灰瓦、灰砖和黑石碎块，不见琉璃残件；那些地表仅存碎砖的隆起，一般也略有微小的凸起，是为第四类。按照中国古代官式建筑的特点，不同位置、功能的建筑在等级上有所差别，而且这种差别被外化为用材大小、用料类型、屋顶形制和台基高度等，可初步判断以上四类隆起反映了一定的等级差别。第一类隆起等级最早，可能是等级较高，采用琉璃屋顶、汉白玉台基的宫殿建筑或设施；第二类隆起仍采用琉璃屋顶、汉白玉台基，隆起高度明显低于第一类，等级也应次一级；第三类未用琉璃、汉白玉等高等级材料，可能是一般仓库等辅助用房；第四类不见瓦片残件的隆起，或为道路、垣墙一类构筑物的遗迹。另外，内城北侧中部罕见建筑遗迹，是内城中最大的一片空白地带，应当没有大规模的宫殿建设，而有特殊用途（图4-25）。

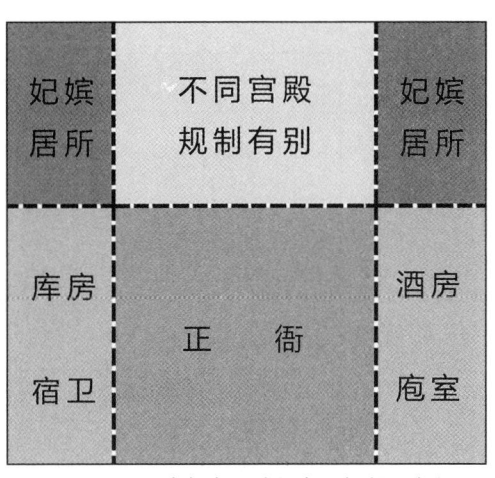

图4-24 元大都宫殿功能布局规制示意图

如将元大都宫殿布局的规制与元中都内城不同类别的隆起分布规律进行比较，可以发现这几座宫殿建筑群在布局上的高度相似性。元大都的正衙位于中路南侧，元中都内城中部南侧则分布着第一类隆起，现存高度较高，散落建筑构件的等级也较高。元大都的东路南侧为酒房和庖室，元中都内城东部南侧现在恰有2座隆起，且都为第三类隆起，留存高度较低，散落建筑构件的等级较低。元大都的西路南侧为各种库房及宿卫等后勤人员的居所，元中都内城西部

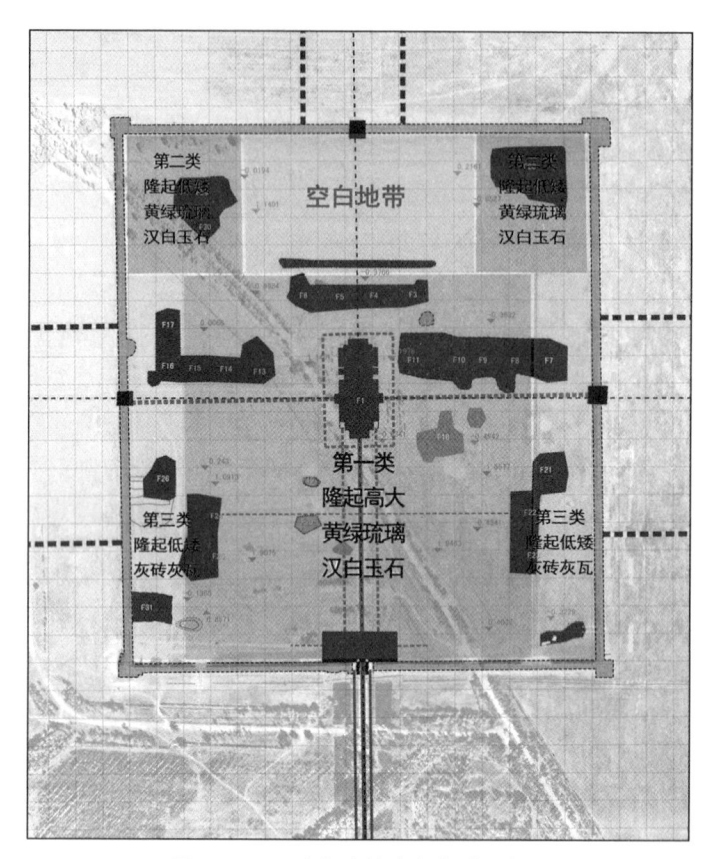

图 4-25　元中都内城遗存类型示意图

南侧现有隆起 5 座，亦为第三类隆起。元大都东、西路的北侧一般是嫔妃的居所或寺庙，元中都内城东北、西北隅则分布着第二类隆起，留存高度较低，而散落建筑构件的等级较高，建筑规格应高于内城南部的东、西两侧。元大都三座宫殿中路北侧的建筑各有不同，元中都的北侧中部为空白地带，这一区域的建设似乎可以脱离制度的限定，按需安排。

综上所述，元中都内城建筑基址的规律基本符合文献所见元大都的宫殿规制，据此我们推测元中都内城的建筑功能及布局特点应是：

内城南侧中部的 26 座隆起很有可能属于元中都的中心建筑群；南侧东部 2 座隆起很有可能正是酒房和庖室；南侧西部的 5 座隆起如都为元代遗存①，很可能是库房、宿卫住房一类；北部东、西两隅的隆起可能原为妃嫔的居所或寺

---

① 参见《元中都》第 48 页。

庙等配套用房；中路北侧的空白地带，以往大致有"未建成区域"和"搭设蒙古包区域"两种推测[①]，若为前一推测，也可能延续大都制度，原本安置殿阁或妃嫔住所，只是未能付诸实施（图 4-26）。

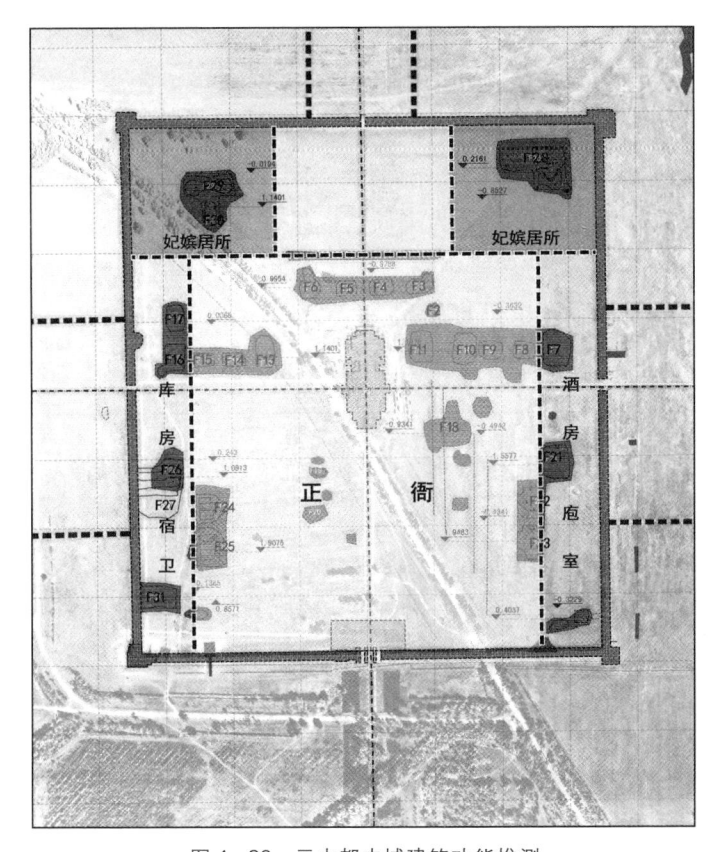

图 4-26 元中都内城建筑功能推测

此外，以往学者关于元大都三座宫殿的复原图，多将东、中、西三路的南侧与北侧按照宽度相等绘制。然而，元中都遗址却并非如此，其中路南侧面阔较宽，而北侧较窄；东、西两路南侧较窄，而北侧较宽。元中都内城南、北区域这一面阔尺寸的安排与明清紫禁城"前朝后寝"的面阔比例接近。明清紫禁城外朝有三大殿与文华殿、武英殿构成的中、东、西三路，内廷有后两（三）宫和东西六宫形成的中、东、西三路，每一路各有殿门和廊庑形成的殿庭，但外朝每一路的建筑殿庭规模，无论是面阔还是进深，都与内廷不同，三大殿建

[①] 参见《元中都》第 71~77 页。

筑群的宽度甚至倍于后两（三）宫建筑群。未来探讨元大都宫殿的复原时，还应考虑另一种可能，即南面三路与北面三路的宽度并不相同。

（二）内城中路南侧建筑群的钻探与平面复原

根据文献推测的元大都宫殿制度是建筑史学家研究的重要内容。从20世纪30年代开始，如朱启钤、阚铎[1]、王璞子（壁文）[2]、朱偰[3]、傅熹年[4]等都曾撰文或著书推断大都宫殿的布局，其中朱启钤、阚铎和傅熹年的复原研究（后文分别简称朱氏方案和傅氏方案）还详细绘制了大都宫殿的复原图，最为直观。上述研究尽管已经取得颇为丰硕的成果，却存在一些尚未厘清的模糊之处。如表4-3所示，关于宫殿中路南侧建筑群，不同的学者或在同一学者的不同论著中，至少有三种相悖的观点。

表4-3 关于元大都中路宫殿建筑群的既有复原图

出　　处	大内宫殿 大明殿建筑群	大内宫殿 延春阁建筑群	隆福宫 光天殿建筑群	兴圣宫 兴圣殿建筑群
朱启钤、阚铎：《元大都宫苑图考》	1	2	3	4

---

[1] 朱启钤、阚铎：《元大都宫苑图考》，《中国营造学社会刊（第一卷）》1930年第2期，第1～118页。

[2] 王璞子：《元大都城坊考》，《中国营造学社会刊（第六卷）》1936年第3期，第69～120页；王璞子：《书评：元大都宫殿图考》，《中国营造学社会刊（第六卷）》1937年第4期，第168～177页。

[3] 朱偰：《元大都宫殿图考》，商务印书馆，1936年。

[4] 傅熹年：《元大都大内宫殿的复原研究》，《考古学报》1993年第1期，第109～151页；傅熹年：《元大都大内宫殿的复原研究》，《傅熹年建筑史论文集》，文物出版社，1998年，第326～356页；傅熹年：《中国科学技术史·建筑卷》，科学出版社，2008年，第496～508页；傅熹年：《山西省繁峙县岩山寺南殿金代壁画中所绘建筑的初步分析》，《建筑历史研究（第一辑）》，中国建筑工业出版社，1982年；傅熹年：《山西省繁峙县岩山寺南殿金代壁画中所绘建筑的初步分析》，《傅熹年建筑史论文集》，文物出版社，1998年，第297页。

续表

出　处	大内宫殿 大明殿建筑群	大内宫殿 延春阁建筑群	隆福宫 光天殿建筑群	兴圣宫 兴圣殿建筑群
傅熹年：《中国科学技术史·建筑卷》及《山西省繁峙县岩山寺南殿金代壁画中所绘建筑的初步分析》	5	6	7	8
傅熹年：《元大都大内宫殿的复原研究》	9	10		

元大都三座宫殿中路南侧建筑群即宫殿正衙所在，具有基本一致的建筑配置[①]。文献记载，正衙建筑群绕以廊庑，廊庑上设门址、角楼（唯有兴圣宫不设角楼），廊院之内主要的宫殿建筑包括由前殿、柱廊、寝殿——两夹和香阁组成的工字形中心大殿，位于中心大殿寝殿两侧、进深倍于面阔的东西暖殿，位列廊庑东西门址南侧的东西楼，以及位于中心大殿北侧的后殿。另外，大内宫殿的延春阁建筑群在建筑组成、布局、内部装饰、陈设等方面基本与大明殿相同，不同处只是工字形殿前部由面阔11间的殿堂改为面阔9间、高二层、

---

① 傅熹年曾指出："这三宫（大内宫殿、隆福宫、兴圣宫）虽然建筑繁多，但隆福、兴圣二宫建成于大内之后，它的主要建筑群和大内相似而规模缩小……"参见傅熹年：《元大都大内宫殿的复原研究》，《傅熹年建筑史论文集》，文物出版社，1998年，第332页。

出三重檐的楼阁①。因而，可以将规制相似的大明殿、延春阁、光天殿和兴圣殿四组建筑群的既有复原方案进行比较（表4-3）。不同复原方案的具体差异表现在：

差异之一是，东西楼与环绕宫殿的廊庑相连，或是独立修建。在朱氏方案中，提供了东西楼与周匝廊庑位置关系的两种可能，如大内宫殿前、后的东西楼与廊庑相连（表4-3，1、2），而光天殿、兴圣殿两组建筑群的东西楼则脱离廊庑，单独设立（表4-3，3、4）。朱偰认为东西楼是元代的重要宫殿制度之一②，批评朱氏复原在这一问题上"前后互相矛盾"③。傅氏亦认为，金中都宫殿首创在大安殿和仁政殿两组宫院的东西廊上相对建楼，元大内大明殿、延春阁延续了这一制度④，傅氏方案将四座宫殿的东西楼安置在廊庑之上（表4-3，5~8）。

差异之二是，东西暖殿位于正衙工字形殿所在的台基之上，或是在台基两侧单独修建。在工字形殿寝殿的东西两侧修建面阔3间出前后轩的独立重檐小殿，又称东西暖殿，是元大都宫殿的独特制度，如大明殿建筑群的文思、紫檀殿，延春阁建筑群的慈福、明仁殿，光天殿建筑群的寿昌、嘉禧殿，兴圣殿建筑群的嘉德、宝慈殿，四座建筑群无一不设此殿。这些宫殿装饰华丽，多设储衣柜，其功能很可能同寝殿。有学者认为，这种建筑配置与蒙古牙帐左右附设小帐的习俗有关；傅氏认为，从忽必烈死于紫檀殿的记载分析，这类在主殿寝殿的左右两侧修建的小寝殿可能相当于"外毡帐房"，是蒙元习俗在宫殿制度

---

① 傅熹年：《中国科学技术史·建筑卷》，科学出版社，2008年，第401页。
② 朱偰说："大明殿东西之文武楼，金图经亦有文武楼，惟在宣阳门内东西，与后世文武楼之在正殿左右者不同。萧洵《故宫遗录》云：'大明门旁披门，绕为长庑，中抱丹墀之半。左右有文武楼，楼与庑相连。正中为大明殿。'按今太和殿之东西，为体仁阁、弘义阁，与庑相连，明代称昭文阁、武成阁，明刘若愚《酌中志》卷十七《大内规制纪略》犹有文楼、武楼之称，盖直接承元制也。"参见朱偰：《元大都宫殿图考》，商务印书馆，1936年，第2页。
③ 朱偰指摘《元大都宫苑图考》至少有七处错误，第五条为："元代隆福宫，为崇奉太后之地，制度亦同大内；故萧洵《故宫遗录》云：'光天殿……左右后三向皆为寝宫，大略亦如前制度。'今按大明殿周庑一百二十间，东庑之中为凤仪门，南为钟楼，又名文楼，西庑之中为麟瑞门，南为鼓楼，又名武楼；隆福宫周庑一百七十二间，东庑之中为青阳门，南为翥凤楼，西庑之中为明晖门，南为骖龙楼，皆并见《辍耕录》。今按文武楼及翥凤、骖龙二楼，当如今太和殿前之体仁、宏（弘）义二阁，与东西庑相连。今朱氏图考，于文武楼则以为与周庑相连；而于翥凤、骖龙楼则绘于庑前，为独立之建筑，前后互相矛盾；因此牧人宿卫之室，在骖龙楼后者，本应在周庑之外，今不得不绘在周庑之内……"参见朱偰：《元大都宫殿图考》，商务印书馆，1936年，第7页。
④ 傅熹年：《中国科学技术史·建筑卷》，科学出版社，2008年，第507页。

上的反映，既往历朝宫殿并没有见到类似做法，应该是元代宫殿的创新[1]。关于暖殿的位置，朱氏方案将四座宫殿的暖殿全部安排在工字形大殿所在的台基之上（表4-3，1~4），傅氏至少提出了两种设想，第一种，在正衙工字形殿所在台基的两侧修建独立的台基安置暖殿，暖殿与工字形殿后寝殿距离稍远（表4-3，5~8）；第二种，东西暖殿坐落于正衙工字形殿所在的台基之上，紧挨着工字形殿后寝殿两侧（表4-3，9、10），与朱氏方案相似。

关于中路南侧建筑群内的东西向干道是否位于建筑群的几何中心，也有不同推测，这是第三处差异。傅氏方案提出了关于正衙干道布局的两种可能。其一，正衙干道通过建筑群的几何中心，在傅氏对大内宫殿大明殿和延春阁建筑群的复原中，工字形大殿正殿为建筑群几何中心所在，此时与建筑群东西门址相连的东西向干道恰好指向工字形大殿正殿中部（表4-3，5、6）；第二，正衙干道偏居建筑群几何中心之北，在傅氏对光天殿和兴圣殿建筑群的复原中，建筑群的几何中心依然是工字形大殿正殿，但与建筑群东西门址相连的东西向干道指向工字形大殿中部的柱廊（表4-3，7、8）。

带着上述问题，笔者对元中都内城中间地带的典型隆起进行了钻探。鉴于中都城址的对称特点以及现代公路的穿越破坏[2]，钻探工作主要围绕中都内城东半部分靠近中轴线的几处散落构件分布带展开，以期探明隆起之下夯土台基的有无、规模及形态（图4-27）。

根据隆起和建筑构件在地表的散落情况，我们用探铲先寻找夯土迹象，然后追踪勘探夯土基址的形状和范围。地表普遍有放牧形成的踩踏痕迹，某些地方还经历了晚期人类活动对表层土的扰动，造成夯土基址现存的深度各不相同，有些地表0.2米之下即见夯土，有些地表1米下才见夯土，夯土大多含有较大的砂粒，土质较硬。经过数天的钻探，一共确认了9座夯土基址，其中7座位于原本划定的中路范围[3]。

依据勘探，首先可以发现，并非所有的隆起之下都能找到夯土台基（图4-28）。例如，在F8、F9、F18之下就未能找到夯土遗迹现象。实际上，以往也出现过类似情况，虽有地表堆积，却并非建筑遗存，如最初定为F32的遗

---

[1] 傅熹年：《中国科学技术史·建筑卷》，科学出版社，2008年，第507页。
[2] 原张化公路从中都内城的南门东侧沿西北走向穿越城址，主要对中都内城的西半部分的遗迹现象有所扰动。该段公路现已废弃、迁移。
[3] 考古钻探及记录由北京大学考古文博学院博士研究生侯卫东主持完成。

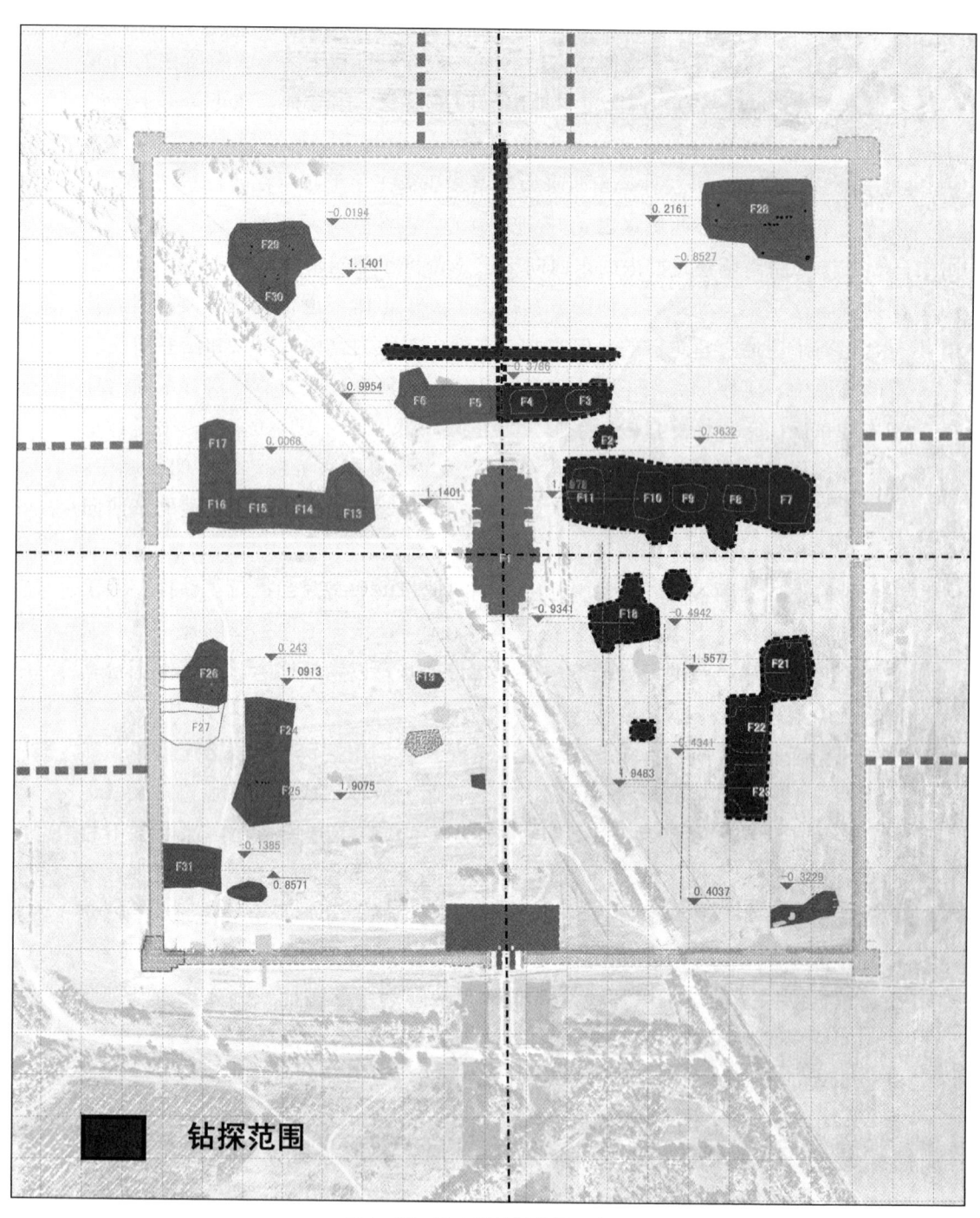

图 4-27　元中都钻探范围示意图

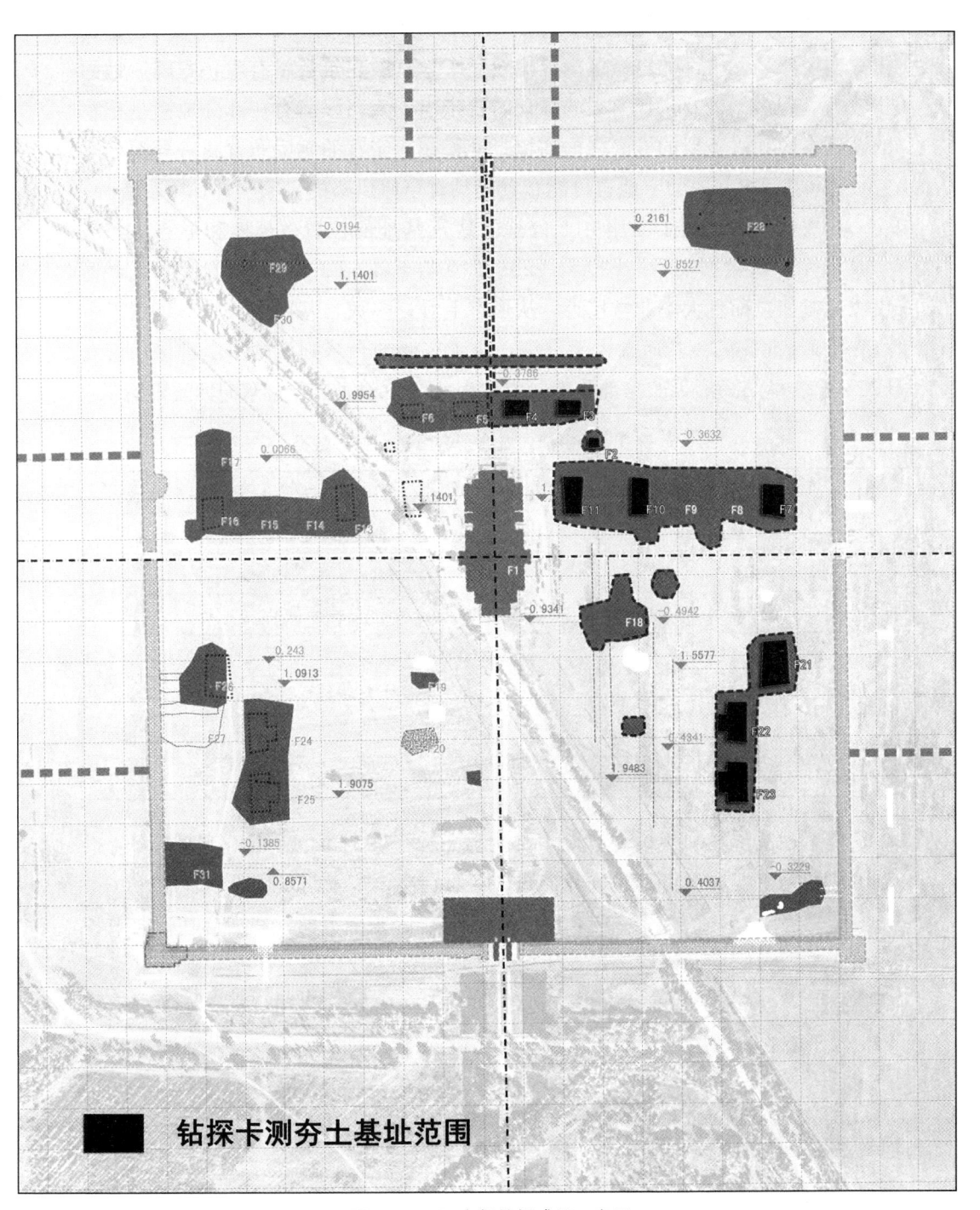

第四章　中国近古时代的理想城市　289

图 4-28　元中都钻探成果示意图

址在正式发掘过程中就被证实只是南城门的废弃堆积,并非建筑基址[①]。这也再一次说明,元中都的宫城区内应比较空旷,宫殿建筑数量有限,庭院占地面积较大。傅熹年谈及元代宫殿的绿化时曾指出,大明殿前有一部分地面是植草的,延春阁和兴圣殿的殿庭之内均植青松,在清宁宫的廊庑布置花卉异石,非常独特[②]。元中都内的空地也可能布置成具有草原风格的皇家园林。

其次,我们测定了9座夯土台基的建筑基址的位置、规模和形态,如表4-4所示。从数据上看,F22与F23、F10与F11、F3与F4等6座基址,不仅位置毗邻,而且大小非常接近;从形态上看,多数台基都为长方形,位于中心大殿D1北侧的台基面阔大于进深,位于东侧的台基则面阔小于进深;仅有F22、F23呈凸字形,凸出部分朝向内城南北向中轴线,且自东向西逐渐变低。

表4-4 元中都内城典型夯土基址钻探数据

基址编号	面阔		进深		凸出部分面阔		凸出部分进深	
	米	尺	米	尺	米	尺	米	尺
F22、F23	30	95	15	48	10	32	7.5	24
F11、F10	13	41	27	86				
F3、F4	17	54	10	32				
F2	7	22	7	22				
F7	15	48	20	64				
F21	15	48	30	95				

最后,从位置和规模看,元中都内城F22、F23,F11、F10和F3、F4很有可能相当于元大都正衙建筑群中的东(西)楼、东(西)暖殿和后殿。

参见表4-5,F22、F23位于中心大殿D1的东南方向,夯土台基朝向中轴凸出,与大内宫殿大明殿、延春阁建筑群中的钟(鼓)楼,与光天殿的翥凤楼(骖龙楼),与兴圣殿的凝辉楼(延皓楼)在整座建筑群的位置吻合。F10、F11位于中心大殿的东侧,夯土台基南北进深倍于东西面阔,与大明殿建筑群

[①] 参见《元中都》第47页载"宫城内共有建筑遗迹32处,编号F1(D1~F32)",然而,第48页又写道"在南门北侧约20米有一列东西向的长条遗迹,以门之西北侧最为突出,发掘证实为门的附属结构广场围墙的废弃堆积,原编为F32"。由此知,中都内城现有建筑遗迹应仅计31处。

[②] 傅熹年:《中国科学技术史·建筑卷》,科学出版社,2008年,第507、508页;傅熹年:《元大都大内宫殿的复原研究》,《傅熹年建筑史论文集》,文物出版社,1998年,第354页。

表 4-5　元大都中路主要宫殿建筑史载尺寸与元中都内城典型夯土基址钻探数据对比

		大明殿	延春阁	光天殿	兴圣殿	元中都
东西楼	名称	钟、鼓楼（文、武楼）	钟、鼓楼	翥凤、骖龙楼	凝辉、延皓楼	F22、F23
	位置	分列凤仪、麟瑞门之南	分列景耀、清灏门之南	分列青阳、明晖门之南；骖龙楼后有牧人宿卫之室	分列弘庆、延颢门之南	D1之东南
	楹数（间）	5	3		5	
	面阔（尺）				67	约48（15米）
	进深（尺）					约95（30米）
	高度（尺）	75	75	45		隆起高2.3~2.7米
东西暖殿	名称	文思、紫檀殿	慈福、明仁殿（又名东、西暖殿）	寿昌、嘉禧殿（又名东、西暖殿）	嘉德、宝慈殿	F10、F11
	位置	分列大明寝殿东西	分列寝殿东西	分列寝殿东西	分列寝殿东西	D1东侧
	形制	前后轩	前后轩	前后轩	前后轩	
	楹数（间）	3	3	3	3	
	面阔（尺）	35	35			41（13米）
	进深（尺）	72	72			86（27米）
	高度（尺）			重檐	重檐	隆起高1.1~1.5米
后殿	名称	宝云殿		针线殿		F3、F4
	位置	寝殿后，东西各辟一门		寝殿后		D1北侧
	楹数（间）	5				
	面阔（尺）	56				54（17米）
	进深（尺）	63				32（10米）
	高度（尺）	30①				隆起高1.2~1.4米

---

① 傅熹年指出，根据该殿的面阔和进深，高度绝不可能是30尺，因而傅氏方案按45尺复原为单檐。参见傅熹年：《元大都大内宫殿的复原研究》，《傅熹年建筑史论文集》，文物出版社，1998年，第342页。

中的文思、紫檀殿，延春阁的慈福、明仁殿，与光天殿建筑群中的寿昌、嘉禧殿，与兴圣殿建筑群中的嘉德、宝慈殿，位置一致，都位于中心大殿寝殿东西。不仅如此，F10、F11 的尺寸也与文献记载相近。根据文献记载，暖殿设前后轩，故而进深大于面阔，如文思殿、紫檀殿、慈福殿、明仁殿都是面阔 35 尺，进深 72 尺，面阔大约是进深的一半。中都内城相同位置上的台基 F10、F11，根据初步的钻探，东西 13 米，南北约 27 米，如换算成元尺，尺寸非常接近大内宫殿正衙相应的四栋建筑。F3、F4 位于中心大殿 D1 北侧，大致与大明殿建筑群中的宝云殿，光天殿建筑群中的针线殿，坐落于相同位置。文献仅对宝云殿的形制有所记载，面阔 5 间 56 尺，进深 63 尺，高度 30 尺[①]，应为单檐。测得元中都 F3、F4 南北约 17 米，东西约 10 米，面阔尺寸与宝云殿非常接近，进深有一定差距。

《元中都》提供了中心大殿 D1、内城南城门的发掘材料，并提供了内城目前已经确认的五条道路的位置。结合勘探信息，可以初步复原元中都内城中路南侧建筑群平面布局（图 4-29、图 4-30）。

关于元中都内城建筑遗迹的调查和复原，还有几个值得日后关注的问题。第一，由于内城中尚未找到廊庑遗址，东西楼与廊庑的位置关系尚不清楚。中心大殿 D1 南面，在《元中都》记载的 F18、F19、F20 周边还大约能找到五处集中分布碎砖、碎石残块的地点，它们与廊庑是否有关，廊庑遗址的范围又是如何，都值得未来的中都考古中加以关注。第二，从 F10、F11 来看，很有可能暖殿并不位于大殿所在的巨大台基上，应当在寝殿侧方单独修建较低矮的台基，通过柱廊中部伸出的道路与中心大殿相连。第三，通往中都内城东西城门的主道路正对大殿前殿中部，与建筑群几何中心并不重合，这与以往对大都宫殿中路南侧建筑群的两种复原方案都有所不同，为大都的复原提供了新思路。还应该注意到，元中都内城中路南侧建筑群实际与元大都宫殿正衙的形制并非完全相同，前者的独特之处在于东西楼、东西暖殿和后殿的数量：在大都三座宫殿的正衙内，仅有一对东西楼、一对暖殿和一座后殿；然而，在中都内城的相应位置，根据对东半部分城址的钻探结果来看，共有两对东西楼，两对暖殿和四座后殿，也即夯土基址的数量分别是前者的两倍或四倍。

[①] 傅熹年指出，根据该殿的面阔和进深，高度绝不可能是 30 尺，因而傅氏方案按 45 尺复原为单檐。参见傅熹年：《元大都大内宫殿的复原研究》，《傅熹年建筑史论文集》，文物出版社，1998 年，第 342 页。

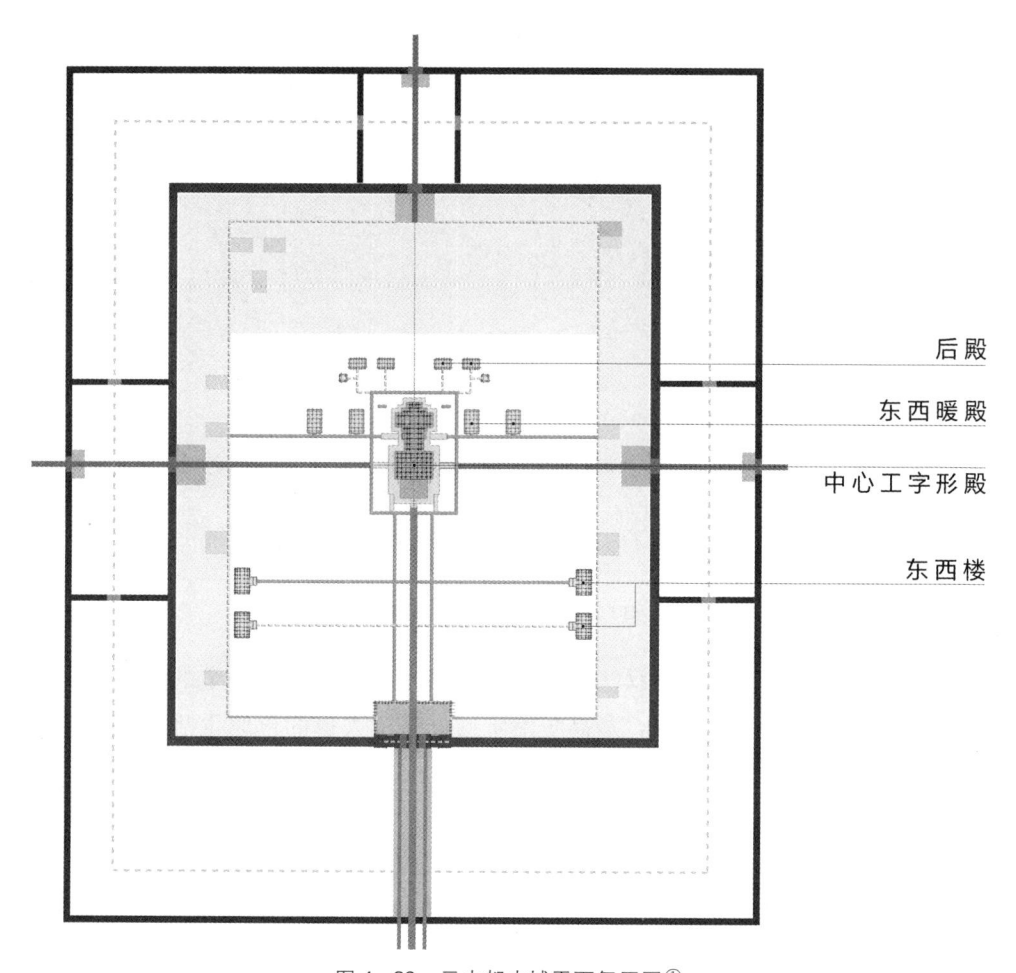

图 4-29　元中都内城平面复原图①

　　有元一朝，蒙古族草原文化与汉民族农耕文化不断碰撞吸收融合，都城宫殿制度也有了新的创设。元初几位皇帝主动吸收汉族文化，任用汉族官僚，士人阶层也试图通过推行汉法达到以儒化胡的目的，但势力强大的蒙古族贵族的反对使得终元一代汉法都不能得到完全的实行，元代社会制度中蒙古旧制与汉制长期并存，分庭抗礼。蒙、汉二元并存的特点不仅体现在元代的政治制度中，也体现在元代社会生活的方方面面，元大都的城市形态与空间布局同样表现出汉法与蒙古旧制杂糅的特点。一方面，由草原入主中原的蒙古统治者为标

---

① 按：图上深灰色实线为按照门址、道路遗迹可基本推断的道路，浅灰色虚线为初步推测道路。

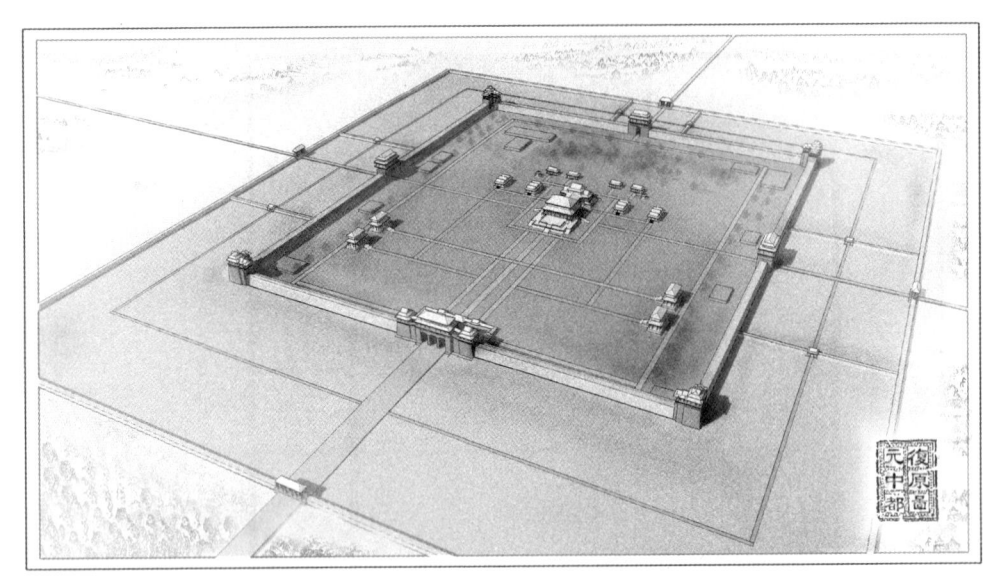

图 4-30　元中都内城复原鸟瞰示意图

榜政权的合法性，有意附会汉法，参照以往都城，特别是宋辽金的都城，规划营建自己的都城。另一方面，最高统治阶层仍保留大量的草原生活习惯，都城规划设计中出现许多与前代都城不同的特点。

四、元中都其他建筑遗迹的分布及形态特征

（一）第二圈城垣内的隔墙与其他遗迹

在元中都的第二圈城垣内，目前已经探明在宫城的东、北、西三个方向，各有两道平行"隔墙"，从宫城垂直伸向第二圈城墙，将元中都的第二重城圈分隔为数个独立单元（图 4-31）。元中都以低矮的隔墙划分宫城外部城区的做法，体现了近古时期保卫皇宫的禁密制度，元中都的这些隔墙遗迹是目前所知反映这一制度的唯一实物。

从文献来看，早于元中都的辽中京、元大都，其第二圈城垣内也有类似构筑物。如宋人路振出访辽中京，进入第二圈城垣的正门明德门之后，他注意到，"街道东西并无居民，但有短墙，以障空地耳"[①]。史料记载，元大都内严禁骑马的萧墙之内也有矮墙，复原者以虚线标示（图 4-32）。在晚于元中都的

---

① （北宋）路振：《乘轺录》，贾敬颜著《五代宋金元人边疆行记十三种疏证稿》，中华书局，2004年，第 60 页。

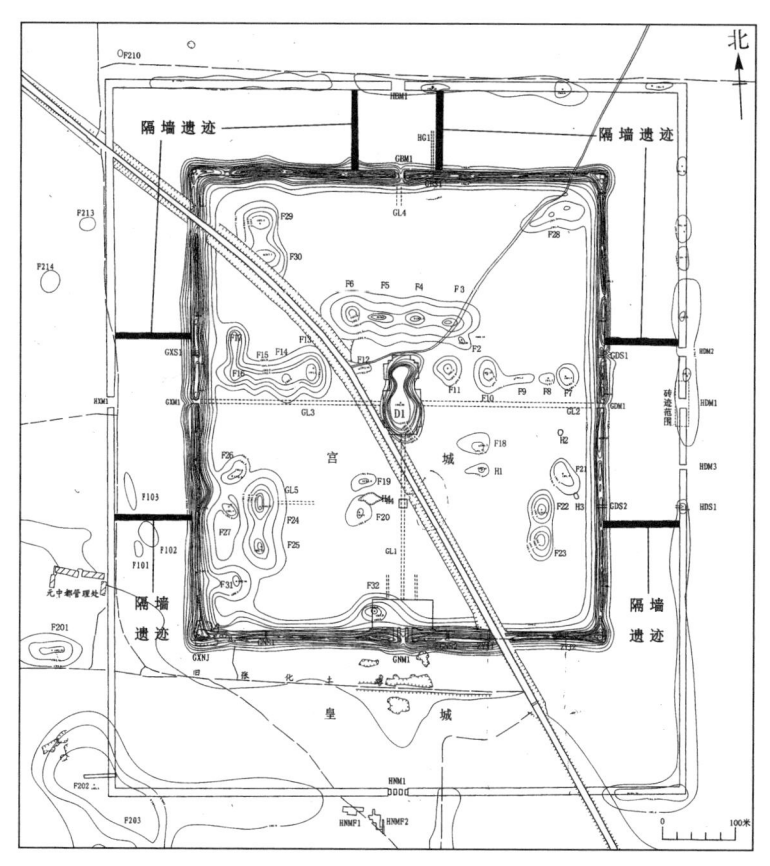

图 4-31　元中都隔墙考古实测图①

都城中，如明南京城、北京城在宫城与"外禁垣"之间增建的"小禁垣"②，在"小禁垣"的中部又设小门，城门闭阖，隔墙之间形成数个封闭的夹城，城门开启，则留下了一圈环绕宫城的通路（图 4-33、图 4-34）。关于明清皇宫设置隔墙的缘故，有学者解释说："为了弥补宫城与外禁垣间距偏大的缺陷，两道禁垣之间除正南方向增建端门，还围绕宫城的东、西、北三面加建了一道小禁垣，每面各开三门：东称东上门、东上南门、东上北门；西称西上门、西上南门、西上北门；北称北上门、北上东门、北上西门。"③清代初年，皇城撤销，禁密范围缩小到紫禁城，"小禁垣"随之弃用，只留下原本通过禁垣城门

---

① 底图取自《元中都》第 31 页。
② 张泉：《明初南京城规划》，《东南大学学报（自然科学版）》1985 年第 3 期，第 113～123 页。
③ 常欣：《明清皇城与紫禁城沿革举要》，《满族研究》2002 年第 2 期，第 62 页。

296　中国古代的理想城市

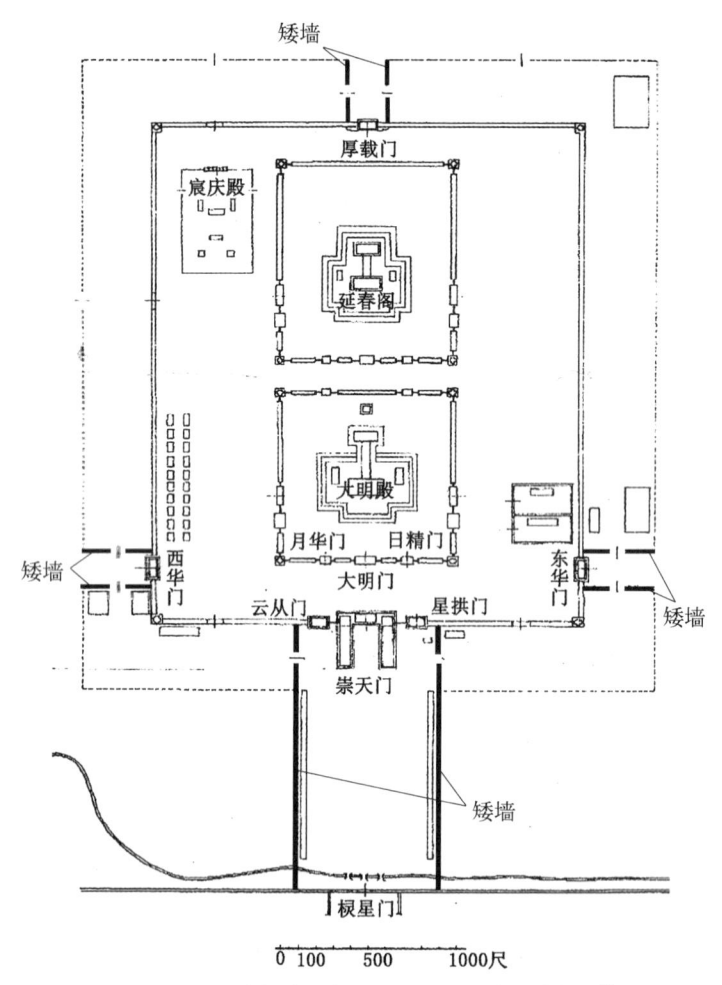

图 4-32　元大都大内宫殿红门及拦马墙隔墙复原①

的长街。如图所示，"小禁垣"将环绕皇宫的禁区划分成数个独立的封闭单元，又常常在"小禁垣"上设小门，既能有效地隔断禁区，也便于宫禁驻军的管理和组织。

元中都提供了"禁垣"制度的重要实例，也留下了一些尚待研究的问题，如"小禁垣"制度始自何时，构造及形态是否有早晚变化，元中都小禁垣中部是否设门，在辽中京、明中都等保存较好的都城遗址中是否还能找到类似遗

---

① 朱启钤、阚铎：《元大都宫苑图考》，《中国营造学社会刊（第一卷）》1930年第2期，第18、19页。

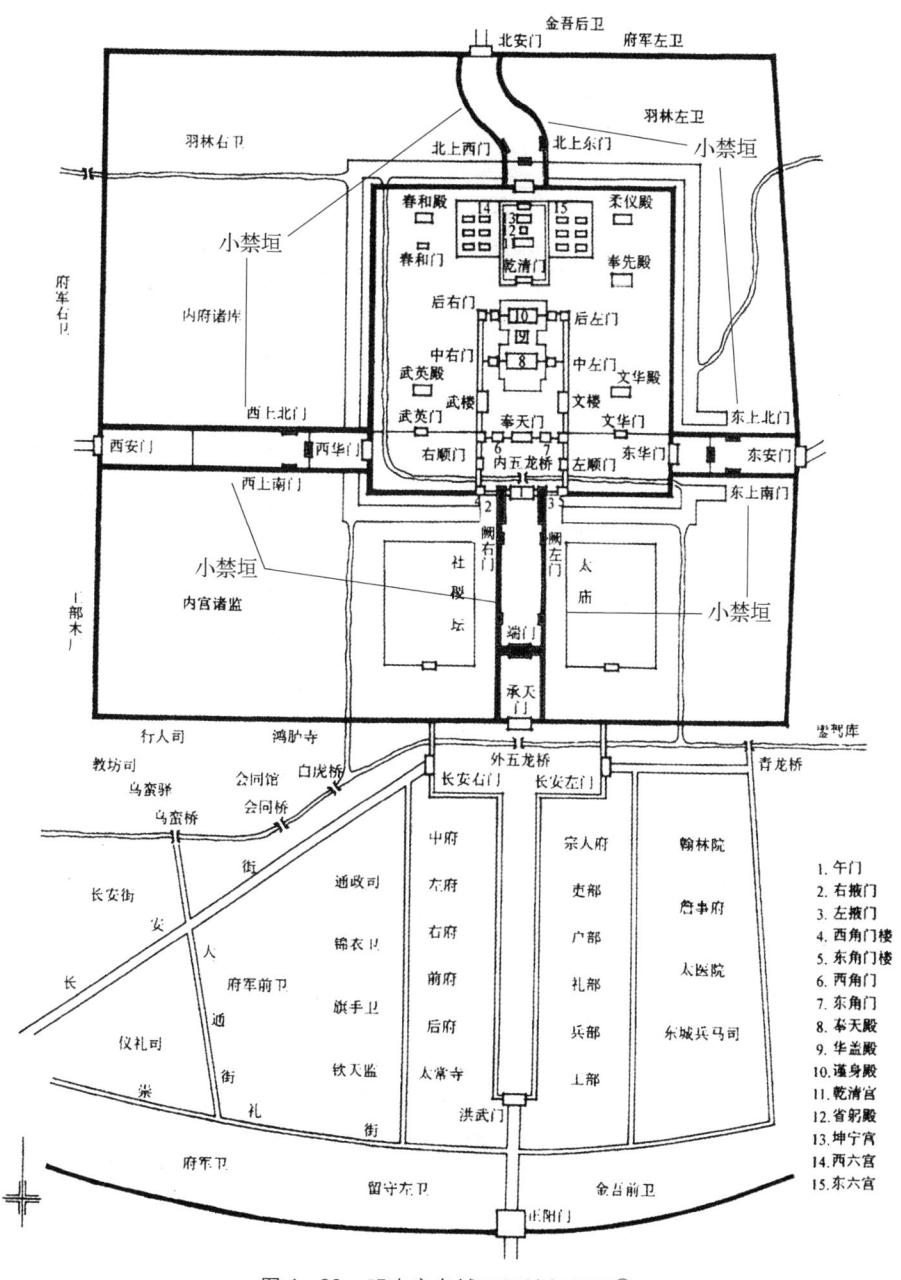

图 4-33 明南京皇城及隔城复原图①

---

① 底图取自张泉：《明初南京城规划》，《南京工学院学报》1985 年第 3 期，第 117 页。

298　中国古代的理想城市

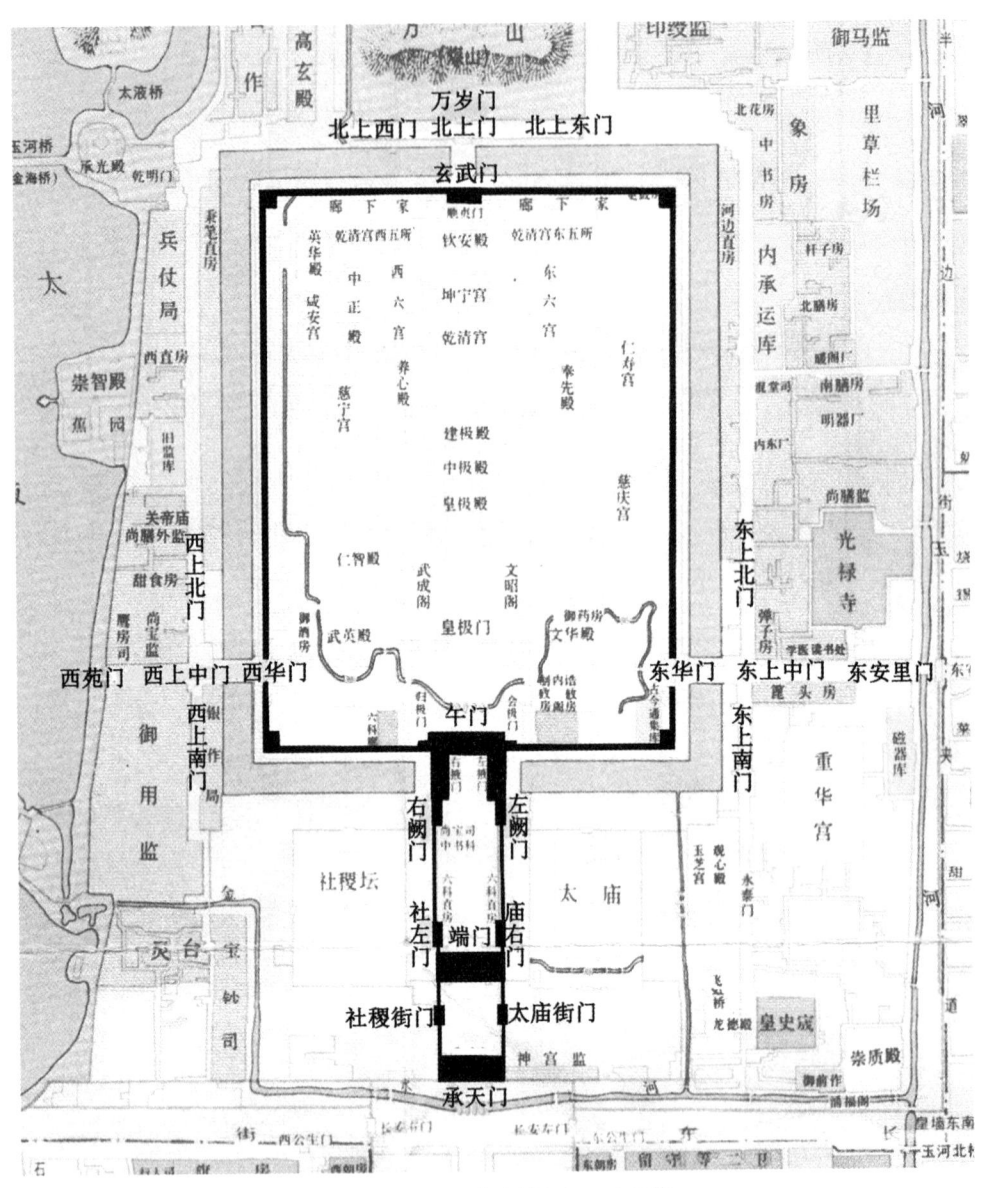

图 4-34　明北京皇城复原示意图①

---

① 底图取自徐苹芳:《明清北京城图》,上海古籍出版社,2012 年,明北京城复原图"分图 7"。

存,仍有待进一步工作。

(二)外城现存建筑遗迹的位置与布局

在元中都的三重城郭中,以外城的面积最大,加之部分区域被现代村庄占压,既往调查并未探明它的范围。例如,陈应祺所绘"元中都遗址平面图"[①](图4-35),尽管包括了外城城垣及其内部的建筑遗迹,但在文字部分也只说外城内建筑遗迹一共找到了6处,有关这些遗迹的位置、形态、遗存性质、年

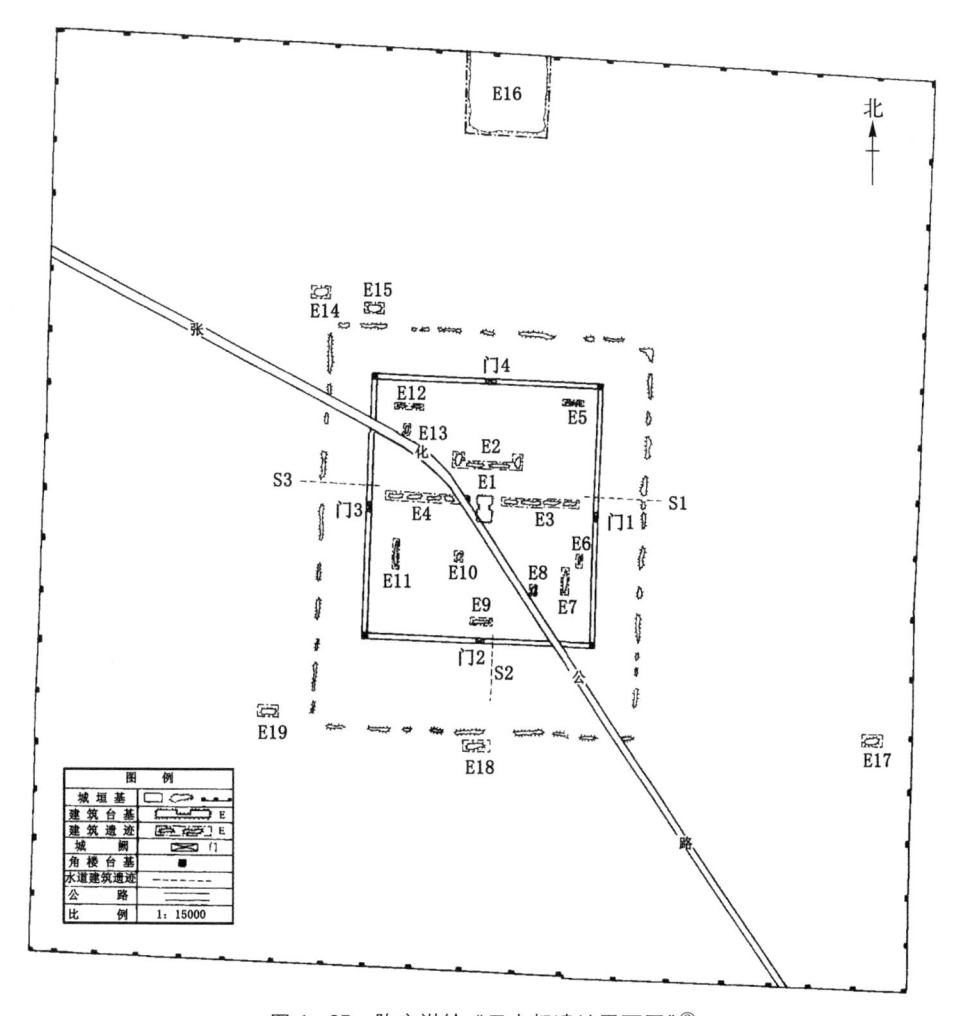

图4-35 陈应祺绘"元中都遗址平面图"[②]

---

① 即本节所称"陈图"。
② 陈应祺:《略谈元中都皇城建筑遗址的平面布局》,《文物春秋》1998年第3期,第65页。

代判断的记述也非常少，换句话说，这些遗迹究竟是不是元中都同时期的遗物，尚存疑问①。《元中都》在此基础上有很大进展，不仅对外城四面的城墙加以钻探或解剖，考察了城垣的位置、规模和工艺，还发现了第二圈城垣和外城城垣之间的20处建筑基址，对部分基址进行了初步钻探，记录了现存的地表状况和遗物，只是没有作出关于基址年代的判断②（图4-36）。

将前后两张元中都总图进行比对，有两个问题值得注意。第一，在陈图中，紧靠外城北墙中段的南侧有一座方形建筑物遗址，由于它正好位于城址的中轴线上，规模又比较大，格外引人注意，然而《元中都》图却没有标示这处遗存。同时，《元中都》图还将北城墙的位置略向南推，使得两张图纸对外城南北城垣以及它们与内城的位置关系的表述有所不同：如陈图所示，第二圈城垣及内城基本位于外城中部；如《元中都》图所示，外城北部狭窄，南部开阔，第二圈城垣及内城位于外城中部偏北甚多。第二，《元中都》图在外城南部增绘了5处遗迹，即F216、F217、F218、F219、F220，它们恰好位于中都城的南北向中轴线上，与内城、第二圈城垣的南门遥遥相对，这弥补了既往调查图的不足。

2012年秋，我们针对上述问题对中都外城进行了调查。首先，在元中都内城北城墙中段的正北方向约800米，找到了一处建筑残件散落带，附近地表微微隆起，现在生长着齐膝的稀疏灌木，草丛间散落着比较密集的绿琉璃瓦件残片、灰砖、灰瓦，应为元中都城址同时期的高等级建筑遗迹。这处遗址的位置大致如陈图所示，但本次仅找到了位于中轴线以西部分的遗存，以东部分现已辟作农田，从地表难以辨认遗存的情况。从这处遗址往西，我们还在能看到一块高出地表约半米的东西向土垄，向西延伸近百米，东端曾部分被二木匠营子村的民房用作北墙基，随着该村被并入其他村落，现仅存横向成排的房基十余间，微凸于地表。根据这条土垄和建筑遗迹的位置关系，它应该就是陈图所示元中都外城的北城墙所在，较之《元中都》图所示北城墙偏北了近百米。

其次，我们从卫星照片上可以比较清楚地看到《元中都》图所补绘的外城南侧遗迹，此次我们又用低空无人机进行了加密航空测量（图4-37）。这一片遗迹面积非常大，南北长约700米，最宽处近500米，面积近于中都内城。遗

---

① 陈应祺：《略谈元中都皇城建筑遗址的平面布局》，《文物春秋》1998年第3期，第64、65页。
② 《元中都》第41～50页。

淖沿子遗址

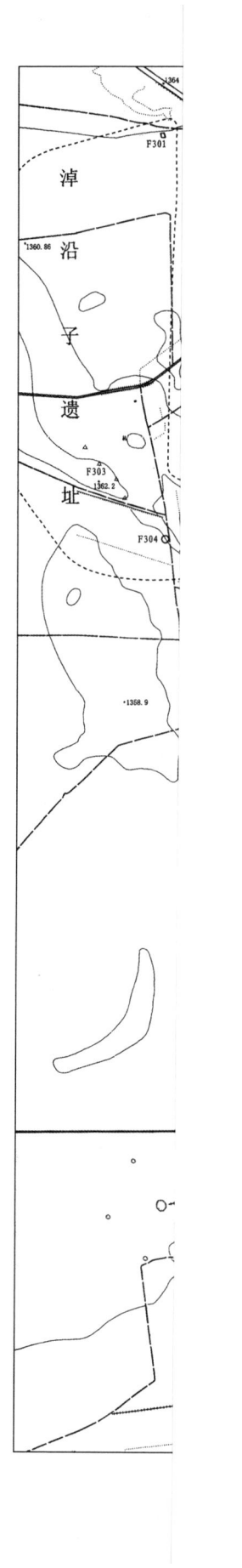

F301
1360.86
F303
1362.2
F304
1358.9

第四章 中国近古时代的理想城市 301

图 4-37 元中都南城大型建筑遗迹航拍图[1]

[1] 天津大学建筑学院李哲摄,2012 年。

迹类型大致有两种，北侧遗迹被横纵土垄分为数个方块，大致就是《元中都》所载的五处遗址；南侧遗迹则是以中部三条南北向的长条土垄为轴，由北至南如鱼骨状平行排列着大致等距的四道横向土垄，土垄的间距在 100 米上下，一直延伸到外城南城墙附近。这一带近年无人居住，是周边村落放牧的草场，村民认为这些遗迹是清代村庄的遗址。从空间关系看，这些横纵土垄不仅分别平行于元中都城址的东西向、南北向城垣，而且它们同样以元中都内城的南北向中轴线为对称轴，东西对称，排列有序，即便它们是清代的房址，它们的建设基础也有可能与元中都尚未完成的一些工程建设有关。

《元中都》指出，在外城南城墙以南约 40 米，还有一段横面呈∩形的东西向土垄，绵延约 260 米、宽约 15 米、高约 1 米，与附近普通土质土色有明显区别，它的西端呈弧形向北拐弯，与外城南墙相接，《元中都》推测这段墙体可能是起拦水作用的副墙，以防止外城南墙被南来之水冲毁，并指出从这段土垄往东还有类似的遗迹[①]。前述"陈图"和《元中都》图所载外城北墙位置关系的两种说法是否表明北墙也有类似"主墙—副墙"的做法，这也有待于未来的考古工作。

综上，元中都外城的南北两端各有两组大型遗址，北端一组应与元中都是同时期的遗存，但边界与规模有待查明；南端一组与元中都内城空间朝向一致，但年代和性质有待查明。此外，这两处遗迹恰好处在贯通元中都三座城圈的中轴线上，它们或许具有特别的礼仪意义。

如果未来上述问题能够得到厘清，即可以通过考古工作确认外城南北两端的建筑遗迹都属于元中都，那么，元中都的轴线设计将呈现出元代城市规划在经历了大都的建设实践之后达到的超高水准——三重内外相套的方形城垣紧密围绕同一条南北向轴线展开，这条轴线是位于内城中心、最为壮观的工字形殿的中线所在，大内数座高等级楼阁和殿宇也以这一轴线东西对称，位于轴线东西对称位置的六道隔墙自内城向外延展，将第二圈城区分作数个独立的防御区，在最外层城圈，通过在中轴线两端修筑宏伟的建筑物，强调了轴线对整座城市的控制力。从轴线来看，元中都在建设之初应已具备覆盖全城的统一规划，由于修建于生地，城墙的修筑基本理想地实现了原规划。

同时，还应该注意到，按照《元中都》勘定的遗迹位置，元中都不仅左右

[①]《元中都》第 44 页。

对称，其中心点的位置也有一定的特殊性，它恰好位于第二圈城垣也就是俗称的皇城的南墙中门附近。根据前述数据，元中都外城基本呈正方形，经钻探确定，四面的边长大约都是 2 900 米。值得注意的是，南外城墙距内城南城墙 1 633.74 米，而第二圈城垣的南面城墙距内城南墙 207.5 米，这也就是说，南外城墙距离第二圈城垣大约是 1 426 米。这一数值，与其他三面外城城垣的中点距离皇城城门的直线距离非常接近，基本都在 1 450 米左右（图 4 - 38）。考虑到古代施工和考古钻探的精确度，我们基本可以认定元中都的中心点就是第二圈城垣的正门。

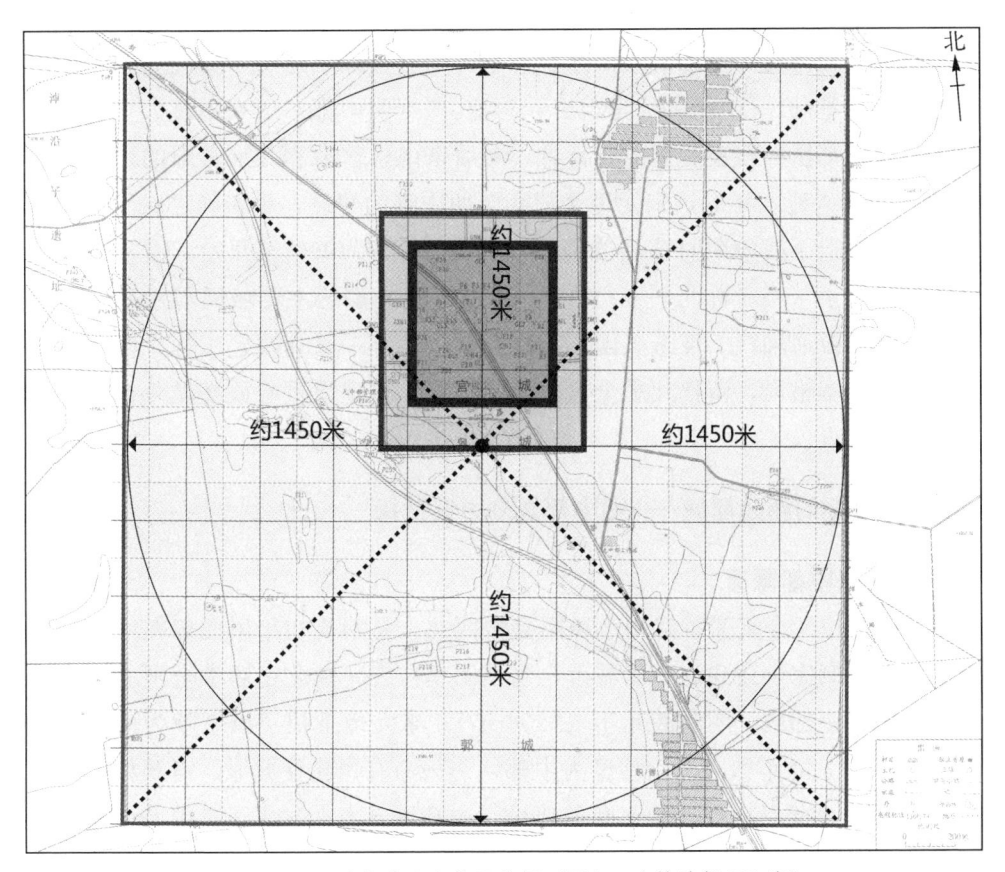

图 4 - 38　元中都中心点位置分析（图上一小格边长 300 米）

由于元中都是一座没有完全建成的城市，外城除中轴线两端的其他区域并未发现太多遗迹，城市功能并不完备，规划方案并未完全实施。因此，对元中都设计方案的推测，尤其是外城的道路与功能布局，还有赖参照元大都。

第三节　明清都城规划对元代制度的继承与发扬

中国明清时期最重要的都城有明中都、明南京和明清北京三座，它们的基本格局均奠定于明代初年。在元代末年的战乱中，朱元璋攻占集庆路城，新筑吴王新宫，扩建应天府城，增建太庙、社稷坛、方泽、圜丘等礼制建筑。明王朝统一全国后不久，就开始讨论都城的选址，最终遵照朱元璋的旨意，将明中都选址在他的老家、位于江淮之间的临濠。明中都的营建是明王朝第一次正式按照都城规制修建大型城市，这次工程本身算不上成功，但它选址于未经建设的生地，全面体现了明初的政治家、规划师的城市规划思想，为确立明代都城制度奠定了基础。《中国古代建筑史》写道："（明中都）历来不被人重视，但它却是明代都城和宫室制度的先行者，对后来南京宫殿和北京宫殿的形制有深远影响。"[①] 兴建六年后，朱元璋又放弃了明中都的建设，重新确定以南京为京师，从而改造了战争期间草创的南京城及宫庙。从 1420 年开始，明朝将政治中心迁往北京（当时称北平或行在），继承了元大都的主要城圈与水系，通过缩减宫城、拉通轴线、堆筑煤山、增修礼制建筑等一系列改建工程，确定了明清北京的基本格局，清代几乎全盘接受了旧城，将建设重心放在城郊御苑，直至清王朝覆灭。

一、明清时期的新建都城——明中都规划方案试探

（一）明中都概况

明中都位于今安徽省滁州市凤阳县城西北，是明代初年朱元璋在家乡临濠按照都城规制完全新建的一座城市，也是明朝在统一南北之后举全国之力悉心修建的第一座都城。明洪武元年（1368 年），朱元璋下诏"以金陵为南京，大梁为北京"[②]，隔年秋"诏以临濠为中都，……命有司建置城池、宫阙如京师之制焉"[③]。经过此后六年连续不断的建设，中都城基本上建成了三重城垣以及城池内外的主要宫殿、衙署和礼制建筑，同时在城址西南围筑了一座规模大约是

[①] 潘谷西：《中国古代建筑史·第四卷·元、明建筑》，中国建筑工业出版社，2009 年，第 29 页。
[②] 《明实录·太祖实录》卷三四，中研院史语所，1962 年，第 599 页。
[③] 《明实录·太祖实录》卷四五，中研院史语所，1962 年，第 880、881 页。

中都城四分之一的皇陵。洪武八年（1375年）春夏，朱元璋以"劳费"[①]"凤阳虽帝乡，然非天子所都之地，虽已置中都，不宜居"[②]为由，毅然下诏"罢中都役作"[③]，放弃对明中都的建设。最终，这座劳师动众的新城在尚未全部建成时遭到废弃。虽然明中都是按照最高规格的都城修建的，却从未真正作为都城使用。明末以降，明中都城址开始遭到人为破坏，明末战乱、清代的改建和建国初期的拆城取砖、毁城耕田都曾对城址造成不利影响。尽管如此，由于明中都建成时间较晚，且长期位于郊野，受到的建设影响相对较小，城垣、城壕和主要的建筑基址保存尚好。

20世纪70~80年代，王剑英曾在明中都所在地凤阳工作生活了近六年时间，他不仅对城址的情况非常熟悉，亦留心文献，广泛阅读并考证了关于明中都的诸多史料，主要成果收录于《明中都研究》[④]。近年来，曹鹏从明代都城坛庙建筑的研究出发，结合对卫星影像图的识读和城址的实地踏勘，提出了关于禁垣北墙和外城西南角走向的新认识，还分析并复原了明中都三重城垣的格局与尺度[⑤]。经过王剑英、曹鹏等学者对明中都的研究[⑥]，这座城址的建设过程和布局特征已经比较清楚。

明中都位于临濠旧城西约20里的淮河南岸，选址于丘陵地带中较为开阔的地段（图4-39）。城址的中心宫殿区在略呈西北—东南走向的凤凰山南坡，时人称"席凤凰山以为殿"[⑦]，南对城南数十里外的凤阳山脉，嘉靖时期被赐名翔圣山。城址的北墙在凤凰山以北，临近淮河沿岸的平地和水洼，东墙、南墙外有濠水及其支流，西墙外侧是南北一字排开呈栅栏形的若干座海拔约100米的小山。

明中都城址共有内外相套的三重城垣。由内而外，时人称"皇城""皇城

[①] 《明实录·太祖实录》卷九九，中研院史语所，1962年，第1685页。
[②] 《明实录·太祖实录》卷九九，中研院史语所，1962年，第1689页。
[③] 《明实录·太祖实录》卷九九，中研院史语所，1962年，第1685页。
[④] 王剑英：《明中都》，中华书局，1992年；王剑英：《明中都研究》，中国青年出版社，2005年。
[⑤] 曹鹏：《明代都城坛庙建筑研究》，天津大学博士学位论文，2011年。
[⑥] 周梦柯、赵慧君：《明中都研究现状述评》，《遗产与保护研究》2017年第6期，第125~129页。
[⑦] （明）袁文新、柯仲炯等纂修：《凤阳新书》卷三《城池》，引自《凤书（一）》，成文出版社，1985年，第255页。

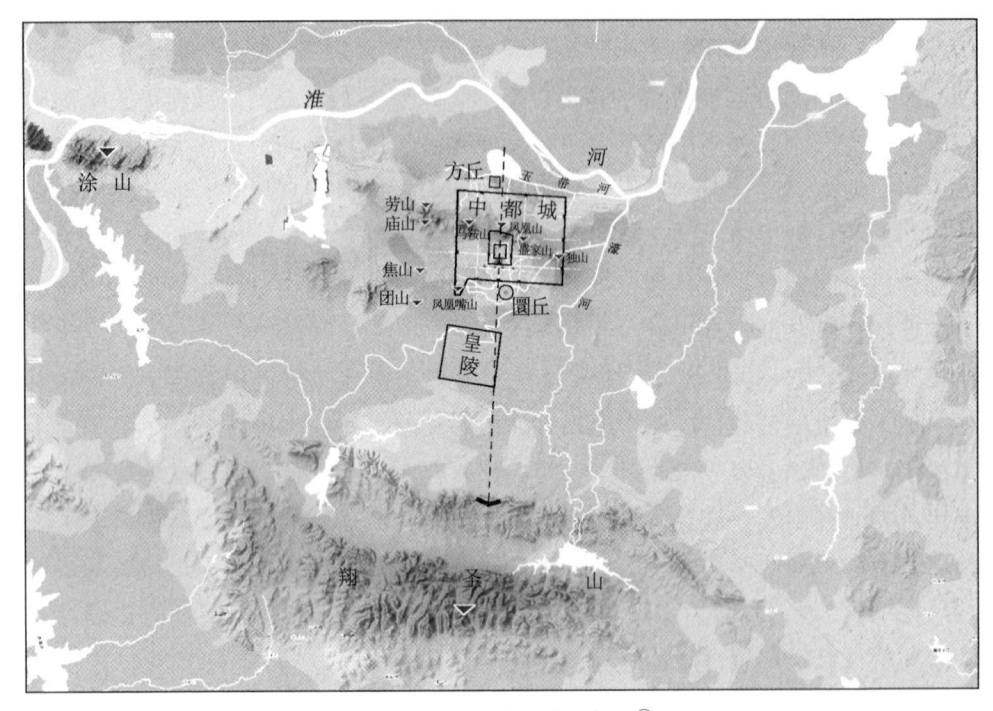

图 4-39　明中都山水形势图①

禁垣"（后简称禁垣）和"中都城"②。皇城的城墙及护城河皆呈规则的纵长方形，东西约 886 米，南北 962 米，周长约 3 696 米，面积约 0.85 平方公里，设午门、玄武门、西华门和东华门四门。禁垣外套于皇城，根据早年的调查，它略呈纵长方形，同样设四门，即东安门、承天门、西安门和北安门，分别与同方向上的皇城城门相对。这重城圈在乾隆二十年（1755 年）遭整体拆除，目前尚存遗址，其中西、南城垣和城门遗址的位置早年已确认，东、北城垣的位置和走向近年有新的发现和认识。据曹鹏的调查，禁垣的东墙、北墙依据地形修建，并不规整，其东西约 1 670 米，南北以城门间距计约 2 239 米，周长约 7 689 米。外城在禁垣之外，东半部分较宽，而西半部分略窄，除西南角为了将凤凰岭围绕在内而向外凸出，其余城垣皆依直线修建，城址主体呈规则的横

---

①　以 Google Earth 地形图为底图绘制。
②　至《凤阳新书》及以后的著作才改称最内一圈城墙为里城或宫城，第二圈城垣为皇城，第三圈城垣为土城或外城，至万历朝修改都城制度，又将"宫城"改称紫禁城。本书以最初的命名为准，称最内圈城垣为皇城，第二圈城垣为皇城禁垣，第三圈城垣为外城。

长方形，共设 9 座城门和 18 处水关。在三圈城垣中，洪武门、承天门、玄武门和北安门四座城门南北相对，连成一线，将皇城、禁垣分为东西对称的两部分，是皇宫的中心线（后统称中心线），也构成了偏居中都外城西部的都城轴线。根据近年的实测数据，中都城东西约 7 776 米，其中西墙涂山门至中心线 3 160 米，独山门至中心线 4 616 米，南北约 6 182 米，周长约为 29 880 米，面积约 48.1 平方公里[①]（图 4-40、图 4-41）。

关于皇城、禁垣和外城的修建时间，不同史料的记载有所不同，王剑英认为，三圈城垣并不是同时建成的，其主要观点如下：

1. 皇城从洪武三年（1370 年）已经开始修筑，而真正大规模的建设直到洪武五年才上马，同年六月三日癸卯朔"城已完"[②]。

2. 中都城修建方案的拟定应在洪武五年，也即与皇城的大规模修建基本在同一时期。

3. 至洪武七年，开始大规模修筑外城的土垣，翌年开始为土垣包砖。未及包砖完成，朱元璋已下令停建中都，因而"土城外砌砖石仅北门二里一段，东门一里一段"[③]。

综上可知，三重城垣的建设时间虽有先后之别，但设计方案当在洪武五年或更早就已制定，方案应是一个兼顾三重城垣的整体设计。关于禁垣的修建时间，文献虽未交代，但应不会早于皇城，在停建之前已经完工，修筑时间也不会晚于外城。

鉴于明中都修建前后的文献对城址规模有不同记载，史料又明确提到了明中都在建设中将原定的 12 座城门裁减至 9 座，王剑英认为，明中都的设计方案与现所见明中都城址并不完全相同，撰文讨论了"明中都城址和城墙的设计与修改"[④]。此外，曹鹏利用最新的实测数据，考察了明中都城市格局与尺度，提出了关于明中都规划思路的另一种设想。将两位学者的主要观点和存在问题比较分析如下。

(二) 既有关于明中都规划设计思路的不同见解

王剑英指出，依据部分文献的记载与明中都的真实状况在外城规模、城门

[①] 曹鹏：《明代都城坛庙建筑研究》，天津大学博士学位论文，2011 年，第 91 页。
[②] 王剑英：《明中都研究》，中国青年出版社，2005 年，第 86 页。
[③] 王剑英：《明中都研究》，中国青年出版社，2005 年，第 87 页。
[④] 王剑英：《明中都研究》，中国青年出版社，2005 年，第 114 页。

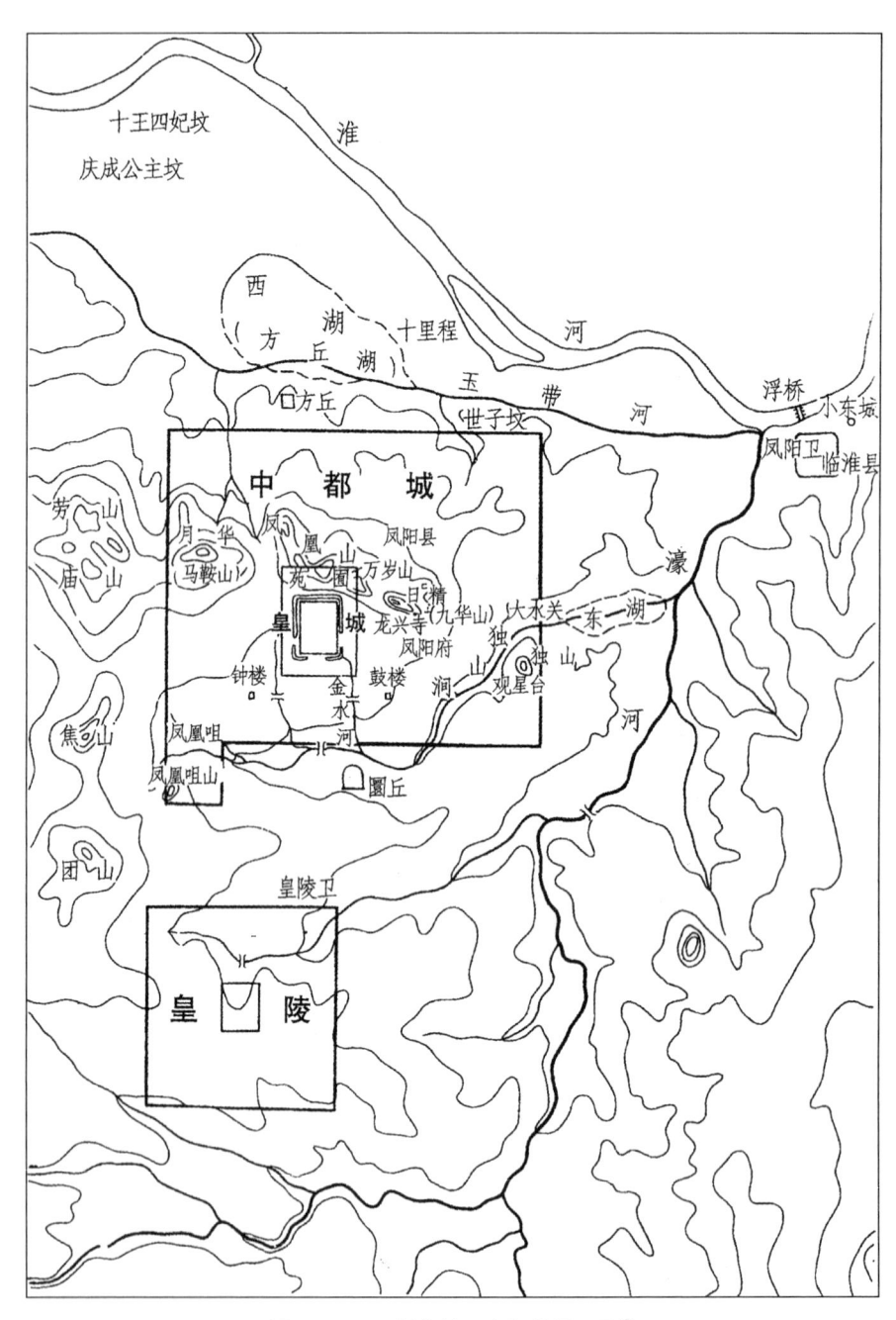

图 4-40　王剑英绘明中都总平面图[①]

---

① 王剑英:《明中都研究》,中国青年出版社,2005 年,第 26 页。

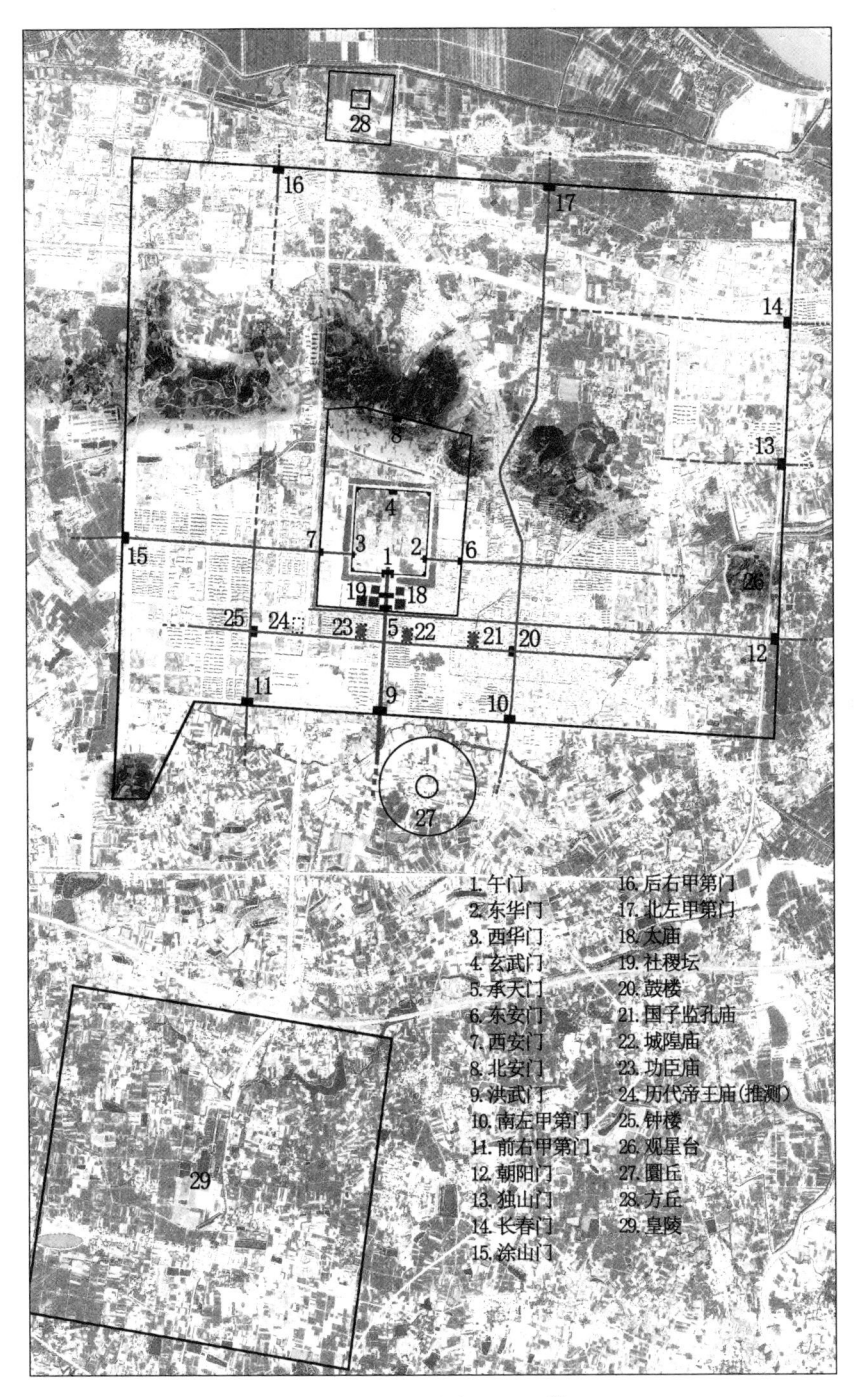

第四章　中国近古时代的理想城市　309

1. 午门
2. 东华门
3. 西华门
4. 玄武门
5. 承天门
6. 东安门
7. 西安门
8. 北安门
9. 洪武门
10. 南左甲第门
11. 前右甲第门
12. 朝阳门
13. 独山门
14. 长春门
15. 涂山门
16. 后右甲第门
17. 北左甲第门
18. 太庙
19. 社稷坛
20. 鼓楼
21. 国子监孔庙
22. 城隍庙
23. 功臣庙
24. 历代帝王庙(推测)
25. 钟楼
26. 观星台
27. 圜丘
28. 方丘
29. 皇陵

图 4-41　明中都平面图[①]

[①] 以"天地图"国家地理信息公共服务平台提供的卫星影像图为底图绘制。

数量上的分歧，今日所见的明中都并不是这座城址最初的规划设计方案，而是"边设计、边建设，不断地修订计划、方案"的成果①（图4-42）。

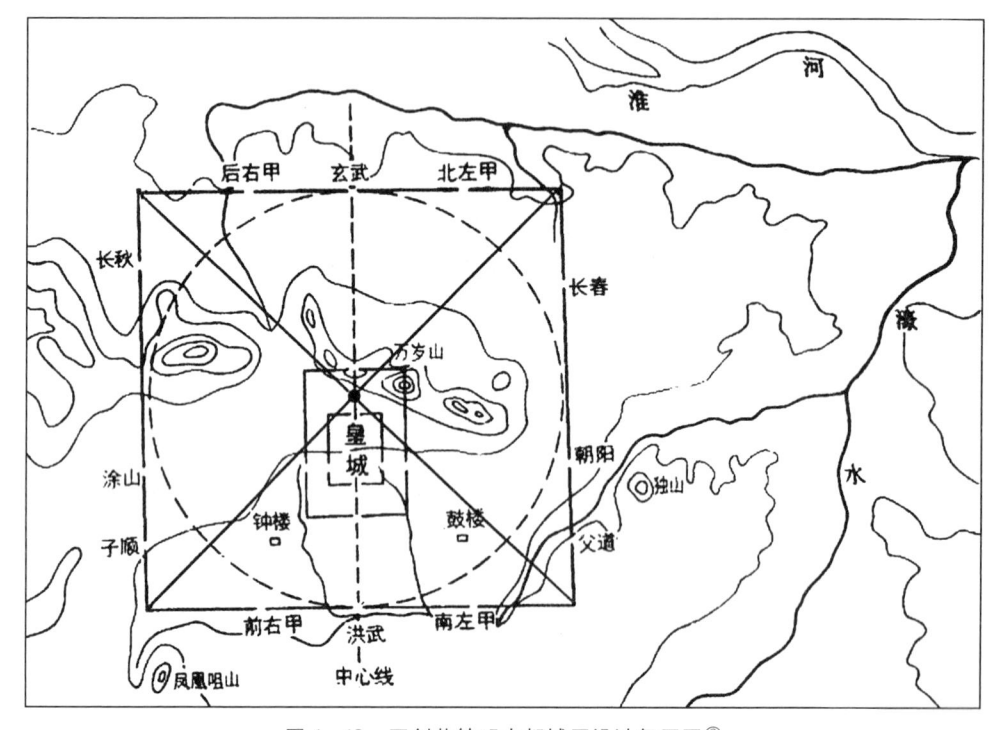

图4-42 王剑英绘明中都城原设计复原图②

首先，部分文献记载明中都周45里，而城址实测50里有余。关于中都城的规模，文献共有三种说法。其一即"45里"，见《明太祖实录》：洪武五年正月甲戌，"定中都城基址，周围四十五里"③。亦见明末清初谈迁著《国榷》：洪武五年正月甲戌，"城中都，周四十五里"④。其二是"50余里"说，见明景泰六年高谷作《中都留守修城记》："城故有土垣，无壕，周围以里计者五十步零四百三十有三，……"⑤明成化年间柳瑛作《中都志》："中都新城……周五

---

① 王剑英：《明中都研究》，中国青年出版社，2005年，第92页。
② 王剑英：《明中都研究》，中国青年出版社，2005年，第114页。
③ 《明实录·太祖实录》卷七一，中研院史语所，1962年，第1323页。
④ （明）谈迁著，张宗祥点校：《国榷》卷五，中华书局，1958年，第462页。
⑤ （明）高谷：《中都留守修城记》，（明）袁文新、柯仲炯等纂修《凤阳新书》卷八《碑记》，引自《凤书（三）》，成文出版社，1985年，第971页。

十里零四百四十三步。"[①] 其三是"53 里"说，来自袁文新等于明万历末、天启初年所作《凤阳新书》[②]。据实测，中都城周长 29 880 米，约合 51.88 里，与 45 里说的差距最大。

其次，文献记载，明中都外城原本规划开 12 门，建设中舍去 3 门，仅开 9 座城门。关于 12 门的说法，见柳瑛《中都志》："开十有二门，曰：洪武、朝阳、玄武、涂山、父道、子顺、长春、长秋、南左甲第、北左甲第、前右甲第、后右甲第。"[③]从叙述顺序来看，都城四面的正门应分别为洪武、朝阳、玄武和涂山，东北、东南门分别是长春、父道，西北、西南门分别是长秋、子顺，南东、南西门分别是南左甲第，前右甲第，北东、北西门分别是北左甲第、后右甲第。《凤阳新书》载"门十有二，定鼎金陵，乃去三门"[④]，"故旧有十二门，后革长秋、父道、子顺三门。今见有九门，俱无子城"[⑤]。对比明中都现状可知，原本应位于北墙中央的玄武门，西墙的长秋、子顺二门，未能修造；朝阳门被改名独山名，取义于城门南侧的独山，父道门则以朝阳门名替换。因而，除没有修建北墙中门，西墙南门、北门之外，对东墙中门和南门也有所调整。

最后，明中都在建设中还对外城街道、坊里等规划内容有所调整和细化。《明实录》：洪武五年正月甲戌，中都城"街二：南曰顺城，北曰子民。坊十六：在南街者八，东曰德辅、善庆、崇德、中和，西曰顺成、新成、里仁、太和。在北街者亦八，东曰钦崇、德厚、恭让、淮阳，西曰从善、慎远、修齐、允中"[⑥]。而《凤阳新书》则说：中都"设坊九十有四，街二十有八，市三，口二，营四，关二，水关十有八，隍一。"[⑦]可知，干道从 2 条发展到 28 条，坊从 16 处发展到 94 处，另外还增筑了 18 座水关。

[①] （明）柳瑛等纂修：《中都志》卷三《城郭》，参见《中都志（一）》，成文出版社，1985 年，第 235 页。

[②] （明）袁文新、柯仲炯等纂修：《凤阳新书》卷三《城池记》载，"（明中都）土城一座，周围五十三里筑"，参见《凤书（一）》，成文出版社，1985 年，第 256 页。

[③] （明）柳瑛等纂修：《中都志》卷三《城郭》，参见《中都志（一）》，成文出版社，1985 年，第 235 页。

[④] （明）袁文新、柯仲炯等纂修：《凤阳新书》卷三《城池》，引自《凤书（一）》，成文出版社，1985 年，第 255 页。

[⑤] （明）袁文新、柯仲炯等纂修：《凤阳新书》卷三《城池》，引自《凤书（一）》，成文出版社，1985 年，第 256 页。

[⑥] 《明实录·太祖实录》卷七一，中研院史语所，1962 年，第 1323 页。

[⑦] （明）袁文新、柯仲炯等纂修：《凤阳新书》卷三《城池》，引自《凤书（一）》，成文出版社，1985 年，第 255 页。

综上三方面，王剑英指出，"可以看出洪武五年正月只是定了一个大概的轮廓，还不是一个很详尽完备的施工方案"①。那么，这个初步方案的具体情况如何，原初设计方案中是怎样的规模与布局，我们能否从考古实测的尺寸规律了解城址的规划意图？关于这些问题，王、曹两位学者有着不同的认识，如关于设计控制点的选取，按照王剑英绘制的明中都原设计图，城址外接于一个圆形，圆心即设计控制点大致落在皇城之北的禁垣北墙一带②；曹鹏则推测，控制皇城（即曹鹏原文中的宫城，后同）、禁垣（即曹鹏原文中的皇城，后同）和外城规模的设计原点很可能是皇城的中心点。

王剑英的依据是："（明中都）皇城的中心线至中都城西墙的长度，正好是中都城南城墙至北城墙距离的二分之一。南边三门和北面两门东西相隔的距离也是相等对称的。如果中都城东城墙亦与西城墙相等，则中都城呈正方形，而周围的里数为45里，正与洪武五年正月'定中都基址，周围四十五里'的数字相合。"③ 因而，他将明中都的初步设计方案复原为一座正方形城址，四面各开三座城门，方案中的南、北、西边界基本就是实施后明中都城的南、北、西城垣。值得注意的是，由于皇城居于城址中央偏南，王剑英提出的这一正方形城址的复原方案，是以皇城北面至禁垣北墙之间的某点为圆心，以圆心至明中都城址南墙、北墙的长度为半径作圆，从而确定了中都城四面的边界。王剑英指出，考虑到周边的自然地形，特别是凸起于地面的山丘，人们在建设中修改了原方案对城址东城墙、西南角和城门的布置。例如，为了将设有钦天监、观星台的独山包围在城内，"东城墙向东推移展出了将近三里"④，为了将海拔66.5米的、孤立于平原之上的凤凰嘴山包到明中都城内，"西南角突出两里多"⑤。由于这些变化，明中都"最后在施工中还是放弃了以皇城为中心、东西对称的原来设计"⑥。

曹鹏的研究则是以明中都皇城的中心点作为布置皇城、禁垣和中都城的基准点。首先，在复原皇城的设计格网时，自皇城之中心为原点向外排列设计方25丈的格网，并发现城墙、护城河、东华门、西华门之间的道路都与格网有

---

① 王剑英：《明中都研究》，中国青年出版社，2005年，第91页。
② 王剑英：《明中都研究》，中国青年出版社，2005年，第113~115页。
③ 王剑英：《明中都研究》，中国青年出版社，2005年，第116页。
④ 同上。
⑤ 王剑英：《明中都研究》，中国青年出版社，2005年，第117页。
⑥ 王剑英：《明中都研究》，中国青年出版社，2005年，第116页。

较好的对位关系[①]。其次，曹鹏还注意到，承天门距离北安门 2 239 米，约合 700 丈，其中承天门距中心点 935 米，约合 300 丈，北安门距中心点 1 304 米，约合 400 丈，禁垣南部进深长度与北部进深长度似乎是以皇城的中心之点进行分配[②]。最后，外城东、西、北三面城垣与皇城中心之距离都是以"整数里制"或"加减半里"来控制，如外城东墙距中心 8 里，西墙距中心 5.5 里，北墙距中心 7 里，仅有南墙不符合这一规律，它距离设计中心约 3.7 里。作者解释道，由于中都城西南角外有北濠水流过，洪武门一线城垣向南拓展受到控制，同时又需要南城有尽量大的空间，所以将南城紧邻北濠水布置，以致南城墙的布置未能遵循以皇城中心以"整里"或"半里"进行控制的规律[③]（图 4-43）。

本书以为，曹鹏将实测尺寸换算为当时建筑工程中最为重要的度量单位"丈"，不仅考察了外城的尺度，还加入了对包括三重城垣在内的主要城市要素的分析。尽管如此，曹鹏的一些观点还有待商榷，如中都城的东南角距离北濠水实际尚有数里之遥，如真的通过皇城中心这样一个设计原点来布置外城城墙，那么中都城与北濠水的实际间距似乎并不妨碍在中心南面 4 里甚至 4 里以外某个距离中心点整里数的位置修建外城南墙。

基于对中都规模和城垣走向的一些新认识，下文将效法曹鹏的尺度分析方法，对王剑英的研究思路再作一些推进。例如，中都城南北约 6 170 米[④]，约合 1 928 丈[⑤]，从中轴线至外城西墙约 3 200 米[⑥]，约合 1 000 丈，明中都皇城的中轴线至外城西墙的长度并不恰好等于中都城南城墙至北城墙距离的二分之一，换句话说，如果以中轴线西半部分对称复原东半部分，并以南北城墙为南北边界，这个图形并不是一个完美的正方形，而是东西 2 000 丈、南北 1 928

---

① 曹鹏：《明代都城坛庙建筑研究》，天津大学博士学位论文，2011 年，第 79 页。
② 曹鹏：《明代都城坛庙建筑研究》，天津大学博士学位论文，2011 年，第 85、86 页。
③ 曹鹏：《明代都城坛庙建筑研究》，天津大学博士学位论文，2011 年，第 91 页。
④ 王剑英：《明中都研究》，中国青年出版社，2005 年，第 234 页。
⑤ 按一里 360 步、一步 5 尺、每营造尺 32 厘米换算，都城南北方向长约 6 182 米，合 1 932 丈，亦为 10.7 里，参见曹鹏：《明代都城坛庙建筑研究》，天津大学博士学位论文，2011 年，第 91 页。
⑥ 王剑英记载前右甲第门距离洪武门 1 585 米，据 Google Earth 卫星图测量，前右甲第门距离西城墙约 1 595 米，此数基本合于曹鹏所述涂山门至中轴线 987.5 丈，约为 5.5 里，参见王剑英：《明中都研究》，中国青年出版社，2005 年，第 218～227 页；曹鹏：《明代都城坛庙建筑研究》，天津大学博士学位论文，2011 年，第 91 页。

314　中国古代的理想城市

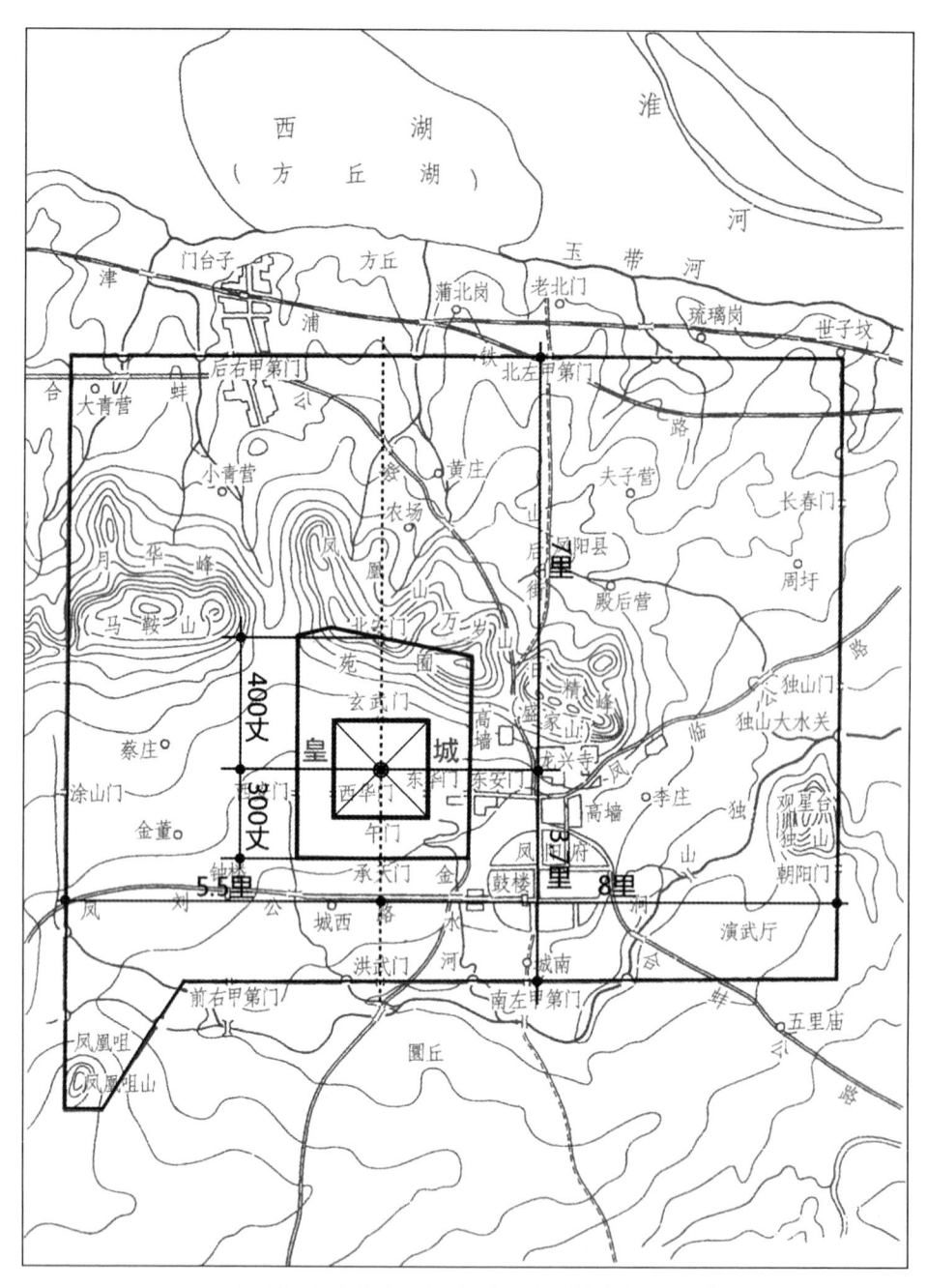

图 4-43　据曹鹏对明中都城市尺度分析所绘示意图①

---

①　底图改绘自王剑英:《明中都研究》,中国青年出版社,2005年,第27页。

丈的横长方形。这反映了两方面问题：其一，明中都的初步设计方案是否为一个偏居建成后明中都西部的正方形，需要除外城城垣以外的城市要素加以验证。其二，如依照王剑英的观点，明中都原始方案应是正方形，那么规划中的城址规模应为东西2 000丈，现所见的西墙就是按照原初方案所建，南北同样是2 000丈，但现所见的南、北城墙中至少有一面已经不是按照原初设计来建造的，或者说，南、北城墙最多仅有一面按照设计方案修建。

下文将从假设王剑英的复原大致可靠，即外城西墙、南墙一线就是按照原有规划方案所建出发，寻找中都城是否存在其他要素与外城西墙、南墙的空间距离存在数值上的规律，并反求假设的合理性。

（三）明中都的规划设计思路再探

参考史料，明中都的初步方案大致包括四方面内容：周回45里的外城、12座外城门、2条干道、城内16坊。另外，先期建设的皇城和禁垣，虽未见于文献，但应也在方案中。在规划实施的过程中，外城城门的变更可以通过名称的变化推测，如取消了西墙南门、北门以及北墙中门；或许因为东门附近独山及深涧的影响，改易了外东墙中门、南门的名称，东中门原名朝阳门，后改为独山门，东南门原名父道门，后以朝阳门替代。因而，可以用来推测明中都城址内部尺度和布局的线索除皇城、禁垣的城墙、城门外，还有外墙南墙3座城门、东墙的北门、北墙2座城门和西墙城门共7座城门，相较而言，这些要素符合原始规划的可能性更大。以下分析将围绕上述最有可能依照规划实施的城市要素展开。

1. 东西向布局与尺度分析

王剑英指出，除北墙中门未建之外，明中都南边与北边的城门东西相称、南北对称，仅有微小的偏差：后右门距离中心线1 600米，北左门距离中心线1 585米，仅差15米；前右门距离中心线1 595米，南左门距离中心线1 525米，相差70米；后右门与前右门与中心线的位置南北相对，仅差5米（按实测，应为20米），北左门与南左门南北相对，相差60米（按实测，应为95米）[①]。关于这些偏差的来源，王剑英说："由于后右甲第门遗址的中心点找不准，北左甲第门遗址的中心点是否与今城豁口中心线完全一致也很难确断，而且后右、前右、北左三门之间的误差只有它们距离的万分之八到千分之九，因

[①] 王剑英：《明中都研究》，中国青年出版社，2005年，第226页。

此很可能是由测图中消除图纸伸缩误差、拼接误差不足，以及原图绘制误差积累而成。"[①] 因而，可大致以为四座门址与中心线的距离都是 1 600 米，换算合 500 丈，其中仅南左门的位置偏差稍大。如考虑到前右门、后右门分别距离外城西墙 1 615 米、1 635 米，可将明中都外城西墙与 5 座南北城门的水平距离计算如表 4‐6：

表 4‐6　明中都外城西墙至南、北城门的距离计算

位　置	中都城西墙至前右门	中都城西墙至洪武门	中都城南墙至南左门
实测米值	1 615	3 200	4 725
换算为丈	505	1 000	1 477
推测丈值	500	1 000	1 500
偏差比率	0.93%	0	1.56%

位　置	中都城西墙至后右门	中都城西墙至北左门
实测米值	1 635	4 820
换算为丈	511	1 506
推测丈值	500	1 500
偏差比率	2.14%	0.4%

如表所示，外城西墙至南、北城墙西门的距离分别是 505 丈、511 丈，接近 500 丈；外城西墙距南墙中门即洪武门的距离是 1 000 丈；外城西墙至南、北城墙东门的距离分别是 1 477 丈、1 506 丈，接近 1 500 丈。如考虑丘陵地区修筑大规模城址的工程难度，可以认为，明中都的初步设计方案是以西墙为基准，以 500 丈或 500 丈的倍数为尺度，来布置南北轴线、南北城墙上的诸座城门以及南北干道；也可以认为，初步方案是以连接皇城、禁垣的南北城门的中轴线为基准，向东西两侧以 500 丈或 500 丈的倍数布置其余城门、干道。无论是哪一情况，在明中都的初步设计中，"500 丈"都是控制明中都东西方向上城市布局的"模数"。接下来，将考察在距离明中都外城南墙 500 丈或 500 丈倍数的位置上，是否也可以找到城垣、城门或道路，进一步检查"500 丈"是

[①] 王剑英：《明中都研究》，中国青年出版社，2005 年，第 226 页。

否被作为控制南北方向上城市布局的模数。

2. 南北向布局与尺度分析

皇城正门午门遗址南对禁垣南门承天门，两者相距 435 米，承天门遗址南对中都城正门洪武门，两者相距 1 185 米[①]。因而，午门与洪武门相距 1 620 米，换算过来，皇城南墙距离外城南墙 1 620 米，合 506 丈，基本符合"500 丈"尺度规律。

禁垣为一座南北方向略长的长方形城址，其中禁垣南城垣长 1 680 米，承天门的东西两段，各为 840 米，东西禁垣各长 2 160 米，东、西安门南为 630 米，北为 1 530 米，周长 7 670 米[②]。通过卫星照片的辨认和现场的踏勘验证，曹鹏指出，禁垣为了将日精峰、万岁山主峰与月华峰包围在内，实际是按照山脊走势布置，与皇城城垣并不完全平行，符合于《寰宇通志》"万岁山，在府城中，禁垣北经其上"[③]。新的数据显示，北安门遗址距离承天门 2 239 米[④]，那么它距离洪武门应为 3 424 米。需要指出的是，如不考虑北城墙沿自然地形往北折拐的部分，仅计算禁垣东墙与北垣的交接位置也就是禁垣的东北角，它距离皇城南墙约 1 620 米，合 508 丈，距离中都城南墙约 3 244 米，合 1 014 丈。因而，如果禁垣北墙没有受到东南—西北走向的凤凰诸山影响而略往北凸的话，禁垣规模或许也符合"500 丈"规律。

外城东墙最北一座城门长春门遗址位于独山门之北，当地俗称"敷德门"，地表现存凸起的两个土堆[⑤]，它距离独山门 1 950 米，独山门距离朝阳门 1 670 米，朝阳门正对承天门前的东西干道，距离中都城南垣以承天门与南垣间计 1 150 米，合计长春门距离中都城南墙 4 770 米，合 1 491 丈，大约是 500 丈的 3 倍。

实际上，在前述按照明中都最初规划修建的 7 座城门中，仅有涂山门的位置不符合"500 丈"规律。涂山门位于中都城的西墙，它以干道与东面的西安门、西华门相通，其位置应是以皇城和禁垣的东西侧门而定，它与中都城南墙的距离等于中都城正门至皇城正门 500 丈再加上皇城正门至西安门—东华门大道的距离，必然大于 500 丈。

---

① 王剑英：《明中都研究》，中国青年出版社，2005 年，第 242 页。
② 王剑英：《明中都研究》，中国青年出版社，2005 年，第 254 页。
③ （明）陈循：《寰宇通志》卷九《凤阳府》，郑振铎辑《玄览堂丛书续集》第 41 册，台北图书馆，1947 年。
④ 曹鹏：《明代都城坛庙建筑研究》，天津大学博士学位论文，2011 年，第 85、86 页。
⑤ 王剑英：《明中都研究》，中国青年出版社，2005 年，第 222 页。

将明中都南北方向上的关键位置列表 4-7：

表 4-7　明中都外城南墙至皇城、禁垣及主要城门的距离计算

位　　置	中都城南墙至皇城南墙	中都城南墙至禁垣东北角	中都城南墙至长春门
实测米值	1 620	3 244	4 770
换算为丈	506	1 014	1 491
推测丈值	500	1 000	1 500
偏差比率	1.23%	1.4%	0.6%

综合上述对城址纵横两个方向的主要城市要素与外城西墙、南墙距离的计算，明中都外城的规模和布局很有可能是以边长 500 丈的方格网控制，外城纵横的边长各占四个方格，即 2 000 丈，周回 8 000 丈，合 44.44 里，取整即文献记载的 45 里。除此之外，皇城南界和禁垣北界，北左门、南左门、前右门、后右门、洪武门、长春门 6 座外城城门及城门内干道，以及中轴线串联的承天门、午门、玄武门、北安门都位于这个方格网的控制线上（图 4-44）。由此来看，前文的假设——外城西墙、南墙按照原方案定位，并往东、往北修建整座城池，可以得到实测数据的支持。

3. 外部限制因素分析

明中都城址外城南北墙之间的距离不足 2 000 丈，这说明，现所见明中都的北城墙可能较原方案略微往南缩进，下面将从明中都周边的自然环境和既有建设，对北墙南缩的原因略作解释。

王剑英描述明中都的外城北墙为"凭水为阻"，北墙"筑在海拔 20 米线的边缘上"，北墙以北不远"地势急剧下降四五米，为一内泻湖"，北墙往北约一里是"与北墙平行""东流过十里程三孔桥、世子坟、汤府至淮宁桥北合濠水尾闾入淮"的玉带河，北城墙的东端"离淮河岸最近处尚不及三里"[①]。明清时期的淮河凤阳段并不稳定，如位于中都城西北的十王四妃坟就因临近淮河，屡被淮水淹没，明代不断重修，至清代荡然无存[②]。如依照 500 丈方格网修建北墙，明中都的东北角与玉带河相距百余米，将东城墙东扩之后，城址北部更易受到洪水侵扰，可能由于这个顾

[①] 王剑英：《明中都研究》，中国青年出版社，2005 年，第 116、117 页。
[②] 王剑英：《明中都研究》，中国青年出版社，2005 年，第 197 页。

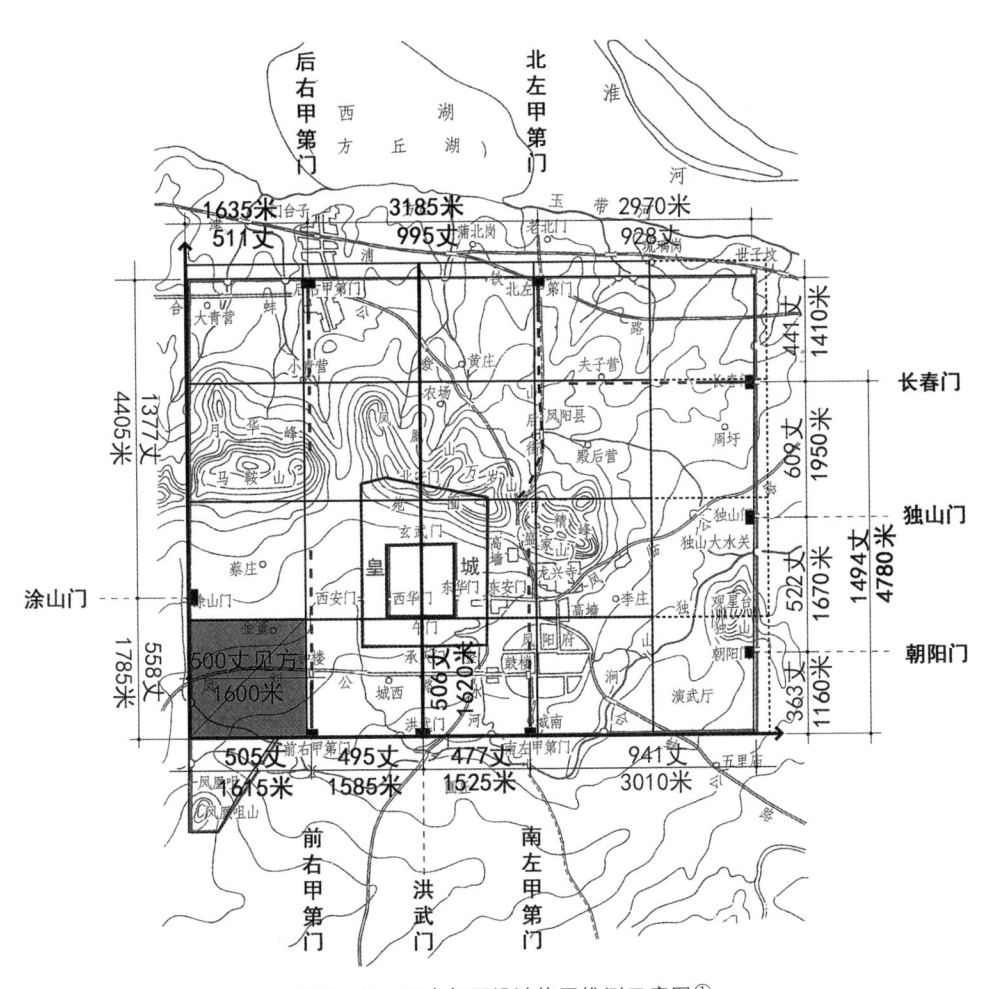

图 4-44 明中都原设计格网推测示意图[1]

虑，明中都的北墙较规划向南缩进，城址南北向长度也小于原定计划。

此外，明中都外城南墙的位置很可能取决于皇陵，在城址起建之初早已确定位置。皇陵位于中都城西南，在洪武三年（1370年）下诏营建城址前，皇陵已经"树以名木，列以石人石兽，以备山陵之制"[2]。关于修建皇陵的过程，嘉靖三十六年（1557年）尹令等在奏疏中写道："在洪武元年造陵。又经画

---

[1] 底图改绘自王剑英：《明中都研究》，中国青年出版社，2005年，第27页。
[2] （明）朱元璋：《御制皇陵碑》，（明）朗瑛《七修类稿·皇陵碑》，转引自王剑英：《明中都》，中华书局，1992年，第52页，注10。

二年,与龙脉风水协吉,方于洪武三年建城。城去(皇)陵墙一十二里,至宝山又数里。"① 考虑到先有陵墓、再建城址的顺序,中都城的规划应考虑了谒陵的礼仪需要,在皇陵与皇城之间保留足够规模的空地,从而确定南外城的位置。

综上所述,若前文的推测——恢复受地形影响而易位的城市遗迹成立,那么明中都的城垣以及主要的城门、干道都可以与一个 500 丈见方的格网有比较好的对位关系,500 丈很有可能是明中都布置外城的设计模数,2 000 丈见方、周回 45 里则是明中都原初的设计规模。明中都的规划与建设或许是依照这样一个过程:首先以皇陵及凤凰山、翔圣山等自然山体确定都城的边界及轴线,围绕轴线开展宫殿、官署、坛庙建设。再以皇城南门为中心,铺开一个方 500 丈的格网,将皇城、禁垣、城门、干道的位置与这个格网建立联系,形成具有控制意义的初步方案。根据建成后 9 座城门的位置,可作出原初方案关于 12 座城门以及干道的布局,大致有两种可能。其一,外城东西城门与南北城门一样,等距均布(图 4-45)。第二,如考虑文献记载城内有东西向两条通街,也有可能朝阳门—涂山门的规划位置与建成后的位置一致,即东、西安门一线,父道门—子顺门大道则从禁垣前方通过(图 4-46)。

根据前文分析,明中都的实际营建并未完全依照规划进行。明中都原初规划的可能是一座由内外三重城圈相套且三重城址中轴线重合的相当规整的城址,限于江淮之间的特殊地形,在规划的实施过程中,对局部进行了调整,使城址北墙南退,东、南城墙跨山或绕山而筑,这些变更对城市管理和防御更加有利,却打破了设计方案中的规整形态。位于明中都中心地带的凤凰诸山,既改变了原有的理想设计方案,也成为明中都城市空间的显著特点。后文还将进一步讨论,明永乐南扩北京南城墙,或许就是受到明中都设计思想的影响,将人工堆筑的镇山作为扩建南城墙的中心参照点,使南城墙与"徐达缩城"之后形成的北城墙以镇山南北对称。

明中都在皇城、禁垣南部,垂直于中轴线的方向上,利用东西对称而建的礼仪建筑增加了若干次轴线,增强了中轴线的秩序感,这是明中都布局的第二个显著特点。结合文献与今人调查,明中都的太庙与社稷坛在罢建之前应已建

---

① (明)尹令等:《致仕指挥使尹令等再疏》,(明)袁文新、柯仲炯等纂修《凤阳新书》卷七《奏议》,引自《风书(三)》,成文出版社,1985 年,第 783、784 页。

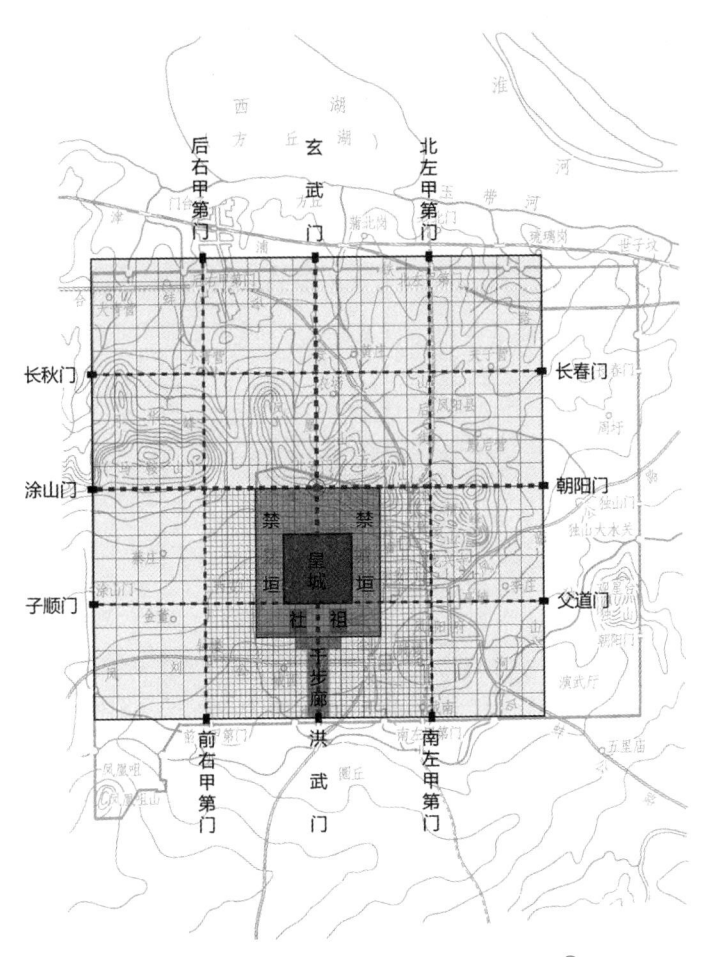

第四章　中国近古时代的理想城市　321

图 4-45　明中都原设计方案推测示意图之一①

成，它们位于宫城正门午门与禁垣正门承天门之间。这不仅有别于元大都将祖、社置于太庙的做法，较之南京初建祖、社将它们规划在地势稍偏的位置，进一步缩小了祖、社与皇宫的距离。曹鹏认为："明中都太庙、社稷分列阙门左右，开创了一代之制度，使城市中轴线以及宫城地位更加突出。"②另外，从太庙和社稷形成的东西向次轴线往南，在承天门和洪武门之间，还有一条东西向的云霁（济）街。从东往西，临街依次规划了鼓楼、中都国子学、中都城隍庙、功臣庙、历代帝王庙和钟楼等礼制建筑，这些建筑东西对称分布，构成了

---

① 底图改绘自王剑英：《明中都研究》，中国青年出版社，2005 年，第 27 页。
② 曹鹏：《明代都城坛庙建筑研究》，天津大学博士学位论文，2011 年，第 96 页。

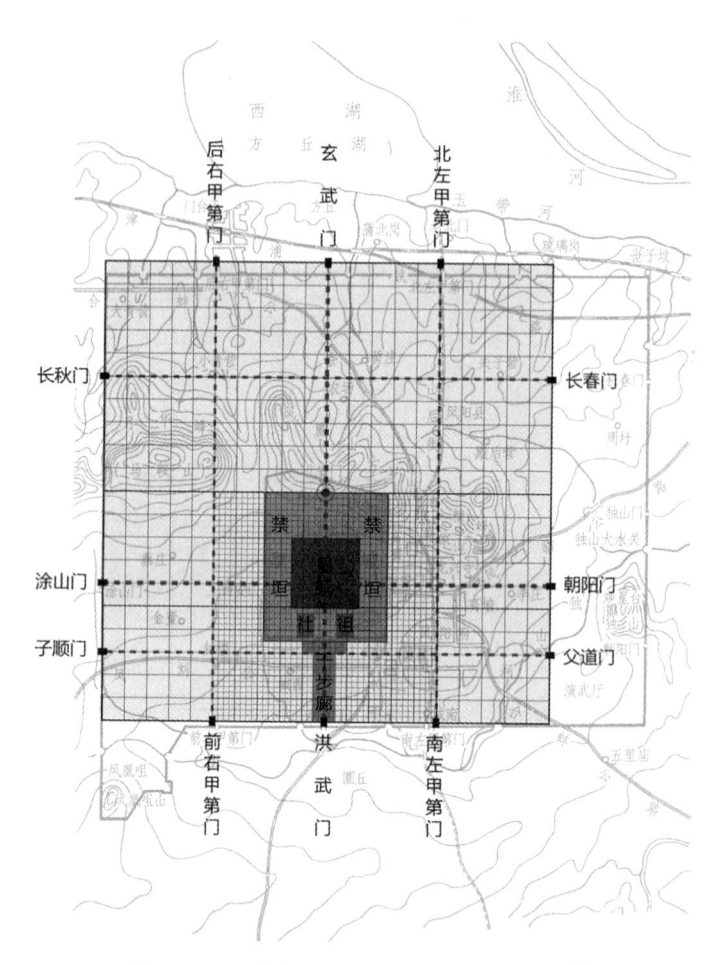

图 4-46　明中都原设计方案推测示意图之二①

另一条长度更长、礼制建筑数量更多的次轴线。

在中国古代都城发展的历程中，安徽凤阳县的明中都是中国最后一座完全基于规划并营建的都城，也是明王朝正式修建的第一座都城，对明代都城制度有着深远的影响。在明王朝营建的三座都城中，明南京是在历代旧城基础上扩建和改建（皇城是填燕雀湖新建的），明北京也是在元大都基础上重建并经清代改造的，唯有明中都尚未建成就遭废弃，迄今仍然大部分保持着遗址的状态，这就为研究明代都城规划思想提供了宝贵资料。

---

① 底图改绘自王剑英：《明中都研究》，中国青年出版社，2005 年，第 27 页。

二、吴王新宫及明南京

唐宋以降，南京长期是中国东南地区的中心，粮食储备充足，城市供水便利，商业活动频繁，对外交通非常方便，较北方的传统建都地点有更好的经济环境。元至正十六年（1356年），朱元璋攻入南京。十年后，随着西平陈友谅、东逼张士诚，中原局势逐渐明朗，朱元璋开始在六朝建康城遗址、元代集庆路城旧址的基础上修建吴王新宫和应大城。

这一工程由刘基等人卜地和规划，修筑了周回五十余里的应天府城墙，在六朝建康宫城之东初步建成了皇城、宫殿以及圜丘、方泽、太庙、社稷坛等礼制建筑[1]。这次建设前后不到一年时间，应该比较简陋。明朝统一全国初期，因集中力量修建明中都，南京的建设基本停顿。直至1375年，太祖决定放弃中都，以南京为京师，才依照都城标准改建南京宫室。经过二十余年的经营，到朱元璋去世之前，南京城已经建成中国古代历史上规模最大也最为坚固的一座城池。随着燕王朱棣成功夺权，国家的政治、经济中心迁往燕王府所在地北京，南京的重要性下降，大规模建设才基本停止。

经过洪武八年的改扩建，明南京城共有四重内外相套的城垣（图4-47）。最内是宫城，选址避开了前朝"国祚不永"的宫城旧址，修建在六朝宫苑东面、钟山西南，人工填平的燕雀湖之上，其东西约750米，南北约950米，周长约3400米，辟有6门。宫城格局的形成经过了至正二十六年和洪武八至十年两次建设，分为前朝和后寝两部分，每部分都分东、中、西三路。

皇城围筑于宫城外部四周略偏西，呈方形，东西约2500米，南北约2500米，周长约9公里，辟6门。在四面宫城正门与其相对的皇城正门之间，各有两道小禁垣，将皇城划分成四条封闭的通道和数个独立的功能区。其中，从宫城正南门午门往南，经过封闭的通道抵达端门，再往南就是皇城正南门承天门。在洪武年间的改造中，建国之初建于宫城东南的太庙，宫城西南的社坛、稷坛，借鉴明中都的规制，移建到端门御道的两侧。皇城正南门承天门向南凸出丁字形广场，广场南端是洪武门，两侧是曲尺形的千步廊，两条千步廊的后方是中央衙署。这种安排由朱元璋确定："南方为离，（光）明之位，人君南面

---

[1]《明实录》：至正二十六年丙午八月庚戌朔，（朱元璋）"拓建康城。……命刘基等卜地，定作新宫于钟山之阳，在旧城东白下门之外二里许，故增筑新城，东北尽钟山之趾，延亘周回凡五十余里"。《明实录·太祖实录》卷二一，中研院史语所，1962年，第295页。

324　中国古代的理想城市

图 4-47　明初南京城平面示意图[1]

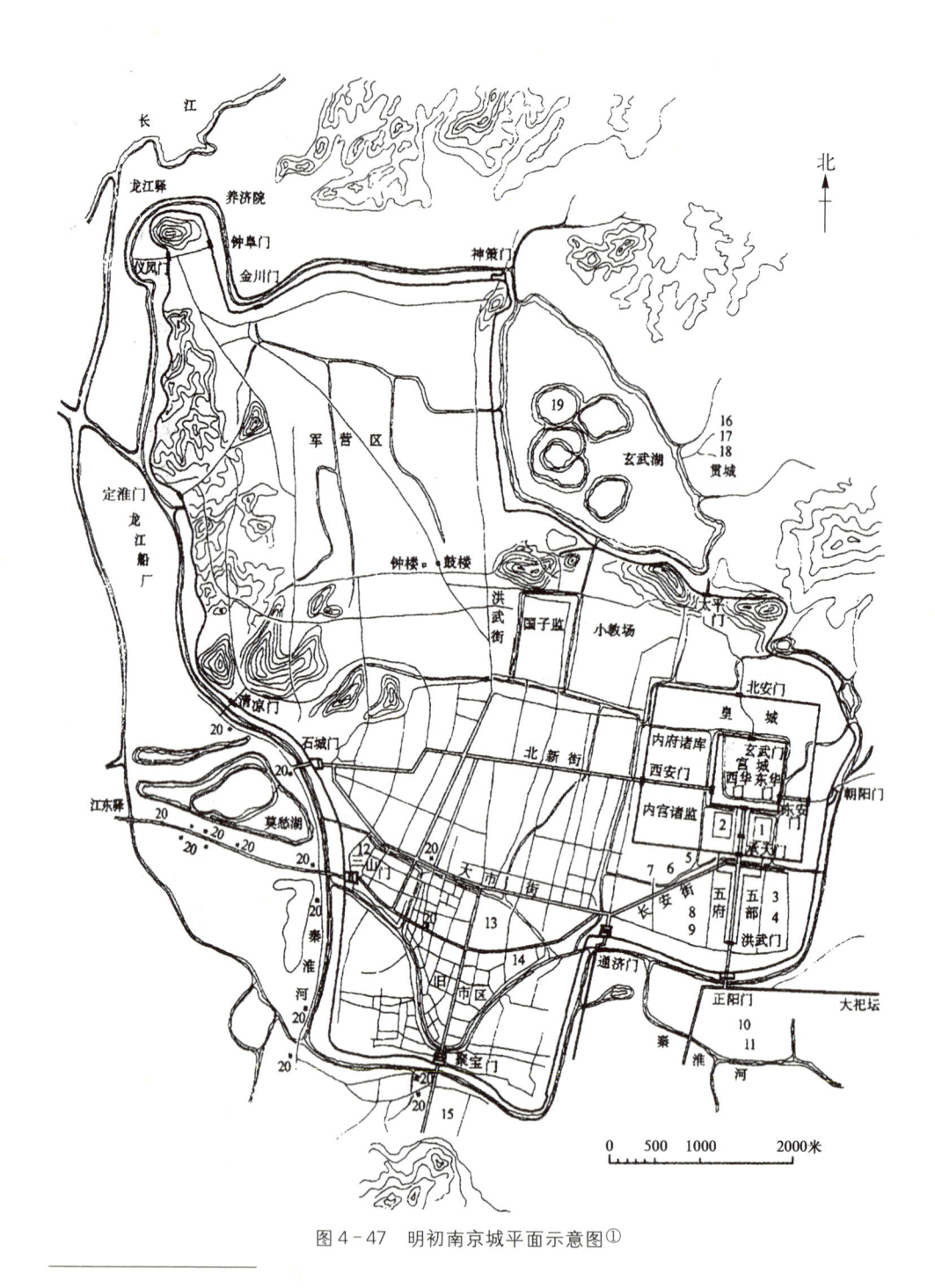

[1] 潘谷西：《中国古代建筑史·第四卷·元、明建筑》，中国建筑工业出版社，2009 年，第 23 页。

以听天下之治。故殿廷皆南向，人臣则左文右武，北面而朝礼也。五府六部官署宜东西并列。"① 除了太庙和社稷坛，皇城与宫城间的其他功能区主要安排服务内宫诸监、内府诸库和御林军。

第三重城墙即元明之际修建的应天府城，又称都城、京城。主要考虑军事等实际需求，城圈依据湖泊、山丘和新旧城区修筑，走向随地形曲折变化，呈不规则形。东面城墙沿钟山山麓修建，将方形的新皇宫环绕在内，南面及西南的城墙沿用方形旧城的走向，并利用杨吴时期开凿的城壕作为护城河，城南有秦淮河川流而过，西面将清凉山圈在城内，东北以宽阔的玄武湖为护城的天然屏障，北面城墙将附近诸如石头山、马鞍山、四望山、卢龙山、覆舟山、龙广山等制高点全部囊括在城中。周长号称96里，实测33.676公里。因城墙分阶段筑成，各部分墙体所依基础差别很大，造成各段城墙高低、宽厚及内外结构都有所差异，极其坚固，在形态上又不同于传统的方正规整的都城。在显要位置开城门13座。

洪武二十三年，又在应天府城的外围修建了面积广阔的外郭城，是为第四重城垣。外郭的北、东、南三面"阻山挖野"，西面以长江天堑为防，城圈依山带水，形态曲折，将城郊众多堡垒与钟山、聚宝山、幕府山等制高点串联成一道保卫都城的屏障。外郭与都城之间多为农田、村落。史称外郭城周长180里，实测仅120里，其中砖砌部分约40里。共辟18门（图4-48）。

在宫城、皇城和府城外各开凿了一圈城壕，它们与上新河、龙湾、玄武湖、内秦淮、青溪、进香河与小运河等分别连通，构成了遍布全城的运输排水系统。

经过明中都的建设实践，南京城内修建于战争时期的礼制建筑显得复杂和混乱，已不符合明王朝的都城制度。因而，罢建中都并重新启动南京城的建设之后，首要的任务就是对礼制建筑的改建工程。洪武八年七月新建太庙，洪武九年正月改建山川坛及先农坛，洪武十年九月改圜丘为大祀殿、新建社稷坛，一直持续到洪武三十年重建孔子庙成。这次改制前后历时近二十年，几乎涉及初创阶段的所有坛庙，规模和影响极大，曹鹏指出，这次重大改制可视为"明中都坛庙营建经验在南京的大规模复制或进一步改良"②。经过这一番改建，南京城内的礼仪建筑的数量有所减少，布局集中紧凑，建制更加完善，形成了

---

① 《明实录·太祖实录》卷二二〇，中研院史语所，1962年，第3227页。
② 曹鹏：《明代都城坛庙建筑研究》，天津大学博士学位论文，2011年，第26页。

326　中国古代的理想城市

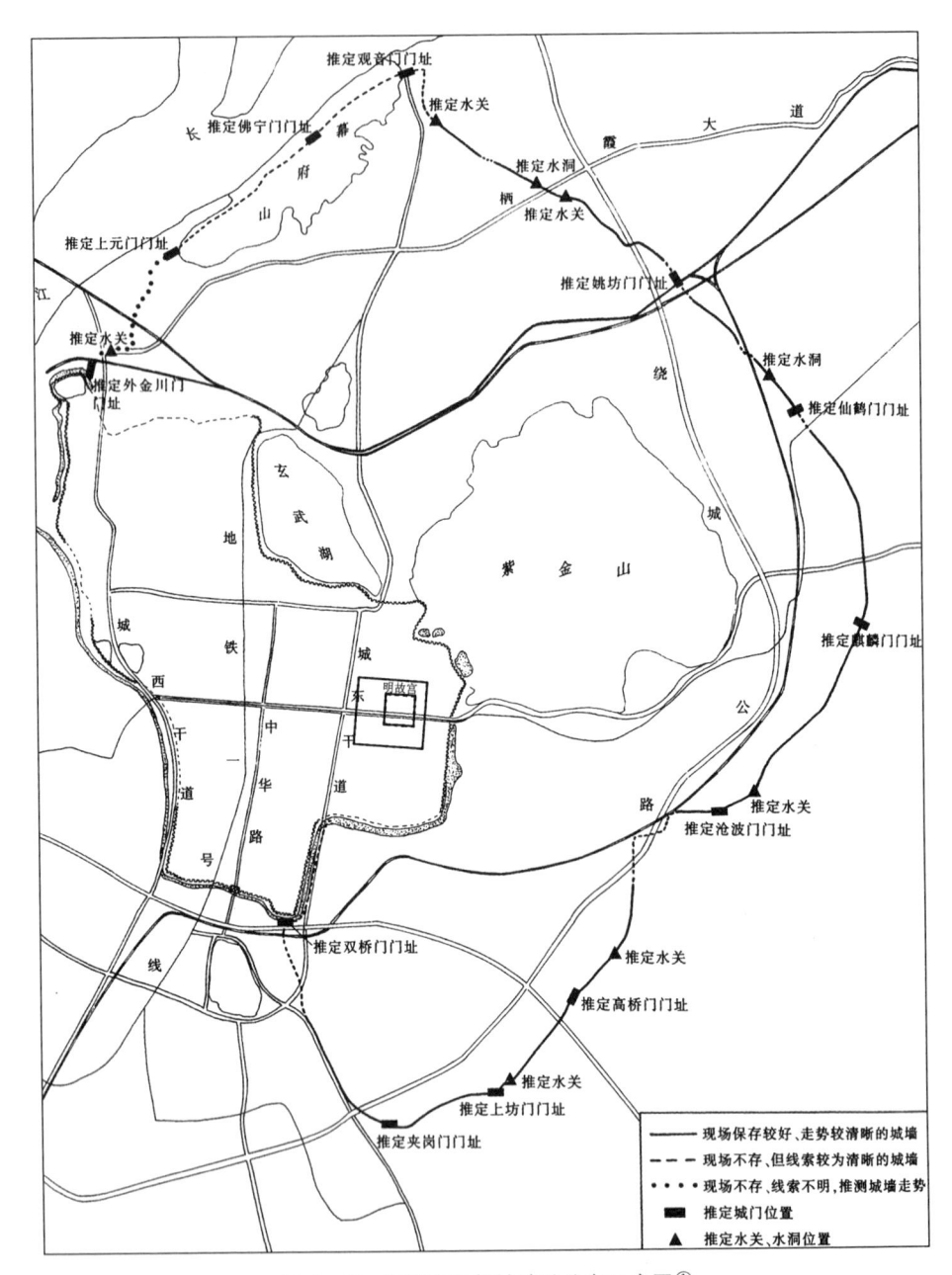

图 4-48　明南京外郭城遗址分布示意图①

---

① 改绘自南京市考古研究所：《明代南京外郭城遗址考古调查报告》，《南京文物考古新发现（第四辑）》，文物出版社，2016 年，第 250 页。

正阳门外"南郊"、鸡鸣山下"十庙"、承天门内"左祖右社"三大坛庙区。

明南京城尽管面积阔大,府城和外郭城曲折多变,城区功能单元的划分却很严谨,可划分为城东的皇宫区、城北的军屯区、城南的商市区、钟山附近的陵墓区等功能区,显然经过了统一的规划。明南京的钟、鼓楼建在鸡笼山西侧的黄泥冈上,大致位于城市的几何中心,也处于几个功能区的交汇地带。明代南京城的街道沿袭了东晋以来"无所因承而置制纡曲"的布局思想,多数随地形自由布置,并未遵循统一的正交网格。百姓居住和开展商贸活动的商市区被安排在原六朝建康、元集庆路城的宫殿、衙署区。这一布局改变了中国古代都城以宫为中心的传统,将百姓的一举一动都置于政府严密的监视之下。元末明初,政府将集庆路城的原住民遣往西南,另从全国各地调集匠户、富民十数万填充京城,将迁入的居民按照职业安排在商市区的不同地段,并以行业为街坊命名,采用统一的编户制度管理。商市区的店铺按类沿街分布,秦淮河沿岸设有集中的贸易市场,一些宽广的街道甚至也设有店铺。南京城内外的自然山丘与湖泊众多,依山傍水的地点常常开发为公共或私家园林。公共园林常常结合寺庙道观设在城市内外的山丘之中,如清凉寺与清凉山、鸡鸣寺与鸡鸣山、报恩寺与聚宝山等。

总的说来,明南京城因地制宜,在既有城址和山丘河湖的诸多限制下,继承并发展了经明中都的建设实践所形成的明代都城制度,尤其重视都城的坛庙礼仪建筑,将不同的城市功能单元分区安排在凹凸多变的地形中,是一座既符合都城礼仪制度,又有显著地域特色的中国晚期都城。

三、明清北京

明军占领北京不久,就在原北城垣南侧 5 里、实测约 3 000 米的位置新建了一道北城垣,将元大都比较空旷的北城舍弃在城墙之外,并对新旧城墙包砖。这次工程史称"徐达筑城"[①]。此时的北京并不是都城,只是北平府(后改名顺天府),燕王朱棣的燕王府设在这里。

1402 年,明成祖于南京即位,以北平为北京,不久便筹划迁都北京(即北平)。永乐四年(1406 年)下诏次年开始营建北京,但未能按期开工。永乐

[①] 李燮平:《明初徐达筑城与元大内宫殿的拆毁——"明代北京营建始末"辨析之一》,《故宫博物院院刊》1997 年第 2 期,第 12~22 页。

十五年，再次下诏营建北京宫殿，并于当年六月正式开工。到永乐十八年，完成了对宫殿、太庙、社稷坛、五府六部衙署、钟鼓楼以及一些王府的改建，并扩展了皇城、外城的南城墙，还在城外修建了天地坛等坛庙建筑。永乐十九年议改北京为京师，但4年之后仍称行在，至正统年间才正式定北京为京师。

改造之后的北京城呈扁方形，有宫城（即紫禁城）、皇城和外城三重相套的城垣构成。紫禁城位于外城的中部偏南，较元大内宫殿南移约300～400米，宫墙东西约760米，南北约960米，内部布局与明南京城宫城类似，外部环绕城壕筒子河，北面堆筑镇山，山丘主峰正对紫禁城北门。万历三十年（1602年），镇山正式命名"万岁山"。宫城外侧略偏西是皇城，东西约2 500米，南北长2 750米，西南角略有拐折。皇城之内，南边有祖、社，西为禁苑，北边是万岁山。皇城正门南侧有丁字形广场，广场两侧设千步廊和官府衙署，直抵都城南门正阳门。随着宫城的南移和皇城的南扩，都城的南城墙也向南移动了约800米，最终明初北京的规模是，南墙6 690米，北墙6 790米，东墙5 330米，西墙4 910米。此外，明永乐朝至正德朝还是北京坛庙制度的初创时期[①]，其对元大都礼制建筑的改易，除了将祖、社从外城移回位于都城中心的宫殿南面，还包括在都城南郊营建了全新的天地坛、山川坛，部分恢复了宋元以前的都城郊丘祀典制度。

在永乐年间的明北京城中，南、北城墙距离人工堆筑的凸起镇山都是2 700米左右，北京城的制高点镇山基本处于城址的几何中心，只是受到元大都中轴线位置的影响，略微偏东。王剑英指出，明初北京堆筑镇山、宫城南移、城墙南推等一系列改造的规划是"从整体上通盘确定下来的"。从建设时间上看，永乐十五年六月开始营建北京宫殿，镇山的堆筑约在毁弃元大内宫殿和开凿新宫城护城河的同时，而都城南墙的南推发生在永乐北京改造工程的晚段，如《明实录》记载：永乐十七年十一月甲子，"拓北京南城，计二千七百余丈"[②]。因此，在新建南墙之前，镇山的位置和营建方式应已经确定。以人工堆筑的山丘安排在中轴线上，作为城市的制高点和中心点，在中国古代的都城规划史上，这一手法罕见，很可能受到明中都规划的影响。

一般认为，"镇山"之名来源于镇压元朝的王气，所以它被堆筑在元大内

[①] 曹鹏：《明代都城坛庙建筑研究》，天津大学博士学位论文，2011年，第117页。
[②] 《明实录·太宗实录》卷二一八，中研院史语所，1962年，第2169页。

宫殿延春阁之上①。刘若愚《酌中志·宫殿规制》说："……万岁山，俗所谓'煤山'者，此也。久向故老询问，咸云土渣堆筑而成。"②从 20 世纪 60～70 年代的考古勘察来看，山下填埋的确是砖石瓦砾和泥土。但这些瓦砾是否主要来自元大内宫殿，瓦砾下方是否是延春阁，还有待考古工作确认。《大明会典》载："（永乐）十八年，营建北京，宫殿门阙，悉如洪武初旧制。"③也有学者认为，镇山又名万岁山，与明中都宫殿北面的山峰同名，乾清宫东西偏门称日精、月华，与明中都万岁山两侧的山峰同名，所以镇山的堆筑可能有明代初期的渊源，在都城内堆筑镇山，有可能是为了模仿明中都的万岁山。明中都的皇城北面有凤凰诸山，文献记载，中间一座被命名为万岁山，东西两峰称日精、月华。究竟万岁、日精、月华具体指哪一座山峰，不同学者的见解存在分歧。王剑英认为位于明中都禁垣东北角的山丘是万岁山，"在宫城背后堆筑'镇山'万岁山，明显地是模仿凤阳明中都'席山建殿'，筑宫阙于万岁山之阳的意思。……把它们（即日精、月华）安在后宫乾清宫东西两庑的门上"④。曹鹏认为，位于明中都禁垣北门附近的山丘是万岁山，"……中都万岁山，才是今北京万岁山（景山）的蓝本。同时，皇城包围日精峰和月华峰的设计意向也被北京乾清宫东门命为'日精'、西门命为'月华'所借鉴"⑤。《凤阳新书》记载，明中都的苑囿"在皇城内，万岁山前"⑥。按照这条文献，万岁山不应在城角，曹鹏的观点更加可信。

上述两位学者关于哪一座是明中都的万岁山的意见尽管并不相同，但从两种理解，都可进一步得到万岁山即明中都几何中心的推论。按照王剑英推断的万岁山，所在位置"恰好在中都城（笔者注：实际建成的中都）两条对角线的交叉点上，它不但是全城的制高点，也是全城的中心点"⑦。根据前文的分析，在原规划方案中，明中都的中心点大致位于的禁垣北墙的中点，也即曹鹏推断

---

① 王红：《景山史迹考》，《中国紫禁城学会论文集（第二辑）》，1997 年，第 123、124 页。
② （明）刘若愚：《酌中志·宫殿规制》，北京古籍出版社，1994 年，第 138 页。
③ （明）申时行等修，（明）赵用贤等纂：《大明会典》卷一八一《内府》，《续修四库全书·史部·政书类·大明会典（四）》，上海古籍出版社，1995～2002 年，第 192b、193a 页。
④ 王剑英：《明中都研究》，中国青年出版社，2005 年，第 554 页。
⑤ 曹鹏：《明代都城坛庙建筑研究》，天津大学博士学位论文，2011 年，第 78 页。
⑥ （明）袁文新、柯仲炯等纂修《凤阳新书》卷三《城池》，引自《凤书（一）》，成文出版社，1985 年，第 262 页。
⑦ 王剑英：《明中都研究》，中国青年出版社，2005 年，第 116 页。

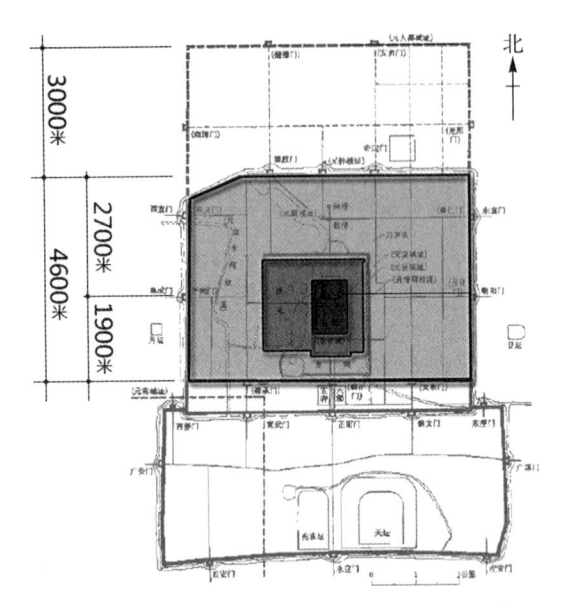

图 4-49　永乐改建前明北京城格局示意图①

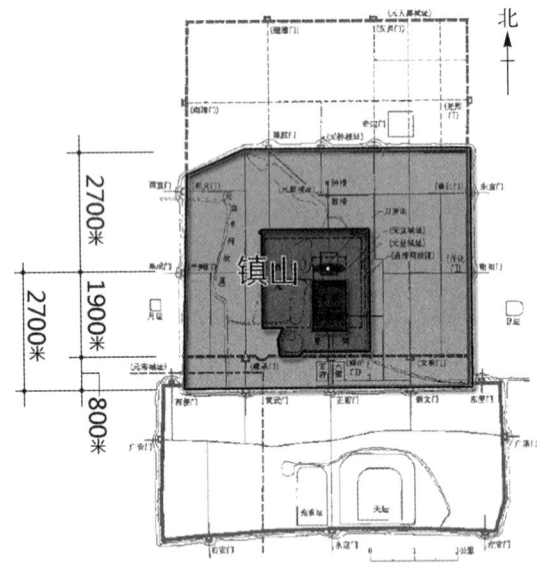

图 4-50　永乐改建后明北京城格局示意图②

的万岁山所在位置。

从修建时间来看，北城的内缩发生在洪武年间，北京改建元大内宫殿后堆筑了镇山，最后才拓建南城。由此推测，永乐时期北京城的制高点镇山最终接近都城平面上的几何中心，应得益于同时期扩建南城位置的确定，如考虑明北京改造对明中都制度的继承，将镇山置于永乐年间明北京城的中心，这应是有意设计的结果，换一种角度来看，镇山的位置以及镇山与经徐达改建之后明初北京北城墙之间的距离，很可能作为永乐年间扩建南城非常重要的尺度参考（图 4-49、图 4-50）。

嘉靖二十九年（1550 年），明廷准备在既有外城的四面扩建一座规模更大的外城，最终仅建成了南面 13 里长的城墙，将天坛和先农坛包围在新外城中。由于实际建设未能完全遵照规划，明清北京城在大多数时间里由南北毗邻的两座规模不等的独立城圈构成，形态并不规整。外城位于旧都城的南侧，南墙长 7 437

---

① 底图取自潘谷西：《中国古代建筑史·第四卷·元、明建筑》，中国建筑工业出版社，2009 年，第 30 页。
② 同上。

米，东端北折长 3 580 米，与旧城东南角相接，西端北折长 3 313 米，与旧城西南角相接。经过这次增建，北京城的平面从正方形变成凸字形，城市中轴线从正阳门延伸到永定门，明清北京内、外城的形态就此定型。另外，由于皇位继承引发了诸多问题，其中包括对礼制建筑制度大规模的更改，不仅对永乐朝创建的大多数坛庙进行了改建、扩建，还新建了诸如方泽坛、朝日坛等近十处新的坛庙建筑群，形成了具有四郊五坛、左祖右社、东西城孔庙国子监与历代帝王庙、西苑先蚕坛与帝社稷坛的都城坛庙新格局。在嘉靖朝之后，尽管部分祀典被废止，但多数坛庙建筑未被拆毁，并被清廷所沿用（参见图 1-2）。

到了清代，北京城的功能和布局的调整可总结为三方面。第一，清初将汉人集中安置在南外城，内城修建了大量亲王、贝勒等皇室宗亲的宅邸，屯驻八旗军，仅允许满人居住，这似乎继承了辽、金、元都城内"分城而治"的管理方式。外城变得人口密集，商业繁华，成为北京的经济中心和文化中心。第二，由于内城只有满人，皇城的禁卫作用并不明显，后来就被拆除了。除保留下来的若干宫廷服务机构、库房、寺观外，皇城内的多数土地用来修建民居或庙宇。第三，在南城和西城之外，修建了大型的皇家苑囿，供皇帝游赏休憩。尤其在清代前中期，皇帝每年有很长时间都居住在西郊的畅春园、圆明园和长春园等皇家园苑中，这里是清廷实际的统治中枢。此外，针对因居住在内城的旗人拆卖房屋对市容的破坏，清廷曾颁布禁令，对街道界面的完整性严加管束。《钦定大清会典则例》载："京师为万方辐辏之地，街衢庐舍理应整齐周密，以肃观瞻。"[①]因此，顺治初年有令："王府营建悉遵之制，如基址过高或多盖房屋，皆治以罪。"[②]雍正十二年（1734 年）有令："……旗民等房屋完整坚固不得无端拆卖，倘有势在迫需，万不得已，止许拆卖院内奇零之房，其临街房屋一概不许拆卖。"[③]乾隆年间又继续下达了禁止私自拆卖或变相废弃临街房屋的命令。这些旨令反映了清代的城市管理对街道景观、行人视线的重视。

---

① （清）允祹纂修：《钦定大清会典则例》卷一百二十七《营缮清吏司》，引自《景印文渊阁四库全书·史部三八三·钦定大清会典则例》，台湾商务印书馆，1986 年，第 642 页。
② 同上。
③ 同上。

第四节 小结与讨论

中国近古时期的都城规划发展可分为前、后两个阶段，前一阶段从五代至两宋，主线是里坊制度的崩溃和开放街市的形成，后一阶段为元明清时期，主线是对《考工记》理想规划的全面实施（图 4-51）。通过这两个阶段的发展，以明清北京为代表的近古都城在严谨有序的城市结构与繁盛开放的都市商业之

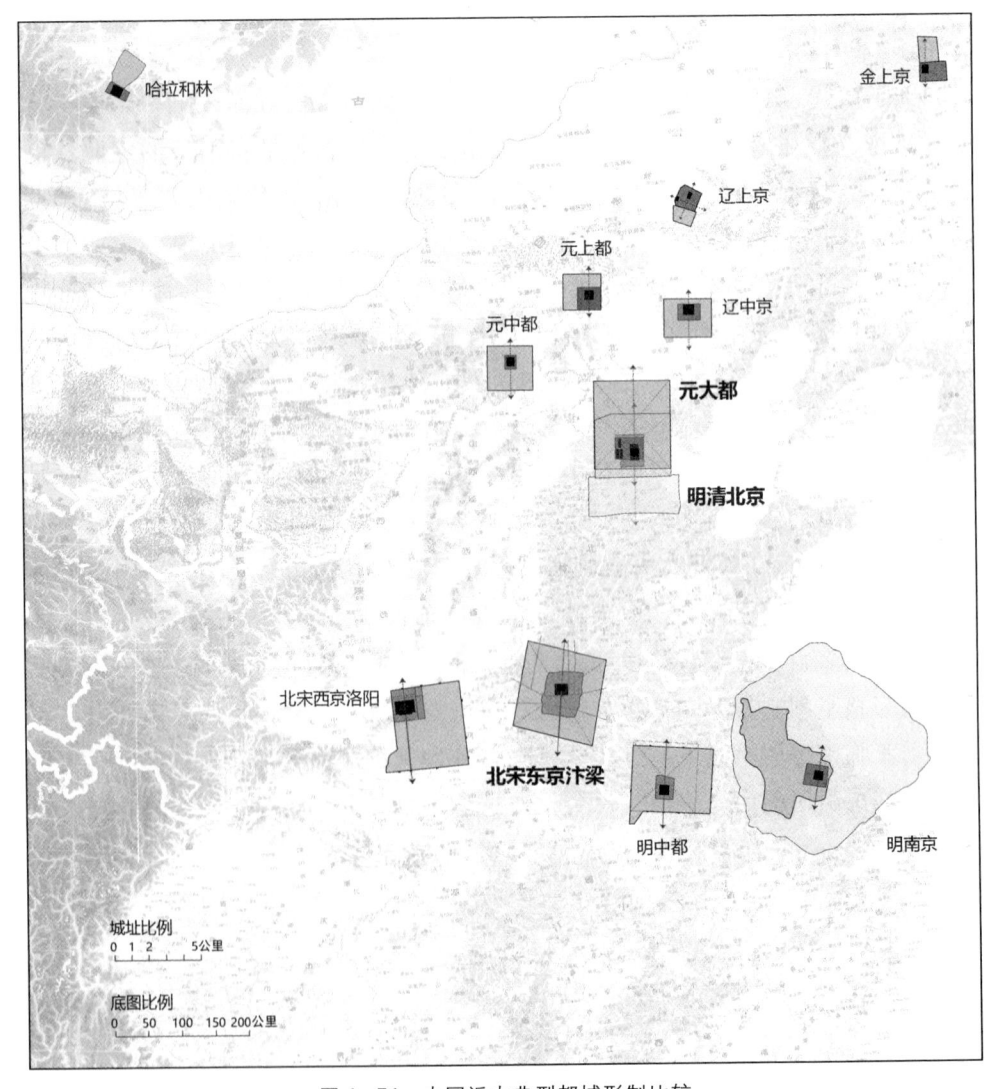

图 4-51 中国近古典型都城形制比较

间取得了一种难得的平衡。中国的城市规划，到帝制时代末段，在恪守儒家理想等神圣传统的同时，又满足了城市居民的世俗化需求，达到了新的高度。

在既往的研究中，由蒙元政权创建的元大都长期被视作最接近《考工记》营国思想的实例，但凡讨论《考工记》对古代城市规划的影响，往往首推元大都。实际上，本节重点研究的元中都和明中都，都是在生地上新建而成，若能完全将设计方案实施，它们的形态和格局应较元大都更为贴近《考工记》理想规划。

由于政治方面的因素，元中都的大规模修建仅持续了4年左右，基本建成了三重城垣及皇城内的主要宫殿，第二重城圈和外城比较空旷，从外城南端中轴线两侧发现的遗迹来看，外城原本应有比较严谨的规划，惜未建成；明中都的大规模建设持续了6年左右，依据文献与现存遗迹，可以推测，明中都的设计规模应达到2 000丈见方、周回45里，在原初方案中，城垣及主要城门、干道都可以与一个500丈见方的格网有比较好的对位关系，由于地形限制，未能全面实施规划。将两座城址进行比较，可以看到，尽管等级、规模、地形环境和营建者的文化背景存在差异，它们的原初设计方案却有相当多的一致特点（表4-8）。第一，从设计方案来看，元、明中都的边界形态基本相同，内两圈城垣都呈纵长方形，且长宽比例非常接近，外城都呈正方形，四边长度基本相等。第二，元、明中都的城垣结构相同，都有内外相套的三重独立城圈。第三，从设计方案来看，元、明中都同样将南北向中轴线置于城址的几何中线上，通过轴线串联不同城区及重要的公共空间，形成了秩序严谨的城市格局。此外，元、明中都几何中心点的位置也有一定的相似性。元中都的几何中心点大致位于第二圈城垣的正门附近，在明中都的原初设计方案中，几何中心点大致位于禁垣（也即第二圈城垣）北墙南侧的山地，接近禁垣的北门。如果大胆地将明中都城图旋转180度，按照《中都志》一类的古籍的视角，以南为前、北为后的方位审视明中都的原初方案，元、明中都在布局上的相似性将给人以更深的印象（图4-52）。

表4-8 元、明中都建设基础与城市形态比较表

比较内容	元 中 都	明 中 都	比 较 结 果
城市级别	陪都	首都	级别不同
修建地点	农牧交接地带	中原江淮之间	地点迥异

续表

比较内容	元中都	明中都	比较结果	
完成情况	建设4年，尚未建成即已废置	建设6年，尚未建成即已废置	大规模建设时间接近	√
建设基础	完全新建	完全新建	基本相同	√
自然环境	开阔平坦的草原地带	傍水多山的丘陵地带	环境迥异	
第一圈城垣	东西545米，南北605米，城址东西边长/南北边长约0.9公里，面积约0.3平方公里	东西880米，南北967米，城址东西边长/南北边长约0.91公里，面积约0.9平方公里	形态及比例相似，明中都约是元中都面积的3倍	√
第二圈城垣	东西780米，南北930米，城址东西边长/南北边长约0.84公里，面积约0.7平方公里	东西1680米，南北2059米，城址东西边长/南北边长约0.82公里，面积约3.5平方公里	形态及比例相似，明中都约是元中都面积的5倍	√
第三圈城垣（实测）	正方形，各边长都为2900米，面积约8.5平方公里	东西7776米，南北6182米，周长29880米，城址东西边长/南北边长约1.26公里，面积约48平方公里	形态及比例不同，明中都约是元中都面积的6倍	
第三圈城垣（规划）		正方形，各边长都约合6400米，面积约41平方公里	形态及比例相似，明中都约是元中都面积的5倍	√

考虑到元中都内城基址与元大都宫殿制度的拟合程度，不排除元中都的外城也模仿大都，在棋盘格式的开放坊巷间布置功能房屋，设"前朝后市，左祖右社"，东、南、西各设三座城门，北面两门，共11座城门；当然，由于元中都只是陪都级别，城市功能要素不一定尽如大都，也有可能按照陪都规划，没有祖庙或社稷。如元中都的原初规划是前一种情况，明中都的设计模数和原初方案也似前文的推测，那么，这两座城址在边界、城市分区、出入口、干道、核心功能区等方面几乎完全符合《考工记》的理想规划（表4-9）。两座城市规划方案的高度相似反映了《考工记》城市思想对我国都城规划的影响程度在进入近古时期后半段达到了一个

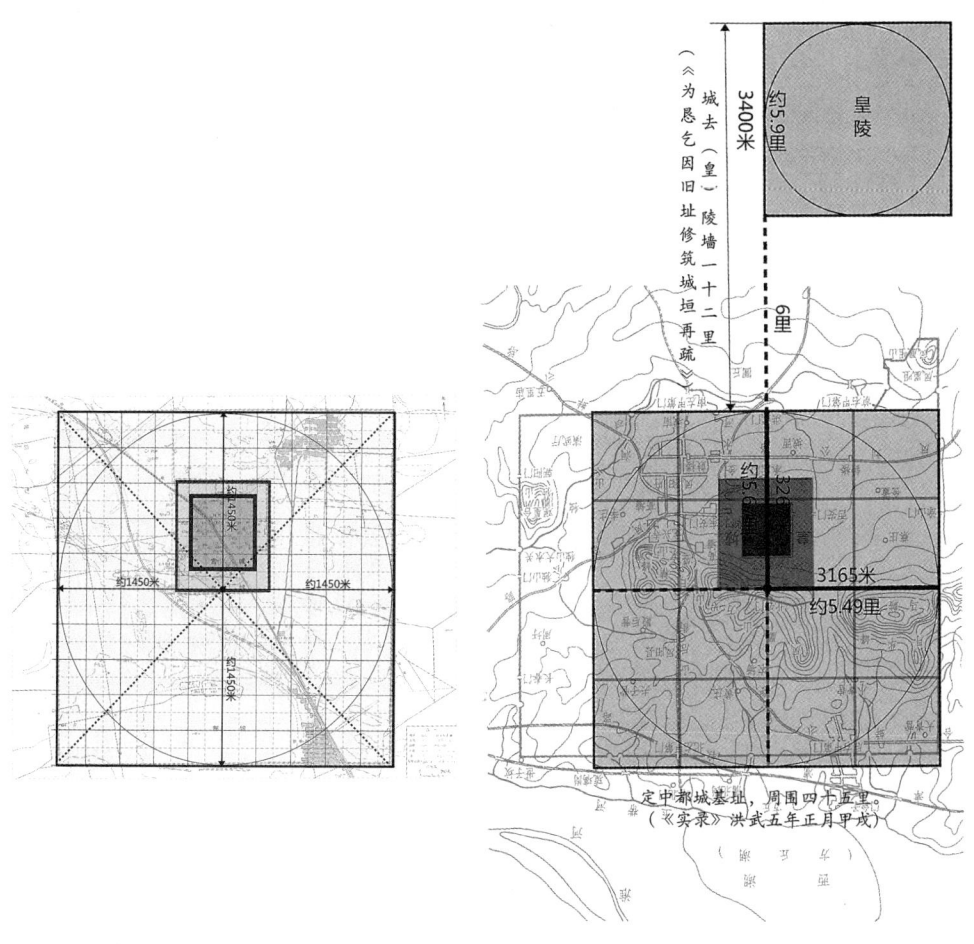

元中都布局示意图（上北下南）　　　　明中都原设计方案推测图（上南下北）
图 4-52　元中都与明中都原初设计方案比较

顶峰。

长久以来，我们对元明都城关注、研究比较多的还是使用时间较长、更具名望的元大都、明清北京，次之则是元上都、明南京，并在这些城址之间寻找承继、源流关系。本书对元中都、明中都进行重点考察，也是希望借此强调，中国历史上未能建成的城市与并不算成功的城市规划方案，在城市规划思想史的研究中也可能具有不可忽略的重要意义。

表 4-9　元中都、明中都设计方案与《考工记》理想规划比较表

资料来源		边界与规模	出入口	核心区域	城垣结构	备注
元中都	实测	接近方形，东墙2 964米、南墙2 964米、西墙2 881米、北墙2 906米	不详	宫城居中偏北	三城相套，轴线居中	以元明时期1丈约合3.2米换算
	推测	方形，各边皆约2 900米，约合7.5里见方	如依元大都制度，东、南、西三面各3门，北面2门，共11门	如依元大都制度，外城有前朝后市、左祖右社	三城相套，轴线居中	
明中都	实测	横长方形，东西7 776米，南北6 182米	南、东面3门，北面2门，西面1门，共9门	设前朝及左祖右社，共有三处市场，可能因地制宜，按需设置	三城相套，轴线偏西	
	推测	方形，各边皆约6 400米，约合11.25里见方	每面各3门，共12门		三城相套，轴线居中	
《考工记·匠人》		"方九里"，合各边长3 750米	"旁三门"，推测共12门	左祖右社，面朝后市，推测宫城居中	三城相套，轴线居中	以周代1里约合415.8米换算

第五章

中国古代理想城市的形态特征

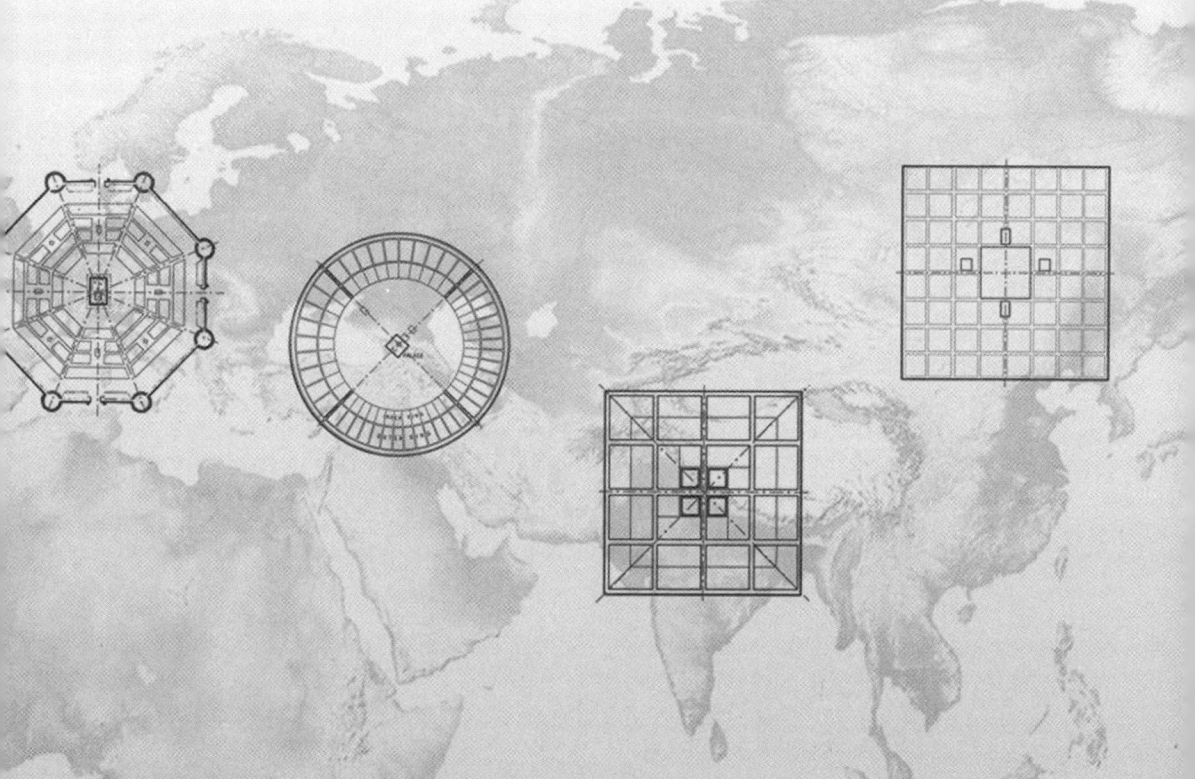

自古以来，不仅在宏伟的庙宇和宫殿的构造中，而且在疏落的农村或集中的城镇居住建筑中，都体现出一种对宇宙格局的感受和对方位、季节、风向和星辰的象征手法。

——《中国科学技术史》

第一节 尊崇经典
——中国古代理想城市的边界与分区

中国古代都城的突出特点之一是将标示城市范围、分隔城郊、对外防御的城墙（含城壕）用来划定城市分区，管理不同身份（或等级）的城市居民，城墙因而具有了协调城市秩序的礼仪意义。中古都城是以墙垣进行城市分区最典型的实例，如北魏洛阳、隋唐长安和洛阳，不仅将皇宫禁地绕以宫墙，将祖、社和中央官署绕以皇城，还将不同居民点和商市分别环绕在大大小小的独立城圈之内，一座更大的郭城则将所有单元囊括在内，形成了重重相套的城中之城。

不同位置的城圈，修建技术差别不大，一般都由垒土夯筑而成，晚期城墙或有包砌城砖。尽管如此，中国古人却给予不同位置的城墙以不同的称谓——筑城以卫君，造郭以守民，这是现知上古时期关于城市分区最具代表性的理念，即通过城墙将都城划分为两个区域，其一是为君王统治者服务的"城"区，其二是管理、守护百姓的"郭"区，两个区域的根本差异在于城圈之内居住者的身份，这直接影响了不同城区的土地使用性质、城市开发强度和城市的风貌景观（图5-1）。

随着城市理念的发展，"城"区有了进一步的功能分化，往往独立出一座或多座围绕宫殿建筑群修建的"宫城"（为简明起见，本节统称宫城），它是君王及其家族、近侍的活动区。划离"宫城"之后的"城"，主要安置直接服务于皇室的辅助性功能，汉魏时期称"内城"（为简明起见，后文统称内城）。自西汉长安以来，将内城外套在数座独立的宫城之外，构成一圈封闭城区，奠定了"宫城—内城"制度。随着历史的进程，内城的名称不断变

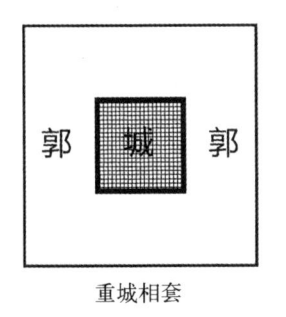

| 重城相套 | 重城相叠 | 双城并立 |

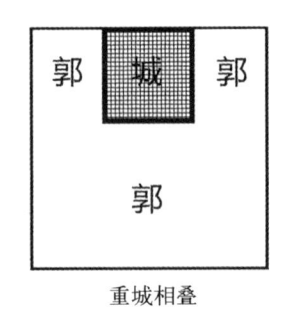

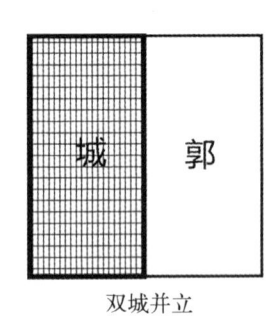

图 5-1 "城—郭"二重结构的典型布局模式

化，隋唐时期称"皇城"，元明时期一度称"红门拦马墙""禁垣"。内城的性质和规模也有所变化，汉魏时期，左祖右社、官署府库、贵族宅邸和工商市场都在其中，到了隋唐时期，迁出贵族府邸，仅保留衙署、祖、社和寺庙等公共建筑，宋代以后，绝大多数官署又被集中到内城之外的御道千步廊两侧，至元代，红门拦马墙内仅保留了诸司府库等皇宫的附属用房。在清代北京，随着满汉分城而居，被称为"皇城"的内城功能性减弱，最终在城市改造中遭到拆除。

"郭"又称"郭城""外城"或"外郭"（为简明起见，后文统称外郭），它是百姓安居之所，面积一般比较大，城内有较为复杂的路网和水系，功能上也经过了从简单到复杂的变化过程。据考古工作提供的证据，早商时期的郑州商城、偃师商城的外郭待内城建成一段时间后才修建，它的走向按照已经形成的居住区和作坊区规划，侧重于城墙守护、管理百姓、百工的实用功能。战国中后期，列国竞争激烈，郭城的面积迅速膨胀，最流行的都城布局模式是将外郭单独修建，形成一个拥有独立出入口的城区。中古时期，尽管东汉洛阳、南北朝时期的邺城都很有可能存在较大规模的郭区，但目前能够确认实物的外郭城最早出现在北魏洛阳。

经过两千余年的城市建设实践，原来仅有"城""郭"两重结构的中国古代都城，又在"城"与"郭"之间以及"郭"与"郊"之间各形成了一个中间过渡地带，最终构成具有宫城、内城、外郭和城郊四重分区的格局。在不同时期，城市分区的相对位置有所变化，总体可分三个阶段：第一阶段，战国之前的城市规划，作为古制，城郭相聚，其顶峰是周鲁城相当严谨地组织不同性质的城市功能单元；第二阶段，为减缓因人口快速兼并带来的国内矛盾，战国中后期并立城与郭，除北魏修筑外郭，出现了一个非常短暂的时间嵌城于郭内，直到唐末以前,都是以城郭相对独立为主流;第三阶段,随着热兵器的使用,多层城池被视作增加防御纵深的有效措施,城郭相套布局再次启用,在承平时期,进而演化为都城礼制的一部分。

一、中国古代都城边界和分区的类型与演变

(一) 中国古代都城的布局类型

中国古代都城的布局很大程度上取决于宫城、内城、外郭的相对位置,概括起来不外乎三种模式:重城相套、重城相叠或多城并立(图 5-2)。重城相套模式,即大的城圈从小城圈的四面向外扩展,各层城圈完全脱离;重城相叠模式,一般是大的城圈从小城圈的三面向外扩展,保留一面与小城圈部分相叠;多城并立模式,即同时修筑可独立使用的多座城圈。

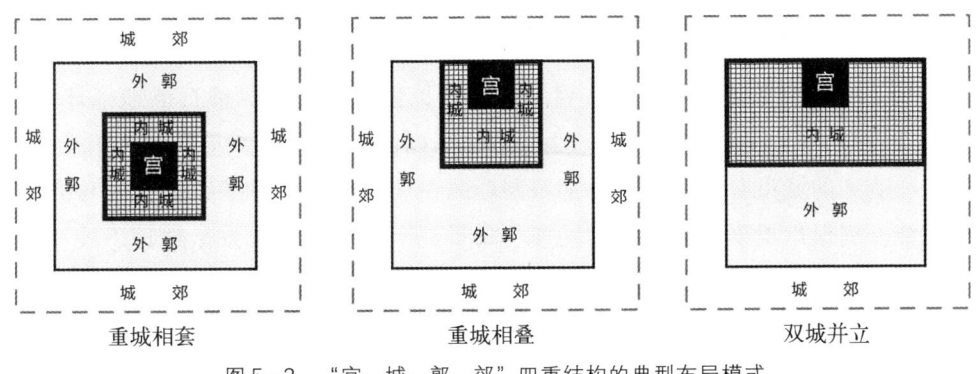

图 5-2 "宫—城—郭—郊"四重结构的典型布局模式

在商代都城中,现已确认具有三重封闭城垣的城址是偃师商城,它的宫城、内城内外相套,外郭位于内城的东、南两面,属于重城相叠型。由于周代前期周王室的都城形态还有待探明,作为探察周王室都城线索的周鲁城是重城相套型。前述绝大多数周代后期城宫相套型的诸侯国都城遗址,外部围筑城垣,城垣之内的高地被用来修建大型夯土建筑,也可视为重城相套型。周代后期的宫城聚集型和城郭并立型城址,都属于多城并立型,在这些都城范围内,一般都有多座彼此独立的并列城圈。秦帝国都城咸阳的布局仍比较模糊,似难归类。到了西汉长安,多座宫城被围绕在内城之中,又恢复为重城相套型,它的分区布局为汉魏洛阳城所继承。东魏北齐邺城现已发现的南城中部偏北有宫城,一般认为属重城相套型。东魏北齐邺城应当有外郭城,其北部边界应该是邺北城北墙及其延长线,北城为皇室用地,不是普通的民

麈，所以这座城址的布局也可以理解为重城相叠——邺北城和邺南城位于外郭的北部中央，外城从东、南、西三面包围内城。很有可能是受到了东魏北齐邺城的影响，隋唐时期的都城长安、洛阳都采用了重城相叠的模式。从五代开始，热兵器开始投入战争，增加城圈层数有利于增加防御纵深，都城的布局因故再次回归重城相套模式，如五代北宋汴梁至少有三重内外相套的城垣，形成了套城与套壕。辽金元等少数民族政权修建的都城则经过了一个从多城并立向重城相叠转变的过程，最后蒙元政权统御中国全境，重新启用重城相套的模式修建元大都。明代的三座都城明中都、明南京和明初北京无一不是重城相套型。在明中期扩建北京的外郭城时，由于放弃了原本四面修建外郭的计划，仅完成了对南城墙的建设，才形成了明代中后期至清代北京的特殊形态。

可以看到，在中国古代的都城修筑史上，重城相套是最为频繁启用的形态，甚至到近古时期，使用时间最长的三座都城，北宋汴梁、元大都、明初北京都是按照重垣相套模式进行布置。明王朝扩建北京外城，进行堪地设计时，明世宗说道："今须四面兴之，乃为全算。不四面，未为王制也。"[①] 由此看来，重城相套型的城市分区已被视作都城制度的一部分，具有象征城市性质和级别的意味。周振鹤根据历史地理学元典《禹贡》中的两种基本政治地理思维——"九州制"和"五服制"，将中国古代的政治地理总结为"分块式"和"圈层式"两种结构，他指出，"这两种结构一直是政治地理格局的两种基本形态，以迄于近现代"，其中"五服制所体现的是一个国家的核心区与边缘区的理想关系"[②]。这种"圈层式"政治地理结构从形态上非常接近"重城相套式"城市分区，换句话说，"重城相套式"城市分区可视作中央与地方理想关系在城市层面的投射。既往学者根据《考工记》文本绘制的理想王城，无不是中心有王宫，宫城外套王城，属于重城相套类型，是将国家政治地理的理想关系寄托在城市空间之上，直到近古时期，理想"王制"与《考工记》理想规划形成了合流。

（二）中国古代都城边界的变化趋势

封闭的外郭城圈构成了中国古代都城的外部边界。将 13 座采用重城相套布局的典型都城的数据比较如表 5-1：

---

① 《明实录·太祖实录》卷三九五，中研院史语所，1962 年，第 6958 页。
② 周振鹤：《中国历史上两种基本政治地理格局的分析》，《历史地理（第 20 辑）》，上海人民出版社，2004 年，第 6 页。

表 5-1　中国古代典型都城边界形态比较表

序号	城址名称	选址地点	边界形状	东西（米）	南北（米）	形态参数（东西/南北）	备注
	《考工记》理想规划	—	正方形	方九里 3 750	3 750	1.00	
1	周鲁城	鲁中山地丘陵与鲁北平原交界地带	横长方形，边界略有曲折	4 000	3 000	1.33	
2	魏安邑	运城盆地东缘	略呈梯形，城址西北角略有内凹，西墙多有曲折	3 200	3 800	0.84	
3	西汉长安	关中平原中部	略呈方形，西北、南部城墙有多处拐折	2 250	2 150	1.05	
4	魏晋洛阳	洛阳盆地中部	纵长方形	东西六里，南北九里 2 500	3 700~4 200	0.60~0.68	
5	北魏洛阳	洛阳盆地中部	横长方形，北部略宽，南部略窄，略有曲折	东西二十里，南北十五里 10 000	6 000	1.67	
6	东魏北齐邺城（邺南城）	河北平原南部	大致呈纵长方形，城墙略有曲折	东西六里，南北八里六十步 2 750	3 500	0.79	外郭不详，推测规模或近似于北魏洛阳，暂以邺南城为计
7	**隋唐长安**	关中平原中部	纵长方形	8 652	9 721	0.89	
8	五代北宋汴梁外城	豫东平原中部	略呈纵长方形	6 950	7 650	0.91	
9	**元大都**	华北平原北部	略呈纵长方形	6 700	7 600	0.88	

续表

序号	城址名称	选址地点	边界形状	东西（米）	南北（米）	形态参数（东西/南北）	备注
	《考工记》理想规划	—	正方形	方九里		1.00	
				3 750	3 750		
10	**元中都**	蒙古高原南缘	正方形	2 900	2 900	1.00	
11	**明中都（推测规划）**	—	正方形	6 450	6 450	1.00	
	明中都（建成）	江淮之间的丘陵地带	横长方形，西南城角外凸	7 776	6 182	1.26	
12	明南京	东连长江三角洲，西靠皖南丘陵	因地制宜，城墙自由形态	应天府城周长 35 267 米		不详	
				外郭周长约 66 000 米			
13	明初北京（永乐至嘉靖年间）	华北平原北部	横长方形，西南角斜抹	6 700	5 400	1.24	

注：名称被加粗的城址为城墙为规则几何形态的都城。

以上考察的边界形态数据都取自每座城址目前所能确定的最外一圈城垣。总结说来，这些重城相套式都城的边界具有以下特征：

首先，除明南京城之外，其余12座城址的边界都可大致视为方形，有横长方形、纵长方形或正方形。典型如明中都城，即便修建在江淮之间的丘陵地带，也尽可能采用了方形城址，只是为了防御需要，调整了局部地段的城墙走向，保留了至少三个城角为直角。

其次，严格地说，除明南京、明中都之外的11座位于北方平原或高原地区的城址，边界又并非完全规则。在这些城址中，所有城角都为直角、具有规则几何形边界的城址仅有隋唐长安、元大都和元中都3座，如将边界略呈菱形的五代北宋汴梁算在内，也不过4座。隋唐长安之前的城址往往是不太规则的方形，城垣走向多随山形水系等微地貌或既有建筑变化，典型如西汉长安、姜齐临淄城、北魏洛阳外郭。隋唐长安之后，除修建在丘陵地带的明中都和明南京，绝大多数城址都能克服地表的凹凸变化，将城墙修建成直线，将多数城角砌筑为直角。

最后，从五代北宋汴梁城开始，城址的边界往往越来越趋近于正方形。以上 13 座城址，修建于上古和中古时期则略呈横长方形或纵长方形，如周代前期周王室的都城以横长方形为主，而汉魏洛阳城又为纵长方形，似乎难以看出长期性的统一规律。至晚从五代北宋汴梁开始，城址的纵横向边长的差距缩小，两者比例一般在 0.9～1 左右。元中都的外城东西、南北都接近 2 900 米，是中国古代历史上最为接近正方形的一座城址。依据文献推测，明中都原设计方案也采用了正方形城址，由于江淮丘陵地带的影响，才不得不在实际工程中将城圈调整为略有不规则的横长方形。

通过上述实例来看，在中国历史上，越是晚近修建的都城，城市外郭的边界就越是趋近于东西与南北等长的正方形，也就是越贴近《考工记》描述的周王城"方九里"之制。实际上，规则的外郭边界和直角形城池在军事战争中并不占优势，尤其是宋代以后，冷兵器时代临近尾声，城墙对热兵器的防御效果非常有限，元明时期不遗余力地修建正方形城池，其出发点主要是从礼制方面凝聚人心，巩固政权的稳定。

(三) 中国古代都城分区规模的演进趋势

本书将都城最内一重修建高等级宫庙的城圈统一定名为宫城。如初建的周鲁城，虽然暂未发现同时期的城垣，但由于有自然高地作为明确的地标，自然高地上又发现了大型的夯土基址，本节也将这类早期城址内的宫庙区视作一个等同于宫城的独立功能分区。

早在二里头遗址 3 期就已沿着井字形路网内侧修筑了长方形的封闭宫城，将既有的宫庙建筑环绕在内。在偃师商城和洹北商城，都找到了闭合的宫城，郑州商城的东北角发现了一片夯土建筑基址和墙垣遗址，可能也有一个约等于洹北商城宫城规模的宫殿区。周代后期的前段，一些诸侯国都城遗址内也找到了集中分布高等级建筑基址的城区，典型如郑都新郑、魏都安邑。战国中晚期，普遍流行将君王和平民的生活区分隔开来，此时新建的都城内，一般都有面积大致相等的城区和郭区。在由旧城改造而来的田齐临淄、洛阳王城和韩国新郑内，君王活动的城区面积稍小，最大者田齐临淄的西部小城也仅约 5 平方公里。在这个阶段，由于内城的面积扩大，宫城是否独立于内城设置似未成定制，也有可能是将独立的城整体作为宫城。秦咸阳的布局虽未完全探明，但推测可知，渭河两岸散布着数座大型宫城。直至汉惠帝之后，汉长安城将宫城及周边的武库、官署、商市、贵族府邸围绕在一个封闭城圈里，这才算卫君之"城"的结构被定型为宫、城两重。

本书将位于宫城之外、都城内的第二重城圈统称为内城。内城的设置，早在郑州商城、偃师商城就已出现。周代前期的多数城址里往往可以发现一定数量的手工业作坊遗址、居民区遗存以及不同等级的墓葬，它们的性质究竟更接近服务于王室贵族的城还是普通居民生活的郭，尚有待讨论。直至西汉时期，才可以看到比较成熟的内城设置。西汉长安城的内城环绕在多座宫殿之外，宫城之间是各种府库、工商市场和贵族府邸，基本找不到可供平民活动的空地。因而，本书将主要考察自西汉以后，内城所占都城比例的变化。

将前述13座城址的宫城、内城、外郭的面积汇总如表5-2所示。

表5-2 中国古代典型都城宫城、内城、外郭规模比较

单位：平方公里

序号	城址名称	宫城面积	内城净面积	外郭净面积	整座城址的面积	宫城面积占整座城址	内城净面积占整座城址	备注
	《考工记》理想规划	1.6	12.4	—	14	11.4%	88.6%	以（方9）"里"为1里之地复原
		0.88	13.1	—	14	6.3%	93.8%	以（方9）"里"为1个里坊复原
1	周鲁城	0.48	10.8	—	11.3	4.2%	95.6%	
2	魏安邑	1	9.5	—	10.5	9.5%	90.5%	
3	西汉长安	23	11.4	—	34.4	66.9%	33.1%	
4	魏晋洛阳	0.92	8.6	—	9.5	9.7%	90.5%	
5	北魏洛阳（外郭）	0.92	8.6	50.5	60	1.5%	14.3%	
6	东魏北齐邺城	0.6	9	50.4	60	1.0%	15.0%	
		0.87	12.83	46.3	60	1.5%	21.4%	将后园计作宫城，且将邺北城计作内城
7	隋唐长安	4.2	4.8	75.1	84.1	5.0%	5.7%	重城相叠型城址，内城时称皇城

第五章　中国古代理想城市的形态特征　347

续表

序号	城址名称	宫城面积	内城净面积	外郭净面积	整座城址的面积	宫城面积占整座城址	内城净面积占整座城址	备注
	《考工记》理想规划	1.6	12.4	—	14	11.4%	88.6%	以（方9）"里"为1里之地复原
		0.88	13.1	—	14	6.3%	93.8%	以（方9）"里"为1个里坊复原
8	**五代北宋汴梁外城**	0.39	1.11	45.89	53	0.7%	2.1%	内城、旧城和外城、新城都计作外城
9	**元大都**	0.8	3.61	47.4	51	1.6%	7.1%	内城时称萧墙、红门拦马墙等，将大块水面围绕在内
10	元中都	0.3	0.4	7.7	8.4	3.6%	4.8%	
11	明中都（规划）	0.85	2.5	38.5	41	2.1%	6.1%	宫城初称皇城，内城初称（皇城）禁垣
	明中都（建成）	0.85	2.85	45.25	48.1	1.8%	5.9%	
12	明南京	0.6	5.4	244.6	250	0.2%	2.2%	应天府城和外郭都计作外城
13	**明初北京（永乐至嘉靖年间）**	0.75	6.15	48.2	35.1	2.1%	17.3%	宫城又称紫禁城

注：名称被加粗的都城为重城相套型城址。

1. 宫城规模演进趋势的量化分析

将上表所示诸座都城的宫城规模占全城比例的变化趋势示意如图5-3所示。

不同城址的建造时间、等级不同，城区规模的差别比较大，本书主要分析了各座城址内宫城（或宫殿区）的面积占整座城址面积的比例。其中，西汉长安的宫城面积不仅最大，它们所占全城面积的比例也最高。曹魏邺城和洛阳，由于改易宫城四布的格局、仅在都城内保留一座主要宫城，宫殿所占比例明显下降。北魏洛阳是目前通过考古确定的第一座中古时期正式修建外郭的都城。随着外郭的修建，都城有了明确的边界，宫城所占全城的比例随之大幅缩小。从隋唐都城开始，或许是中央王朝的权力越来越集中，也可能由于寻找修建大

348　中国古代的理想城市

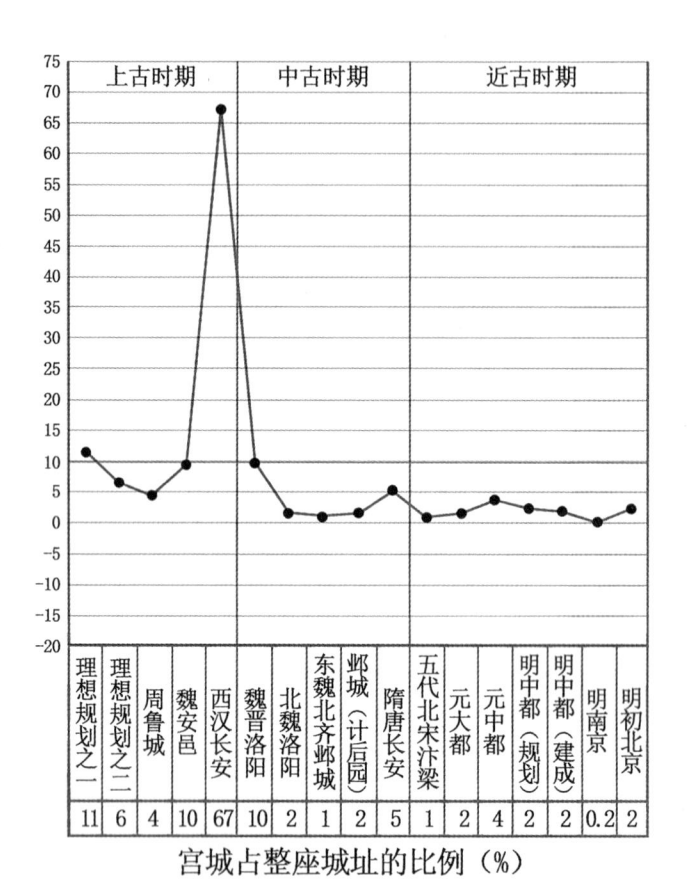

	上古时期				中古时期				近古时期						
	理想规划之一	理想规划之二	周鲁城	魏安邑	西汉长安	魏晋洛阳	北魏洛阳	东魏北齐邺城	邺城（计后园）	隋唐长安	五代北宋汴梁	元大都	元中都	明中都（规划）	明中都（建成）	明南京	明初北京
宫城占整座城址的比例（%）	11	6	4	10	67	10	2	1	2	5	1	2	4	2	2	0.2	2

图5-3　中国古代典型都城的宫城规模变化示意图

型宫殿的大型木料越来越困难，都城中的宫城规模一般不超过1平方公里，宫城所占全城的比例也基本稳定下来。

在学者按照《考工记》理想规划绘制的王城推测图中，王宫所占王城面积的比例一般在5%以上。从都城实例来看，修筑外郭之前，宫城所占全城的比例一般在5%以上，从北魏洛阳开始，外郭制度逐渐成熟，宫城规模不断缩聚，宫城所占都城的比例再未超过5%。

2. 内城规模演进趋势的量化分析

将汉代以来典型都城内城规模所占全城比例的变化趋势示意如图5-4：

本书同样以内城净面积所占整座城址的比例来考察内城规模的变化。可以看到，自汉代以来，内城规模不断缩小，只是在近古时期末段，由于

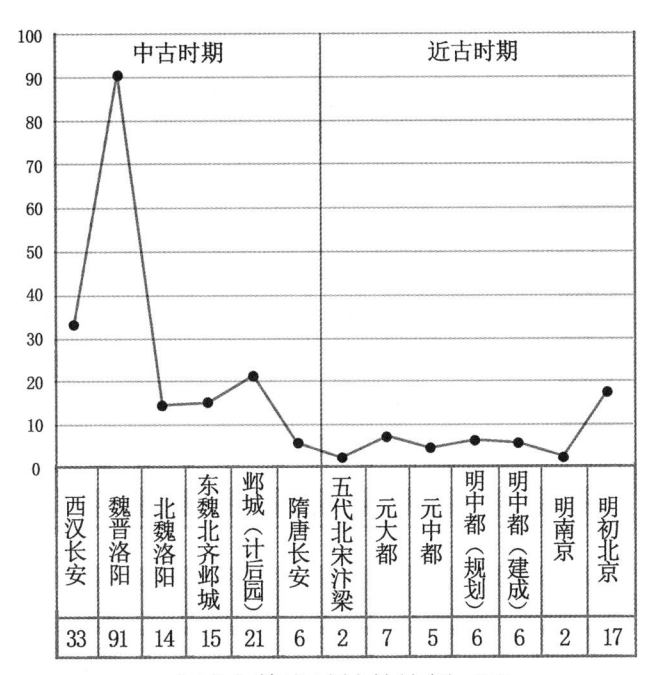

西汉长安	魏晋洛阳	北魏洛阳	东魏北齐邺城	邺城（计后园）	隋唐长安	五代北宋汴梁	元大都	元中都	明中都（规划）	明中都（建成）	明南京	明初北京
33	91	14	15	21	6	2	7	5	6	6	2	17

内城占整座城址的比例（%）

图 5-4　汉代以来典型都城内第二重城圈的规模变化示意

元大都、明清北京城的第二圈城垣内保留了面积可观的水面，比例数值略有回升。

随着魏晋洛阳罢废南宫，仅保留北宫，内城的规模达到了历史上的最高值。随着"隋文新意"的实施，隋大兴城进行了严格的功能分区，内城功能要素简化，规模缩小，布局上显得非常紧凑。《长安志》载："自两汉以后，至于晋齐梁陈，并有人家在宫阙之间，隋文帝以为不便于事，于是皇城之内，唯列府寺，不使杂人居止，公私有辨，风俗齐肃，实隋文新意也。"[1] 根据目前的考古工作，五代北宋汴梁皇宫大内的南界不会越过今新街口一线，官衙府署已迁离皇宫，多数集中在内城、外城的御道两侧，如果有皇城，其规模也应该非常有限，所以汴梁内城的规模很可能到达历史最低值。元大都、明北京的内城称"红门拦马墙"或"禁垣"，由于将金离宫的旧址包围在内城中，表面看来内城的面积略有回升，实际可用于建设的地块只有一半左右，其内主要安排直接服

---

[1] 引自（宋）宋敏求、（元）李好文撰，辛德勇、郎洁点校：《长安志·长安志图》，三秦出版社，2013年，第248页。

务于皇室的府署和库房。在清代早中期，考虑到满、汉分城而治，索性完全拆除了明代北京城的皇城即内城。

总的说来，内城规模的转折性变化发生在中古与近古之交。隋唐长安之前的都城，内城所占比例必然在10%以上，隋唐长安之后的都城，内城所占比例很少超过10%，功能上一步步精简，后来的功能要素主要为满足皇室的生活需求，直至最终消亡。既往对中古与近古城市区别的认识，主要着眼于外城中"市"的突破与"坊"的瓦解，城市生活从封闭走向开放，实际上，随着皇帝独裁和贵族统治的削弱，通过科举选拔，从平民晋升官僚的儒生有了更多参与城市管理和规划的机会，有关城市的理念发生了全面变革。

二、中国古代理想城市的边界与分区特征

将本书重点考察的周鲁城、东魏北齐邺城、隋唐长安、元中都和明中都5座都城的边界和分区与《考工记》理想规划比较如图5-5：

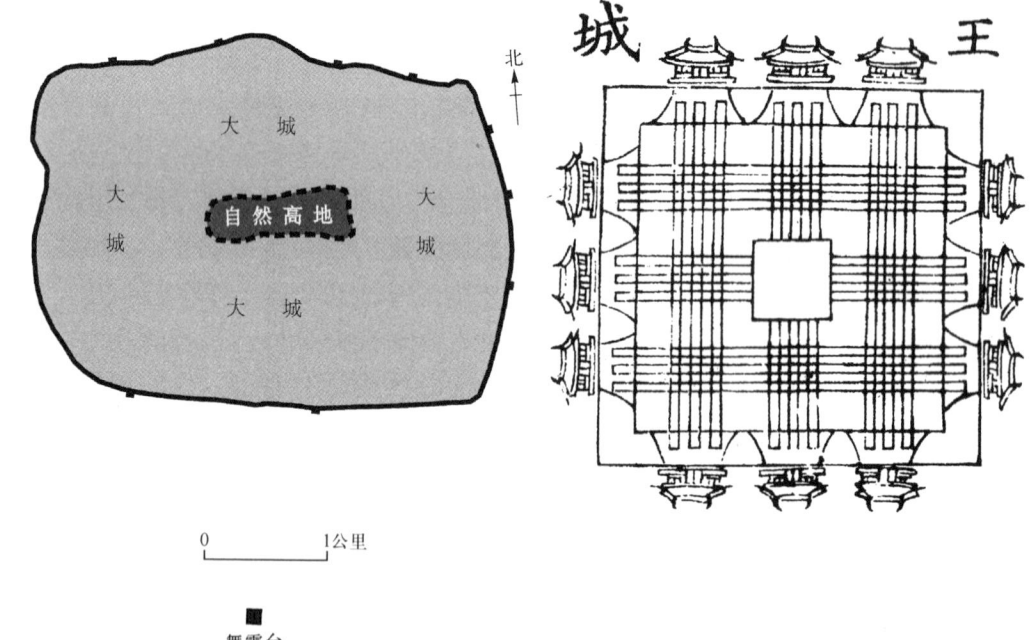

上古时期

周代曲阜鲁城
（两周之际至春秋战国之交，
公元前8～前5世纪）

宋·聂崇义绘《考工记》
理想规划（战国至汉）

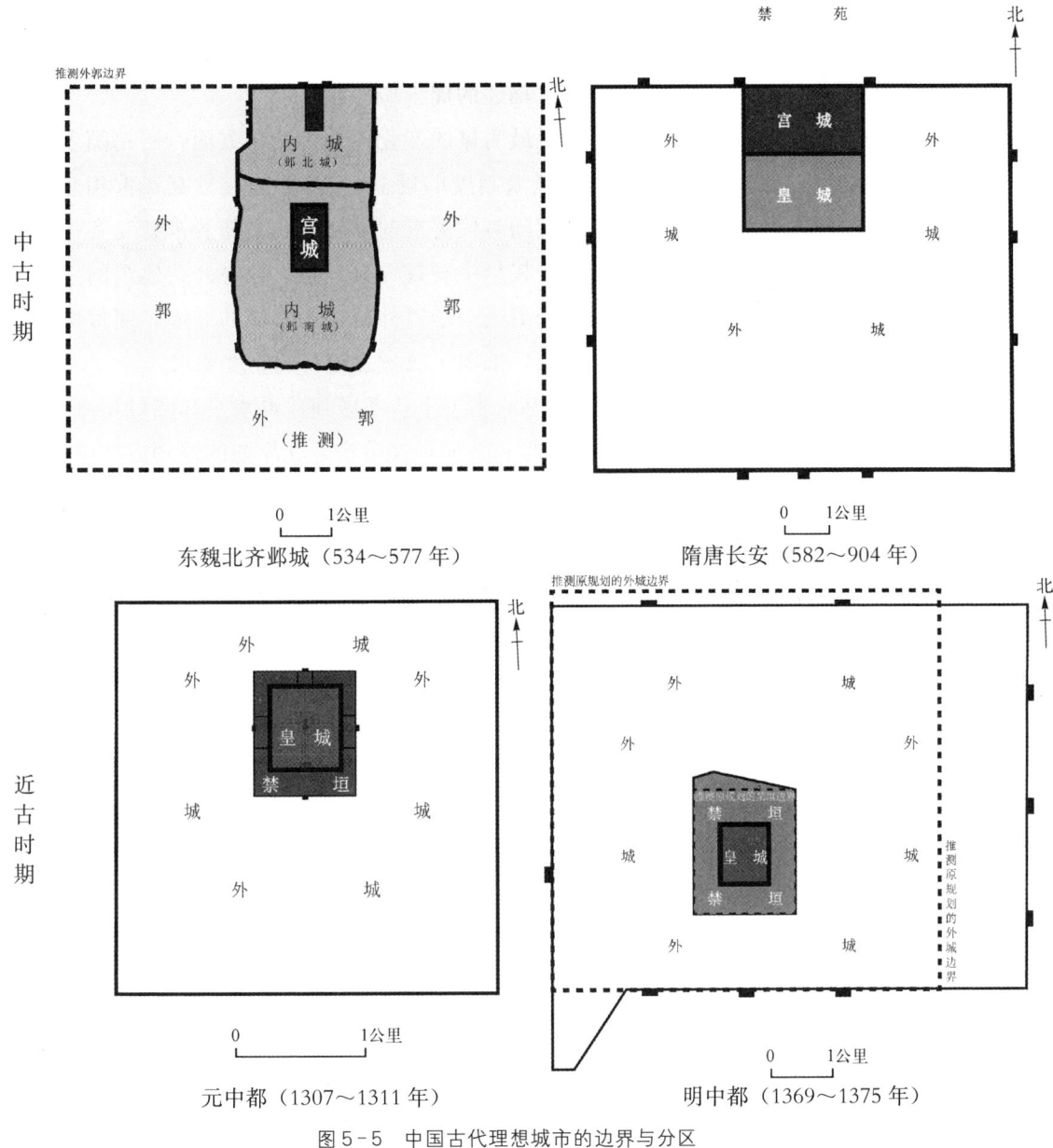

第五章 中国古代理想城市的形态特征   351

中古时期：东魏北齐邺城（534～577年）／隋唐长安（582～904年）

近古时期：元中都（1307～1311年）／明中都（1369～1375年）

图 5-5 中国古代理想城市的边界与分区

周代曲阜鲁城修建于两周之交，与燕国都城董家林城址、岐邑凤雏周城、洛邑韩旗周城同样采用了横长方形的大城城圈，还与田齐临淄、郑国新郑、秦都咸阳等修建于周代中期之前的诸侯国都邑一样，将宫庙区或宫城设在大城内部，形成大城环绕宫庙的套城布局。可以说，它兼具周代前期西周王室都邑和周代后期城宫相套型诸侯国都邑的边界与布局特点。位于鲁城中心的自然高地上很可能集中着宫殿、宗庙，如确曾修建宫城，那么周鲁城就形成了内外相套的两重城垣，分区形式与《考工记》描述的周王城一致。

中古时期理想都城的分区与边界最明显的变化体现为两个方面，一是随着外郭的修建（也可以理解为内城、皇城制度的确立），都城往往具有三重相套的封闭城圈，显示了《考工记》制度随时代需求的发展；二是随着东魏北齐邺城（如以邺北城为内城）和隋唐长安将集中安排衙署、祖、社等公共建筑的内城或皇城布置在外城北端，隋唐长安更进一步以外城共用宫城的北墙，使得城市重心北移，构成了重城相叠式布局，偏离了《考工记》的制度要求。

元中都的外城四边的长度都在 2 900 米上下，考虑到建设水平和测量精度，外城圈可以视作一个比较规则的正方形；按照前文分析，在原初的规划方案中，明中都的外城边界也呈正方形。不仅如此，皇室居住的宫苑（时称皇城、禁垣）在元、明中都又恢复到居于都城中心附近，构成重城相套型布局。这两方面的变化使得近古时期理想城市的外部形态给人以越来越接近《考工记》要求的感觉。

在上述 5 座理想都城中，也有一些城圈采用了不规则的形态，如周代曲阜鲁城、明中都的外城因地制宜，依据山形水系的走势，局部有所拐折，东魏北齐邺南城的内城城圈曲折多变，可能是仿照龟背设计[①]。这些城圈在客观上更利于军事防御，绝非随意修建的结果，体现了有别于《考工记》的其他城市规划思想在都城规划中的杂糅与融合。

第二节　渐趋世俗
——中国古代都城的功能构成与分布

在城市营建中，预先的规划往往只能确定一部分城市功能，城市机能的完善则有赖城市生活的展开，城市功能区的构成和分布随着城市的建成、使用，也会有所调整。因此，考察中国古代都城功能构成演化最好的材料应当是那些使用时间比较长、城市功能发展完善、文献记载丰富的城址。除 5 座本书重点考察的新建都城外，还选取了作为都城使用时间在一百年左右及以上的城址进行考察，如表 5-3 所示。需要说明的是，在研究上古时期的城址时，由于文

---

① 王静、沈睿文：《一个古史传说的嫁接——东魏邺城形制研究》，《北京大学学报（哲学社会科学版）》2006 年第 3 期，第 86～91 页。

献资料不足，往往要依赖遗存的形态和性质对它们的历史功能加以推测，例如将阔大的夯土台基推断为宫殿或衙署所在，多个成片的祭祀坑或车马坑可以认为是宗庙旧址，密集的炼渣、陶窑、碎骨代表了手工业作坊的分布等。

表 5-3 中国古代典型都城功能构成比较表

序号	都城名称	都城沿用时间	城垣修筑时间	宫	祖、社	朝	市	城内礼制建筑	墓葬	园林	佛寺道观	城郊郊丘祭坛	墓葬	离宫苑囿	佛寺道观
	《考工记》	—	—	中心	宫左、右或宫南左、右	宫南	宫北	—							
1	周鲁城	公元前1000年前后至公元前249年（近800年）	城垣始建不早于两周之际	自然高地	推测位于自然高地	如以大型夯土基址计，在自然高地南侧	以冶铸遗址计，在自然高地北侧	√	√			√	√	√	
2	姜齐临淄	公元前859年至公元前386年（近500年）	城垣始建不早于春秋时期	东北高地	不详	不详	东北高地	√	√			√	√	√	
3	西汉长安	公元前202年至9年（200余年）	公元前194年	多座宫殿散布内城南部高地	西汉末年于南郊增建	以未央宫计，在内城之南	宫北	√				√	√	√	
4	东汉洛阳	25年至220年（200余年）	始筑于周代	三座主要宫殿散布内城	设祖、社，位置不详	以太尉府、司空府、司徒府计，在宫之东	以金市计，在宫西	√		√		√	√	√	√
5	魏晋洛阳	220年至311年（近100年）	始筑于周代	中心偏北	宫南左、右	宫南	分别集中于宫南、东、西	√		√	?	√	√	√	√

续表

序号	都城名称	都城沿用时间	城垣修筑时间	宫	祖、社	朝	市	城内 礼制建筑	城内 墓葬	城内 园林	城内 佛寺道观	城郊 郊丘祭坛	城郊 墓葬	城郊 离宫苑囿	城郊 佛寺道观
	《考工记》	—		中心	宫左、右或宫南左、右	宫南	宫北	—							
6	东魏北齐邺城	534年至577年（43年）		中心偏北	宫南左、右	宫南	集中于宫南东、西	√		√	√	√	√	√	√
7	隋唐长安	582年至904年（300余年）		外城北部	宫南左、右	宫南	集中于宫南东、西	√		√	√	√	√	√	√
8	五代北宋汴梁	907年至1127年（200余年）	改扩建自唐代汴州城	中心偏北	宫南左、右	宫南	自由组织	√		√	√	?	√	√	√
9	元大都	1267年至1368年（100余年）	扩建自金离宫	中心偏南	宫左、右	宫外四面	最大一处在宫北	√		√	√	√	√	√	√
10	元中都	1307年至1311年（4年）		中心偏北	不详							√	√		
11	明中都	1369年至1375年（6年）		中心偏南	宫南左、右	宫南	不详	√			√	√			
12	明清北京	1420年至1912年（近500年）	改建自元大都	中心偏北	宫南左、右	宫南	南外城	√		√	√	√	√	√	√

总的说来，中国古代都城的功能要素构成具有以下特点：

首先，除了"王宫"之外，《考工记》理想规划表述的4类城市功能——"祖""社""朝"和"市"分别维系着居于宫中的君王与祖宗、天地、诸侯（臣僚）、百姓的关系，也维持着一座都城特有的尊贵地位，从始至终都是构成中国古代都城的基本功能单元。这些功能单元的具体位置，随着时代发展而略有变化。

《礼记·曲礼》载："君子将营宫室，宗庙为先，厩库为次，居室为后。"[①]《吕氏春秋·慎势》载："古之王者……择国之中而立宫，择宫之中而立庙。"[②]《左传》称："凡邑，有宗庙先君之主曰都，无曰邑。"[③] 说明先秦时期的都城制度是"宫庙一体，以庙为主"，宗庙及其他祭祀建筑在都城布局中居于核心位置，它们的有无、规模直接反映了一座城邑的等级。在周代曲阜鲁城中心的自然高地上，集中分布着城内面积最大的数块夯土基址，很可能是鲁国的宫庙区，祖庙、社稷可能位列其中，这种布局与《考工记》描述的祖、社居于王宫两侧，处在次要位置截然不同。另外，在鲁城自然高地的南面发现了数片夯土基址，有可能是前"朝"，紧贴自然高地北面，有大面积冶铸遗址，很可能是官营手工业作坊所在，即后"市"，《考工记》理想规划也有相符于上古都城布局的一面。

中古、近古时期的 4 座理想城市几乎全部具有《考工记》要求的祖、社、朝、市，其中尤以祖、社、朝的位置严格遵照《考工记》的要求。从战国晚期开始，华丽的宫殿成为都城的象征和核心，也是都城建设的重点。在东魏北齐邺城的邺南城，宫城内有太极宫，东有东宫，北有皇家禁苑，衙署、府库、苑囿和贵胄府邸等服务于贵族和官吏的功能单元被安排在内城之中，左祖右社位于朱明门大道两侧，外郭还有东、西市和大面积居民区。隋唐长安的宫城位于都城北端，它还作为规划整座都城规模的基准模块，宫城南侧的皇城内也集中着官署和左祖右社，东、西外郭城内也各有一座坊墙环绕的集中商市。元中都的宫殿居于全城中央，第二重城圈内面积狭小，为隔城分割为数个独立区域，并未发现夯土台基，很可能如元大都一般，在第二重城圈，即禁垣内主要安排的是诸司府库，官府、商市可能都安排在外郭之中，在元中都中轴线南、北两端发现的一些特殊的遗迹现象可能就与这些规划有关。明中都第二重城圈也称"禁垣"，在洪武门大道两侧分别安排左祖右社，再往南的外城区，在洪武门大道两侧有千步廊和主要的中央官署，设

[①] 引自王文锦译解：《礼记译解（上）》，中华书局，2001 年，第 41 页。
[②] 《吕氏春秋·审分览·慎势》，引自许维遹撰，梁运华整理：《吕氏春秋集释》，中华书局，2009 年，第 460 页。
[③] 引自杨伯峻：《春秋左传注（修订本）》，中华书局，2009 年，第 242 页。

有小市、柴市和东市等多座商市。

相较而言，"市"的实际作用和分布特点的变化最大。在上古时期，集中分布的手工业作坊一般在考古学上被视作"市"之所在，至中古时期，集中式市场设在高大的封闭坊墙内，到了近古时期，"市"包含了更多商业贸易的功能元素，店铺沿街开设，店铺的背街一侧是手工业作坊，构成"前店后厂"的商铺格局。理论上，都城的任何地点都有可能设立商市，实际中，店铺的集中程度则与城门、道路、水系和商行等分布状况有关，市的位置和形态更多地取决于自组织活动。由于元大都水系的巧妙安排，运河船舶能够一直通行到皇宫北侧的鼓楼附近，形成了完全贴合《考工记》要求的"后市"布局。

既往学者依据《考工记》的解义图示，对于王城功能单元的布置有两种设想，其一是所有核心功能都位于宫城之中，以王宫居中，前朝后市、左祖右社；第二是除了王宫位于宫城中，其余功能单元按照前朝后市、左祖右社排布在外层城圈中。通过对城址的具体分析来看，经过中古、近古时期对城市分区的几番调整，也伴随着都城功能的丰富，祖、社、朝、市这4项功能单元从象征着政治中枢、都城重心的宫城向第二圈城垣迁移，至北宋汴京、元大都以后，这4项功能已混杂在郭城的市井之间。

如前所述，中国古代都城内宫城规模的突变发生在汉魏之交，内城规模的突变发生在唐宋之交，相较而言，祖、社、朝、市从宫城向外郭的迁移则是一个渐进的过程，最终定格于史学家所谓的"唐宋变革"之际。在这一特殊时期，中国社会的经济、政治、文化、社会阶层出现了复杂的变化，突出表现在政府管理模式的转型、土地制度的改革、商品经济逐渐发达和社会文化思想等多个方面。内藤湖南写道："贵族的失势的结果，使君主的地位和人民较为接近，任何人要担任高职，亦不能靠世袭的特权，而是由天子的权力来决定和任命。""人民的地位亦有显著变化。中国本来不是以法治国，不承认人民的权力，但近世人民的地位和财产私有权，与贵族政治时代大异其趣。贵族时代，人民在整体贵族眼中视若奴隶，隋唐时代开始，人民从贵族手中得到解放。"[①]外城规模的扩大，城市职能的丰富，"祖、设、朝、市"这

---

① 参见［日］内藤湖南：《概括的唐宋时代观》，译文载刘俊文主编：《日本学者研究中国史论著选译》，中华书局，1992年，第11~18页。

4项具有象征都城地位的功能单元从内城向外城迁移，这些变化是"唐宋变革"之际贵族阶层的萎缩与民众地位的上升这一系列社会变革在城市空间上的反映。

其次，一些构成上古都城的城市要素，并未见载于《考工记》理想规划，典型如城内的民廛、墓葬和郊外的祭祀坛台等，这也反映了《考工记》文本的性质。从二里头遗址开始，至晚到周代后期偏早的都城中，往往都有一定规模的墓葬区，既有随葬铜器、玉器的高规格墓葬，也有一般墓葬。宫殿附近的墓葬还与祭祀活动有关。例如，《礼记·檀弓》记载："季武子成寝，杜氏之葬在西阶之下，请合葬焉，许之。入宫而不敢哭。武子曰：'合葬，非古也。自周公以来未之有改也。吾许其大而不许其细，何居！'命之哭。"[1] 在城市考古中，多数东周时期的城址内很少发现战国时期的集中墓地，这说明，从战国时期开始，城市成为生民的活动范围，集中公墓迁往城郊，一般情况下不再设于城内。

城郭之外的郊区被视作王室开展祭祀活动的重要地点，祭帝、祭天、天子亲耕、王后事蚕都在郊外举行，且形成了特定的方位要求。《礼记·礼运》载："……故祭帝于郊，所以定天位也。……故礼行于郊而百神受职焉。"[2]《礼记·祭统》："是故天子亲耕于南郊以共齐盛，王后蚕于北郊以共纯服；诸侯耕于东郊亦以共齐盛，夫人蚕于北郊以共冕服。"[3]《礼记·王制》："……大学在郊。天子曰辟雍，诸侯曰泮宫。"[4]"周人养国老于东胶（郊），养庶老于虞庠。虞庠在国之西郊。"[5]《礼记·郊特牲》："天子适四方，先柴。郊之祭也，迎长日之至也，大报天而主日也。"[6] 考古工作显示，位于周鲁城南郊的舞雩台遗址，早在春秋时期就已启用。从上古时期开始，是否设置城郊的礼制建筑以及礼制建筑的具体类型，因不同朝代的统治阶层的偏好不同而有所差异。从汉魏至隋唐，礼制建筑经历了一个逐渐完备的过程，最终确定将"祭拜天地、左祖右社、朝日夕月、东耕西蚕"这四项内容纳入国家大祀。北宋汴京在郊外仅保留了祭天坛庙及行宫，因宠信道教，在道观中保存供奉祖先的塑像，致使其杂糅

---

[1] 引自王文锦译解：《礼记译解（上）》，中华书局，2001年，第58页。
[2] 引自王文锦译解：《礼记译解（上）》，中华书局，2001年，第303页。
[3] 引自王文锦译解：《礼记译解（上）》，中华书局，2001年，第707页。
[4] 引自王文锦译解：《礼记译解（上）》，中华书局，2001年，第167页。
[5] 引自王文锦译解：《礼记译解（上）》，中华书局，2001年，第188页。
[6] 引自王文锦译解：《礼记译解（上）》，中华书局，2001年，第344页。

于坛庙祀典中。至蒙元时期，郊坛之礼渐废。直到明代，才系统恢复了郊坛制度，在北京城郊的不同方位按礼设庙建坛。

最后，随着社会和城市的发展，都城内外还出现了一些新的功能要素，典型如苑囿园林和道观佛寺，它们都不曾出现在《考工记》理想规划中，却在后世对都城居民的精神和文化生活、都城的布局和景观产生了非常大的影响。根据坐落位置不同，园林苑囿大体上可分为两类，一是位于城内的园林苑囿，另一是位于城郊的离宫别苑。城内的园林苑囿主要有皇家禁苑、私家园林和城市公共园林。皇家禁苑一般位于皇宫附近，是宫城的附属部分，如曹魏邺城的铜雀园，魏晋洛阳城的华林园，东魏北齐邺城宫城北侧的"后园"，明清北京紫禁城东面的琼华岛、北面的万岁山，都属于此类。私家园林一般位于民宅之中，按照前宅后园布置，它发端于汉魏时代，在都城中大规模流行是在隋唐时期，宋元明清各代久盛不衰。城市公共园林往往规模较大，对城市景观和城市生活的影响较大，现所知最早的实例是隋唐长安城的曲江芙蓉苑和乐游园，这两处都向普通市民开放，不仅突破了隋唐长安城肃穆的气氛，更丰富了市民的游赏休闲生活。此外，都城周边临水近山处，还建有离宫别苑。这类园林往往自成一个规模宏大的独立群体，其可远溯至在周代后期诸侯国都城近郊发现的临水夯土建筑，在秦汉隋唐时，皇家禁苑往往广达方圆百余里，唐以后尽管有规模缩小的趋势，仍是皇家投入大力建设的内容，至清代达到一个顶峰，北京西郊的"三山五园"仍具有相当的规模和水平。

汉代以来，佛教传入中国，起源于本土的道教也得到了快速发展，佛寺道观建筑从南北朝时期开始成为都城中数量较多、规模较大、形象上也具有特殊性的城市功能类型。其中尤以佛寺建筑最为典型。南北朝时期，统治者极力提倡佛教，佛寺佛塔在都城中风靡一时。《洛阳伽蓝记》序言载："王侯贵臣，弃象马如脱屣；庶士豪家，舍资财若遗迹。于是昭提栉比，宝塔骈罗，争写天上之姿，竞摹山中之影。"[1] 这时都城里的佛寺建筑还出现在城市轴线附近，佛塔更成为都城天际线的制高点。隋唐长安城的规划者认为朱雀大街两侧的崇业坊和靖善坊地处"九五贵位，不欲常人居之"，所以各修建了一座玄都观和大兴善寺。唐代以后，社会风气骤变，佛道教的影响日渐式微，都城内寺庙的数量和规模难以与中古时期相较。明清时期，都城内的宗教气氛弱化，留在都城内

---

[1] （北魏）杨衒之著，杨勇校笺：《洛阳伽蓝记校笺》，中华书局，2006年，第1页。

的佛寺成为市民休闲赏玩的去处，藏匿在深山幽谷的寺观一般规模更大，能够保留一定的宗教氛围。

总的说来，中国古代都城的功能构成有遵照古代礼制的一面，长期保留着"祖、社、朝、市"四项职能，绝大多数情况下，"祖、社、朝"与王宫的方位关系也符合《考工记》文本。与此同时，随着都城外郭规模的不断扩大，外郭结构的变化，能够发挥都城经济和商业职能、满足都市居民精神和文化需求的新功能全面发展，新旧功能相结合，使中国古代都城在渐趋世俗化、市民化和商业化的同时，又保持着有别于一般城市的秩序性和礼仪性。需要注意的是，在本书重点考察的5座城址中，使用时间超过百年的仅有周鲁城和隋唐长安两座，东魏北齐邺城、元中都和明中都的使用时间都没有超过50年，考察这些城址的功能类型、布局和各功能单位的形态并不容易，尤其是尚未建成就已降为废都的元中都和明中都（图5-6）。这说明，成功营建一座都城，不仅仅依赖理想的城市形态，还需要多方面的社会资源。

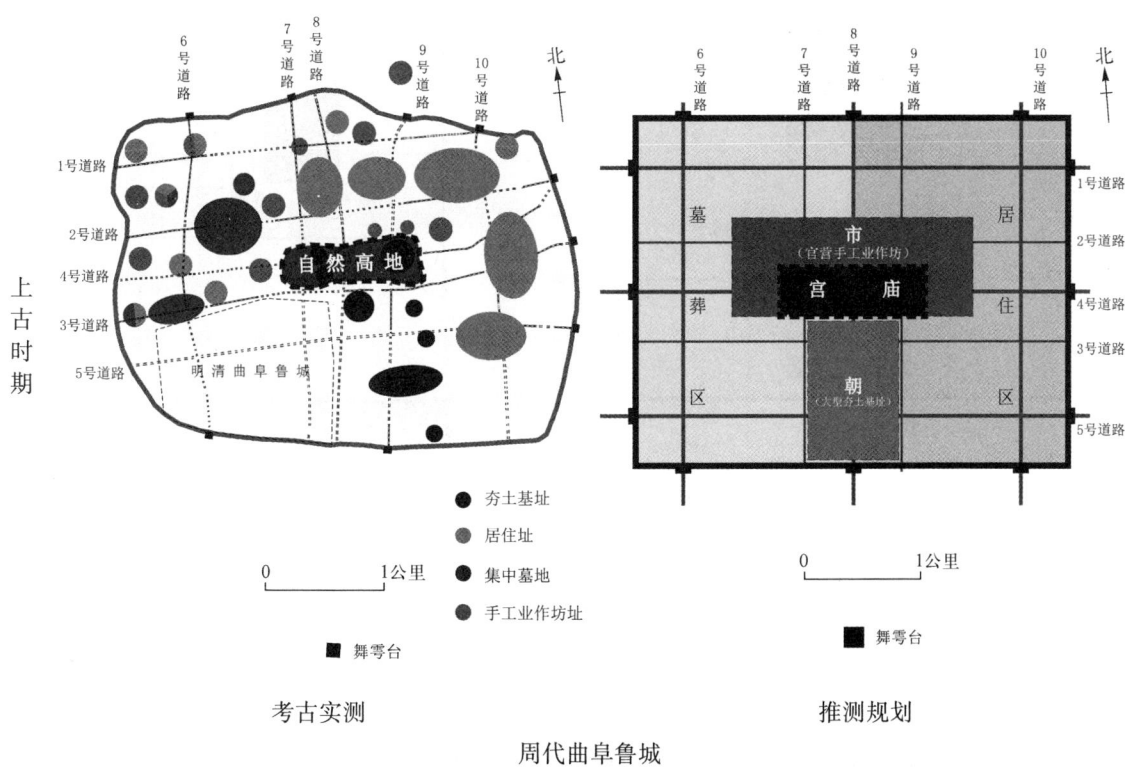

上古时期

考古实测　　　　　　　　　推测规划

周代曲阜鲁城
（两周之际至春战之交）

东魏北齐邺城（534～577 年）

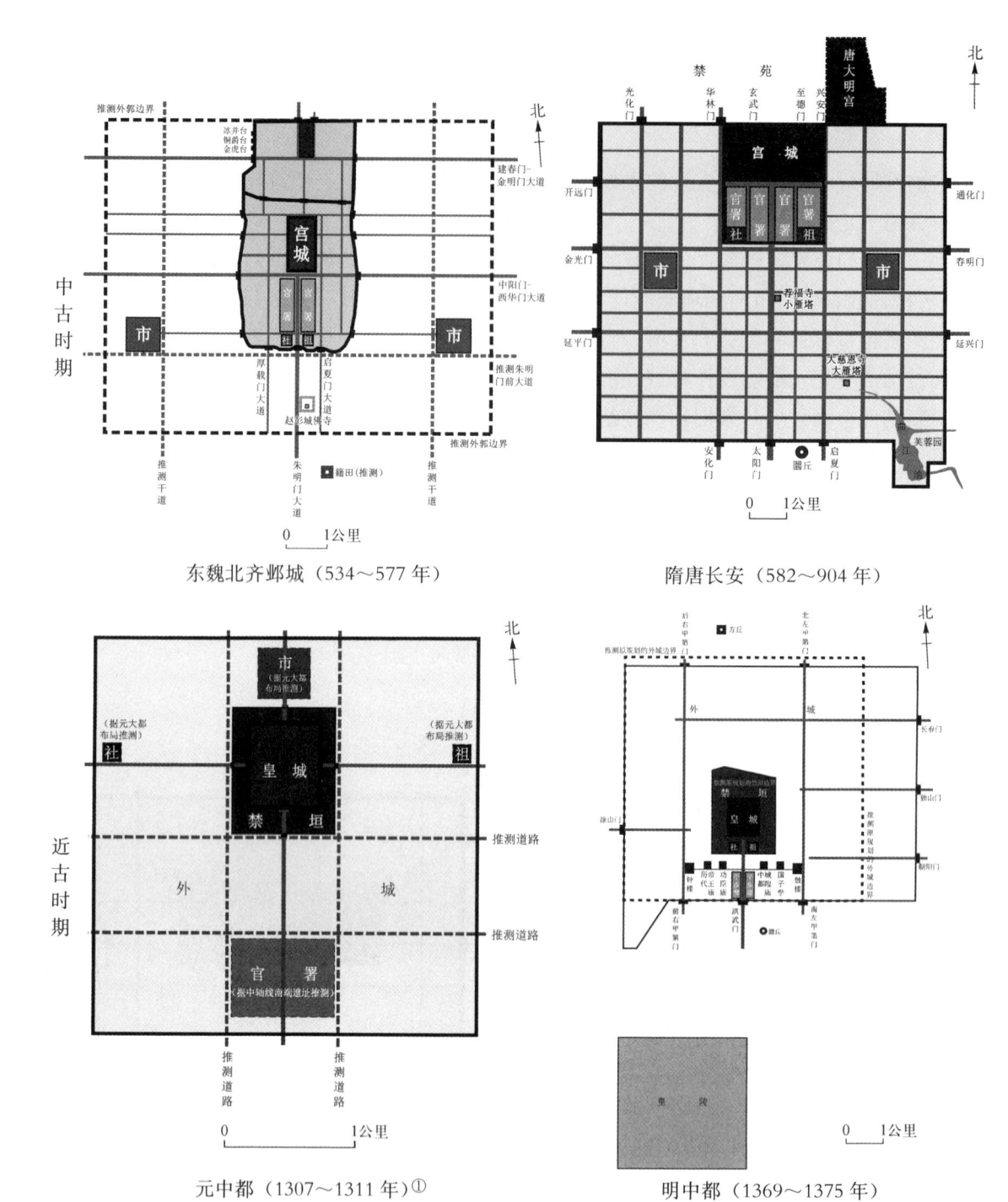

隋唐长安（582～904 年）

元中都（1307～1311 年）①

明中都（1369～1375 年）

图 5-6　中国古代理想城市的功能构成

---

① 由于元武宗新建陪都的计划并未被继任者接纳，元中都未能完全建成，也没有真正作为都城使用，在面积广阔的外郭中尚未找到功能明确的遗址或遗迹，仅了解最内一圈城垣内部和城郊的建筑性质，考虑到元中都对元大都制度的仿效，本书暂以元大都内城、外郭中的功能补阙。

第三节　自承传统
——中国古代理想城市的空间组织

英国 F·吉伯特（F. Gibberd）在《市镇设计》（*Town Design*）一书中指出："城市设计的基本特征是将不同物体联合，使之成为新设计，设计者不仅必须考虑物体本身的设计，而且要考虑一个物体与其他物体之间的关系。"[①]《考工记》理想规划的图示解义，至少表现了 4 种空间组织方法，即道路、轴线、中心点与模数。这些方法通过实体要素（如道路）或空间要素（如轴线、中心点）将不同位置、性质的城市要素整合成一个具有空间协调性的整体，构成特殊的城市功能体（如城市交通）或具有特殊视觉效果的城市景观。经过数千年的发展，中国古代都城的路网与轴线的规划变化甚微，城市中心点与模数的设计策略却有所调整。

一、路网与轴线——变化甚微的空间整合方式

在本书列举的 12 座重城相套型的都城中，使用时间在一百年左右的城址有 8 座（例外仅有北魏洛阳、东魏北齐邺城、元中都和明中都），而在本书列举的 9 座使用时间在一百年左右及以上的都城中，重城相套型的城址有 8 座（例外仅有隋唐长安），将这些代表中国古代都城发展主线的 15 座城址的空间整合方式比较如表 5-4。

主干道路将城市划分为若干独立的区块，又将不同的功能区、城内郊外联系在一起，是整合城市空间的线性物质要素。自二里头遗址开始，实用性很强的棋盘形路网就已成为都城的主要道路形式，这种情况不论在施行封闭坊市制度的中古城市或开放街市制度的近古都城，都未改变。从上古都城来看，城市主干道与城门相通，宽度大于其他支路。所以，从城门的位置和数量就可以大致了解干道的分布与密度。自中古时期在都城外部修建面积宏阔的外城以来，国家中心都城的周长增加了两倍以上，而城门的数量并没有随着城址规模的增加而增多，多数情况下仍遵照《考工记》的要求，这使得典型都城的城门密度最小者近 894 米/座，最大者 3 666 米/座，相差 4 倍有余。

[①] [英] F·吉伯特著，程里尧译：《市镇设计》，中国建筑工业出版社，1983 年。

表 5-4 中国古代典型城址空间整合方式比较表

序号	都城名称	城门数量（座） 东	南	西	北	合计	城墙周长（万米）	城门密度（座/米）	是否有轴线	是否居中 宫	城	郭	位置	是否有地标	位置	备注
	《考工记》	3	3	3	3	12	1.5	1 250	√	√	√		宫、城中央	√		
1	周鲁城	3	2	3	4	12	1.4	1 273	√	√	√		自然高地—舞雩台连线，位居中央	√		2012 年秋又找到 9 号干道通过北城墙处一个缺口，应为城门遗址
2	齐临淄	1	2	1	2	6	1.7		不详							城门数量为现已确认的数量
3	魏安邑	不详					约1.4		不详							
4	西汉长安	3	3	3	3	12	2.5	2 085	不详							
5	东汉洛阳	3	4	3	2	12	1.3	1 075	不详							
6	魏晋洛阳	3	4	3	2	12	1.3	1 075	√				宫、城正门连线，因沿用故址，偏居城西			
7	北魏洛阳	3	4	3	2	12	1.3	1 075	√			√	宫、城、郭正门连线，因沿用故址，仅位于新建的外郭中央		阊阖门	
8	东魏北齐邺城南城	4	3	4	3	14	1.3	894	√		（推测）	√	宫、城正门连线，偏于宫城西侧		阊阖门	

续表

序号	都城名称	城门数量（座）					城墙周长（万米）	城门密度（座/米）	轴线				几何中心点		备注
		东	南	西	北	合计			是否有轴线	是否居中			位置	是否有地标	位置	
										宫	城	郭				
	《考工记》	3	3	3	3	12	1.5	1 250	✓	✓	✓		宫、城中央	✓		
9	隋唐长安	3	3	3	3	12	3.7	3 062	✓	✓	✓	✓	宫、城、郭正门连线，基本位于三城中央			以隋代及唐初长安计
10	五代北宋汴梁	2	3	3	4	12	2.9	2 427	✓				宫、城、郭正门连线，大致位于城市中央	✓	宣德门附近	轴线方向与城址方向有一定的夹角
11	元大都	3	3	3	2	11	2.9	2 600	✓	✓			宫、城、郭正门连线，因禁垣偏西，仅位于宫、郭中央	✓	中心台附近	
12	元中都	不详					1.2	不详	✓	✓	✓	✓	宫、城、郭正门连线，基本位于三城中央	✓	第二圈城垣正南门附近	
13	明中都（规划）	3	3	3	3	12	2.6	2 160	✓	✓	✓	✓	宫、城、郭正门连线，基本位于三城中央	✓	第二圈城垣北安门附近	
	明中都（建设）	3	3	1	2	9	3.0	3 374	✓	✓	✓		宫、城、郭正门连线，因外城偏东，仅位于宫、城中央	✓	凤凰诸山附近	

续表

序号	都城名称	城门数量（座）					城墙周长（万米）	城门密度（座/米）	是否有轴线	是否居中			轴线位置	是否有地标	几何中心点位置	备注
		东	南	西	北	合计				宫	城	郭				
	《考工记》	3	3	3	3	12	1.5	1 250	✓	✓	✓		宫、城中央	✓		
14	明南京	合计 18 门					6.6	3 667	✓	✓	✓		宫、城正门连线，因外城偏西，仅位于宫、城中央			城垣根据自然地形蜿蜒修建
15	明初北京（永乐至嘉靖）	3	3	3	2	11	2.3	2 045	✓	✓			宫、城、郭正门连线，禁垣偏西，仅位于宫、郭中央		万岁山	

　　轴线的空间组织方法不仅出现得非常早，还在不同尺度的建筑和城市中全面应用，轴线的存在，不仅赋予了建筑或城市明显的朝向，还规定了建筑之间的组合关系和城市内部的等级秩序。梁思成曾说："平面布局……以多座建筑组合而成……其所最注重者，乃主要中线之成立，一切组织均根据中线以发展。"[①] 在本书考察的 15 座城址中，仅有姜齐临淄、魏安邑、西汉长安和东汉洛阳 4 座都城尚未探明是否存在轴线，其余 11 座都有明确的南北向轴线。

　　相较于商代，周代宫殿建筑群的布局极为重视整体性的南北向轴线，正殿、庭院和门庑往往遵照同一条中轴线布局。通过对周代曲阜鲁城自然高地原始规模的分析，本书认为这座城市的中轴线就是自然高地的东西向中线，也是外城圈的东西向几何中心线，还有 8 号干道通过，自北向南延

[①] 梁思成：《梁思成文集（三）》，中国建筑工业出版社，1985 年，第 10 页。

伸，一直通过南郊的祭祀8建筑舞雩台。如这一认识不错，那么可将中国古代城市规划中应用中轴线设计策略的时间确定在周代前期，且当时已具有相当高的规划水准，能够通过中轴线协调宫庙、城池、郊坛、道路等不同类型的建筑。在中古、近古时期，中国古代都城的轴线一般发端于宫城，向南通过宫城正门及干道，延伸至外城正门和都城南郊的祭祀建筑。在北魏洛阳、东魏北齐邺城及隋唐长安城中，皆在中轴线南端修建了大型以佛塔为中心的寺院，高高矗立的佛塔与皇宫南北呼应，形成了都城南部的视觉标志。在隋唐长安，宫、皇城偏居都城的北端，中轴线得以贯通全城，长4公里有余，形成一条极长的视线通廊。在平地新建的元中都和明中都的规划方案中，轴线恰好处于全城正中，将皇城、禁垣和外郭三座城圈都平分为东、西两部分，皇城内的道路、宫殿建筑均依照中轴线东西对称布置。受到山形水系的限制，明中都的营建并未完全按规划实施，外郭东扩，主轴线偏居城址西侧，贯穿皇城、禁垣，向南通过千步廊、洪武门联系皇陵，往北直指万岁山巅，形成全城的制高点。此外，明中都在外城南部修建了钟楼—鼓楼、国子监—历代帝王庙、中都城隍庙—功臣庙三组建筑，它们形成了一条垂直于主轴的东西向次轴线，强化和烘托了皇宫及主轴的气势，反映了中轴线设计手法的成熟。

本书重点考察的周代曲阜鲁城、东魏北齐邺城、隋唐长安、明中都和元中都无一例外全部具有明晰的南北向中轴线，表明这一设计策略悠久的传统，虽各座都城实施规划的条件不同，各个时期的都城分区和功能构成有所变化，中轴线这一设计策略却贯彻始终，不仅尽可能布置在都城的东西向几何中线上，协调皇宫、干道、祖、社、官署的布局，还在轴线附近安排全城的制高点——自然高地（山丘）、阙楼或佛塔，形成了中轴线空间的高低起伏，强调了"圣人南面而听天下"的都城朝向（图5-7）。

二、中心与模块——不断发展的空间整合方式

（一）几何中心的位置特点

将本书重点考察的5座城址的城门数量、轴线布置和几何中心点的位置整理如表5-5。

366　中国古代的理想城市

上古时期

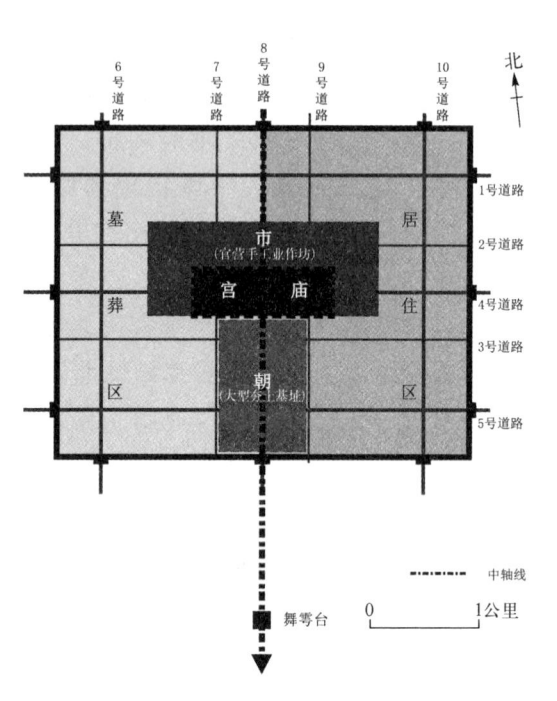

周代曲阜鲁城（两周之际至春战之交，约公元前8世纪至公元前5世纪）

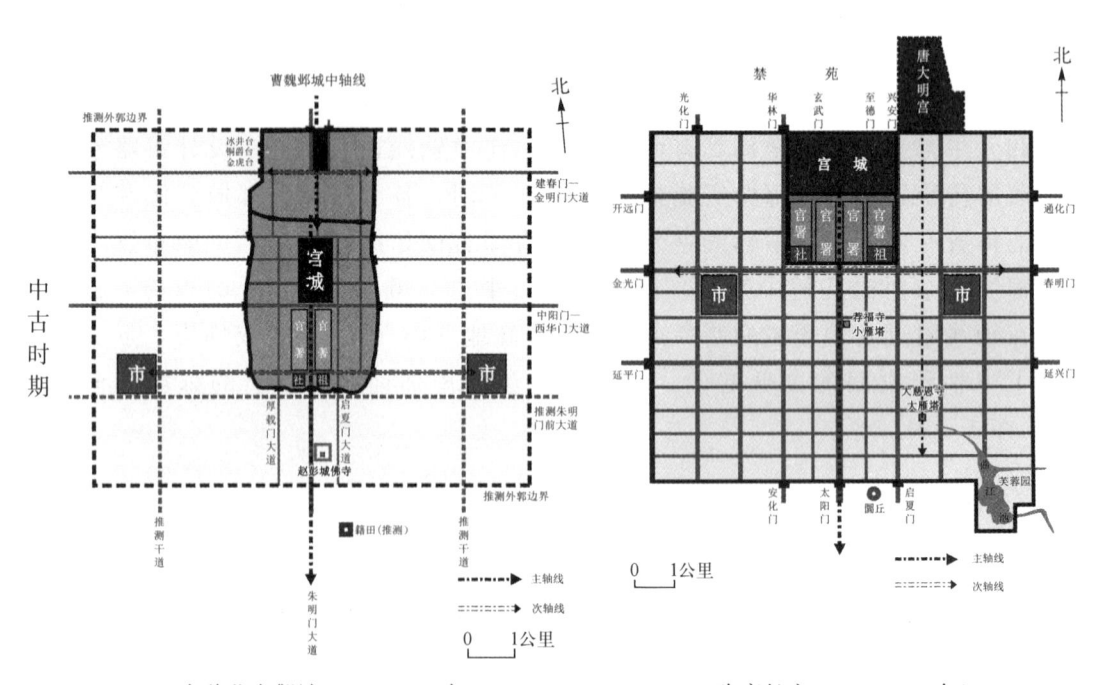

中古时期

东魏北齐邺城（534～577年）

隋唐长安（582～904年）

第五章 中国古代理想城市的形态特征　367

元中都（1307～1311 年）　　　　　明中都（1369～1375 年）

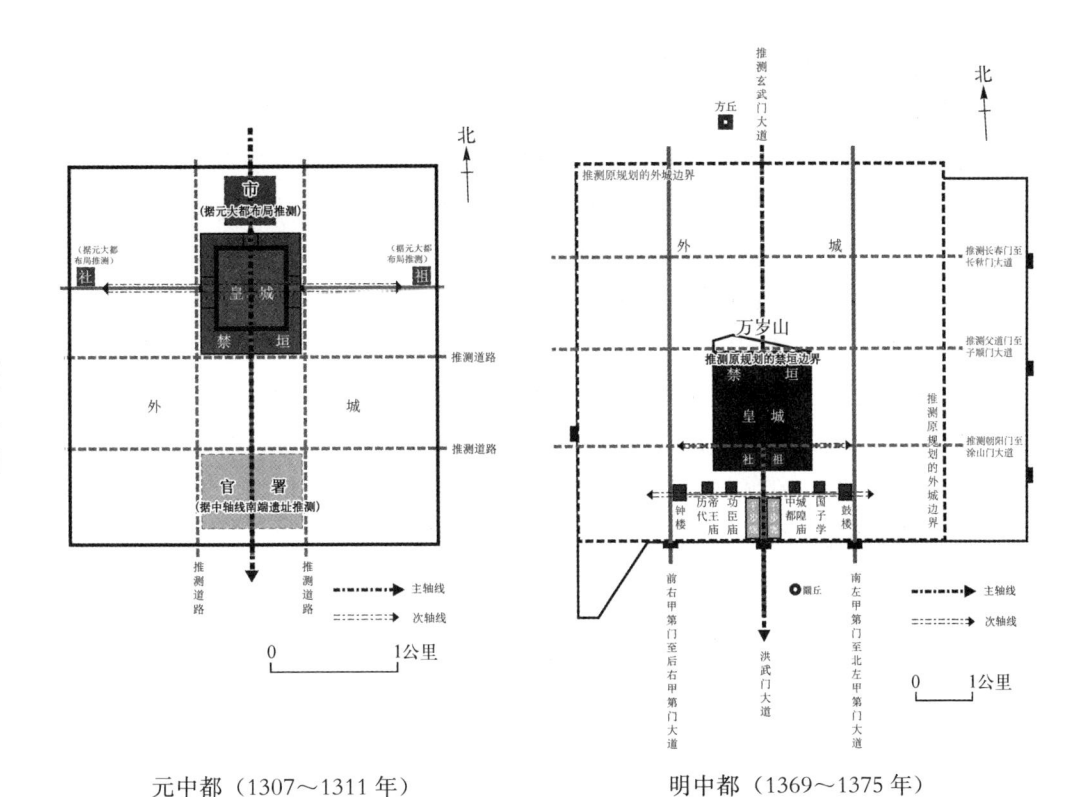

图 5-7　中国古代理想城市的干道与轴线布局

表 5-5　中国古代典型新建都城的整合方式比较表

序号	城址名称	外圈城址城门	轴线是否居中 宫城	轴线是否居中 内城	轴线是否居中 外郭	几何中心建筑类型	备注
	《考工记》	12	√	√	—	王宫中心	以周代 1 里约合 415.8 米换算
1	周鲁城	12	√	√	—	自然高地中心（推测为宫殿宗庙）	
2	东魏北齐邺城	不详		√	推测居中	城门（宫城阊阖门）	以北朝后期 1 里约合 450 米换算
3	隋唐长安	12	√	√	√	—	以隋唐时期 1 丈约合 2.94 米换算
4	元中都	不详	√	√	√	城门（第二圈城垣正南门）	
5	明中都（规划）	12	√	√	√	推测为城门（禁垣北安门）	以明代 1 丈约合 3.2 米换算

依据已知材料，中国古代都城的几何中心点多分布于两类城市区域。其一，位于宫城（区）中心，如周鲁城、魏安邑。如果可以证明周鲁城中心分布着大型夯土基址的自然高地是宫殿宗庙区，魏安邑中心的"小城"是宫城，那么这两座城址的几何中心点就位于宫殿宗庙区或宫城区的中心，宫城与大城的中心基本重合。其二，位于宫城或皇城城门附近。在中古时期的曹魏邺城（邺北城）、北魏洛阳（外郭）、东魏北齐邺城（邺南城）中，新建于三国两晋南北朝时期的城圈的几何中心都位于宫城正门附近；在近古时期的五代北宋汴梁、元中都，外城的几何中心都位于第二重城圈的正南门附近。按照前文对明中都原始规划的推测，禁垣北墙的规划位置应是通过禁垣现东北角的东西向直线上，而非如现状沿山形拐折，因此这座都城规划的中心点也应位于皇城禁垣北门，即北安门附近，与邺城、洛阳和元中都的中心点位置有所近似。其中，上古都城周鲁城、魏安邑以宫城为中心点，与学者对《考工记》周王城中心点位置的推测相符（图5-8）。

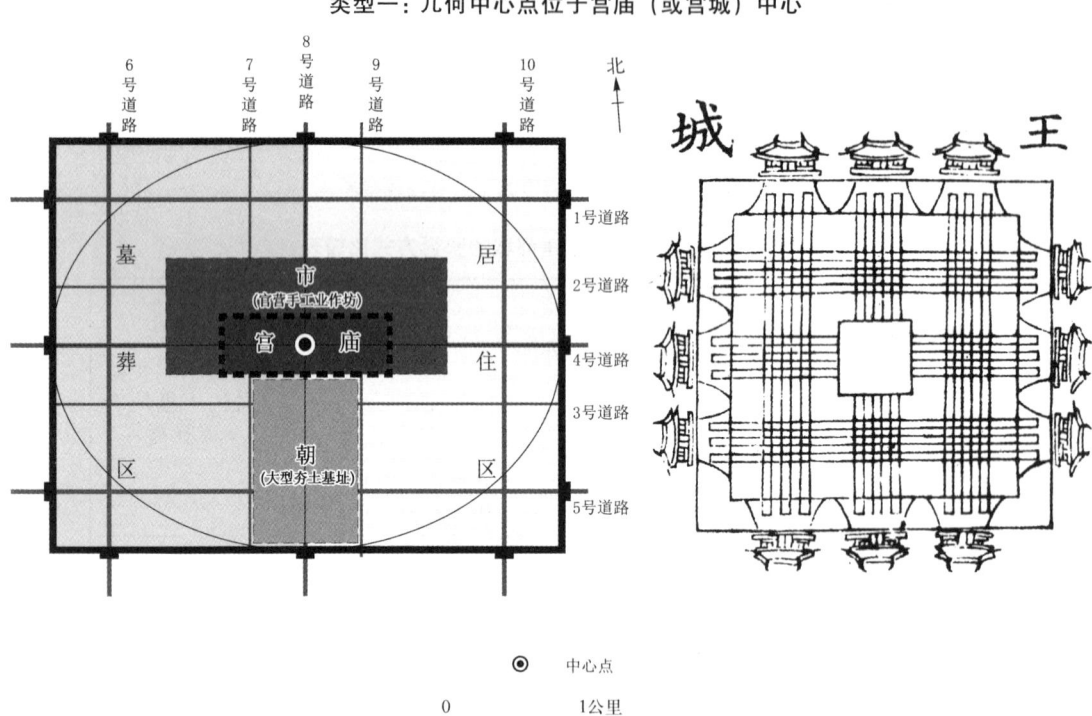

类型一：几何中心点位于宫庙（或宫城）中心

周代曲阜鲁城
（两周之际至春战之交，约公元前8世纪至公元前5世纪）

宋·聂崇义绘《考工记》理想规划
（战国至汉）

第五章 中国古代理想城市的形态特征　369

类型二：几何中心点位于皇宫城门附近

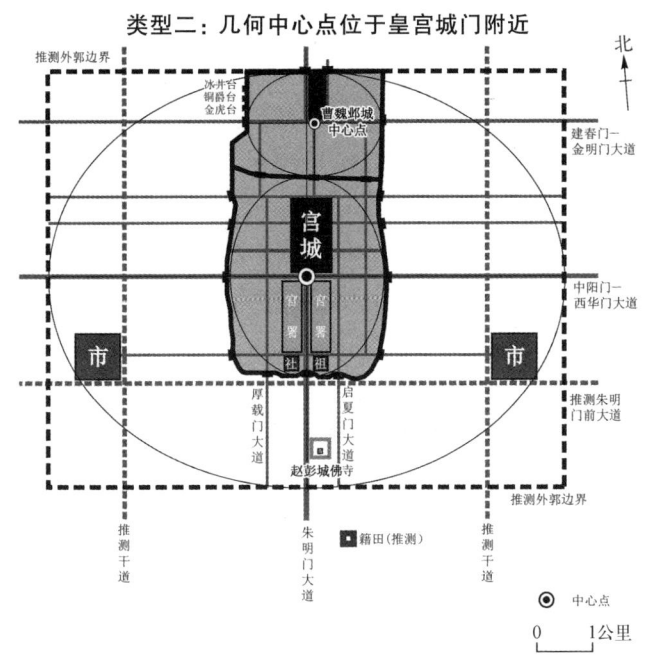

东魏北齐邺城（534～577 年）

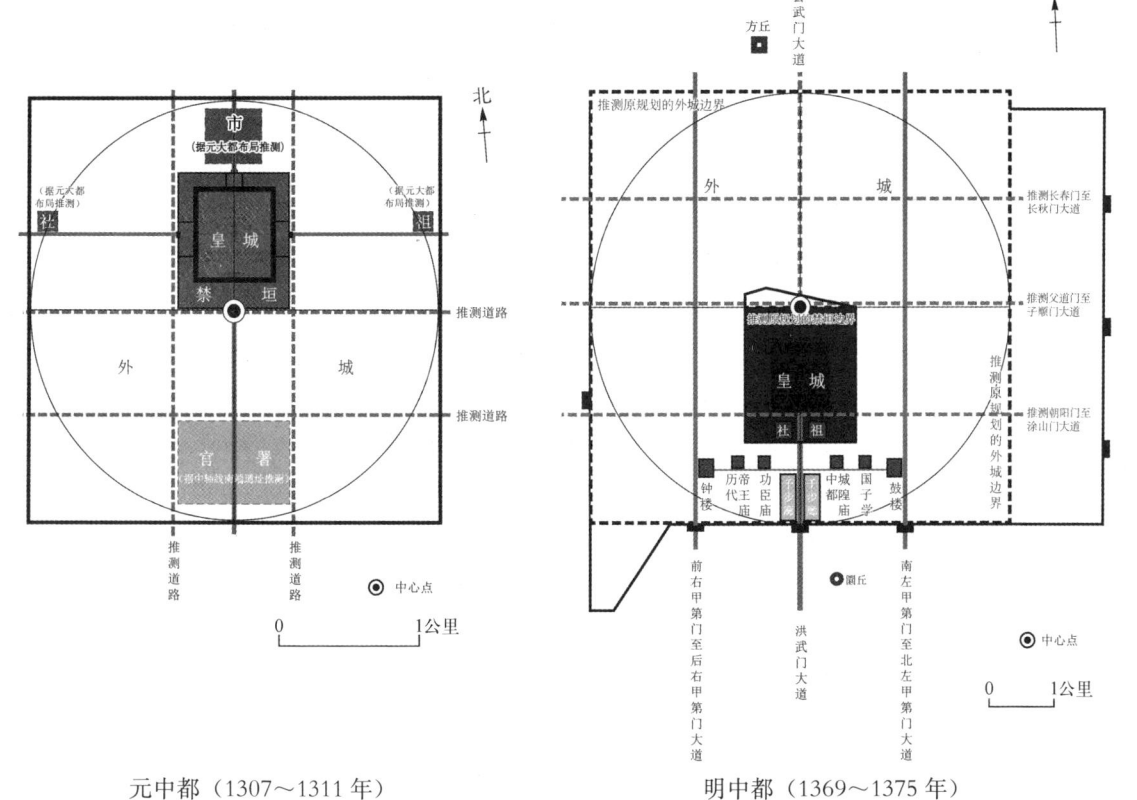

元中都（1307～1311 年）　　　　　　明中都（1369～1375 年）

图 5-8　中国古代理想城市的中心点位置的类型

值得注意的是，尽管位于城址几何中心点的标志性建筑或景观类型不同，但它们存在一个共同特点——城市中心点也往往是城市轴线上的制高点，如曲阜鲁城的几何中心位于自然高地，如北魏洛阳的几何中心附近夹建阊阖巨阙，明永乐北京城的几何中心点附近耸立着镇山。这些位置不仅在平面上具有特殊性，也从空间维度进行了精心设置，使得它们成为城市景观的焦点，也在都城的社会活动中扮演着重要角色。有学者指出，在北魏洛阳城中，作为城市中心点的宫城正门也是协调皇帝与百姓关系的关键装置，它不仅以阙门的形式将"天子（皇帝）之至尊自俗界区别出来，并对民众阐明皇帝所具现的礼法与秩序"，也是"诣阙上书"及敲打登闻鼓的地点，具有大臣或庶民向皇帝请求冤罪再审的功能，还是放免罪犯、显示皇家宽宥之情的场所，以金鸡为特色的赦宥礼仪就发生在这里①。

将中心点作特殊标记，仅见于元代都城，其他都城中心点位置和高度的特殊性，究竟是有意设计，或纯粹是巧合，还有待讨论。

（二）规划模块的大小变化

依据既有对《考工记·营国制度》的图示解义，理想周王城有可能采用模数制，以1里或者边长3里的宫城作为模数。从这一思路出发，本书对曲阜鲁城、东魏北齐邺城、隋唐长安、明中都可能采用的设计模数也进行了分析，将结论总结如下：

按照周代尺度换算，周鲁城的大城规模约合东西9里，南北7里，自然高地边缘距相邻周鲁城城垣约合3里，作为城市中轴线的8号道路，与其两侧的7号、9号干道距离各约1里，自然高地中心距南城垣与南城垣距舞雩台遗址非常接近，都约3.5~4里。考虑到先秦时期的施工误差，如果早在周鲁城就已遵循模数制，那么很可能是以周代1里或者周代1里的二分之一为基准模数。

根据东魏北齐邺南城的规模、赵彭城佛寺遗址的规模以及邺南城南墙与赵彭城佛寺遗址北边界的间距，推测当时是以1里见方的模块进行布置，1个模块等于1个居住单位即1个里坊的大小，也等于1个大型建筑群如1座寺庙的规模。6个模块构成邺南城的宫城，48个模块构成邺南城，如果确有外郭，它的规模可能有东西、南北各排列20个、16个模块，整座城址的规模合计占320个模块，近似于北魏洛阳的整体规模。

---

① ［日］渡边信一郎著，徐冲译：《中国古代的王权与天下秩序》，中华书局，2008年，第37页。

比较两份不同的考古报告所提供的实测数据发现，隋唐长安的宫城、皇城和外郭的尺寸都是50丈的倍数，而且位于城市轴线所在的明德门大道东侧的宫城、皇城和外郭城区的宽度分别较之西侧的相应城区有50丈的差值。笔者认为隋唐长安城原本的设计并非如此，而是以500丈的正方形模块进行设计。1个模块等于太极宫的大小，2个模块等于宫城大小，4个模块等于宫、皇城整体子城的大小，全城则东西、南北各排列6个、5个，整座城址的规模合计占30个模块。隋唐洛阳、日本平城京和渤海国上京都是采用了类似的设计方法，即采用边长大于1里的正方形模块，减少了模块的数量，简化大型都城的规划，这实是中国古代城市规划史上一个巨大的进步。

值得注意的是，从五代北宋汴梁开始，宫、皇城的规模继续缩小，面积降至不足全城面积的10%，而同等级都城郭城的面积，除明南京发生陡然的增加之外，其余一般大于40平方公里（图5-9）。因而，如果近古时期仍然采用正方形模块设计都城，似乎很难再以宫城为基准模块。由此推测，明中都的规

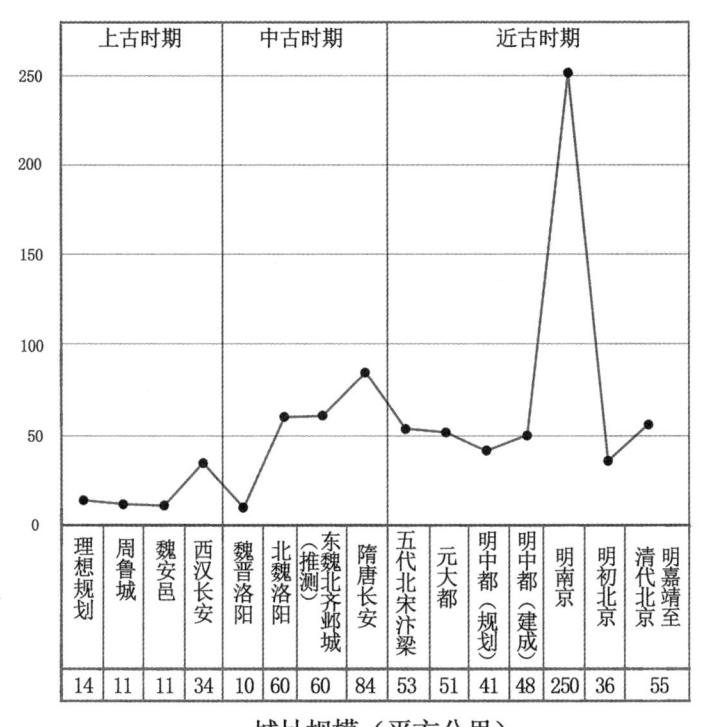

图5-9 中国古代典型都城的外城规模变化示意图

时期	上古时期				中古时期				近古时期					
城址	理想规划	周鲁城	魏安邑	西汉长安	魏晋洛阳	北魏洛阳	东魏北齐邺城（推测）	隋唐长安	五代北宋汴梁	元大都	明中都（规划）	明中都（建成）	明南京	明初北京	明嘉靖至清代北京
规模（平方公里）	14	11	11	34	10	60	60	84	53	51	41	48	250	36	55

划方案很可能对不同城区采用了两种不同规模的设计模块。笔者分析，明中都的外城规模是依据东西、南北各排列4个边长为500丈的正方形模块设定，并从模块位置确定了干道、城门的分布，这一模块大小等同于隋唐长安；而据曹鹏的分析，皇城、禁垣则很可能是以25丈为边长的模块进行布置，如是这样，也可以理解明中都是在根据500丈模块确定了宫城的位置之后，再铺展一个25丈见方的网格，进行更为具体和精确的宫殿设计。

将中国古代理想城市可能采用的设计模数比较如表5-6。

表 5-6 中国古代理想城市的设计模数比较

城址名称		边　长		宫　城	内　城	全　城	备　注
《考工记》理想规划	方案一	3里	1 247.4米	1	8	9 (3×3)	以周代1里约合415.8米换算
	方案二	1里，等于1个里坊	415.8米	4 (2×2)	60	64 (8×8)	以周代1里约合415.8米换算
周代曲阜鲁城		1里	415.8米	3（3×1）(即自然高地的规模)	63 (9×7)		以周代1里约合415.8米换算
东魏北齐邺城		1里，等于1个里坊	450米	6（宫城连后园）(1.5×4)	42	300 (20×15)	以北朝后期1里约合450米换算
隋唐长安		500丈	1 470米	2 (2×1)	2	30 (6×5)	以1唐丈约合2.94米换算
明中都（规划）		25丈	80米	实测皇城东西886米，南北962米，约合132个边长25丈的方格（东西11×南北12）	实测禁垣东西1 670米，约合21个25丈边长方格，南北以东北角点计，约合25个边长25丈的方格	16 (4×4)	以1明丈约合3.2米换算
		500丈（外郭）	1 600米（外郭）				

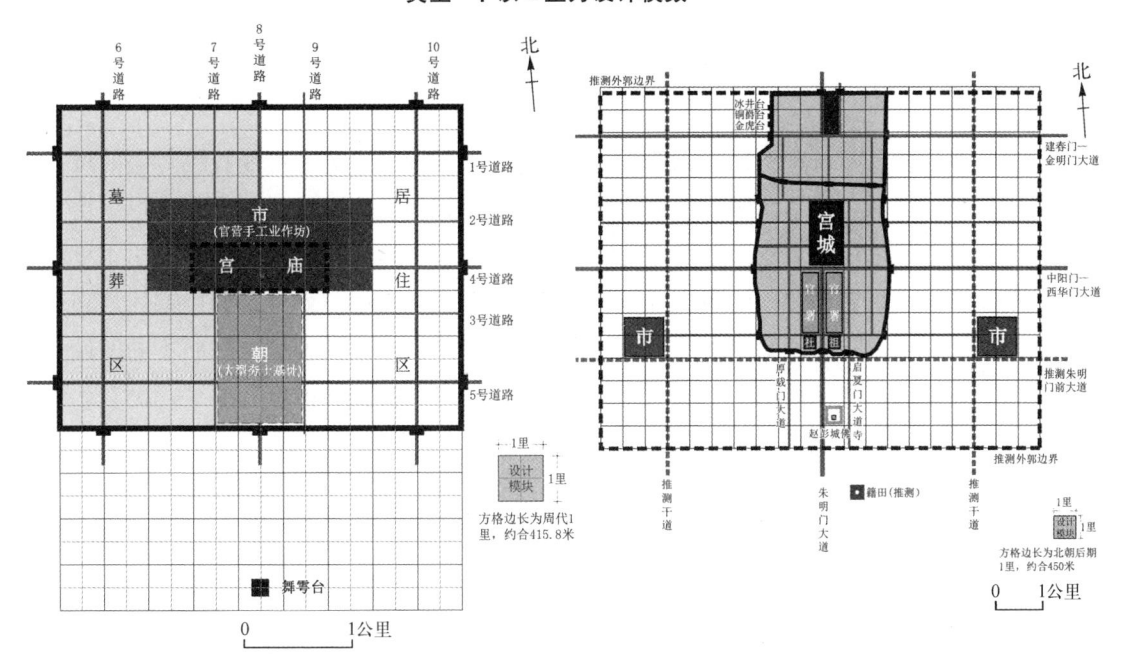

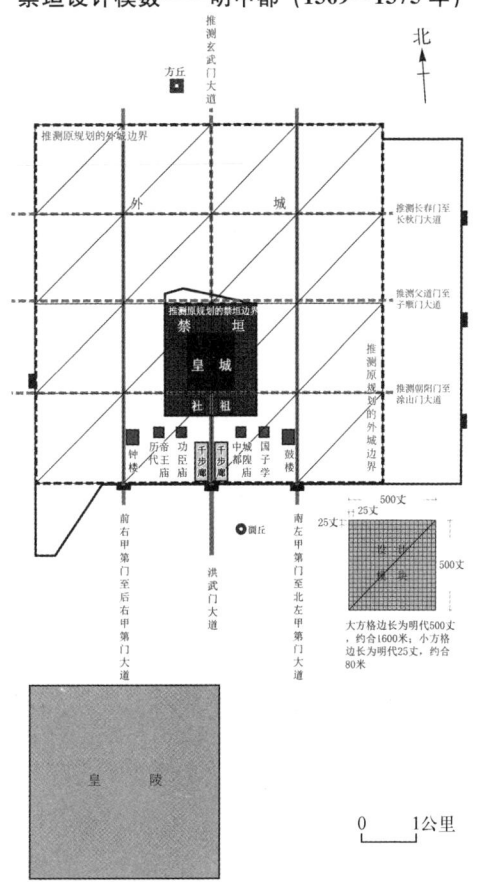

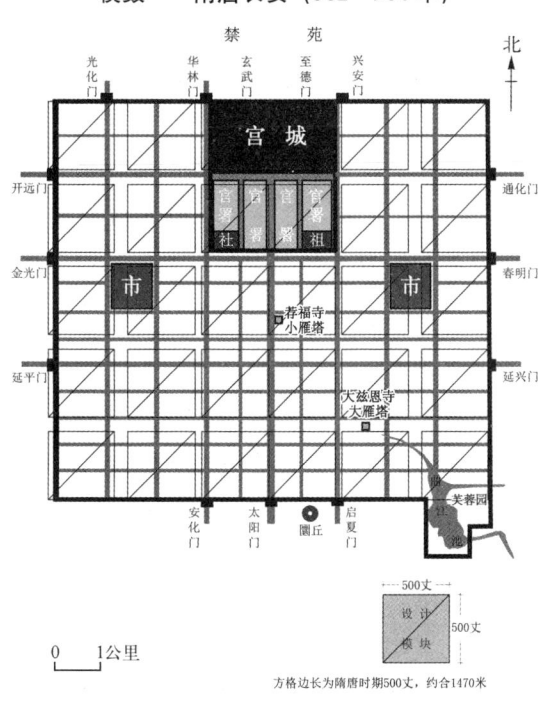

图 5-10 中国古代理想城市设计模块的演进

如上表所示，《考工记》理想规划设计模块的两种设想，都能找到对应的城市实例。例如，曲阜鲁城、东魏北齐邺城可能是以边长为 1 里的 1 个正方形里坊为设计基准模块，对应以王贵祥为代表的推测设想；隋唐长安采用边长大于 1 里的正方形太极宫为设计模块，对应以贺业钜为代表的设想。此外，明中都的规划设计又显示出一种脱胎于设计传统的新方法，对不同规模的城区，按照不同的设计精度要求，分别采用大小不同而具有拓扑关系的基准设计模块（图 5-10）。

尽管关于都城模数制的研究实例还相当有限，但前述都城核心要素所隐含的数理关系表明，中国古代城市的设计很可能遵循了一个由整体及局部的程序。这一程序的优势在于，通过特定的数理关系将城池规模、宫殿位置、城门和干道的数量、宗庙等重要功能区的位置和尺寸，还有城市中轴线及其串联的城内外祭祀建筑和山水景观等在整体设计阶段就确定下来，确保它们的形式符合《考工记》思想、宇宙象征思想、风水思想等有着成功先例且社会普遍接受的空间设计准则的要求，即便设计深化、实际施工中对局部有所改易，也无妨这些都城最终成为歌颂历史情怀、凝聚集体记忆的伟大纪念碑。

第四节　中国古代理想城市对周边地区都城形态的影响

20 世纪 60 年代，日本学者西嶋定生、堀敏一等开始使用东亚世界、册封体制论等概念，这些学者指出，东亚世界是一个整体的文化圈，具有汉字文化、儒教、律令制、佛教四项标志，维持着以古代中国与周边国家之间的以君臣关系为核心、以册封体制为基本秩序的自我运行，中国先进的文物制度以这一体制为媒介向中国周边的东亚国家传播[1]。依据文献，古代朝鲜、日本及越南等东南亚国家在建构政权的过程中，都将营建都城作为重要内容，并不同程度地接受了中国古代都城规划的思想，这些实践反映了《考工记》理想城市模式对不同地形条件和人文习俗的适应。

一、古代朝鲜的都城形态

古代朝鲜位于亚洲东部的朝鲜半岛境内，三面环海，北与俄国相连，西北隔着长白山与中国相接，东南与日本隔海相望。古代朝鲜的文化深受中国传统

---

[1]　［日］西嶋定生：《六―八世紀の東アジア》，《岩波講座日本歴史（第 2 卷）》，岩波书店，1962 年。

文化的影响，是中国文化圈中的一个子系统，还是中国文化向日本传播的中介。朝鲜半岛的东部多南北向的山脉，西部和靠西南的河流沿岸中小平原比较集中，整个半岛几乎没有开阔的大平原。先后在朝鲜半岛上活动的政权主要有汉四郡、高句丽、百济、新罗、统一新罗、渤海、高丽、朝鲜，各政权的势力此消彼长，疆域边界不断变化，造就了并不广阔的半岛中较为复杂的历史变迁，也留下了数量众多的地方都城。受地理环境影响，部分政权修建的都城位于丘陵地带，规划难以全面实施，现代考古难度也比较大，因而本书将主要考察主体修建于相对开阔的平地、城址遗迹比较清晰的古代朝鲜都城。

（一）三国至统一新罗时期的主要都城

427年，高句丽将都城南迁至朝鲜平壤东北，首次系统采用中国当时流行的都城制度建成平壤城[①]。平壤选址于丘陵与河谷的交界地带，北有群山环抱，南临大同江，地势北高南低，非常符合中国传统城市的朝向要求。广义的平壤城实际包括北部的大城山城、西部的清岩里山城和东南方向的高房山城，以及山麓地带、坐北朝南的安鹤王宫和安鹤宫南侧平原地带的里坊居民区。平壤城遵从中国南北朝都城开创的宫殿居北、里坊居南的布局，道路设计也模仿汉城，在宫前设丁字形主干道，其余道路按照正交格网布置。平壤城还有一条很长的南北向轴线，它从安鹤宫门前出发，往南穿过里坊，并通过大同江面架设的木桥向南延伸。李华东认为，平壤的选址与规划，与南朝建康有许多相似之处[②]。

552年，高句丽开始在平壤城西南依山傍水的丘陵地带修建新的都城长安。这座城址的形态比较特殊，没有采用规整的方形边界，而是沿着大同江河道修建了三重南北相接、边界曲折的城郭，更像汉地的山城格局，应该是主要考虑到战备防御的需要。韩国学者推测，高句丽长安的外城采用了里坊制与正交路网，可能有宽阔笔直的道路以构成轴线[③]。

考古工作已经基本探明了朝鲜三国时期另一个地方政权百济的都城泗沘[④]。

[①] ［日］高桥诚一、刘立善：《东亚的都城与山城——以高句丽的都城遗址为中心》，《日本研究》1993年第4期，第51~59页；王绵厚：《高句丽的城邑制度与都城》，《辽海文物学刊》1997年第2期，第93~107、118页；李殿福：《高句丽的都城》，《东北史地》2004年第1期，第22~28页；李健才：《关于高句丽中期都城几个问题的探讨》，《东北史地》2004年第1期，第29~33页；祝立业：《近年来关于高句丽中期都城问题研究评述》，《东北史地》2010年第1期，第37~39页。

[②] 李华东：《朝鲜半岛古代建筑文化》，东南大学出版社，2011年，第16页。

[③] 李华东：《朝鲜半岛古代建筑文化》，东南大学出版社，2011年，第18页。

[④] ［韩］朴淳发、许莉：《百济都城的考古发现与研究》，《南京晓庄学院学报》2012年第4期，第24~43页。

泗沘城位于今天韩国的忠清南道扶余县，地处丘陵地带，城北部有扶苏山、金城山、附山等数座小山，白马江从北面而来，经过城西、南，向东流去。这座城址始建于538年，沿用至660年，由外城、山城、王宫和里坊区构成。外城沿自然地形修建，幅员广阔，周长推测达8 000米，很可能将周长约2 200米的扶苏山城、王宫和里坊区包括在内。根据当今学者的复原，泗沘城的布局既与高句丽的平壤城有一定的相似性——同样是山城在北，王宫北依山城，王宫前设有丁字形主干道，主干道向南延伸形成中轴线，城市南面设民廛里坊，里坊区采用正交路网，又有一定革新——如将山城纳入外城，形成更加集中的一体式都城（图5-11）。

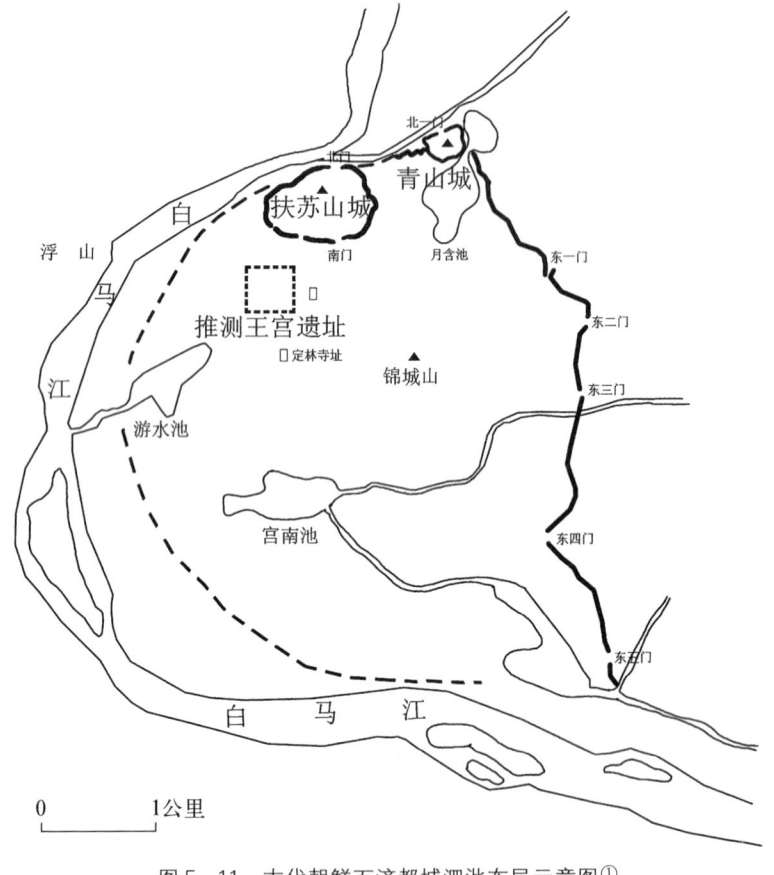

图5-11 古代朝鲜百济都城泗沘布局示意图[1]

---

[1] 改绘自《王宫城·古代东亚细亚都城과益山（上）》，国立扶余文化财研究所，2014年，第22页。

诞生于朝鲜半岛东南部的新罗在660年灭百济，在668年灭高句丽，实现了朝鲜半岛大同江以南地区的统一。自建国之初到统一新罗被高丽取代，新罗的都城一直在庆州，前后建设、使用历时近千年。从地形上看，庆州城位于北川和西川的交汇处，处在群山环绕的盆地之中，它是古代朝鲜为数不多修建在开阔平地的城市。这座都城本应是见证朝鲜半岛都城规划最好的实例。然而，庆州城遗址目前尚叠压在现代城市之下，考古资料不足，具体布局有待厘清。结合文献和零散的考古资料，多数学者认为，庆州的建设曾极力模仿隋唐长安[1]。

（二）高丽开京与朝鲜汉城

统一新罗末年，国内割据势力蜂起，直至918年泰封国大将王建创立高丽王朝，完成了朝鲜半岛的统一。开京是高丽王朝的主要都城，它选址于松岳山麓的平原地带，从定都到都城建成前后历时约一百年。高丽开京主体由宫城、皇城、内城和罗城构成。宫城位于城西，四面各设一门。宫城四面包围皇城。内城呈南北长条状、中间由东西墙垣隔开分成南、北两半部，南部为宫、皇城。外城包围在内城的东、南面。北宋使臣徐兢曾造访高丽都城，在《宣和奉使高丽图经》记载："（高丽）立宗庙社稷，治邑屋州间，高堞周屏，模范中华。仰箕子旧封，而中华遗风余习尚有存者。朝廷间遣使，存抚其国，入其境，城郭岿然，实未易鄙夷之也。"[2] 从这段记载来看，开京同样是以中国都城为模范，修筑城墙，设立宗庙社稷（图5-12）。

洪武二十五，高丽大将李成桂夺取政权，定国号朝鲜。两年之后，在朝鲜半岛中部的汉阳修建宫殿、宗庙和官衙，次年基本建成，汉阳改名汉城，拟作都城。经历还都开京的变故之后，朝鲜王朝在1405年再次将都城迁回汉城，并按照都城的规制重新建设。文献记载，汉城的营建有沈德符、金溱、李恬等多名儒生参与，较之开京，这座都城更加强调儒家的伦理秩序，城市宫殿、祖、社和官署的布局均模仿明王朝的都城。

汉城的大城长40余里，城内分布了多座宫殿。正宫景福宫位于外城西北隅，坐落在白岳山南麓，坐北朝南。景福宫正门光化门直南大道为全城最宽阔的道路，也是串联宫与城的中轴线，礼、枢、宪、兵、刑、吏六部官署分置于

---

[1] 李华东：《朝鲜半岛古代建筑文化》，东南大学出版社，2011年，第27页。
[2] （北宋）徐兢：《宣和奉使高丽图经》，中华书局，1985年，第5页。

378　中国古代的理想城市

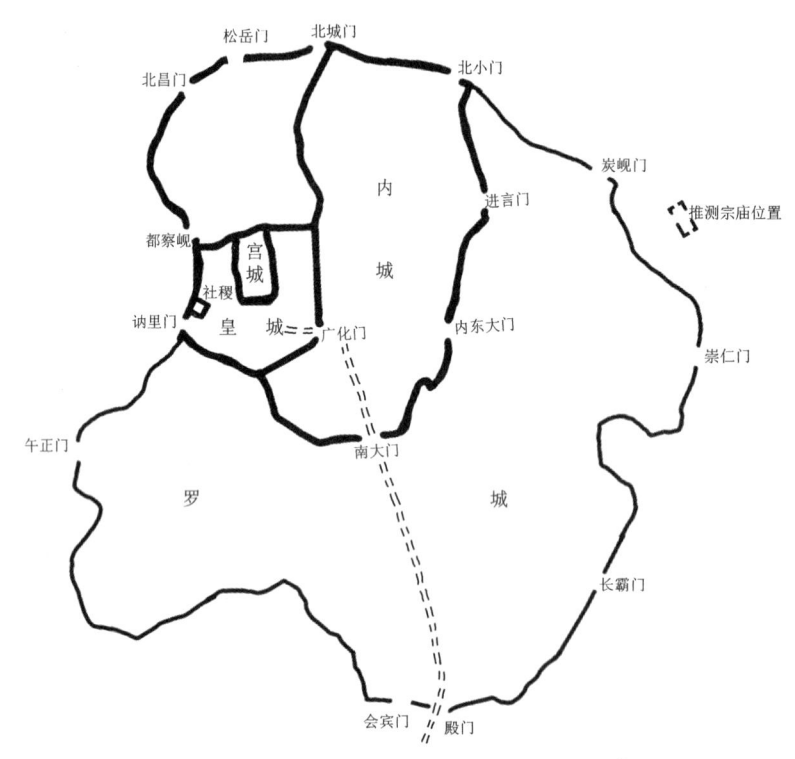

图 5-12　古代朝鲜高丽都城开京布局示意图①

光化门前南北大道两侧,符合《考工记》对"朝"的方位要求②。景福宫东偏南建太庙,西偏南建社稷坛,符合《考工记》对"祖""社"的要求。城内的主要街区按正交划分,部分地段根据地形有所变化,并设置坊里作为街区管理的单位。汉城一方面延续了本地区修筑山城加强防御的传统,北面有北汉山城,西北有西城,均沿山势构筑,对汉阳形成拱卫之势,另一方面,光化门前大道直指景福宫后的白岳山巅,构成了一条串联自然山势与庄严宫殿的中轴线,很可能也是借鉴了明中都、明北京(图 5-13)。

---

① 改绘自李华东:《朝鲜半岛古代建筑文化》,东南大学出版社,2011 年,第 29 页。
② 辛惠园:《对于 14 世纪前后南京和朝鲜汉阳的"宫前官署区"官署布局变化的研究》,《建筑历史与理论(第十辑)——首届中国建筑史学全国青年学者优秀学术论文评选获奖论文集》,科学出版社,2009 年,第 270~277 页。

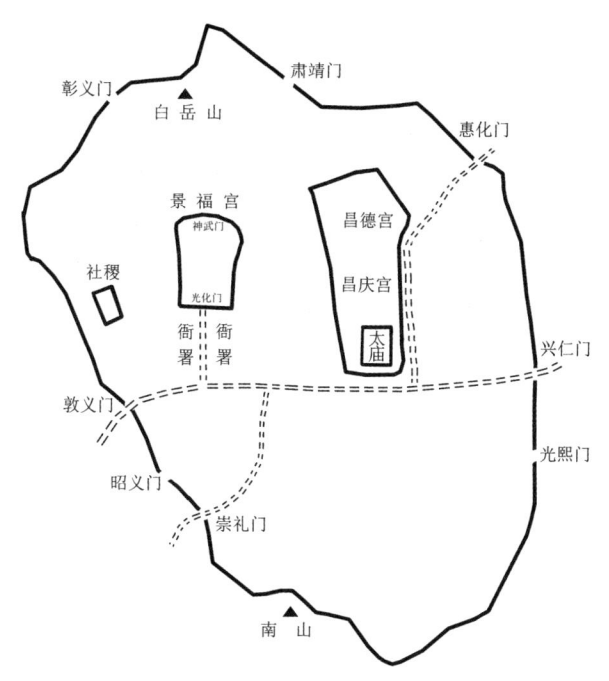

图 5-13 古代朝鲜汉城布局示意图①

二、古代日本的都城形态

古代日本建国于东亚大陆东面海洋的群岛之上,与古代中国隔海相望。日本的主要国土包括北海道、本州、四国、九州四个岛屿,南北狭长,地形复杂,历史上频繁经受地震的侵扰。直至 4 世纪初,大和国才完成了日本全岛的统一,建立大和王权。此后,日本一直透过朝鲜半岛吸收来自亚洲大陆的文化。630 年,日本开始正式向唐朝派遣使节,至 894 年废止。在长达两百多年的时间里,来往中日的使节直接将中国的制度和文化带入日本,日本正式进入飞鸟时代,形成以天皇为中心的国家。710 年,元明天皇迁都平城京,日本进入律令制国家日益成熟的奈良时代。794 年桓武天皇迁都平安京,至 1192 年是日本平稳发展的平安时代。1192 年之后,镰仓幕府建立,开始了长达六百多年的幕府时代。其中,6~12 世纪,被称为日本的古代国家时期,国家的政治活动均主要围绕天皇居住的都城展开。本节将主要考察日本在 6~12 世纪修

---

① 引自[韩]崔亨守:《韩国汉阳都城南山会贤地区发掘调查成果》,《中国城墙(第二辑)》,江苏人民出版社,2019 年,第 49 页。

建的都城藤原京、平城京、长冈京和平安京。

(一) 藤原京

藤原京是古代日本第一座有计划正式修建的都城,它的完整面貌至今尚未探明。在此之前,日本的政治中心是大王的宫殿、佛教的寺院以及官吏豪族的住宅区,而非集中式都邑。随着律令制国家建设的推进,日本也急需模仿中国,营建一座能够体现绝对权威的都城。《日本书纪》记载,天武五年(676年)开始准备都城的建设,682年天皇派遣官员查勘都城的地形。持统五年(691年),持统天皇"遣使者,镇祭新益京",新都应已基本建成,694年,天皇迁入藤原宫,新都正式投入使用。

自20世纪30年代起,日本学者开始对藤原京展开考古工作,目前已经基本探明了藤原宫的范围和内部结构。宫墙规模东西925米,南北907米,基本呈方形,宫墙设12门,宫城中央由南至北排列着朝堂院、大极殿院和内里,其东西两侧有若干官衙区。宫城周边还发现了时代早于宫城的条坊道路遗迹。现所谓的"藤原京"统称藤原宫及周围的条坊遗迹所限定的范围。1996年,藤原京的东西京界被发现,两者间距约5.3公里。目前,关于藤原京最主流的复原方案来自小泽中村,他以《考工记》为参照,结合考古和文献材料,推测藤原京南北、东西边长相等,轮廓呈方形,藤原宫处于都城中央,城内被南北、东西各9条道路分为10个坊区(图5-14)。

此外,在藤原宫遗址出土了一枚木简,正面有"于市沽遣糸九十斤蝮门猪使门",背面有"月三日大属从八位上津史冈万吕"。有学者认为,这枚木简似乎表明藤原宫的北面有"市",符合《考工记》的"后市"要求[①]。

(二) 从平城京到平安京——律令制下的日本都城[②]

和铜元年(708年),天皇开始在奈良盆地北部修建平城京,下令"造平城京司"负责新都的营建。三年后迁入新都,至桓武天皇迁都平安京,平城京

[①] 王海燕:《古代日本的都城空间与礼仪》,浙江大学出版社,2006年,第57页。
[②] 李绍明:《日本平城京的发掘与研究》,《四川文物》1987年第1期,第66~68页;王仁波:《日本的千年古都——平安京》,《文博》1987年第4期,第84~89页;郭湖生:《魏晋南北朝至隋唐宫室制度沿革——兼论日本平城京的宫室制度》,《东南文化》1990年第1期,第19~25页;余干生:《藤原京·平城京与京都文化——日本都城史纪略》,《外国问题研究》1995年第1期,第56~63页;岸俊男、于德源:《日本的宫都和中国的都城》,《大同职业技术学院学报》1997年第2期,第61~70页;王仲殊:《关于中日两国古代都城、宫殿研究中的若干基本问题》,《考古》2001年第9期,第72~79页;王维坤:《论20世纪的中日古代都城研究》,《文史哲》2002年第4期,第147~153页;王海燕:《古代日本的都城空间与礼仪》,浙江大学出版社,2006年。

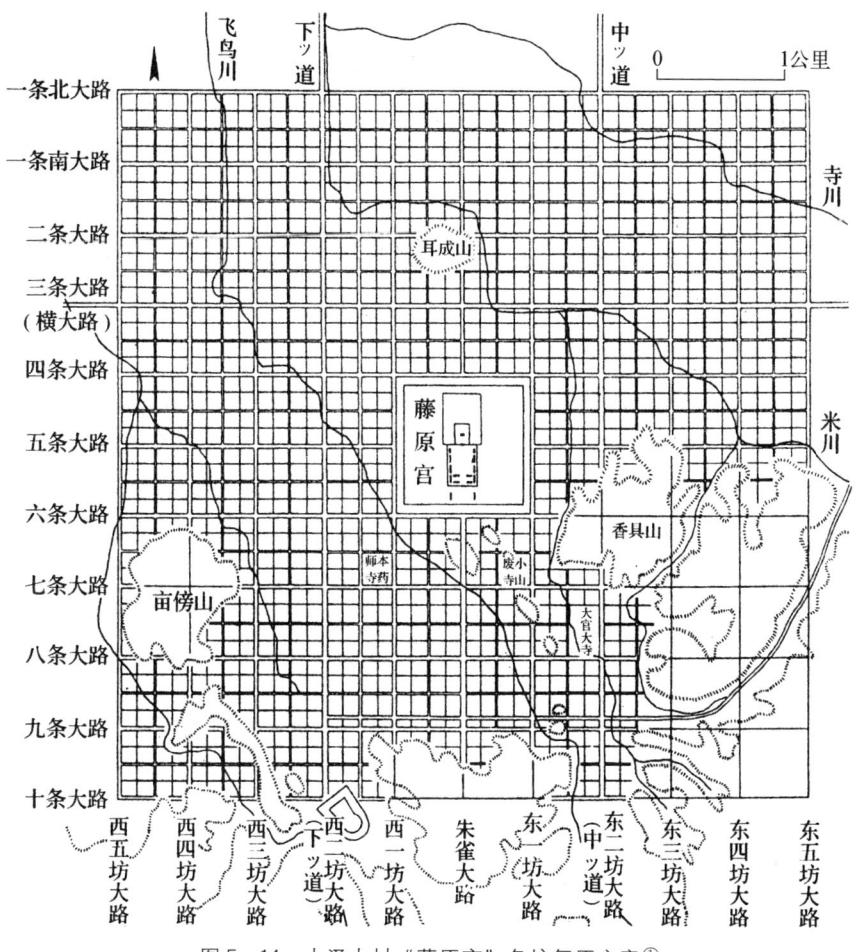

第五章　中国古代理想城市的形态特征　381

图 5-14　小泽中村"藤原京"条坊复原方案①

作为日本的都城 80 余年。平城京北高南低，由平城宫和京城两部分组成。平城宫位于都城的北部中央，处在地势较高的丘陵之上，周匝修筑宫墙，宫城边界以边长 1 000 米的正方形为基础划定，东墙向外凸出东西 265 米、南北 755 米。每面宫墙各开 3 座城门。平城宫内部现存前后两个时代的大极殿—朝堂院遗迹。

平城京由左京、右京构成，两个城区以宫门正对的朱雀大街为界。其中，左京的东侧外凸部分又被关野贞等学者称为外京。全城东西 4 255 米（若计外京有 5 850 米）、南北 4 787 米，接近方形。与中国的封闭式城圈不同，平城京

---

① 王海燕：《古代日本的都城空间与礼仪》，浙江大学出版社，2006 年，第 58 页。

仅在城南修筑了一面城墙，名罗城，罗城也仅设一座城门，位于城墙中央，即罗城门。罗城门是平城京的界标，也是象征律令制国家政治中枢的建筑物[①]。平城京有东西12条大路，南北9条大路，构成正交路网，宽度更小的正交小路将城市划分为更小的网格。平城京的贵族宅邸主要位于紧靠平城宫南侧的五条大路以北，一般住宅多集中在城市南端的八、九条大路，随天皇搬迁而来的古老寺庙多分布在五条大路以南或是外京的东端，新建寺庙大多位于五条大路以北。左京、右京分设东市、西市，位于城市南部，分列朱雀大路两侧。平城京借鉴了唐长安的建置和布局，也依据本国的需求进行了调整。

长冈京地处京都盆地西部的丘陵，位于今天的向日市附近。781年，来自天智系的桓武天皇即位，一改日本天皇出自天武系皇统势力的传统，为了稳定政局，排除旧有的反对势力，同时建立强有力的治世政策，新的天皇决定修建新的都城。延历三年（784年）初派人查勘地形，5月开始大兴土木，10月新都尚未完全建成，天皇就搬入了长冈宫。日本学者推测，长冈京的布局及形态与平安京非常相似，只是取消了平安京向东凸出的外京部分，都城边界更加规整。京域虽未完全建成，大致应按条坊制设计，东西8坊，南北10条。长冈宫位于长冈京的北部正中，宫城内目前仍能找到大极殿—朝堂院、内里等宫室遗迹。迁都之后，长冈京发生了一系列不祥事件，桓武天皇决定废弃长冈京，另建新都平安京。从定都到废弃，长冈京的使用时间不超过10年，为平安京的规划和建设积累了经验。

平安京的东、北、西三面为群山环绕，南面是旧巨椋池。从延历二十年正月开始筹建平安新京，翌年天皇迁入，至延历二十四年桓武接受续嗣的谏言，宣布停止军事和造宫，废除造宫职，平安京的建设才算告一段落，前后历时十余年。平安京东西约4 500米，南北约5 200米，京域呈南北略长的方形。以宫城南门正对的朱雀大路为界，京城分为左京、右京。京城内实行条坊制，由南北向的9条和东西向的8坊划分成方形大区。都城的北部中央是皇宫平安宫所在，东西约1 146米，南北约1 392米，四周筑有宫墙，开设14座宫门。平安宫的正门是朱雀门，东、西宫门的连线将宫城分为南北两部分。宫城南半部分在中轴线上有朝堂院、太极殿，西侧是丰乐院，它们分别是天皇的礼仪空间和飨宴场所。北半部分的核心建筑是内里，天皇在这里处理日常政务。都城的

[①] 王海燕：《古代日本的都城空间与礼仪》，浙江大学出版社，2006年，第67页。

南部设东、西二市，它们以朱雀大街左右对称。都城南端设罗城门，作为都城范围的标志，是举行外交礼仪的重要场所。桓武朝廷禁止建造私寺，国家对佛教统治较严，最初仅在罗城门的左右设置了东、西两所官寺。9世纪中叶以后，律令体制衰退，官僚机构缩减，平安宫内的官衙停用，平安宫也渐渐废弃。

8世纪，日本接连修建了平城京、恭仁京、难波京、长冈京和平安京等多座都城，进入了日本历史上密集开展都城实践的阶段。形态比较清晰的平城京、长冈京和平安京表明，它们并没有直接继承本土的早期都城藤原京的布局展开规划，而是效仿582年创立的隋唐长安，部分背离了《考工记》的传统，将宫城置于罗城北端，宫城往南的主干道直通罗城门，形成贯通全城的主轴线。这三座布局相似的日本都城，具有越来越强的空间的对称性，应是以隋唐长安的平面布局为粉本，不断描摹、不断实践的结果（图5-15）。

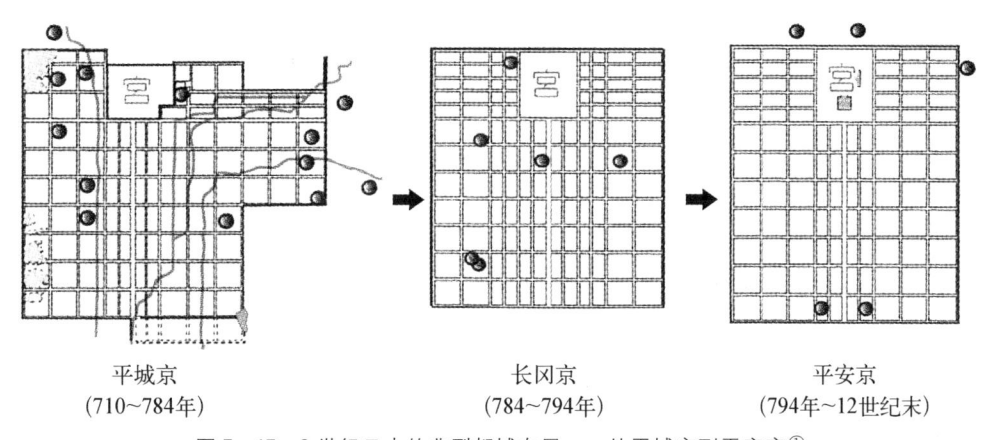

平城京
(710~784年)

长冈京
(784~794年)

平安京
(794年~12世纪末)

图5-15 8世纪日本的典型都城布局——从平城京到平安京①

三、古代越南的都城形态

越南位于东南亚中南半岛的东北部，北与中国接壤，部分区域在汉唐时期以中华疆域或属国的形式存在，它是受中国传统文化影响最深的东南亚国家，越南的都城及宫殿规划均受到中国的深刻影响。从968年开始，古代越南才成为一个独立的国家，都城长期设在国家北部的河内城附近。随着国力的强盛，

---

① 改绘自《王宫城·古代东亚细亚都城과益山（下）》，国立扶余文化财研究所，2014年，第37页。

越南的范围从原红河三角洲逐渐扩展到中南半岛的南部沿海，都城也曾南移到国家中部的顺化。本书将主要讨论越南早期的都城升龙和晚期的都城顺化。

（一）升龙都城

1010 年，古代越南李朝的太祖李公蕴登基之后，将都城迁到大罗城，即今天的河内，并改名为升龙。升龙地处平原地带，位于当时越南国的中心，拥有便利的水、陆交通条件。在李公蕴颁布的《迁都诏书》中这样描述都城选址："宅天地区域之中，得龙蟠虎踞之势，正南北东西之位，便江山向背之宜。其地广而坦平，厥土高而爽垲，民居蔑昏垫之困，万物极蕃阜之丰。遍览越邦，斯为胜地，诚四方辐辏之要会，为万世京师之上都。"[1]

升龙城位于红河西侧，以红河引出的河道苏历江为护城河，护城河经过升龙城北，沿着西界往南流。都城北面有高大的山丘，可以阻挡北面的寒气和袭击，南面也有一些分散的矮山。升龙城由宫城、皇城和外城构成。宫城和皇城集中在都城北面，倚靠山丘而建。其中，宫城呈方形，北端有人工堆筑的浓山，向南沿南北轴线一字排开朝堂和宫殿，宫殿主轴的东侧有东宫，西侧有后宫。宫城之外的皇城沿地形修建城墙，并不规整，皇城的正门与宫城的正门也并不相对。升龙外城为土筑城墙，全长约 30 公里，兼有防洪和防御的作用，也是随自然地形修建（图 5-16）。升龙城在法国殖民统治时期遭到了严重破坏，只能依据历史地图来推测这座都城的布局，关于这座城市在 11、12 世纪的演变仍存在一些疑团。

（二）顺化都城

顺化位于越南中部的平原地带，是 1636 年以后古代越南阮氏王朝的都城。顺化城西倚长山山脉，东临大海，城内还有发源于长山山脉的香江自西向东蜿蜒流过。13 世纪，顺化属于占城国的乌州和哩州。1306 年，越王陈英宗将其妹玄珍公主下嫁占城王，得两州为聘礼。15 世纪时越南黎朝将顺化改名"顺化路"。从 17 世纪至 20 世纪中叶，顺化曾先后作为越南旧阮、西山阮和新阮政权的都城，又称"京畿""神京""富春"等。

留存于今的顺化城址始建于 1804 年，直到近 30 年后才大致建成。顺化城选址于香江北岸，根据河道的弯曲形态与南岸御屏山的位置，整体布局呈西北—东南走向，都城轴线的延长线直指御屏山。顺化城一共有内外相套的宫城

---

[1] 陈荆和：《大越史记全书》卷二《李纪·太祖》，东京大学东洋文化研究，1984 年。

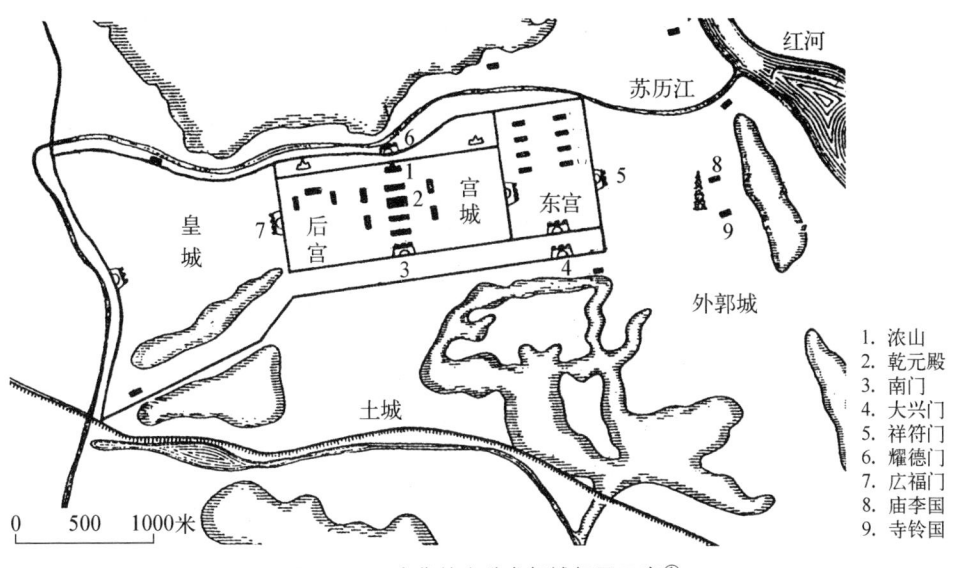

图 5-16 古代越南升龙都城复原示意①

（紫禁城）、皇城和外城三重城垣。外城呈方形，边长约 2 500 米，一共设陆门 10 座，水门 2 座，城墙模仿欧洲的防御工事修筑为三角棱堡状。城墙以外，周匝开凿护城河，引香江水灌入。一条穿过外城中部的香江支流裁弯取直，被改造为御河，将外城分为南、北两部分。皇城呈长方形，东西约 640 米，南北约 568 米，周长约 2 400 米，四面中部各设 1 座城门。宫城平面呈长方形，位于皇城北部，周长约 1 300 米，东、西、北各有两座城门，南门仅一座。三重城圈内的道路都采用了正交式布局。在越南的传统文化中，北方是象征敌人和恶魔的方位。大概由于这个原因，顺化城御河以北的城区开发建设较少，路网稀疏，包括宫城、皇城在内的多数高等级建筑都集中在御河南侧（图 5-17）。

与中国古代都城相仿，顺化城有一条贯穿外城、皇城、宫城三重城垣的中轴线。这条中轴线从都城南面的宫城开始，通过宫城正殿太和殿，向南穿过宫城正门和皇城正门午门，抵达位于南墙正中的制高点旗台，与城外的自然山峰遥遥相对，在外城北部，御河也在中轴线附近向北拐折。顺化皇城的东南角设太庙，西南角设世庙，左右对称布置，符合《考工记》的祖、社规制。在宫阙门殿的命名上，顺化皇宫也有很多直接采自明清北京的紫禁城。

---

① ［日］布野修司主编，胡惠琴译：《亚洲城市建筑史》，中国建筑工业出版社，2010 年，第 226 页。

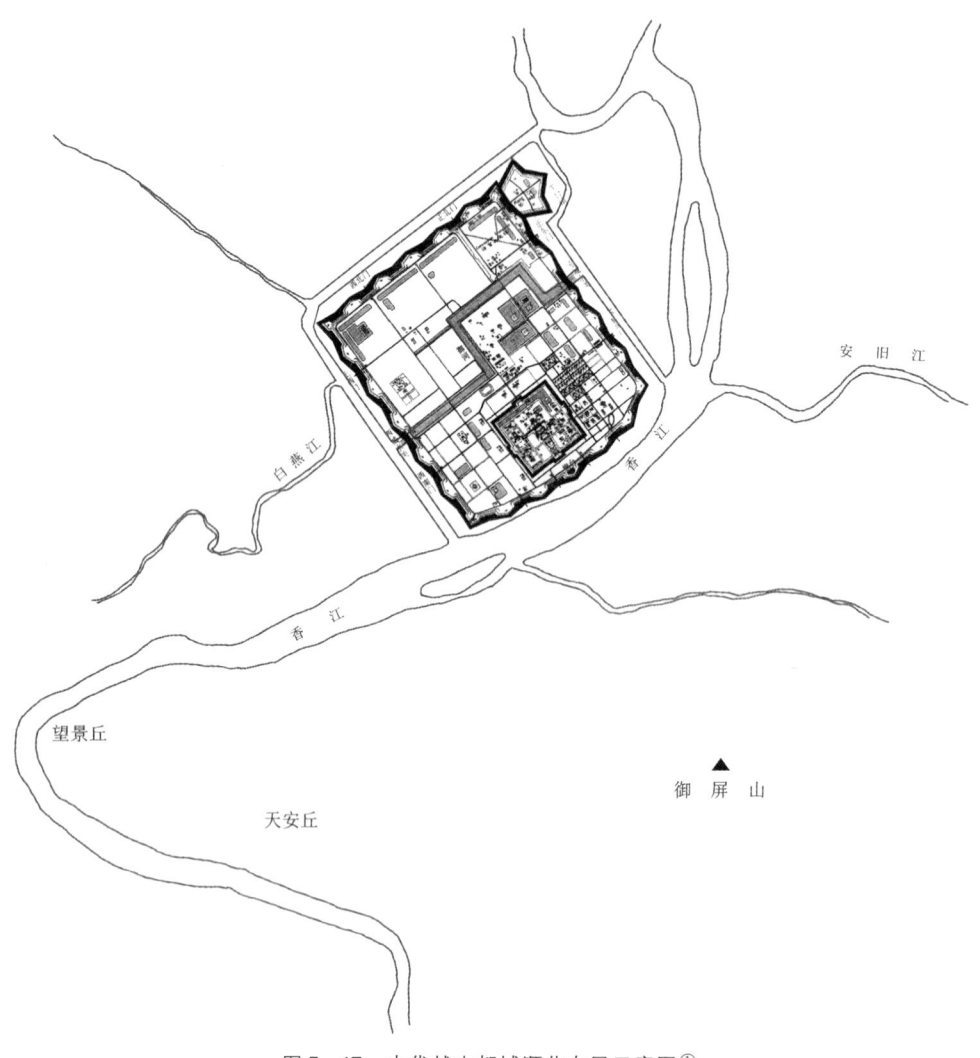

图 5-17 古代越南都城顺化布局示意图①

四、小结

本节考察了古代朝鲜、日本和越南的都城特点，可以看到，这些国家的立国与都城建设都有密切关系，都城形态既有保留各自固有传统的一面，也有模

---

① 改绘自泰林松：《越南顺化建筑遗产及其保护问题探讨》，同济大学硕士学位论文，2008年，第26页。

仿中国都城传统制度的一面。古代朝鲜所在的朝鲜半岛多山地、少平原，加之长期有修筑山城的传统，古代朝鲜的都城多依据地势修建大城，轮廓曲折，仅王宫修建于平地，能够较为理想地实现高度秩序化的宫殿布局。日本位于海岛之上，天皇制度的更迭较少，政局相对平稳，其都城仅以街道为边界，没有封闭的外城，多座都城将宫城布置在北端，忠实地模仿了唐帝国的都城长安，采用重城相叠结构，与中国近古时期的"王制"有所差异。越南都城的布局更多地模仿了中国的近古都城，由于地处热带湿润地区，越南的城市规划需考虑水系的走向，又因为当地有避讳北方的风俗，皇宫被安排在城南，造成了越南古都独特的朝向和轴线特点。

尽管各东亚国家的地方风俗有所差异，都城的地形条件不同，但由于中国传统文化自身的连贯性和整体性，接受中国传统城市规划思想的古代朝鲜、日本和越南的都城表现出一些非常相似的特征。这三个古代国家的都城均以王宫为中心，采用正交路网组织交通，通过方形城墙封闭或分隔城区，形成南北向笔直的城市轴线。日本学者妹尾达彦指出："东亚各国的都城，包括隋唐的都城，都是作为一个独立国家的见证而被建造的。"[1] 换句话说，当中国周边的东亚国家试图模仿中国建立王权国家，以城市为核心推行各项治国政策、开展外交活动，从实质和精神上统领广阔的国土时，恰好为中国政治型城市的规划理念提供了最佳的参考。

由于这三个地区统一及建立王权国家的时间不同，与古代中国密切往来的时间也不完全重合，它们分别汲取了古代中国不同阶段的都城布局思想。古代朝鲜开展都城实践的时间比较长，都城数量也比较多，其中尤以汉城的布局更贴近《考工记》要求；古代日本主要借鉴了中国中古时期的都城制度，主要模仿了突破传统的唐长安布局；古代越南建立统一国家的时间比较晚，主要效仿了中国近古时期的都城制度，顺化的边界、布局、礼制建筑配置以及中轴线非常贴近将《考工记》记载的周王城以南北方向镜像后的面貌。可以说，随着中国近古都城的设计理念越来越趋近于《考工记》理想规划，与古代中国往来密切的东亚国家的都城规划也向着复兴先秦儒生理想的方向演进。

---

[1] ［日］妹尾达彦：《东亚都城时代的诞生》，《唐史论丛》2012 年第 1 期，第 300 页。

第五节　中国古代理想城市的特征
——基于中外理想城市的对比研究

德国思想家卡尔·雅斯贝尔斯（Karl Theodor Jaspers）注意到，古代中国、印度和西方等文明区在公元前 5 世纪前后不约而同地实现了人类文化的突破，学术思想十分活跃，文化成就异彩纷呈，理性思维所创造的精神文化决定了这些民族来日的文化走向，他将人类文明史上这一特殊的阶段称为"轴心时代"（Axial Age）[①]。公元前 5 世纪，中国春秋时代结束，进入战国时代，《考工记》也一般被认为是战国至西汉时期的产物。在相近的时间，世界上其他一些文明区同样出现了类似《考工记》的文本，它们多是对特定文化传统下特定社会理想政体的讨论，作为政治活动的主要发生地，理想城市的内容自然也囊括其中。这些文本包括，相传成书于公元前 4 世纪的古代印度的《政事论》（Arthashastra），公元前 5 世纪古希腊历史学家对哈马丹（Hamadan）等古代伊朗城市的记载，以及公元前 1 世纪古罗马建筑师维特鲁威（Marcus Vitruvius Pollio）撰写的《建筑十书》（De Architectura），作为"轴心时代"的精神遗产，它们反映了不同的古代文明在形成之初对城市功能、城市形态和城市象征意义的不同认识，这些观点不同程度地影响了各个文明区及其周边地区的城市面貌与城市化进程。

一、古代印度的《政事论》理想规划及曼荼罗图示

梵语文献《政事论》（也名《实利论》）[②] 是目前所知记载古代印度城市思想最重要的典籍[③]。一般认为，《政事论》由孔雀王朝的开国皇帝旃陀罗笈多（Candragupta）的顾问或大臣考底利耶（Kautilya）撰写，成书于公元前 4 世纪前后，在流传过程中，后人曾篡入一些文字，但其核心内容反映的主要还是孔雀王朝初期的社会文化思想和治国安邦策略。《政事论》共 3 卷，其中第 2 卷

[①]　[德] 雅斯贝斯著，魏楚雄等译：《历史的起源与目标》，华夏出版社，1989 年。
[②]　Rangarajan L N., *Kautilya: The Arthashastra*. Translation, Penguin Books, New Delhi, 1992. Kautilya K., *The Arthashastra*. Penguin UK, 2000.
[③]　按照印度传统观点，该书应为孔雀王朝建立者旃陀罗笈多的开国功臣考底利耶所著，时间当于公元前 4 世纪，有的学者则认为该书编成于 3 世纪。尽管成书年代尚待解决，但书中所反映的古代印度时代风貌毋庸置疑。

的 3、4 章与城市相关，具体讨论了古印度城市的功能类型、选址、形态、城池、街道、王宫、寺庙、民廛等。由于尚未找到完全符合《政事论》的同时期或更早的古印度城址，学者推测，这本书很可能反映的是古印度知识分子的城市理想而非当时践行的城市制度。

《政事论》记载，都城的城圈可以采用圆形、长方形或正方形等规则图形，城外有三重护城河，城墙上设城门 12 座，城内有东西、南北干道各 3 条。都城中心是寺庙，最尊贵的东北方位修建王宫以及贵族的居住地，寺庙的其余方位则安排其他城市功能区。例如，东偏北是祭祀场所及僧侣、宫廷祭祀和顾问的住地，东偏南是厨房、象舍和粮库，南偏东是商品库、会计所和手艺人的居住区，南偏西是木材仓库和武器库，西偏南为驴、骆驼的畜棚以及一些作坊，西偏北为战车库和其他交通工具的停放地点，北偏西是商品、医药的储藏库，北偏东是宝藏库和牛马圈。不同姓氏、职业的民众住在寺庙的不同方位，如城北住最尊贵的婆罗门人，城东住等级次一级的刹帝利族人，还有香烛、花环、饮料商人和化妆手艺人，西、南则为一般的庶民居住，西面居民主要有制作羊毛、线、竹、皮、甲胄、武器和盾的工匠，南面居民主要有工厂的管理者，军官，贩卖谷物、食品、酒、肉的商人，艺妓和舞蹈家，以及印度教徒。

曼荼罗（梵语 Mandala 的音译）原意是球体、原轮等，最初指祭祀做法的土坛，通过古印度经书对曼荼罗起源的阐述，可以了解到曼荼罗所象征的独特宇宙模式。《吠陀经》叙述了曼荼罗产生的神话："在远古，存在着一种叫以太之物，无形而充满天地，无处不在。天神们把它压到地上，脸朝下躺着。大神梵天坐在它上面的中央，众神环绕着大梵天。"[①] 梵天神被压在地上的图式称为"梵天实在曼荼罗"（Vastu Purusha Mandala），是一种按照古印度人的理解有序地将世俗世界与神灵世界结合在一起的现象世界。"梵天实在曼荼罗"以宇宙创造神大梵天居中，8 大守护神按等级次序环绕着梵天神，曼荼罗的边界有方、圆等不同形式，圆者象征世俗的世界和时间的运动，方者则象征神灵的世界，是固定的，不能运动的。在方形的神灵世界中，又可以依据曼度卡曼荼罗（Manduka Mandala）和帕拉马萨伊卡曼荼罗（Paramashayika Mandala）进一步划分为 64 个或 81 个等大方格。

依照《政事论》所复原的古印度理想城市布局——城市的中心是寺庙群，

[①] 吴庆洲：《曼荼罗与佛教建筑（上）》，《古建园林技术》2000 年第 1 期，第 33 页。

围绕它的是王宫、高等级住宅，它们的外侧是官衙，更外围是手工艺人、商人的聚集地以及四姓的宅邸，形成了以寺庙为中心，以放射状向外有序排列不同城市功能分区的布局，显示了城市规划通过再现曼荼罗图示表达古印度宇宙观的意义[①]（图5-18）。

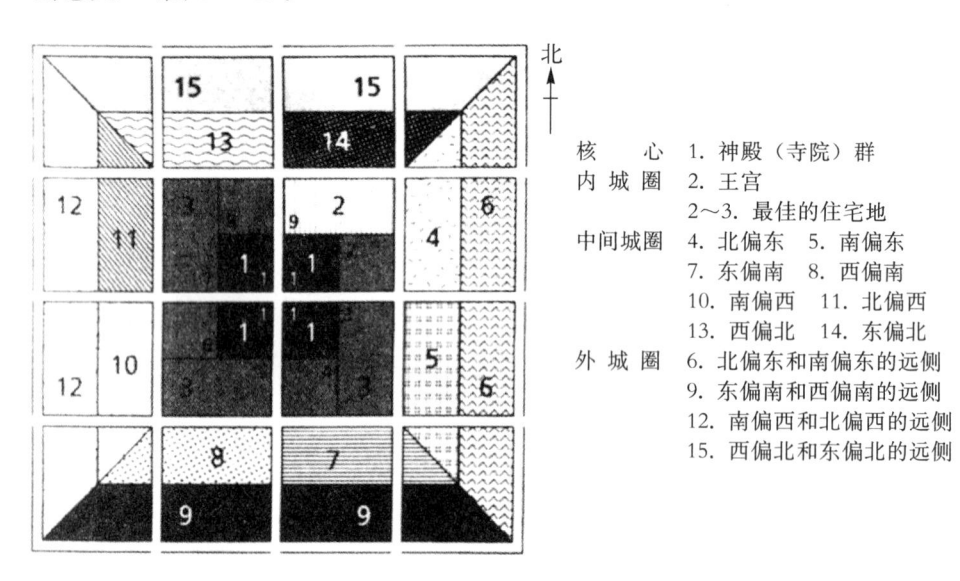

核　心　1. 神殿（寺院）群
内城圈　2. 王宫
　　　　2~3. 最佳的住宅地
中间城圈　4. 北偏东　5. 南偏东
　　　　　7. 东偏南　8. 西偏南
　　　　　10. 南偏西　11. 北偏西
　　　　　13. 西偏北　14. 东偏北
外城圈　6. 北偏东和南偏东的远侧
　　　　9. 东偏南和西偏南的远侧
　　　　12. 南偏西和北偏西的远侧
　　　　15. 西偏北和东偏北的远侧

图5-18　根据《政事论》复原的古代印度理想都城功能布局[②]

研究者一般将印度西部的拉贾斯坦邦（Rajasthan）省的首府斋浦尔古城（Jaipur City）视作最符合《政事论》思想的城市实例。文献记载，斋浦尔古城建于1727年，设计方案原本呈正方形，边长约800米，城区被纵横干道划分为9个大小相等的方块。在实际建设中，由于西北地势略高，西北角的方块被移到东南角，所以城墙东南角向东凸出了一个方块。斋浦尔古城主要功能区的分布与《政事论》的要求基本相符，城市中央靠北两个方块用来布置国王的宫殿、皇家庭院以及沟通天庭的天象台，其余方块主要修建民居。这座城址有东西向和南北向两条轴线。王宫以南的东西大道称王道，它是城市的东西轴线，由西向东，先是通过月门，再依次经过三个设于干道交叉处的广场，最终经日门而出，指向城外东山上的苏里亚寺院。南北轴线经过王宫的正南门，向南经

[①] ［日］布野修司主编，胡惠琴译：《亚洲城市建筑史》，中国建筑工业出版社，2010年，第197页。

[②] ［日］布野修司主编，胡惠琴译：《亚洲城市建筑史》，中国建筑工业出版社，2010年，第199页。

过城门，向北经过王宫和庭院，到达居于城市北面的梵天村（图 5-19）。由于同时存在两条轴线，它的朝向既可理解为坐北朝南，又可视作坐西朝东，符合曼陀罗的图形特征。

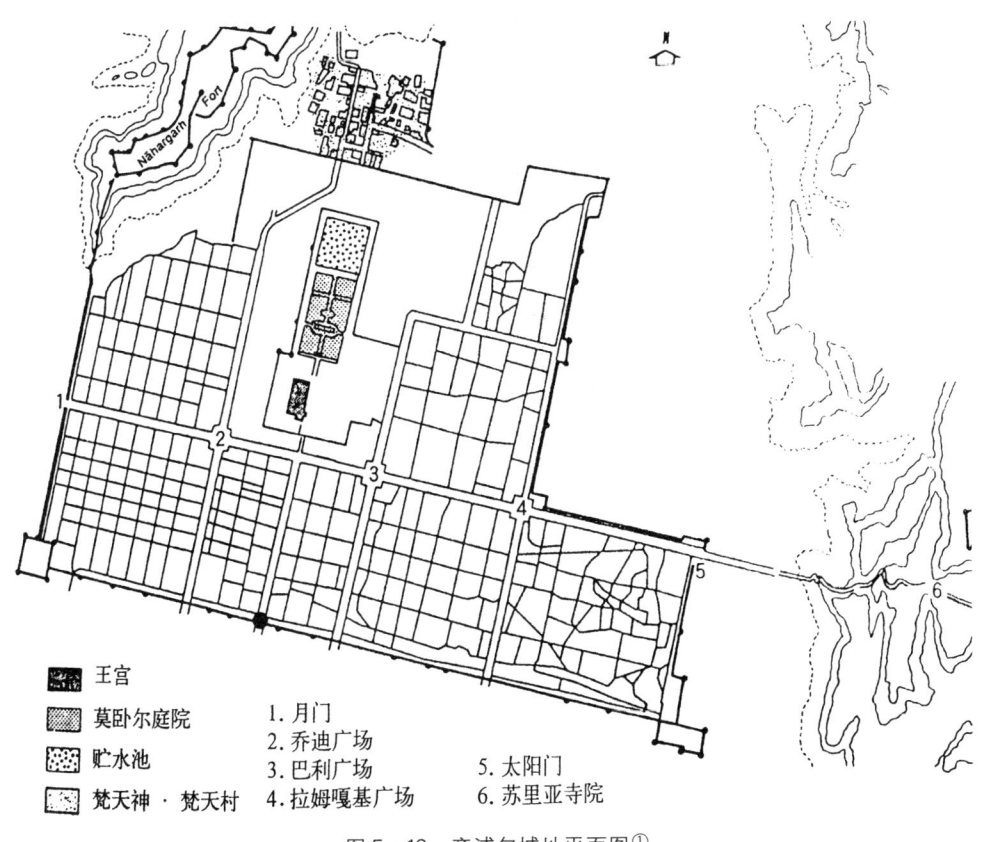

图 5-19 斋浦尔城址平面图①

从目前所掌握的资料看，《政事论》理想规划对印度本土城市规划的影响程度很可能比较有限。相较而言，一些深受印度教和佛教影响的东南亚中南半岛国家的都城或许能够体现《政事论》对城市规划的影响，如缅甸贡榜（Konbaung）王朝的都城曼德勒（Mandalay）和柬埔寨高棉（Khmer）王国的都城吴哥通（Angkor Thom）等。

---

① ［日］布野修司主编，胡惠琴译：《亚洲城市建筑史》，中国建筑工业出版社，2010 年，第 211 页。

二、文献记述的古代伊朗圆形城市

根据公元前 5 世纪古希腊作家希罗多德（Herodotus）的记载，在古代伊朗，始建于公元前 7 世纪前后米底帝国（Media）的都城哈马丹具有内外相套的 7 重圆形城墙，反映了一类以圆形为边界的理想城市模式。

《希罗多德历史：希腊波斯战争史》记载："米底王国的开创者戴奥凯斯建立政权之后，要求米底人修建适合他身份的城市，于是建成了宏伟而坚固的哈马丹城。这座都城由 7 重同心圆城墙重重环绕，每圈内侧城墙都比外侧城墙更高。最内重的城墙内有王宫和宝藏，城墙中最长的几乎与雅典城的圆周一样；第 1 重城墙的胸墙为白色，第 2 重为黑色，第 3 重为深红色，第 4 重为藏青色，第 5 重为橘红色，每道城墙的胸墙都被涂色，而且最后两道围墙分别涂饰金银……皇帝住在金色城墙之内，平民被勒令住在城墙之外。由于城市位于平原地区，重城相套的结构有利于防御外敌进攻。"[①] 但是，巴比伦人留下的楔形文字或《亚历山大远征记》等文献却无法提供有关哈马丹城具有 7 道圆形城墙的证据，更无从谈起所谓的金城墙和银城墙，考古工作也未能在文献记载的位置找到这座城址的任何遗痕。

尽管哈马丹城是否存在尚未得到证实，值得注意的是，据另一些文献记载，该地区确实出现过一些圆形边界的城市。据希提（Philip. K. Hitti）的《阿拉伯通史》[②]考证，大约在 756～763 年之间，哈里发曼苏尔（Al-Mansur）在底格里斯河南岸的亚述平原上修建了一座名为"和平之城"的圆形都城，也称巴格达圆城（Round City of Baghdad）。依据典籍的描述，巴格达城由两圈同心的圆形城墙内外相套构成，外城墙的直径达到 2 750 米，通过城墙的分隔，巴格达分为中心区、内城区和外城区，中心区修建了哈里发曼苏尔的宫殿、大清真寺和其他警备主管、卫队主管的房屋，内城区居住着曼苏尔的儿子和他的仆人们，外城区居住着军队首领及其部属（图 5 - 20）。布野修司指出，"这座城市的城郭为圆形，并无方向指向性，但这座城市中心的清真寺却有着特定指向，这类城市亦如此例"，它们所体现的是诸城市作为群体相互之间具有一定

---

① *The History of Herodotus*. London: Macmillan and Company, 1904. 引自 [古希腊] 希罗多德著，王以铸译：《希罗多德历史：希腊波斯战争史》，商务印书馆，2009 年。

② Hitti Philip K., *History of the Arabs*. London: Macmillan and Company, 1961. 参见 [美] 希提著，马坚译：《阿拉伯通史》，商务印书馆，1979 年。

第五章 中国古代理想城市的形态特征 393

的关系的思想,即城市最重要的设施清真寺都向麦加靠拢,其结果是伊斯兰世界所有的清真寺以至城市都是朝着麦加克尔白神殿的磁极,呈向心式布置[①]。

图 5-20 巴格达圆城平面推测示意图[②]

三、古代欧洲"正多边形边界—放射式路网"的理想城市方案及实践

大约在公元前 5 世纪,古希腊的文明发达程度达到了顶峰,有学者甚至认为,除非我们将文明的标准定义为舒适和一些新的发明,否则,公元前 480 年至前 380 年的雅典文明显然是存在过的文明程度最高的社会[③]。此时,建立在希腊

---

① [日]布野修司主编,胡惠琴译:《亚洲城市建筑史》,中国建筑工业出版社,2010 年,第 193 页。

② 改绘自 Lassner J., "The Caliph's personal domain: the city plan of Baghdad reexamined", *Kunst Des Orients* 1968 (1): 30。

③ 引自[英]莫里斯著,成一农等译:《城市形态史:工业革命以前》,商务印书馆,2011 年,第 112、113 页。

大规模城市建设实践基础上的理想城市模型见诸贤哲的著作，典型如柏拉图（Plato）的《理想国》（*The Republic*）、《法律篇》（*Laws*）和阿里斯托芬（Aristophanes）撰写的剧本《鸟》（*The Birds*）。这些古希腊文化孕育的理想城市模型，形态多为向心的圆形或方形，城市中心是广场、市场和神庙，道路、城市分界线自中心向外辐射，将城市分作不同的区块。芒福德评价道："这种城市闭塞的又一标志是出现了一种新的文学，这种文学试图表现理想共和政体的性质。截至这时为止，现实的城市已经被理想化了；现在是努力——实际上柏拉图便在西那库斯曾两次作过这样的努力——实现一个理想城市。这种努力在一定程度上代表了一种信念，即理性手段能将尺度和秩序强加给人类活动的每一个领域；自原始的魔力时代之后，人类精神还从来没有像这样确信它所掌握的能力。"①

文艺复兴时期，欧洲又诞生了一些关于乌托邦思想的专著，其中最具代表性的是托马斯·莫尔（Thomas More）的《乌托邦》（*Utopia*）②、托马索·康帕内拉（Tommaso Campanella）的《太阳城》（*Citivas Solis*）③ 和凡·安德里亚（Johann Valentin Andreae）的《基督城》（*Christianopolis*）④。这些作品描绘的乌托邦城市与希腊先哲设想的理想城市有一定的相似之处，它们也由多重同心的方形或圆形内外相套而成，城市中心建有一幢极为恢宏的建筑，城市内部的垣墙及房屋的排列极具秩序，干道从中心向外发散与环路相交形成放射形路网。这些作品的重点依旧是关于理想社会制度和运行模式的构想，对于城市的规模、功能构成、交通网络等具体情况，缺乏全面的构思。

公元前 1 世纪初，在梳理既有建筑设计、城市规划经验的基础上，古罗马人维特鲁威撰写了能够反映罗马奥古斯都时期建筑技术和理论、城市规划思想和公共工程技术的著作《建筑十书》。该书第 1 书（卷）的 4～7 章是有关城市规划的内容，不仅系统提出了城镇选址和布局应考虑和解决的基本问题，还简要地描述了一座理想城市的面貌⑤。

《建筑十书》提出，理想城市的布局应呈中心放射式，城市中心是广场和神庙，居民区环绕在广场周边，被多条干道分为不同区块，每个区块中心设次

---

① ［美］刘易斯·芒福德著，倪文彦、宋峻岭译：《城市发展史：起源，演变和前景》，中国建筑工业出版社，2005 年，第 183 页。
② ［英］托马斯·莫尔著，戴镏龄译：《乌托邦》，商务印书馆，1982 年。
③ ［意］托马索·康帕内拉著，陈大维等译：《太阳城》，商务印书馆，1980 年。
④ ［德］约翰·凡·安德里亚著，黄宗汉译：《基督城》，商务印书馆，1991 年。
⑤ ［古罗马］维特鲁威著，高履泰译：《建筑十书》，知识产权出版社，2001 年。

第五章 中国古代理想城市的形态特征　395

级广场，每个次级广场的中心各有一座公共建筑，考虑到防御需要，城墙角部应设便于眺望的塔楼，为了避免不利风向的影响，城门应避免正对通往中央广场的道路。西方学者指出，维特鲁威的贡献在于提出了一种理论化、理想化的城市设计方案，然而在目前所知的罗马时期修建的城镇或军营中，维特鲁威的城市理想却从来没有实现过，甚至还有学者批判《建筑十书》只是罗马权威对建筑模糊而随意的曲解[1]。尽管如此，随着《建筑十书》在文艺复兴时期再次面世（1412年前后重新发现，1521年开始印刷出版），特别是文艺复兴时期的学者将《建筑十书》记载的理想城市绘制成图，维特鲁威的理想城市方案极大地推动了文艺复兴早期城市理论的发展。

在文艺复兴时期，对维特鲁威理想城市的图示复原至少有两种模式。在第一种模式中，理想城市的边界采用正8边形，从中央广场延伸出8条放射形干道，从中央广场分别朝8个方向发散，均匀通向8个城角上的8座角楼。第二种模式在边界与中心的处理上与第一种模式相同，特别之处在于路网的处理，广场中央向东、西、南、北四个方向各延伸出1条干道，城内其余干道都与它们平行或垂直（图5-21、图5-22）。第一种复原方案更为忠实地继承了维特

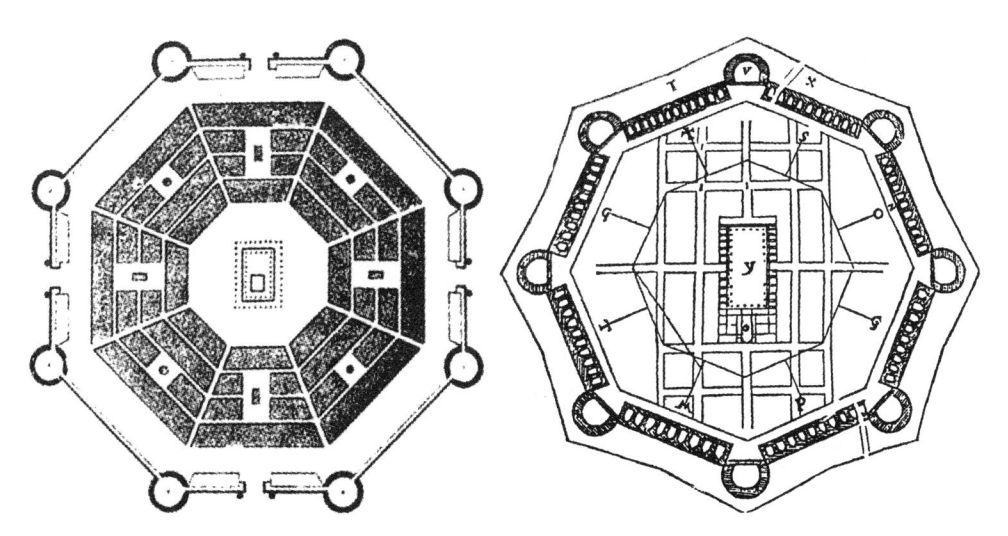

图5-21　维特鲁威理想城市复原方案之一[2]　　图5-22　维特鲁威理想城市复原方案之二——巴布若方案[3]

---

[1] ［英］莫里斯著，成一农等译：《城市形态史：工业革命以前》，商务印书馆，2011年，第429页。
[2] 引自［英］莫里斯著，成一农等译：《城市形态史：工业革命以前》，商务印书馆，2011年，第430页。
[3] 引自［英］莫里斯著，成一农等译：《城市形态史：工业革命以前》，商务印书馆，2011年，第434页。

鲁威的思想，甚至能够在某种程度上反映早期乌托邦城市的某些特点，第二种复原方案采用方格路网，工程上更易实施，只是对城门与道路交汇处的处理缺乏详细的交代。

15~18 世纪的欧洲，出现了商业资本主义的经济形态、中央集权专制或寡头统治的政治格局以及由机械物理派生出来的形式观念，彻底地改变了人们的信仰对象、审美方式和城市文化生活，产生了所谓的巴洛克生活方式和巴洛克城市设计。在 15 世纪前后，从文艺复兴向巴洛克时期的过渡阶段，欧洲又有一批关于理想城市的构想涌现出来，它们普遍具有以下特点：第一，随着地理学、几何学等科学知识的发展，理想城市的外形一般是繁复却不失对称格局的星形，它由正多边形的城墙内边界和正多角形的城墙外轮廓构成，尤其正 7 边（角）形、8 边（角）形、9（边）角形最受青睐，也有正 24 边（角）形城墙的复杂设计；第二，随着欧洲军事史正式进入热兵器时代，为了有效抵挡炮火的冲击，理想城市的城墙更加宽厚，城角修砌成钝角多边形，在城角上还布置着棱堡等驻防设施，尽量减少开门的数量，城门与中心广场往往不会直接相通；第三，理想城市的中央广场设世俗性的市民广场或公共建筑，四周均匀布置次级广场。第四，路网模式大致有两类，其一是放射形主干道与同心圆式的次级环路相结合，其二是由从中央广场延伸的纵横主干道与平行于主干道的多条次级道路共同构成的正交式。可以说，过渡时期纷繁复杂的理想城市方案，其实质是在文艺复兴时期学者复原维特鲁威理想城市的基础上，融合了一些新的城市生活需求，如城市防御、市民集会，其基本框架和思想精髓未有更改。

尽管诞生于古代欧洲的理想城市设计方案不胜枚举，最终能够付诸实践的，却非常有限，应用范围多限于强调统一性的军事性城堡，城市性质单一。例如，位于威尼斯南部的防御性要塞帕马诺瓦城（Palma Nova），非常理想地实现了正多边形的城市边界与放射形路网的构想，但这座城市并非都城，规模也相当有限（图 5-23）。古代欧洲各个国家的都城规划似乎从未像古代亚洲这般，将某一古代的理想化文本或某一国家的都城布局奉作经典，将修建合乎礼制的城市视作稳固政权的核心内容，将理想城市的规划内容不断地贯彻在大型都城的建设中。

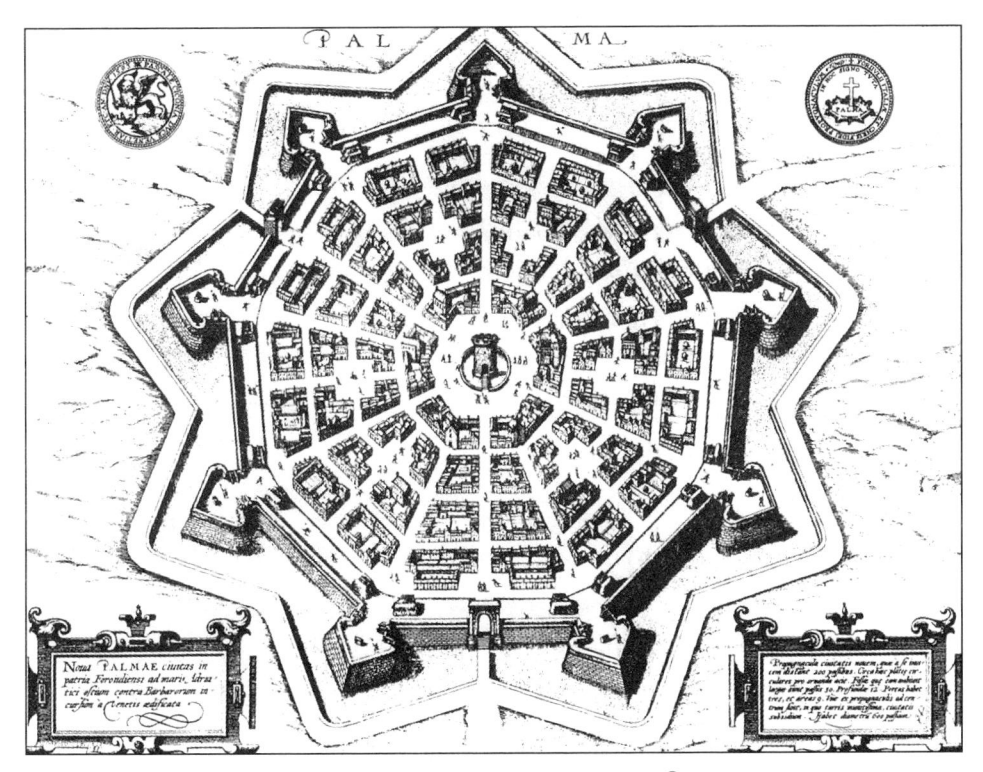

图 5-23 帕马诺瓦城平面布局示意[1]

四、小结

  城市是人类最伟大的创造，通过城市的营建，人类缔造了一个有别于自然的全新秩序，它不仅提供了人群共同生活所需的物质保障，还能满足复杂的人类社会特有的宗教、政治、经济、文化、审美、娱乐需求。本节主要考察了古代印度、古代两河流域和古代欧洲三大文明区在"轴心时代"前后出现的理想城市模型，它们或作为一种理想的城市制度，或作为一个关于经典城市的传说，或作为一种乌托邦城市理论，被记载在古代典籍里，在各个文明区流传开来，对城市营建的影响达上千年之久。这些理想城市的模型表明，人类的各个文明区虽远隔重洋，相隔万里，在如何营建城市这个问题上，却有着高度相似的关注点。总结起来，上述古代文明都关注了城市的边界，这是区别自然与人

---

[1] [美]斯皮罗·科斯托夫，单皓译：《城市的形成：历史进程中的城市模式和城市意义》，中国建筑工业出版社，2005 年，第 161 页。

类秩序的界线，也起到抵御外敌、保护城市的作用；城市的中心，这是整座城市最神圣的地点和精神支柱；道路网络的组织，将繁忙的世俗生活纳入一套严密的秩序系统中，架设起沟通边界与中心的通道。

李约瑟记述了他所感知的中国建筑的特色，写道："自古以来，不仅在宏伟的庙宇和宫殿的构造中，而且在疏落的农村或集中的城镇居住建筑中，都体现出一种对宇宙格局的感受和对方位、季节、风向和星辰的象征手法。"[1] 在中国古人根深蒂固的观念里，天圆而地方，圆形的天穹覆盖着正方形的大地，王城也规划为方形边界。从其他文明古国的理想城市模式来看，将本地区一些深入人心的天地、宇宙观念投射在人类栖居的规划上，似乎是一种比较普遍的现象。例如，欧洲从古希腊时期以来，就有了地球观念，他们以指向地心为下，背离地心为上，上下是相对的概念。不同于中国有"水平"的概念，即认为水面是平的，可以以之判断高下，欧洲古人认为水是地的一部分，水面是地球表面的一部分，是弯曲的。欧洲理想城市理论对城市边界的描绘也符合欧洲人对地球形态的理解。由于各个古代文明很早就形成了不同的宇宙观，形成了特定的认识自然的方式，基于传统宇宙观提出的理想社会秩序和理想空间秩序也就表现出一些根本性的差异（表5-7）。

表5-7　不同的古代文明的理想城市模型比较

文明区	古代中国——《考工记》	古代印度——《政事论》	古代伊朗	古代欧洲——《建筑十书》
边界形态	方形	方形	圆形	正多边形
中心功能	王宫	寺庙	王宫	神庙及广场/教堂及市场
轴线方向	正南北、东西向	正南北、东西向，东北、西北、东南、西南向	指向圣地	多方向
路网形式	正交形	正交形	放射形与环路结合	放射形与环路结合
图示				

---

[1] ［英］李约瑟：《中国科学技术史・第4卷・物理学及相关技术・第3分册・土木工程与航海技术》，科学出版社、上海古籍出版社，2008年，第64页。

不同文明区理想城市模型在形态上的差异具体表现在：

居于东方的古代印度和中国，都崇尚方正的四边形城市边界，相较而言，居于西方的苏美尔文明地区、古代欧洲则更青睐圆形城圈或正多边形城圈。作为军事防御的弱点，正多边形或圆形城圈，有助于形成利于防御的城角、增大防御面积。

几何中心在各地区的理想城市模型中都有着特别重要的地位，用以安排最具神圣权力的建筑，中国古代理想城市的中心是皇室居住的宫城，它有别于哈帕拉文明地区以寺庙与王宫为中心，苏美尔文明地区以清真寺及广场为中心，古代欧洲以神庙及广场或教堂及市场为中心的传统。

从空间整合上，中国古代的理想城市采用正交方格系统，体现了一种"能够包容极大多样性的简单的几何思维"，它有别于苏美尔文明地区、古代欧洲常常出现的中心放射结合同心圆环的道路系统。

综合城郭、核心建筑与道路系统，中国古代的理想城市内形成了非常明显、统领不同城圈而且独一无二的南北向中轴，中轴线两侧的建筑位置及功能单元彼此呼应，构成了东西对称的格局，这一空间组织有别于哈帕拉文明地区往往呈正交双向的轴线、苏美尔文明地区朝向特殊地点的轴线方位取向，更有别于古代欧洲普遍流行的放射状多条轴线。

尽管多个古代文明都留下了有关理想城市的文字记载，但真正能够数千年持续不断地将同一理想模型付诸实践，在不同的地形条件下尝试施展，并随着城市社会的发展灵活调整，最终成为一种政权合法化不可缺少的物质见证的，似乎唯有古代中国的《考工记》理想城市。

结　语

　　傅熹年在《中国古代城市规划、建筑群布局及建筑设计方法研究》一书的序言部分写道："研究古代城市规划的特点和手法，最好的实例是那些按既定规划在生地上创建的城市。"本书从"中国古代的理想城市"这一命题对中国古代都城形态和规划的考察，正是建立在对上古时期目前最能代表西周王室都城制度的周鲁城、中古时期的新建都城东魏北齐邺城和隋唐长安、近古时期两座完全新建却尚未建成也没有真正作为都城使用的城址元中都和明中都共计五座大致可视作在"生地上创建的城市"的深入分析之上。将这五座城址与诸多学者视作中国古代理想都城规划的《考工记·匠人营国》部分文字及推测复原图进行对比，可以发现，其中周鲁城、曹魏邺城和元中都三座城址都是多重方形城垣内外相套的形制，不同城市功能要素被贯通城市南北的轴线串联在一起，城市的几何中心也是具有特殊意义的建筑，说明这些城址的规划不仅与《考工记》理想规划的思想精髓基本吻合，而且它们的规划方案还得到了比较理想的实践与实现，能够通过城市考古提供的材料复原出较为规整的城市结构与形态。相较而言，隋唐长安的宫城、皇城所构成的子城位于外郭的北部中央，属于重城相叠型的城市分区模式，它有别于《考工记》理想规划描述的重城相套的格局；尽管明中都的原始方案可能很接近《考工记》理想规划，但因修建于江淮之间的丘陵地带，实际建设未能完全依照规划执行，所以皇宫偏居城址的西部，禁垣和郭城都多有拐折，城市边界并不完全规整。因而，本书认为，如从城市边界和分区的角度看，周鲁城、东魏北齐邺城和元中都三座城址是目前所知最符合《考工记》理想规划的中国古代都城遗址，也是当下比较适合研究《考工记》理想规划的渊源与影响的古代城市实例。

　　本书以《考工记》理想规划的文本释读与图绘推测为研究基础，以中国古代都城的形态和规划发展为研究线索，以对周鲁城、东魏北齐邺城和元中都的田野考古及城市平、剖面复原为研究核心，重点考察了这三座城址与《考工记》理想规划的关联性，基本结论如下：

第一，上古时期的理想城市周鲁城的规划思想可能与《考工记》营国思想的渊源和背景有密切关联，考虑到两者存在的一些明显不符之处，后者更有可能是基于既有城市规划经验所提出的大一统国家城市建设的理想。从时间上看，基于目前考古工作所探明的鲁城城垣的修筑年代和关于《考工记》成书年代的主流考证观点，周鲁城空间形态的成熟完备应当早于《考工记》的成书问世。从空间上看，一方面，周鲁城外有大城，中心为宫殿，南有夯土基址，北有手工业作坊，贯穿城址内外有明确的轴线，它的布局与《考工记》城市思想有不少相符之处；另一方面，《考工记》城市思想较之周鲁城空间形态的变化，如王宫地位的上升，祖、社分处都城左右，墓地迁居城址之外，都符合周代后期诸侯国都城空间结构与形态的变化趋势，在秦汉以后的都城中更是极少有反例。因而，比较周鲁城空间形态与《考工记》理想规划的时间先后与空间异同，可以认为，周鲁城作为目前所知极具代表性的周代前期城址，作为目前所知出现时间比较早的城宫相套型周代城址，它的规划思想与建设经验很有可能正是《考工记》理想规划主要内容的重要渊源与背景。

第二，上古时期的理想城市东魏北齐邺城与近古时期的理想城市元中都皆受到《考工记》理想规划的影响，这一方面得益于《考工记》城市思想的可操作性，也在一定程度上与中国古代追慕先古的思想倾向与普遍风气有关。

在20世纪城市规划理论家凯文·林奇提出的城市意向理论中，"边界、路径、节点、区域和标志物"是界定城市空间特征的五要素，该理论认为，城市形态主要表现在这五个城市形体环境要素之间的相互关系上。两千多年前的中国古人提出的《考工记》城市思想，尽管文字简短，却已基本涵盖了现代城市形态与规划学认为构成城市形态必备的几个方面。具体说来，《考工记·匠人》所说的"王城方九里"，规定了城市的形态、规模、比例与尺度；"旁三门""九经九纬"，大致是关于边界出入口、城市节点和路径的要求；"面朝后市""左祖右社"，又规定了城市主要功能区的方位及彼此关系，这些建筑同时也是都城的标志和象征。上述三方面要素的具备使得《考工记》理想规划不是一纸空谈，而是具有实际的可操作性的规划纲要，能够用来指导现实城市的形态架构、交通组织与功能配置。本书重点研究的东魏北齐邺城以及包括元中都在内的蒙元都城都明显受到《考工记》理想规划的影响。

东魏北齐邺城是中古时期洛阳都城制度的又一次实践，它很可能具有内外相套的三重城垣，城址的中心是宫城正门，宫门之前的御道两侧顺次排布中央衙署、左右分列宗庙和社稷，并具有统领不同城圈的南北轴线，应该说，除了市场的布置，其余城市要素的安排都基本符合《考工记》理想规划。以往的主流观点认为，元大都略呈方形，设十二座城门，内有"左祖右社、面朝后市"，是高度实现《考工记》理想规划的城市实例。根据考古工作，元代中期修建的另一座都城元中都，从已经建成的最内一圈城垣内的建筑布局显示出对元大都制度的继承与坚守；此外，由于从平地上完全新建而成，其形态较之元大都又更为理想，不仅有内外相套的三重方形城垣，还有穿越三重城垣中线的南北轴线，更有目前所知中国古代修建的最接近正方形的一座外郭城。由于选址生地，如能完全实施规划，元中都的布局与《考工记》理想规划应有更高的吻合度，甚至超过元大都。

《剑桥中国古代史》丛书的序言部分写道："在中国历史上，各朝代的君臣在提出新政策时，多从历史上寻找先例。他们总是颂扬本朝的先祖及其常常被神化了的起源；他们以为自己的职官来自古代，仰慕过去的圣人、德王和贤臣。王朝的儒者和官员所受的教育使他们对上古和三王有非常深刻的印象。特别是周代，大概没有多少人会否认其伟大。尽管像我们一样，古人一定也知上古时代亦不乏饥饿、战争和各种痛苦，并非总是太平盛世。但是这种历史观对他们所有的学术看法和政治思想都有极大的影响，以致形成变革的障碍。"除了《考工记》城市思想的先天优势之外，这种贯穿于中国古代历史始终的思维方式与社会风气或许正是使得《考工记》理想规划对中国古代都城的规划与建设产生巨大影响的主要推力。

第三，中国古代不同时期的城市规划受到《考工记》城市思想这一经典文献的影响程度有所不同，这体现了唐宋以来崇儒思想深化、复古思潮兴起的直接影响。

由于邺北城在东魏北齐时期的特殊地位和作用，东魏北齐邺城的布局也可以理解为皇宫北墙与外郭北墙重合、内城居于都城北部中央，或许正是受到这一布局模式的影响，隋唐都城长安、洛阳城的宫、皇城布置别树一帜，都采取了有别于《考工记》理想规划的重城相叠模式。较之东魏北齐邺城，元中都的外形更趋近东西、南北等长的正方形，数重城垣内外相套构成逐渐扩大的回字形，如以元大都对城门、宫庙朝市的布局方案来完善尚未完全建成的元中都，那么从形态、出入口、功能分布等多个角度它都是与《考工记》理想规划相似度最高的都城实例。此外，这座城址的空间形态与明中都的原初规划设计方案多有相似之处，我们认为，元中都城址与明中都规划共同反映了宋元以来都城规划的整体水平和发展趋势。比较东魏北齐邺城、隋唐长安、元明中都这些城市个案可以见得，《考工记》理想规划对于中国古代新建城市的影响并未因时间的流逝而逐渐减弱，随着东亚腹地经历了几次大规模的游牧与农耕文化的冲突与融合，最终在近古时期末段迎来了高潮，这一路径与中国古代历史与思想的演进趋势、中国古代城市规划与建设发展的过程相吻。

统一中国的事业，最终并不是由文明更为发达的、东方的齐，而是由文化上相对落后的、西边的秦来完成的。可能是由于中国统一事业，也可能还有其他原因，诸如《考工记》近似儒家喜爱托古改制的东方学者所构拟出来的政治理想及营国制度，并没有受到非常务实、重法轻儒的秦政权的重视，而恰恰是秦国及秦王朝最终开创了中国历史上第一个大一统国家。汉承秦制，秦以后的汉王朝，仍然沿着上古都城的发展轨迹推进和延伸，从汉惠帝时期围筑拐折殊多的长安城来看，西汉初年并没有刻意按照《考工记》构拟的营国制度修建自己的都城。不过，形成《考工记》的某些思想及某些构成都城的要素还是难免或多或少地影响了秦汉以后一些国家或王朝都城的规划和营建。所以，在汉魏洛阳城、东魏北齐邺城等都城的布局和形态中，我们都还能够看到一些受到《考工记》理想规划影响的因素。

隋统一中国，以及紧接其后强大的唐王朝，将从汉代开始被倡导的儒家思想加以强化。隋代创立的科举制度更改了中国官僚机构的人才选拔制度，对中国整个社会影响深远；唐代"尊孔抑周"，完善了儒家基本典籍体系，《考工记》随着《周官》一书成为儒家基本经典"三礼"的组成部分。随着科举考试科目从文学、经典并重到独重经典的转变，这些千年以前的"故纸"成为社会知识阶层主要的学习对象和行为规范。作为儒学经典之一的《考工记》规划思想随之深深留在了人们的印象中。

伴随着遵经崇儒思想的传播与深化，至宋代中期以后，复古思潮开始向社会生活的各个层面渗透。当那些饱学儒家经典的知识分子通过科举进入高级官僚阶层，当他们之中的某些人又开始承担或参与新的都城的营建时，就会自觉或不自觉地将《考工记》理想规划付诸当时的都城规划与建设之中。因此，造成了宋代以后元、明、清时期都城越来越接近《考工记》营国制度的现象，而这正是当时复古思潮在都城规划和营建上的具体体现。

纵览中国上古、中古、近古近四千年都城形态与规划的流变，可以看出中国古代城市规划思想的核心与发展主线：《考工记》所反映的理想规划吸收了中国上古夏、商、周三代都城规划的基本思想和实践经验，并将其理想化和规范化，这种过于理想和规范的城市思想在此后的两千年里得到了重新认识和模仿，尽管在各个时期都有一些新的城市设计思想汇入，但都城规划的核心理念并没有脱离上古时期形成的思想精髓，伴随着中国社会逐渐趋于保守和复古，最终在近古时期的末段得到了比较全面和理想的实施，使得中国都城的演化进程，似乎并不是随着历史的发展逐步繁化或升华，而给人一种循环往复的感觉。

参考文献

1. 古籍

（西汉）刘向集录：《战国策》，上海古籍出版社，1985 年。

（西汉）司马迁：《史记》，中华书局，1982 年。

（东汉）班固：《汉书》，中华书局，1975 年。

（三国）曹植撰，赵幼文校注：《曹植集校注》，人民文学出版社，1984 年。

（西晋）陈寿：《三国志》，中华书局，1959 年。

（西晋）陆机撰，金涛声点校：《陆机集》中华书局，1982 年。

（南朝）范晔：《后汉书》，中华书局，1965 年。

（南梁）萧统编，李善注：《文选》，中华书局，1977 年。

（南梁）萧子显：《南齐书》，中华书局，1972 年。

（北魏）郦道元著，陈桥驿校证：《水经注校证》，中华书局，2007 年。

（北魏）杨衒之著，杨勇校笺：《洛阳伽蓝记校笺》，中华书局，2006 年。

（北齐）魏收：《魏书》，中华书局，1974 年。

（唐）房玄龄：《晋书》，中华书局，1974 年。

（唐）李百药：《北齐书》，中华书局，1972 年。

（唐）李吉甫：《元和郡县图志》，中华书局，1983 年。

（唐）魏徵等：《隋书》，中华书局，1973 年。

（唐）许嵩撰，张忱石点校：《建康实录》，中华书局，1986 年。

（后晋）刘昫等：《旧唐书》，中华书局，1975 年。

（北宋）范祖禹：《范太史集》，台北商务印书馆，1935 年。

（北宋）李昉：《太平御览》，中华书局，1960 年。

（北宋）路振：《乘轺录》，贾敬颜著《五代宋金元人边疆行记十三种疏证稿》，中华书局，2004 年。

（北宋）孟元老撰，伊永文笺注：《东京梦华录笺注》，中华书局，2007年。

（北宋）欧阳修等：《新唐书》，中华书局，1975年。

（北宋）秦观撰，徐培均笺注：《淮海集笺注》，上海古籍出版社，1994年。

（北宋）司马光：《资治通鉴》，中华书局，1956年。

（北宋）王溥：《五代会要》，商务印书馆，1936年。

（北宋）薛居正：《旧五代史》，中华书局，1976年。

（宋）宋敏求、（元）李好文撰，辛德勇、郎洁点校：《长安志·长安志图》，三秦出版社，2013年。

（南宋）程大昌撰，黄永年点校：《雍录》，中华书局，2002年。

（南宋）李焘：《续资治通鉴长编》，中华书局，1985年。

（南宋）王应麟编：《汉艺文志考证：玉海（附刊本）》，江苏古籍出版社、上海书店出版，1988年。

（南宋）徐梦莘：《三朝北盟会编》，大化书局，1979年。

（南宋）宇文懋昭撰，崔文印校证：《大金国志校证》，中华书局，1986年。

（元）孛兰肹等撰，赵万里校辑：《元一统志》，中华书局，1966年。

（元）纳新（葛逻禄乃贤）：《河朔访古记》，上海古籍出版社，1987年。

（元）陶宗仪：《南村辍耕录》，中华书局，1997年。

（元）脱脱：《辽史》，中华书局，1974年。

（元）熊梦祥著，北京图书馆善本组辑：《析津志辑佚》，北京古籍出版社，1983年。

（元）虞集：《道园学古录》，商务印书馆，1937年。

（元）俞希鲁：《至顺镇江志》，江苏古籍出版社，1999年。

（明）陈循：《寰宇通志》，郑振铎辑《玄览堂丛书续集》第41册，中央图书馆，1947年。

（明）顾炎武：《天下郡国利病书》，上海古籍出版社，1995年。

（明）刘若愚：《酌中志》，北京古籍出版社，1994年。

（明）柳瑛等纂修：《中都志》，成文出版社，1985年。

（明）申时行等修，赵用贤等纂：《大明会典》，上海古籍出版社，1995～2002年。

（明）宋濂等：《元史》，中华书局，1976年。

（明）谈迁著，张宗祥校点：《国榷》，中华书局，1958年。

(明)萧洵:《故宫遗录》,北京出版社,1963年。
(明)袁文新、柯仲炯等纂修:《凤书》,成文出版社,1985年。
《明实录》,中研院史语所,1962~1982年。
(清)阮元辑:《皇清经解》,上海书店,1988年。
(清)阮元校刻:《十三经注疏》,中华书局,1980年。
(清)孙诒让撰,王文锦、陈玉霞点校:《周礼正义》,中华书局,1987年。
(清)徐松:《宋会要辑稿》,中华书局,1957年。
(清)徐松辑,高敏点校:《河南志》,中华书局,2012年。
(清)徐松撰,张穆校补,方严点校:《唐两京城坊考》,中华书局,1985年。
(清)严可均辑:《全晋文》,中华书局,1958年。
(清)于敏中:《日下旧闻考》,北京古籍出版社,1981年。
(清)允裪纂修:《钦定大清会典则例》,台湾商务印书馆,1986年。
(清)张廷玉等:《明史》,中华书局,1974年。
薄音湖、王雄编辑点校:《明代蒙古汉籍史料汇编(第一辑)》,内蒙古大学出版社,2006年。
高亨注:《诗经今注》,上海古籍出版社,1980年。
何清谷校释:《三辅黄图校释》,中华书局,2005年。
黄怀信著:《逸周书校补注译》,三秦出版社,2006年。
王文锦译解:《礼记译解》,中华书局,2001年。
徐元诰撰,王树民、沈长云点校:《国语集解(修订本)》,中华书局,2002年。
许维遹撰,梁运华整理:《吕氏春秋集释》,中华书局,2009年。
杨伯峻编著:《春秋左传注(修订本)》,中华书局,2009年。
朱易安等编:《全宋笔记》,大象出版社,2003~2018年。

2. 今著

白晨曦:《中轴溯往——从北京旧城中轴线看古代城市规划思想的影响》,《北京规划建设》2002年第3期,第22~26页。
包慕萍:《从游牧文明的视角重探元大都的都市规划——从哈剌和林到元大都》,浙江省文物考古研究所等编《2013年保国寺大殿建成1000周年系列学术研讨会论文合集》,科学出版社,2015年。
曹鹏:《明代都城坛庙建筑研究》,天津大学博士学位论文,2011年。

陈昌文：《汉代城市规划及城市内部结构》，《史学月刊》1999年第3期，第98～105页。

陈高华、史卫民：《元上都》，吉林教育出版社，1988年。

陈明达：《营造法式大木作制度研究》，文物出版社，1981年。

陈明达：《周代城市规划杂记》，《建筑史论文集（第14辑）》，2001年，第57～70转268页。

陈钦龙：《郑韩故城考古发现与初步研究》，郑州大学硕士学位论文，2007年。

陈全方、陈敏：《周原》，文物出版社，2007年。

陈寅恪：《隋唐制度渊源略论稿》，《陈寅恪集》，生活·读书·新知三联书店，2001年。

陈玉：《文化的烙印：东南亚城市风貌与特色》，东南大学出版社，2008年。

陈正祥：《中国文化地理》，生活·读书·新知三联书店，1983年。

成一农：《古代城市形态研究方法新探》，社会科学文献出版社，2009年。

成一农：《空间与形态：三至七世纪中国历史城市地理研究》，兰州大学出版社，2012年。

程存洁：《唐代城市史研究初篇》，中华书局，2002年。

崔连仲等：《古印度帝国时代史料选辑》，商务印书馆，1989年。

崔连仲：《世界军事后勤史资料选编：古代部分（公元前3500～公元476年）》，金盾出版社，1990年。

戴吾三：《论〈管子〉的城市规划和建设思想》，《管子学刊》1994年第3期，第30～33页。

戴吾三、邓明立：《〈考工记〉的技术思想》，《自然辩证法通讯》1996年第1期，第39～44转80页。

戴吾三、高宣：《〈考工记〉的文化内涵》，《清华大学学报（哲学社会科学版）》1997年第2期，第6～12页。

戴吾三：《考工记图说》，山东画报出版社，2003年。

邓辉：《元大都内部河湖水系的空间分布特点》，《中国历史地理论丛》2012年第3期，第32～41页。

邓烨：《北宋东京城市空间形态研究》，清华大学硕士学位论文，2004年。

董鉴泓：《从隋唐长安城、宋东京城看我国一些都城布局的演变》，《科技史文集·第5辑·建筑史专辑（2）》，上海科学技术出版社，1980年，第

116～123 页。

董鉴泓：《宋东京（开封）的改建扩建规划》，《城市规划》1982 年第 1 期，第 57～61 页。

董鉴泓：《中国古代城市的规划布局艺术与规划思想》，《时代建筑》1986 年第 2 期，第 50～53 页。

董鉴泓：《关于中国传统城市规划理念的一些探讨》，《城市规划汇刊》1997 年第 5 期，第 4～7 转 63 页。

董鉴泓：《城市规划历史与理论研究》，同济大学出版社，1999 年。

董鉴泓：《中国城市建设史》，中国建筑工业出版社，2004 年。

杜正胜：《关于齐国建都与齐鲁故城的讨论》，《文物与考古》1986 年第 2 辑，书目文献出版社。

杜忠潮：《试论秦咸阳都城建设发展与规划设计思想》，《咸阳师专学报》1997 年第 6 期，第 29～37 页。

段宏振：《赵都邯郸城研究》，文物出版社，2009 年。

段进：《城市空间发展论》，江苏科学技术出版社，1999 年。

段进、邱国潮：《空间研究 5：国外城市形态学概论》，东南大学出版社，2009 年。

范骁：《六朝建康都城规划手法初探》，《现代城市研究》2009 年第 9 期，第 19～25 年。

复旦大学文史研究院：《都市繁华：一千五百年来的东亚城市生活史》，中华书局，2010 年。

傅崇兰、白晨曦、曹文明等：《中国城市发展史》，社会科学文献出版社，2009 年。

傅熹年：《傅熹年建筑史论文集》，文物出版社，1998 年。

傅熹年：《中国古代城市规划、建筑群布局及建筑设计方法研究》，中国建筑工业出版社，2001 年。

傅熹年：《中国科学技术史·建筑卷》，科学出版社，2008 年。

傅熹年：《中国古代建筑史·第二卷·三国、两晋、南北朝、隋唐、五代建筑》，中国建筑工业出版社，2009 年。

郭黛姮：《中国古代建筑史·第三卷·宋、辽、金、西夏建筑》，中国建筑工业出版社，2003 年。

郭德维：《楚都纪南城复原研究》，文物出版社，1999年。

郭湖生：《中华古都——中国古代城市史论文集》，空间出版社，1997年。

郭黎安：《魏晋南北朝都城形制试探》，《中国古都研究（第二辑）——中国古都学会第二届年会论文集》，1984年，第42～60页。

郭沫若：《〈考工记〉的年代与国别》，《沫若文集（第16卷）》，人民文学出版社，1962年，第381～385页。

何峰：《"象征性"与"实用性"的博弈与融合——也说中国古代城市的选址与设计》，《规划师》2009年第4期，第92～94页。

何一民：《中国城市史纲》，四川大学出版社，1994年。

何一民：《中国城市史》，武汉大学出版社，2012年。

河北省文物研究所：《燕下都》，文物出版社，1996年。

河北省文物研究所：《战国中山国灵寿城——1975～1993年考古发掘报告》，文物出版社，2005年。

河北省文物研究所：《元中都：1998～2003年发掘报告》，文物出版社，2012年。

河南省文物研究所：《郑州商城考古新发现与研究：1985～1992》，中州古籍出版社，1993年。

河南省文物考古研究所：《郑州商城：1953～1985年考古发掘报告》，文物出版社，2001年。

河南省文物考古研究所：《新郑郑国祭祀遗址》，大象出版社，2006年。

贺业钜：《试论周代两次城市建设高潮》，《建筑历史与理论（第一辑）》，江苏人民出版社，1981年，第36～45页。

贺业钜：《〈考工记〉的性质及其成书的地点和时代问题》，《考工记营国制度研究》，中国建筑工业出版社，1985年，第180页。

贺业钜：《考工记营国制度研究》，中国建筑工业出版社，1985年。

贺业钜：《中国古代城市史规划论丛》，中国建筑工业出版社，1986年。

贺业钜：《中国古代城市规划史》，中国建筑工业出版社，1996年。

侯仁之：《从古代城市建设看儒法斗争》，《建筑学报》1975年第3期，第34～37页。

侯仁之：《历史地理学的理论与实践》，上海人民出版社，1979年。

侯仁之：《北京历史地图集》，北京出版社，1988年。

侯仁之：《试论元大都城的规划设计》，《城市规划》1997年第3期，第10～13页。

侯仁之：《侯仁之文集》，北京大学出版社，1998年。

侯仁之著，邓辉、申雨平等译：《北平历史地理》，外语教学与研究出版社，2014年。

黄建军、于希贤：《〈周礼·考工记〉与元大都规划》，《文博》2002年第3期，第41～46页。

黄建军：《中国古都选址与规划布局的本土思想研究》，厦门大学出版社，2005年。

姜波：《汉唐都城礼制建筑研究》，文物出版社，2003年。

姜东成：《元大都城市形态与建筑群基址规模研究》，清华大学博士学位论文，2007年。

姜舜源：《故宫断虹桥为元代周桥考：元大都中轴线新证》，《故宫博物院院刊》1990年第4期，第31～37页。

景爱：《金中都的规划及影响——纪念金中都建立850年》，《北方文物》2004年第4期，第40～42页。

李锋：《〈考工记〉成书西汉时期管窥》，《郑州大学学报（哲学社会科学版）》1999年第2期，第107～112页。

李锋：《商代前期都城研究》，中州古籍出版社，2007年。

李合群：《北宋东京布局研究》，郑州大学博士学位论文，2005年。

李华东：《朝鲜半岛古代建筑文化》，东南大学出版社，2011年。

李健超：《唐长安1∶2.5万复原图》，《西北大学学报（自然科学版）》1993年第2期，第169～176页。

李久昌：《国家、空间与社会：古代洛阳都城空间演变研究》，三秦出版社，2007年。

李令福：《论秦都咸阳的城郊范围》，《中国历史地理论丛》2002年第2期，第64～75页。

李令福：《隋唐长安城规划与布局研究的新认识》，《三门峡职业技术学院学报》2007年第2期，第33～36页。

李路珂：《北京城市中轴线的历史研究》，《城市规划》2003年第4期，第37～44页。

李秋芳：《20世纪〈考工记〉研究综述》，《中国史研究动态》2004年第5期，第10～17页。

李小波、李强：《从天文到人文——汉唐长安城规划思想的演变》，《城市规划》2000年第9期，第37～43页。

李孝聪：《历史城市地理》，山东教育出版社，2007年。

李鑫：《商周城市形态的演变》，中国社会科学出版社，2012年。

李亚明：《〈考工记〉营国词语系统考》，《台湾大学建筑与城乡研究学报》2010年第15期，第35～40页。

李亚明：《〈周礼·考工记〉度量衡比例关系考》，《古籍整理研究学刊》2010年第1期，第76～89页。

李允鉌：《华夏意匠——中国古典建筑设计原理分析》，天津大学出版社，2005年。

李自智：《中国古代都城布局的中轴线问题》，《考古与文物》2004年第4期。

刘春迎：《北宋东京城研究》，科学出版社，2004年。

刘春迎：《考古开封》，河南大学出版社，2006年。

刘广定：《从钟鼎到鉴燧——六齐与〈考工记〉有关问题试探》，《中国艺术文物讨论会论文集·器物》，台北故宫博物院，1991年，第307～320页。

刘庆：《外国重要军事著作导读》，军事科学出版社，1992年。

刘庆柱：《秦都咸阳几个问题的初探》，《文物》1976年第11期，第25～30页。

刘庆柱：《古代都城与帝陵考古学研究》，科学出版社，2000年。

刘庆柱、李毓芳：《汉长安城》，文物出版社，2003年。

刘庆柱：《中国古代都城考古发现与研究》，社会科学文献出版社，2016年。

刘淑芬：《六朝建康与北魏洛阳之比较》，《台湾大学建筑与城乡研究所学报》1983年第1期，第177～189页。

刘素侠：《从考古材料看契丹民族城镇建设的基本特点》，《北方文物》1990年第2期，第41～44页。

刘叙杰：《中国古代建筑史·第一卷·原始社会、夏、商、周、秦、汉建筑》，中国建筑工业出版社，2009年。

龙彬：《伍子胥及其城市规划思想实践》，《重庆建筑大学学报（社会科学版）》2000年第1期，第106～108转62页。

卢毓骏：《反映有机文明的中国建筑都市计划及造园》，《中国科学史论集（第二册）》，1958年，第275～290页。

罗宗真：《六朝考古》，南京大学出版社，1994年。

罗宗真：《魏晋南北朝考古》，文物出版社，2001年。

罗宗真、王志高：《六朝文物》，南京出版社，2004年。

洛阳市文物工作队：《洛阳瞿家屯发掘报告》，文物出版社，2010年。

洛阳市文物局、洛阳白马寺汉魏故城文物保管所：《汉魏洛阳故城研究》，科学出版社，2000年。

马得志：《唐代长安城考古纪略》，《考古》1963年第11期，第595～611页。

马赛：《聚落与社会——商周时期周原遗址的考古学研究》，北京大学博士学位论文，2009年。

马世之：《试论商代的城址》，《中国考古学会第五次年会论文集（1985年）》，文物出版社，1988年，第24～30页。

马世之：《中国古代都城规划中的"象天"问题》，《中州学刊》1992年第1期，第110～113页。

马世之、任全民：《"玄象"与中国古代都城的规划》，《大同高等专科学校学报》1994年第5期，第51～58页。

马樱滨：《从理念到实践：论元大都的城市规划与〈周礼·考工记〉之间的关联》，复旦大学硕士学位论文，2008年。

牛世山：《〈考工记·匠人营国〉与周代的城市规划》，《中原文物》2014年第6期。

潘谷西：《元大都规划并非复古之作——对元大都建城模式的再认识》，《建筑师》2003年第4期，第74～77年。

潘谷西：《中国古代建筑史·第四卷·元、明建筑》，中国建筑工业出版社，2009年。

裴雯、汪智洋、张兴国：《西汉以前城市南北中轴线是否具雏形？——〈关于中国古代城市中轴线设计的历史考察〉一文之商榷》，《建筑师》2009年第2期，第75页。

彭林：《〈周礼〉主体思想与成书年代研究》，中国社会科学出版社，1991年。

齐邦峰：《鲁都曲阜的区位条件分析》，待刊。

丘刚、李合群、刘春迎：《开封考古发现与研究》，中州古籍出版社，1998年。

曲英杰：《先秦都城复原研究》，黑龙江人民出版社，1991年。

曲英杰：《古代城市》，文物出版社，2003年。

任云英、朱士光：《从隋、唐长安城看中国古代都城空间演变的功能趋向性特征》，《中国历史地理论丛》2005年第2期，第48~56页。

任重、陈仪：《魏晋南北朝城市规划与建筑管理》，《临沂师范学院学报》2004年第2期，第115~117页。

山东省文物考古研究所、山东省博物馆、济宁地区文物组、曲阜县文管会：《曲阜鲁国故城》，齐鲁书社，1982年。

山东省文物考古研究所：《临淄齐故城》，文物出版社，2013年。

山西省考古研究所侯马工作站：《晋都新田》，山西人民出版社，1996年。

陕西省文物管理委员会：《唐长安城地基初步探测》，《考古学报》1958年第3期，第79~93页。

陕西省考古研究所：《西汉京师仓》，文物出版社，1990年。

陕西省考古研究所：《秦都咸阳考古报告》，科学出版社，2004年。

陕西省考古研究院：《唐长安醴泉坊三彩窑址》，文物出版社，2008年。

陕西省考古研究院、宝鸡市考古研究所、凤翔县博物馆：《秦雍城遗址系列考古报告·1·秦雍城豆腐村战国制陶作坊遗址》，科学出版社，2013年。

沈长云：《谈古官司空之职——兼说〈考工记〉的内容及成书年代》，《中华文史论丛》1983年第3期，第209~218页。

时瑞宝：《秦都咸阳相关问题探讨》，《中国历史地理论丛》2002年第2期，第71~75页。

史景成：《〈考工记〉之成书年代考》，《书目季刊》第5卷第3期，1971年，第3~23页。

宋烜：《〈考工记·匠人〉成书年代析》，《南方文物》1998年第2期，第98~100页。

苏畅：《〈管子〉城市思想研究》，中国建筑工业出版社，2010年。

宿白：《隋唐长安城和洛阳城》，《考古》1978年第6期，第409~425页。

宿白：《隋唐城址类型初探（提纲）》，《纪念北京大学考古专业三十周年论文集》，文物出版社，1990年，第279~285页。

孙大章：《中国古代建筑史·第五卷·清代建筑》，中国建筑工业出版社，2003年。

孙丽娟、李书谦：《〈考工记〉营国制度与中原地区古代都城布局规划的演变》，

《中原文物》2008年第6期，第55～60页。

泰林松：《越南顺化建筑遗产及其保护问题探讨》，同济大学硕士学位论文，2008年。

唐晓峰：《从混沌到秩序：中国上古地理思想史述论》，中华书局，2010年。

田银生：《北宋东京街市研究》，同济大学博士学位论文，1997年。

汪德华：《凭吊洛阳长安两京：古代城市规划传统思想探源》，《城市规划汇刊》1997年第3期，第10～23、64页。

汪德华：《中国城市规划史纲》，东南大学出版社，2005年。

王才强：《隋唐长安、洛阳、平城、长冈和平安：一种东亚城市新模式的诞生》，《建筑史》2009年第1期，第74～85页。

王铎：《北魏洛阳规划及其城史地位》，《华中建筑》1992年第2期，第47～56页。

王恩田：《曲阜鲁国故城的年代及其相关问题》，《考古与文物》1988年第2期，第48～55页。

王贵祥：《中国古代都城演进探析》，《建筑史论文集（第十集）》，清华大学出版社，1988年，第6～21页。

王贵祥：《东西方的建筑空间：文化、空间图式及历史建筑空间论》，中国建筑工业出版社，1998年。

王贵祥：《元代城市与宫苑概说》，《中国文物学会传统建筑园林委员会第十一届学术研讨会论文集》，1998年，第1～16页。

王贵祥等：《中国古代建筑基址规模研究》，中国建筑工业出版社，2008年。

王贵祥：《明代建城运动概说》，《中国建筑史论汇刊》2009年第1辑，第139～174页。

王海燕：《古代日本的都城空间与礼仪》，浙江大学出版社，2006年。

王晖：《隋唐洛阳里坊规划方法之探讨》，《中国建筑史论汇刊》2008年第1辑，第213～229页。

王佳月：《谈孝宣之际北魏洛阳城的规建》，《石窟寺研究》2011年第2辑，第250～257页。

王剑英：《明中都》，中华书局，1992年。

王剑英：《明中都研究》，中国青年出版社，2005年。

王璞子：《元大都城平面规划述略》，《故宫博物院院刊》1960年第1期，第

61~82 转 196 页。

王其亨：《风水理论研究》，天津大学出版社，1992 年。

王树声：《隋唐长安城规划手法探析》，《城市规划》2009 年第 6 期，第 55~72 页。

王维坤：《试论隋唐长安城的总体设计思想与布局：隋唐长安城研究之二》，《西北大学学报（哲学社会科学版）》1997 年第 3 期，第 69~75 页。

王学理：《秦都咸阳》，陕西人民出版社，1985 年。

王震中：《商代史·卷五·商代都邑》，中国社会科学出版社，2010 年。

王仲殊：《汉代考古学概说》，中华书局，1984 年。

魏坚：《元上都》，中国大百科全书出版社，2008 年。

闻人军：《〈考工记〉成书年代新考》，《文史》第 23 辑，中华书局，1984 年，第 31~39 页。

闻人军：《考工记译注》，上海古籍出版社，2008 年。

巫鸿：《汉唐之间的视觉文化与物质文化》，文物出版社，2003 年。

巫鸿：《礼仪中的美术——巫鸿中国古代美术史文编》，生活·读书·新知三联出版社，2005 年。

吴庆洲：《象天法地意匠与中国古都规划》，《华中建筑》1996 年第 2 期，第 31~40 页。

吴庆洲：《建筑哲理、意匠与文化》，中国建筑工业出版社，2005 年。

吴晓敏、龚清宇：《原型的投射：浅谈曼荼罗图式在建筑文化中的表象》，《南方建筑》2011 年第 2 期，第 90~93 页。

武进：《中国城市形态：结构、特征及其演变》，江苏科学技术出版社，1990 年。

武廷海、戴吾三：《"匠人营国"的基本精神与形成背景初探》，《城市规划》2005 年第 2 期，第 52~58 页。

武廷海：《六朝建康规画》，清华大学出版社，2011 年。

徐光冀、顾智界：《河北临漳邺北城遗址勘探发掘简报》，《考古》1990 年第 7 期，第 21~26 转 102 页。

徐光冀、朱岩石、江达煌：《河北临漳县邺南城遗址勘探与发掘》，《考古》1997 年第 3 期，第 27~32 页。

徐光冀：《东魏北齐邺南城平面布局的复原研究》，《宿白先生八秩华诞纪念文集》，文物出版社，2002 年，第 204~205 页。

徐泓：《明初南京皇城、宫城的规划、平面布局及其象征意义》，《台湾大学建筑与城乡研究学报》1993 年第 7 期，第 79~95 页。

徐苹芳：《元大都在中国古代都城史上的地位——纪念元大都建城 720 年》，《北京社会科学》1988 年第 1 期，第 52~54 页。

徐苹芳：《中国历史考古学论丛》，允晨文化实业股份有限公司，1995 年。

徐苹芳：《论历史文化名城北京的古代城市规划及其保护》，《文物》2001 年第 1 期，第 64~73 转 1 页。

徐苹芳：《明清北京城图》，上海古籍出版社，2012 年。

徐苹芳：《中国城市考古学论集》，上海古籍出版社，2015 年。

徐苏斌：《日本对中国城市与建筑的研究》，中国水利水电出版社，1999 年。

徐卫民：《秦都咸阳的几个问题》，《咸阳师范学院学报》1999 年第 5 期，第 42~47 页。

徐卫民：《秦都城研究》，陕西人民教育出版社，2000 年。

徐昭峰：《试论东周王城的城郭布局及其演变》，《考古》2011 年第 5 期，第 67~77 页。

许宏：《先秦城市考古学研究》，北京燕山出版社，2000 年。

许宏：《何以中国：公元前 2000 年的中原图景》，生活·读书·新知三联书店，2014 年。

许宏：《大都无城：中国古都的动态解读》，生活·读书·新知三联书店，2016 年。

许宏：《"大都无城"的余绪——对若干春秋都邑的聚落形态分析》，《三代考古（六）》，科学出版社，2016 年，第 63~75 页。

许作民：《邺都佚志辑校注》，中州古籍出版社，1996 年。

宣兆琦：《〈考工记〉的国别和成书年代》，《自然科学史研究》1993 年第 4 期，第 297~303 页。

薛凤旋：《中国城市及其文明的演变》，世界图书出版公司，2010 年。

晏昌贵：《楚国都城制度初探》，《江汉考古》2001 年第 4 期，第 73~77 页。

杨宽：《中国都城制度史研究》，上海古籍出版社，1993 年。

叶骁军：《中国都城历史图录（第一~四集）》，兰州大学出版社，1986 年。

叶骁军：《中国都城发展史》，陕西人民出版社，1988 年。

由嵘等：《外国法制史参考资料汇编》，北京大学出版社，2004年。

于杰、于光度：《金中都》，北京出版社，1989年。

于希贤：《〈周易〉象数与元大都规划布局》，《故宫博物院院刊》1999年第2期，第17~25页。

张德臣：《秦咸阳都城"法天"反思》，《咸阳师范学院学报》2003年第1期，第11~14页。

张光直：《关于中国初期"城市"这个概念》，《文物》1985年第2期，第61~67页。

张国硕：《夏商时代都城制度研究》，郑州大学博士学位论文，2000年。

张国硕：《中原先秦城市防御文化研究》，社会科学文献出版社，2014年。

张宏伟：《儒家社会文化背景与中国古代城市的演变》，《建筑师》1988年第10期，第165~175页。

张慧、王其亨：《中国古代国土规划思想、理论、方法的辉煌篇章——〈周礼〉建国制度探析》，《新建筑》2008年第3期，第98~102页。

张家骥：《西周城市初探》，《科技史文集·第11辑·建筑史专辑（4）》，上海科学技术出版社，1984年，第14~19页。

张泉：《明初南京城的规划与建设》，南京工学院硕士学位论文，1984年。

张蓉：《〈考工记〉营国制度新解——与规划模数相关的内容》，《建筑师》2008年第5期，第77~80页。

张腾辉：《从"帝都"到"天下"》，复旦大学博士学位论文，2012年。

张腾辉：《周礼王城：天下一家的空间图式》，《学术月刊》2012年第2期，第115~125页。

张祥云：《北宋西京河南府研究》，河南大学出版社，2012年。

张学锋：《六朝建康城的发掘与复原新思路》，《南京晓庄学院学报》2006年第2期，第26~38页。

张延生：《中西古典理想城市的形态比较》，郑州大学硕士学位论文，2004年。

张言梦：《汉至清代〈考工记〉研究和注释史述论稿》，南京师范大学博士学位论文，2005年。

张勇强：《空间研究2：城市空间发展自组织与城市规划》，东南大学出版社，2006年。

赵安启：《唐长安城选址和建设思想简论》，《西安建筑科技大学学报（自然科学版）》2007 年第 5 期，第 667~672 页。

赵冈：《中国城市发展史论集》，新星出版社，2006 年。

赵化成、高崇文：《秦汉考古》，文物出版社，2002 年。

赵立瀛、赵安启：《简述先秦城市选址及规划思想》，《城市规划》1997 年第 5 期，第 52~54 页。

赵明星、张玉霞：《中国古代城市规划理论研究三则》，《华中建筑》2008 年第 8 期，第 185~188 页。

赵雪：《唐长安城城市规划思想初探》，《西安建筑科技大学学报（自然科学版）》2002 年第 2 期，第 160~164 页。

赵正之：《元大都平面规划复原的研究》，《科技史文集·二·建筑史专辑》，上海科技出版社，1979 年，第 14~27 页。

郑寿彭：《宋代开封府研究》，中华丛书编审委员会，1980 年。

郑卫、丁康乐、李京生：《关于中国古代城市中轴线设计的历史考察》，《建筑师》2008 年第 4 期，第 91~96 页。

中国历史博物馆遥感与航空摄影考古中心、内蒙古自治区文物考古研究所：《内蒙古东南部航空摄影考古报告》，科学出版社，2002 年。

中国科学院考古研究所：《洛阳中州路（西工段）》，科学出版社，1959 年。

中国科学院考古研究所：《唐长安大明宫》，科学出版社，1959 年。

中国科学院考古研究所：《沣西发掘报告》，文物出版社，1963 年。

中国科学院考古研究所、北京市文物管理处、元大都考古队：《元大都的勘查和发掘》，《考古》1972 年第 1 期，第 19~28 页。

中国科学院考古研究所、北京市文物管理处、元大都考古队：《北京西绦胡同和后桃园的元代居住遗址》，《考古》1973 年第 5 期，第 279~285 页。

中国社会科学院考古研究所：《汉长安城未央宫（1980~1989 年考古发掘报告）》，中国大百科全书出版社，1996 年。

中国社会科学院考古研究所：《北魏洛阳永宁寺（1979~1994 年考古发掘报告）》，中国大百科全书出版社，1996 年。

中国社会科学院考古研究所：《偃师二里头：1959 年~1978 年考古发掘报告》，中国大百科全书出版社，1999 年。

中国社会科学院考古研究所：《西汉礼制建筑遗址》，文物出版社，2003 年。

中国社会科学院考古研究所：《中国考古学：夏商卷》，中国社会科学出版社，

2003年。

中国社会科学院考古研究所：《中国考古学：两周卷》，中国社会科学出版社，2004年。

中国社会科学院考古研究所：《汉长安城武库》，文物出版社，2005年。

中国社会科学院考古研究所汉长安城工作队、西安市汉长安城遗址保管所：《汉长安城遗址研究》，科学出版社，2006年。

中国社会科学院考古研究所、日本奈良国立文化财研究所：《汉长安城桂宫（1996~2001年考古发掘报告）》，文物出版社，2007年。

中国社会科学院考古研究所：《汉魏洛阳故城南郊东汉刑徒墓地》，文物出版社，2007年。

中国社会科学院考古研究所：《唐大明宫遗址考古发现与研究》，文物出版社，2007年。

中国社会科学院考古研究所、陕西省考古研究院、西安市文物保护考古所：《汉长安城与汉文化：纪念汉长安城考古五十周年国际学术研讨会论文集》，科学出版社，2008年。

中国社会科学院考古研究所：《汉魏洛阳故城南郊礼制建筑遗址1962~1992年考古发掘报告》，文物出版社，2010年。

中国社会科学院考古研究所：《中国考古学：秦汉卷》，中国社会科学出版社，2010年。

中国社会科学院考古研究所：《偃师商城》，科学出版社，2013年。

中国社会科学院考古研究所：《隋唐洛阳城1959~2001年考古发掘报告》，文物出版社，2014年。

周长山：《汉长安城与〈考工记〉》，《文物春秋》2001年第4期，第50~54页。

庄林德、张京祥：《中国城市发展与建设史》，东南大学出版社，2002年。

3. 外文著作及译著

Allen P. M., Sanglier M., "Urban Evolution, self-organization, and decisionmaking", *Environment and Planning A*, Vol. (13) 1981: pp. 167-183.

Allen P. M., "Self-organization in the urban system", *Self-organization and dissipative structures: Applications in the physical and social sciences*, 1982: pp. 132 – 158.

Benko G., Strohmayer U., *Space and social theory: Interpreting Modernity and Postmodernity*. Oxford, UK: Blackwell, 1997.

Boonstra B., Boelens L., "Self-organization in Urban Development: towards A New Perspective on Spatial Planning", *Urban Research & Practice*, Vol. (4) 2011: pp. 99 – 122.

Carl P., Kemp B., Laurence R., et al., "Were Cities Built as Images", *Cambridge Archaeological Journal*, (10) 2000: pp. 327 – 365.

Chang S. D., "Some observations on the morphology of Chinese walled cities", *Annals of the Association of American Geographers*, Vol. (60) 1970: pp. 63 – 91.

Chung S. P., "Symmetry and balance in the layout of the Sui-Tang palace-city of Chang'an", *Artibus Asiae*, 1996, pp. 5 – 17.

Eaton R., *Ideal cities: Utopianism and the Built Environment*. London: Thames & Hudson, 2002.

Gene A. Brucker, *Renaissance Florence*. California University of California Press, 1983.

Grant J., "The dark side of the grid: Power and urban design", *Planning Perspectives*, Vol. (16) 2001: pp. 219 – 241.

Hu Lin., *Urban Landscape and Politics: the Making of Liao Cities in Southeast Inner Mongolia*. PhD. Research, 2009.

Jacob Burckhardt, *The Civilization of the Renaissance in Italy*. New York: Modern Library, 2000.

Karabalgasun and Karakorum — Two Late Nomadic Urban Settlements in the Orkhon Valley: Archaeological Excavation and Research of the German Archaeological Institute (DAI) and the Mongolian Academy of Sciences 2000 – 2009. Ulan Bator, 2011.

Kauffman S., *At home in the universe: The search for the laws of self-organization and complexity*. Oxford University Press, 1995.

Kautilya K., *The Arthashastra (IAST: Artha āstra)*. Penguin UK, 2000.

Lang S. , "The Ideal City from Plato to Howard", *Architectural Review*, (112) 1952: pp. 91-101.

Marryshow T. A. , *Cycles of Civilization*. BWI, Printed at the Office of the West Indian, 1917.

Meller H. , *The ideal city*. Burns & Oates, 1979.

Pasquale Villari, Linda Villari, *The Life and Times of Girolamo Savonarola*. Kessinger Publishing, 2007.

Portugali J. , *Self-organization and the City*. Springer, 2000.

Rosenau H. , *The ideal city: Its architectural evolution in Europe*. Routledge, 2006.

Steinhardt N. S. , *Chinese Imperial City Planning*. University of Hawaii Press, 1999.

Steinhardt N. S. , *Liao Architecture*. University of Hawaii Press, 1997.

Steinhardt N. S. , "The Plan of Khubilai Khan's Imperial City", *Artibus Asiae*, 1983, pp. 137-158.

Steinhardt N. S. , "The Tang architectural icon and the politics of Chinese architectural history", *Art Bulletin*, 2004: pp. 228-254.

Steinhardt N. S. , "Why were Chang'an and Beijing So Different", *The Journal of the Society of Architectural Historians*, 1986, pp. 339-357.

Steinhardt N. S. , *Imperial Architecture under Mongolian Patronage: Khubilai's Imperial City of Daidu*. Doctoral thesis, Harvard University, 1981.

The Architectural Ideal City in the Italian Renaissance, SOAS, University of London, the Independent Study Project for Fonndation Diploma for Posrgraduate Studies, 2001-2002.

Thorp R. L. , "Architectural Principles in Early Imperial China: Structural Problems and Their Solution", *The Art Bulletin*, 1986, 360-378.

Trewartha G. T. , "Chinese Cities: Origins and Functions", *Annals of the Association of American Geographers*, Vol. 42 (1952): pp. 69-93.

Wang Chuyun, Delft T. U. , *The Embodiment of A Planning Culture within Chinese Political, Societal and Cultural Contexts*. Urbanism: PhD. Research 2008-2012, 2009.

Weissman, Ronald F. E., *Ritual Brotherhood in Renaissance Florence*. New York and London: Academic Press, 1982.

Wheatley P., *The pivot of the four quarters: A preliminary enquiry into the origins and character of the ancient Chinese city*. Edinburgh University Press, 1971.

Wheatley P., "Archaeology and the Chinese City", *World Archaeology*, Vol. 2 (1970): pp. 159-185.

Wu Liangyong, *A Brief History of Ancient Chinese City Planning*. Kassel: Urbs et Regio, 1986.

Xu M., Yang Z., "Design History of China's Gated Cities and Neighbourhoods: Prototype and evolution", *Urban Design International*, Vol. 14 (2009): pp. 99-117.

Zhu J., *Chinese spatial strategies: imperial Beijing, 1420-1911*. London: Routledge, 2004.

［澳］安东尼·瑞德著，孙来臣等译：《东南亚的贸易时代：1450～1680年·第二卷·扩张与危机》，商务印书馆，2010年。

［德］阿尔弗雷德·申茨著，梅青译：《幻方——中国古代的城市》，中国建筑工业出版社，2009年。

［德］约翰·凡·安德里亚著，黄宗汉译：《基督城》，商务印书馆，1997年。

［法］谢尔盖·萨拉特著，邓东译：《城市与形态：关于可持续城市化的研究》，中国建筑工业出版社，2012年。

［古罗马］维特鲁威著，高履泰译：《建筑十书》，知识产权出版社，2001年。

［古希腊］柏拉图著，郭斌和、张竹明译：《理想国》，商务印书馆，1986年。

［古希腊］希罗多德著，王以铸译：《希罗多德历史：希腊波斯战争史》，商务印书馆，2009年。

［古希腊］亚里士多德著，吴寿彭译：《政治学》，商务印书馆，1965年。

［美］阿莫斯·拉普卜特著，黄兰谷译：《建成环境的意义——非语言表达方法》，中国建筑工业出版社，1992年。

［美］费正清、［英］崔瑞德、［英］鲁惟一等编，杨品泉等译：《剑桥中国史》，中国社会科学出版社，1992年。

［美］杰弗里·马丁著，成一农等译：《所有可能的世界：地理学思想史》，上海

人民出版社，2008 年。

［美］凯文·林奇著，林庆怡、陈朝晖、邓华译，黄艳译审：《城市形态》，华夏出版社，2001 年。

［美］刘易斯·芒福德著，倪文彦、宋峻岭译：《城市发展史：起源、演变和前景》，中国建筑工业出版社，2005 年。

［美］乔尔·科特金著，王旭译：《全球城市史》，社会科学文献出版社，2006 年。

［美］施坚雅主编，叶光庭等译，陈桥驿校：《中华帝国晚期的城市》，中华书局，2000 年。

［美］斯皮罗·科斯托夫著，邓东译：《城市的组合：历史进程中的城市形态的元素》，中国建筑工业出版社，2008 年。

［美］斯皮罗·科斯托夫著，单皓译：《城市的形成：历史进程中的城市模式和城市意义》，中国建筑工业出版社，2005 年。

［美］希提著，马坚译：《阿拉伯通史》，商务印书馆，1979 年。

［美］约瑟夫·里克沃特著，刘东洋译：《城之理念——有关罗马，意大利及古代世界的城市形态人类学》，中国建筑工业出版社，2006 年。

［日］布野修司主编，胡惠琴译：《亚洲城市建筑史》，中国建筑工业出版社，2010 年。

［日］村田治郎：《关于元大都的城市规划》，《建筑学会论文集（9）》，1938 年，第 238～242 页。

［日］渡边信一郎著，徐冲译：《中国古代的王权与天下秩序》，中华书局，2008 年。

［日］久保田和男著，郭万平译，董科校译：《宋代开封研究》，上海古籍出版社，2010 年。

［日］妹尾达彦著，高兵兵译：《长安的都市规划》，三秦出版社，2012 年。

［日］妹尾达彦著，高兵兵等译：《隋唐长安与东亚比较都城史》，西北大学出版社，2018 年。

［日］木田知生著，冯佐哲译：《关于宋代城市研究的诸问题（以国都开封为中心）》，《河南师范大学学报》1980 年第 2 期，第 55～62 页。

［日］那波利贞：《从中国首都规划史考察唐长安城》，《桑原博士还历纪念东洋史论丛》，弘文堂书房，1930 年。

［日］应地利明：《两种都城思想及其展开——印度世界与中国世界》，"中国的城市化进程与环境问题"国际研讨会，2009年。

［日］足立喜六著，王双怀、淡懿诚、贾云译：《长安史迹研究》，三秦出版社，2003年。

［日］佐川英治：《北魏洛阳城的中轴线及其空间设计试论》，《魏晋南北朝史研究：回顾与探索——中国魏晋南北朝史学会第九届年会论文集》，湖北教育出版社，2007年，第724~733页。

［意］阿尔多·罗西著，黄士钧译：《城市建筑学》，中国建筑工业出版社，2006年。

［意］康帕内拉著，陈大维等译：《太阳城》，商务印书馆，1980年。

［意］L·贝纳沃罗著，薛钟灵等译：《世界城市史》，科学出版社，2000年。

［英］F·吉伯德等著，程里尧译：《市镇设计》，中国建筑工业出版社，1983年。

［英］海伦·罗西瑙著，尚晋译：《理想城市——及其在欧洲建筑学中的演变（原著第三版）》，中国建筑工业出版社，2019年。

［英］莫里斯著，成一农等译：《城市形态史：工业革命以前》，商务印书馆，2011年。

［英］托马斯·莫尔著，戴镏龄译：《乌托邦》，商务印书馆，1962年。

后　记

　　本书以我向北京大学考古文博学院提交的博士学位论文为基础充实修订而成。

　　大约十年前，导师孙华先生为我拟定了这一博士学位研究课题，希望我通过对曲阜鲁城和元中都等城址的考古材料的整理，探讨有关中国古代城市规划思想的一些问题。回想起来，孙老师拟定这一题目，大概有两方面考虑。

　　自2010年起，我参加了孙老师主持的《元中都申请中国世界遗产预备名单》和《曲阜鲁国故城遗址公园》两个文本的编制工作。在描述遗产概况、编制考古规划、设计保护性建筑的过程中，我对两座城址的材料已比较熟悉，有所积累；孙老师也意识到两座城址还存在一些尚未厘清的问题，可以再做一些工作。另一方面，孙老师将严耕望先生《治史三书》作为常备读物，略有闲暇，即反复阅读，他希望我们的研究选题也能符合严先生的标准，从具体问题着手，同时心目注视着"关乎国计民生的大问题"。

　　本书关于曲阜鲁故城、东魏北齐邺城、隋唐长安、元中都和明中都规划设计思想的专题研究，均是牵涉问题较少的小问题，讨论这几座都城的章节，也是我较为满意的部分。而以"中国古代的理想城市"为题，探寻中国古代城市的规划思想，则是一个时空跨度非常大、具有跨学科意义的大问题，由于我史学根基薄弱，写作中常常有捉襟见肘之感，很多关键问题的论述，写了又改，改完又删，反反复复，始终不太满意，限于一些外部原因，不得不仓促出版。从二里头遗址至明清时期其余都城的论述，我尽可能全面地参考了截至2016年以来的考古报告和重要的研究论著，绘制、修订了城址图，希望这些材料能为更多跨越学科、跨越文化的研究奠定基础。

　　博士毕业之后，我进入加拿大英属哥伦比亚大学荆志淳教授的课题组从事博士后研究，在荆老师开设的研究生课程"考古学理论与方法"中，接触到了更多的西方城市考古、建筑考古学界的研究范式，关于如何定义古代社会的城市"规划"，如何认识城市规划与城市自组织的关系，以及如何讨论城市形态与社会活动的相互作用，也有一些新的思考。这部分成果暂未收入本书，希望未来还有机会弥补本书的遗憾，将探索中国古代城市设计的观念、理论和方法作为毕生努力的一个方向。

借这本并不完美的小书，向一直以来帮助、激励我的师友与家人致以真挚的谢忱！

2010年，经中国建筑设计研究院建筑历史研究所王力军、傅晶等先生的推荐，我有幸从天津大学建筑学院考入北京大学考古文博学院孙华先生门下。由于我没有考古学的基础，老师对我的培养，对我论文写作的各个环节，都倾注了格外多的心血。在周鲁城和元中都的田野阶段，老师不止一次亲赴实地，制定工作计划，联络当地专家，安排起居食宿，甚至背扛测量仪器，巨细靡遗，令我十分感动。待工作进入正轨，老师即便返校上课，仍对我在工地的情况记挂在心，几乎日日询问进度，是严师，也如慈父。在论文的撰写过程中，老师一旦读到与论文相关的材料，或是关于某一部分的研究有了新的思路，每每第一时间毫无保留地告诉我。师母对我的学习和生活，也给予了诸多关心与照顾，在此一并表示衷心的感谢。

周鲁城和元中都的田野工作能够顺利完成，还有赖许多师长和友人的指导与帮助。周鲁城的田野工作得到了山东省文物考古研究院、曲阜市文物局、鲁故城考古队相关领导、专家的大力支持与帮助，尤得刘延常、项春生先生点拨、启迪甚多，特别是在对探孔所出陶片、炼渣的年代判断上，幸得二位不吝赐教；刘汝国先生受考古队委派参与测量及钻探，主要负责对土样性状的识别和记录，曲阜工作期间得他陪伴始终，一些想法也有赖于与他的切磋讨论；考古队的同龄人韩辉、徐倩倩也向我传授了很多田野考古的经验。元中都的田野工作得到了河北省文物考古研究院和张北县文化局的鼎力相助，我的师兄、天津大学的李哲老师不畏风沙对航拍的不利影响，多次进行无人机航拍，同门师友张林、侯卫东也先后赴元中都陪伴我，与我一道在荒漠跋涉。

本书的修改有幸得惠于答辩委员中国社会科学院考古研究所徐光冀、朱岩石、许宏先生，北京大学考古文博学院刘绪、杭侃、雷兴山、方拥先生，北京大学城市与环境学院邓辉先生，清华大学建筑学院王贵祥先生，加拿大英属哥伦比亚大学荆志淳先生；又蒙中国建筑设计研究院建筑历史研究所王力军先生,东南大学董卫先生审阅。诸位前辈的学识令我仰望,给予我很多指导和勉励,也为本研究提供了很多新的思路和线索。

本书还得到了同门师弟师妹韩博雅、朱伟、张冉的仔细校对,师姐范子岚担任我博士论文的答辩秘书,师兄王炜多次帮助搜寻考古报告,他们对文章结构提出了许多中肯的建议,缓解了我的压力,令我感铭于心。

还要感谢浙江大学建筑设计及其理论研究所的王晖教授,澳大利亚墨尔本大学博士生刘诗秋,有幸在浙大与他们相识,王晖老师对于《考工记》文本的理解,诗秋对于游牧族群多元文化特征的研究,都给予我极大的启迪。

与本书有关的一些专题研究已陆续发表,这些期刊的编辑及匿名评审也提供了非常多的宝贵意见,尤其是耿昀老师,对小论文进行了相当细致、严谨的校对修订,令我心怀感激。

以上主要是与本书有密切关系的人与事。除此之外,实际上还有很多老师曾在我的学术道路上起到了重要影响。

在建筑历史的学习上,天津大学建筑学院建筑历史研究所的王其亨、吴葱、曹鹏、丁垚等老师是我的启蒙恩师,在他们的带领下,我参加了山东邹城、北京颐和园、北海白塔、天坛祈年殿,辽宁奉国寺,柬埔寨吴哥茶胶寺等文物建筑的测绘,通过这些经历积累的测量技术和野外工作经验保证了周鲁城、元中都田野工作的顺利开展。与 20 岁的我一同爬梁上房的女同学、伍沙、宋祎琳、谷芳芳等,如今我们虽身处不同城市,有了各自不同的研究方向,却能一同走在学术的道路上,相互砥砺,历史所诸位老师数十年如一日对古建筑的执着热爱,是激励着我们忠于内心,不断求真、求知的动力。

自本科三年级进入张玉坤、赵建波、邹颖、王绚等老师主持的设计课题组,围绕"传统建筑空间的现代表达""传统建筑材料的现代表达"和"传统园林的现代表达"三个主题,完成了三次研究性课程设计,这些题目都是由课题组老师精心构思,引导我们从设计学、心理学、光学等不同角度思考传统空间的现代意义。张玉坤、赵建波老师是我攻读硕士学位阶段的导师,对我的学习和生活一直关爱有加。与 20 岁的我一同通宵熬图的设计组伙伴高冉、张晓未等,如今都已成长为优秀的女建筑师,与她们的交流帮助我更加熟悉建筑设计开展的一般程序。

真正与中国古代都城结缘,始自 2006 年在中国建筑设计研究院建筑历史研究所参与《全国重点文物保护单位汉魏洛阳故城总体保护规划》的编制,项目负责人傅晶老师对我绘制的城址环境分析图、遗址年代图表示了认可,她向我推荐了复杂理论相关的书籍,后来也是通过她的鼓励和引荐,我决定报考北京大学,真正走上治学之路。历史所工程师王力恒、袁怡雅也为我的论文提供了不少有价值的建议和材料。

在北京大学求学期间,为弥补知识结构的缺环,我主要选修或旁听了历史学、考古学课程,包括刘绪、雷兴山老师讲授的"夏商周考古",赵化成老师开设的"秦汉考古",韦正老师开设的"魏晋南北朝考古",齐东方、杨哲峰老师讲授的"隋唐考古",秦大树、杭侃老师讲授的"宋元明考古",林梅村老师讲授的"考古资料所见中西文化交流",方拥老师讲授的"西方古代建筑史",邓辉老师开设的"环境变迁研究",唐晓峰老师开设的"地理学思想史",辛德勇老师开设的"版本目录学",荣新江老师开设的"学术规范与论文写作",刘津瑜老师开设的"罗马帝国城市研究"。没有经过以上课程的学习,我无法顺利完成对三千余年都城建设史的梳理。从诸位老师的言行中,可以感受到高度的学术使命感,也可以感受到潜心学术的幸福感,这令我心向往之,念念不忘。

在温哥华工作期间,很多人曾给予我温暖,尤其难忘的是与 GIS lab 的学友原海兵、陈晖、孙卓、吴梦洋、吴洁美(Jasmine Sacharuk)、高博雅(Steffan Taylor Gordan)、汤毓赟等围绕早期城市化理论的讨论,与郭彦龙、刘诗源(April Liu)、苏东悦等关于艺术理论、博物馆策展的交流,以及在 West Broadway 度过的每个礼拜五的夜晚。有幸于 2017 年进入浙江大学工作,要感谢艺术与考古学院、文化遗产研究院诸位领导、老师的关怀。

感谢我的家人。先生是博士论文修订后的第一位读者和评者,几乎书中所有的核心章节,在修改完成后的第一时间,都会发给他,校对文字,交流感想,尽管他的专业并不是城市考古,但他的鞭策不可缺少。学术研究本是在黑暗中的孤独求索,他的参与,让精炼文字的煎熬、野外调研的辛劳都成为最浪漫的回忆。女儿到来之后,思考和写作变得少之又少,照顾婴儿的经验,却让我更有耐心地修订文字、整理论述思路,也是值得感恩的成长。公公和婆婆虽然不太了解我的研究,却给予了无条件的爱与支持,长期帮我们分担照顾家庭、抚育孩子的杂务。我的父母都出生于知识分子家庭,却因知识青年"上山下乡"的政策,在青年阶段失去了求学深造的机会,他们坚韧好强,为我的成长倾注了大量心血,他们并没有以世俗的标准要求我,而如朋友一般倾听我的烦恼，理解并支持我的选择。从很小的时候，母亲就带我在祖国各地旅游写生，她的心愿一直是跟着我参加野外调查，但当我真正有机会独立开展野外工作时，她的身体已无法承受长途跋涉的颠簸，希望我的文字能弥补这些遗憾。

还要由衷感谢上海古籍出版社副总编吴长青先生和责任编辑宋佳女士对本书出版给予的支持与帮助。

谨以此书献给我的家人，我的朋友，我的老师以及所有为城市考古作出贡献的人！

陈　筱
2020 年 8 月 25 日夜　记于五台山佛光寺

图书在版编目(CIP)数据

中国古代的理想城市：从古代都城看《考工记》营国制度的渊源与实践 / 陈筱著. —上海：上海古籍出版社，2021.9
 ISBN 978-7-5732-0036-5

Ⅰ.①中… Ⅱ.①陈… Ⅲ.①都城-研究-中国-古代 Ⅳ.①K928.5

中国版本图书馆 CIP 数据核字(2021)第 137625 号

中国古代的理想城市
——从古代都城看《考工记》营国制度的渊源与实践
陈　筱　著
上海古籍出版社出版发行
(上海瑞金二路 272 号　邮政编码 200020)
　(1) 网址：www.guji.com.cn
　(2) E-mail: guji1@guji.com.cn
　(3) 易文网网址：www.ewen.co
上海惠敦印务科技有限公司印刷
开本 710×1000　1/16　印张 27.75　插页 2　字数 468,000
2021 年 9 月第 1 版　2021 年 9 月第 1 次印刷
印数：1—2,100
ISBN 978-7-5732-0036-5
K·3030　定价：128.00 元
如有质量问题，请与承印公司联系